Excel für Controller

Business Computing

Wolfram E. Mewes

Excel für Controller

Effektiv und pragmatisch
Excel nutzen

2., aktualisierte Auflage
zu Excel 97 und Excel 2000

Business & Computing

ADDISON-WESLEY
An imprint of Pearson Education
München • Boston • San Francisco • Harlow, England
Don Mills, Ontario • Sydney • Mexico City
Madrid • Amsterdam

Bibliografische Information Der Deutschen Bibliothek

Die Deutsche Bibliothek verzeichnet diese Publikation in der Deutschen Nationalbibliografie; detaillierte bibliografische Daten sind im Internet über <http://dnb.ddb.de> abrufbar.

Umwelthinweis:

Dieses Produkt wurde auf chlorfreiem Papier gedruckt.
Die Einschrumpffolie – zum Schutz vor Verschmutzung – ist aus umweltverträglichem und recyclingfähigem PE-Material.

10 9 8 7 6 5 4 3

04 03 02

ISBN 3-8273-1725-8

Einbandgestaltung: Barbara Thoben, Köln
Lektorat: Christian Schneider, cschneider@pearson.de
Herstellung: Ulrike Hempel, uhempel@pearson.de
Korrektorat: Bernd Barner, Rosenheim
Satz: reemers publishing services gmbh, Krefeld (www.reemers.de)
Druck und Verarbeitung: Bercker, Kevelaer
Printed in Germany

Meiner Frau Monika

Inhaltsverzeichnis

Vorwort 15

Teil 1
Tipps und Kniffe 17

Kapitel 1
Kleine Einstiegshilfen 19

1.1 Voreinstellungen 19
1.1.1 Direkte Zellbearbeitung deaktivieren 20
1.1.2 Markierung nach dem Drücken der Eingabetaste verschieben 20
1.1.3 Rechnen mit negativen Zeiten 21
1.1.4 Gefährliche Einstellungen 22
1.2 Tastenkombinationen 23
1.2.1 Eingabe des aktuellen Datums 23
1.2.2 Eingabe der aktuellen Uhrzeit 23
1.2.3 Mehrere Zellen mit dem gleichen Inhalt füllen 24
1.2.4 AutoAusfüllen 24
1.2.5 Schnelles Markieren 26
1.2.6 Navigieren durch Klick auf den Zellenrand 27
1.2.7 Die schnelle Namensvergabe 27
1.3 Formatierung 28
1.3.1 Zellen als Datum formatieren 28
1.3.2 Als € formatieren 29
1.4 Interessante Formate 30
1.4.1 Stunden addieren 30
1.4.2 Werte verstecken 31
1.4.3 Werte in Abhängigkeit ihres Inhalts farbig darstellen 32

Kapitel 2
Was sonst noch wichtig ist 33

2.1 Die Matrix-Operation 33
2.2 Mittelwert ohne Berücksichtigung von Nullwerten 34
2.3 Interessante Funktionen 35
2.3.1 Die Funktion SummeWenn 35
2.3.2 Die Funktion VRUNDEN 37

2.3.3 Runden nach Art des Hauses 38
2.3.4 Arbeiten mit Zufallszahlen 39
2.4 Dynamische Bereiche anlegen 39
2.5 Arbeiten mit Bereichsoperatoren 41

Teil 2
Controlling mit Excel **45**

Kapitel 3
Funktionen **47**

3.1 Annuitätsfunktionen (Rentenfunktionen) 47
3.2 Weitere finanzmathematische Funktionen 50
3.2.1 Kumulation von Zins und Tilgung 50
3.2.2 Abschreibung 50
3.2.3 Effektive und nominale Verzinsung 53
3.2.4 Der interne Zinsfuß 53
3.2.5 Die Funktion NBW() 55
3.3 Analyse-Funktionen 56
3.3.1 Auswertung univariater numerischer Daten 57

Kapitel 4
Verwendung vorhandener Daten **65**

4.1 Datenübernahme mit MS-Query 65
4.2 ODBC-Open Database Connectivity 66
4.2.1 Verbindung zur ODBC-Datenbank herstellen 66
4.3 Daten in der Abfrage sortieren und filtern 75
4.4 SQL-Abfrage 76
4.5 Datenbankabfrage ausführen 78
4.5.1 Die Vorgehensweise bei geöffneter Tabelle 78
4.5.2 Die Vorgehensweise bei neuer Tabelle 79

Kapitel 5
Datenanalyse **81**

5.1 Sortieren 81
5.1.1 Worauf Sie beim Sortieren achten sollten 81
5.1.2 Sortieren über die Menüleiste 83
5.1.3 Willkürliche Sortierung 84
5.2 Datenselektion durch Filter 86
5.2.1 Autofilter 86
5.2.2 Die Funktion Teilergebnisse 87
5.2.3 Mit Spezialfilter an gleicher Stelle filtern 88
5.2.4 Mit Spezialfilter an anderer Stelle filtern 90
5.3 Der Menübefehl Teilergebnisse 92
5.3.1 Teilergebnisse ermitteln 92
5.3.2 Kopieren der sichtbaren Zellen 94

Kapitel 6
Vergabe von Namen in Excel **97**

6.1 Namensvergabe ohne Verwendung von Zellen 101
6.2 Auflistung vergebener Namen 102

Kapitel 7
Die Pivot-Tabelle (Excel 97) **105**

7.1 Manuelles Erstellen einer Pivot-Tabelle mit Excel 97 107
7.2 Nachbearbeitung einer Pivot-Tabelle 112
7.3 Der aktuelle Stand 115
7.4 Markieren in einer Pivot-Tabelle 116
7.5 Formatieren der Pivot-Tabelle 117
7.6 Zusammenfassen und Berechnen 119
7.7 Arbeiten mit berechneten Feldern und Elementen 121
7.7.1 Berechnete Felder 121
7.7.2 Formeln auflisten 122
7.7.3 Berechnete Elemente 123
7.8 Erstellen einer weiteren Pivot-Tabelle, basierend auf einer vorhandenen 127
7.9 Teilergebnisse anders zusammenfassen 131
7.10 Kopieren von Ergebnissen 132
7.10.1 Kopieren von Elementen 132
7.10.2 Kopieren von Seitenfeldern 133
7.10.3 Kopieren der gesamten Pivot-Tabelle 134
7.11 Gruppieren 134
7.11.1 Gruppierung numerischer Zeilenfeldelemente 134
7.12 Pivot-Daten zuordnen 135
7.13 Mit der Pivot-Tabelle konsolidieren 136
7.14 Erstellen von benutzerdefinierten Seitenfeldern 140

Kapitel 8
Manuelles Erstellen einer Pivot-Tabelle mit Excel 2000 **145**

8.1 Neuerungen in Excel 2000 145
8.2 Kleines Glossar 146
8.3 Erstellen der PivotTable 147
8.4 Der PivotTable-Assistent 153
8.5 Der aktuelle Stand 155
8.6 Markieren in einer PivotTable 156
8.7 Formatieren der PivotTable 158
8.8 Autoformat 160
8.9 Zusammenfassen und Berechnen 161
8.10 Arbeiten mit berechneten Feldern und Elementen 165
8.10.1 Berechnete Felder 165
8.10.2 Berechnete Elemente 166
8.10.3 Formeln auflisten 168
8.11 Erstellen einer weiteren PivotTable, basierend auf einer vorhandenen 168
8.12 Teilergebnisse anders zusammenfassen 172
8.13 Kopieren von Ergebnissen 174
8.13.1 Kopieren von Elementen 174
8.13.2 Kopieren von Seitenfeldern 175
8.13.3 Kopieren der gesamten PivotTable 176
8.14 Gruppieren 176
8.14.1 Gruppieren ausgewählter Zeilenfeldelemente 176
8.14.2 Gruppierung numerischer Zeilenfeldelemente 178
8.15 Pivot-Daten zuordnen 178

8.16 Mit der Pivot-Tabelle konsolidieren 180
8.17 Erstellen von benutzerdefinierten Seitenfeldern 184
8.18 Erstellen eines PivotChart-Berichts 186
8.18.1 Erstellung mithilfe des PivotTable- und PivotChart-Assistenten 187
8.18.2 Erstellung eines PivotChart mithilfe des Diagramm-Assistenten 189
8.18.3 Umwandlung des PivotChart in ein normales Diagramm 191

Kapitel 9
OLAP-Cubes und -Services **193**

9.1 Begriffsdefinitionen 193
9.2 Das multidimensionale Konzept 193
9.2.1 Dimensionen 193
9.2.2 Measures 194
9.2.3 Hierarchien 194
9.2.4 Cubes 194
9.2.5 Dimensions- und Faktentabellen 195
9.3 Speicheroptionen (Auszug aus der Hilfe) 195
9.4 Erstellen eines OLAP-Cubes 196
9.5 Ausführen einer gespeicherten Abfrage 203
9.6 Erstellung eines OLAP-Cubes in Datenquellen 204
9.7 Auswahl eines OLAP-Cubes aus Datenquellen 205
9.8 Der OLAP-Manager des SQL-Servers 206
9.8.1 Einrichten der Datenquellenverbindung des Systems 206
9.8.2 Starten des OLAP-Managers 207
9.8.3 Einrichten der Datenbank und der Datenquelle 207
9.8.4 Erstellen des Cubes 208
9.8.5 Hinzufügen von Rollen zum Cube 218
9.8.6 Entwerfen des Speichers und Aufbereiten des Cubes 219
9.8.7 Anzeigen der Metadaten für den Cube 222
9.9 Verwendung des mit dem OLAP-Assistenten erstellten Cubes 223

Kapitel 10
Datenanalyse **227**

10.1 Sensibilitäts-Analyse und Deckungsbeitrag 227
10.2 Markieren bestimmter Daten 231
10.2.1 Gültigkeit von Daten und die Detektivleiste 232
10.2.2 Arbeiten mit Listen 235
10.2.3 Die Registerkarte Eingabemeldung 237
10.2.4 Die Registerkarte Fehlermeldung 238
10.3 Bedingte Formatierung 240

Kapitel 11
Kostenrechnung mit Excel **245**

11.1 Begriffe 245
11.1.1 Kosten, Kostenarten, Kostenstellen, Kostenträger 245
11.1.2 Aufgaben der Kostenrechnung 246
11.1.3 Vorgehensweise bei der Kostenrechnung 246
11.2 Zuschlagskalkulation (Vollkostenrechnung) 247

11.3 Deckungsbeitragsrechnung 250
11.3.1 Einstufige Deckungsbeitragsrechnung 251
11.3.2 Mehrstufige Deckungsbeitragsrechnung 252
11.4 Kalkulation mit Fixkostenschichten 253
11.5 Prozesskostenrechnung 254
11.6 Berechnung von Maschinenstundensätzen 255

Kapitel 12
Planung **261**

12.1 Regression und Trend 261
12.1.1 Die Funktion RGP() 262
12.1.2 Die Funktion TREND() 264
12.1.3 Trendlinie in das Diagramm einfügen 265
12.1.4 Die Funktion MTRANS() 267
12.2 Datenverdichtung durch Konsolidierung 268
12.3 Gliederung und Tabellenüberblick 272
12.3.1 Automatische Gliederung 272
12.3.2 Manuelle Gliederung 273
12.4 Planen mit rollierenden Diagrammen 275
12.5 Rollierende Berichte 284
12.6 Dynamische Definition von Datenreihen 290

Kapitel 13
Verbindung mit anderen Anwendungen **295**

13.1 Einfügen 295
13.2 Verknüpfen 296
13.2.1 Dynamic Data Exchange (DDE) 296
13.2.2 Object Linking (Verknüpfen) 296
13.3 Object Embedding (Einbetten) 297
13.3.1 Kopieren und Einbetten 298
13.3.2 Objekte aus der Zielanwendung einbetten 299

Kapitel 14
Simulation von Ereignissen **301**

14.1 Mehrfachoperationen 301
14.1.1 Eindimensionale Mehrfachoperation 302
14.1.2 Zweidimensionale Mehrfachoperation 304
14.2 Zielwertsuche 306

Kapitel 15
Arbeiten mit Grafiken **309**

15.1 Erstellen eines Abweichungsdiagramms 309
15.2 Grafikvorlagen erstellen und verwenden 316
15.2.1 Die Erstellung 316
15.2.2 Verwendung der Diagramm-Vorlage 317
15.3 Die Vorlagen-Dateien 318
15.4 Hintergrund-Formatierung 318
15.5 Produktdarstellung in Blasen-Diagrammen 323

Kapitel 16
Erstellen von Mustervorlagen **333**

16.1 Die Vorlage MAPPE.XLT und andere 333
16.1.1 Vergabe von Zellformat-Namen 333
16.1.2 Vergabe von Namen 336
16.1.3 Speichern der Mappe als Vorlage MAPPE.XLT 336

Kapitel 17
Betrachtung des Ist-Zustandes **339**

17.1 ABC-Analyse 339
17.2 Errechnen von Häufigkeiten 342
17.2.1 Normierung der Daten 343
17.3 Lebenszyklen 345

Kapitel 18
Der Szenario-Manager **347**

Kapitel 19
Der Solver **355**

19.1 Ausnutzen der Produktionskapazität 355
19.2 Ermittlung der optimalen Bestellmenge 361

Kapitel 20
Bilanz **363**

20.1 Aufbau einer Bilanz 363
20.2 Die Bilanzanalyse 365
20.2.1 Vermögens- und Kapitalstruktur 366
20.2.2 Finanz- und Liquiditätsstruktur 366
20.2.3 Liquiditätsanalyse 367
20.2.4 Rentabilität 368
20.2.5 Cash Flow 369

Kapitel 21
Bewegungsrechnung **371**

21.1 Liquiditätsplanung 371
21.1.1 Liquiditätsgrade 371
21.1.2 Liquiditätskennzahlen 372
21.1.3 Kennzahlen der Kapitalbindung 373

Kapitel 22
Verfahren der Investitionsrechnung **375**

22.1 Statische Verfahren 376
22.1.1 Kostenvergleichsrechnung 376
22.1.2 Gewinnvergleichsrechnung 377
22.1.3 Amortisationsrechnung 377
22.1.4 Rentabilitätsrechnung 378
22.2 Dynamische Verfahren 379
22.2.1 Kapitalwertmethode 379
22.2.2 Interne Zinsfußmethode 381
22.2.3 Annuitätenmethode 383
22.3 Investitionssicherung durch vorausschauende Planung 384

Kapitel 23
Kapitalflussanalyse **387**

23.1 Kapitalflussrechnung 387
23.2 Die Brutto-Kapitalflussrechnung 389

Kapitel 24
Gewinnschwellenanalyse einmal anders **391**

Teil 3
Automatisierung von Excel Arbeiten mit VBA-Makros **401**

Kapitel 25
Die Programmiersprache VBA **403**

25.1 Was sind Makros 403
25.2 Was ist VBA? 403
25.3 Welche Makros gibt es? 404
25.4 VBA-Makros aufzeichnen 405
25.5 Aufgezeichnete Makros bearbeiten 407
25.5.1 Warum eine Nachbearbeitung? 408

Kapitel 26
Objekte, Methoden, Eigenschaften und Ereignisse **411**

26.1 Eigenschaften 412
26.2 Methoden 413
26.3 Ereignisse 414
26.4 Die Umsetzung 414
26.5 Schreiben von Befehlsmakros 415
26.5.1 Variable, ihre Deklaration und ihre Bedeutung 415
26.5.2 Schreiben eines Befehlsmakros 420
26.5.3 Eingabe des Befehlscodes 421
26.6 Schreiben von Funktionsmakros 423

Kapitel 27
Steuerelemente auf Tabellenblättern **427**

Kapitel 28
Erstellen eigener Funktionen **435**

28.1 Dezimalzeit 435
28.1.1 Umrechnung von Normalzeit in Dezimalzeit 435
28.1.2 Umrechnung von Dezimalzeit in Normalzeit 436
28.2 Berechnen der Feiertage 436

Kapitel 29
Erstellen eigener Programme **443**

29.1 Mit Makros konsolidieren 443
29.2 Datenimport aus einer Textdatei 448
29.2.1 Öffnen der Textdatei 448
29.2.2 Ergänzung fehlender Daten per Makro 452
29.3 Datenanalyse mit der PivotTable 454
29.3.1 Darstellung in einer zweidimensionalen Tabelle 454
29.3.2 Weitere Möglichkeiten der Gruppierung 464
29.3.3 Arbeiten mit anderen Funktionen 466
29.4 Beschriften eines XY-Diagramms 471

29.5 Kleine Helfer 476
29.5.1 Zahlen in Zellen addieren 476
29.5.2 Text in Datum umwandeln 477

Kapitel 30
Automatische Ausführung von Makros **479**

30.1 Funktionsweise und Einsatz von Auto-Makros 479
30.1.1 Automatische Prozeduren auf Mappen-Ebene 479
30.1.2 Automatische Prozeduren auf Tabellen-Ebene 480
30.1.3 Erzeugen von Ereignis-Prozeduren (Excel 5.0 / 95) 482
30.2 Ereignisse von Workbook und Worksheet 483

Kapitel 31
Arbeiten mit Dialog- und Listenfeldern **487**

31.1 Die Dialogfelder MsgBox und InputBox 487
31.1.1 Die MessageBox 487
31.1.2 Die InputBox 489
31.2 Eingebaute Dialogfelder 494
31.3 Arbeiten mit Steuerelementen 495
31.3.1 Arbeiten mit dem Dreh-Feld (Symbolleiste Formular) 496
31.3.2 Arbeiten mit dem Dreh-Feld (Symbolleiste Steuerelement-Toolbox) 497

Kapitel 32
Programmgesteuertes Erstellen von eigenen Symbolleisten **499**

32.1 Die eigene Symbolleiste 499
32.2 Hilfe durch den eigenen Assistenten 501
32.3 Symbolleisten auflisten 504
32.4 Auflisten der vorhandenen Symbole 505

Kapitel 33
Merkwürdigkeiten **509**

33.1 Wie genau rechnet Excel? 509

Anhang A
Integrierte Dialogfeld-Argumentlisten **511**

Stichwortverzeichnis **523**

Vorwort

Vor Ihnen liegt die zweite Auflage des Buchs Excel für Controller. Nachdem die erste Auflage zweimal nachgedruckt werden musste, hat der Erfolg dieses Buches alle Erwartungen übertroffen. Dafür danke ich allen meinen Lesern.

Nachdem Excel 5.0 und Excel 95 nun allmählich durch Excel 97 und Excel 2000 verdrängt worden sind, war es an der Zeit, »meine« Controller auf die neuen Möglichkeiten und Vorzüge von Excel 2000 aufmerksam zu machen.

»Meine« Controller zu schreiben erlaube ich mir, weil ich diese Zielgruppe in vielen Excel-Seminaren schulen durfte und sie mir wichtige Fragen stellten, die nun als Antwort Niederschlag in diesem Buch finden. Vielen Dank!

Und wenn ich gerade schon beim Danke sagen bin, ein besonderer Dank gehört natürlich auch meinem Lektor, Herrn Christian Schneider, der mit viel Geduld und sanftem Druck zum – wenn auch etwas späten – Erscheinen dieser 2. Auflage beitrug.

Wie bereits in der ersten Auflage versuche ich Ihnen die umfangreiche Materie locker zu vermitteln. Ich hoffe, dass Sie auf die Fragen, die Sie zu Excel haben, einen Großteil von Antworten in diesem Buch finden.

Wenn Sie bereits mit Excel gearbeitet haben, finden Sie hier Lösungen, die zeigen, wie es einfacher und auch schneller geht.

Auch dieses Mal habe ich die Informationen in drei Teile gegliedert.

- Der erste Teil beschäftigt sich mit einer Wiederholung und Vertiefung von Grundlagen, wobei natürlich nicht an Tipps und Tricks gespart werden soll.
- Der zweite Teil wird dem Titel des Buches gerecht. In diesem fachlichen Teil zeige ich die Lösung von Controlling-Aufgaben mit Hilfe von Excel.
- Der dritte Teil zeigt, wie sich Aufgaben automatisieren lassen. Mit Hilfe der mächtigen Makrosprache Visual Basic for Application oder abgekürzt VBA lassen sich wiederkehrende Aufgaben programmgesteuert abarbeiten und damit stark vereinfachen.

Wie bereits erwähnt ist dieses Buch nicht für den Excel-Einsteiger gedacht, sondern soll dem Excel-Anwender langes Suchen in Hand- und sonstigen Büchern ersparen.

Da stark auf kaufmännische Belange bei der Arbeit mit Excel eingegangen wird, ist ein kaufmännisches Grundverständnis erforderlich. Dies gilt in besonderem Maße für den zweiten Teil des Buches. Allerdings finden natürlich auch andere Excel-Anwender Anregungen und wichtige Informationen.

Dieses Buch soll auch als Nachschlagewerk für die Erledigung bestimmter Aufgabenstellungen dienen. Sie müssen es also nicht von Anfang bis Ende durchlesen werden, um den Inhalt zu erfassen. Allerdings handeln die einzelnen Kapitel jeweils eine zusammengehörende Aufgabenstellung ab, die dann als Ganzes gelesen werden sollte.

Die aktuelle Excel-Version ist Excel 2000. Aber auch die direkte Vorgängerversion Excel 97 wird in diesem Buch noch abgehandelt. Excel 2000 und Excel 97 sind kompatibel, was für die Mappen und im weitesten Sinne auch für die VBA-Makros gilt. Dennoch sind kleine Unterschiede speziell bei VBA vorhanden.

Bei der Arbeit mit diesem Buch und der Lösung Ihrer Excel-Probleme wünsche ich Ihnen viel Erfolg und natürlich auch ein bisschen Vergnügen.

Reutlingen, im Februar 2001 — Wolfram E. Mewes

Teil 1: Tipps und Kniffe

1 Kleine Einstiegshilfen

In Excel gibt es, wie in allen anderen Microsoft-Programmen auch, eine Vielzahl von Tastenkombinationen. Viele sehr nützliche und fast ebenso viele, die man sich einfach nicht merken kann. Tastenkombinationen merkt man sich eigentlich immer nur dann, wenn man sie häufig benötigt und dann auch verwendet, oder durch eine kleine Eselsbrücke. Ich werde Ihnen zum einen diese kleine Merkhilfe geben und zum anderen diese Tastenkombinationen in Verbindung vorgestellter Beispiele erwähnen.

Das schiere Auswendiglernen von Tastenkombinationen halte ich nicht für sehr sinnvoll, da meist mangels Anwendung diese Tastenkombinationen wieder vergessen werden. Meist weiß man lediglich nur noch: Da gab's doch noch ....?

Einige »brauchbare« Tastenkombinationen sollte man sich aber trotz allem merken. Ich werde versuchen, Ihnen hier als Gedankenstütze eine kleine Eselsbrücke zu bauen. Und bei den anderen muss man sich einfach merken, wo sie stehen bzw. die meist ebenfalls vorhandenen Menübefehle verwenden.

1.1 Voreinstellungen

Bevor Sie mit Excel arbeiten, sollten Sie Ihre Arbeitsumgebung so einstellen, dass diese ein optimales Arbeiten gestattet. Drei Dinge sind es, die ich auch in meinen Seminaren den Teilnehmern empfehle. Diese werden alle mit Hilfe des Menübefehls EXTRAS | OPTIONEN eingestellt.

1.1.1 Direkte Zellbearbeitung deaktivieren

In der Registerkarte BEARBEITEN befindet sich das Kontrollfeld DIREKTE ZELLBEARBEITUNG AKTIVIEREN. Dieses Kontrollfeld ist normalerweise angeklickt und gestattet die Bearbeitung einer Formel in der Zelle, in der sich diese Formel befindet. Nun habe ich mich aber seit 1988 und der Excel-Version 2.0 damit abgefunden, dass die Inhalte einer Zelle in der Bearbeitungsleiste geändert werden müssen. Jetzt möchte ich mich auch nicht mehr umstellen. Nein, der Grund, dieses Kontrollfeld zu deaktivieren, ist ein ganz anderer. Ist dieses Kontrollfeld abgewählt, so bewirkt ein Doppelklick mit der Maus auf eine Formelzelle die Markierung der in der Formel bezogenen Zellen. Befinden sich diese Zellen in einer anderen Tabelle, dann wird zu dieser Tabelle gewechselt. Befinden sich diese Zellen in einer nicht geladenen, anderen Mappe, so wird diese Mappe geladen.

Sie sehen, dies ist ein Vorteil, den man nicht so gerne aufgeben möchte.

1.1.2 Markierung nach dem Drücken der Eingabetaste verschieben

Dieses Kontrollfeld finden Sie ebenfalls im Menü EXTRAS | OPTIONEN in der Registerkarte BEARBEITEN. Diese Option haben ich auch sofort verstanden, nachdem ich wusste, was gemeint war. Spaß bei Seite. Wenn Sie einen Wert in eine Zelle eingeben und bestätigen die Eingabe mit der Eingabe-Taste, das heißt Sie drücken auf [↵], so wird der Zellzeiger auf eine andere Zelle gesetzt, die damit zur »Aktiven Zelle« wird. Bei Excel 5.0 war dies immer die nächste Zelle in der gleichen Spalte, ab Excel 7.0 kann die gewünschte Richtung eingestellt werden.

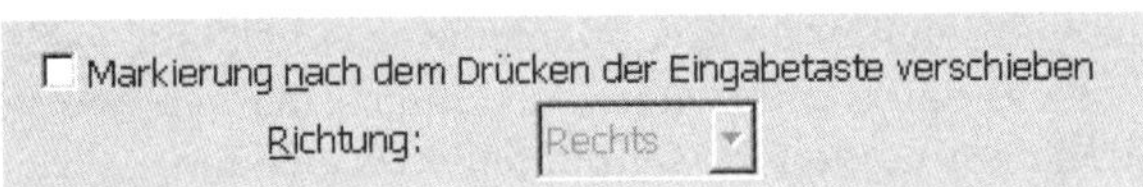

Abbildung 1.1 Markierung nach dem Drücken der Eingabetaste verschieben

Ab Excel 7.0 wählen Sie bei Richtung RECHTS und dann deaktivieren Sie dieses Kontrollfeld. Sie werden sich sicher jetzt fragen, warum erst einstellen und dann abwählen. Diese Einstellung gilt auch, wenn Sie Zellen zur Eingabe markieren und jede Eingabe dann mit der [↵]-Taste bestätigen. Nun wird der markierte Bereich durchlaufen. Zuerst werden die Zellen der aktuellen Zeile aktiviert und dann in die nächste Zeile gewechselt. Ist keine Zelle außer der aktiven Zelle markiert, so wird nun der Zellzeiger nicht bewegt werden und Sie sehen nicht nur die Anzeige, sondern auch den Inhalt Ihrer Eingabe.

1.1.3 Rechnen mit negativen Zeiten

Rechnen mit dem Datumsformat ist sehr einfach. Kein Wunder, hinter dem Datum bzw. der Zeit steht eigentlich eine serielle Zahl. Diese basiert auf dem 1. Januar 1900. Sie können dies recht einfach ausprobieren.

- Geben Sie in eine beliebige Zelle den Wert *1* ein.
- Formatieren Sie diesen Wert mit dem Menübefehl FORMAT | ZELLEN Registerkarte ZAHLEN und wählen bei Kategorie den Eintrag DATUM aus. Dann stellen Sie ein beliebiges Format ein.
- Bestätigen Sie mit OK so sehen Sie als Inhalt der entsprechenden Zelle das Datum 01.01.1900.

So können Sie beispielsweise feststellen, wie viele Tage seit Beginn des Jahrhunderts bis zum heutigen Datum vergangen sind. Oder wie viele Tage seit dem Ausgang einer Rechnung. Oder...

Sie sehen, es gibt viele Möglichkeiten, mit dem Datum zu rechnen. Das ist alles relativ problemlos, solange das Ergebnis positiv ist. Wird es negativ, so erscheint in der betreffenden Zelle eine Fehlermeldung, dargestellt durch das Rautensymbol.

- Dieses Problem kann jedoch recht einfach beseitigt werden. Dazu bedarf es nur der Umstellung des Datumsformats im Register BERECHNEN, das durch den Menübefehl EXTRAS | OPTIONEN aufgerufen wird.
- In diesem Register aktivieren Sie im Bereich ARBEITSMAPPE das Kontrollfeld 1904-DATUMSWERTE.

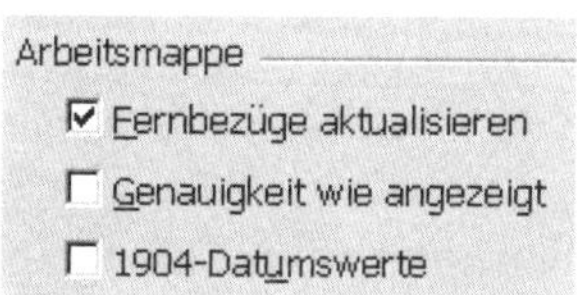

Abbildung 1.2 Datumsformat umstellen

Die Basis der Berechnung ist nun der 01.01.1904. Begonnen wird aber mit der Ziffer 0. Das heißt in der Zelle, in der wir den Wert 1 eingetragen haben, steht jetzt der 02.01.1904.

Zu einem richtigen Ergebnis gelangen Sie auch dann, wenn Sie die Ergebniszelle, die automatisch als Datum formatiert wird, mit einem Standard oder Zahlenformat versehen.

1.1.4 Gefährliche Einstellungen

Rechnen Sie mit drei Nachkommastellen, lassen sich aber nur zwei Nachkommastellen anzeigen, so kommt es zu scheinbaren Fehlern. Geben Sie beispielsweise den Wert 123,456 in zwei Zellen ein und addieren diesen Wert, so ist die Welt noch in Ordnung. Sobald Sie aber diese beiden Zellen und die Ergebniszelle auf die Anzeige von zwei Nachkommastellen formatieren, sieht die Ausgabe so aus:

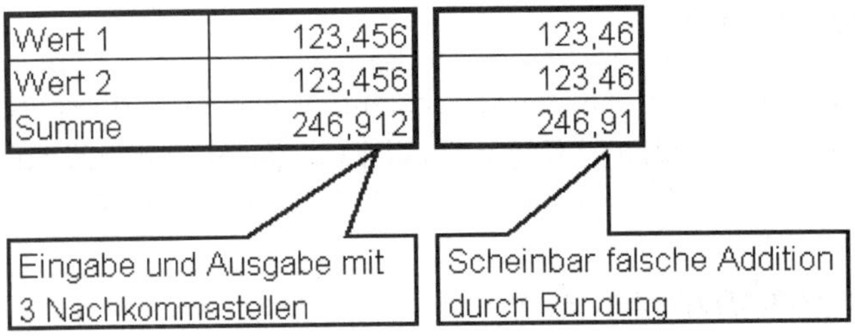

Abbildung 1.3 Scheinbar falsche Addition durch gerundete Darstellung

Nun gibt es eine Einstellmöglichkeit in den Optionen, mit der sich dieses Problem anscheinend lösen lässt:

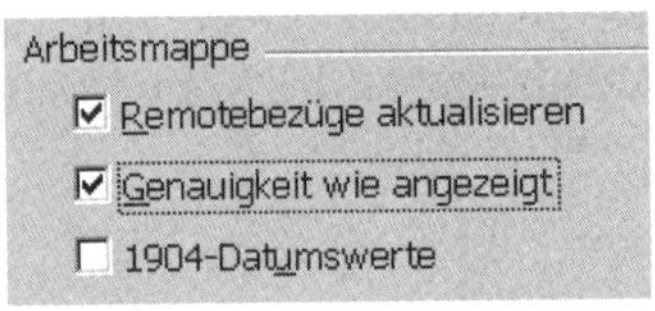

Abbildung 1.4 Genauigkeit wie angezeigt

Vielleicht ist Ihnen diese Einstellmöglichkeit eben schon bei der Einstellung des Datums aufgefallen. Aber die Option hat es in sich. Excel warnt zwar, aber weil erfahrungsgemäß nicht immer alle Warnmeldungen mit der ihnen gebührenden Aufmerksamkeit gelesen werden, weise ich hier nochmals besonders darauf hin.

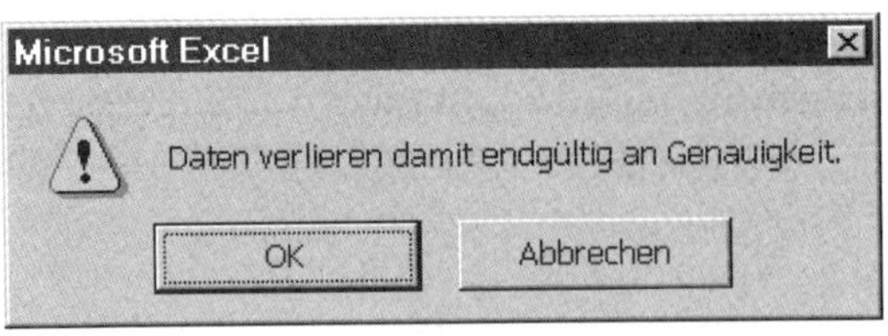

Abbildung 1.5 Warnmeldung: Daten verlieren endgültig an Genauigkeit

Nun wird wieder »richtig« addiert, da die Basiswerte geändert wurden:

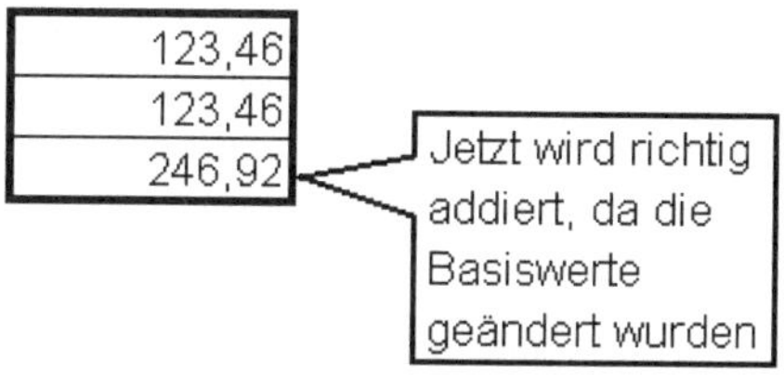

Abbildung 1.6 Richtige Addition

📖 Vergessen Sie aber auf keinen Fall, diese Einstellung wieder zurückzusetzen. Zwar gilt sie nur für diese Mappe und nicht generell. Aber sie kann trotzdem viel Unheil anrichten.

1.2 Tastenkombinationen

1.2.1 Eingabe des aktuellen Datums

Stellen Sie sich vor, es ist Montag, die Sonne scheint und Sie erstellen eine neue Tabelle in Excel. Damit auch innerhalb der Tabelle dokumentiert wird, wann die Tabelle erstellt wurde, geben Sie das Tagesdatum ein. Doch halt, den wie vielten haben wir denn heute? Apropos `Heute`, die Funktion `=Heute()` fügt zwar das Tagesdatum von heute ein, aktualisiert es aber bei jedem Aufruf.

Generell gilt für Tastenkombinationen: Es wird zur Ausführung die [Strg]-Taste benötigt. Außerdem wissen Sie, dass bei kurzer deutscher Schreibweise der Tag, der Monat und das Jahr durch einen Punkt getrennt werden.

⌨ Drücken Sie also die [Strg]-Taste, halten diese gedrückt und klicken dann auf die Taste [.] (Punkt) auf Ihrer Tastatur. Daraufhin wird in der aktiven Zelle das Tagesdatum eingefügt. Genauer gesagt das System-Datum Ihres Rechners.

1.2.2 Eingabe der aktuellen Uhrzeit

Um dokumentieren zu können, wann eine bestimmte Datei erstellt wurde oder zu welchem Zeitpunkt die letzte Aktualisierung der Daten erfolgte, wird der Zeitpunkt des Updates benötigt. Auch hier gibt es eine Funktion `=Jetzt()` und eine Tastenkombination. Bei Zeiten, insbesondere Uhrzeiten, werden die Stunden von den Minuten durch einen Doppelpunkt getrennt. Den Doppelpunkt erzeugen wir durch einen Klick auf die Punkttaste, bei gleichzeitiger Betätigung der [⇧]-Taste. Die [⇧]-Taste, auch Shift-Taste genannt, schaltet die Tastatur auf die zweite Belegungsebene um, also beispielsweise von Klein- auf Großschreibung.

- Drücken Sie nun die [Strg]- und die [⇧]-Taste, halten beide gedrückt und klicken dann auf die Taste [.] (Punkt) auf Ihrer Tastatur, so wird in der aktiven Zelle die Uhrzeit eingefügt.

1.2.3 Mehrere Zellen mit dem gleichen Inhalt füllen

Kenne ich, werden Sie vielleicht sagen, dazu gibt es ja die Möglichkeiten des Drag&Drop. Oder die Tastenkombination [Strg]+[<], mit der der Inhalt der aktiven Zelle in die untereinander stehenden und ebenfalls markierten Zellen eingefügt werden soll. Übrigens: [Strg]+[⇧]+[<] fügt nach rechts ein. Nein, diese Tastenkombinationen meine ich im Moment nicht.

- Markieren Sie den gewünschten Bereich, der mit einem Vorgabewert gefüllt werden soll.
- Geben Sie in die aktive Zelle Ihren Standardwert ein, aber bestätigen Sie nicht mit [↵]
- Bestätigen Sie die Eingabe mit der Tastenkombination [Strg]+[↵].

Der markierte Bereich wird mit dem Standardwert ausgefüllt.

1.2.4 AutoAusfüllen

Es gibt die Möglichkeit, Werte, die auch in der Benutzerliste der Registerkarte OPTIONEN | AUTOAUSFÜLLEN stehen, durch Ziehen des Griffs nach unten auszufüllen. Dies ist sicherlich den meisten Anwendern bekannt, soll jedoch hier nochmals kurz rekapituliert werden. Anschließend zeige ich Ihnen eine Technik, die noch schöner, schneller und eleganter einzusetzen und die nicht so bekannt ist.

Wenn Sie sich die aktive Zelle genau betrachten, sehen Sie in der rechten unteren Ecke ein kleines schwarzes Quadrat, das Griff genannt wird.

Abbildung 1.7 Aktive Zelle mit Griff

- Sobald Sie den Mauszeiger auf diesen Griff setzen, verwandelt dieser sich von dem fetten, weißen Kreuz in ein dünneres schwarzes Kreuz.

- Geben Sie in die aktive Zelle den Wert *100* ein, setzen wie beschrieben den Mauszeiger auf den Griff und ziehen die Maus bei gedrückter linker Maustaste nach unten. Lassen Sie die Maustaste dann los, sehen Sie im markierten Bereich überall den Wert 100.
- Möchten Sie die Werte wieder löschen, klicken Sie bei markiertem Bereich wieder auf den Griff und bewegen die Maus (bei gedrückter Taste) nach oben. Die Zellen werden grau, lassen Sie die Maustaste los, sind die Werte in den grauen Zellen gelöscht.

Es kommt aber noch viel besser.

- Schreiben Sie unter den Wert 100 den Wert *150*.
- Markieren Sie beide Zellen wie vorstehend beschrieben.
- Klicken Sie dann auf den *Griff* und ziehen die Maus nach unten. Nach Loslassen der Maustaste erscheinen im markierten Bereich die Werte 100, 150, 200, 250 ....

Was mit Zahlen geht, gilt auch für bestimmte Datentypen:

- Schreiben Sie Montag in eine Zelle, klicken auf den *Griff* und ziehen die Maus nach unten.
- Versuchen Sie dies auch mit dem *Datum*, mit *Quartal 1*, mit *Januar* und mit der *Uhrzeit*.

All diese Datentypen sind vorhersehbar und wiederholen sich in einem gewissen Abstand.

- Verwenden Sie auch Abkürzungen dieser Datentypen, wie *Q1* oder *Mon*.

Sie können aber auch eigene Reihen bilden. Rufen Sie hierzu das bereits erwähnte Registerblatt AUTOAUSFÜLLEN auf.

- Wählen Sie den Menübefehl EXTRAS | OPTIONEN | AUTOAUSFÜLLEN.

Die Vorgehensweise gestaltet sich dabei recht einfach. Ist bei BENUTZERDEFINIERTE LISTEN: der Eintrag NEUE LISTE markiert, so können in das Eingabefeld LISTENEINTRÄGE: die gewünschten Inhalte eingegeben werden.

Mit HINZUFÜGEN wird diese neue Liste übernommen, wobei das REGISTERBLATT zur Eingabe weiterer Einträge geöffnet bleibt.

Mit OK werden die Einträge ebenfalls übernommen, dabei wird die Registerkarte allerdings geschlossen.

LISTE AUS ZELLEN IMPORTIEREN bewirkt, dass die markierten Zellen als Liste in LISTENEINTRÄGE: übernommen werden. Durchgeführt wird dies durch die Schaltfläche IMPORTIEREN.

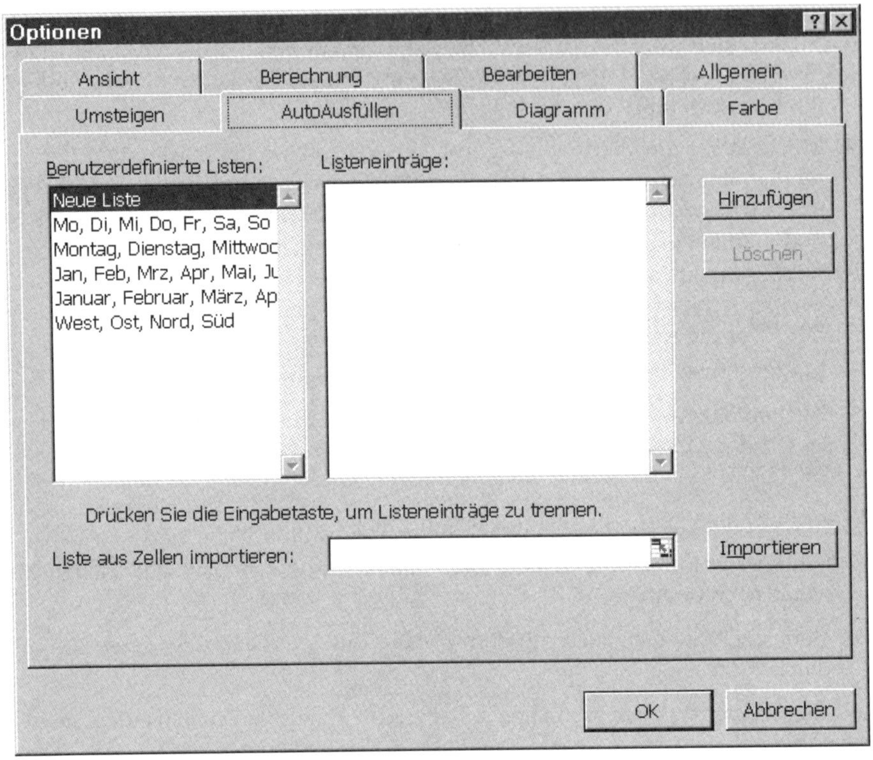

Abbildung 1.8 Registerkarte AutoAusfüllen

So, nun zu dem Kniff, den ich Ihnen verraten möchte. Angenommen, Sie haben nun bereits eine Reihe nach unten ausgefüllt. Dabei ist es nicht wichtig, welche Werte diese Zellen beinhalten. Wichtig ist nur, dass sich neben der Zahlenreihe eine leere Spalte befindet, an die keine anderen ausgefüllten Zellen angrenzen.

Geben Sie beispielsweise den Monatsnamen *Januar* ein und klicken doppelt auf den Griff.

Nun wird automatisch eine Reihe nach unten ausgefüllt, die sich in der Länge den daneben befindlichen Daten anpasst.

1.2.5 Schnelles Markieren

Die schnellste und einfachste Möglichkeit, einen zusammenhängenden Bereich zu markieren, besteht in der Tastenkombination [Strg]+[*]. Zusammenhängend bedeutet, dass sich die ausgefüllten Zellen entweder an der Kante oder der Fläche berühren.

Um ab einer bestimmten Zelle den Rest eines ausgefüllten Bereichs zu markieren, lässt sich dies mit den Tastenkombinationen [Strg]+[⇧]+[↓] bzw. [Strg]+[⇧]+[→] bewerkstelligen. Die erste Tastenkombination bewegt, wie der Pfeil schon andeutet, nach unten, die zweite nach rechts. Durch die gedrückte [⇧]-Taste wird der Bereich markiert.

Eine Möglichkeit alles, bis zur letzten Zelle, in der ein Wert steht, zu markieren, ist die Tastenkombination [Strg]+[⇧]+[Ende]. Damit werden ab der aktiven Zelle alle Zellen markiert. Leider besitzt diese Möglichkeit einen Schönheitsfehler. Excel »merkt« sich die letzte Zelle auch dann, wenn der Wert aus der Zelle wieder gelöscht wurde. Wird aber die Tabelle gespeichert und wieder geladen, wird wieder die letzte ausgefüllte Zelle angesprungen.

1.2.6 Navigieren durch Klick auf den Zellenrand

Um sich mit Hilfe der Maus in einem zusammenhängenden Bereich zu bewegen, klicken Sie einfach auf den Rand der aktiven Zelle. Ein Doppelklick auf den unteren Rand bewegt den Zellzeiger nach unten in die letzte ausgefüllte Zelle des Bereichs. Sinngemäß gilt dies natürlich auch für die Bewegung nach rechts, links und oben. Auch hier gilt wieder: Der Bereich wird markiert, wenn die [⇧]-Taste gedrückt wird.

1.2.7 Die schnelle Namensvergabe

Wollen Sie wirklich effizient mit Excel arbeiten, so kommen Sie um die Vergabe von Zellnamen nicht herum. Zellnamen lassen sich auf verschiedene Weise vergeben. Ich zeige Ihnen nachstehend die drei gebräuchlichsten Möglichkeiten. Doch zuerst, wozu benötigt man Zellnamen? Angenommen, Sie reizen die Möglichkeiten von Excel voll aus, so können Sie 255 Tabellenblätter in einer Mappe anlegen. Das bedeutet aber auch, die Zelle A1 (und natürlich alle anderen Zellen) existiert ebenfalls 255-mal. Um diese Zelle exakt zu beschreiben, müssen Sie jedes Mal auch den Namen der Tabelle mit angeben.

Einfacher funktioniert dies bei der Vergabe eines Zellnamens. Dieser Zellname ist in dieser Mappe einzigartig, kommt also nur ein einziges Mal vor.

- Um einen Namen für eine Zelle oder auch für einen Zellbereich festzulegen, markieren Sie die Zelle bzw. den Zellbereich.
- Möglichkeit 1: Sie klicken das Namenfeld an (oben links in der Tabelle, beinhaltet momentan die Bezeichnung der aktiven Zelle) und geben den neuen Namen ein. Zur Bestätigung verlassen Sie dieses Feld mit [↵].
- Möglichkeit 2: Sie wählen den Menübefehl EINFÜGEN | NAMEN | FESTLEGEN. Steht links neben oder über der Zelle ein Text, so wird dieser Text als Name vorgeschlagen. Vorausgesetzt natürlich, ein solcher Name existiert noch nicht. Vorgeschlagen wird übrigens standardmäßig in der Reihenfolge

Links, Oben. Diesen vorgeschlagenen Namen müssen Sie natürlich nicht akzeptieren, genauso wenig wie den vorgeschlagenen Bereich, der bei *Bezieht sich auf* resultierend auf Ihrer Markierung vorgeschlagen wurde.

- Möglichkeit 3: Diese Möglichkeit empfiehlt sich insbesondere dann, wenn Zeilen- und Spaltenbezeichner bereits existieren. Markieren Sie dann den entsprechenden Bereich einschließlich der Zeilen- und Spaltenbezeichner und führen die Tastenkombination [Strg]+[⇧]+[F3] aus. Das heißt Sie müssen die beiden ersten Tasten drücken und gedrückt halten und dann kurz die letzte Taste drücken.

Daraufhin erscheint die folgende Dialogbox, die Ihnen vorschlägt, die Namen aus der linken Spalte und der obersten Zeile zu übernehmen. Gemeint sind hier natürlich die linke Spalte oder oberste Zeile der Markierung.

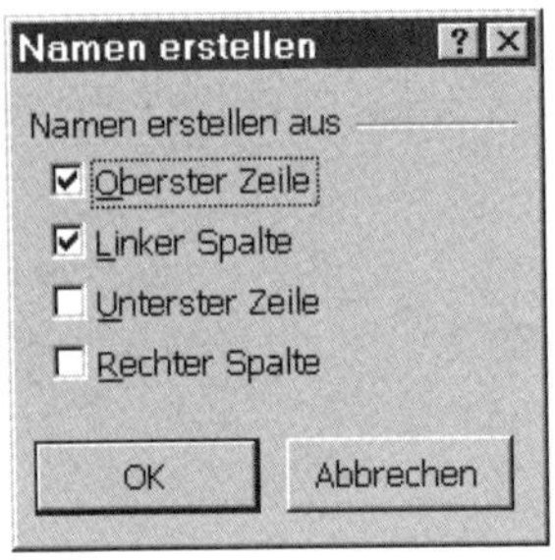

Abbildung 1.9 Namen erstellen

- Klicken Sie auf OK, so werden diese Namen automatisch erstellt.

1.3 Formatierung

1.3.1 Zellen als Datum formatieren

Soll in eine Zelle ein beliebiges Datum des aktuellen Jahres eingegeben werden, so genügt es, den Tag, einen Punkt und den Monat einzugeben. Meist erfolgt aber diese Eingabe in eine unformatierte Zelle, die durch diese Eingabe formatiert wird. Excel verwendet für diese Formatierung das Format, das der Eingabe am ähnlichsten ist. Und dies ist leider das Format *TT.MMM* und meist ungeeignet. Um den umständlichen Weg über FORMAT | ZELLEN | ZAHLEN zu vermeiden, verwenden Sie einfach die Tastenkombination [Strg]+[⇧]+[§]. Nun wird das Datum im Format *TT.MMM.JJ* formatiert, ein für die meisten Fälle brauchbares Format. Diese Angaben gelten für die Gebietsschema-Einstellung Deutsch (Deutschland). Bei abweichenden Einstellungen wie beispielsweise Deutsch (Schweiz) können sich auf Grund der anderen Datumsformatierung Unterschiede ergeben.

Haben Sie schon einmal probiert, in einer Zelle beispielsweise ein Datum gleichzeitig links- und rechtsbündig zu formatieren? Sie meinen, das geht nicht! Doch, mit einem kleinen Kniff ist auch das in Excel möglich.

Um ein Datum oder einen Text in einer Zelle gleichzeitig links- und rechtsbündig zu formatieren, verwendet man das Zeichen *. So soll das Datum mit ausgeschriebenem Monat und Jahr in einer Zelle dargestellt werden. Dabei soll der Monat linksbündig und das Jahr rechtsbündig angezeigt werden.

- Markieren Sie die zu formatierenden Zellen.
- Wählen Sie den Menübefehl FORMAT | ZELLEN und dann die Registerkarte ZAHLEN.
- Wählen Sie BENUTZERDEFINIERT bei KATEGORIE. Geben Sie dann bei Formate das nachfolgende Format ein:

MMMM JJJJ,* also viermal den Großbuchstaben M, dann ein Sternchen, ein Leerzeichen und viermal den Großbuchstaben J. Vergleichen Sie Ihre Eingabe mit der nachfolgenden Darstellung:

	A	B	C
1	Soll-Ist-Vergleich		
2	Rollierender Plan		
3			
4	Monate / Jahr	Soll	Ist
29	Januar 2000	170,0 T€	169,0 T€
30	Februar 2000	170,0 T€	172,5 T€
31	März 2000	170,0 T€	172,7 T€
32	April 2000	170,0 T€	168,7 T€
33	Mai 2000	170,0 T€	170,9 T€
34	Juni 2000	170,0 T€	171,3 T€
35	Juli 2000	170,0 T€	169,6 T€
36	August 2000	170,0 T€	173,8 T€
37	September 2000	170,0 T€	169,4 T€
38	Oktober 2000	170,0 T€	173,5 T€
39	November 2000	170,0 T€	174,6 T€
40	Dezember 2000	170,0 T€	175,6 T€

Abbildung 1.10 Gleichzeitig links- und rechtsbündig formatieren

1.3.2 Als € formatieren

Das meistbenötigte Format bei der Arbeit mit Tabellen ist das Währungsformat, in Deutschland also meist das €-Format. Selbstverständlich gibt es für dieses Format dann auch eine Tastenkombination. Diese lässt sich mit einer Eselsbrücke ebenfalls recht einfach merken. Das US-amerikanische Währungssymbol befand sich auch schon bei Schreibmaschinen auf der Standardtastatur. Zur Betätigung musste die [⇧]-Taste in Verbindung mit der Taste [4] gedrückt werden. Um eine Zelle oder einen Zellbereich mit dem Standard-Währungsformat des Betriebssystems formatieren zu können, muss nun lediglich noch zusätzlich die [Strg]-Taste gedrückt werden. Also bewirkt die Betätigung von [Strg]+[⇧]+[4] die Formatierung der markierten Zellen im Währungsformat. Auch diese Einstellungen gelten nur für die Gebietsschema-Einstellung Deutsch (Deutschland).

So weit, so gut. Aber was machen Sie, wenn die Werte, die Sie darstellen wollen, sich im 100.000er-, Millionen- oder gar Milliarden-Bereich befinden? Auch hier gibt es einen Kniff, den ich Ihnen hier vorstelle:

Wählen Sie den Menübefehl FORMAT | ZELLEN | ZAHLEN und wählen dann bei KATEGORIE *Benutzerdefiniert* aus. Klicken Sie dann bei FORMATE auf das Format *#.##0* und geben dann über die Tastatur hinter der 0 ein: *,0." T€"*.

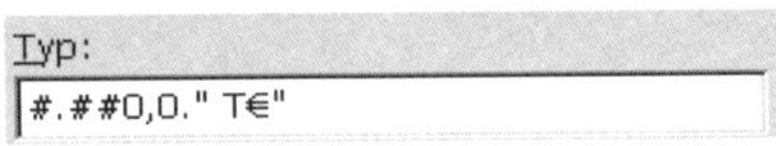

Abbildung 1.11 T€-Format erstellen

Der hinter der Null eingegebene Punkt bewirkt das Verschieben des Dezimalpunktes um 3 Stellen nach links. Die in Anführungszeichen eingegebene Bezeichnung dient nur der Klarstellung. Wollen Sie nun Millionen- oder Milliardenwerte kompakt darstellen, so geben Sie einfach zwei bzw. drei Punkte nach der Null ein. Die Genauigkeit der Werte bleibt bei dieser Art der Formatierung selbstverständlich erhalten. Ein interessanter Nebeneffekt ergibt sich im Übrigen bei der Darstellung der Zahlen in einem Diagramm. Die in der Y-Achse dargestellten Werte erscheinen im gleichen Format und nehmen nicht wie bisher einen Großteil des Diagramms ein.

1.4 Interessante Formate

1.4.1 Stunden addieren

Wenn Sie Stunden in Excel addieren wollen, so werden Sie feststellen, dass Sie nicht über 24 Stunden hinauskommen. Denn eigentlich sind es Zeitangaben, die Sie addieren. Mit einem kleinen Kniff können Sie aber dennoch zum gewünschten Ergebnis gelangen. Verwenden Sie hierzu das Format *[h]:mm*

Wie Sie der folgenden Abbildung entnehmen können, werden Stunden addiert. Das Ergebnis der linken Spalte wurde nicht formatiert. Es werden keine über 24 Stunden hinausgehenden Werte angezeigt. In der rechten Spalte wurde das Ergebnis mit dem abgebildeten Format formatiert. Die gesamten Stunden werden angezeigt.

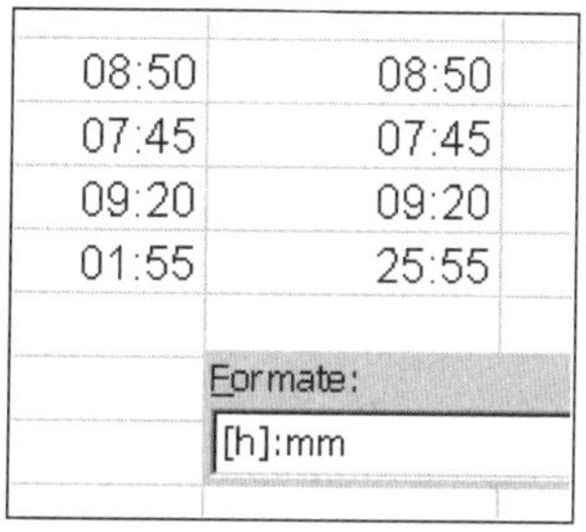

Abbildung 1.12 Addieren mit und ohne spezielle Formatierung

1.4.2 Werte verstecken

Nehmen wir einmal an, in Ihrer Tabelle befinden sich Faktoren, die nicht auf den ersten Blick sichtbar sein sollen. Hierzu formatieren wir die fragliche Zelle folgendermaßen:

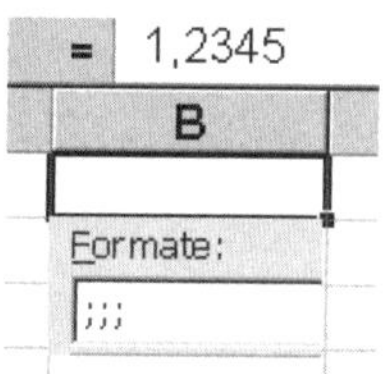

Abbildung 1.13 Werte ausblenden

Die Formatierung besteht aus drei Strichpunkten (;;;) damit wird der Wert in der Zelle ausgeblendet. Aber in der Eingabeleiste ist der Inhalt der Zelle noch sichtbar. Um auch hier den Wert zu verstecken, bedarf es der folgenden Maßnahmen. Wählen Sie den Menübefehl FORMAT | ZELLEN und dann die Registerkarte SCHUTZ. Hier klicken Sie das Kontrollfeld FORMEL AUSBLENDEN an.

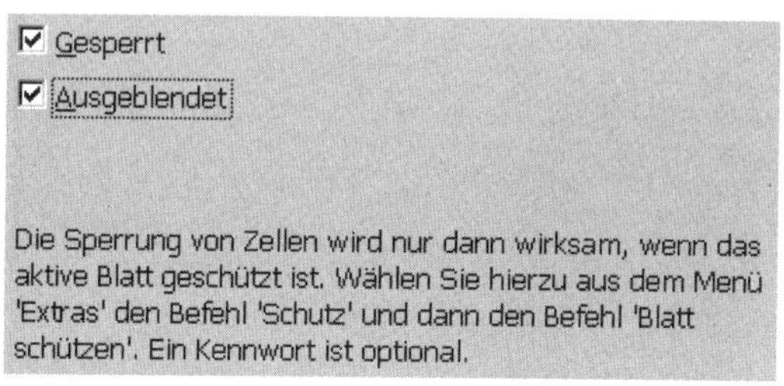

Abbildung 1.14 Formeln ausblenden

Nun muss noch die Mappe geschützt werden. Dies erledigen Sie mit dem Menübefehl EXTRAS | SCHUTZ | BLATT. Der Wert ist nun auch in der Eingabezeile nicht mehr zu sehen.

1.4.3 Werte in Abhängigkeit ihres Inhalts farbig darstellen

Diese Technik lässt sich noch etwas weiter ausbauen. Die drei Strichpunkte, die wir im vorherigen Beispiel für die Formatierung verwendet haben, trennen die Formatierung für die positiven, negativen und Null-Werte voneinander. Da wir keine Formatierung eingegeben hatten, konnten auch keine Werte dargestellt werden.

Nun sollen in einer Zelle in Abhängigkeit der eingegebenen Werte die positiven Werte grün, die negativen Werte rot und die neutralen Werte blau dargestellt werden.

Geben Sie bei FORMAT | ZELLEN in der Registerkarte ZAHLEN das folgende Format ein:

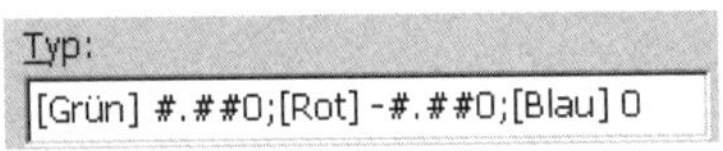

Abbildung 1.15 Formatierung in Abhängigkeit vom Inhalt

Nun werden je nach Eingabe die Werte grün, rot oder blau dargestellt.

Übrigens sind ab Excel 97 diese vorstehend gezeigten Möglichkeiten standardmäßig unter der Bezeichnung BEDINGTE FORMATIERUNG im Menü FORMAT vorhanden. Auf diese Möglichkeiten werde ich später in diesem Buch noch eingehen.

Was sonst noch wichtig ist

2

2.1 Die Matrix-Operation

Angenommen, Sie wollen Bereiche innerhalb der Tabelle miteinander multiplizieren und das Ergebnis dann summieren. Aber Sie benötigen die Zwischenergebnisse nicht. Welche Möglichkeit haben Sie?

Die Antwort ist einfach, verwenden Sie eine Matrix-Operation!

Wie das geht? Angenommen, Sie wollen Werte, die in zwei Spalten stehen, miteinander multiplizieren und die Ergebnisse summieren. Aber eigentlich interessiert Sie nur die Summe und nicht die Einzelergebnisse, die aus irgendwelchen Gründen in der Berechnung auch nicht auftauchen sollen. Die Lösung heißt Matrix-Operation.

- Geben Sie entsprechend der nachstehenden Abbildung in die Zellen *B2* bis *B4* die Werte 10, 20 und 30 und in die Zellen *C2* bis *C4* die Werte 50, 100 und 150 ein.
- Wählen Sie die Zelle *E3* aus und klicken dann auf das SUMMENSYMBOL in der Symbolleiste.
- Markieren Sie den Bereich *B2* bis *B4*.
- Klicken Sie auf das Mal-Zeichen [*].
- Markieren Sie den Bereich *C2* bis *C4*.
- Beenden Sie den Vorgang durch gleichzeitige Betätigung der Tasten [Strg]+[⇧]+[↵].

Das Ergebnis müsste der nachstehenden Abbildung entsprechen.

Einen praxisnahen Einsatz zeigt auch das Beispiel Mittelwert im folgenden Kapitel.

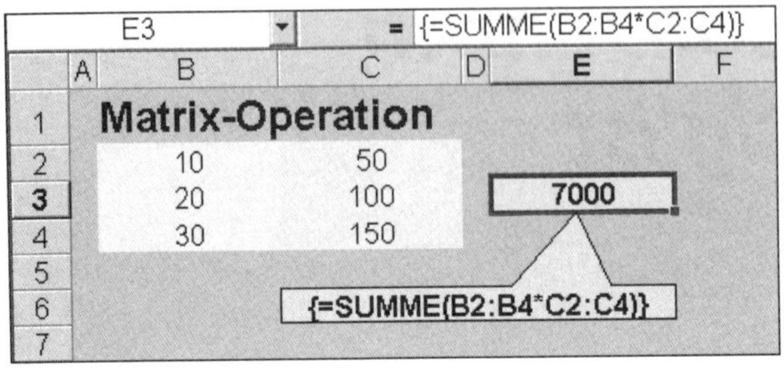

Abbildung 2.1 Matrix-Operation

2.2 Mittelwert ohne Berücksichtigung von Nullwerten

Vielleicht ist Ihnen das auch schon mal passiert? Sie wollen einen Mittelwert bilden, allerdings beruhen die Basiszahlen auf Formeln, die eventuell als Ergebnis einen Nullwert liefern können. Ist dies der Fall, so soll dieser Nullwert bei der Mittelwertbildung nicht berücksichtigt werden.

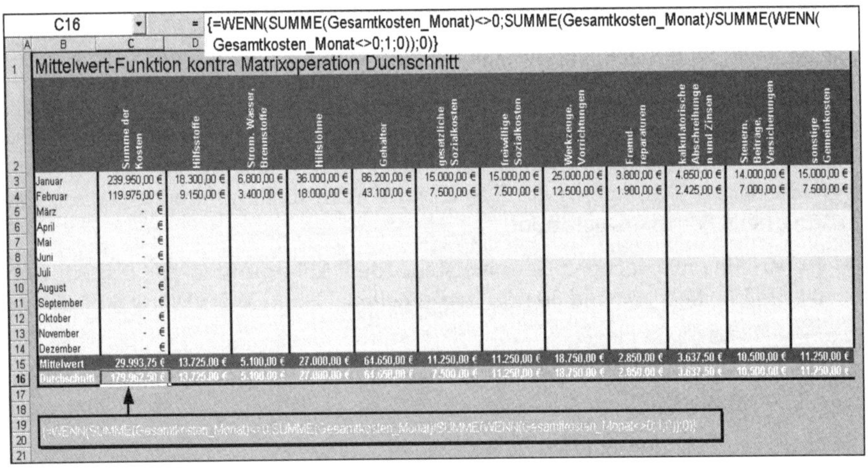

Abbildung 2.2 Matrix kontra Mittelwert

Wie Sie mit einem Blick erkennen können, beträgt der Durchschnitt der Monate Januar und Februar 180,0 T€. Durchschnitt, so habe ich hier den von mir ermittelten Wert genannt, um ihn von der eingebauten Funktion `Mittelwert` zu unterscheiden. Die Funktion `Mittelwert` errechnet einen Wert von 30,0 T€, da sie alle Positionen zur Bildung des Mittelwerts (fälschlicherweise) heranzieht. Übrigens tragen die Zellen *C3* bis *C14* den Zellnamen `Gesamtkosten_Monat`.

Unsere Matrixfunktion, denn um eine solche handelt es sich hier, geht anders als die Funktion Mittelwert vor.

Die nachstehende Funktion wird nun von innen nach außen aufgelöst:

```
{=WENN(SUMME(Gesamtkosten_Monat)<>0;SUMME(Gesamtkosten_Monat)/SUM-
ME(WENN(Gesamtkosten_Monat<>0;1;0));0)}
```

Alle Werte, die im Zellbereich `Gesamtkosten_Monat` enthalten sind, werden addiert:

```
SUMME(Gesamtkosten_Monat)
```

Es wird festgestellt, ob einige Positionen innerhalb des Zellbereichs einen Wert ungleich 0 (Null) besitzen. Dies geschieht mit

```
WENN(Gesamtkosten_Monat<>0;1;0)
```

Dann wird die Anzahl der festgestellten Positionen summiert:

```
SUMME(WENN(Gesamtkosten_Monat<>0;1;0))
```

Die Gesamtsumme wird dann durch die Anzahl der ermittelten Positionen geteilt. Das Ergebnis ist der Durchschnitt.

Die `Wenn`-Bedingung, die die soeben beschriebenen Funktionen einschließt, verhindert die Anzeige eines Fehlerwerts. Ein Fehler würde angezeigt werden, wenn sich im Bereich `Gesamtkosten_Monat` kein Wert befindet.

Nun kommt aber das Wichtigste. Der Abschluss der Eingabe muss mit der Tastenkombination [Strg]+[⇧]+[↵] erfolgen. Vergessen Sie dies, erscheint in dieser Zelle die Fehlermeldung #WERT!

Dies ist aber kein Beinbruch. Mit der Funktionstaste [F2] öffnen Sie diese Zelle wieder zur Bearbeitung und schließen diese sofort wieder mit der Tastenkombination [Strg]+[⇧]+[↵].

2.3 Interessante Funktionen

2.3.1 Die Funktion SummeWenn

Auch diese Funktion ist noch nicht so bekannt, wie sie es eigentlich verdient hätte. Sie ist eigentlich eine Mischung von Summen-Funktion und Wenn-Bedingung. Es lassen sich beispielsweise Summen ungruppierter gleichlautender Positionen bilden. Angenommen, Sie haben Röcke, Hosen und Hemden und wollen für diese Artikel Summen bilden, so ist `SummeWenn` hierfür hervorragend geeignet.

Aus folgender Tabelle sollen die entsprechenden Summenwerte ermittelt werden:

	A	B	C	D
1		**Funktion SummeWenn**		
2		**Artikel**	**Preise**	
3		Röcke	100,00 €	
4		Hosen	150,00 €	
5		Hemden	50,00 €	
6		Röcke	100,00 €	
7		Hosen	150,00 €	
8		Hemden	50,00 €	
9		Röcke	100,00 €	
10		Hosen	150,00 €	
11		Hemden	50,00 €	
12		**Röcke**		
13		**Hosen**		
14		**Hemden**		
15				

Abbildung 2.3 Summieren von ungruppierten gleichlautenden Positionen

🕮 Ein kleiner Tipp am Rande. Um sich das Leben leichter zu machen, ist es auch an dieser Stelle angebracht, Namen für die in Frage kommenden Bereiche zu vergeben. So habe ich für die Artikel, also den Bereich *B3:B11*, den Namen *Artikel* und für die Preise, Bereich *C3:C11*, den Namen *Preise* vergeben.

⌨ Rufen Sie den Funktionsassistenten auf und wählen Sie die Funktion `SUMMEWENN`.

Im zweiten Schritt des Diagramm-Assistenten geben Sie ein bzw. wählen Sie aus:

⌨ BEREICH, dies ist der Bereich, in dem der Begriff gesucht wird. Hierfür habe ich den Namen *Artikel* vergeben.

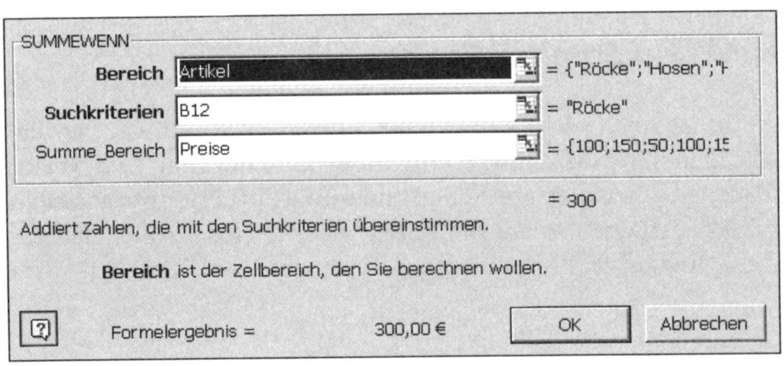

Abbildung 2.4 Die Funktion SummeWenn

- SUCHKRITERIEN: *B12*, in dieser Zelle steht das Suchkriterium »*Röcke*«.
- SUMME_BEREICH: der Bereich, aus dem addiert werden soll. Hierfür habe ich den Namen *Preise* gewählt.
- Beenden Sie die Eingabe mit OK.

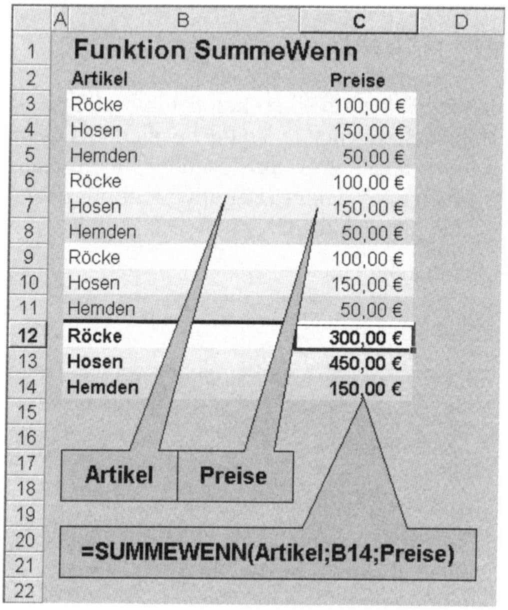

Abbildung 2.5 Die fertige Tabelle mit den Bezügen

2.3.2 *Die Funktion VRUNDEN*

Nicht sehr bekannt, aber in einigen Fällen unentbehrlich ist die Funktion VRUNDEN. Ab Excel 5.0 steht eine Funktion zur Verfügung, mit der Zahlen auf das Vielfache einer Zahl gerundet werden können. Diese Funktion gehört allerdings nicht zum Standardumfang von Excel, sondern ist in den Analyse-Funktionen enthalten. Diese Analyse-Funktionen sind als Add-In vorhanden, das über den Add-In-Manager (Menü EXTRAS) eingebunden werden kann.

123,345	VRUNDEN(B2;0,05)	123,35
123,345	VRUNDEN(B2;0,1)	123,3
123,345	VRUNDEN(B4;0,5)	123,5

Abbildung 2.6 Die Funktion VRUNDEN

Die Syntax der Funktion lautet `VRUNDEN(Zahl;Vielfaches)`, wobei `Zahl` der Wert ist, der gerundet werden soll und `Vielfaches` das Vielfache ist, auf das die Zahl gerundet werden soll.

Wie Sie der obigen Abbildung entnehmen können, wird die Zahl 123,345 auf drei unterschiedliche Arten gerundet.

2.3.3 Runden nach Art des Hauses

Sollten Sie auch mal negative Zahlen runden wollen, so liefert Ihnen die Funktion `VRUNDEN()` nur dann einen Wert zurück, wenn das Vielfache ebenfalls negativ ist. Wissen Sie nicht, ob der zu erwartende Wert positiv oder negativ sein wird, so bauen Sie diese Funktion einfach nach. Hierzu benötigen Sie allerdings 4 Funktionen, nämlich `RUNDEN`, `GANZZAHL`, `LOG` und `ABS`.

Fertig sieht die Funktion dann folgendermaßen aus:

```
=RUNDEN(Ausgangswert;-GANZZAHL(LOG(ABS(Ausgangswert))-Stellenzahl))
```

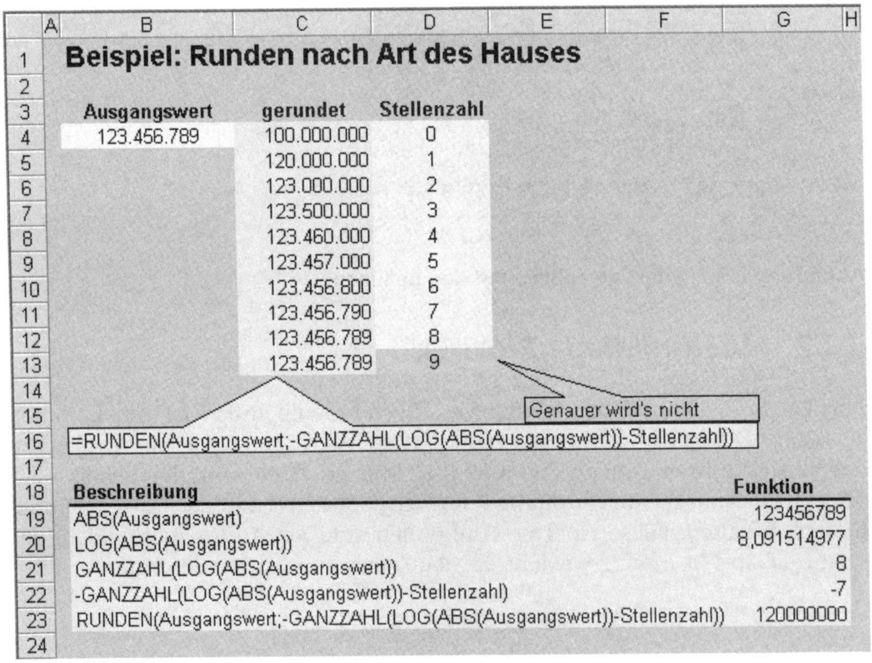

Abbildung 2.7 Runden mit einer zusammengesetzten Funktion

Dieses Beispiel geht davon aus, dass sich der zu rundende Wert in der Zelle *B4(Ausgangswert)* befindet. Die Funktion *ABS* liefert den Absolutwert einer Zahl, also den Wert ohne Vorzeichen. Aus diesem Wert ermittelt die Funktion

LOG den Logarithmus. Bei Zahlen zwischen 0 und 9 ist dieser Wert kleiner 1, bei Zahlen zwischen 10 und 99 kleiner 2 usw. Die Funktion GANZZAHL macht, wie der Name schon nahe legt, aus diesem Logarithmus eine Ganzzahl, indem sie diesen Wert auf die nächstkleinere ganze Zahl abrundet. Damit haben wir das zweite Argument für die Funktion RUNDEN, das erste Argument ist ja die zu rundende Zahl oder der Bezug auf diese Zahl. Von diesem zweiten Argument wird eine von Ihnen einzugebende Ziffer abgezogen. Mit dieser Ziffer bestimmen Sie die Anzahl der zu rundenden Stellen.

2.3.4 Arbeiten mit Zufallszahlen

Um bestimmte Situationen durchzuspielen, kann es sinnvoll sein, Bereiche mit zufälligen Zahlen zu füllen. Excel stellt hier im normalen Umfang die Funktion Zufallszahl und im erweiterten Umfang die Funktion Zufallsbereich zur Verfügung.

Die Funktion Zufallszahl

Die Funktion Zufallszahl liefert einen Wert zurück, der größer gleich 0 und kleiner als 1 ist. Wollen Sie einen Wert zwischen 1 und 100 haben, müssen Sie diese Funktion mit 100 multiplizieren. Lassen Sie die Tabelle neu berechnen, so wird auch die Zufallszahl neu ermittelt. Angenommen, Sie wollen eine Zufallszahl erzeugen, die zwischen 80 und 100 liegt, so hilft Ihnen diese Funktion nicht weiter. In diesem Fall greifen Sie auf die Funktion Zufallsbereich zurück.

Die Funktion Zufallsbereich

Die Funktion Zufallsbereich verfügt über zwei Argumente, mit denen der untere und der obere Bereich der Zufallszahl eingeschränkt werden kann. Der zurückgelieferte Wert ist eine Ganzzahl, die sich im angegebenen Bereich bewegt.

Diese Funktion befindet sich jedoch nicht bei den normalen Funktionen sondern gehört zu den Analyse-Funktionen. Diese lassen sich, wie bereits beschrieben, mit dem Add-In-Manager installieren.

Bei einer Neuberechnung der Tabelle werden auch diese Werte neu ermittelt.

2.4 Dynamische Bereiche anlegen

Angenommen, Sie benötigen einen Bezug auf einen bestimmten Bereich einer Tabelle. Was machen Sie? Richtig! Sie vergeben einen Zellbereichsnamen. Wenn Sie innerhalb dieses Bereichs neue Zeilen und Spalten einfügen, dann wächst dieser Bereich. Aber was passiert, wenn Sie an diesen Bereich Zeilen oder Spalten anhängen wollen? Nichts! Diese Zeilen oder Spalten werden nicht in den Bereich mit aufgenommen. Das muss doch gehen! Richtig, Sie legen einen dynamischen Bereich an, der die Größe dynamisch anpasst.

Wir gehen folgendermaßen vor:

- Geben Sie der Zelle, die in Ihrem Bereich links oben sitzen soll, den Namen *Anfang*. Bei uns soll das die Zelle *A1* sein.
- Markieren Sie die Spalte A und vergeben den Namen *Höhe*.
- Markieren Sie die Zeile 3 und vergeben den Namen *Breite*.

Der Name des dynamischen Bereichs soll Datenbank heißen. Um diesen Bereich auch wirklich dynamisch gestalten zu können, benötigen Sie die Funktion `BEREICH.VERSCHIEBEN`. Diese Funktion verfügt über fünf Argumente. Übrigens werde ich im Teil zwei des Buchs noch intensiver auf diese Funktion eingehen, deshalb erspare ich Ihnen an dieser Stelle eine zu langatmige Erklärung. Die fünf Argumente lauten übrigens `BEZUG`, `ZEILEN`, `SPALTEN`, `HÖHE`, `BREITE`, wobei die beiden letzten Argumente optional sind.

Nun vergeben Sie den Namen *Datenbank*, hier gehen Sie aber etwas anders vor, als Sie das vielleicht bisher gewohnt waren.

- Wählen Sie den Menübefehl EINFÜGEN | NAME | DEFINIEREN.
- Geben Sie bei *Namen in der Arbeitsmappe:* den Namen *Datenbank* ein.
- Bei *Bezieht sich auf*: muss nun die Funktion `BEREICH.VERSCHIEBEN` einschließlich der erforderlichen Argumente eingegeben werden. Verfahren Sie wie nachstehend gezeigt:
- Geben Sie zunächst ein Gleichheitszeichen und den Namen der Funktion ein, gefolgt von einer öffnenden Klammer.
- Für das Argument `BEZUG` geben Sie den Zellnamen *Anfang* ein.
- Dann folgen die Angaben, um wie viele Zeilen bzw. Spalten der Bezug verschoben werden soll. Da der Bezug nicht verschoben werden soll, geben Sie zweimal den Wert 0 (Null) getrennt durch einen Strichpunkt ein.

Nun muss auch noch die Größe unseres Bereichs angegeben werden. Die Namen *Höhe* und *Breite* haben Sie ja bereits vergeben. Mit der Funktion `ANZAHL2` ermitteln Sie jeweils die Anzahl der Zellen, die nicht leer sind. Voraussetzung für die korrekte Funktionsweise ist jedoch, dass die Zellen in der Spalte A bzw. Zeile 3 lückenlos gefüllt sind.

- Geben Sie als Argument für die `HÖHE` den gleichlautend vergebenen Namen *Höhe* und für das Argument `BREITE` den Namen *Breite* ein. Dann bestätigen Sie mit OK.

Diese Art der Namensvergabe können Sie beispielsweise dann verwenden, wenn Sie Bereiche einsetzen, die während ihrer Laufzeit ihre Größe verändern können.

Testen Sie nun diesen Bereich, indem Sie die Funktionstaste [F5] betätigen und dann den Namen *Datenbank* eingeben. Bestätigen Sie mit OK, so wird der aktuelle Bereich markiert.

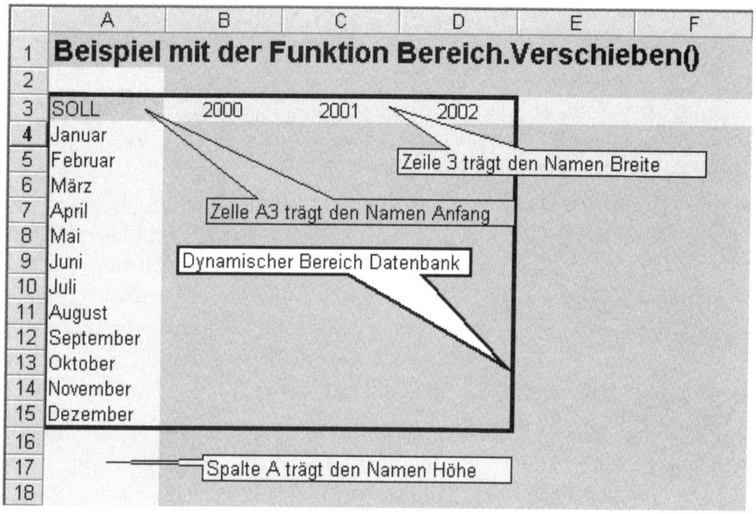

Abbildung 2.8 Bereich.Verschieben() einmal anders

2.5 Arbeiten mit Bereichsoperatoren

Der Doppelpunkt und das Semikolon sind Ihnen als Bereichsoperatoren beispielsweise beim Einsatz der Funktion `Summe` sicher bekannt. Ebenfalls dürfte Ihnen bekannt sein, dass beispielsweise beim Summieren nicht zusammenhängender Bereiche die [Strg]-Taste gedrückt wird und damit das Semikolon automatisch die markierten Bereiche voneinander trennt.

Was aber nicht so bekannt ist, es gibt noch einen weiteren Bereichsoperator, den so genannten Schnittmengenoperator. Die Schnittmenge ist Ihnen vielleicht noch aus der Mengenlehre (oder Menge Leere) bekannt. Sie bezeichnet den überlappenden Bereich zweier Flächen.

Angenommen, Sie haben eine Tabelle mit den folgenden Werten:

	West	Ost	Süd	Nord
Januar	92	111	92	110
Februar	101	91	116	119
März	111	80	88	106
April	97	107	92	90
Mai	120	109	111	119
Juni	110	81	95	101
Juli	100	107	110	96
August	108	90	117	112
September	81	101	120	90
Oktober	108	114	112	113
November	118	111	102	93
Dezember	112	84	100	93

- Markieren Sie den zusammenhängenden Bereich mit Strg+* und vergeben dann die Namen mit Strg+⇧+F3.
- Nachdem Sie diese Namen vergeben haben, klicken Sie eine leere Zelle an und wählen die Summenformel.
- Dann betätigen Sie die Taste F3.

Es erscheint eine Dialogbox, die alle bereits vergebenen Namen beinhaltet.

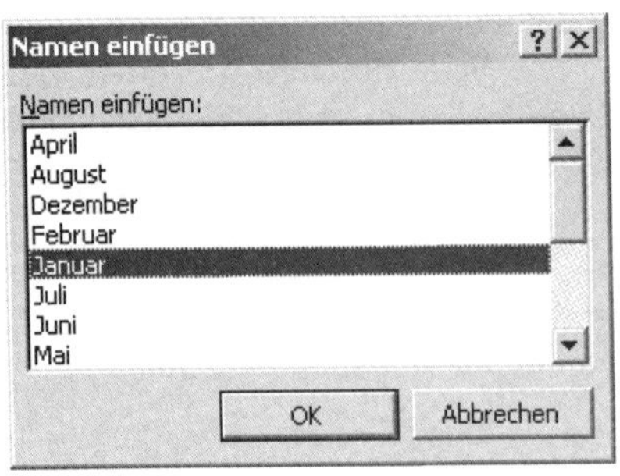

Abbildung 2.9 Namen einfügen

- Wählen Sie den Monat *Januar* aus, bestätigen mit OK geben ein Leerzeichen ein, drücken wieder [F3] und dann wählen Sie das Verkaufsgebiet West.
- Sie bestätigen erneut mit OK und schließen beenden die Formeleingabe mit [↵].

In der Zelle erscheint der Wert, der sich im Schnittpunkt von Januar und West befindet.

- Überprüfen Sie dies, indem Sie die Formelzelle doppelt anklicken. Markiert werden die Bezüge für Januar und West. Der Schnittpunkt der Markierungen beinhaltet den angezeigten Wert.

Teil 2: Controlling mit Excel

3 Funktionen

Excel verfügt über eine unglaubliche Menge von Funktionen. Sie haben bereits einige Funktionen in diesem Buch kennen gelernt, und es werden noch viele dieser Funktionen angesprochen und deren Einsatz beschrieben. Aber letztlich wird auch dies nur eine Facette aller Möglichkeiten sein.

3.1 Annuitätsfunktionen (Rentenfunktionen)

Zur Berechnung des Barwertes, des Zukunftswertes, der Rate, des Zinssatzes, der Zinszahlungen und der Laufzeit stellt Excel spezielle Funktionen zur Verfügung, die in der Datei *Excel_2000_Ctrl_03_01.XLS* zusammenfasst dargestellt sind. In dieser Datei ist auch ein VBA-Programm enthalten, das in einem späteren Kapitel ausführlich besprochen werden wird.

Zunächst werde ich kurz die Funktionen und deren Argumente vorstellen und beschreiben. Dann sehen wir uns das Beispiel in der Mappe *Zinsen.xls* an.

Die Funktionen:

- Der Barwert

  `BW(Zins;Zzr;Rmz;Zw;F)`

  Der Barwert repräsentiert den Wert zukünftiger Zahlungen zum heutigen Zeitpunkt, wobei Zins, Zahlungszeitraum und die regelmäßigen Zahlungen als konstant angenommen werden.

  Die Argumente `Zw` und `F` sind optionale Angaben.

- Der Zukunftswert

  `ZW(Zins;Zzr;Rmz;BW;F)`

  Der Zukunftswert repräsentiert den Endwert einer Reihe von Zahlungen.

Die Argumente `Rmz`, `BW` und `F` sind optionale Angaben.

- Die regelmäßige Zahlung

  `RMZ(Zins;Zzr;BW;Zw;F)`

  Dies ist der konstante Betrag, der in jeder Periode bezahlt werden muss. Konstante Zahlungen und ein konstanter Zinssatz werden vorausgesetzt. Dieser Betrag beinhaltet normalerweise Zins und Tilgung.

  Die Argumente `Zw` und `F` sind optionale Angaben.

- Der Zinssatz

  `ZINS(Zzr;Rmz;Bw;Zw;F;Schätzwert)`

  Die Funktion liefert den Zinssatz einer Zinszahlung (Annuität) pro Periode. Da unter einer Annuität die Jahreszahlung an Zinsen und Tilgung verstanden wird, muss dies bei anderen Zeiträumen berücksichtigt werden.

  `Zw`, `F` und `Schätzwert` sind optionale Angaben.

- Die Zinszahlung

  `ZINSZ(Zins;Zr;Zzr;BW;Zw;F)`

  Zinszahlung ist der Betrag, den eine Investition pro Periode liefert. Ausgegangen wird hierbei von regelmäßigen, konstanten Zahlungen und einem konstanten Zinssatz.

  `Zw` und `F` sind optionale Angaben.

- Der Zahlungszeitraum

  `ZZR(Zins;Rmz;BW;Zw;F)`

  Der Zahlungszeitraum gibt die Anzahl der Perioden zurück, über den die Annuität (Zinsen und Tilgung) bezahlt werden muss. Konstant sind hierbei die Höhe der Annuität und der Zinssatz.

  `Zw` und `F` sind optionale Angaben.

- Der Tilgungsanteil

  `KAPZ(Zins; ZR; ZZR; BW; Zw; F)`

  Der Name dieser Funktion heißt eigentlich Kapitalrückzahlung und berechnet für die angegebene Periode den Tilgungsanteil. Konstante in dieser Funktion sind die Beiträge und der Zinssatz.

  `Zw` und `F` sind optionale Angaben

Die Argumente:

Neben Argumenten, die auch als Funktionen existieren, tauchen weitere Argumente auf:

- **Die Fälligkeit F**

  Die Fälligkeit gibt den Zeitpunkt an, zu dem eine Zahlung geleistet wird. Sie wird mit 0 (Fälligkeit am Anfang der Periode) oder 1 (Fälligkeit am Ende der Periode) angegeben, wobei 0 die Standardvorgabe ist.

- **Der Schätzwert**

  ist ein von Ihnen geschätzter Prozentsatz des zu erwartenden Zinses. Wird kein Schätzwert Ihrerseits angegeben, wird er mit 10 % eingesetzt.

- **Der Zeitraum Zr**

  gibt den Zeitpunkt an, für den der Zinsbetrag berechnet werden soll. Dieser Wert liegt zwischen 1 und dem Wert des Zahlungszeitraums ZZR.

In der Datei *Excel_2000_Ctrl_03_01.XLS* wurden die vorstehenden Funktionen zu einem Beispiel zusammengefasst.

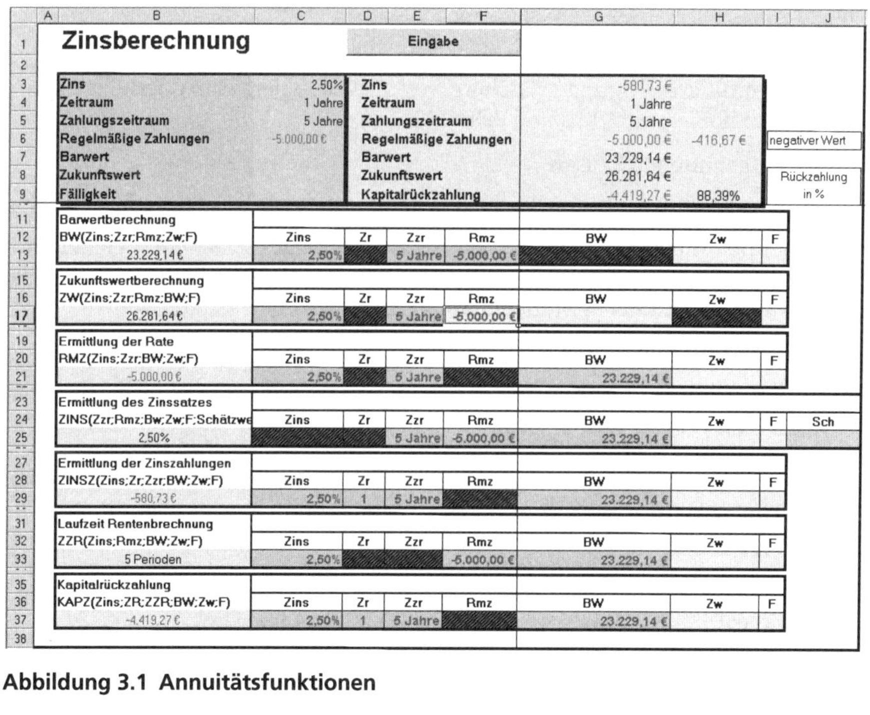

Abbildung 3.1 Annuitätsfunktionen

Diese Tabelle ist mit einem Blattschutz versehen. Eingaben lassen sich entweder über ein Dialog-Menü vornehmen oder direkt in die hellblau unterlegten Felder einsetzen.

Gelbe Felder sind Ausgabefelder, wobei die optionalen Felder hellgelb unterlegt sind.

Grüne Felder sind Ausgabefelder und mit Formeln hinterlegt.

Da in jeder Zeile alle Eingabefelder enthalten sind, wurden Argumente, die für eine Funktion nicht benötigt wurden, braun hinterlegt.

3.2 Weitere finanzmathematische Funktionen

Nachstehend habe ich noch einige Funktionen aus der Vielzahl der Möglichkeiten herausgegriffen. Besonders das Add-In ANALYSEFUNKTIONEN bietet eine wahre Fundgrube. Ich habe mich allerdings auf allgemeine Funktionen beschränkt und spezielle Funktionen, wie beispielsweise die Wertpapier-Zinsrechnung, ausgeklammert. Ebenso blieben Funktionen, die sich mit dem französischen Buchführungssystem befassen, hier unberücksichtigt.

3.2.1 Kumulation von Zins und Tilgung

Mit zwei schönen Funktionen lassen sich die kumulierten Zinsen bzw. lässt sich die kumulierte Tilgung zwischen zwei Zahlungsperioden darstellen. Diese Funktionen heißen `KUMZINSZ` und `KUMKAPITAL`.

- Die aufgelaufenen Zinsen

  `KUMZINSZ(Zins; Zzr; Bw; Zeitraum_Anfang; Zeitraum_Ende; F)`

  Es werden die aufgelaufenen Zinsen eines Darlehens zwischen zwei Perioden berechnet. Wird der Zeitraum `ZZR` in Monaten angegeben, so müssen die Zeiträume ebenfalls in Monaten angegeben werden.

  `F` ist eine optionale Angabe.

- Die aufgelaufene Tilgung

  `KUMKAPITAL(Zins; Zzr; Bw; Zeitraum_Anfang; Zeitraum_Ende; F)`

  Es wird die aufgelaufene Tilgung eines Darlehens zwischen zwei Perioden berechnet. Wird der Zeitraum `ZZR` in Monaten angegeben, so müssen die Zeiträume ebenfalls in Monaten angegeben werden.

  `F` ist eine optionale Angabe.

Ein Beispiel zu diesen Funktionen finden Sie in der Mappe *Excel_2000_Ctrl_03_02.XLS*, Tabelle *Kumulation*.

3.2.2 Abschreibung

Excel verfügt über verschiedene Funktionen, mit denen sich die Abschreibung berechnen lässt.

- Die lineare Abschreibung

  `LIA(AnschaffungsWert; Restwert; Nutzungsdauer)`

  Berechnet wird die lineare Abschreibung eines Wirtschaftsgut in einer bestimmten Periode.

- Die geometrisch-degressive Abschreibung

  `GDA2(AnschaffungsWert; Restwert; Nutzungsdauer; Periode; Monate)`

  `Periode` ist der Zeitraum, für den der Abschreibungsbetrag ermittelt werden soll, `Monate` ist die Anzahl der Monate im ersten Jahr.

  `Monate` ist eine optionale Angabe, Standardwert ist 12.

- Die geometrisch-degressive Doppelraten-Abschreibung

  `GDA(AnschaffungsWert; Restwert; Nutzungsdauer; Periode; Faktor)`

  Mit `Faktor` bestimmen Sie die Rate, um die der Buchwert verringert wird.

  `Faktor` ist eine optionale Angabe, wird aber mit 2 vorausgesetzt.

- Die degressive Doppelraten-Abschreibung

  `VDB(AnschaffungsWert; Restwert; Nutzungsdauer; Anfang; Ende; Faktor; Nicht_wechseln)`

  Mit `Anfang` und `Ende` wird der Zeitraum angegeben, der zur Berechnung des Abschreibungsbetrags berücksichtigt wird. Mit `Faktor` bestimmen Sie die Rate, um die der Buchwert verringert wird.

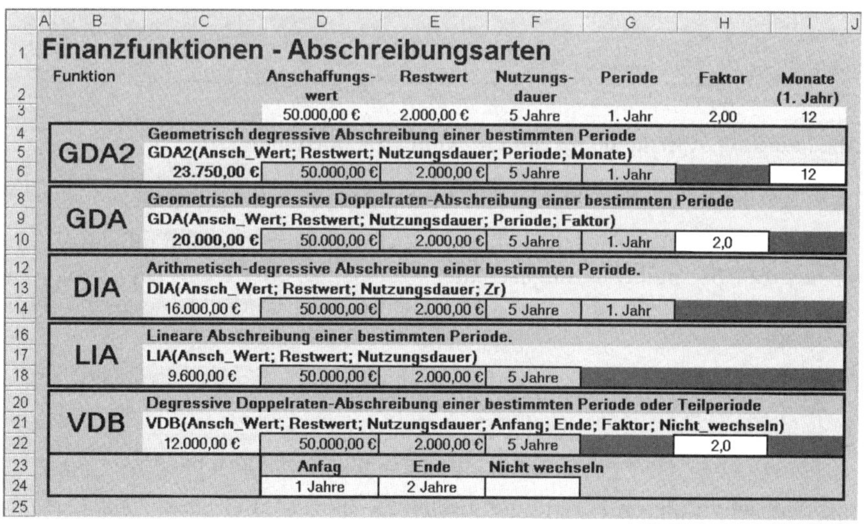

Abbildung 3.2 Die unterschiedlichen Abschreibungsarten

	A	B	C	D	E	F
26	**Abschreibungsverlauf**					
27			GDA2	GDA	DIA	LIA
28		Perioden	23.750,00 €	20.000,00 €	16.000,00 €	9.600,00 €
29		1. Jahr	23.750,00 €	20.000,00 €	16.000,00 €	9.600,00 €
30		2. Jahr	12.468,75 €	12.000,00 €	12.800,00 €	9.600,00 €
31		3. Jahr	6.546,09 €	7.200,00 €	9.600,00 €	9.600,00 €
32		4. Jahr	3.436,70 €	4.320,00 €	6.400,00 €	9.600,00 €
33		5. Jahr	1.804,27 €	2.592,00 €	3.200,00 €	9.600,00 €
34						

Abbildung 3.3 Abschreibungsverlauf

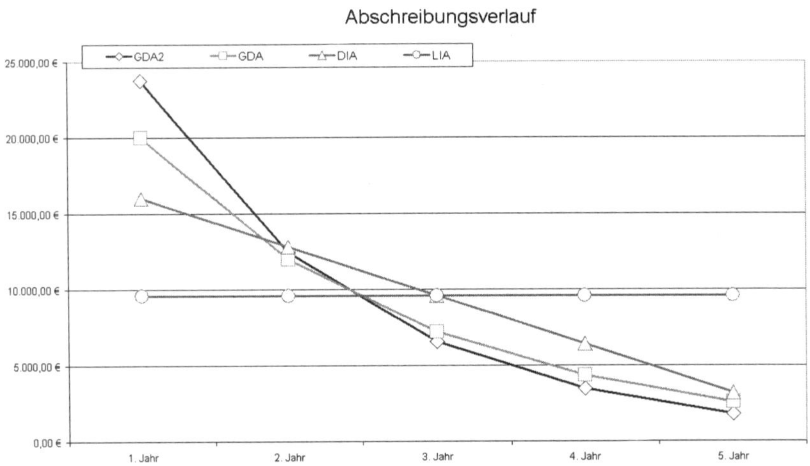

Abbildung 3.4 Abschreibungsverlauf – Grafische Darstellung

`Faktor` ist eine optionale Angabe, wird aber mit 2 vorausgesetzt.

`Nichtwechseln` ist standardmäßig mit FALSCH vorbelegt und gibt an, ob auf lineare Abschreibung umgeschaltet werden soll oder nicht. Dies geschieht, wenn der geometrische errechnete Abschreibungsbetrag kleiner ist als der lineare.

- Die arithmetisch-degressive Abschreibung

  `DIA(AnschaffungsWert; Restwert; Nutzungsdauer; Periode)`

  Diese Funktion ist nur bedingt auf das deutsche Steuerrecht anwendbar.

Ein Beispiel zu diesen Funktionen finden Sie in der Datei *Excel_2000_Ctrl_03_03.XLS* Tabelle *Abschreibungsarten* und Diagramm *Abschreibungsverlauf*. In dieser Datei wurde, als Vorgriff auf Grafik und Mehrfachoperation, der Verlauf der Abschreibung grafisch dargestellt.

3.2.3 Effektive und nominale Verzinsung

Ebenfalls im ANALYSE-Add-In enthalten ist die Funktion `EFFECTIV()`. Mit Hilfe dieser Funktion lässt sich sehr einfach die jährliche Effektivverzinsung bei bekanntem Nominalzins berechnen.

- Die Effektiv-Verzinsung

  `EFFEKTIV(Nominalzins; Perioden)`

Eingegeben werden muss lediglich der Nominalzins in Prozent und die Perioden als Ganzzahl. Die Funktion `EFFEKTIV()` liefert dann den Effektiv-Zins zurück.

Umgekehrt geht es natürlich auch. Wollen Sie aus dem Effektiv-Zins den Nominal-Zins berechnen, wenden Sie die Funktion `NOMINAL()` an.

Eingeben müssen Sie hier natürlich den Effektiv-Zins und die Perioden.

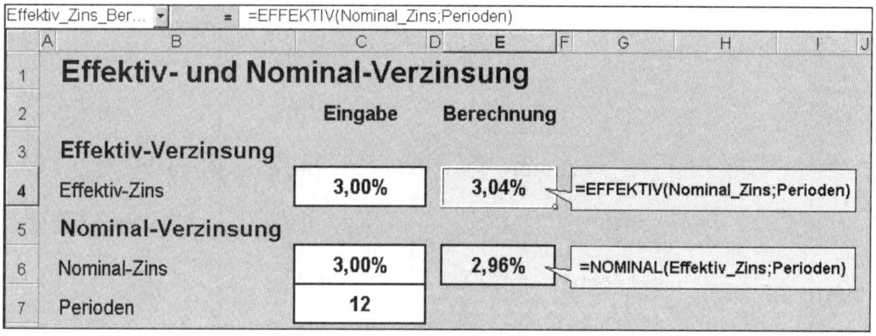

Abbildung 3.5 Effektiv- und Nominal-Verzinsung

Beide Beispiele finden Sie in der Datei *Excel_2000_Ctrl_03_04.XLS,* Tabelle *Effektiv Nominal.*

3.2.4 Der interne Zinsfuß

Excel verfügt über mehrere Funktionen, mit denen sich der interne Zinsfuß berechnen lässt. Besonders auf die Funktion `XINTZINSFUSS` werden ich später noch detaillierter eingehen. Hier sollen nur die verschiedenen Funktionen miteinander verglichen werden, ohne dass an dieser Stelle auf den Einsatz und die Bedeutung tiefer eingegangen wird.

Grundsätzlich versteht man unter dem internen Zinsfuß den Zinssatz, der für eine Investition erreicht wird, die aus Auszahlungen (negative Werte) und Einzahlungen (positive Werte) besteht. Je nach Art der verwendeten Funktion müssen die Einzahlungen periodisch oder dürfen aperiodisch sein.

- Die Funktion `IKV`

  `IKV(Werte;Schätzwert)`

  Im Gegensatz zu QIKV liefert diese Funktion den internen Zinsfuß. Die Werte dürfen unterschiedlich groß sein.

  `IKV` liefert den internen Zinsfuß einer Investition ohne Finanzierungskosten oder Reinvestitionsgewinne. Die in `Werte` angegebenen Zahlen entsprechen der zu der Investition gehörenden Zahlungsreihe. Diese Zahlungen müssen nicht gleich groß sein, wie dies bei Annuitätenzahlungen der Fall ist. `Schätzwert` ist eine optionale Angabe.

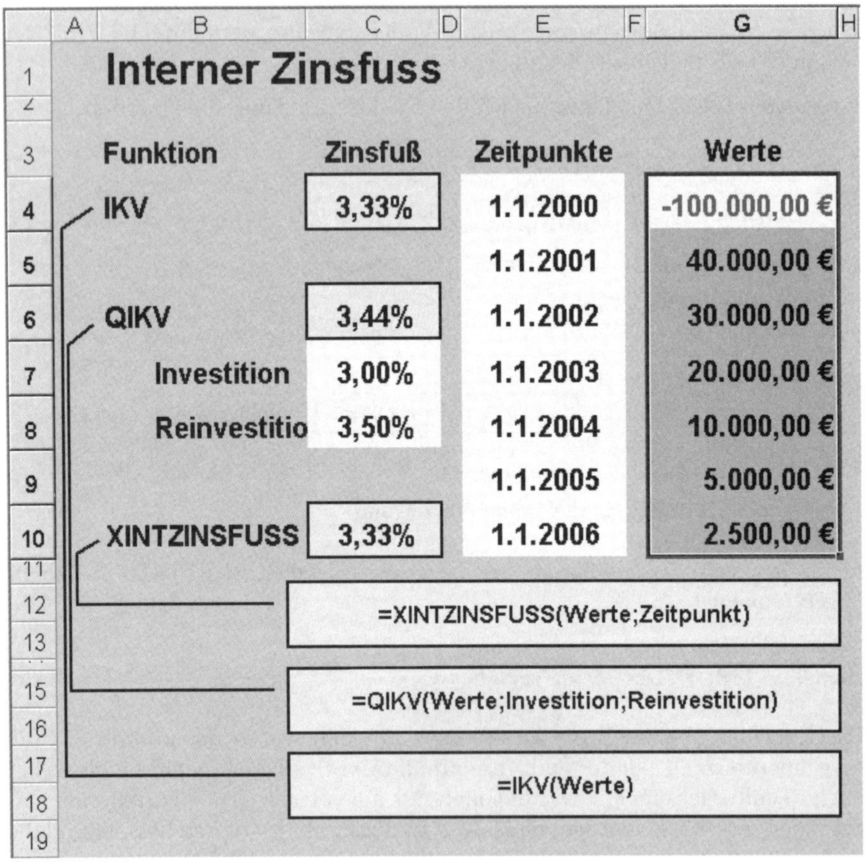

Abbildung 3.6 Verschiedene Möglichkeiten zur Berechnung des internen Zinsfußes

- Die Funktion `QIKV`

  `QIKV(Werte; Investition; Reinvestition)`

  `QIKV` steht für Qualifizierter interner Kapitalverzinsungssatz und liefert den modifizierten internen Zinsfuß. Im Gegensatz zu `IKV` werden sowohl die Kosten für eine Investition berücksichtigt als auch die Zinsen, die sich aus dieser Investition ergeben.

- Die Funktion `XINTZINSFUSS`

  `XINTZINSFUSS(Werte; Zeitpunkte; Schätzwert)`

  Diese Funktion liefert den internen Zinsfuß für eine Reihe nicht periodisch anfallender Zahlungen.

  `Schätzwert` ist eine optionale Angabe.

Auch hierzu finden Sie ein kleines Beispiel in der Mappe *Excel_2000_Ctrl_03_05.XLS,* Tabelle *Interner Zinsfuß.*

3.2.5 Die Funktion NBW()

Die Funktion `BW()` (Barwert) haben Sie ja bereits kennen gelernt. `NBW()` ist mit dieser Funktion vergleichbar, der Unterschied besteht darin, dass die Werte während der Laufzeit nicht konstant sein müssen. Der Nettobarwert repräsentiert den Wert zukünftiger Ein- und Auszahlungen zum heutigen Zeitpunkt.

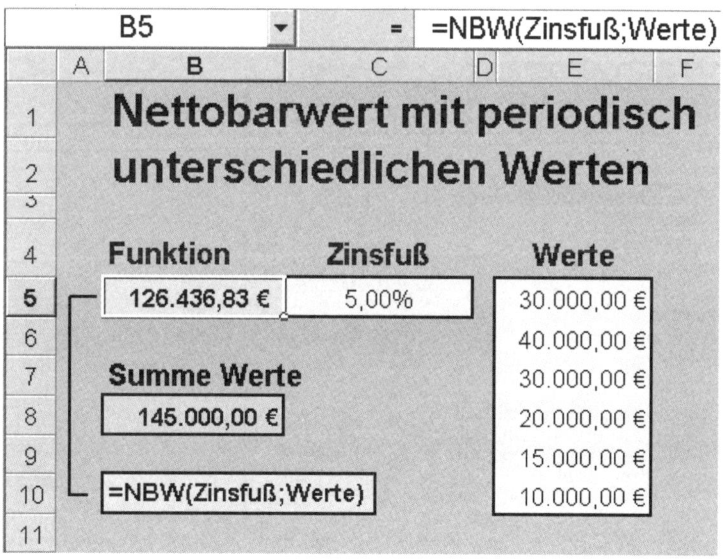

Abbildung 3.7 Berechnen des Nettobarwerts

- Die Funktion `Nettobarwert`

  `NBW(Zins, Wert1, Wert2, ...)`

  Diese Funktion liefert den Nettobarwert für eine Reihe nicht periodisch anfallender Zahlungen bei konstantem Zinssatz.

Die Werte werden mit dem Zinssatz abgezinst, die Summe ergibt den Nettobarwert. Wird der Zins auf 0% gesetzt, so ergibt die Summe der Werte den Nettobarwert.

Dieses Beispiel finden Sie in der Mappe *Excel_2000_Ctrl_03_06.xls*, Tabelle *Nettobarwert*.

3.3 Analyse-Funktionen

Excel verfügt über eine Reihe von Auswertefunktionen, die zu Unrecht leider nicht sehr bekannt sind. Gemeint sind die Analyse-Funktionen von Excel. Diese gehören zwar zu Excel, sind aber kein fester Bestandteil. Mit anderen Worten, die Analyse-Funktionen befinden sich in einer Add-On-Makrodatei mit dem Namen ATPVBAxx.XLA. Die beiden mit xx gekennzeichneten Buchstaben kennzeichnen die Version. DE steht für die deutsche, EN für die englische Version. Aber darum müssen Sie sich eigentlich gar nicht kümmern. Befinden sich die Analyse-Funktionen nicht im Menü EXTRAS, so wählen Sie, ebenfalls im Menü EXTRAS, den Befehl ADD-IN-MANAGER und fügen die Analyse-Funktionen hinzu.

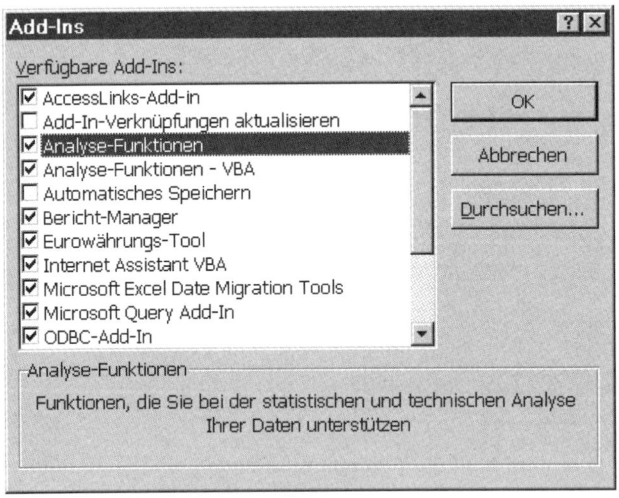

Abbildung 3.8 Der Add-In-Manager

Wählen Sie hier das Kontrollfeld ANALYSE-FUNKTIONEN aus und bestätigen mit der Schaltfläche OK. Durch diese Vorgehensweise werden die Analyse-Funktionen mit in das Menü EXTRAS aufgenommen und können nun dort aufgerufen werden.

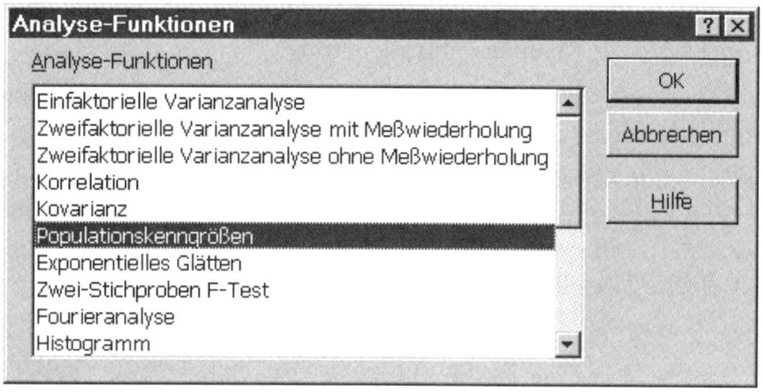

Abbildung 3.9 Analyse-Funktionen

3.3.1 Auswertung univariater numerischer Daten

Aufgabe

Im Fahrzeugpark Ihrer Firma befinden sich 35 LKWs. Der Durchschnittsverbrauch pro gefahrener 100 km differiert beträchtlich. Der Verbrauch soll nun analysiert werden. Ermittelt werden sollen der höchste und der niedrigste Verbrauch, der Mittelwert, der Standardfehler, der Zentralwert (Median), der häufigste Wert (Modalwert), die Standardabweichung, die Varianz, die Kurtosis, die Schiefe, der Wertebereich und die Gesamtsumme. Außerdem soll das Konfidenzniveau ermittelt werden.

Diese Werte lassen sich durch Funktionen, die in Excel enthalten sind, einzeln ermitteln. Nachstehend sollen die etwas weniger bekannten Funktionen etwas genauer betrachtet werden.

Die Funktionen `Summe()`, `Mittelwert()`, `Max()` und `Min()` und deren Bedeutung sind sicher hinreichend bekannt.

Weniger bekannt ist der `Zentralwert()`, der auch als `Median()` bezeichnet wird. Er ist der Wert, der in einer größenmäßig geordneten Reihe in der Mitte steht. Er hat die Ordnungsnummer $\frac{n+1}{2}$ und wird mit Hilfe der Funktion `=Median (Bereich)` ermittelt.

Der `Modalwert()` ist der Wert, der in einer Datenreihe am häufigsten vorkommt. Die Funktion `=Modal(Bereich)` berechnet diesen Wert.

Die `Standardabweichung()` ist ein Maß für die Streuung der jeweiligen Werte um den Mittelwert.

Um beurteilen zu können, wie gleichmäßig die Werte einer Reihe verteilt sind, verwendet man die Funktion `=Schiefe(Bereich)`. Sie liefert ein Maß dafür, wie asymmetrisch eine eingipflige Häufigkeitsverteilung um ihren Mittelwert ist. Eine positive Schiefe bedeutet, dass sich der Gipfel den Werten zuneigt, die größer als der Mittelwert sind. Bei einer negativen Schiefe neigt sich der Gipfel dementsprechend den kleineren Werten zu. Der Bereich muss mindestens drei Werte enthalten, sonst wird eine Fehlermeldung erzeugt.

Die `Varianz()` ist ein Streuungsmaß, das die mittlere quadratische Abweichung der Grundgesamtheit oder einer Stichprobe von deren Mittelwert angibt.

Die `Kurtosis()` ist ein Maß für die Wölbung einer Verteilung, also wie spitz oder wie flach die Verteilungskurve verläuft. Eine positive Kurtosis resultiert aus einer relativ schmalen und spitzen Verteilung, während eine negative Kurtosis auf eine relativ flache Verteilung hinweist.

`Konfidenz()` bedeutet Vertrauen. Ein Konfidenzintervall ist ein Bereich, der sich links und rechts des jeweiligen Stichprobenmittels erstreckt. Das Konfidenzniveau für den Mittelwert gibt an, dass mit einer Wahrscheinlichkeit von mindestens 95% der Mittelwert der Grundgesamtheit im angegebenen Intervall liegt. In diesem Beispiel ist dies der Wert 1,763917.

`k-kleinster()` und `k-größter()` Wert geben den Rang des Elementes einer Matrix oder eines Zellbereiches an, dessen Wert geliefert werden soll. Wird bei `k-kleinster Wert` *3* angegeben, so wird der drittkleinste Wert zurückgegeben.

Lösung

In der Mappe *Excel_2000_Ctrl_03_07.XLS* befindet sich die Tabelle *Basisdaten*. In dieser Tabelle ist der durchschnittliche Dieselverbrauch der LKWs aufgelistet. Dieser Verbrauch soll mithilfe der Analyse-Funktion `Populationskenngrößen()` analysiert werden.

- Bei EINGABEBEREICH geben Sie den Bezug auf den durchschnittlichen Dieselverbrauch einschließlich der Beschriftung ein. Dies sind die Zellen **$C$1** bis **$C$36**.
- Das Optionsfeld GEORDNET NACH SPALTEN: lassen Sie angewählt, da der Dieselverbrauch in einer Spalte aufgelistet wurde.
- Angeklickt wird das Kontrollfeld BESCHRIFTUNGEN IN ERSTER ZEILE, da sich in der Zelle **C1** die Beschriftung befindet.
- Das Ergebnis soll in einem NEUEN TABELLENBLATT ausgegeben werden, klicken Sie deshalb auf dieses Optionsfeld.
- Wählen Sie das Kontrollfeld STATISTISCHE KENNGRÖSSEN an, dass sonst nur das `Konfidenzniveau` angezeigt wird.
- Wählen Sie ebenfalls die Kontrollfelder KONFIDENZNIVEAU, sowie K-GRÖSSTER und K-KLEINSTER WERT an. Bei K-GRÖSSTER und K-KLEINSTER WERT geben Sie jeweils die Ziffer *3* ein.

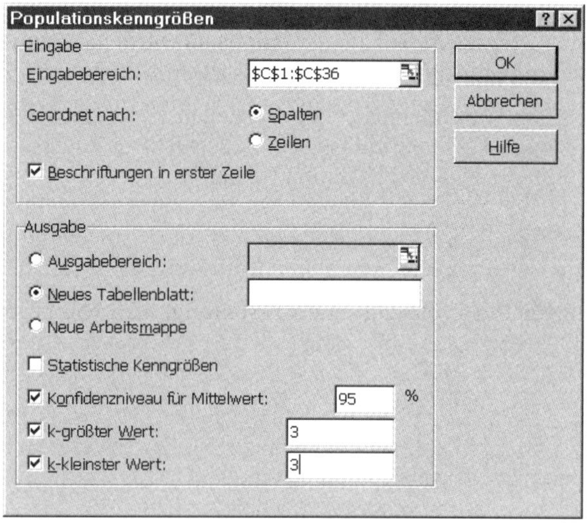

Abbildung 3.10 Populationskenngrößen

Das Ergebnis sieht nun folgendermaßen aus:

	A	B
1	*DS-Verbrauch*	
2		
3	**Mittelwert**	28,66
4	**Standardfehler**	0,86796584
5	**Median**	29
6	**Modus**	29,4
7	**Standardabweichung**	5,13495518
8	**Stichprobenvarianz**	26,3677647
9	**Kurtosis**	-0,74557813
10	**Schiefe**	0,02546573
11	**Wertebereich**	20,3
12	**Minimum**	18,9
13	**Maximum**	39,2
14	**Summe**	1003,1
15	**Anzahl**	35
16	**k-größter Wert(3)**	36,3
17	**k-kleinster Wert(3)**	20,8
18	**Konfidenzniveau(95,0%)**	1,76391766

Abbildung 3.11 Populationskenngrößen

Ich komme nochmals auf die »normalen« Funktionen zurück. Mithilfe der Funktion `Häufigkeit` soll der Verbrauch in Klassen eingeteilt werden. Für die Funktion Häufigkeit gilt die folgende Syntax: `HÄUFIGKEIT(Daten;Klassen)`

Das Argument `Daten` liefert den Datenbereich, hier die Zellen *C2:C36* aus der Tabelle *Basisdaten*, das Argument `Klassen` umfasst die Zellen *B3:B13*, in denen sich, wie der Name schon sagt, die Klasseneinteilung befindet.

	A	B	C
1	**Struktur des Verbrauchs**		
2		**Größe**	**Häufigkeit**
3	kleiner	20,0 Liter	1
4	kleiner	22,0 Liter	3
5	kleiner	24,0 Liter	3
6	kleiner	26,0 Liter	5
7	kleiner	28,0 Liter	5
8	kleiner	30,0 Liter	5
9	kleiner	32,0 Liter	4
10	kleiner	34,0 Liter	3
11	kleiner	36,0 Liter	3
12	kleiner	38,0 Liter	2
13	kleiner	40,0 Liter	1

Abbildung 3.12 Häufigkeiten

Diese Daten befinden sich in der Tabelle *Verteilung*, in der sich auch das nachfolgend gezeigte Diagramm befindet.

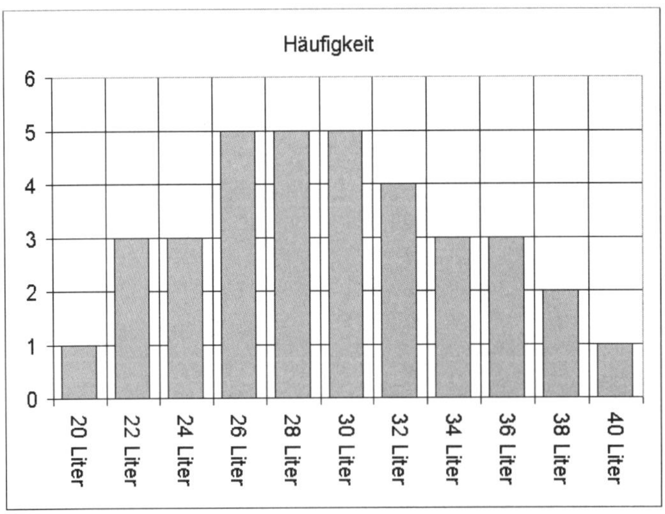

Abbildung 3.13 Die grafische Verteilung der Häufigkeit

Wie Sie sehen, lässt sich hier die Verteilung des Dieselverbrauchs sehr schön erkennen.

Etwas Vergleichbares kann man auch mit Hilfe des HISTOGRAMMS erreichen. Hierzu rufen Sie dieses aus den ANALYSE-FUNKTIONEN auf.

Es erscheint dann die folgende Dialogbox:

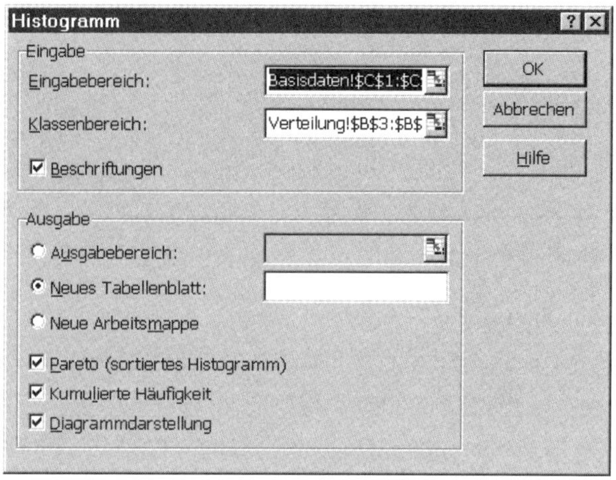

Abbildung 3.14 Die Eingabemaske des Histogramms

- Bei EINGABEBEREICH geben Sie den Bezug auf den durchschnittlichen Dieselverbrauch einschließlich der Beschriftung ein. Dies sind die Zellen **$C$1** bis **$C$36**.
- Der KLASSENBEREICH umfasst die Zellen **B3:B13**, in denen sich die Klasseneinteilung befindet.
- Auch hier soll wieder ein NEUES TABELLENBLATT angelegt werden; klicken Sie das entsprechende Optionsfeld an.
- Ein Pareto ist ein sortiertes Histogramm. Was muss man sich darunter vorstellen? Das Pareto'sche Gesetz wurde nach Vilfredo Pareto benannt, einem italienischen Volkswirtschaftler. Dieses Gesetz besagt, dass bereits mit einem Zeitaufwand von 20% eine Leistung von 80% zu erzielen ist, wobei die restlichen 80% der Zeit für die restlichen 20% Leistung aufgewendet werden müssen.
- Klicken Sie also das Kontrollfeld PARETO an, ebenso wie KUMULIERTE HÄUFIGKEIT.
- Ebenso soll das Ganze als Diagramm angezeigt werden, eine Auswahl des Kontrollfelds DIAGRAMMDARSTELLUNG bewirkt dies.

Die Tabelle sieht dann folgendermaßen aus ...

	A	B	C	D	E	F
1		*Häufigkeit*	*Kumuliert %*	*20*	*Häufigkeit*	*Kumuliert %*
2	22,0 Liter	4	11,43%	26,0 Liter	5	14,29%
3	24,0 Liter	3	20,00%	28,0 Liter	5	28,57%
4	26,0 Liter	5	34,29%	30,0 Liter	5	42,86%
5	28,0 Liter	5	48,57%	22,0 Liter	4	54,29%
6	30,0 Liter	5	62,86%	32,0 Liter	4	65,71%
7	32,0 Liter	4	74,29%	24,0 Liter	3	74,29%
8	34,0 Liter	3	82,86%	34,0 Liter	3	82,86%
9	36,0 Liter	3	91,43%	36,0 Liter	3	91,43%
10	38,0 Liter	2	97,14%	38,0 Liter	2	97,14%
11	und größer	1	100,00%	und größer	1	100,00%

Abbildung 3.15 Die Daten des Histogramms ...

... und so das entsprechende Diagramm:

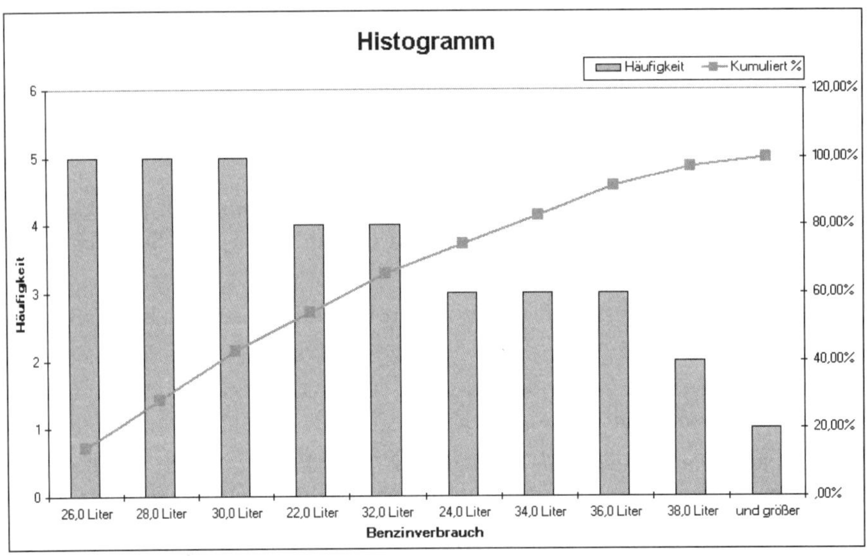

Abbildung 3.16 ... und die grafische Darstellung

Eine weitere Möglichkeit der Auswertung bietet die Funktion RANG UND QUANTIL. Mit dieser Funktion wird eine Tabelle erstellt, die den Rang sowie den Quantilsrang jedes Wertes in einem Datensatz enthält. Sie ermöglicht Ihnen, die relative Stellung von Werten in einem Datensatz zu analysieren.

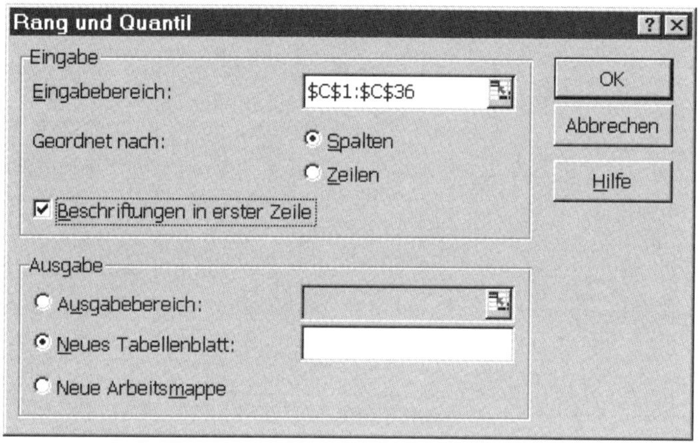

Abbildung 3.17 Die Dialogbox Rang und Quantil

Ein Beispiel hierzu enthält die Tabelle *Rang und Quantil* der Mappe *Excel_2000_Ctrl_03_07.XLS*.

4 Verwendung vorhandener Daten

Bei der Einführung eines neuen Programms steht immer die Frage im Raum: Was mache ich mit meinen Daten? In den meisten Fällen ist das für Excel kein Problem. Mit Hilfe des mit Excel ausgelieferten Zusatzprogramms *Query* lassen sich Daten aus Datenbanken einfach, komfortabel und schnell importieren.

4.1 Datenübernahme mit MS-Query

Excel verfügt seit Excel 5.0 über die Möglichkeit, Daten mit Hilfe des Programms *MS-Query* beispielsweise aus Datenbanken zu übernehmen. *MS-Query* lässt sich entweder als so genanntes Add-In in Excel einbinden oder separat als eigenständiges Programm starten.

Da die letztere Möglichkeit bekannt sein dürfte, wird nachstehend *MS-Query* mit Hilfe des Add-In-Managers von Excel eingebunden. Dabei verhält sich das eingebundene Add-In so, als ob es zum standardmäßigen Leistungsumfang von Excel gehören würde.

Wählen Sie den Menübefehl EXTRAS | ADD-IN-MANAGER...

Daraufhin erscheint das folgende Dialogmenü (vgl. Abbildung 4.1).

- Klicken Sie die Checkbox *MICROSOFT QUERY-ADD-IN* und *ODBC-ADD-IN* an und bestätigen mit OK.

Mit *Query-Add-In* ist die Kompatibilität zu Excel 5.0 und Excel 7.0 (Excel 95) sichergestellt. Das *ODBC-Add-In* verwendet *ODBC*-Funktionen und stellt damit die Verbindung zu externen Datenbanken her. Das ODBC-Add-In ist neu in Excel 97.

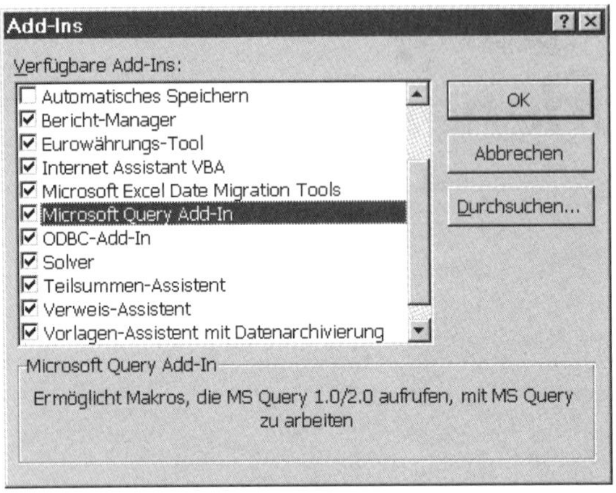

Abbildung 4.1 Add-In-Manager

Durch diese Einstellungen wurde das Menü DATEN um den Befehl DATEN IMPORTIEREN erweitert. Also um den Befehl, mit dem das Programm *Query* aufgerufen werden kann.

4.2 ODBC-Open Database Connectivity

4.2.1 Verbindung zur ODBC-Datenbank herstellen

Seit Excel 97 können Sie die ODBC-Verbindung direkt aus dem Menü DATEN vornehmen. Der Befehl lautet jetzt EXTERNE DATEN. Im nachfolgenden Beispiel stellen Sie zuerst die ODBC-Verbindung und dann die Abfrage her.

Wählen Sie den Menübefehl DATEN | EXTERNE DATEN | NEUE ABFRAGE ERSTELLEN.

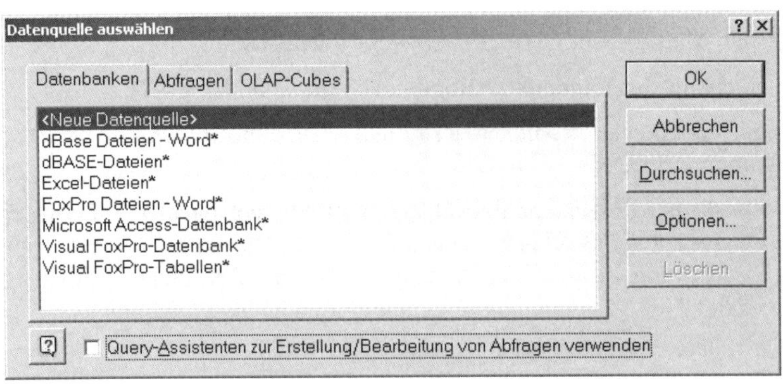

Abbildung 4.2 Auswahl der Datenquelle

Befindet sich die gewünschte Datenquelle noch nicht in der Liste DATENQUELLE AUSWÄHLEN, so klicken Sie auf <NEUE DATENQUELLE>.

Wollen Sie diese ohne den Query-Assistenten ausführen, so wählen Sie das entsprechende Kontrollfeld ab. Im weiteren Beispiel wird ohne den Query-Assistenten gearbeitet.

Klicken Sie nun auf OK.

Geben Sie den Namen der neuen Datenquelle ein und wählen Sie den Typ der Datenbank aus, auf den Sie zugreifen wollen. In diesem Beispiel ist dies der Treiber für die MS Access-Datenbank.

Der Name für die neue Datenquelle soll *Excel 2000 für Controller* heißen, der Treiber ist der *Microsoft Access-Treiber(*.MDB).*

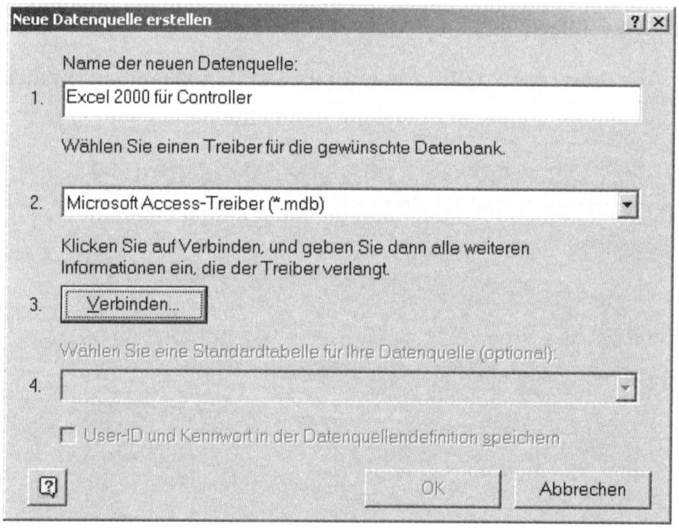

Abbildung 4.3 Neue Datenquelle erstellen

Klicken Sie nun auf die Schaltfläche VERBINDEN.

Nun erscheint eine Dialogbox, über die Sie die gewünschte Datenbank auswählen können. In unserem Beispiel ist es die Datenbank *Bestellungen2000_BIG.MDB.*

Nachdem Sie mit OK bestätigt haben, erscheint wieder das Dialogmenü des ODBC-Setups.

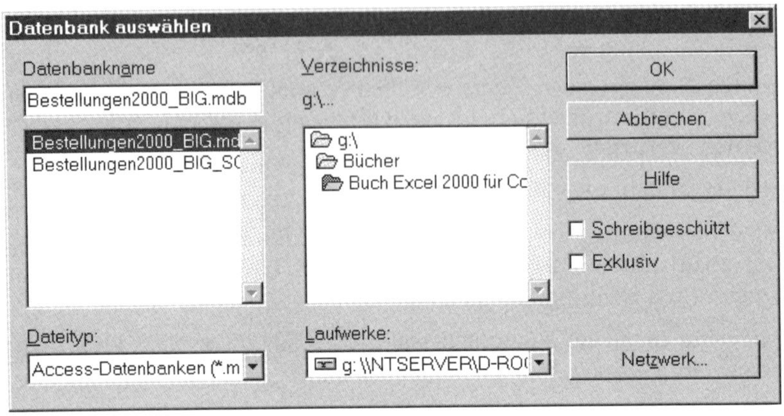

Abbildung 4.4 Datenbank auswählen

Hier sind nun die Angaben für den Datenbankpfad und den Datenbanknamen enthalten.

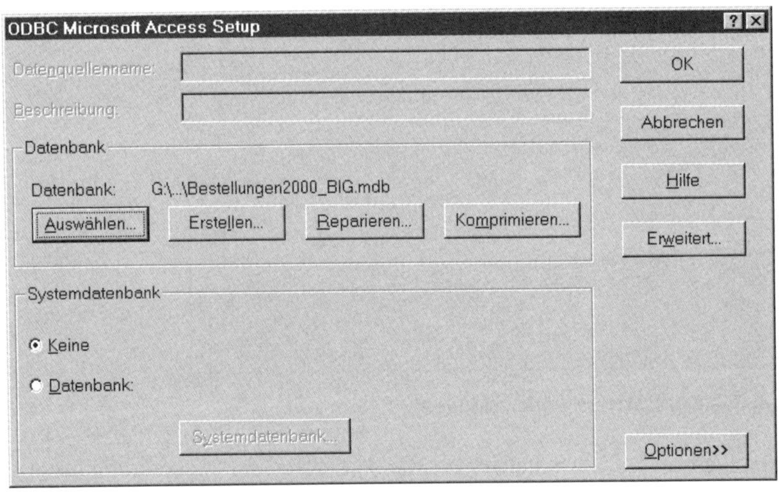

Abbildung 4.5 ODBC Microsoft Access 2000 Setup

- Bestätigen Sie mit OK.
- Wie Sie in der nachfolgenden Abbildung sehen, ließe sich hier eine Standard-Tabelle auswählen, wovon ich hier jedoch absehen möchte.
- Bestätigen Sie nun mit OK und es erscheint wieder die Dialogbox *Datenbank auswählen*, allerdings nun mit einem neuen Eintrag.

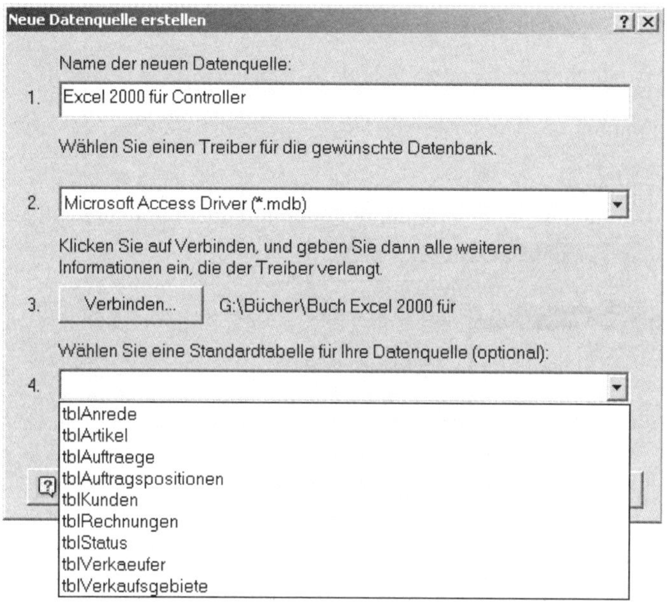

Abbildung 4.6 Auswahl der Standard-Tabelle

Diesen Eintrag wollen wir verwenden. Ist er markiert, so klicken Sie auf die Schaltfläche OK.

Die MS-ACCESS-Datenbank ist ein relationales Datenbank-Managementsystem, abgekürzt RDBMS. Dieses RDBMS enthält nicht nur eine Datenbank, sondern Tabellen, die miteinander relational verknüpft werden können, des Weiteren Abfragen, Formulare und Berichte. Ebenso stehen eine Makro-Sprache sowie eine Programmiersprache (VBA) zur Datenmanipulation zur Verfügung. Relational verknüpfen heißt übrigens, zwischen Tabellen Verbindungen aufzubauen und diese über gemeinsame Felder zu verknüpfen.

Nun erscheint die Dialogbox *Tabellen hinzufügen*.

Um die Tabellen hinzufügen zu können, stehen zwei Möglichkeiten zur Auswahl: Entweder Sie klicken die gewünschte Tabelle an und klicken dann auf die Schaltfläche HINZUFÜGEN, oder Sie klicken gleich doppelt auf die gewünschte Tabelle. In beiden Fällen wird die Tabelle der Abfrage hinzugefügt.

Fügen Sie die folgenden Tabellen mit einer der oben beschriebenen Möglichkeiten hinzu:

- *tblAnrede*
- *tblVerkaeufer*

- *tblVerkaufsgebiete*
- *tblKunden*
- *tblAufträge*
- *tblArtikel*
- *tblAuftragspositionen*

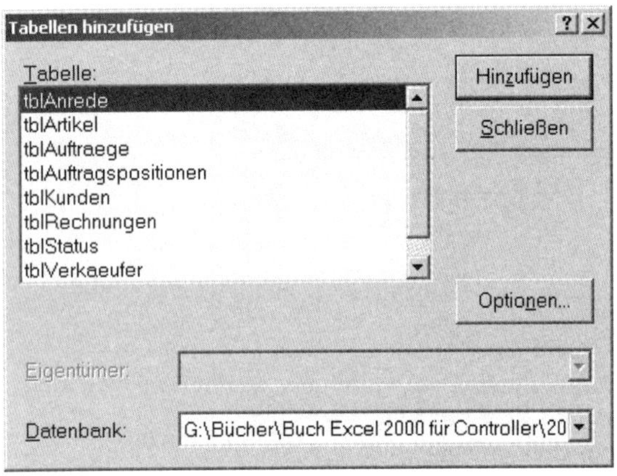

Abbildung 4.7 Tabellen der Abfrage hinzufügen

Verbindungen zwischen Tabellen werden über Felder hergestellt. Dabei ist es unerheblich, ob die Namen der Felder gleich lauten. Tatsächlich ist es in den meisten Fällen so, dass auf Grund der Primär- bzw. Sekundärschlüssel ein unterschiedlicher Name gewählt wird. Um diesen Umstand deutlich zu machen, werden in der nachstehenden Auflistung die Tabellen *tblVerkaufsgebiete* und *tblKunden* über die Felder *id_Verkaufsgebiet* und *Region* verbunden.

Wichtig ist allerdings, dass beide Tabellenfelder vom gleichen Typ sind und sie Inhalte besitzen, die miteinander verknüpfbar sind. Dies ist bei den Feldern *id_Verkaufsgebiet* und *Region* der Fall. Die noch fehlenden Verbindungen zwischen den Tabellen müssen nun von Hand hergestellt werden.

Dazu gehen Sie folgendermaßen vor. Verbunden werden sollen die Tabellen *tblAnrede* und *tblVerkaeufer* über die Anrede. Hierzu klicken Sie das Feld *id_Anrede* in der Tabelle *tblAnrede* an und ziehen es bei gedrückter linker Maustaste auf das Feld *fi_Anrede* der Tabelle *tblVerkaeufer*. Dabei spielt es keine Rolle, mit welcher der beiden Tabellen Sie beginnen.

Stellen Sie insgesamt die folgenden Verbindungen her:

Tabelle	Feld	Verbindung	Tabelle	Feld
tblAnrede	*id_Anrede*	*Inner Join*	*tblVerkaeufer*	*fi_Anrede*
tblVerkaeufer	*id_VKNR*	*Inner Join*	*tblVerkaufsgebiete*	*fi_VKNR*
tblVerkaufsgebiete	*id_Verkaufsgebiet*	*Inner Join*	*tblKunden*	*Region*
tblKunden	*id_KundenNr*	*Inner Join*	*tblAuftraege*	*fi_KundenNr*
tblAuftraege	*id_AuftragsNr*	*Inner Join*	*tblAuftragspositionen*	*id_AuftragsNr*
tblAuftragspositionen	*fi_ArtikelNr*	*Inner Join*	*tblArtikel*	*id_ArtikelNr*

Tabelle 4.1 Verbindungen zwischen den Tabellen

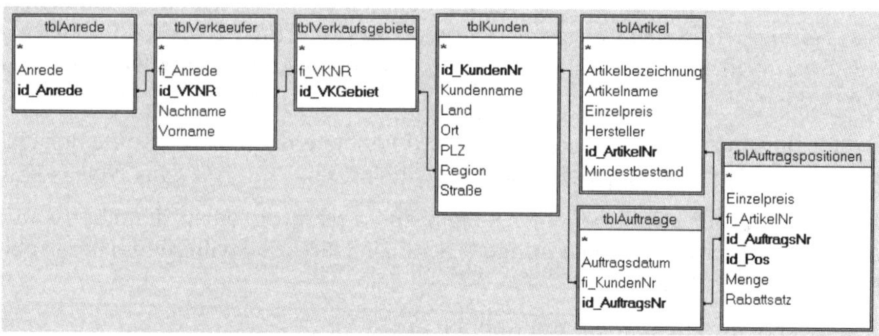

Abbildung 4.8 Die Beziehungen zwischen den Tabellen

Nun benötigen wir in unserer Abfrage noch die Felder, deren Inhalte wir später darstellen wollen. Aus der nachstehenden Tabelle können Sie die Tabelle und die jeweiligen Feldnamen entnehmen.

Tabelle	Feldname
tblAnrede	*Anrede*
tblVerkäufer	*Nachname*
tblVerkaufsgebiete	*id_Verkaufsgebiet*
tblKunden	*Kundenname*

Tabelle 4.2 Tabellen- und Feldnamen

Tabelle	**Feldname**
tblAuftraege	*Auftragsdatum*
tblArtikel	*Artikelname*
tblArtikel	*Artikelbezeichnung*
tblAuftragspositionen	*Menge*
tblAuftragspositionen	*Einzelpreis*

Tabelle 4.2 Tabellen- und Feldnamen

Aber Moment, hier fehlt doch noch etwas! Richtig: der Gesamtpreis. Dieser wird natürlich nicht in der Datenbanktabelle gespeichert, sondern aus Menge und Einzelpreis ermittelt.

- Klicken Sie hierzu das leere Feld hinter *Einzelpreis* an und geben ein:
- *Menge*tblAuftragspositionen.Einzelpreis*

Der Tabellenname *tblAuftragspositionen* muss, getrennt durch einen Punkt, vor den Feldnamen *Einzelpreis* gesetzt werden. Dies ist erforderlich, da der Feldname *Einzelpreis* nicht eindeutig ist, da er ebenfalls in der Tabelle *tblArtikel* vorhanden ist.

Beim Feldnamen *Menge* können Sie darauf verzichten, da dieser Name nur einmal vorhanden und damit eindeutig ist.

Nun ist natürlich der Tabellenkopf zwar aussagekräftig, entspricht aber wahrscheinlich nicht Ihren Vorstellungen. Schöner wäre als Spaltenbezeichner beispielsweise *Gesamtpreis*.

- Klicken Sie den Spaltenkopf doppelt an.

Es erscheint eine Dialogbox, in der sich bereits als Feldinhalt die soeben eingegebene Formel befindet.

- Geben Sie bei SPALTENÜBERSCHRIFT die gewünschte Beschriftung ein. In diesem Fall also *Gesamtpreis*.

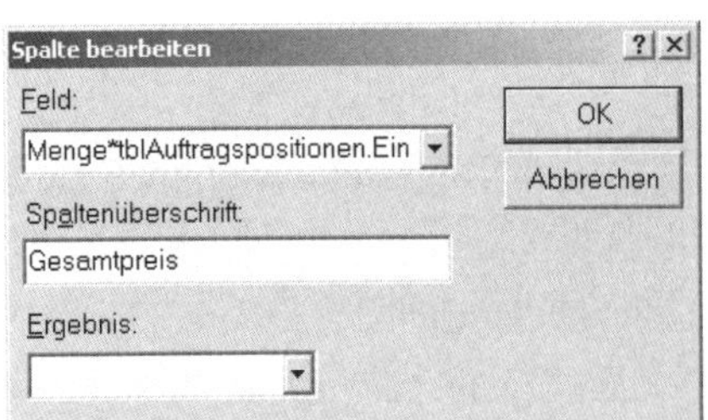

Abbildung 4.9 Beschriftung des Spaltenkopfs

Damit haben Sie für die Übernahme der Daten in Excel eigentlich alle Voraussetzungen erfüllt. »Eigentlich« deshalb, weil nun natürlich alle Daten aus der Datenbank übernommen werden. Dies kann, muss aber nicht gewünscht sein. Zunächst sollten Sie diese Abfrage jedoch speichern.

Wählen Sie den Menübefehl DATEI | SPEICHERN.

Die Abfragen werden standardmäßig alle im Unterverzeichnis ABFRAGEN gespeichert. Selbst der vorgeschlagene Name ist hier bereits so aussagekräftig, dass er übernommen werden könnte.

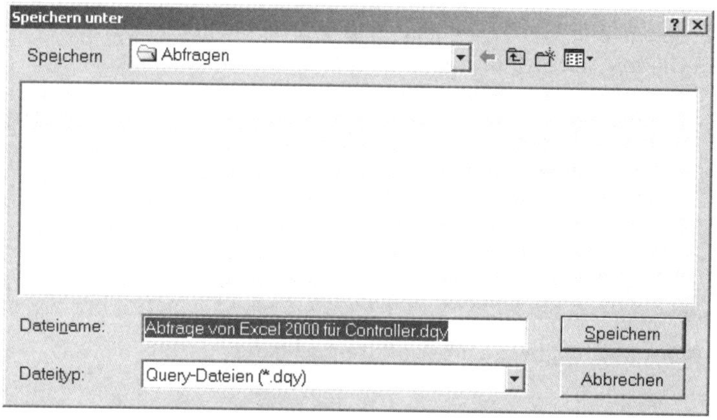

Abbildung 4.10 Abfrage speichern

Überschreiben Sie den vorgeschlagen Namen mit *Bestellungen2000*.

Die Namenserweiterung für Abfrage-Dateien wurde in Excel 97 geändert und lautet nun *DQY*. Sie wird vom Programm automatisch hinzugefügt.

Geben Sie nun zunächst die Daten an Excel zurück.

Hierzu wählen Sie aus dem Menü DATEI den letzten Befehl. Haben Sie alles richtig gemacht, steht hier DATEN AN MICROSOFT EXCEL ZURÜCKGEBEN.

Sollten Sie MS-Query direkt geöffnet haben, so steht hier BEENDEN. Die Daten können nicht direkt an Excel zurückgegeben werden. In diesem Fall müssten Sie die Abfrage speichern, falls Sie dies nicht bereits getan haben. Dann muss die Abfrage beendet und über Excel erneut aufgerufen werden.

Zurück in Excel erscheint eine Dialogbox, deren voreingestellte Optionen ohne Änderung übernommen werden können.

Klicken Sie zur Übernahme der Daten auf OK, und es wird begonnen, die Daten in die ausgewählte Excel-Tabelle einzufügen.

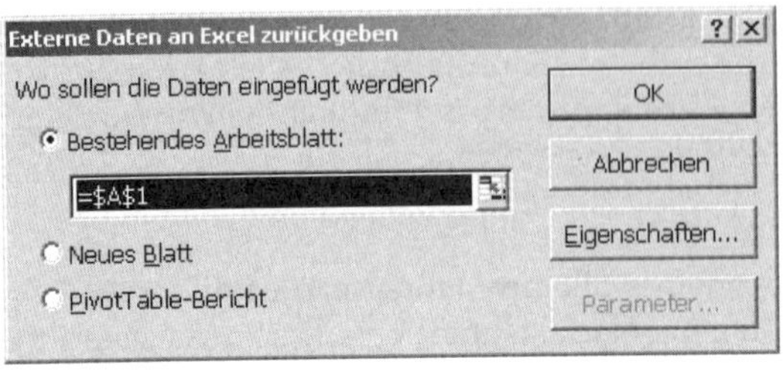

Abbildung 4.11 Daten in Excel importieren

Da diese Abfrage aber annähernd 197.000 Datensätze an Excel zurückliefern würde, erscheint die folgende Meldung:

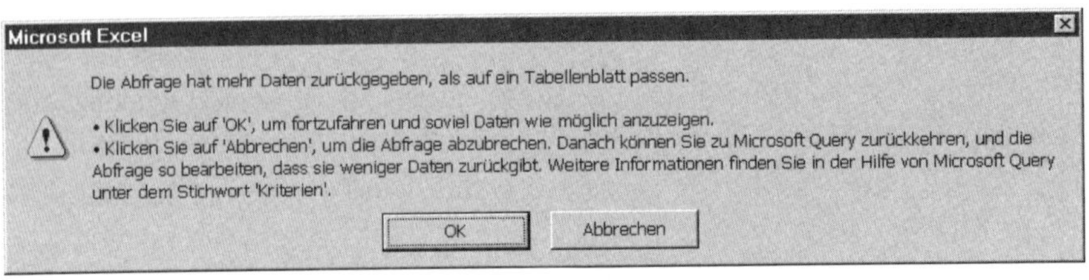

Abbildung 4.12 Warnmeldung bei zu großer Datenrückgabe

Nun können Sie entweder so viel wie möglich an Daten übernehmen oder abbrechen. Ich habe mich hier für ABBRECHEN entschieden.

- Rufen Sie aus dem Menü EXTRAS | BEARBEITEN | EXTERNE DATEN den Befehl ABFRAGE BEARBEITEN auf und filtern dann nach *Artikelname* und dem Wert *Prozessor* wie nachstehend gezeigt.

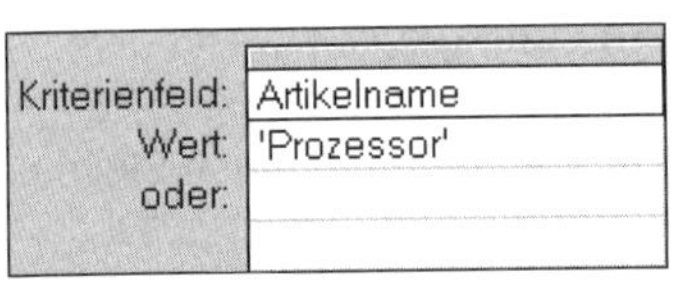

Abbildung 4.13 Filtern nach Artikelname=Prozessor

- Geben Sie dann die Daten an Excel zurück. Es werden 61.886 Datensätze zurückgegeben.
- Vergeben Sie für den Namen der Tabelle, in die diese Datensätze zurückgegeben wurden, den Namen *Artikelname*.
- Speichern Sie die Datei unter dem Namen *Bestellungen2000.xls* ab.

In den Beispielen zum Buch finden Sie diese Datei unter dem Namen *Excel_2000_Ctrl_04_01.XLS*.

4.3 Daten in der Abfrage sortieren und filtern

Um die übernommenen Daten in der Abfrage zu filtern, muss keine neue Abfrage erstellt werden, zumindest nicht komplett.

Beachten Sie bitte, dass Sie sich im Bereich der zurückgegebenen Daten befinden und nicht außerhalb.

Wählen Sie im Menü DATEN den Befehl EXTERNE DATEN | ABFRAGE BEARBEITEN.

Es erscheint die zuvor erstellte Abfrage. Um nun Änderungen an der Abfrage dauerhaft durchführen zu können, muss diese unter dem gleichen oder einem neuen Namen gespeichert werden.

Wir wollen die neue Abfrage auch unter einem neuen Namen speichern. Verfahren Sie wie weiter oben beschrieben und vergeben Sie den Namen *Bestellungen2000_Filter*. Auch hier wird die Erweiterung *DQY* wieder automatisch hinzugefügt. Gespeichert wird wieder im Verzeichnis *Abfragen.*

Zunächst sollen die Daten absteigend sortiert werden. Hierzu markieren Sie die Spalte *Gesamtpreis* und klicken dann auf das Sortier-Symbol Z-A.

Ähnliches ließe sich auch über das Menü DATENSÄTZE | SORTIEREN... bewerkstelligen, allerdings sind hier dann mehrere Schritte erforderlich.

Nun sollen nur Datensätze in der Abfrage erscheinen, deren Bestellwert größer/gleich 65.000 ist. Auch hier sind wieder zwei Vorgehensweisen möglich.

Wählen Sie den Menübefehl KRITERIEN | KRITERIEN HINZUFÜGEN, so erscheint die folgende Dialogbox:

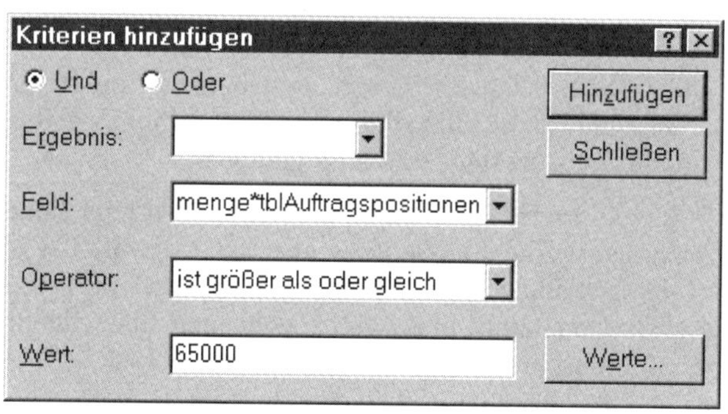

Abbildung 4.14 Kriterien der Abfrage hinzufügen

Da die Spalte *Gesamtpreis* vom Sortiervorgang her immer noch markiert ist, ist bei *Feld* auch bereits der entsprechende Feldinhalt eingetragen.

Wählen Sie bei OPERATOR die Bedingung *ist größer als oder gleich* aus.

Bei WERT tragen Sie von Hand *65000* ein. Bestellungen mit kleineren Werten sollen dieses Mal nicht zu Excel übertragen werden.

Hier ließen sich auch noch neben *Artikelname* und *Gesamtpreis* weitere Kriterien eingeben und als *UND-* bzw. *ODER*-Abfrage verknüpfen. Hiervon soll im Moment jedoch abgesehen werden.

Fügen Sie die eingegebenen Kriterien mit der gleichnamigen Schaltfläche hinzu. Anschließend SCHLIESSEN Sie diese Dialogbox.

MS-Query hat in die Abfrage ein neues Element, die Kriterien, eingeblendet. Gleiches wäre übrigens auch passiert, hätten Sie in der Symbolleiste das Symbol KRITERIEN EINBLENDEN angeklickt. Dieses Symbol ist an einer Brille, kombiniert mit einem Filter, zu erkennen.

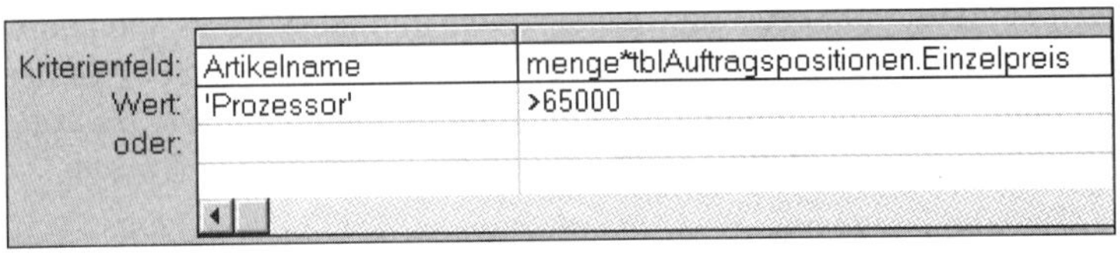

Abbildung 4.15 Abfragekriterien

Speichern Sie Ihre Abfrage nochmals und geben Sie dann die Daten an Excel zurück.

Hier können Sie nun Ihre Daten mit Techniken bearbeiten, die ich Ihnen jetzt vorstellen werde.

4.4 SQL-Abfrage

SQL ist die Abkürzung für *Structured Query Language*. Übersetzt heißt das soviel wie *Strukturierte Abfragesprache*. Mithilfe dieser Sprache können relationale Datenbanken abgefragt, aktualisiert und verwaltet werden.

Die Befehle, die Ihnen bei *MS-Query* zur Verfügung stehen, sind relativ übersichtlich. Bei großen Datenbankservern, die ebenfalls mit SQL verwaltet werden, sieht es allerdings etwas anders aus. Hier ist SQL eine mächtige Abfragesprache, deren Befehle von Anzahl und Mächtigkeit weit über das hinausgehen, was bei den nachfolgend vorgestellten Befehlen möglich ist.

Übrigens hat *MS-Query* im vorherigen Beispiel bereits eine SQL-Abfrage erstellt. Dies geschah für Sie unbemerkt im Hintergrund. Wollen Sie diese Abfrage ansehen, so klicken Sie einfach auf das entsprechend bezeichnete Symbol in der Symbolleiste.

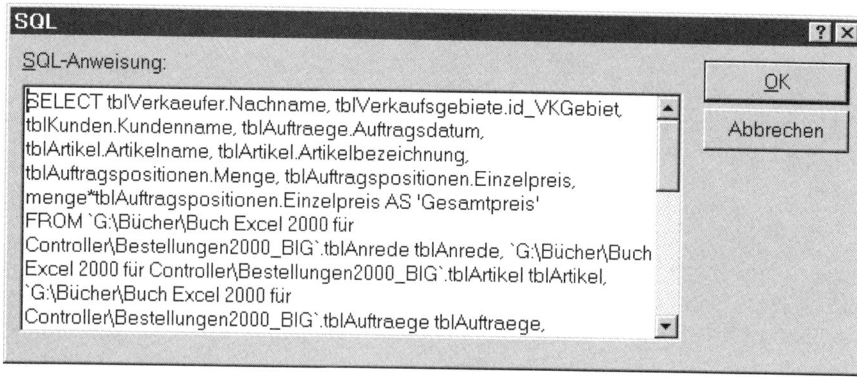

Abbildung 4.16 SQL-Anweisung

```
SELECT tblVerkaeufer.Nachname, tblVerkaufsgebiete.id_VKGebiet, tblKun-
den.Kundenname, tblAuftraege.Auftragsdatum, tblArtikel.Artikelname, tblAr-
tikel.Artikelbezeichnung, tblAuftragspositionen.Menge,
tblAuftragspositionen.Einzelpreis, menge*tblAuftragspositionen.Einzel-
preis AS 'Gesamtpreis'
FROM `G:\Bücher\Buch Excel 2000 für Controller\Bestellungen2000_
BIG`.tblAnrede tblAnrede, `G:\Bücher\Buch Excel 2000 für Controller\
Bestellungen2000_BIG`.tblArtikel tblArtikel, `G:\Bücher\Buch Excel 2000
für Controller\Bestellungen2000_BIG`.tblAuftraege tblAuftraege, `G:\
Bücher\Buch Excel 2000 für Controller\Bestellungen2000_BIG`.tblAuftragspo-
sitionen tblAuftragspositionen, `G:\Bücher\Buch Excel 2000 für Controller\
Bestellungen2000_BIG`.tblKunden tblKunden, `G:\Bücher\Buch Excel 2000 für
Controller\Bestellungen2000_BIG`.tblVerkaeufer tblVerkaeufer, `G:\Bücher\
Buch Excel 2000 für Controller\Bestellungen2000_BIG`.tblVerkaufsgebiete
tblVerkaufsgebiete
WHERE tblAuftragspositionen.id_AuftragsNr = tblAuftraege.id_AuftragsNr AND
tblAnrede.id_Anrede = tblVerkaeufer.fi_Anrede AND tblVerkaeufer.id_VKNR =
tblVerkaufsgebiete.fi_VKNR AND tblVerkaufsgebiete.id_VKGebiet = tblKun-
den.Region AND tblKunden.id_KundenNr = tblAuftraege.fi_KundenNr AND
tblAuftragspositionen.fi_ArtikelNr = tblArtikel.id_ArtikelNr AND ((tblAr-
tikel.Artikelname='Prozessor') AND (menge*tblAuftragspositionen.Einzel-
preis>=65000))
```

Der Laufwerkbuchstabe G, der in dieser Abfrage auftaucht, bezieht sich auf den Server, auf dem die Beispiele bei der Erstellung dieses Buchs gespeichert wurden. Ersetzen Sie gegebenenfalls diesen Laufwerkbuchstaben und bei Bedarf auch den Pfad durch die bei Ihnen verwendete Arbeitsumgebung.

Dabei bedeuten die Befehle Folgendes:

Name	Beschreibung
SELECT	Liste der Feldnamen, die in der Abfrage erscheinen soll. Der Name der zugehörigen Tabelle wird vor den Feldnamen gestellt und von diesem durch einen Punkt getrennt. Sollen alle Felder einer Tabelle übernommen werden, so kann der Einfachheit halber ein Stern verwendet werden.
FROM	Name der Tabelle, in der sich die Daten befinden.
WHERE	Beschreibt die Suchbedingungen, die zur Datenselektion dienen.
GROUP BY	Datensätze, deren Werte mit den durch die Liste angegebenen Feldern übereinstimmen, werden zu einem einzigen Datensatz zusammengefasst.
ORDER BY	Sortiert die angezeigten Daten in der im Abschnitt angezeigten Reihenfolge.

Eine weitere, in dieser Abfrage jedoch nicht erscheinende Anweisung ist *Having*:

HAVING	Hiermit wird angegeben, welche der gruppierten Datensätze angezeigt werden. Nach der Zusammenfassung von Datensätzen mit GROUP BY schränkt HAVING die von GROUP BY gruppierten Datensätze mit den in diesem Abschnitt definierten Bedingungen ein.

4.5 Datenbankabfrage ausführen

Nachdem Sie die Abfrage zuvor gespeichert hatten, ist es kein Problem, auf diese wieder schnell zugreifen zu können. Hierbei gibt es zwei unterschiedliche Möglichkeiten: Sie befinden sich noch in der Tabelle mit den Rückgabewerten der Tabelle oder Sie haben die Tabelle ohne zu speichern geschlossen und möchten auf die gespeicherte Abfrage erneut zugreifen.

Beides ist möglich, und wir werden beides auch durchführen.

4.5.1 Die Vorgehensweise bei geöffneter Tabelle

Wählen Sie den Menübefehl DATEN | EXTERNE DATEN | ABFRAGE BEARBEITEN.

Damit befinden Sie sich bereits wieder in einer Kopie Ihrer Abfrage und können die gewünschten Änderungen durchführen.

Die weitere Vorgehensweise, Daten an Excel zurückgeben und Speichern der Daten, wurde bereits vorstehend beschrieben.

4.5.2 Die Vorgehensweise bei neuer Tabelle

Haben Sie Ihre Mappe geschlossen, ohne diese zu speichern, so ist in diesem Falle nichts Schlimmes passiert. Sie haben, sofern Sie die Abfrage gespeichert hatten, jederzeit die Möglichkeit, wieder auf diese Abfrage zuzugreifen. Viele Anwender verzichten sogar bewusst darauf, diese Mappen zu speichern, und greifen immer auf die Abfrage zurück. Das ist sicherlich Geschmackssache und hat, wie viele andere Dinge auch, seine Vor- und Nachteile.

- Wählen Sie den Menübefehl DATEN | EXTERNE DATEN | GESPEICHERTE ABFRAGE AUSFÜHREN. In Excel 97 lautet dieser Befehl DATEN | EXTERNE DATEN | DATENBANKABFRAGE AUSFÜHREN.

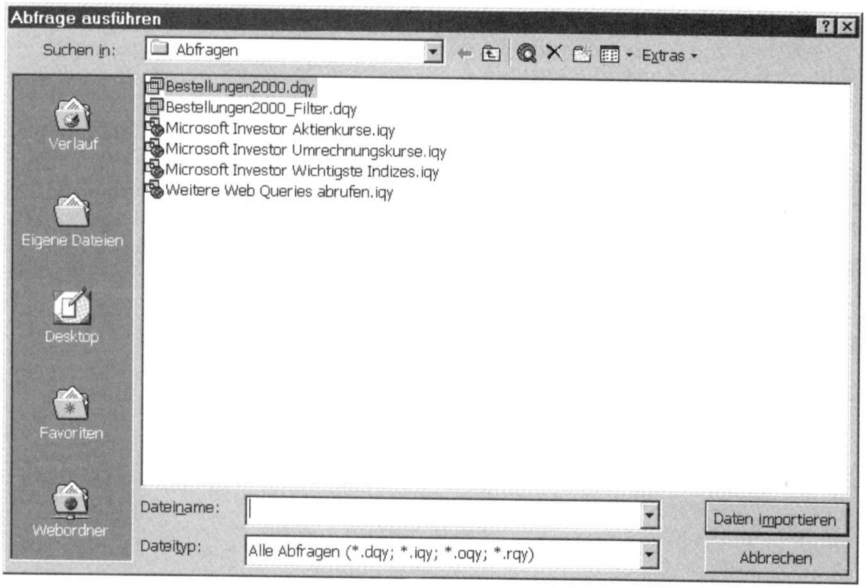

Abbildung 4.17 Datenbankabfrage ausführen

- Ein Doppelklick oder ein Klick auf die Schaltfläche DATEN IMPORTIEREN führt die Abfrage aus und importiert die Daten in Excel.

Etwas umständlicher lässt sich dieser Vorgang auch über die folgende Befehlsfolge ausführen:

- Menübefehl DATEN | EXTERNE DATEN | NEUE ABFRAGE ERSTELLEN.
- Wählen Sie dann die Registerkarte ABFRAGEN aus.

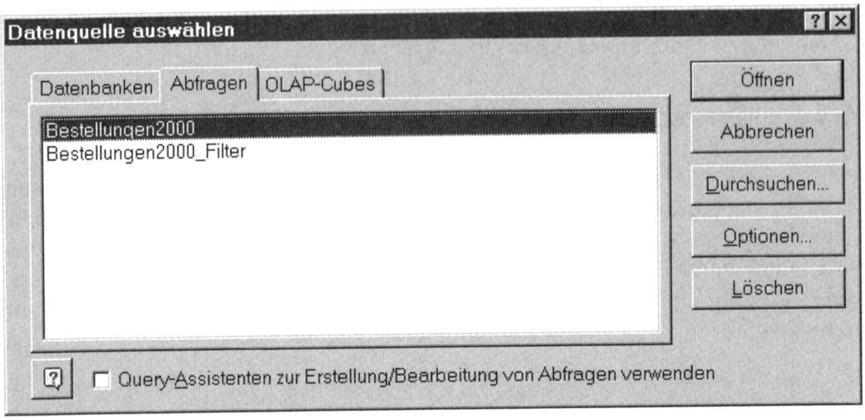

Abbildung 4.18 Registerkarte Abfragen

Mit einem Klick auf die Schaltfläche ÖFFNEN wird die ausgewählte Abfrage geöffnet und kann bearbeitet werden.

Die weitere Vorgehensweise wurde bereits vorstehend beschrieben.

Excel 2000 bietet noch eine weitere interessante Möglichkeit der Datenauswertung und- darstellung. Gemeint sind hier die so genannten OLAP-Cubes. Diese ähneln von der Art der Darstellung und den Möglichkeiten den Pivot-Tabellen. Aus diesem Grund werde ich diese hochinteressanten Analysemöglichkeiten gemeinsam mit denen der Pivot-Tabelle vorstellen.

5 Datenanalyse

Daten mit Hilfe von Werkzeugen aus Datenbanken zu extrahieren ist eine Sache, diese Daten auch entsprechend zusammenzufassen und zu gruppieren eine andere. Auch hierzu gibt es verschiedene Werkzeuge, die Sie nachstehend kennen lernen werden.

5.1 Sortieren

5.1.1 Worauf Sie beim Sortieren achten sollten

Haben Sie Ihre Daten nicht bereits in der SQL-Abfrage sortiert, so ist natürlich auch noch in Excel Zeit dafür. Da sich der Sortiervorgang in Excel 97 und Excel 2000 nicht wesentlich unterscheidet, werden nachstehend nur die Screenshots von Excel 2000 angezeigt.

Vielleicht fragen Sie sich auch, warum dieses Thema hier behandelt wird, es gehört doch eigentlich zum Grundwissen von Excel. Es gibt jedoch einige Punkte, die Sie kennen sollten. Schöne, aber auch sehr unschöne. So, nun aber der Reihe nach.

Apropos Reihe: Dies ist bereits der erste Knackpunkt. Markieren Sie die Spalte, die Sie sortieren wollen, so ist dies in MS-ACCESS eine vollkommen übliche Vorgehensweise. Nicht aber in Excel. Führen Sie den Befehl über den Menübefehl DATEN | SORTIEREN (WICHTIG!!!) aus, so erhalten Sie die folgende Warnung (vgl. Abbildung 5.1).

Excel hat gemerkt, dass ein Ausschnitt aus der Tabelle markiert wurde. Da in Excel immer nur das bearbeitet wird, was markiert wurde, würden nur die Daten innerhalb der Spalte sortiert werden. Der Fachmann spricht hier vom Mischen ;-).

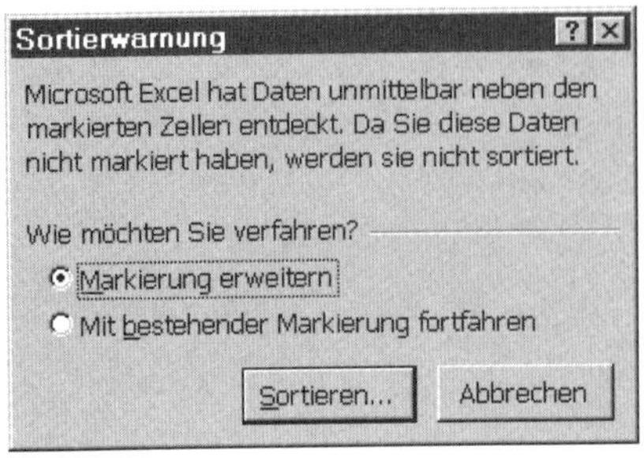

Abbildung 5.1 Sortierwarnung in Excel

Der Zusammenhang zwischen den Datenfeldern eines Datensatzes würde also zerstört werden.

Nun haben die Microsoft-Entwickler aber an dieser Stelle mitgedacht und diese Sortierwarnung vorgeschaltet. Klicken Sie auf die Schaltfläche SORTIEREN, so werden alle zusammenhängenden Zellen markiert und der Sortiervorgang wird korrekt ausgeführt. Klasse!!!

WARNUNG

Nun sollte man meinen, wenn Sie den Sortierbefehl über die entsprechenden Symbole der Symbolleiste ausführen, geschieht Ähnliches. Falsch gedacht! Ohne Vorwarnung werden nur die Daten des markierten Bereichs in sich sortiert. Merken Sie das nicht sofort und machen die Aktion rückgängig, sind Ihre Daten zerstört. Selbst wenn Sie die Tabelle ohne zu speichern schließen, gehen die nicht gesicherten Daten verloren.

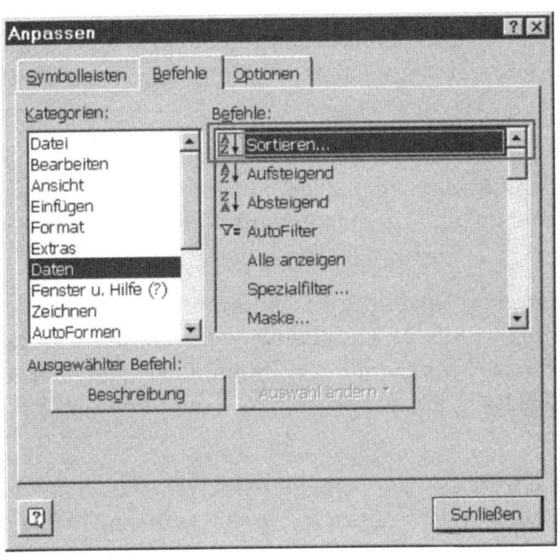

Abbildung 5.2 Auswahl des »richtigen« Symbols für die Sortierung

Meine Empfehlung lautet deshalb, entfernen Sie die Sortiersymbole aus der Symbolleiste, damit es nicht aus Versehen zu einer Beschädigung Ihrer Daten kommt. Möchten Sie auf ein Sortiersymbol in der Symbolleiste nicht verzichten, so verwenden Sie statt dessen das Symbol aus der vorherigen Abbildung.

Im Übrigen, und das ist das Traurige an dieser Sache, gilt dies für Excel 5.0, Excel 7.0, Excel 97 und sogar für Excel 2000. Schwache Leistung!!!

5.1.2 Sortieren über die Menüleiste

Nun wollen wir unseren Sortiervorgang korrekt durchführen.

- Markieren Sie *eine* Zelle in der Spalte, die Sie sortieren wollen.
- Rufen Sie den Menübefehl DATEN | SORTIEREN... auf.
- Der Name der Spalte, in der Sie eine Zelle markiert hatten, ist bereits eingetragen.
- Wählen Sie die weiteren Sortiermöglichkeiten aus.
- Beinhaltet Ihre Tabelle Überschriften, sollte das entsprechende Optionsfeld gewählt sein.
- Soll nicht aufsteigend sortiert werden, wählen Sie das gewünschte Optionsfeld an.

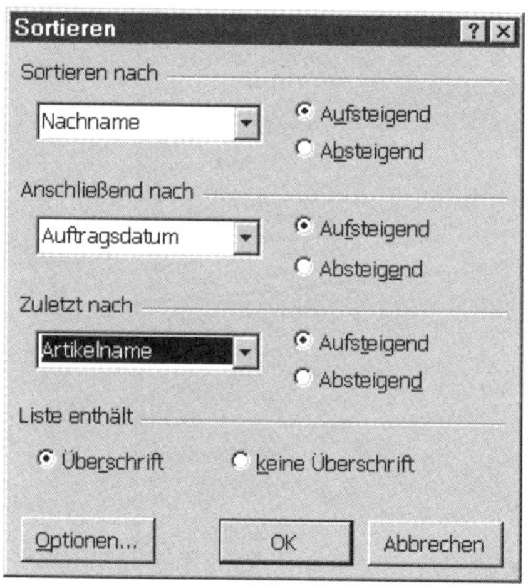

Abbildung 5.3 Sortieren mit Hilfe des Menübefehls

- Führen Sie die Sortierung mit einem Klick auf OK durch.

Aufsteigend oder absteigend zu sortieren ist in den meisten Fällen ausreichend. Wie kann jedoch vorgegangen werden, wenn Daten in einer willkürlichen Reihenfolge sortiert werden müssen? Geht das überhaupt? Ja, natürlich. Allerdings müssen Sie hier einige Vorbereitungen treffen.

5.1.3 Willkürliche Sortierung

Im Menü EXTRAS | OPTIONEN gibt es die Registerkarte AUTOAUSFÜLLEN.

Diese ist Ihnen unter Umständen bekannt. Hier lassen sich immer wiederkehrende Einträge eingeben oder bereits vorhandene Einträge aus markierten Zellen mit der Schaltfläche IMPORTIEREN automatisch übernehmen. Wichtig für Sie ist, dass in der Reihenfolge der Listeneinträge auch sortiert werden kann.

Um diese Einträge den benutzerdefinierten Listen hinzuzufügen, gehen Sie folgendermaßen vor:

- Geben Sie *Süd, Ost, West, Nord* und *Mitte* in dieser Reihenfolge an beliebiger Stelle in ein Tabellenblatt ein.
- Markieren Sie diese Einträge bzw. lassen diese markiert.
- Rufen Sie mit EXTRAS | OPTIONEN | AUTOAUSFÜLLEN die Registerkarte auf.

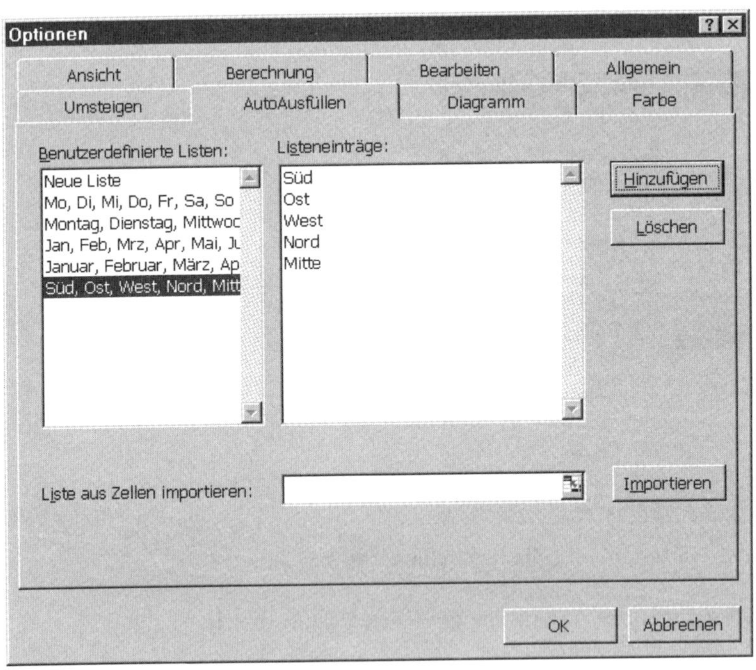

Abbildung 5.4 Listeneinträge

- Mit IMPORTIEREN werden diese Listeneinträge in die Benutzerliste übernommen.

Selbstverständlich müssen Sie nicht den Umweg über die Tabelle machen. Sie können diese Einträge auch direkt bei LISTENEINTRÄGE vornehmen und diese Daten dann mit der Schaltfläche HINZUFÜGEN übernehmen.

Nun soll nach diesen Eingaben sortiert werden.

- Rufen Sie nochmals den Menübefehl DATEN | SORTIEREN... auf.
- Wählen Sie bei SORTIEREN NACH: *id_VKGebiet.*
- Klicken Sie auf die Schaltfläche OPTIONEN....

Es erscheint die Dialogbox SORTIEROPTIONEN:

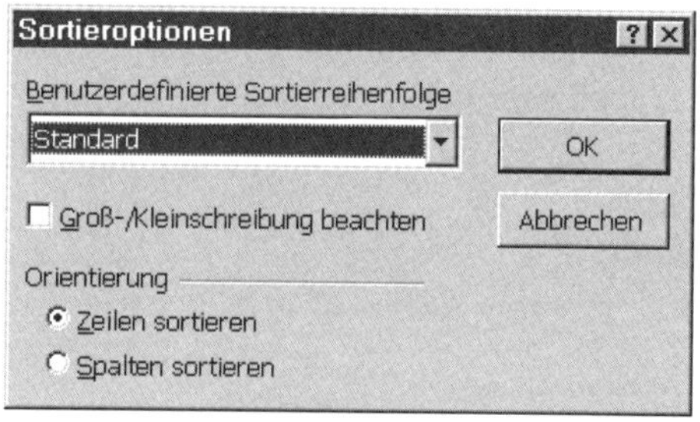

Abbildung 5.5 Einstellen der Sortieroptionen

- Klicken Sie auf den Auswahlpfeil hinter *Standard.*

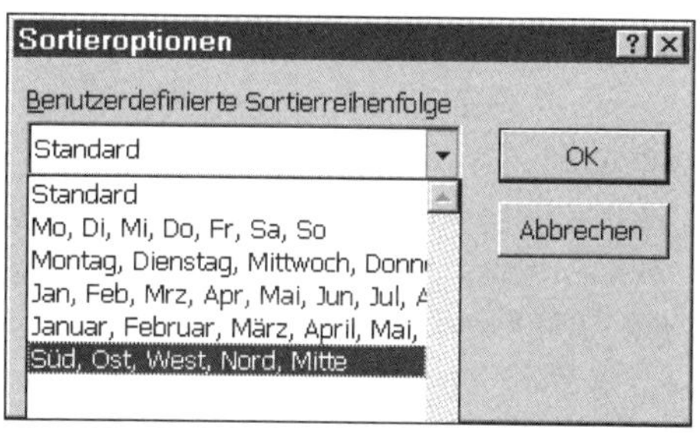

Abbildung 5.6 Auswahl der gewünschten Sortierreihenfolge

- Wählen Sie *Süd, Ost, West, Nord, Mitte* aus.
- Schließen Sie beide Dialogboxen mit OK.

Ihre Daten wurden in der gewünschten Reihenfolge sortiert.

5.2 Datenselektion durch Filter

Mit Hilfe der neuen Filter ist es sehr schnell möglich, aus einem datenbankartig aufgebauten Tabellenbereich Inhalte gezielt zu extrahieren.

5.2.1 Autofilter

Aus der Datenbank *Bestellungen2000_BIG.MDB* (*Bestellungen97_BIG.MDB*) wurden mittels Query-Abfrage alle Datensätze übertragen. Diese wurden dann in der Mappe *Bestellungen2000.XLS, Artikelname* gespeichert.

Mit dem Menübefehl DATEN | FILTER | AUTOFILTER können so genannte Anforderungssymbole neben die (vermutete) Spaltenüberschrift gesetzt werden. Durch Anklicken auf eines dieser Anforderungssymbole erscheint eine Liste, aus der ein beliebiges Kriterium ausgewählt werden kann. Entsprechend des ausgewählten Kriteriums wird die Tabelle gefiltert.

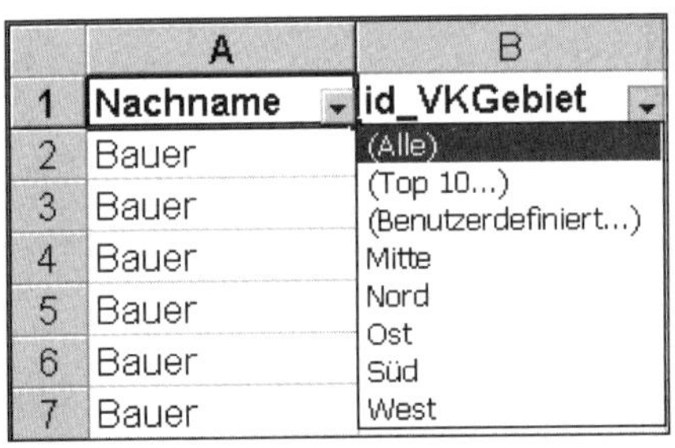

Abbildung 5.7 Setzen des AutoFilters

Sollen wieder alle Daten angezeigt werden, kann dies mit dem Menübefehl DATEN | FILTER | ALLE ANZEIGEN erfolgen.

Mit BENUTZERDEFINIERT können Sie auch einen benutzerdefinierten AutoFilter erstellen, bei dem sowohl Und/Oder-Kombinationen als auch Filter mit den Joker-Zeichen * (Stern) und ? (Fragezeichen) möglich sind.

Eine erneute Auswahl des Menübefehls DATEN | FILTER | AUTOFILTER blendet den AutoFilter wieder aus.

Neben dem benutzerdefinierten Filter verfügt Excel ab der Version 7.0 auch über einen TOP-10-Filter. Mit Hilfe dieses Filters lässt sich eine *einstellbare* Anzahl von *Obersten* oder *Untersten Elementen* anzeigen. Statt der Elemente lassen sich aber auch *Prozente* auswählen, die ebenfalls den *Obersten* oder *Untersten* Bereich repräsentieren.

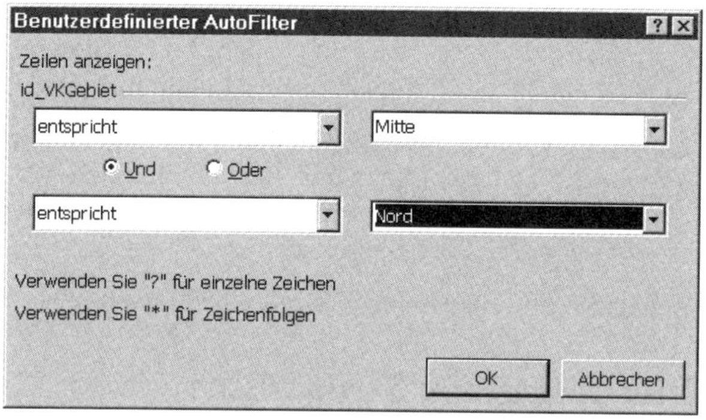

Abbildung 5.8 Verwenden des benutzerdefinierten AutoFilters

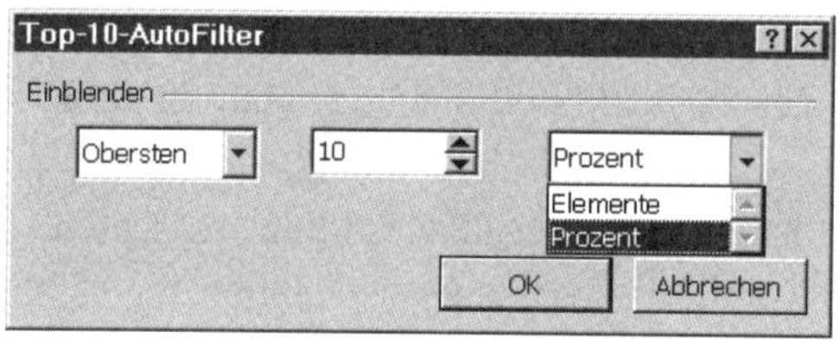

Abbildung 5.9 Die TOP-10-Auswahl

5.2.2 Die Funktion Teilergebnisse

Angenehm, dieser AutoFilter. Interessant wäre aber vielleicht noch, wie hoch der Wert, also der Gesamtpreis, der gefilterten Positionen ist.

- Filtern Sie nach einem beliebigen Begriff.
- Gehen Sie mit der Tastenkombination [Strg]+[→] an den rechten Rand Ihrer Tabelle und mit [Strg]+[↓] an den unteren Rand.
- Lassen Sie dann die [Strg] -Taste los und betätigen noch einmal die [↓]-Taste.

Sie befinden sich nun außerhalb der Datentabelle unterhalb der letzten Zelle.

- Klicken Sie nun zweimal auf das Summensymbol.

Aber was wird denn jetzt summiert? Werfen Sie einmal einen Blick auf den Inhalt der aktiven Zelle. Nein, nicht auf das angezeigte Ergebnis, sondern auf das, was durch die Summenfunktion in die Zelle eingefügt wurde. Hier steht ja gar nicht die erwartete Summenfunktion, sondern `=TEILERGEBNIS(9;Bereich)`. `Teilergebnis` mit dem Argument *9* summiert ebenfalls die Werte, im Gegensatz zur Summe jedoch nur die sichtbaren Werte. Also genau das, was wir haben wollen.

Natürlich leistet die Funktion `Teilergebnis` noch mehr, ein Blick in die Excel-Hilfe unter dem Stichwort `TEILERGEBNIS-Tabellenfunktion` lohnt sich. Sie werden sehen, dass sich auch so `MAX`, `MIN`, `MITTELWERT` usw. ermitteln lassen.

📖 Noch ein Tipp zu dieser Funktion. Bevor Sie einen neuen Filter setzen, verlassen Sie die Zelle außerhalb des Datenbereichs und klicken eine beliebige Zelle im Datenbereich an. Es kann sonst unter Umständen passieren, dass die Zeile mit dem Teilergebnis ebenfalls gefiltert wird.

⌨ Wenn Sie fertig sind, löschen Sie den Inhalt der Summen-Zelle wieder.

5.2.3 Mit Spezialfilter an gleicher Stelle filtern

Wie Sie soeben feststellen konnten, lässt sich bei bis zu zwei Kriterien die Filterung mithilfe des Autofilters sehr schnell und auch komfortabel durchführen. Soll aber nach mehr als zwei Kriterien gefiltert werden, muss mit dem Spezialfilter gearbeitet werden. Dabei sind der Auswahl und der Kombination der Kriterien kaum Grenzen gesetzt.

Möglich sind hierbei zwei Vorgehensweisen: Entweder werden die Daten in der Tabelle, in der sie stehen, gefiltert oder sie werden in einer separaten Tabelle gefiltert und sind damit redundant, also doppelt vorhanden.

In beiden Fällen benötigen Sie jedoch einen so genannten Kriterienbereich, in dem die Filterkriterien enthalten sind.

Mit Hilfe des Spezialfilters können diese Einstellungen vorgenommen werden. In der Wirkungsweise ähnelt dieser Befehl übrigens der Datenselektion aus Excel 4.0.

Bevor wir jedoch den Spezialfilter einsetzen können, bedarf es noch einiger Vorbereitung.

⌨ Erstellen Sie eine neue leere Tabelle, falls sich nur ein Tabellenblatt in Ihrer Mappe befindet (empfohlene Voreinstellung).

⌨ Kopieren Sie die Kopfzeile Ihrer Datentabelle und fügen Sie diese in die Zeile 1 des neuen Tabellenblatts ein. Damit haben Sie den Kopf des Kriterienbereichs erstellt.

⌨ Geben Sie diesem Tabellenblatt den Namen *Filterkriterien Spezialfilter*.

⌨ Nun müssen Sie auch noch die entsprechenden Kriterien eingeben. Diese entnehmen Sie der nachstehenden Abbildung.

📖 Aus Übersichtlichkeitsgründen wurden die Spalten C-H ausgeblendet. Sollten hier auch später keine Filterbedingungen eingegeben werden, können diese Spalten auch gelöscht werden. Wichtig ist lediglich die Beschriftung der Spalten, die Filterkriterien enthalten.

	B	I
1	**id_VKGebiet**	**'Gesamtpreis'**
2	West	>71000
3	Nord	>70000
4	Mitte	>69000
5	Süd	>68000
6	Ost	>67000

Abbildung 5.10 Eingabe der Filterkriterien

- Wechseln Sie nun zurück zu der Tabelle, die die zu filternden Daten enthält.
- Wählen Sie den Menübefehl DATEN | FILTER | SPEZIALFILTER.

Es erscheint die nachfolgende Dialogbox, wobei bereits ein zusammenhängender Datenbereich markiert wurde.

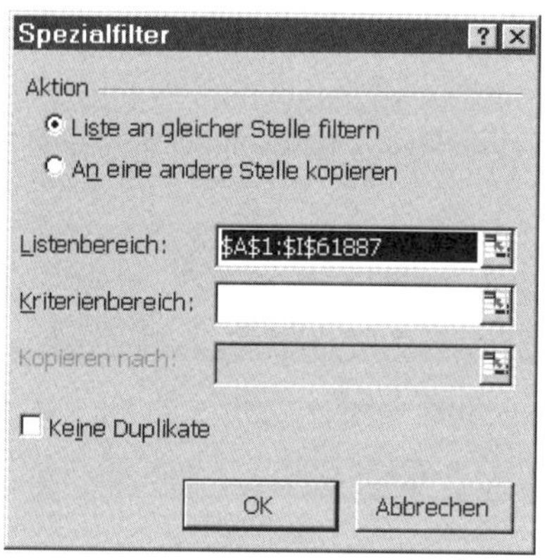

Abbildung 5.11 Spezialfilter einstellen

Der Kriterienbereich ist nun noch manuell einzustellen.

- Klicken Sie das Feld KRITERIENBEREICH an und wechseln dann zur Tabelle, die den zuvor eingegebenen Kriterienbereich enthält.
- Markieren Sie dort die Zellen *B1* bis *I6*.

Abbildung 5.12 Auswahl des Kriterienbereichs

- Klicken Sie nun auf OK, so werden die Daten an gleicher Stelle, also dort, wo sie sich befinden, gefiltert.

5.2.4 Mit Spezialfilter an anderer Stelle filtern

Möchten Sie die Daten an anderer Stelle filtern, also beispielsweise in der Tabelle, die auch den Kriterienbereich beinhaltet, so benötigen Sie für diesen Bereich ebenfalls eine Kopfzeile.

- Kopieren Sie die Kopfzeile Ihrer Datentabelle und fügen diese in die Zeile 10 des Tabellenblatts, das auch den Kriterienbereich enthält, ein. Damit haben Sie den Zielbereich erstellt.
- Sollten Sie die ausgeblendeten Spalten irritieren, so können Sie diese wieder einblenden.
- Was nun kommt, ist sehr wichtig, wenn Sie sich unnötiges Probieren ersparen wollen. Ausgangspunkt ist immer die Tabelle, die die gefilterten Daten aufnehmen bzw. darstellen soll.
- Markieren Sie eine Zelle, die sich mindestens zwei Zeilen unter der Kopfzeile des Zielbereichs befindet. Falls Sie die Kopfzeile markiert lassen, erhalten Sie die folgende Filterwarnung:

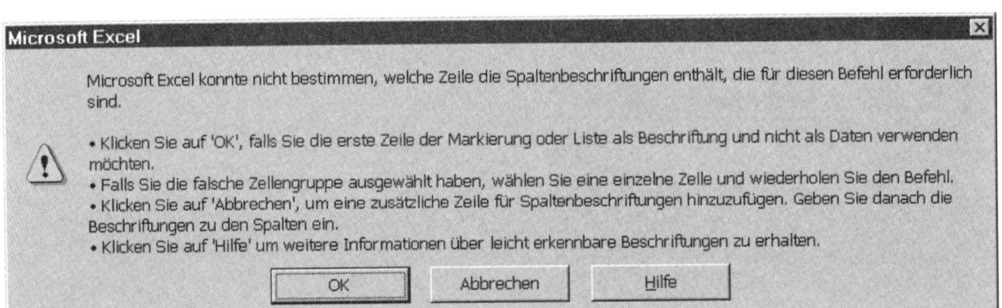

Abbildung 5.13 Filterwarnung

- Lassen Sie sich nicht durch diese Meldung irritieren. Normalerweise müssten mindestens zwei Zeilen markiert werden, wobei die erste Zeile die Kopfzeile ist und die zweite und alle folgenden Zeilen die Daten aufnehmen. Da wir jedoch noch keine gefilterten Daten in dieser Tabelle zur Verfügung haben, übergehen wir diese Warnung.
- Wählen Sie den Menübefehl DATEN | FILTER | SPEZIALFILTER...
- Klicken Sie deshalb auf die Schaltfläche OK.
- Nun erscheint die Dialogbox des Spezialfilters.
- Wählen Sie bei AKTION: *An eine andere Stelle kopieren* aus.

Leider wird hier nicht automatisch der richtige Listenbereich ausgefüllt. Diesen müssen wir dieses Mal selbst erstellen.

- Wechseln Sie zur Tabelle, die die Daten enthält. In diesem Beispiel ist dies die Tabelle *Artikelname*. Achten Sie jedoch darauf, dass das Feld LISTENBEREICH in der Dialogbox markiert ist.
- Klicken Sie auf die Zelle *A1*.
- Drücken Sie die Tasten [Strg]+[⇧], halten diese gedrückt und betätigen die Taste [→] und dann bei immer noch gedrückten Tasten [Strg]+[⇧] die [↓]-Taste.
- Klicken Sie anschließend das Feld *Kriterienbereich* im Spezialfilter an.

Damit wird automatisch zur Ausgangstabelle gewechselt, also zu der Tabelle, die den Kriterienbereich enthält.

- Markieren Sie den Kriterienbereich, in unserem Beispiel also die Zellen *A1* bis *I6*.
- Klicken Sie dann auf *Ausgabebereich* und markieren die Zellen *A10* bis *I10*. Auch hier können Sie wieder die Tastenkombination [Strg]+[⇧]+[→] zu Hilfe nehmen.

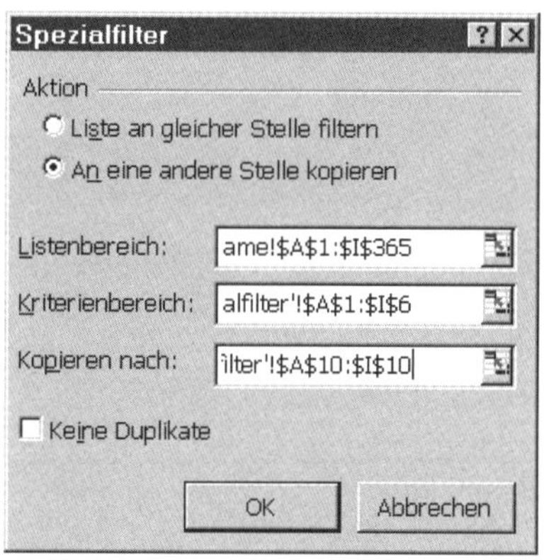

Abbildung 5.14 An anderer Stelle filtern

- Bestätigen Sie die Ausführung mit OK.

Damit werden die gefilterten Daten in die Zieltabelle übernommen.

Versuchen Sie bitte nicht, diesen Filtervorgang in der Tabelle zu starten, die die Daten enthält. Sie erhalten sonst die folgende Fehlermeldung:

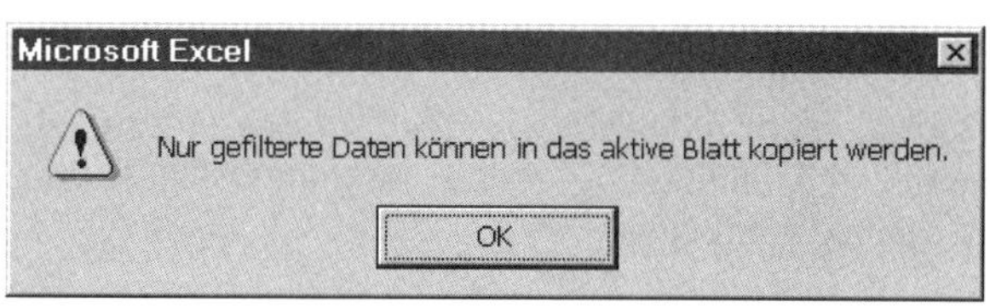

Abbildung 5.15 Fehlermeldung beim Filtern

5.3 Der Menübefehl Teilergebnisse

5.3.1 Teilergebnisse ermitteln

Weiter vorne haben wir die Funktion `Teilergebnisse` kennen gelernt. Vielleicht haben Sie im Stillen bedauert, dass Sie nicht alle Teilergebnisse auf einmal sehen konnten. Genau dies leistet der Menübefehl TEILERGEBNISSE.

- Sortieren Sie Ihre Tabellen nach den Feldern, für die Sie nachher die Teilergebnisse erhalten wollen, beispielsweise nach *KundenName*.
- Wählen Sie dann den Menübefehl DATEN | TEILERGEBNISSE.

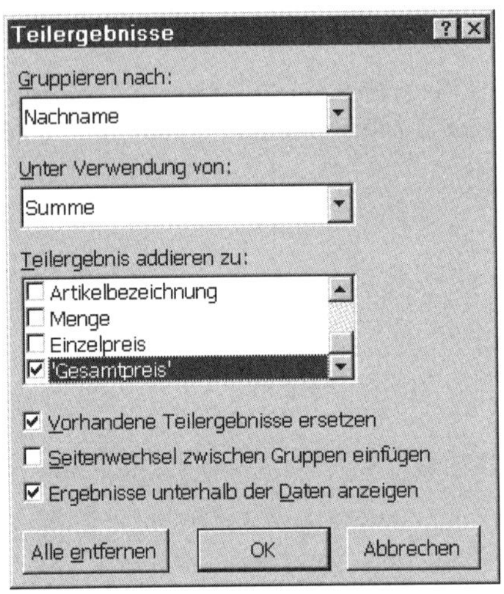

Abbildung 5.16 Der Menübefehl Teilergebnisse

Normalerweise hat Excel bereits die richtigen Werte in die Dialogbox eingetragen. Ist dies einmal nicht der Fall, lässt sich dies einfach nachholen.

Da üblicherweise in einer Auflistung die Zahlen am rechten Rand stehen, hat Excel auch richtigerweise den Gesamtpreis zur Bildung der Teilergebnisse herangezogen und eingetragen. Auch was mit diesen Werten geschehen soll, wurde bereits voreingestellt: sie sollen summiert werden. Alle anderen Optionen können ebenfalls die Voreinstellung behalten.

- Klicken Sie auf OK, so werden die Teilergebnisse gebildet und die Zeilen werden gegliedert.

Diese Gliederung wird automatisch durchgeführt und ist am linken Rand der Tabelle zu erkennen. Hier wurden 3 Gliederungsebenen erstellt. Die erste Gliederungsebene repräsentiert den Gesamtpreis.

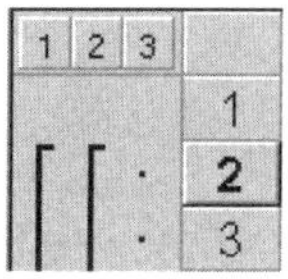

Abbildung 5.17 Gliederung in 3 Ebenen

Klicken Sie am linken Rand auf die Gliederungsebene 1.

Nun werden alle anderen Gliederungen ausgeblendet, es wird nur noch der Gesamtpreis aller Positionen angezeigt.

1 2 3		A
	1	**Nachname**
+	61903	**Gesamtergebnis**

Abbildung 5.18 Anzeige der Gliederungsebene 1

Klicken Sie auf die Gliederungsebene 2.

1 2 3		A
	1	**Nachname**
+	11626	**Bauer Ergebnis**
+	27050	**Baumgarten Ergebnis**
+	38661	**Maier Ergebnis**
+	42540	**Müller Ergebnis**
+	61892	**Schumann Ergebnis**
–	61893	**Gesamtergebnis**

Abbildung 5.19 Anzeige der Gliederungsebene 2

Angezeigt wird nun die Gesamtsumme (Gliederungsebene 1) und die Zwischensummen (Gliederungsebene 2)

Erst wenn Sie wieder auf Gliederungsebene 3 klicken, werden auch wieder die Basisdaten angezeigt.

Gesetzt den Fall, Sie benötigen in einer weiteren Tabelle nur die Zwischensumme und die Gesamtsumme. Wie lassen sich diese Daten kopieren? Mit MARKIEREN, KOPIEREN und EINFÜGEN würden Sie Schiffbruch erleiden, da Excel auch die nicht sichtbaren Zellen markieren und somit auch kopieren würde.

5.3.2 Kopieren der sichtbaren Zellen

- Setzen Sie den Mauszeiger auf eine Zelle im gruppierten Bereich.
- Wählen Sie die Tastenkombination [Strg]+[*]. Damit werden alle zusammenhängenden Zellen markiert, auch die nicht sichtbaren.
- Drücken Sie dann die Tastenkombination [Strg]+[g].

Es erscheint die Dialogbox *Gehe Zu*.

- Klicken Sie auf die Schaltfläche INHALTE....

Die Dialogbox *Inhalte auswählen* erscheint.

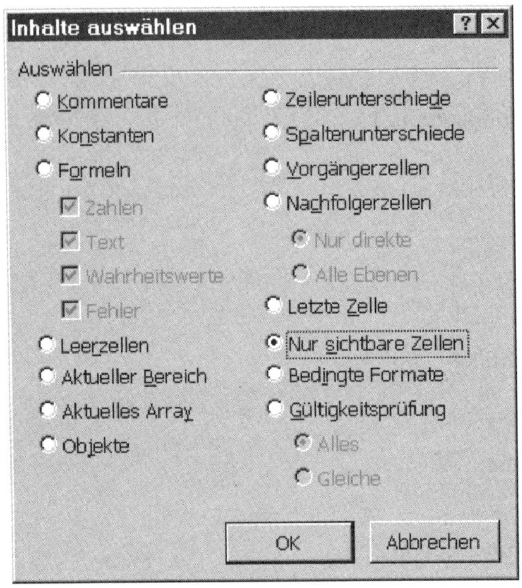

Abbildung 5.20 Dialogbox Inhalte auswählen

- Klicken Sie hier die Option *Nur sichtbare Zellen* an.
- Bestätigen Sie dann mit OK.

Nun werden in dem bereits markierten Bereich nur noch die sichtbaren Zellen markiert. Der Rest ist relativ einfach.

- Kopieren Sie die markierten Zellen und fügen diese in eine neue Tabelle ein.
- Löschen Sie die leeren Spalten *B* bis *H* mit [Strg]+[-]. Formatieren Sie die (neue) Spalte B mit der Tastenkombination [Strg]+[⇧]+[$] als €-Beträge.

Eingefügt wurden übrigens nicht die Formeln der Teilergebnisse, sondern die Werte.

Sie haben nun genug von den Teilergebnissen und wollen Ihre ursprüngliche Tabelle wiederhaben? Nichts leichter als das.

- Wechseln Sie zurück in die Datentabelle.
- Heben Sie die Markierung der sichtbaren Zellen auf.
- Wählen Sie den Menübefehl DATEN | TEILERGEBNISSE.

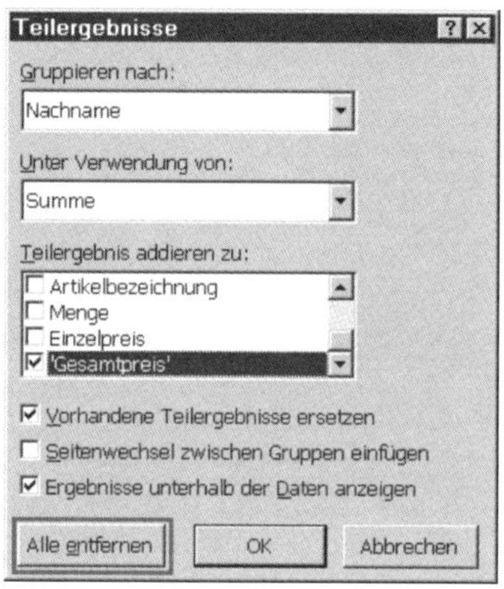

Abbildung 5.21 Teilergebnisse entfernen

- Klicken Sie auf die Schaltfläche ALLE ENTFERNEN. In Excel 97 hieß diese Schaltfläche noch ENTFERNEN.

Daraufhin entfernt Excel die Gruppierung und alle Teilergebnisse.

An dieser Stelle noch ein kleiner Hinweis: In Excel 5.0 heißt diese Schaltfläche noch ALLES LÖSCHEN. Keine Sorge, Sie dürfen sie unbesorgt anklicken, denn sie bewirkt ebenfalls die Entfernung der Gruppierung und aller Teilergebnisse. Aber der Name ist schon etwas gemein, oder nicht?

6 Vergabe von Namen in Excel

Damit die Formeln besser lesbar sind, sollten Sie Namen für die einzelnen Zellen vergeben. Auf die Vergabe von Namen bin ich bereits in Kapitel 2 eingegangen. An dieser Stelle werde ich nochmals zusammenfassend darauf eingehen.

Die einfachste Art, einen Namen zu vergeben, ist die folgende:

- Markieren Sie die entsprechende Zelle oder den Bereich.
- Klicken Sie das Namenfeld, das sich ganz links in der Bearbeitungsleiste befindet, an.
- Geben Sie den gewünschten Namen ein.
- Bestätigen Sie mit der [↵]-Taste.

Abbildung 6.1 Das Namenfeld

Bei der Vergabe von Zellnamen sollten Sie die folgenden Richtlinien beachten:

- Das erste Zeichen eines Namens muss ein Buchstabe oder ein Unterstrich sein. Für alle weiteren Zeichen des Namens können Buchstaben, Ziffern, Punkte oder Unterstriche verwendet werden.
- Namen dürfen nicht identisch mit einem Zellbezug sein, beispielsweise A$10 oder Z1S1. Um Schwierigkeiten im Umgang mit englischen Versionen zu vermeiden, sollten Sie auch auf Angaben wie R1C1 vermeiden.

- Leerzeichen, Bindestriche und Schrägstriche sind grundsätzlich nicht gestattet. Zur Trennung von mehreren Worten lassen sich jedoch Unterstriche oder Punkte verwenden.
- Der vergebene Name darf maximal 255 Zeichen umfassen, was im Regelfall mehr als ausreichen dürfte. Sie sollten jedoch darauf achten, das ein für einen Bereich definierter Name von mehr als 253 Zeichen nicht im Feld NAME ausgewählt werden kann.
- Zwischen Groß- und Kleinschreibung wird nicht unterschieden.

Eine weitere Möglichkeit der Namensvergabe besteht, wenn bereits eine Beschriftung für die Zelle oder den Bereich existiert.

⌨ Markieren Sie die in Frage kommenden Zellen. Handelt es sich um einen zusammenhängenden, klar abgegrenzten Bereich, so lässt sich die Markierung auch mithilfe der Tastenkombination [Strg]+[*] durchführen.

Abbildung 6.2 Markierung des zu benennenden Bereichs

⌨ Anschließend verwenden Sie wiederum eine Tastenkombination, um den Namen für den markierten Bereich zu vergeben.

⌨ Betätigen Sie die Tastenkombination [Strg]+[⇧]+[F3].

Daraufhin erscheint die Dialogbox NAMEN ERSTELLEN. In Excel 97 hieß dieses Dialogfeld noch NAMEN ÜBERNEHMEN.

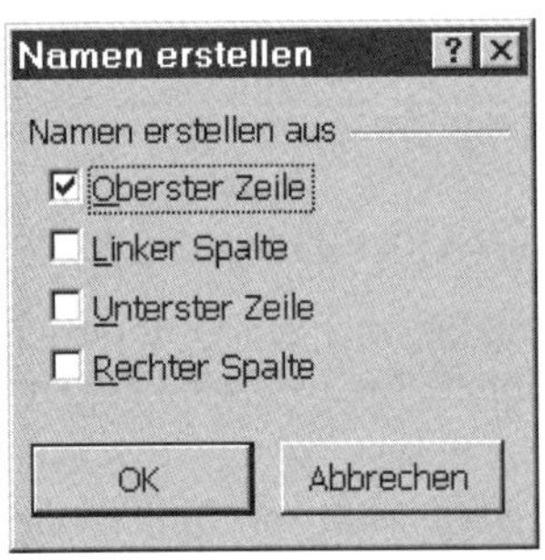

Abbildung 6.3 Dialogbox Namen erstellen

Da sich im markierten Bereich nur die Spaltenüberschrift und keine Zeilenüberschrift befindet, ist auch nur das Kontrollfeld *Oberster Zeile* ausgewählt.

- Bestätigen Sie mit OK und der Zellname wird entsprechend vergeben.

Der vergebene Name bezieht sich **nur auf die Zellen, die Zahlen enthalten**, nicht aber auf die Überschrift.

Vielleicht sagen Sie jetzt: »Moment mal, wenn der Name übernommen wird, dann beinhaltet er ja ein verbotenes Zeichen, nämlich den Bindestrich.« Richtig! Excel hätte nun theoretisch zwei Möglichkeiten:

1. Der Name ist falsch und wird nicht übernommen. Es erscheint eine entsprechende Warnmeldung.
2. Der Name ist falsch und wird entsprechend korrigiert, indem das verbotene durch ein erlaubtes Zeichen ausgetauscht wird.

Excel entscheidet sich in diesem Fall für die zweite Möglichkeit und tauscht den verbotenen Bindestrich durch einen erlaubten Unterstrich aus.

Nun zur dritten Möglichkeit, der Namensvergabe.

- Markieren Sie wieder einen zusammenhängenden Bereich mit der Tastenkombination [Strg]+[*].
- Auch hier soll zur Namensvergabe zunächst die Tastenkombination eingesetzt werden. Verwenden Sie dieses Mal [Strg]+[F3].

Es erscheint dieses Mal ein Dialogmenü, das den zu vergebenden Namen sowie den Bereich, für den dieser Name gilt, zeigt.

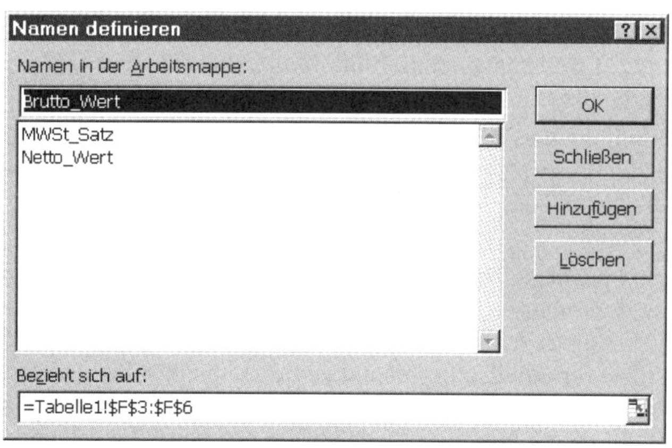

Abbildung 6.4 Namen definieren

- Bestätigen Sie mit OK, so wird für den markierten Bereich der Name übernommen.

Der vergebene Name bezieht sich **nicht nur** auf die Zellen, die Zahlen enthalten, sondern beinhaltet den **gesamten markierten Bereich**.

Möchten Sie statt der soeben vorgestellten Tastenkombination lieber den Weg über die Menübefehle gehen, so können Sie dies ebenfalls tun. Die Befehlsfolge lautet dann: EINFÜGEN | NAME | DEFINIEREN... bzw. in Excel 97 EINFÜGEN | NAMEN | FESTLEGEN....

Dieses Beispiel finden Sie in der Tabelle *Namenvergabe*, die in der Datei *Excel_2000_Ctrl_06_01.XLS enthalten ist.*

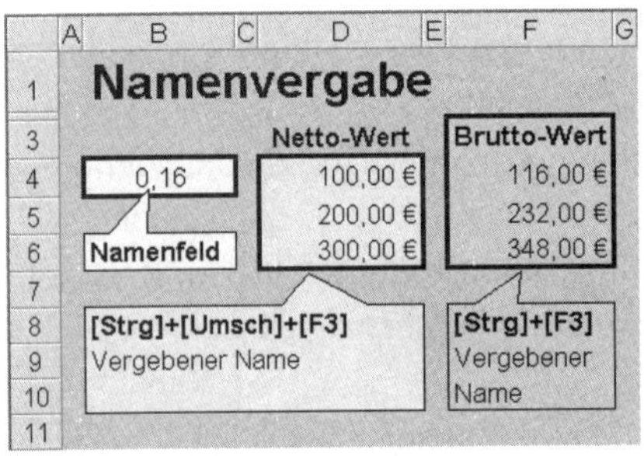

Abbildung 6.5 Namenvergabe mit unterschiedlichen Techniken

Die Vergabe von Namen ist allerdings kein Selbstzweck, sondern sie soll die Transparenz einer Tabelle und die Lesbarkeit von Formeln erleichtern.

Die vergebenen Namen sollen nun in alle Formeln, in denen ihre Bezüge stehen, übernommen werden. Dies soll natürlich nicht manuell geschehen. Keine Angst, auch das lässt sich automatisieren.

- Wählen Sie EINFÜGEN | NAME | ÜBERNEHMEN... (in Excel 97 EINFÜGEN | NAMEN | ANWENDEN...) und markieren Sie in dem erscheinenden Dialogmenü alle vergebenen Namen.

Nun werden in allen Formeln statt der Zellbezüge die entsprechenden Zellnamen verwendet. In diesem Beispiel wurden die Zellbezüge in den Zellen *F4* bis F6 durch die Namen *Netto_Wert* und *MWSt_Satz* ausgetauscht: `=Netto_Wert+Netto_Wert*MWSt_Satz`.

Namen verhalten sich wie absolute Bezüge. Sie beziehen sich auf die von Ihnen referenzierte Zelle oder den entsprechenden Bereich. Allerdings lässt sich die RELATIVE/ABSOLUTE BEZUGSART IGNORIEREN. Wählen Sie das entsprechende Optionsfeld ab, so werden innerhalb der Formeln nur die exakt übereinstimmenden Bezüge ersetzt. Findet Excel relative oder gemischte Funktionen, so werden diese Bezüge nicht durch Namen ersetzt und es erscheint die folgende Fehlermeldung:

Probieren Sie dies selbst einmal aus. Ein entsprechendes Beispiel finden Sie in der Datei *Excel_2000_Ctrl_06_02.XLS*, die nachstehend abgebildet ist:

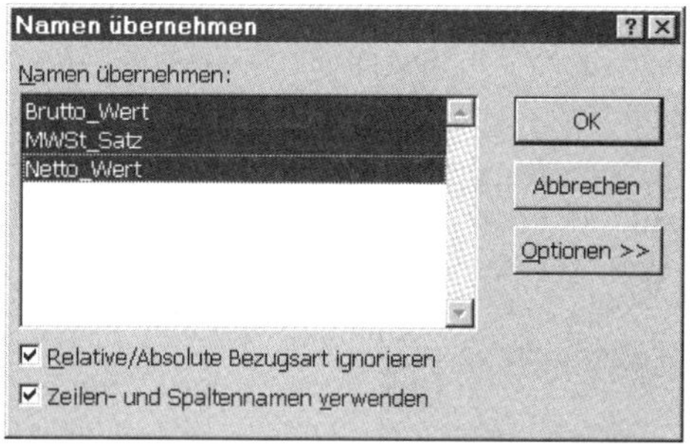

Abbildung 6.6 Namen übernehmen

Abbildung 6.7 Fehlermeldung, wenn keine absoluten Bezüge gefunden werden

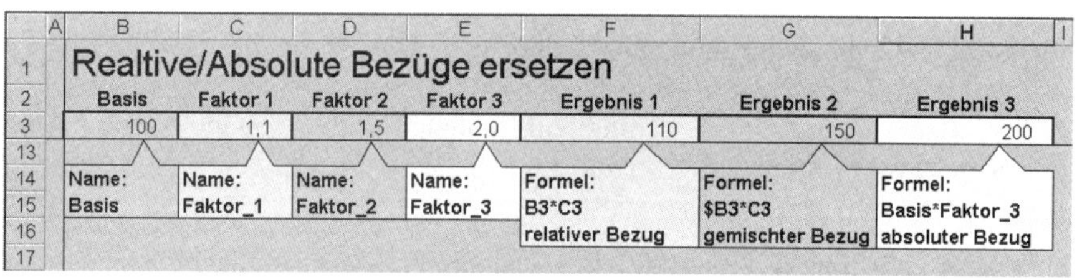

Abbildung 6.8 Ersetzen relativer und gemischter Bezüge

Ich möchte an dieser Stelle aber nochmals ausdrücklich betonen, dass diese Vorgehensweise zwar möglich ist, von mir aber nicht empfohlen wird. Verwenden Sie nach Möglichkeit immer die Option RELATIVE/ABSOLUTE BEZUGSART IGNORIEREN, wie dies in Abbildung 6.6 gezeigt wird.

6.1 Namensvergabe ohne Verwendung von Zellen

Um einen Namen vergeben zu können, mussten Sie in dem vorherigen Beispiel den Bezug zu einer Zelle oder einem Zellbereich herstellen. Aber es geht auch anders. Statt eines Zellbezugs kann auch ein fester Wert, eine Konstante, wie dies auch in der Excel-Literatur bezeichnet wird, dem Namen zugeordnet werden. Was kompliziert klingt, ist sehr einfach zu bewerkstelligen.

- Öffnen Sie das Dialogfeld NAMEN DEFINIEREN entweder über das Menü EINFÜGEN | NAME | DEFINIEREN... bzw. in Excel 97 EINFÜGEN | NAMEN | FESTLEGEN.... oder mit der Tastenkombination [Strg]+[F3].
- Wollen Sie beispielsweise den EURO als Konstante festlegen, so geben Sie bei NAMEN IN DER ARBEITSMAPPE: den gewünschten Namen ein und bei BEZIEHT SICH AUF: ein Gleichheitszeichen, gefolgt von der Konstante.

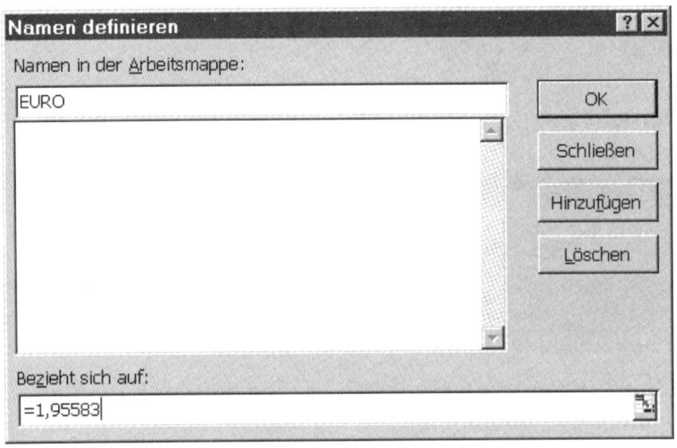

Abbildung 6.9 Namensvergabe ohne Zellbezug

- Bestätigen Sie mit OK. Anschließend lässt sich der vergebene Name in den Formeln verwenden.

6.2 Auflistung vergebener Namen

Unter Umständen kann es natürlich sehr interessant sein, einen Überblick über die vergebenen Namen zu erhalten. Natürlich kann man sich im Menü EINFÜGEN | NAME | DEFINIEREN... die bereits vergebenen Namen betrachten, besonders komfortabel und professionell ist das aber nicht. Man könnte, falls man bereits die Programmiersprache VBA beherrscht, auch ein kleines Makro schreiben, das diese Zellnamen in einem neuen Tabellenblatt auflistet. Übrigens werde ich dies auch bei der Vorstellung der Programmiersprache VBA tun.

Oder man kann auch den folgenden Menübefehl ausführen. Wechseln Sie hierzu sinnvollerweise in ein leeres Tabellenblatt oder fügen einfach ein neues Tabellenblatt hinzu.

- Rufen Sie den Menübefehl EINFÜGEN | NAME | EINFÜGEN... auf.
- Klicken Sie dann auf die Schaltfläche LISTE EINFÜGEN.

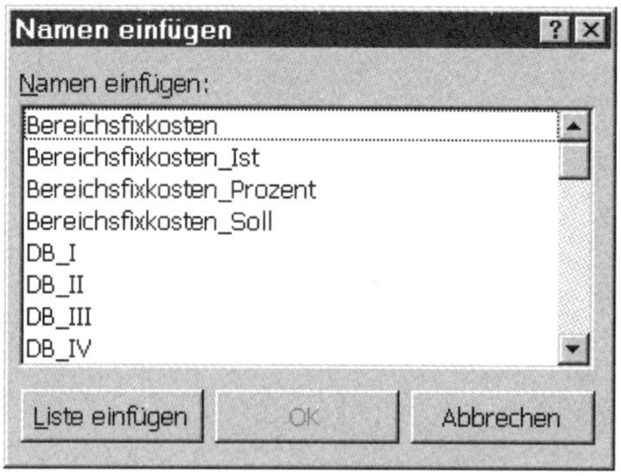

Abbildung 6.10 Liste der vergebenen Namen ausgeben

Daraufhin werden alle vergebenen Namen sowie der entsprechende Bezug in einer zweispaltigen Liste in der Tabelle nach unten ausgegeben. Das obige Beispiel stammt im Übrigen aus der Tabelle *Vergebene Namen*, die sich in der Datei *Excel_2000_Ctrl_08_01.XLS* befindet.

Für Freunde der Tastenkombinationen geht es sogar noch schneller. Das Dialogmenü lässt sich auch mit der Funktionstaste [F3] aufrufen. Anschließend werden wie vorstehend ausgeführt mit LISTE EINFÜGEN die Namen und ihr Bezug in die Tabelle ausgegeben.

7 Die Pivot-Tabelle (Excel 97)

Wenn Sie Geschmack an den in Kapitel 5 vorgestellten Techniken gefunden haben, dann werden Sie staunen, was das Werkzeug Pivot-Tabelle zu leisten imstande ist.

In Excel 4.0 wurde erstmals ein Werkzeug eingeführt, das die Gruppierung von Daten zum reinen Vergnügen werden ließ. Dieses Werkzeug war die Kreuztabelle. Diese Kreuztabelle wurde in Excel 5.0 durch die Pivot-Tabelle abgelöst. Zuerst habe ich mich etwas darüber geärgert, dass dieser anschauliche und verständliche Name »Kreuztabelle« in Pivot-Tabelle umbenannt wurde. Dieses »Pivot« lässt sich übrigens englisch oder französisch aussprechen und bedeutet in beiden Sprachen sinngemäß »Dreh- und Angelpunkt«. Nach dem Durcharbeiten dieses Kapitels werden Sie dann wahrscheinlich mit mir der Meinung sein, dass der Name zu Recht geändert wurde.

Was macht aber nun dieses Wunderding genau? Die einfachste Antwort lautet: Zwei Spalten werden kreuzweise übereinander gelegt, wobei sich die Inhalte einer dritten Spalte in dem Schnittpunkt befinden. Die Werte im Schnittpunkt können mithilfe von eingebauten Funktionen zusammengefasst werden, wobei standardmäßig die Summenfunktion verwendet wird (vgl. Abbildung 7.1).

Abbildung 7.1 ist natürlich nur ein Verständnismodell. Die Pivot-Tabelle leistet in der Praxis unglaublich viel mehr. Es lassen sich multidimensionale Daten zusammenfassen und verdichtet darstellen.

Die Datenbasis kann sich sowohl in einer beliebigen SQL-Datenbank als auch in einer Excel-Tabelle befinden. Dabei kann beispielsweise, wie in einem der vorangegangenen Kapitel beschrieben, per ODBC auf die Datenbank zugegriffen werden. Die Daten können hierbei bereits selektiert werden. Dieser Zugriff kann aber auch vollkommen ungefiltert erfolgen, ohne dass die Auswertbarkeit der Daten darunter leidet.

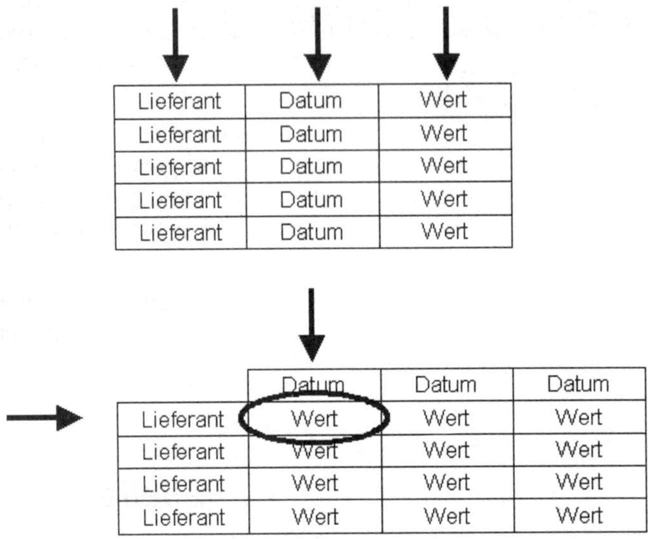

Abbildung 7.1 Prinzip der Pivot-Tabelle

Eine komplette Pivot-Tabelle besteht aus *Seitenfeldern, Zeilenfeldern, Spaltenfeldern* und *Datenfeldern*. Diese Felder entsprechen den Feldnamen der Datenbanktabelle. Die Inhalte werden in den *Seitenfeld-Elementen, Zeilenfeld-Elementen, Spaltenfeld-Elementen* und dem *Datenbereich* ausgegeben. Die nachstehende Tabelle veranschaulicht die Zusammenhänge:

Felder	Elemente	Aufgabe
Seitenfeld	Seitenfeld-Element	Filtern der Ausgabe
Spaltenfeld	Spaltenfeld-Element	Spaltenweise Darstellung der Felder
Zeilenfeld	Zeilenfeld-Element	Zeilenweise Darstellung der Felder
Datenfeld	Datenbereich	Ausgabe der zusammengefassten Daten

Tabelle 7.1 Felder und Elemente einer Pivot-Tabelle

Nachdem Sie Ihre erste Pivot-Tabelle erstellt haben, werde ich auf diese Zusammenhänge nochmals zurückkommen.

Sie werden nun Schritt für Schritt eine Pivot-Tabelle erstellen, die ihre Werte aus einer Datenbanktabelle beziehen soll. Der Einfachheit halber verwenden Sie hierzu eine Abfrage, die Sie bereits im Kapitel *Verwenden vorhandener Daten* erstellt haben.

Ein noch nicht erwähnter Vorteil der Pivot-Tabelle ist, dass diese auch nach ihrer Fertigstellung jederzeit wieder geändert werden kann. Dies betrifft zum einen die getroffene Auswahl der Felder, zum anderen die Anordnung dieser Felder zueinander.

Stellen Sie sich als Datenmodell einfach einen multidimensionalen Würfel vor, dessen einzelne Elemente zueinander in beliebige Position gebracht werden können. Die Daten werden dann in den jeweiligen Feldern neu gruppiert. All dies geschieht in einer Geschwindigkeit, die Sie sicherlich ebenfalls beeindrucken wird.

Da sich die Erstellung der Pivot-Tabelle in Excel 97 und Excel 2000 unterscheidet und auch der Leistungsumfang beträchtlich zugenommen hat, werde ich diese getrennt behandeln.

So, nun können Sie loslegen.

7.1 Manuelles Erstellen einer Pivot-Tabelle mit Excel 97

- Öffnen Sie die Mappe *Excel_97_Ctrl_07_01.xls*.
- Wählen Sie den Menübefehl DATEN | PIVOT-TABELLENBERICHT.

Es erscheint die erste von vier Dialogboxen des PIVOT-TABELLEN-ASSISTENT.

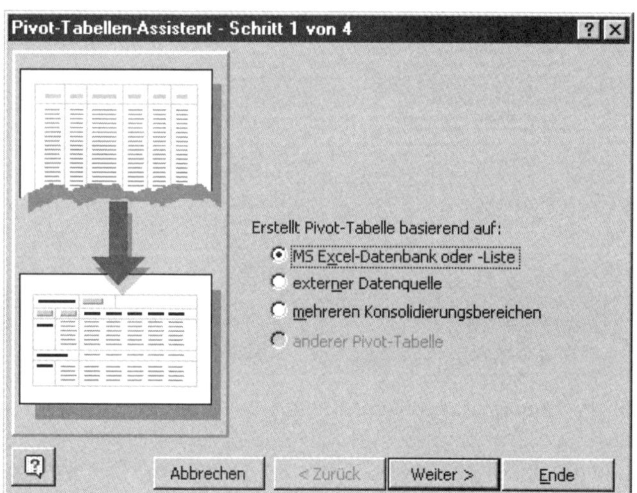

Abbildung 7.2 Der erste Schritt

Hier können Sie auswählen, ob die Datenbasis eine Excel-Tabelle ist, eine beliebige Datenquelle wie beispielsweise eine Datenbank, eine Textdatei usw., mehrere Konsolidierungsbereiche oder eine bereits existierende Pivot-Tabelle.

Da Sie ja bereits die Datenbasis geöffnet haben, lassen Sie die *Option MS Excel-Datenbank oder -Liste* angewählt.

Klicken Sie auf WEITER, um zum zweiten Schritt zu gelangen.

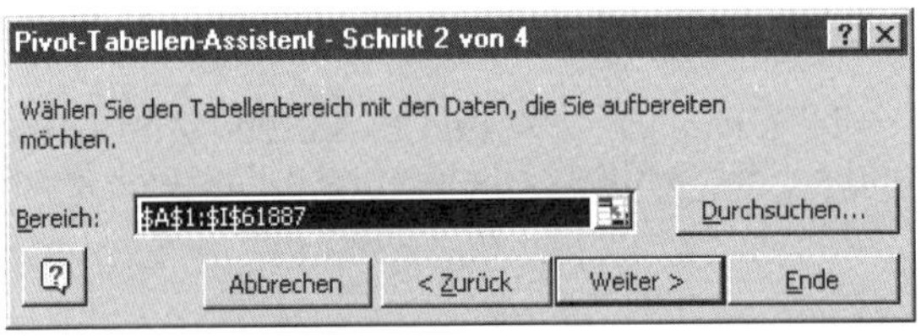

Abbildung 7.3 Schritt 2 – Auswahl des Tabellenbereichs

Wie Sie sehen, hat Excel den Bereich schon eingegeben. Es handelt sich hierbei um die zusammenhängenden Zellen der Tabelle. Auch hier übernehmen Sie die Voreinstellung.

Gehen Sie mit WEITER zum dritten Schritt.

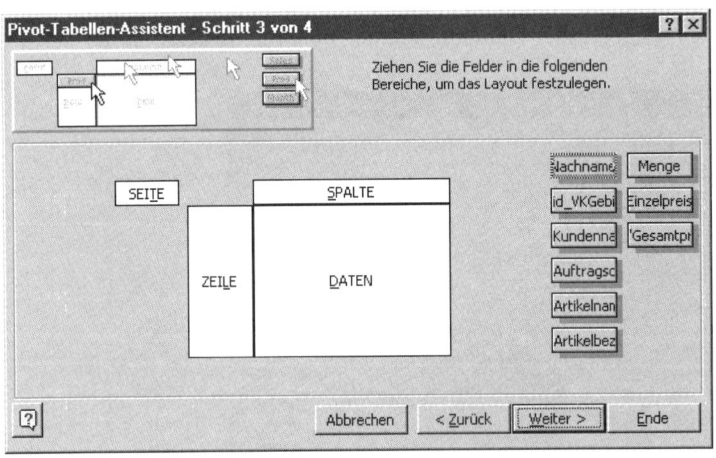

Abbildung 7.4 Schritt 3 – Festlegung der Felder der Pivot-Tabelle

Dies ist die wichtigste Dialogbox des Pivot-Tabellen-Assistenten. Hier werden die *Seitenfelder, Spaltenfelder, Zeilenfelder* und der *Datenbereich* festgelegt. Angezeigt als Felder werden die Einträge, die im ausgewählten Bereich in der ersten Zeile gefunden wurden. Bei einer Übernahme aus einer Datenbank sind dies die Feldnamen.

Ziehen Sie mit der Maus die Felder in die entsprechenden Bereiche:

Bereich	**Feldname**
Seitenfeld	*id_VKGebiet* *Nachname*
Zeilenfeld	*KundenName* *ArtikelName*
Spaltenfeld	*AuftragsDatum*
Datenbereich	*Gesamtpreis*

Tabelle 7.2 Bereiche und Feldnamen

Gut gefallen hat mir eine Neuerung bei Excel 97. Zeigt man mit dem Mauszeiger auf ein Feld, so wird als Quick-Info der komplette Name des Feldes angezeigt. Dies ist insbesondere bei langen Feldnamen sehr hilfreich.

Nun müsste sich der dritte Schritt des Pivot-Tabellen-Assistenten so präsentieren:

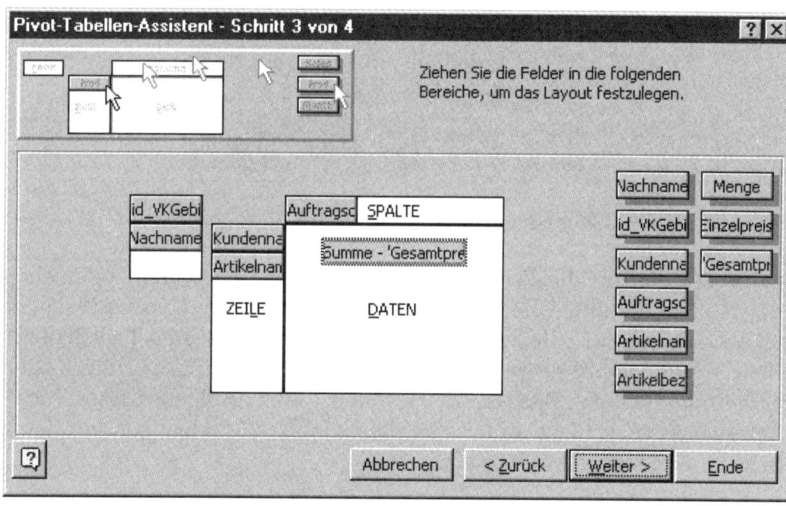

Abbildung 7.5 Schritt 3 mit Benutzereingaben

Der Bereich Daten wird immer automatisch zusammengefasst. Standardfunktion ist hier, wie auch sonst in Excel, die Summe.

Bevorzugen Sie eine andere Funktion, so klicken Sie das Feld im Datenbereich doppelt an, und es erscheint die Dialogbox *Pivot-Tabellen-Feld.*

Hier könnten Sie dann die gewünschte Funktion wählen.

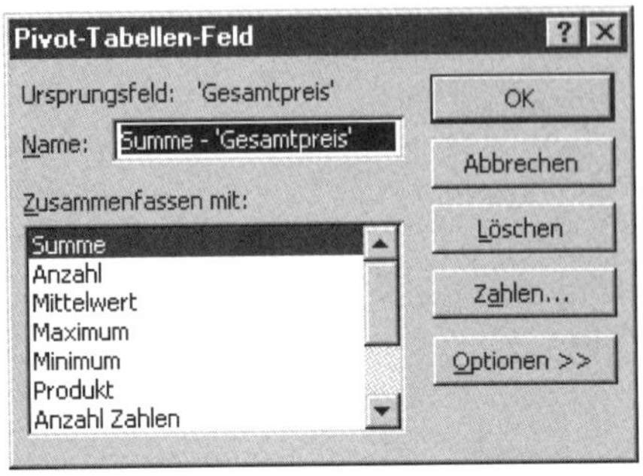

Abbildung 7.6 Auswahl der Funktion für die Zusammenfassung des Datenbereichs

Mit WEITER gelangen Sie zum vierten und letzten Schritt.

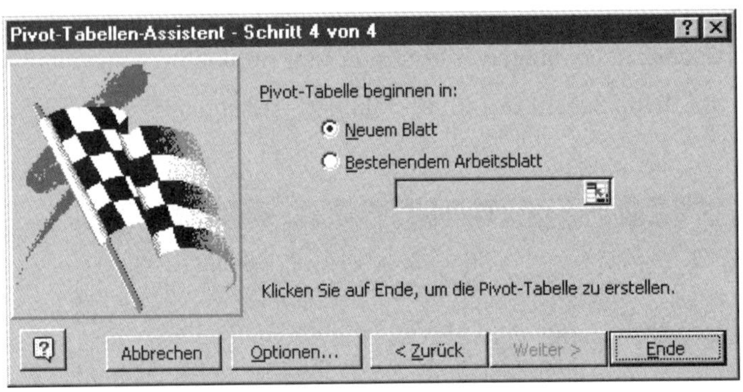

Abbildung 7.7 Der letzte Schritt

Hier bestimmen Sie, ob die Pivot-Tabelle auf einem neuen Blatt oder einer bereits vorhandenen Tabelle platziert werden soll. Im letzteren Fall müssen Sie als Bezug den Namen und die linke obere Ecke des gewünschten Tabellenblattes angeben. Diese Angabe muss jedoch nicht eingetippt werden, sondern kann auch durch Anklicken des Bezugs mit Hilfe der Maus erfolgen. Dieses Tabellenblatt muss sich auch nicht in der aktuellen Mappe befinden, sondern kann jede Tabelle einer geöffneten Mappe sein.

Dieser letzte Schritt unterscheidet sich bei Excel 97 stark von den Vorgängerversionen Excel 5.0 / 7.0. Allerdings nur in der Ansicht und nicht im Inhalt. Die Optionen konnten bei den Vorgängerversionen direkt im letzten Schritt gewählt werden, bei Excel 97 bedarf es hierzu eines Wechsels in die OPTIONEN.

Klicken Sie auf die Schaltfläche OPTIONEN..., um zur gleichnamigen Dialogbox zu gelangen.

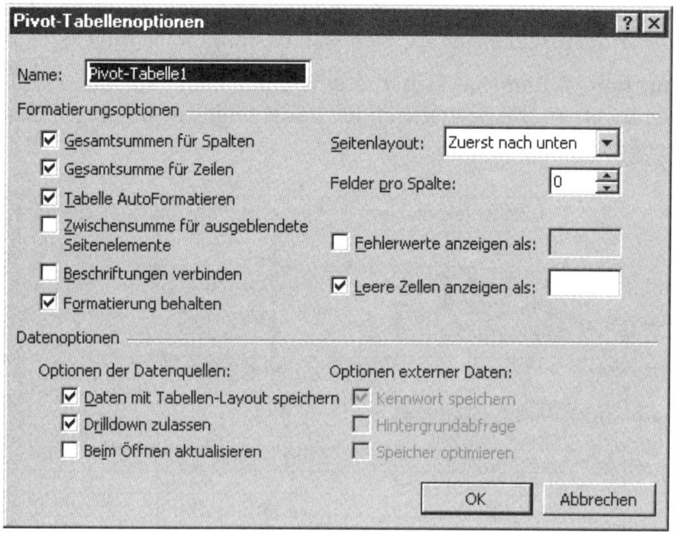

Abbildung 7.8 Die Pivot-Tabellenoptionen

Hier lassen sich nun die Formatierungs- und Datenoptionen einstellen. Dies ist aber meist, wie bereits erwähnt, nicht erforderlich. Sie können jedoch dieses Dialogfeld *Pivot-Tabellenoptionen* jederzeit für nachträgliche Änderungen wieder öffnen. Übrigens ist der angegebene Name für die Pivot-Tabelle nur dann von Bedeutung, wenn man sich später mit einer weiteren Pivot-Tabelle auf diese Tabelle beziehen möchte.

Interessant ist auch noch die Einstellung *Drilldown zulassen*. Ich werde später bei der Bearbeitung der Pivot-Tabelle nochmals auf diesen Punkt zurückkommen.

- Schließen Sie die Dialogbox *Tabellenoptionen* mit der Schaltfläche OK.
- Da die Pivot-Tabelle auf einem neuen Blatt erstellt werden soll, können Sie nun auch den letzten Schritt des Assistenten mit ENDE beenden.

Da in diesem Beispiel eine sehr umfangreiche Datenbasis gewählt wurde, passen nicht alle Spalten auf das Tabellenblatt. Aus diesem Grund erscheint die folgende Meldung:

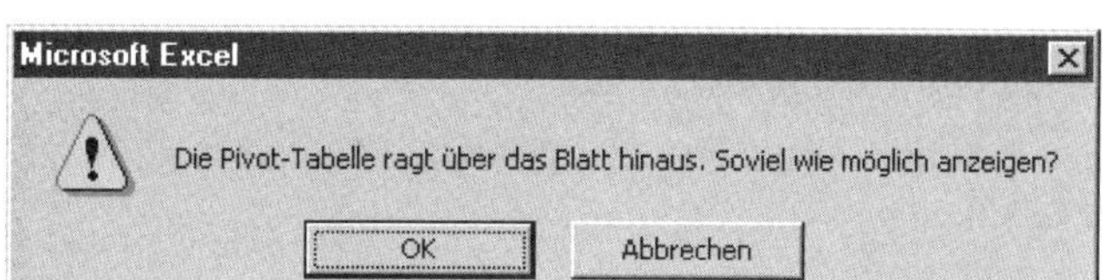

Abbildung 7.9 Felder und Elemente in einer Pivot-Tabelle

An der Wortwahl und an der Art der Meldung erkennen Sie, dass vom Anzeigen und nicht vom Abschneiden die Rede ist. Bestätigen Sie mit OK.

Bevor Sie weitermachen, sollten Sie sich die einzelnen Elemente der Pivot-Tabelle etwas näher ansehen. Die nachstehende Grafik zeigt die gebräuchlichsten Begriffe:

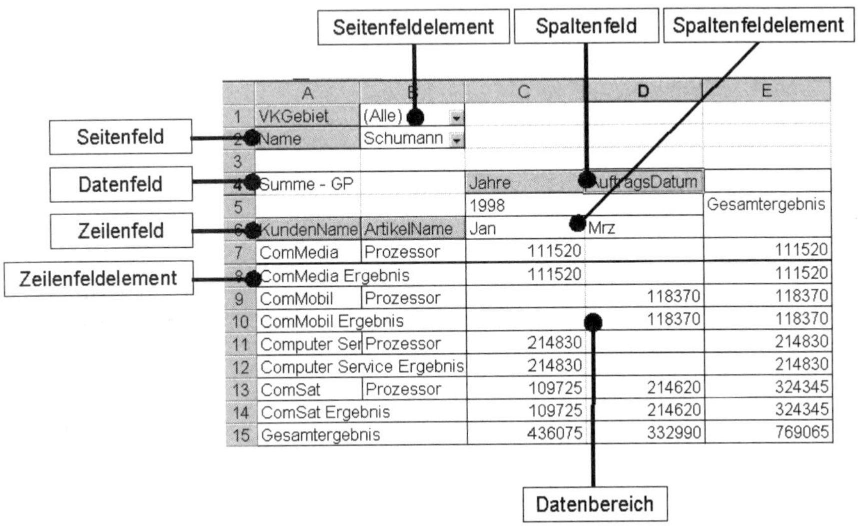

Abbildung 7.10 Felder und Elemente in einer Pivot-Tabelle

7.2 Nachbearbeitung einer Pivot-Tabelle

Auf einem neuen Tabellenblatt präsentiert sich nun Ihre neue Pivot-Tabelle. Aber vielleicht sieht sie etwas anders aus, als Sie das erwartet haben. So ist beispielsweise das Spaltenfeldelement *Datum* ausführlicher als Sie das möchten und ragt deshalb auch über den Blattrand hinaus.

Dieses Spaltenfeldelement soll nun gruppiert werden. Werfen Sie mal einen Blick auf die Symbolleisten. Zu den bereits vorhandenen ist eine weitere Symbolleiste hinzugekommen. Diese trägt den Namen *Pivot-Tabelle* (bzw. *Pivot-Tabelle und Gliederung* in den Vorgängerversionen).

Klicken Sie das Spaltenfeld *AuftragsDatum* an.

Anschließend klicken Sie in der neuen Symbolleiste auf GRUPPIERUNG (GRÜNER PFEIL NACH RECHTS).

Daraufhin erscheint die Dialogbox *Gruppierung:*

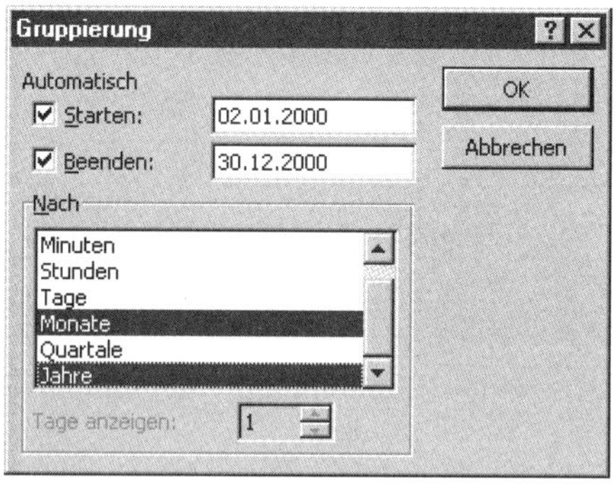

Abbildung 7.11 Nach Datum gruppieren

In den Feldern *Starten* und *Beenden* befinden sich Anfangs- und Enddatum aller Datensätze. Soll nur ein bestimmter Bereich angezeigt werden, so lassen sich hier die gewünschten Daten eingeben. Im Listenfeld *Nach* lässt sich die Gruppierung einstellen.

- Da die Daten stärker zusammengefasst werden sollen, wählen Sie hier *Monate* und *Jahre* aus.

Sie sehen, schon ist unsere Pivot-Tabelle kompakter geworden. Aber die Übersichtlichkeit wird erhöht, wenn nach *ArtikelName* und *KundenName* und nicht umgekehrt gruppiert wird.

- Sie schieben also mit Hilfe der Maus das Zeilenfeld *ArtikelName* vor *KundenName*.

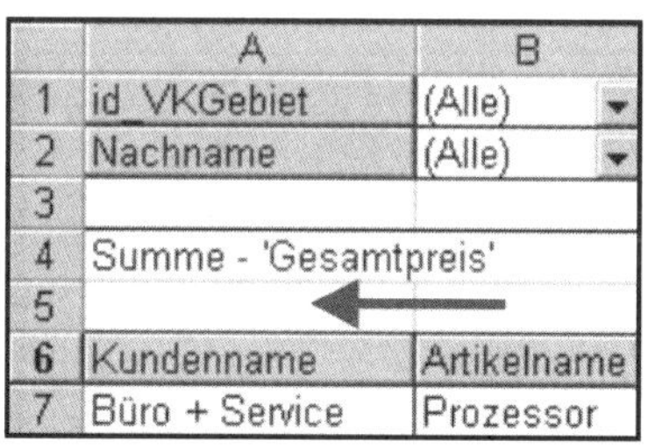

Abbildung 7.12 Andere Gruppierung wählen

Und sofort werden die Daten neu gruppiert.

Selbstverständlich können Sie jedes Spaltenfeld oder Zeilenfeld verschieben, um eine andere Anordnung der Daten zu erreichen. Weiter vorne in diesem Kapitel habe ich von einem multidimensionalen Datenwürfel gesprochen, dessen Felder in beliebige Beziehung zueinander gesetzt werden können. Vielleicht verstehen Sie dieses Bild jetzt besser.

	A	B	C
1	id_VKGebiet	(Alle)	
2	Nachname	(Alle)	
3			
4	Summe - 'Gesamtpreis'		Jahre
5			2000
6	Artikelname	Kundenname	Jan
7	Prozessor	Büro + Service	86481
8		BüroTechnik	14327
9		ComMedia	43504
10		ComMobil	22352
11		ComNet	13348

Abbildung 7.13 Die neue Gruppierung

Die Spalten- und Zeilenfelder können aber nicht nur verschoben, sondern auch entfernt werden. Hierzu muss das Feld mit Hilfe der Maus nur aus dem Gültigkeitsbereich verschoben werden. Dass Sie den Gültigkeitsbereich verlassen, erkennen Sie an dem durchgekreuzten Symbol.

	A	B	C
1	id_VKGebiet	(Alle)	
2	Nachname	(Alle)	
3			
4	Summe - 'Gesamtpreis'		Jahre
5			2000
6	Artikelname	Kundenname	Jan
7	Prozessor	Büro + Service	86481
8		BüroTechnik	14327
9		ComMedia	43504
10		ComMobil	22352
11		ComNet	13348

Abbildung 7.14 Zeilenfeld aus dem Gültigkeitsbereich verschieben.

Und die Daten präsentieren sich noch kompakter.

Übrigens können Sie diese Änderungen auch im Pivot-Tabellen-Assistenten durchführen. Diesen rufen Sie entweder über die SYMBOLLEISTE oder das Menü DATEN | PIVOT-TABELLENBERICHT auf.

Hier entfernen Sie durch Verschieben ebenfalls die entsprechenden Felder aus dem Seiten-, Zeilen- oder Spaltenbereich.

	A	B	C	D
1	id_VKGebiet	(Alle)		
2	Nachname	(Alle)		
3				
4	Summe - 'Gesamtpreis'	Jahre	Auftragsdatum	
5		2000		
6	Kundenname	Jan	Feb	Mrz
7	Büro + Service	86481	67682	104198
8	BüroTechnik	14327	2740	196
9	ComMedia	43504	9002	
10	ComMobil	22352	11250	27708
11	ComNet	13348	13546	27916

Abbildung 7.15 Kompakte Datendarstellung in einer Pivot-Tabelle

7.3 Der aktuelle Stand

Haben Sie eine Verbindung zu einer Datenquelle hergestellt, bleibt unter normalen Umständen diese Verbindung auch bestehen. Dies ist aber nicht gleichbedeutend damit, dass diese Verbindung dynamisch ist. Bei einer dynamischen Verbindung werden bei einer Änderung der Daten in der Datenquelle auch sofort die Daten in der Zieldatei geändert. Unsere Verbindung ist statisch. Sie müssen die Quelldatei mit Hilfe von *MS-Query* auffordern, neue Daten zu schicken.

Das klingt nun alles sehr kompliziert, ist aber in der Praxis mehr als einfach. Sie müssen lediglich in der Pivot-Symbolleiste auf das Symbol mit dem roten Ausrufezeichen klicken, damit wird Ihre Pivot-Tabelle aktualisiert. Natürlich können Sie auch im Menü DATEN den Befehl DATEN AKTUALISIEREN verwenden; dieser bewirkt dasselbe. Dies ist der Standardfall.

Was passiert aber, wenn Sie in Ihren Quelldaten einen Feldnamen geändert oder gar gelöscht haben? Erfolgt dann in Ihrer Pivot-Tabelle eine Fehlermeldung? Nein, der Feldname fehlt dann einfach in Ihrer Pivot-Tabelle. Unter Umständen können gar keine Daten mehr angezeigt werden, wenn der Name des Datenfelds geändert wurde.

Allerdings ist das Problem nicht so groß, wie es im ersten Moment aussieht. Der geänderte Name befindet sich nämlich nach wie vor im Pivot-Tabellen-Assistenten. Klicken Sie auf das Pivot-Tabellensymbol, so erscheint der dritte Schritt des Pivot-Tabellen-Assistenten, und Sie können das fehlende Feld durch einfaches Ziehen wieder in der Pivot-Tabelle platzieren.

Haben Sie jedoch ein Feld einschließlich der Daten in der Quelldatei gelöscht, stimmt natürlich der im zweiten Schritt des Pivot-Tabellen-Assistenten angegebene Bereich nicht mehr. Dies wurde ja automatisch vorgeschlagen und wird nicht automatisch korrigiert. Wechseln Sie jedoch in den Pivot-Tabellen-Assistenten und rufen den zweiten Schritt auf, dann passt dieser den geänderten Bereich an.

Im Übrigen ist das wieder einer der Fälle, bei dem man sich das Leben mit Zell- bzw. Bereichsnamen leichter macht. Ich werde auf diese Problematik beim Konsolidieren von Tabellen mit erweiterten Bereichen nochmals darauf zu sprechen kommen.

Wie Sie sehen, ist die Aktualisierung nicht problematisch. Was aber, wenn Sie aus Dokumentationsgründen die alten Daten auch weiterhin benötigen? Auch kein Problem! Einfach kopieren, in eine neue Tabelle wechseln und dann den Menübefehl BEARBEITEN | INHALTE EINFÜGEN... wählen. Nun muss nur noch das Optionsfeld WERTE ausgewählt und mit OK bestätigt werden. Was sagen Sie? Jetzt fehlen die Formate? Kein Problem. Einfach noch mal BEARBEITEN | INHALTE EINFÜGEN... wählen und nun das Optionsfeld FORMATE anklicken. Dann werden im zweiten Durchgang auch die richtigen Formate übertragen.

7.4 Markieren in einer Pivot-Tabelle

Sie konnten beim Kopieren nicht den gewünschten Bereich markieren und haben dann alles markiert? Dann war die Option »Strukturierte Auswahl« eingeschaltet. In diesem Fall lassen sich keine einzelnen Zellen, sondern nur nicht bestimmte Bereiche markieren.

- Klicken Sie mit der rechten Maustaste eine Zelle in der Pivot-Tabelle an. (Das klappt natürlich auch über PIVOT-TABELLE in der Symbolleiste.)

Daraufhin erscheint ein so genanntes Kontext-Menü.

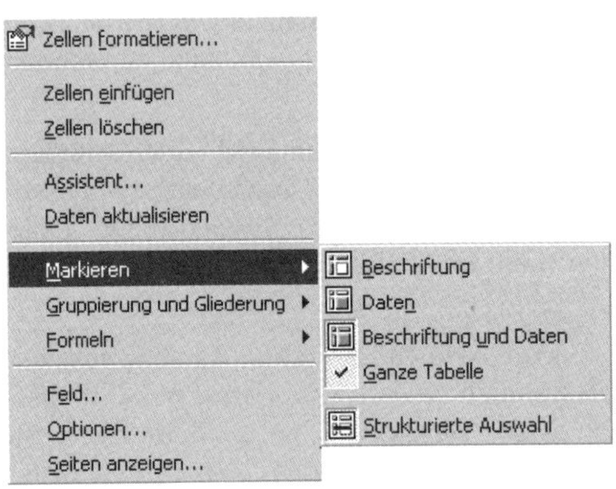

Abbildung 7.16 Kontext-Menü Pivot-Tabelle markieren

Hier lassen sich GANZE TABELLE und STRUKTURIERTE AUSWAHL anklicken. Die anderen Befehle sind abgeblendet dargestellt. Nun benötigen Sie gute Augen. Vor dem Befehl STRUKTURIERTE AUSWAHL befindet sich ein Symbol. Dieses ist vertieft dargestellt, die strukturierte Auswahl ist also aktiv. Klicken Sie

STRUKTURIERTE AUSWAHL an, lassen sich anschließend auch einzelne Zellen markieren. Klicken Sie auf GANZE TABELLE, sieht das Kontext-Menü aus wie oben abgebildet. Es lassen sich nun auch BESCHRIFTUNG, DATEN sowie BESCHRIFTUNG UND DATEN auswählen.

Tipp: Aktivieren Sie die STRUKTURIERTE AUSWAHL wieder, um bei Aktualisierungen sowie bei Layout-Änderungen die Formatierung zu erhalten.

Mit GANZE TABELLE wird, wie der Name schon andeutet, die ganze Tabelle markiert, wenn zuvor ein beliebiges Feld innerhalb der Tabelle aktiv war.

Es gibt aber innerhalb der Tabelle einige sehr interessante Möglichkeiten, zusammenhängende Bereiche zu markieren.

Verfügt Ihre Pivot-Tabelle über mehr als zwei Dimensionen, so bewirkt ein Klick auf die Beschriftung *Prozessor*, dass alle Zeilen, die diesen Begriff als Beschriftung enthalten, markiert werden.

	A	B	C	D
1	id_VKGebiet	(Alle)		
2	Nachname	(Alle)		
3				
4	Summe - 'Gesamtpreis'		Jahre	Auftragsdatum
5			2000	
6	Kundenname	Artikelname	Jan	Feb
7	Büro + Service	Prozessor	86481	67682
8	Büro + Service Ergebnis		86481	67682
9	BüroTechnik	Prozessor	14327	2740
10	BüroTechnik Ergebnis		14327	2740
11	ComMedia	Prozessor	43504	9002
12	ComMedia Ergebnis		43504	9002
13	ComMobil	Prozessor	22352	11250

Abbildung 7.17 Mehrfaches Vorkommen eines Elements

Gleiches gilt natürlich auch für ein mehrfaches Vorkommen in Spalten. Und natürlich auch für Ergebnisse. Markieren Sie eins, markieren Sie alle. Ein nochmaliges Anklicken reduziert die Markierung wieder auf die aktuelle Ergebniszeile.

Auch eine Mehrfach-Auswahl ist möglich. Hierzu verwenden Sie bitte, wie sonst auch, die [Strg]- und die [⇧]-Taste.

7.5 Formatieren der Pivot-Tabelle

Natürlich lässt sich der Datenbereich der Pivot-Tabelle auch formatieren. Doch hier gab es bis zur Version Excel 97 eine richtige und eine falsche Methode.

Zuerst zeige ich Ihnen die bisher falsche Methode, weil sie eigentlich sehr nahe liegend erscheint. Sie wird entweder über das Menü FORMAT oder mithilfe der rechten Maustaste eingeleitet. In früheren Versionen »vergaß« die Pivot-Tabelle diese Formatierung, nachdem die Daten aktualisiert wurden. Außerdem wurde auch nur immer das Feld formatiert, das auch markiert war, und nicht der gesamte Datenbereich.

Besser ist es, in der Symbolleiste auf PIVOT-TABELLENFELD zu klicken oder im Kontext-Menü auf FELD. In beiden Fällen erscheint die Dialogbox PIVOT-TABELLEN-FELD.

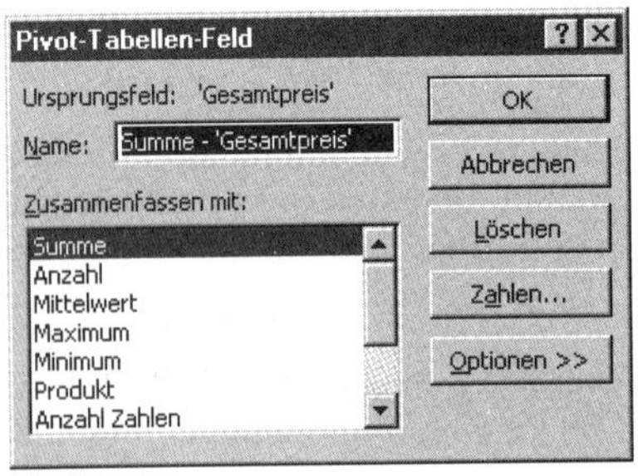

Abbildung 7.18 Dialogbox Pivot-Tabellen-Feld

Hier lassen sich übrigens die Funktionen auswählen, mit denen sich der Datenbereich zusammenfassen lässt. Dies muss Sie aber im Moment nicht interessieren.

Klicken Sie auf die Schaltfläche ZAHLEN....

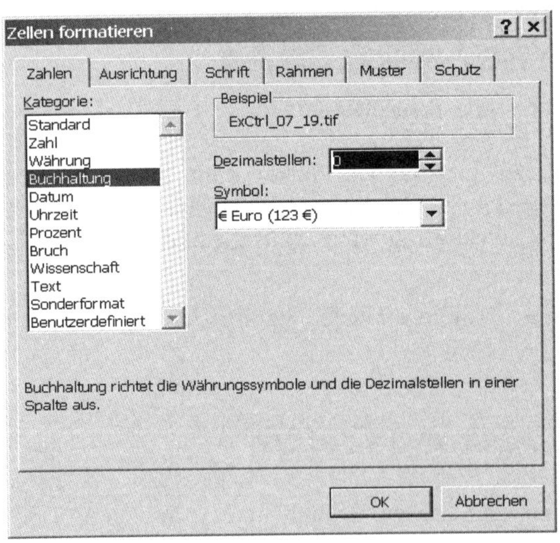

Abbildung 7.19 Datenbereich der Pivot-Tabelle formatieren

- Es erscheint eine weitere Dialogbox, in der sich das gewünschte Format einstellen lässt.
- Schließen Sie diese und die vorangegangene Dialogbox mit OK, und der Datenbereich der Tabelle wird formatiert.

Ja: der Datenbereich! Obwohl Sie nur eine Zelle im Datenbereich markiert hatten, hat Excel automatisch den gesamten Datenbereich markiert.

7.6 Zusammenfassen und Berechnen

Ich komme nochmals auf die Dialogbox PIVOT-TABELLEN-FELD zurück. Sie enthält Zusammenfassungsfunktionen, mit denen sich insgesamt 11 unterschiedliche Darstellungsmöglichkeiten ergeben.

Aber im PIVOT-TABELLEN-FELD sind noch weitere Möglichkeiten verborgen. Klicken Sie auf die Schaltfläche OPTIONEN, zeigt die Dialogbox eine erweiterte Auswahl an:

Abbildung 7.20 Optionen im Pivot-Tabellen-Feld

Ihre Daten lassen sich nicht nur im gewählten Standard anzeigen, sondern auch so wie in Abbildung 7.21 dargestellt.

Lassen Sie sich beispielsweise die Summe des Gesamtpreises als Prozent der Spalte anzeigen, bekommen Sie den Umsatzanteil jedes Kunden bzw. jedes Produktes pro Monat angezeigt. Lassen Sie sich die Summe des Gesamtpreises als Prozent der Zeile anzeigen, sehen Sie den prozentualen Umsatzanteil bezogen auf die Monate.

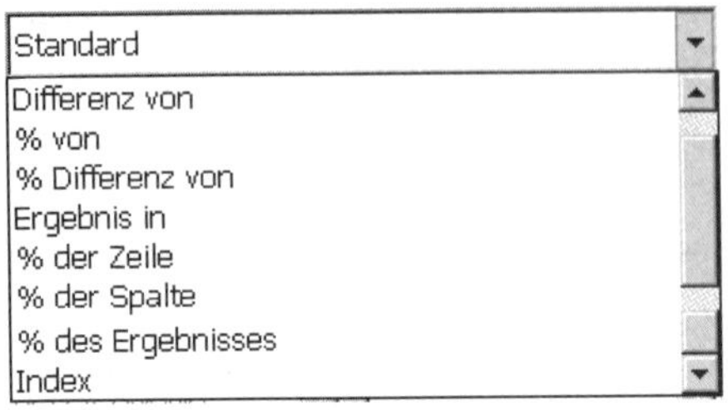

Abbildung 7.21 Die Auswahlmöglichkeiten

Finden Sie Geschmack an dieser Art der Darstellung, können Sie auch im Datenbereich ein Datenfeld mehrfach platzieren und sich so die Summe und die Prozentzahlen pro Spalte und pro Zeile anzeigen lassen:

	A	B	C	D	E	F
1	Kundenname	(Alle)				
2	Nachname	(Alle)				
3						
4			Jahre	Auftragsdatum		
5			2000			
6	id_VKGebie	Daten	Jan	Feb	Mrz	Apr
7	Mitte	Summe - 'Gesamtpreis'	216.052,00 €	111.686,00 €	219.643,00 €	21.994.311,00 €
8		Summe - %-Anteil Monatsumsatz	0,10%	0,05%	0,10%	10,11%
9		Summe - %-Anteil lfd. Umsatz	29,57%	26,13%	40,21%	17,52%
10	Nord	Summe - 'Gesamtpreis'	61.874,00 €	55.492,00 €	24.266,00 €	8.562.625,00 €
11		Summe - %-Anteil Monatsumsatz	0,08%	0,08%	0,03%	11,65%
12		Summe - %-Anteil lfd. Umsatz	8,47%	12,98%	4,44%	6,82%
13	Ost	Summe - 'Gesamtpreis'	117.713,00 €	95.762,00 €	112.840,00 €	31.424.815,00 €
14		Summe - %-Anteil Monatsumsatz	0,04%	0,03%	0,04%	10,83%
15		Summe - %-Anteil lfd. Umsatz	16,11%	22,40%	20,66%	25,04%
16	Süd	Summe - 'Gesamtpreis'	170.208,00 €	106.273,00 €	77.712,00 €	39.425.964,00 €
17		Summe - %-Anteil Monatsumsatz	0,05%	0,03%	0,02%	10,76%
18		Summe - %-Anteil lfd. Umsatz	23,30%	24,86%	14,23%	31,41%
19	West	Summe - 'Gesamtpreis'	164.709,00 €	58.260,00 €	111.769,00 €	24.097.665,00 €
20		Summe - %-Anteil Monatsumsatz	0,07%	0,03%	0,05%	10,91%
21		Summe - %-Anteil lfd. Umsatz	22,55%	13,63%	20,46%	19,20%
22	Gesamt: Summe - 'Gesamtpreis'		730.556,00 €	427.473,00 €	546.230,00 €	125.505.380,00 €
23	Gesamt: Summe - %-Anteil Monatsumsatz		0,06%	0,04%	0,05%	10,74%
24	Gesamt: Summe - %-Anteil lfd. Umsatz		100,00%	100,00%	100,00%	100,00%

Abbildung 7.22 Gleichzeitige Anzeige mehrerer Datenfelder

Damit es nicht zu Verwechslungen kommt, können Sie bei NAME den vorgegebenen Namen überschreiben:

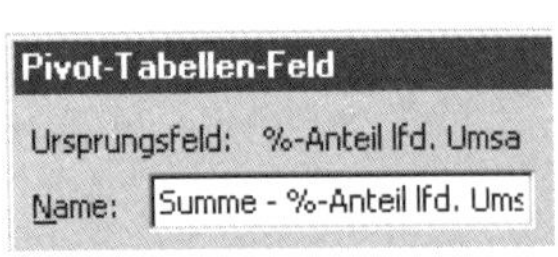

Abbildung 7.23 Überschreiben des vorgegebenen Namens

Wenn Sie mit diesen Möglichkeiten etwas experimentieren, kann es passieren, dass Sie plötzlich in der Pivot-Tabelle statt der gewünschten Zahlen die Fehlermeldung *#NV* finden. Diese Fehlermeldung (No Value) bedeutet, dass die Pivot-Tabelle keinen Wert zur Berechnung gefunden hat. Sobald Sie wieder eine passende Möglichkeit gewählt haben, erscheinen auch wieder die Zahlen.

7.7 Arbeiten mit berechneten Feldern und Elementen

Sie haben die Leistungsfähigkeit der Pivot-Tabelle immer noch nicht ausgeschöpft. Angenommen, es interessiert Sie der Vergleich zwischen dem Gesamtpreis abzüglich 3 % Mengenrabatt und dem Gesamtpreis abzüglich 5 % Mengenrabatt, so können Sie berechnete Felder einfügen.

7.7.1 Berechnete Felder

Hierzu gehen Sie folgendermaßen vor:

- Klicken Sie mit der rechten Maustaste den Datenbereich an und wählen Sie FORMELN... und dann BERECHNETES FELD....

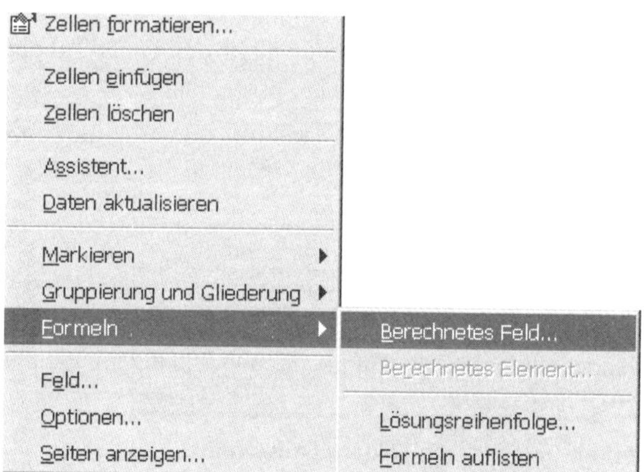

Abbildung 7.24 Berechnetes Feld...

Mithilfe der nachstehend abgebildeten Dialogbox lässt sich nun ein neues Feld einfügen.

- Geben Sie bei NAME den von Ihnen gewünschten Namen ein.

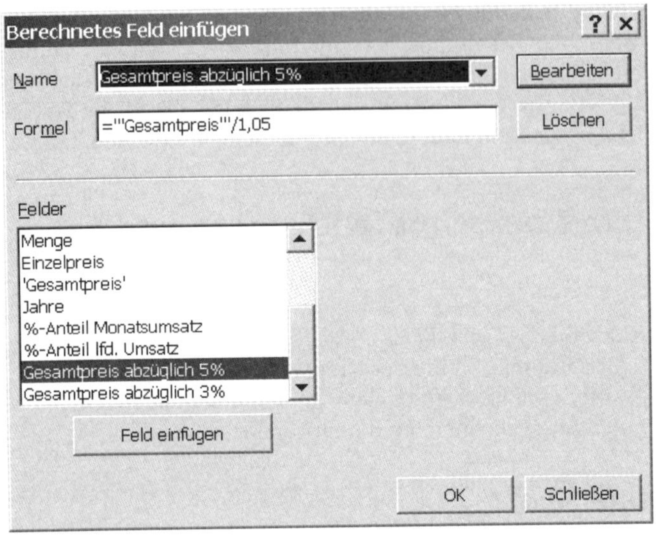

Abbildung 7.25 Dialogbox Berechnetes Feld einfügen

- Bei FORMEL muss dann die Formel eingegeben werden, bereits vorhandene Felder lassen sich mit einem Doppelklick oder der Schaltfläche FELD EINFÜGEN hier einfügen, wenn sie zuvor bei FELDER ausgewählt wurden.
- Mit der Schaltfläche HINZUFÜGEN... wird das neue Feld der Pivot-Tabelle hinzugefügt.
- Wiederholen Sie dieses Vorgehen auch für den Gesamtpreis abzüglich 5% Mengenrabatt und schließen Sie die Dialogbox mit OK.

Nun stellt sich die Pivot-Tabelle so dar:

Artikelname	Daten	Jan
Prozessor	Summe - 'Gesamtpreis'	730.556 €
	Summe - Gesamtpreis abzüglich 5%	695.768 €
	Summe - Gesamtpreis abzüglich 3%	709.278 €

Abbildung 7.26 Pivot-Tabelle mit berechneten Feldern (Ausschnitt)

7.7.2 Formeln auflisten

Wollen Sie die Formeln auflisten, die sich in berechneten Feldern und Elementen befinden, so bietet Excel 97 eine schöne Möglichkeit:

- Klicken Sie mit der rechten Maustaste den Datenbereich an und wählen FORMELN... und dann FORMELN AUFLISTEN.

Damit wird eine neue Tabelle erzeugt, in der die Formeln der berechneten Felder und der berechneten Elemente in ihrer Lösungsreihenfolge enthalten sind.

	A	B	C	D	E
1	***Berechnetes Feld***				
2	**Lösungsreihenfolge**	**Feld**	**Formel**		
3	1	%-Anteil Monatsumsatz	='"Gesamtpreis"'		
4	2	%-Anteil lfd. Umsatz	='"Gesamtpreis"'		
5	3	Gesamtpreis abzüglich 5%	='"Gesamtpreis"'/1,05		
6	4	Gesamtpreis abzüglich 3%	='"Gesamtpreis"'/1,03		
7					
8	***Berechnetes Element***				
9	**Lösungsreihenfolge**	**Element**	**Formel**		
10					
11					
12	***Hinweis:***	Wenn eine Zelle von mehr als einer Funktion aktualisiert wird,			
13		wird der Wert von der letzten Funktion in der Lösungsreihenfolge bestimmt.			
14					
15		Verwenden Sie den 'Lösungsreihenfolge'-Befehl in der PivotTable-Symbolleiste,			
16		um die Lösungsreihenfolge zu bearbeiten.			

Abbildung 7.27 Tabelle Formeln auflisten

7.7.3 Berechnete Elemente

Neben den berechneten Feldern lassen sich auch berechnete Elemente in die Pivot-Tabelle aufnehmen. Ihnen ist sicher aufgefallen, dass im Kontextmenü FORMELN... der Befehl BERECHNETES ELEMENT inaktiv war. Dies ändert sich, wenn Sie ein Spaltenfeld- oder Zeilenfeldelement markieren. Wichtig hierbei ist, dass das Element nicht gruppiert wurde. Dies ist bei den bisher erstellten Pivot-Tabellen, die das Auftragsdatum beinhalten, jedoch der Fall.

- Aus diesem Grund erstellen Sie in einer neuen Mappe eine neue Pivot-Tabelle, die auf der bereits erstellten SQL-Abfrage *Bestellungen2000.dqy* basieren soll.
- Hier ordnen Sie den *Namen* als *Zeilenfeld*, den *Artikelnamen* als *Spaltenfeld* und den *Gesamtpreis* als *Datenfeld* an.
- Klicken Sie nun auf das Spaltenfeld *Artikelname* mit der rechten Maustaste. Unter Umständen müssen Sie diesen Klick noch einmal wiederholen, da der erste Klick nur das Spaltenfeld markiert und erst der zweite Klick das Kontextmenü öffnet.
- Wählen Sie nun FORMELN und dann BERECHNETES ELEMENT. Es erscheint die Dialogbox BERECHNETES ELEMENT IN *ARTIKELNAME* EINFÜGEN.
- Hier geben Sie bei NAME ein: *Controller / Festplatte in %*
- und bei FORMEL = *Controller/ Festplatte.*
- Verwenden Sie hierzu die Taste ELEMENT EINFÜGEN.
- Mit HINZUFÜGEN und OK fügen Sie das berechnete Element der Pivot-Tabelle hinzu und schließen diese Dialogbox.

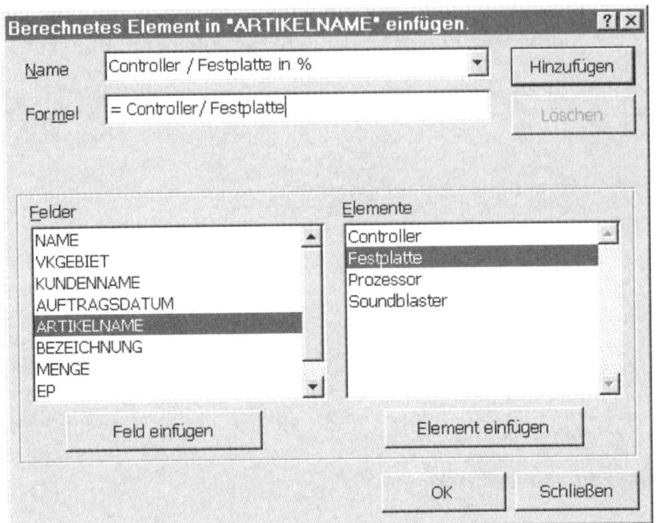

Abbildung 7.28 Dialogbox Berechnetes Element in *ARTIKELNAME* einfügen

Formatieren Sie jetzt die Pivot-Tabelle, schalten Sie aber nun die STRUKTURIERTE AUSWAHL aus, damit sich die €-Beträge und die Prozentsätze getrennt formatieren lassen.

Sie erhalten während der Formatierung dann die folgende Meldung:

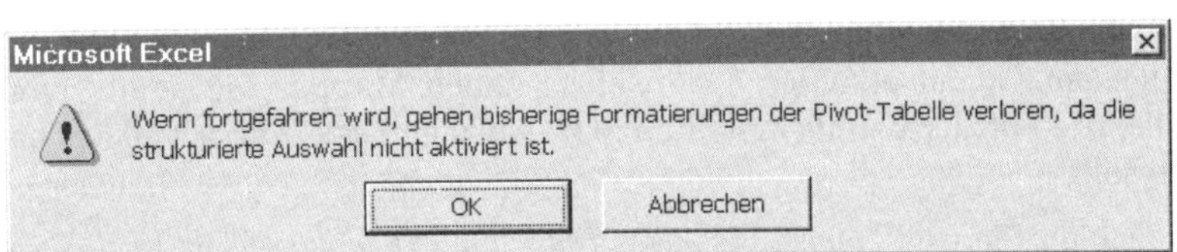

Abbildung 7.29 Warnmeldung beim Formatieren ohne strukturierte Auswahl

Übrigens steckt in unserer Tabelle noch ein Fehler, der auf den ersten Blick nicht erkennbar ist. Wählen Sie einen der Summenwerte an, so erkennen Sie, dass zu den €-Beträgen auch die Prozentsätze hinzuaddiert wurden. Daher sollte bei dieser Darstellung auf das Gesamtergebnis verzichtet werden.

Klicken Sie mit der rechten Maustaste eine Zelle in der Pivot-Tabelle an und wählen den Befehl OPTIONEN. Hier wählen Sie das Kontrollfeld *Gesamtsumme für Zeilen* ab.

Die Prozentzahlen müssen Sie allerdings noch einmal formatieren. Das Format geht leider bei jeder Aktualisierung wieder verloren.

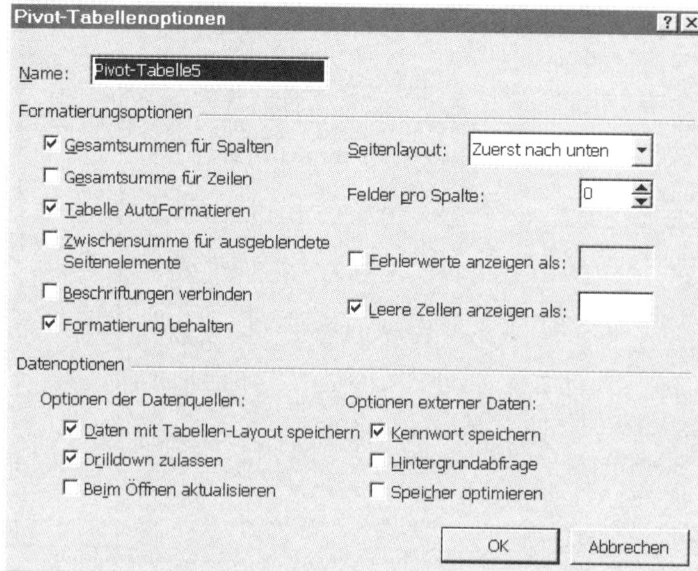

Abbildung 7.30 Pivot-Tabelle ohne Zeilenergebnisse darstellen

Aber mit einem kleinen Kniff können Sie dieses Problem ebenfalls in den Griff bekommen:

- Klicken Sie mit der rechten Maustaste wieder eine der Zellen in der Pivot-Tabelle an und wählen den Befehl OPTIONEN. Hier wählen Sie das Kontrollfeld *Tabelle AutoFormatieren* ab.
- Kontrollieren Sie, ob die STRUKTURIERTE AUSWAHL aktiv ist. Wenn nicht, dann aktivieren Sie diese Auswahl wieder. Nun bleibt das von Ihnen eingestellte Format erhalten.

Hinweis zur Formatierung für Excel-5.0/7.0-Anwender
Die Möglichkeiten der strukturierten Formatierung sind in Excel 97 hinzugefügt worden. Wollen Sie in früheren Versionen eine dauerhafte Formatierung durchführen, rufen Sie das Pivot-Tabellenfeld auf, klicken auf die Schaltfläche ZAHLEN... und wählen das gewünschte Zahlenformat aus. Diese Formatierung bleibt auch nach einer Aktualisierung erhalten.

Angenommen, Sie verwenden Spaltenfelder, deren Datenbereich Nullwerte enthält, und teilen durch diese Spaltenfelder. Sie erhalten dann als Ergebnis den Fehlerwert *#DIV/0!*, also Division durch Null. Das macht sich natürlich nicht besonders gut in unserer Aufstellung. Also sollten Sie die Fehleranzeige ausschalten. Auch dies geschieht wieder mit den Pivot-Tabellenoptionen.

- Wählen Sie FEHLERWERTE ANZEIGEN ALS: an, füllen das Textfeld aber nicht aus.

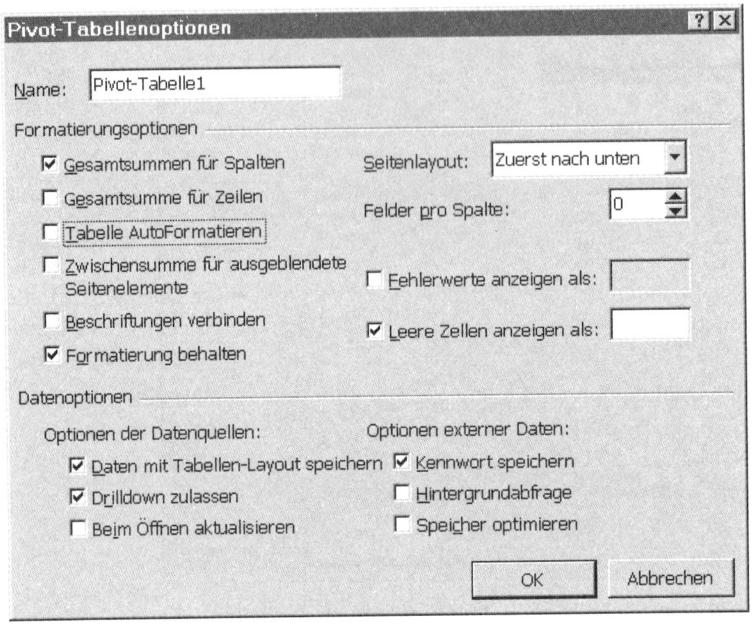

Abbildung 7.31 AutoFormatieren abwählen

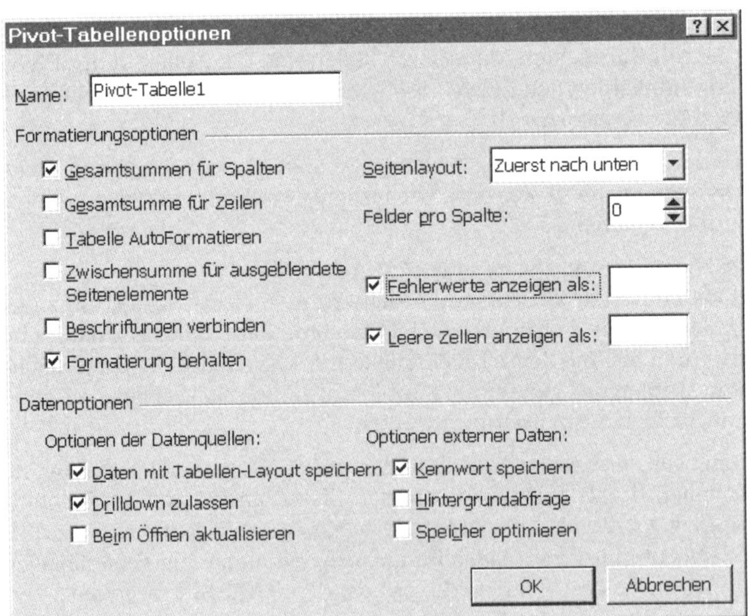

Abbildung 7.32 Keine Fehlerwerte anzeigen lassen

7.8 Erstellen einer weiteren Pivot-Tabelle, basierend auf einer vorhandenen

Für das nächste Beispiel benötigen Sie wieder zwei Zeilenfelder. Um die vorherige Auswertung nicht zu beeinflussen, rufen Sie das Beispiel *Excel_97_Ctrl_07_01.xls* wieder auf und erstellen hier eine neue Pivot-Tabelle in einem leeren Tabellenblatt.

🕮 Warum? Sie haben im vorangegangenen Beispiel ein neues Element in die Pivot-Tabelle aufgenommen. Dieses Element wäre natürlich auch in der neuen Pivot-Tabelle vorhanden, es sei denn, Sie greifen nicht auf die bestehende Pivot-Tabelle zurück, sondern nochmals auf die Original-Datenquelle.

⌨ Wählen Sie den Menübefehl DATEN | PIVOT-TABELLENBERICHT, dann aber nicht wie bisher EXCEL-DATENBANK oder EXTERNER DATENQUELLE, sondern ANDERER PIVOT-TABELLE.

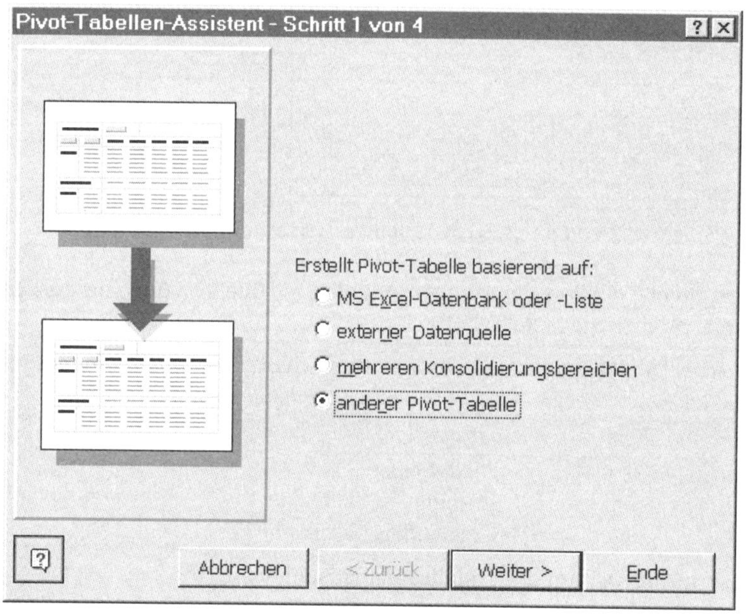

Abbildung 7.33 Daten aus anderer Pivot-Tabelle

Sie kommen damit einer Warnung des Pivot-Tabellen-Assistenten zuvor:

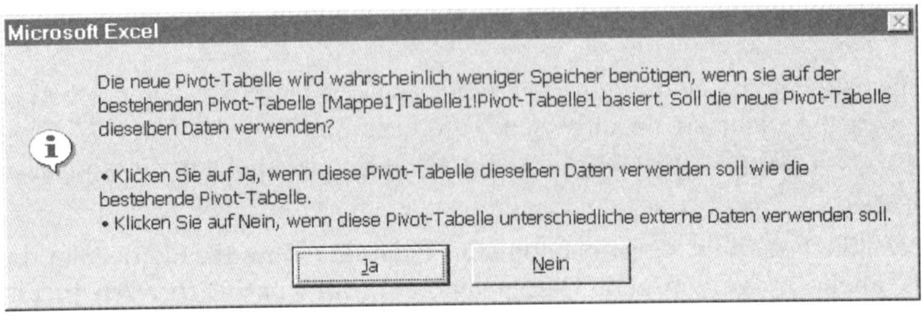

Abbildung 7.34 Gleiche Basisdaten verwenden

In beiden Fällen – vorausgesetzt, Sie haben die Frage mit JA beantwortet – erscheint diese Dialogbox:

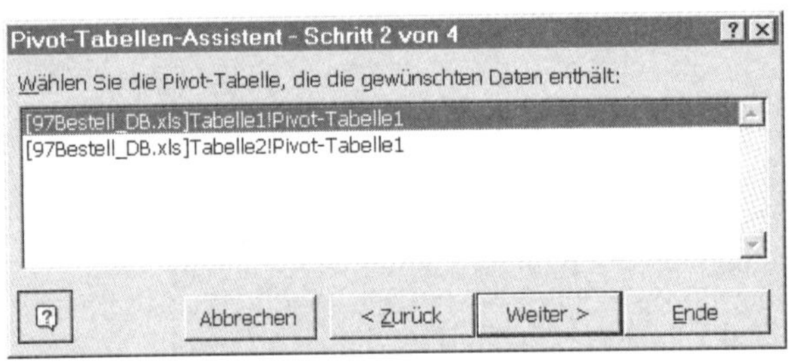

Abbildung 7.35 Schritt 2 von 4 des Pivot-Tabellen-Assistenten

Sind mehrere Pivot-Tabellen eingetragen, wählen Sie die gewünschte aus. In diesem Beispiel ist dies die erste Tabelle.

- Klicken Sie auf WEITER und erstellen die neue Pivot-Tabelle nach folgender Vorgabe:

Zeilenfeld	*Name*
	Artikelname
Spaltenfeld	*Datum*
Datenfeld	*Gesamtpreis (Menge * EP)*

- Klicken Sie auf ENDE, um die Erstellung abzuschließen.

Wie Sie sehen, wurden Zwischensummen für die Zeilenfeldelemente erstellt. Um diese auszublenden, können Sie folgendermaßen vorgehen:

- Klicken Sie das Zeilenfeld *NAME* doppelt an

oder

- wählen Sie ein Zeilenfeldelement von *NAME* aus und klicken dann das Symbol PIVOT-TABELLEN-FELD an.

In beiden Fällen öffnet sich die Dialogbox PIVOT-TABELLEN-FELD:

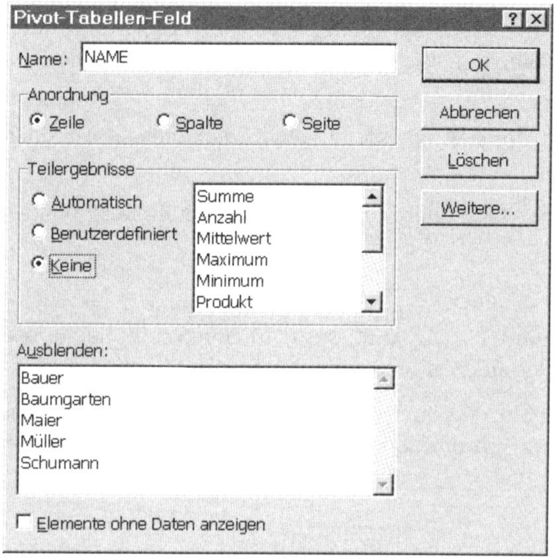

Abbildung 7.36 Pivot-Tabellen-Feld

Hier wählen Sie bei TEILERGEBNISSE das Optionsfeld *Keine* aus und schließen mit OK.

Die Teilergebnisse sind verschwunden:

	A	B	C	D
1	Summe - mer		Auftragsdatum	
2	Nachname	Artikelname	Jan	Feb
3	Bauer	Controller		1.020,00 €
4		Festplatte	280.415,00 €	126.015,00 €
5		Prozessor	216.052,00 €	111.686,00 €
6		Soundblaster	902,00 €	
7	Baumgarten	Controller	816,00 €	6.936,00 €
8		Festplatte	52.876,00 €	93.847,00 €
9		Prozessor	117.713,00 €	95.762,00 €
10		Soundblaster	3.895,00 €	
11	Maier	Controller	4.692,00 €	
12		Festplatte	74.476,00 €	74.802,00 €
13		Prozessor	164.709,00 €	58.260,00 €
14		Soundblaster	18.163,00 €	
15	Müller	Controller	1.020,00 €	12.648,00 €
16		Festplatte	58.562,00 €	26.665,00 €
17		Prozessor	61.874,00 €	55.492,00 €
18		Soundblaster		

Abbildung 7.37 Pivot-Tabelle ohne Teilergebnisse

- Machen Sie diese Aktion rückgängig und lassen Sie sich die Teilergebnisse wieder anzeigen.

Beim nächsten Schritt sollen nicht die Teilergebnisse, sondern die Detaildaten aus- und wieder eingeblendet werden. Auch hier stehen wieder verschiedene Möglichkeiten zur Verfügung

- Klicken Sie die Detaildaten doppelt an, so verschwinden diese. Nur noch das Teilergebnis ist zu sehen.
- Ein erneuter Doppelklick auf das Teilergebnis zeigt die Detaildaten wieder an.

Oder

- Klicken Sie auf das Zeilenfeld *NAME* und dann in der Symbolleiste auf DETAIL AUSBLENDEN. Alle Detaildaten werden ausgeblendet.
- Zum Einblenden verfahren Sie wie oben beschrieben oder klicken auf das Symbol DETAIL EINBLENDEN. Achten Sie hierbei jedoch auf den markierten Bereich.

	A	B	C	D
1	Summe - mer		Auftragsdatum ▾	
2	Nachname ▾	Artikelname ▾	Jan	Feb
3	Bauer	Controller		1.020,00 €
4		Festplatte	280.415,00 €	126.015,00 €
5		Prozessor	216.052,00 €	111.686,00 €
6		Soundblaster	902,00 €	
7	Baumgarten		175.300,00 €	196.545,00 €
8	Maier		262.040,00 €	133.062,00 €
9	Müller		121.456,00 €	94.805,00 €
10	Schumann		306.503,00 €	153.043,00 €
11	Gesamtergebnis		1.362.668,00 €	816.176,00 €

Abbildung 7.38 Teilweise ausgeblendete Detaildaten

Als ob das nicht bereits genug wäre, gibt es noch weitere Möglichkeiten. Sie können komplette Zeilenfeldelemente ausblenden.

- Öffnen Sie wieder das PIVOT-TABELLEN-FELD durch einen Doppelklick auf *NAME*.

Im unteren Bereich sehen Sie eine Auswahl der Zeilenfeldelemente, die Sie ausblenden können.

- Klicken Sie die ZEILENFELDELEMENTE an, die Sie ausblenden wollen. Eine Mehrauswahl ist durch einfaches Anklicken möglich. Schließen Sie die Dialogbox mit OK.
- Um diese ZEILENFELDELEMENTE wieder einzublenden, wiederholen Sie den vorangegangenen Schritt und entfernen die Markierung.

Abbildung 7.39 Ausblenden kompletter Zeilenfeldelemente

	A	B	C	D	E
1	Summe - mer		Auftragsdatum		
2	Nachname	Artikelname	Jan	Feb	Mrz
3	Bauer		497.369,00 €	238.721,00 €	361.679,00 €
4	Maier		262.040,00 €	133.062,00 €	218.989,00 €
5	Schumann		306.503,00 €	153.043,00 €	106.111,00 €
6	Gesamtergebnis		1.065.912,00 €	524.826,00 €	686.779,00 €

Abbildung 7.40 Ausgeblendete Zeilenfeldelemente Baumgarten und Müller

7.9 Teilergebnisse anders zusammenfassen

Wurde die Option AUTOMATISCHE TEILERGEBNISSE gewählt, dann werden bis auf das Zeilenfeld, das am weitesten innen liegt, die Teilergebnisse gebildet. Soll auch dieses Zeilenfeld addiert werden, müssen Sie folgendermaßen vorgehen:

- Markieren Sie das innen liegende Zeilenfeld.
- Rufen Sie das PIVOT-TABELLEN-FELD auf.
- Wählen Sie bei TEILERGEBNISSE *Benutzerdefiniert* und wählen die gewünschte Funktion.

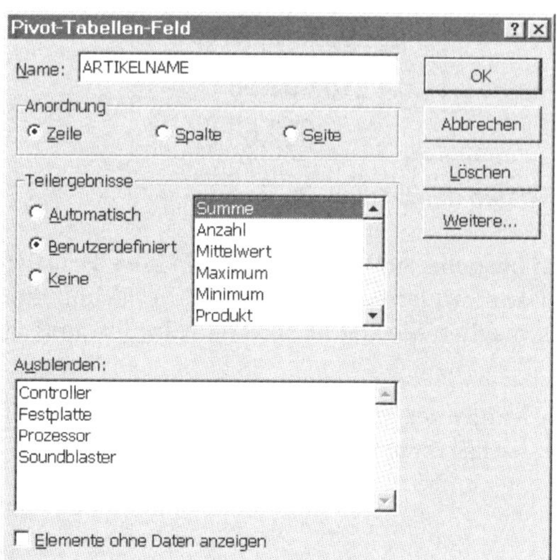

Abbildung 7.41 Teilergebnisse Benutzerdefiniert

Damit stellt sich die Tabelle (ausschnittsweise) folgendermaßen dar:

	A	B	C	D	E
1	Summe - mer		Auftragsdatum		
2	Nachname	Artikelname	Jan	Feb	Mrz
19	Schumann	Controller	17.104,00 €	22.032,00 €	294,00 €
20		Festplatte	115.788,00 €	24.738,00 €	28.105,00 €
21		Prozessor	170.208,00 €	106.273,00 €	77.712,00 €
22		Soundblaster	3.403,00 €		
23		Controller Summe	23.632,00 €	42.636,00 €	21.502,00 €
24		Festplatte Summe	582.117,00 €	346.067,00 €	368.888,00 €
25		Prozessor Summe	730.556,00 €	427.473,00 €	546.230,00 €
26		Soundblaster Summe	26.363,00 €		3.444,00 €
27	Gesamtergebnis		1.362.668,00 €	816.176,00 €	940.064,00 €

Abbildung 7.42 Summe für innerstes Zeilenfeld darstellen

7.10 Kopieren von Ergebnissen

7.10.1 Kopieren von Elementen

Angenommen, Sie haben die Daten in der Pivot-Tabelle zusammengefasst, wie nachstehend abgebildet.

	A	B	C	
1	Summe - mer		Auftragsdatum	
2	Nachname	Artikelname	Jan	Feb
3	Bauer	Controller		
4		Festplatte	280.415,00 €	
5		Prozessor	216.052,00 €	
6		Soundblaster	902,00 €	

Abbildung 7.43 Kopieren von Detaildaten durch Doppelklick

Da kommt Ihr Chef und sagt: »Ich brauche die Einzelpositionen aller Festplatten, die der Vertriebsbeauftragte Bauer im Januar verkauft hat. In 5 Minuten.« Nun haben Sie ein Problem: Was machen Sie die anderen 4 Minuten und 55 Sekunden?

Zunächst stöhnen Sie, nach dem Motto: lerne klagen, ohne zu leiden; dann warten Sie, bis Ihr Chef den Raum verlassen hat.

Jetzt klicken Sie doppelt auf die entsprechende Zelle.

Excel erstellt daraufhin automatisch eine neue Tabelle mit den gewünschten Einzelpositionen. Da diese neue Tabelle keinen Rückbezug zur Pivot-Tabelle hat, können Sie diese Tabelle beliebig bearbeiten und formatieren.

Dieses Vorgehen klappt übrigens auch bei Excel 5.0 /7.0.

	A	B	C	D	E	F	G	H
1	Nachname	Kundenname	Region	Auftragsdatum	id_AuftragsNr	Artikelbezeichnung	Artikelname	Gesamtpreis
2	Bauer	MicroCom	Mitte	08.01.2000	100782	40,9 GB / IDE / 7200 rpm	Festplatte	22134
3	Bauer	MicroCom	Mitte	03.01.2000	100656	40,9 GB / IDE / 7200 rpm	Festplatte	24738
4	Bauer	MicroCom	Mitte	05.01.2000	100872	40,9 GB / IDE / 7200 rpm	Festplatte	42966
5	Bauer	MicroCom	Mitte	19.01.2000	100365	40,9 GB / IDE / 5400 rpm	Festplatte	18150
6	Bauer	MicroCom	Mitte	08.01.2000	100421	20,4 GB / IDE / 5400 rpm	Festplatte	2664
7	Bauer	MicroCom	Mitte	20.01.2000	100473	20,4 GB / IDE / 7200 rpm	Festplatte	1036
8	Bauer	MicroCom	Mitte	21.01.2000	100348	20,4 GB / IDE / 7200 rpm	Festplatte	9842
9	Bauer	Computer Beratung	Mitte	05.01.2000	100753	40,9 GB / IDE / 7200 rpm	Festplatte	2604
10	Bauer	Computer Beratung	Mitte	27.01.2000	100466	40,9 GB / IDE / 5400 rpm	Festplatte	32010
11	Bauer	Computer Beratung	Mitte	04.01.2000	100486	20,4 GB / IDE / 5400 rpm	Festplatte	1776
12	Bauer	Computer Beratung	Mitte	30.01.2000	100962	30,7 GB / IDE / 7200 rpm	Festplatte	8991
13	Bauer	Computer Beratung	Mitte	28.01.2000	100210	20,4 GB / IDE / 7200 rpm	Festplatte	1295
14	Bauer	Computer Beratung	Mitte	08.01.2000	100401	20,4 GB / IDE / 5400 rpm	Festplatte	21978
15	Bauer	Computer Beratung	Mitte	02.01.2000	100004	20,4 GB / IDE / 5400 rpm	Festplatte	1776
16	Bauer	Büro + Service	Mitte	29.01.2000	100443	30,7 GB / IDE / 5400 rpm	Festplatte	24104
17	Bauer	Büro + Service	Mitte	29.01.2000	100443	20,4 GB / IDE / 7200 rpm	Festplatte	4921
18	Bauer	Büro + Service	Mitte	19.01.2000	100975	20,4 GB / IDE / 5400 rpm	Festplatte	13542
19	Bauer	Büro + Service	Mitte	08.01.2000	100814	40,9 GB / IDE / 7200 rpm	Festplatte	25606
20	Bauer	Büro + Service	Mitte	03.01.2000	100563	20,4 GB / IDE / 5400 rpm	Festplatte	19758
21	Bauer	Büro + Service	Mitte	29.01.2000	100809	30,7 GB / IDE / 5400 rpm	Festplatte	524

Abbildung 7.44 Tabelle mit Quelldaten erstellen

7.10.2 Kopieren von Seitenfeldern

Neu in Excel 97 ist allerdings die Möglichkeit, für jedes Element eines *Seitenfeldes* eine neue Tabelle zu erstellen.

Markieren Sie ein *Seitenfeld* und öffnen mit der rechten Maustaste das Kontextmenü.

Wählen Sie hier den Befehl SEITEN ANZEIGEN... und es erscheint die Dialogbox SEITEN ANZEIGEN.

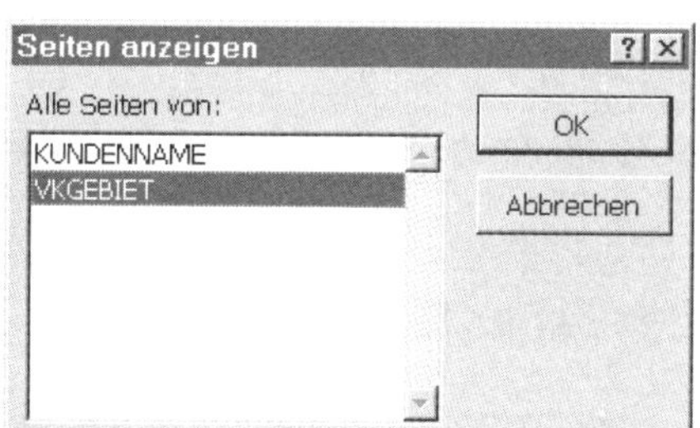

Abbildung 7.45 Dialogbox Seiten anzeigen

Wählen Sie die gewünschte Seite und bestätigen mit OK.

Excel 97 erstellt nun pro *Seitenfeldelement* eine neue Tabelle.

7.10.3 Kopieren der gesamten Pivot-Tabelle

Natürlich lässt sich auch die gesamte Pivot-Tabelle kopieren. Um diese komplett zu markieren, verwenden Sie die Tastenkombination [Strg]+[*].

Fügen Sie diese normal ein, bleiben die Bezüge erhalten. Fügen Sie die Kopie als Wert ein, verändern sich die Zahlen nicht mehr.

7.11 Gruppieren

Erinnern Sie sich? Zu Beginn dieses Kapitels hatten Sie das Datum in Monate und Jahre gruppiert. Was mit dem Datumsformat klappt, klappt auch mit anderen Spalten- und Zeilenfeldelementen.

Festplatten werden über den (Festplatten-)Controller gesteuert. Sie gehören also in gewisser Weise zusammen.

Markieren Sie diese beiden Zeilenfeldelemente und klicken Sie auf das Symbol GRUPPIERUNG in der Symbolleiste (GRÜNER PFEIL NACH RECHTS)

Damit werden die Zeilenfeldelemente »Controller« und »Festplatte« zu einer Gruppe zusammengefasst.

	A	B	C	D
1	Summe - mer			Auftragsdatum
2	Nachname	Artikelname2	Artikelname	Jan
8	Baumgarten	Gruppe1	Controller	816,00 €
9			Festplatte	52.876,00 €
10		Prozessor	Prozessor	117.713,00 €
11		Soundblaster	Soundblaster	3.895,00 €
12	Baumgarten Ergebnis			175.300,00 €

Abbildung 7.46 Zeilenfeldelemente gruppieren

Mit GRUPPIERUNG AUFHEBEN (GRÜNER PFEIL NACH LINKS) heben Sie diese Gruppierung wieder auf.

7.11.1 Gruppierung numerischer Zeilenfeldelemente

Natürlich lassen sich auch numerische Daten gruppieren. Angenommen, die Aufträge sollen in Größenklassen und nach Artikelnamen unterteilt werden, so gehen Sie folgendermaßen vor:

- Erstellen Sie eine neue Pivot-Tabelle, diese darf auch auf einer vorhandenen basieren.
- Wählen Sie die folgenden Elemente aus

Spaltenfeld	*Artikelname*
Zeilenfeld	*Gesamtpreis*
Datenfeld	*Summe – Gesamtpreis*

- Markieren Sie nun das Zeilenfeldelement und klicken in der Symbolleiste auf GRUPPIERUNG.

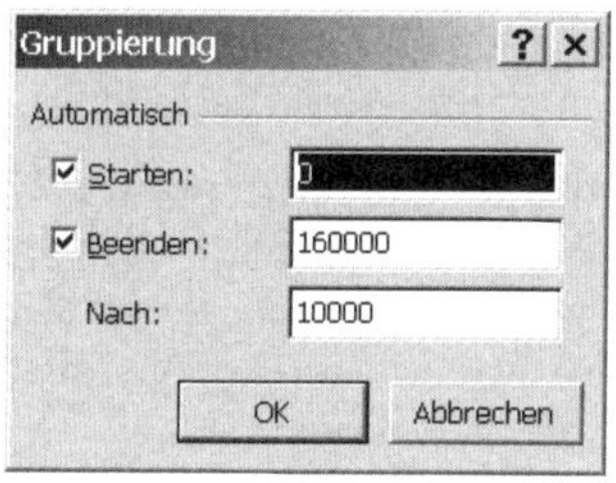

Abbildung 7.47 Gruppierung numerischer Elemente

- Geben Sie bei NACH: *25000* ein und die Pivot-Tabelle gliedert Aufträge entsprechend.

	A	B	C	D	E	F
1	Summe - menge*Einzelpreis	Artikelname				
2	menge*Einzelpreis	Controller	Festplatte	Prozessor	Soundblaster	Gesamtergebnis
8	50000-60000	4.062.915,00 €	232.355.900,00 €	55.569.874,00 €		291.988.689,00 €
9	60000-70000		172.032.788,00 €	20.614.850,00 €		192.647.638,00 €
10	70000-80000		159.332.604,00 €	3.121.675,00 €		162.454.279,00 €
11	80000-90000		139.908.793,00 €			139.908.793,00 €
12	90000-100000		111.421.954,00 €			111.421.954,00 €
13	100000-110000		78.534.016,00 €			78.534.016,00 €
14	110000-120000		63.481.915,00 €			63.481.915,00 €
15	120000-130000		52.914.205,00 €			52.914.205,00 €
16	130000-140000		38.629.785,00 €			38.629.785,00 €
17	140000-150000		24.940.340,00 €			24.940.340,00 €
18	150000-160000		17.741.475,00 €			17.741.475,00 €
19	Gesamtergebnis	326.020.990,50 €	2.662.619.121,00 €	1.168.876.958,00 €	30.496.735,00 €	4.188.013.804,50 €

Abbildung 7.48 Gegliederte Aufträge

7.12 Pivot-Daten zuordnen

Wollen Sie von »außen« auf Ihre Pivot-Tabelle zugreifen, bietet Ihnen Excel 97 eine neue Funktion: Mit `PivotDatenZuordnen` lassen sich bestimmte Daten in der gleichen Tabelle, in einer anderen Tabelle oder sogar in einer anderen Mappe darstellen.

Dabei muss diese andere Mappe nicht einmal geladen sein, um auf die Daten zugreifen zu können.

Zunächst betrachten Sie die Syntax der Funktion `PivotDatenZuordnen` etwas näher:

```
=PIVOTDATENZUORDNEN(Pivottabelle;Name)
```

Die Funktion verfügt über zwei Argumente, `Pivottabelle` und `Name`.

Das Argument `Pivottabelle` gibt den Bezug auf die Zelle der Pivot-Tabelle an, in der sich die abzurufenden Daten befinden. Dabei ist es eigentlich belanglos, welche Zelle angegeben wird. Befindet sich die Zelle in einer anderen Tabelle, so muss zusätzlich noch der Name der Tabelle angegeben werden. Befindet sich die Zelle in einer Tabelle einer anderen Mappe, so muss außerdem noch der Mappennamen angegeben werden. Ist die Mappe, in der sich die Pivot-Tabelle befindet, nicht geöffnet, beinhaltet das Argument den kompletten Pfadnamen.

Das Argument `Name` muss in Anführungszeichen angegeben werden und gibt den Namen der Zelle an, aus der der Wert abgerufen werden soll. Soll beispielsweise aus unserer Pivot-Tabelle der Gesamtwert abgerufen werden, lautet das Argument Name »`Summe – Menge*EP`«. Soll nur der Gesamtwert für die Controller abgerufen werden, heißt das Argument »`Controller Summe - Menge*EP`«

```
=PIVOTDATENZUORDNEN([Excel_97_Ctrl_07_01.xls]Tabelle1!A11; "Controller
Summe - Menge*EP")
```

	A	B	C	D	E	F
1	Kundenname	(Alle)				
2						
3	Summe - menge*Einzelpreis	Auftragsdatum				
4	Artikelname	Jan	Feb	Mrz	Apr	Mai
5	Controller	23.632,00 €	42.636,00 €	21.502,00 €	34.872.383,00 €	37.070.506,50 €
6	Festplatte	582.117,00 €	346.067,00 €	368.888,00 €	288.623.497,00 €	303.008.041,00 €
7	Prozessor	730.556,00 €	427.473,00 €	546.230,00 €	125.505.380,00 €	131.407.068,00 €
8	Soundblaster	26.363,00 €		3.444,00 €	3.327.912,00 €	3.340.783,00 €
9	Gesamtergebnis	1.362.668,00 €	816.176,00 €	940.064,00 €	452.329.172,00 €	474.826.398,50 €
10						
11						
12	**Funktion**			**Ergebnis**	**Hinweis**	
13	PIVOTDATENZUORDNEN([Mappe2]Tabelle1!$A$3;"Jan")			1.362.668,00 €	Spaltenangabe	
14	PIVOTDATENZUORDNEN([Mappe2]Tabelle1!$A$3;"Jan Controller")			23.632,00 €	Spalten- und Zeilenangabe	
15	PIVOTDATENZUORDNEN([Mappe2]Tabelle1!$A$3;)			4.188.013.804,50 €	keine Angabe	

Abbildung 7.49 PivotDatenZuordnen

7.13 Mit der Pivot-Tabelle konsolidieren

Eine Möglichkeit, die Ihnen die Pivot-Tabelle bietet, wurde noch nicht näher untersucht: Die Erstellung einer Pivot-Tabelle, die auf mehreren Konsolidierungsbereichen basiert. Dies ist auch eine schöne Überleitung zu einem Thema, mit dem ich mich in einem der nächsten Kapitel beschäftigen werde: die Verdichtung von Daten mit Hilfe der Konsolidierung.

Bei der Konsolidierung werden Werte, die sich in unterschiedlichen Bereichen befinden, zusammengefasst, sofern sie die gleichen Spalten- und Zeilenbeschriftungen aufweisen.

Zunächst sollen aber die Möglichkeiten der Pivot-Tabelle näher unter die Lupe genommen werden. Die Daten, die sich in einem Betriebsabrechnungsbogen befinden, sollen in einer Pivot-Tabelle verdichtet werden. Die Basisdaten befinden sich in der Tabelle *Excel_97_Ctrl_07_02.xls.*

Öffnen Sie die Mappe *Excel_97_Ctrl_07_02.xls* .

Es sollen die Zahlen der Kosten- und Leistungsrechnung, die über einen Verteilungsschlüssel auf die Haupt-, Hilfs- und Nebenkostenstellen verteilt wurden und monatlich vorliegen, zusammengefasst werden.

Erstellen Sie eine leeres Tabellenblatt, das die Pivot-Tabelle aufnehmen soll. Dies ließe sich zwar auch später noch bewerkstelligen, aber die Bearbeitung ist komfortabler, wenn dieses leere Blatt bereits existiert.

Rufen Sie über das Menü DATEN den PIVOT-TABELLENBERICHT auf.

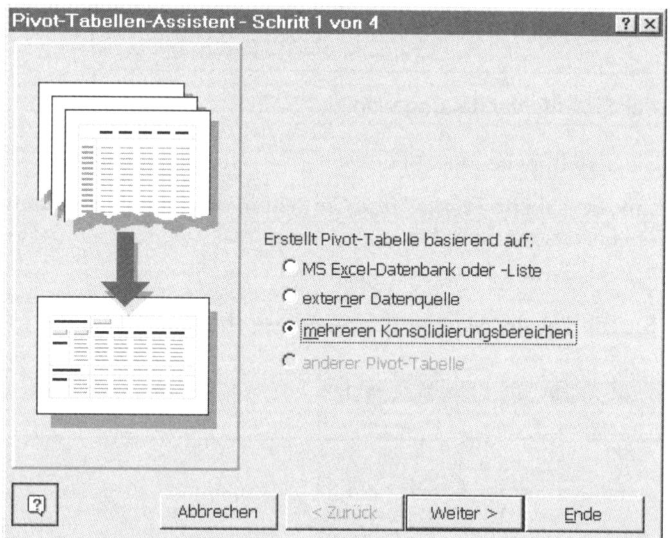

Abbildung 7.50 Pivot-Tabelle auf mehreren Konsolidierungsbereichen erstellen

Wählen Sie MEHREREN KONSOLIDIERUNGSBEREICHEN aus

Der zweite Schritt ist hier in die Teile 2a und 2b untergliedert. In Schritt 2a kann zwischen BENUTZERDEFINIERTE SEITENFELDERSTELLUNG und EINFACHE SEITENFELDERSTELLUNG gewählt werden.

Klicken Sie auf EINFACHE SEITENFELDERSTELLUNG und dann auf WEITER.

Nun wird der Schritt 2b angezeigt. Hier lassen sich die Bereiche, die zusammengefasst werden sollen, auswählen.

Aktivieren Sie die Tabelle *Januar* und markieren den Bereich *A6* bis *G15*.

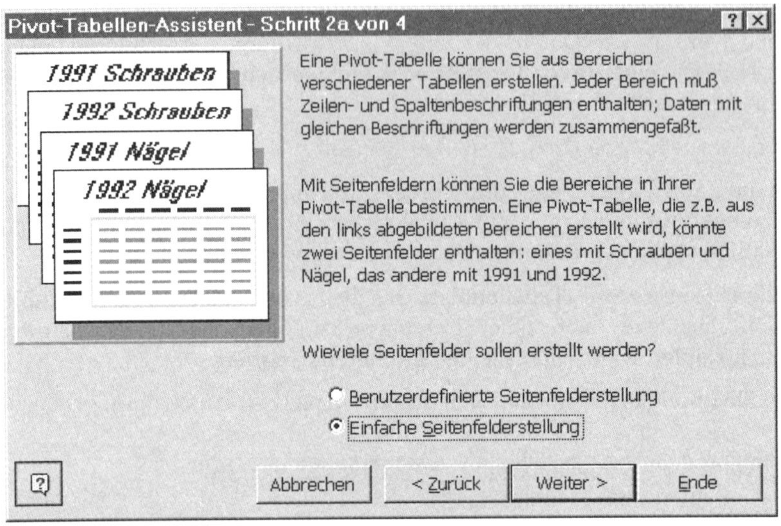

Abbildung 7.51 Art der Seitenfelderstellung wählen

- Klicken Sie auf die Schaltfläche HINZUFÜGEN.
- Aktivieren Sie nun die Tabelle *Februar* und Sie sehen, dass der gewünschte Bereich *A6* bis *G15* bereits markiert ist.
- Klicken Sie auf die Schaltfläche HINZUFÜGEN.
- Nun aktivieren Sie die Tabelle *März* und fügen diese ebenfalls hinzu.

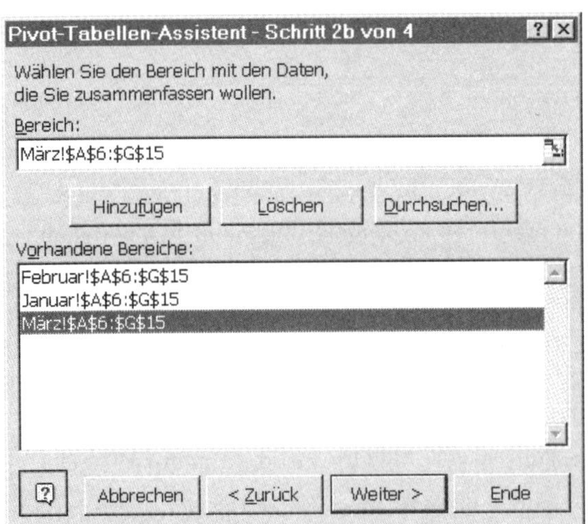

Abbildung 7.52 Ausgewählte Bereiche

Dann wechseln Sie mit WEITER zum nächsten Schritt.

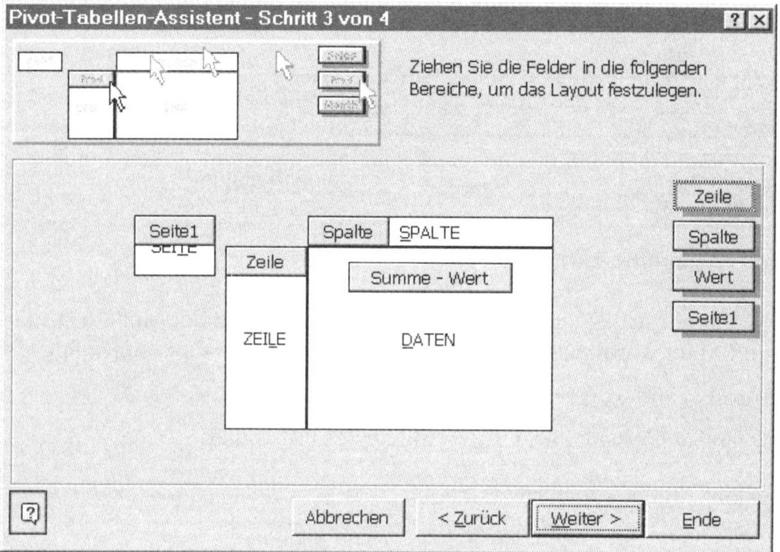

Abbildung 7.53 Der dritte Schritt des Assistenten

Hier sind die Felder bereits richtig angeordnet und Sie können jetzt den Pivot-Tabellen-Assistenten beenden, da auch der vierte Schritt ungeändert übernommen werden kann.

Klicken Sie auf die Schaltfläche ENDE.

Die Pivot-Tabelle wird erstellt und kann mit den Möglichkeiten, die bereits in diesem Kapitel beschrieben wurden, bearbeitet werden.

Allerdings erfolgt die Auflistung der Daten nicht in der ursprünglichen Reihenfolge, sondern alphabetisch. Möchten Sie die ursprüngliche Reihenfolge wieder herstellen, müssen Sie die Möglichkeit des AUTOAUSFÜLLENs verwenden, die unter diesem Stichwort an anderer Stelle bereits beschrieben wurde.

	A	B
1	Seite1	(Alle)
2		
3	Summe - Wert	Spalte
4	Zeile	Einkauf I

Abbildung 7.54 Anzeige mit Standard-Bezeichner

Leider ist die Beschriftung von *Seitenfeld, Spaltenfeld* und *Zeilenfeld* nicht aussagekräftig. Dies lässt sich allerdings manuell ändern.

Markieren Sie diese und vergeben Sie aussagekräftige Namen:

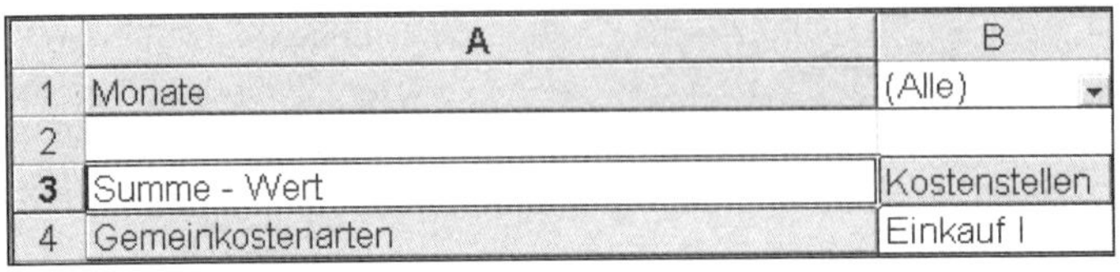

Abbildung 7.55 Sprechende Feldnamen

Allerdings gibt es noch einen kleinen Schönheitsfehler: Statt der Monate Januar, Februar und März werden als *Seitenfeldelemente* Element1, 2 usw. angezeigt.

Auch dies soll geändert werden.

Markieren Sie Element1 und überschreiben es mit *Januar*.

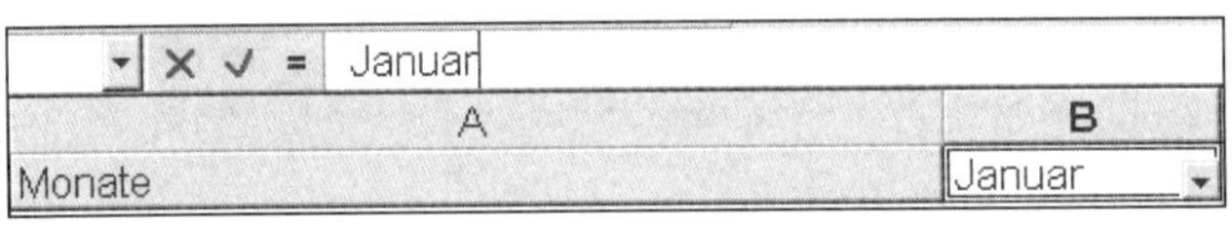

Abbildung 7.56 Seitenfeldelemente mit sprechenden Namen

Bestätigen Sie mit [↵], erscheint die folgende Warnung, die vor einem unbeabsichtigten Überschreiben der Seitenfeldelemente warnt.

Abbildung 7.57 Warnmeldung

Bestätigen Sie die Warnung mit OK und ändern auch die beiden anderen Elemente in *Februar* und *März* ab.

7.14 Erstellen von benutzerdefinierten Seitenfeldern

An dieser Stelle zeige ich Ihnen die Möglichkeit, mit Excel 97 benutzerdefinierte Seitenfelder zu erstellen. Leider gibt es in der ersten Version einen schweren Fehler, der die Erstellung benutzerdefinierter Seitenfelder unmöglich macht.

Die hierzu erforderliche Dialogbox wird unvollständig dargestellt, sodass sie nicht auszufüllen ist. Dieser und andere Fehler wurden aber mit dem Service-Release 1 (Stand Januar 1998) behoben.

Im vorangegangenen Beispiel wurde eine Pivot-Tabelle erstellt, die leider nur ein Seitenfeld beinhaltet. Das nächste Beispiel soll die Mappe *Excel_97_Ctrl_07_03.xls* verwenden. Dieser Mappe wurden lediglich 3 weitere Tabellen mit den Monaten April, Mai und Juni hinzugefügt.

Nun zur Vorgehensweise:

- Erstellen Sie eine neue Tabelle.
- Verfahren Sie wie vorstehend beschrieben bis zum Schritt 2a.
- Wählen Sie BENUTZERDEFINIERTE SEITENFELDERSTELLUNG und dann WEITER.
- Aktivieren Sie die Tabelle *Januar*, markieren dort den Bereich *A6* bis *G15* und fügen mit der gleichnamigen Schaltfläche diese Auswahl zu VORHANDENE BEREICHE hinzu.
- Markieren Sie bei ANZAHL DER SEITENFELDER die Option 2.

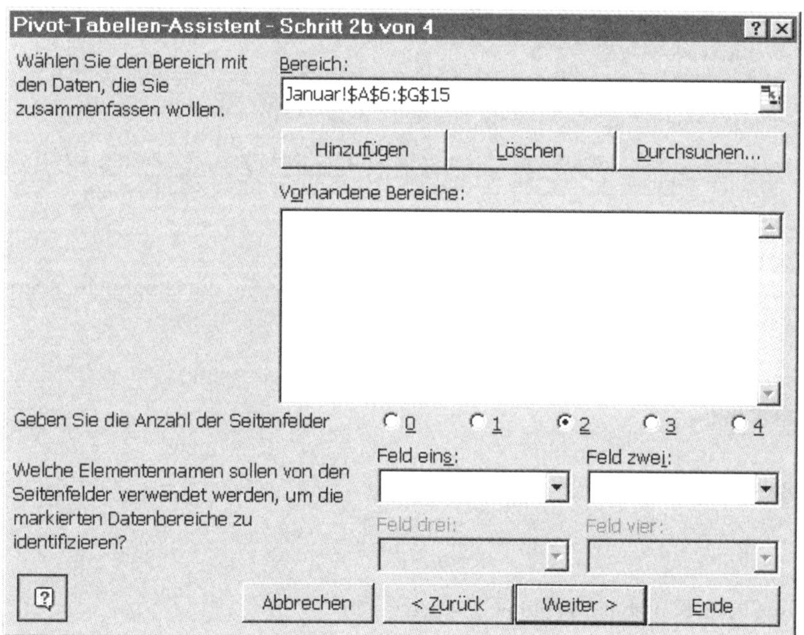

Abbildung 7.58 Schritt 2b von 4

- Fügen Sie nun die gleichen Bereiche für die Monate *Februar* bis *Juni* hinzu.
- Markieren Sie dann bei VORHANDENE BEREICHE: *Januar!$A$6:$G$15*, klicken im unteren Teil der Dialogbox FELD EINS an und geben dort *Januar* ein.

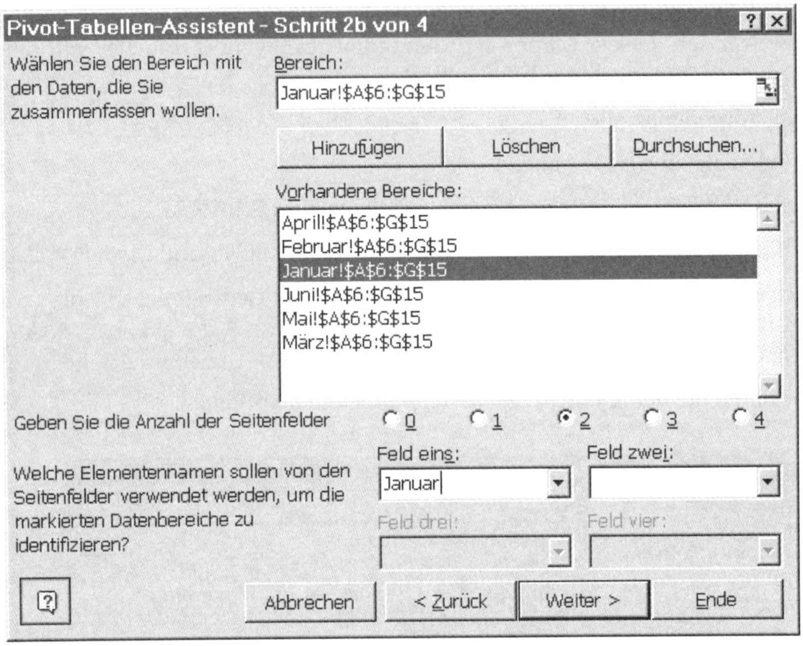

Abbildung 7.59 Bereiche den Seitenfeldern zuordnen

- Wiederholen Sie dies für *Februar* und *März*. Ordnen Sie diese Bereiche ebenfalls FELD EINS zu, indem Sie dort *Februar* bzw. *März* eingeben.

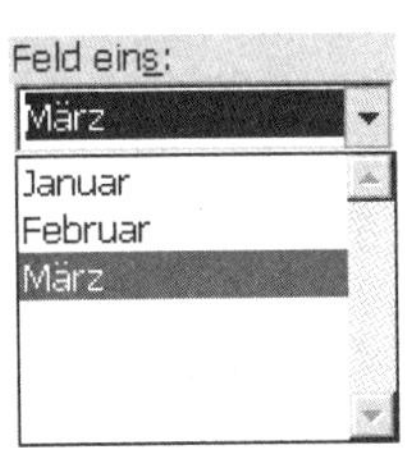

Abbildung 7.60 Eingaben in Feld eins (Ausschnitt)

- Singemäß führen Sie bitte diesen Vorgang für *April*, *Mai* und *Juni* im FELD ZWEI durch.
- Mit ENDE können Sie den Assistenten nun beenden, da die Voreinstellungen der nächsten beiden Schritte übernommen werden können.

Die Pivot-Tabelle wird mit zwei Seitenfeldern erstellt, wobei diese noch entsprechend umbenannt werden sollten.

- Benennen Sie die Seitenfelder und das Spaltenfeld sowie das Zeilenfeld wie nachstehend abgebildet um:

	A	B
1	Quartal 1	(Alle)
2	Quartal 2	(Alle)
3		
4	Summe - Wert	Kostenstellen
5	Gemeinkostenarten	Einkauf I

Abbildung 7.61 Umbenennen der Feldnamen

Nun lassen sich über die beiden Seitenfelder entsprechende Filter einstellen. Bei Quartal 1 sind dies *(Alle)*, *Januar*, *Februar*, *März* und *(Leer)*. Diese Seitenfeldelemente lassen sich nun mit denen des Seitenfelds Quartal 2 kombinieren.

8 Manuelles Erstellen einer Pivot-Tabelle mit Excel 2000

Eigentlich ist die Überschrift dieses Kapitels nicht korrekt. Microsoft hat den Sprachgebrauch bezüglich der Pivot-Tabelle geändert. Der Begriff wird nicht mehr ins Deutsche übersetzt, sondern es wird einheitlich der englische Titel PivotTable verwendet. Wenn im weiteren Text doch noch von der Pivot-Tabelle gesprochen wird, dann deshalb, weil teilweise auch noch Bezug auf die in Excel 97 verwendete Pivot-Tabelle genommen wird.

8.1 Neuerungen in Excel 2000

Außer der Änderung des Namens hat sich aber noch so einiges anderes in der Excel 2000-PivotTable getan.

Das Layout von Berichten lässt sich jetzt direkt im Tabellenblatt zuweisen. Nachdem Schritt 3 des PivotTable-Assistenten durchlaufen wurde und auf (FERTIG STELLEN) geklickt wurde, werden auf dem Tabellenblatt blau umrahmte Drop-Bereiche angezeigt. Durch Ziehen der in der Symbolleiste *PivotTable* enthaltenen Liste der Feldnamen in diese Drop-Bereiche lässt sich das Layout des PivotTable-Berichts direkt im Tabellenblatt festlegen. Im nachfolgenden Beispiel wird diese neue Möglichkeit besprochen.

Neu und lang erwartet ist die Möglichkeit der Erstellung eines PivotChart-Berichts. Dadurch lassen sich Diagramme erstellen, die über die Möglichkeiten und die Leistungsfähigkeit eines PivotTable-Berichts verfügen. PivotChart-Berichte sind interaktiv und besitzen Feldschaltflächen, mit denen Sie Elemente in einem Diagramm ein- und ausblenden können.

Es lassen sich jetzt PivotTable-Berichte erstellen, die über Einzüge verfügen. Dies verbessert bei großen PivotTable-Berichten die Lesbarkeit. Die Darstellung ähnelt dann der von strukturierten Datenbankberichten.

In Sachen Darstellung und Ausgabe wurde einiges getan. So lassen sich die PivotTables automatisch mit und ohne Einzüge formatieren. Des Weiteren lassen sich die PivotTable-Druckoptionen so einstellen, dass Seitenumbrüche eingefügt und Zeilen- und Spaltenbeschriftungen für PivotTable-Berichte wiederholt werden.

Zeilen- und Spaltenfelder besitzen nun Drop-down-Pfeile. Damit lassen sich Elemente in Feldern schnell ausblenden und wieder anzeigen.

Bei früheren Excel-Versionen musste die PivotTable über die PivotTable-Auswahl formatiert werden. Sonst wurde bei einer Aktualisierung auch das Format »wegaktualisiert«. Jetzt bleibt die Formatierung, die über die normale Excel-Auswahl zugewiesen wird, auch dann erhalten, wenn sich das Layout ändert.

Auch die Kommunikation im WEB spielt in dieser Excel-Version eine Rolle. So lassen sich PivotTable-Berichte als PivotTable-Liste auf einer Webseite zur Verfügung stellen. Die PivotTable-Liste ist eine Komponente, durch die Benutzer mit den Daten im Webbrowser interagieren können. Benutzer können außerdem die Daten aktualisieren, das Layout ändern und verschiedene Elemente für die Anzeige auswählen.

Höchst interessant ist die Möglichkeit, PivotTable-Berichte aus OLAP-Datenbanken und für andere Datenbanken OLAP-Cubes aus eigenen Abfragen erstellen zu können. Dieser Möglichkeit ist das Kapitel 8 dieses Buches gewidmet.

8.2 Kleines Glossar

Beim Umgang mit PivotTables werden Ihnen immer wieder Begriffe »um die Ohren gehauen«, die ich Ihnen ganz kurz erkläre.

Unter *Slicing* versteht man ein Filtern, das durch die Seitenfelder einer PivotTable bewirkt wird. Verfügt eine PivotTable über mehrere Seitenfelder, so wirken diese wie ein logisches UND.

Werden Spalten- oder Zeilenfelder der PivotTable verschoben, hinzugefügt oder aus ihr entfernt, spricht man von *Dicing*. Wichtig hierbei ist, dass die entfernten Felder nur aus der PivotTable und nicht aus der Datenbasis entfernt werden.

In einer PivotTable werden üblicherweise die Daten immer verdichtet, also zusammengefasst dargestellt. Durch einen Doppelklick kann man sich aber in einer neu erstellten Tabelle die Einzeldatensätze betrachten. Diese Technik wird *DrillDown* genannt und in einem der nachfolgenden Beispiele ausführlich beschrieben.

Das Gegenteil von DrillDown wird *RollUp* oder gelegentlich auch *DrillUp* bezeichnet. Werden gleichzeitig mehrere Seitenfelder angezeigt, so kann man die inneren Seitenfelder durch einen Doppelklick ausblenden, sodass die Detaildaten nicht mehr sichtbar sind. Diese Technik bezeichnet man auch als RollUp.

8.3 Erstellen der PivotTable

So, nun geht es aber weiter mit der Erstellung einer PivotTable in Excel 2000.

Öffnen Sie die Mappe *Excel_2000_Ctrl_08_01.xls*.

Wählen Sie den Menübefehl DATEN.

Statt des vertrauten Untermenüs PIVOT-TABELLENBERICHT finden Sie hier einen neuen Untermenübefehl PIVOTTABLE- UND PIVOTCHART-BERICHT....

Abbildung 8.1 Der erste Schritt

Dies ist allerdings nicht, wie an anderen Stellen des Menüs nur eine kosmetische Änderung, sondern eine echte Neuerung. Zur bisherigen Möglichkeit, die Daten in Tabellen übersichtlich darstellen zu können, ist jetzt auch noch die Möglichkeit einer grafischen Darstellung gekommen. Dies ist umso erfreulicher, da Diagramme, die auf Pivot-Tabellen aufbauten, unbrauchbar wurden, sobald Änderungen der Darstellung der Pivot-Tabelle vorgenommen wurden.

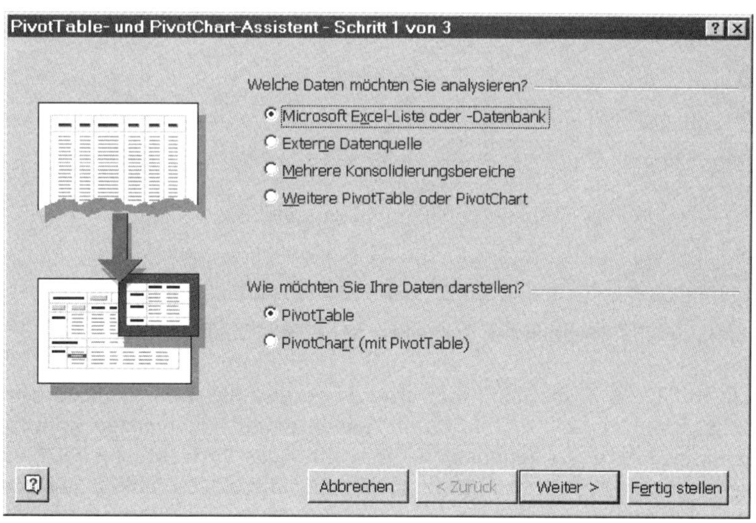

Abbildung 8.2 Der erste Schritt

Klicken Sie diesen Untermenübefehl an, so erscheint die erste von drei (!) Dialogboxen des PIVOTTABLE- UND PIVOTCHART-ASSISTENTEN.

Hier können Sie auswählen, ob die Datenbasis eine Excel-Liste oder -Datenbank ist, eine beliebige Datenquelle wie beispielsweise eine Datenbank, mehrere Konsolidierungsbereiche oder eine bereits existierende PivotTable oder ein PivotChart.

Da Sie ja bereits die Datenbasis geöffnet haben, lassen Sie die *Option MS-Excel-Liste oder -Datenbank* angewählt.

Klicken Sie auf WEITER, um zum zweiten Schritt zu gelangen.

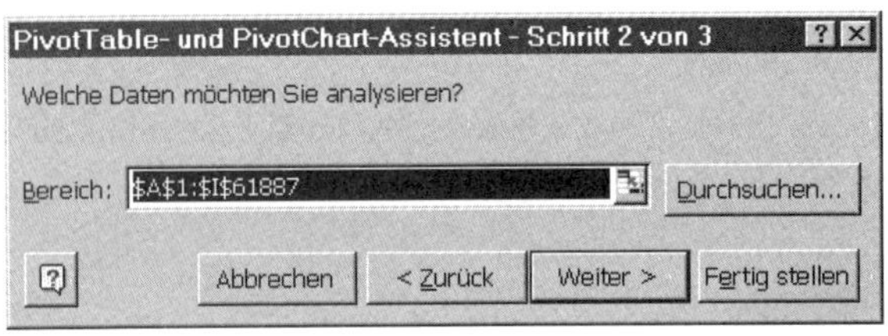

Abbildung 8.3 Schritt 2 – Auswahl des Tabellenbereichs

Wie Sie sehen, hat Excel den Bereich schon vorgegeben. Es handelt sich hierbei um die zusammenhängenden Zellen der Tabelle. Auch hier übernehmen Sie die Voreinstellung.

Gehen Sie mit WEITER zum dritten Schritt.

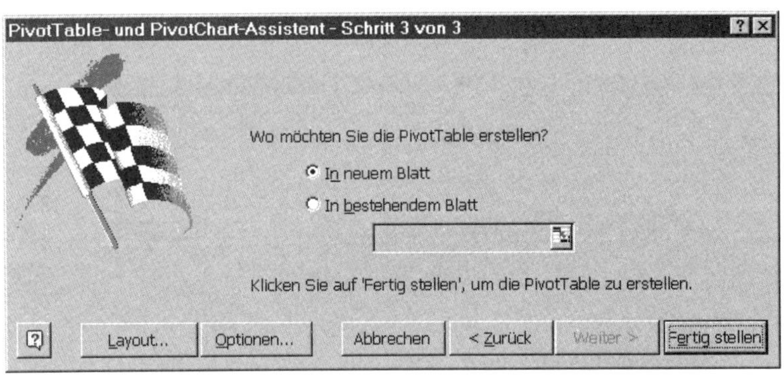

Abbildung 8.4 Schritt 3 – Festlegung der Felder der Pivot-Tabelle

Im Vergleich mit Excel 97 hat sich hier eine Änderung ergeben. Während im dritten Schritt dort das Layout der Pivot-Tabelle eingestellt werden konnte, wurde hier eine andere Vorgehensweise gewählt. Das vertraute LAYOUT ist über die gleichnamige Schaltfläche aufzurufen. Auf diese Möglichkeit komme ich etwas später nochmals zurück.

In diesem dritten Schritt bestimmen Sie, ob die PivotTable in einem neuen Blatt oder in einer bereits vorhandenen Tabelle platziert werden soll. Im letzteren Fall müssen Sie als Bezug den Namen und die linke obere Ecke des gewünschten Tabellenblattes angeben. Diese Angabe muss jedoch nicht eingetippt werden, sondern kann auch durch Anklicken des Bezugs mithilfe der Maus erfolgen. Dieses Tabellenblatt muss sich auch nicht in der aktuellen Mappe befinden, sondern kann jede Tabelle einer geöffneten Mappe sein.

Klicken Sie nun auf die Schaltfläche FERTIG STELLEN.

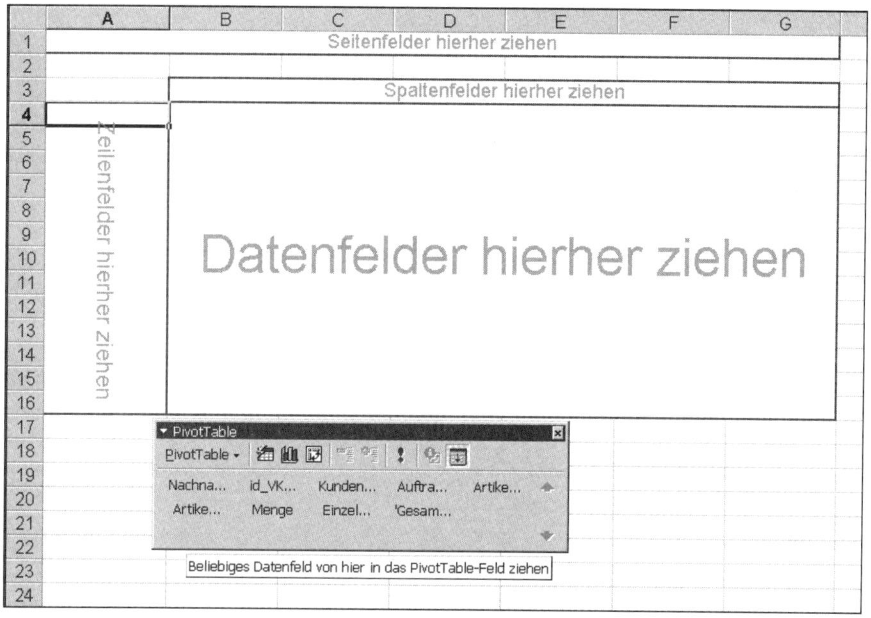

Abbildung 8.5 Datenfelder in PivotTable-Felder ziehen

Nun erscheint die »Rohform« einer PivotTable gemeinsam mit der zugehörigen Symbolleiste. Neben den zugehörigen Symbolschaltflächen sind in dieser Leiste auch die Feldnamen der Datenfelder enthalten. Dies sind die Einträge, die im ausgewählten Bereich in der ersten Zeile gefunden wurden. Bei einer Übernahme aus einer Datenbank sind dies die Feldnamen.

Sollten Sie diese Felder nicht sehen, so kann es sein, dass sie ausgeblendet wurden. Mit der letzten Schaltfläche in der Symbolleiste der PivotTable lassen sich diese Felder wieder einblenden oder bei Bedarf auch wieder ausblenden.

Ziehen Sie mit der Maus die Felder in die entsprechenden Bereiche:

Bereich	Feldname
Seitenfeld	*id_VKGebiet* *Nachname*
Zeilenfeld	*KundenName* *ArtikelName*
Spaltenfeld	*AuftragsDatum*
Datenbereich	*Gesamtpreis*

Tabelle 8.1 Bereiche und Feldnamen

Gut gefällt mir eine Neuerung, die es seit Excel 97 gibt. Zeigt man mit dem Mauszeiger auf ein Feld, so wird als Quick-Info der komplette Name des Feldes angezeigt. Dies ist insbesondere bei langen Feldnamen sehr hilfreich.

Bevor Sie das Feld *Gesamtpreis* in den Datenbereich ziehen, präsentiert sich die »Rohtabelle« wie nachstehend abgebildet:

Abbildung 8.6 PivotTable während der Eingabe

Ziehen Sie das Datenfeld *Gesamt* in die PivotTable, erscheint die nachstehende Information:

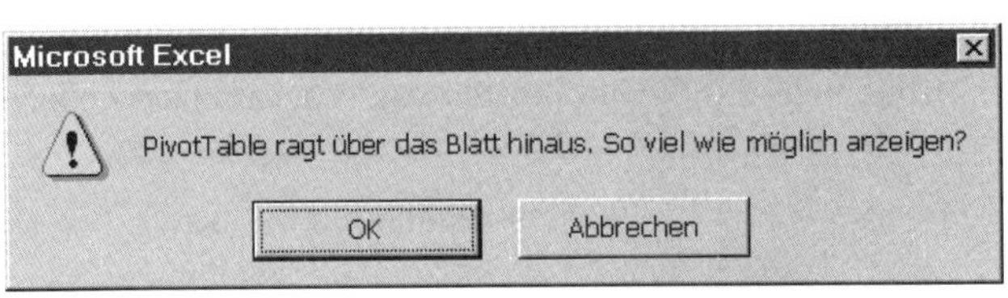

Abbildung 8.7 Meldung bei großen Datenmengen

Bestätigen Sie diese Meldung mit OK.

Die PivotTable mit den gewünschten Datenfeldern wird angezeigt. Der Bereich Daten wird immer automatisch zusammengefasst. Standardfunktion ist hier, wie auch sonst in Excel, die Summe. Auf weitere Möglichkeiten der Zusammenfassung gehe ich später noch ein.

Als Nächstes gilt es, stärker nach dem Auftragsdatum zusammenzufassen. Zu *Gruppieren*, wie der richtige Begriff lautet. Haben Sie bereits mit Excel 97 und der Pivot-Tabelle gearbeitet, so vermissen Sie vielleicht den grünen Pfeil nach rechts, mit dessen Hilfe dort die Gruppierung durchgeführt werden konnte.

- Klicken Sie mit der *rechten* Maustaste auf Auftragsdatum.
- Es erscheint das nachstehend abgebildete Kontextmenü, in dem Sie zuerst GRUPPIERUNG UND GLIEDERUNG... und dann GRUPPIERUNG... auswählen.

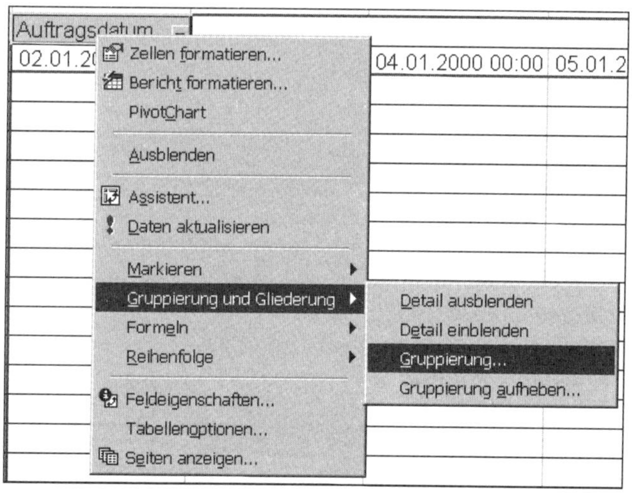

Abbildung 8.8 Gruppieren der PivotTable

Nun erscheint eine weitere Dialogbox, die Ihnen, sofern Sie bereits mit Excel 97 gruppiert haben, bekannt vorkommen dürfte, die GRUPPIERUNG.

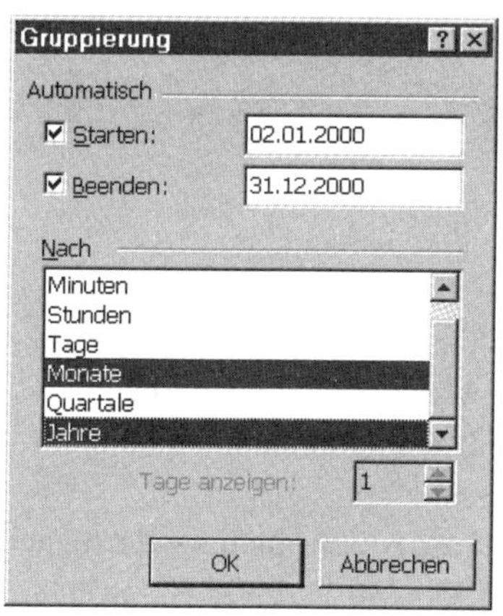

Abbildung 8.9 Nach Datum gruppieren

In den Feldern STARTEN und BEENDEN befinden sich Anfangs- und Enddatum aller Datensätze. Soll nur ein bestimmter Bereich angezeigt werden, so lassen sich hier die gewünschten Daten eingeben. Im Listenfeld NACH lässt sich die Gruppierung einstellen.

Da die Daten stärker zusammengefasst werden sollen, wählen Sie hier *Monate* und *Jahre* aus.

Sie sehen, schon ist die PivotTable kompakter geworden. Aber die Übersichtlichkeit wird erhöht, wenn nach *ArtikelName* und *KundenName* und nicht umgekehrt gruppiert werden wird.

Sie schieben also mithilfe der Maus das Zeilenfeld *ArtikelName* vor *KundenName*.

	A	B
1	id_VKGebiet	(Alle)
2	Nachname	(Alle)
3		
4	Summe - 'Gesamtpreis'	
5		
6	Kundenname	Artikelname
7	Büro + Service	Prozessor

Abbildung 8.10 Andere Gruppierung wählen

Und sofort werden die Daten neu gruppiert:

	A	B	C	D
1	id_VKGebiet	(Alle)		
2	Nachname	(Alle)		
3				
4	Summe - 'Gesamtpreis'		Jahre	Auftragsdatum
5			2000	
6	Artikelname	Kundenname	Jan	Feb
7	Prozessor	Büro + Service	86481	67682
8		BüroTechnik	14327	2740
9		ComMedia	43504	9002
10		ComMobil	22352	11250

Abbildung 8.11 Die neue Gruppierung

Selbstverständlich können Sie jedes Spaltenfeld oder Zeilenfeld verschieben, um eine andere Anordnung der Daten zu erreichen. Weiter vorne in diesem Kapitel habe ich von einem multidimensionalen Datenwürfel gesprochen, dessen Felder in beliebige Beziehung zueinander gesetzt werden können. Vielleicht verstehen Sie dieses Bild jetzt besser.

Die Spalten- und Zeilenfelder können aber nicht nur verschoben, sondern auch entfernt werden. Hierzu muss das Feld mithilfe der Maus nur (nach unten!!!)

aus dem Gültigkeitsbereich verschoben werden. Dass Sie den Gültigkeitsbereich verlassen, erkennen Sie an dem Lösch-Symbol.

Und die Daten präsentieren sich noch kompakter:

	A	B	C	D
1	id_VKGebiet	(Alle)		
2	Nachname	(Alle)		
3				
4	Summe - 'Gesamtpreis'	Jahre	Auftragsdatum	
5		2000		
6	Kundenname	Jan	Feb	Mrz
7	Büro + Service	86481	67682	104198
8	BüroTechnik	14327	2740	196
9	ComMedia	43504	9002	
10	ComMobil	22352	11250	27708

Abbildung 8.12 Kompakte Datendarstellung in einer PivotTable

8.4 Der PivotTable-Assistent

Übrigens können Sie diese Änderungen auch im PivotTable-Assistenten durchführen. Diesen rufen Sie entweder über die SYMBOLLEISTE oder das Menü DATEN | PIVOTTABLE UND PIVOTCHART-BERICHT auf.

Es erscheint das Dialogmenü, das Sie auch in der Abbildung 8.2 abgebildet sehen. Und es verfügt über die Schaltflächen LAYOUT und OPTIONEN.

- Klicken Sie auf die Schaltfläche LAYOUT und es erscheint das nachstehende Dialogfeld.

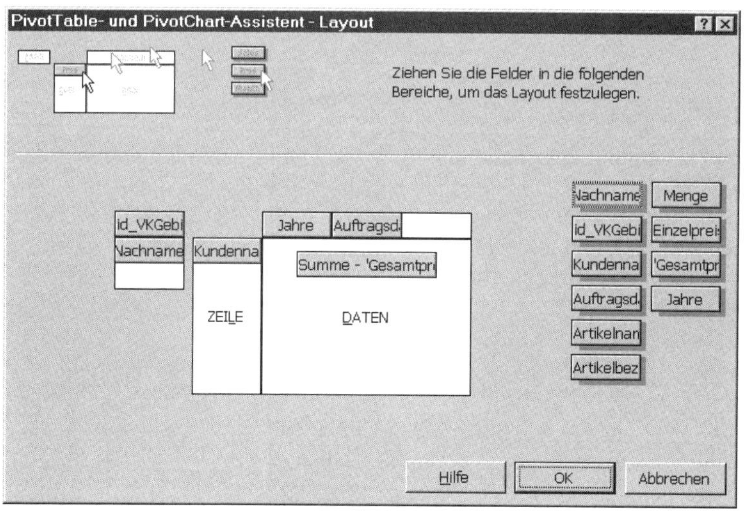

Abbildung 8.13 Einstellen des Layouts

Hier lassen sich durch Verschieben ebenfalls die entsprechenden Felder aus dem Seiten-, Zeilen- oder Spaltenbereich entfernen.

Ich hatte weiter vorne in diesem Kapitel die Summe als Standardfunktion bei der Zusammenfassung der Daten im Datenbereich angesprochen.

- Bevorzugen Sie eine andere Funktion, so klicken Sie das Feld im Datenbereich doppelt an, und es erscheint die Dialogbox *PivotTable-Feld.*
- Hier könnten Sie dann die gewünschte Funktion wählen.

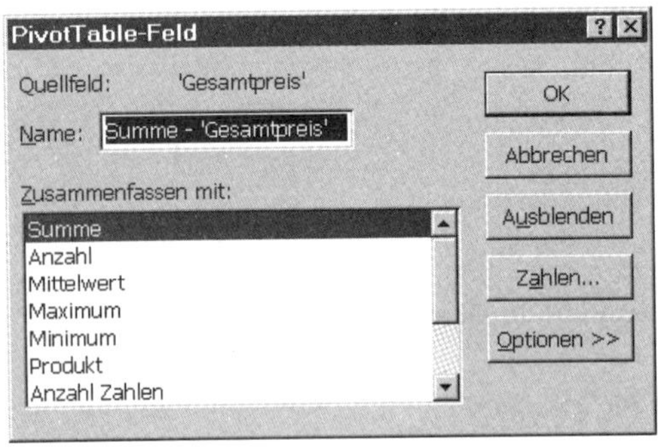

Abbildung 8.14 Auswahl der Funktion für die Zusammenfassung des Datenbereichs

Die Optionen mussten auch bereits bei Excel 97 mithilfe der gleichnamigen Schaltfläche aufgerufen werden.

- Klicken Sie auf die Schaltfläche OPTIONEN..., um zur gleichnamigen Dialogbox zu gelangen.

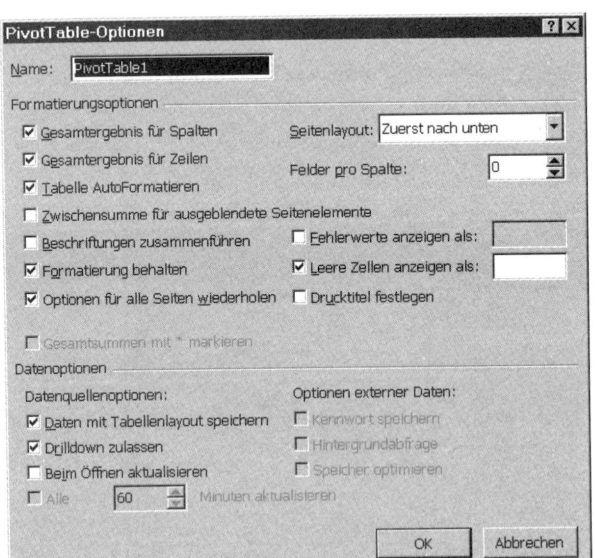

Abbildung 8.15 Die PivotTable-Optionen

Hier lassen sich nun die Formatierungs- und Datenoptionen einstellen. Dies ist aber meist, wie bereits erwähnt, nicht erforderlich. Sie können jedoch dieses Dialogfeld *PivotTable-Optionen* jederzeit für nachträgliche Änderungen wieder öffnen. Übrigens ist der angegebene Name für die PivotTable nur dann von Bedeutung, wenn man sich später mit einer weiteren PivotTable auf diese Tabelle beziehen möchte.

Interessant ist auch noch die Einstellung *Drilldown zulassen*. Ich werde später bei der Bearbeitung der PivotTable nochmals auf diesen Punkt zurückkommen.

Neue Möglichkeiten im Dialogfeld OPTIONEN sind übrigens

- *Optionen für alle Seiten wiederholen*
- *Drucktitel festlegen*
- *Gesamtsummen mit * markieren*

  und

- *Alle nn Minuten aktualisieren*

Schließen Sie die Dialogbox *Tabellenoptionen* mit der Schaltfläche OK.

8.5 Der aktuelle Stand

Haben Sie eine Verbindung zu einer Datenquelle hergestellt, bleibt unter normalen Umständen diese Verbindung auch bestehen. Dies ist aber nicht gleichbedeutend damit, dass diese Verbindung dynamisch ist. Bei einer dynamischen Verbindung werden bei einer Änderung der Daten in der Datenquelle auch sofort die Daten in der Zieldatei geändert. Diese Verbindung ist statisch. Sie müssen die Quelldatei mithilfe von MS-Query auffordern, Ihnen neue Daten zu schicken. Eine Ausnahme hiervon bildet die neue Möglichkeit, eine Aktualisierung automatisch in einem einstellbaren Zeitabstand durchführen zu lassen, wobei die Standardeinstellung 60 Minuten ist.

Das klingt nun alles sehr kompliziert, ist aber in der Praxis mehr als einfach. Sie müssen lediglich in der Pivot-Symbolleiste auf das Symbol mit dem roten Ausrufezeichen klicken, damit wird Ihre Pivot-Tabelle aktualisiert. Natürlich können Sie auch im Menü DATEN den Befehl DATEN AKTUALISIEREN verwenden; dieser bewirkt dasselbe. Dies ist der Standardfall.

Was passiert aber, wenn Sie in Ihren Quelldaten einen Feldnamen geändert oder gar gelöscht haben? Erfolgt dann in Ihrer PivotTable eine Fehlermeldung? Nein, der Feldname fehlt dann einfach in Ihrer PivotTable. Unter Umständen können gar keine Daten mehr angezeigt werden, wenn der Name des Datenfelds geändert wurde.

Allerdings ist das Problem nicht so groß, wie es im ersten Moment aussieht. Der geänderte Name befindet sich nämlich nach wie vor im PivotTable-Assistenten bzw. in der PivotTable-Symbolleiste. Klicken Sie auf das PivotTable-Symbol, so erscheint der dritte Schritt des PivotTable-Assistenten, und Sie können das fehlende Feld durch einfaches Ziehen wieder in der Pivot-Tabelle platzieren.

Haben Sie jedoch ein Feld einschließlich der Daten in der Quelldatei gelöscht, stimmt natürlich der im zweiten Schritt des PivotTable-Assistenten angegebene Bereich nicht mehr. Dies wurde ja automatisch vorgeschlagen und wird nicht automatisch korrigiert. Wechseln Sie jedoch in den PivotTable-Assistenten und rufen den zweiten Schritt auf, dann passt dieser den geänderten Bereich an.

Im Übrigen ist das wieder einer der Fälle, bei dem man sich das Leben mit Zell- bzw. Bereichsnamen leichter macht. Ich werde beim Konsolidieren von Tabellen mit erweiterten Bereichen auf diese Problematik nochmals zu sprechen kommen.

Wie Sie sehen, ist die Aktualisierung nicht problematisch. Was aber, wenn Sie aus Dokumentationsgründen die alten Daten auch weiterhin benötigen? Auch kein Problem! Einfach kopieren, in eine neue Tabelle wechseln und dann den Menübefehl BEARBEITEN | INHALTE EINFÜGEN... wählen. Nun muss nur noch das Optionsfeld WERTE ausgewählt und mit OK bestätigt werden. Was sagen Sie? Jetzt fehlen die Formate? Kein Problem. Einfach noch mal BEARBEITEN | INHALTE EINFÜGEN... wählen und nun das Optionsfeld FORMATE anklicken. Dann werden im zweiten Durchgang auch die richtigen Formate übertragen.

Soll aber nicht die gesamte PivotTable kopiert werden, sondern nur bestimmte Bereiche, so helfen Ihnen die Ausführungen im nächsten Abschnitt weiter.

8.6 Markieren in einer PivotTable

Sie konnten beim Kopieren nicht den gewünschten Bereich markieren und haben dann alles markiert? Dann war die Option »Strukturierte Auswahl« eingeschaltet. In diesem Fall lassen sich keine einzelnen Zellen, sondern nur nicht bestimmte Bereiche markieren.

- Klicken Sie mit der rechten Maustaste eine Zelle in der PivotTable an. (Das klappt natürlich auch über PIVOTTABLE in der Symbolleiste.)

Daraufhin erscheint ein so genanntes Kontext-Menü.

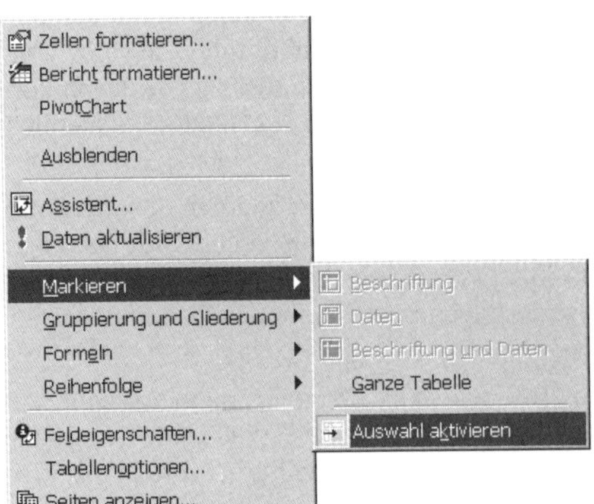

Abbildung 8.16 Kontext-Menü PivotTable markieren

Hier lassen sich GANZE TABELLE und AUSWAHL AKTIVIEREN anklicken. Die anderen Befehle sind abgeblendet dargestellt. Dies ist im Gegensatz zu Excel 97 jetzt auch gut zu erkennen. Vor dem Befehl AUSWAHL AKTIVIEREN befindet sich ein Symbol. Dieses ist vertieft dargestellt, die Auswahl ist also aktiv. Klicken Sie AUSWAHL AKTIVIEREN an, lassen sich anschließend auch einzelne Zellen markieren. Klicken Sie auf GANZE TABELLE lassen sich nun auch BESCHRIFTUNG, DATEN sowie BESCHRIFTUNG UND DATEN auswählen.

Tipp: Aktivieren Sie die AUSWAHL AKTIVIEREN wieder, um bei Aktualisierungen sowie bei Layout-Änderungen die Formatierung zu erhalten.

Mit GANZE TABELLE wird, wie der Name schon andeutet, die ganze Tabelle markiert, wenn zuvor ein beliebiges Feld innerhalb der Tabelle aktiv war.

Es gibt aber innerhalb der Tabelle einige sehr interessante Möglichkeiten, zusammenhängende Bereiche zu markieren.

Verfügt Ihre PivotTable über mehr als zwei Dimensionen, so bewirkt ein Klick auf die Beschriftung, dass alle Zeilen, die diesen Begriff als Beschriftung enthalten, markiert werden. Allerdings muss dieser Klick an der richtigen Stelle erfolgen. Steht Ihr Mauszeiger auf der richtigen Stelle, erscheint ein kleiner schwarzer Pfeil, der Ihnen signalisiert, dass Sie nun mit der linken Maustaste klicken können. Zum Auffinden der richtigen Position soll Ihnen die nachstehende Abbildung helfen:

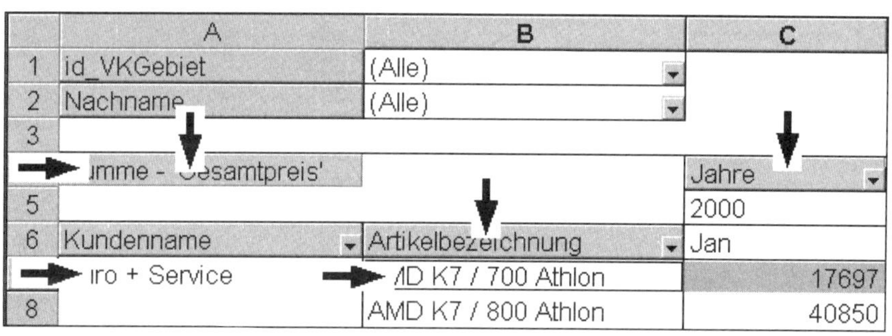

Abbildung 8.17 Markieren von Elementen

Gleiches gilt natürlich auch für ein mehrfaches Vorkommen in Spalten. Und natürlich auch für Ergebnisse. Markieren Sie eins, markieren Sie alle. Ein nochmaliges Anklicken reduziert die Markierung wieder auf die aktuelle Ergebniszeile.

Auch eine Mehrfach-Auswahl ist möglich. Hierzu verwenden Sie bitte, wie sonst auch, die [Strg]- und die [⇧]-Taste.

8.7 Formatieren der PivotTable

Natürlich lässt sich der Datenbereich der Pivot-Tabelle auch formatieren. Bis zu Excel 97 gab es eine richtige und eine falsche Methode. Heute, das heißt seit der Version Excel 97, sind beide Methoden richtig, bewirken jedoch unterschiedliche Dinge.

Zuerst zeige ich Ihnen die eigentlich sehr nahe liegende Methode, die jedoch nur die markierten Zellen formatiert. Sie wird entweder über das Menü FORMAT oder mithilfe der rechten Maustaste eingeleitet.

- Klicken Sie mit der rechten Maustaste auf die zu formatierende Zelle, so erscheint das nachfolgend abgebildete Kontext-Menü:

Abbildung 8.18 Kontext-Menü zur Formatierung einzelner Zellen

- Formatieren Sie nun die Zelle wie gewohnt mit einem Währungsformat.

7	Kundenname	Artikelbezeichnung	Jan
8	Büro + Service	AMD K7 / 700 Athlon	17.697,00 €
9		AMD K7 / 800 Athlon	40.850,00 €
10		AMD K7 / Thunderbird 700	
11		AMD K7 / Thunderbird 750	
12		AMD K7 / Thunderbird 800	
13		AMD K7 / Thunderbird 900	
14		Celeron PPGA 600	
15		Celeron PPGA 633	
16		Duron 600	27.150,00 €
17		Duron 650	
18		Duron 700	784,00 €
19		Pentium III 500 E	
20		Pentium III 650 E	
21		Pentium III 700 E	
22		Pentium III 750 E	
23		Pentium III 800 E	
24	Büro + Service Summe		86.481,00 €

Abbildung 8.19 Erweiterung der PivotTable um eine Spalte

»Na gut« werden Sie vielleicht sagen, »das kenne ich schon, was ist daran Besonderes?« Der (in diesem Beispiel formatierte) Betrag von 86.481 setzt sich aus verschiedenen Einzelpositionen zusammen. Erweitern Sie die PivotTable beispielsweise um die *Artikelbezeichnung*, so werden die Einzelpositionen ebenfalls im ausgewählten Format dargestellt.

Soll jedoch der gesamte Datenbereich formatiert werden, muss er nicht zuvor markiert werden. Es genügt auch hier, eine einzelne Zelle auszuwählen und dann in der Symbolleiste auf PIVOTTABLE-FELD zu klicken oder im Kontext-Menü auf FELDEIGENSCHAFTEN. In beiden Fällen erscheint die Dialogbox PIVOTTABLE-FELD.

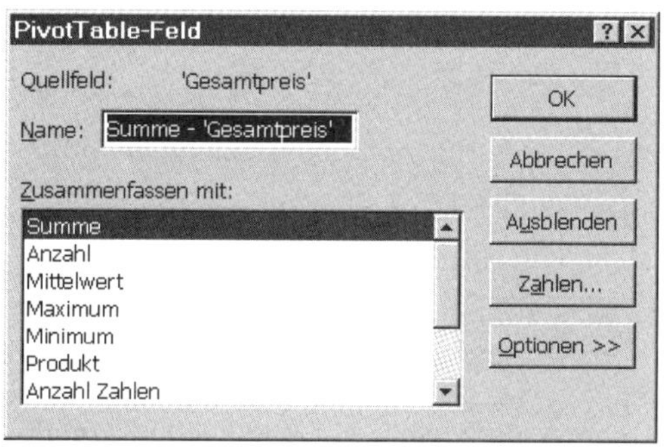

Abbildung 8.20 Dialogbox PivotTable-Feld

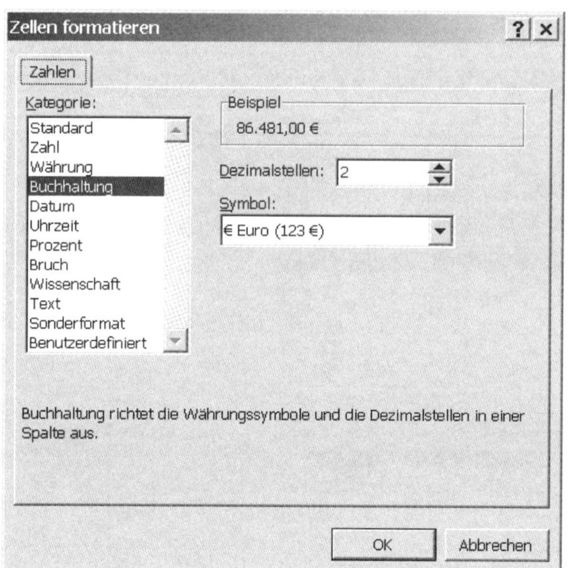

Abbildung 8.21 Datenbereich der PivotTable formatieren

Hier lassen sich übrigens die Funktionen auswählen, mit denen sich der Datenbereich zusammenfassen lässt. Dies muss Sie aber im Moment nicht interessieren.

- Klicken Sie auf die Schaltfläche ZAHLEN....
- Es erscheint eine weitere Dialogbox, in der sich das gewünschte Format einstellen lässt.
- Schließen Sie diese und die vorangegangene Dialogbox mit OK, und der Datenbereich der Tabelle wird formatiert.

Ja, wie bereits angekündigt, der Datenbereich! Obwohl Sie nur eine Zelle im Datenbereich markiert hatten, hat Excel automatisch den gesamten Datenbereich markiert.

8.8 Autoformat

Neu in Excel 2000 ist die Auswahl aus einer Liste vordefinierter Berichte und Formate.

- Klicken Sie mit der rechten Maustaste auf eine beliebige Zelle in der PIVOTTABLE und wählen dann den Untermenübefehl BERICHT FORMATIEREN... an. Es erscheint die AutoFormat-Auswahl, welche 10 Berichtsformate, 10 Tabellenformate, das Standardformat sowie ein Format ohne spezielle Formatierung enthält.

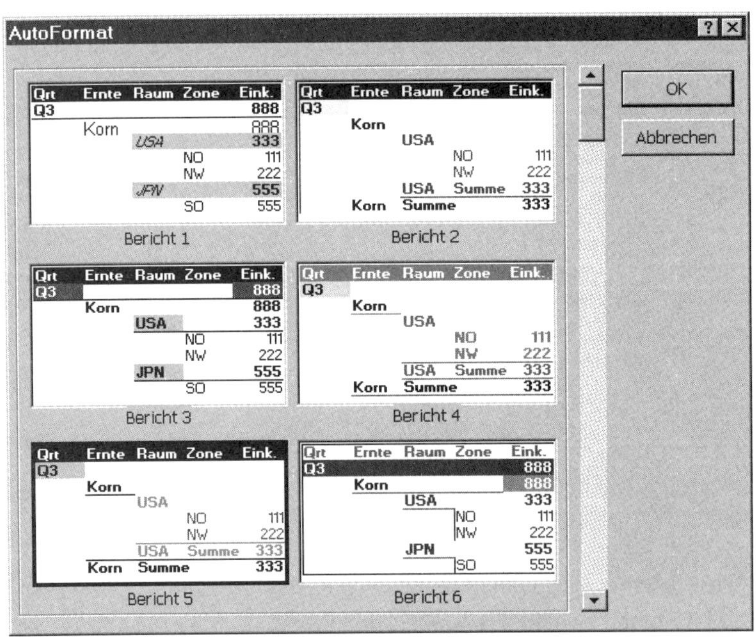

Abbildung 8.22 AutoFormate der PivotTable

8.9 Zusammenfassen und Berechnen

Ich komme nochmals auf die Dialogbox PIVOTTABLE-FELD zurück. Sie enthält Zusammenfassungsfunktionen, mit denen sich insgesamt 11 unterschiedliche Darstellungsmöglichkeiten ergeben.

Aber im PIVOTTABLE-FELD sind noch weitere Möglichkeiten verborgen. Befinden Sie sich im Datenbereich, klicken die rechte Maustaste oder wählen über die Symbolleiste die FELDEIGENSCHAFTEN aus, so erscheint die Dialogbox PIVOTTABLE-FELD. Klicken Sie auf die Schaltfläche OPTIONEN, zeigt die Dialogbox eine erweiterte Auswahl an:

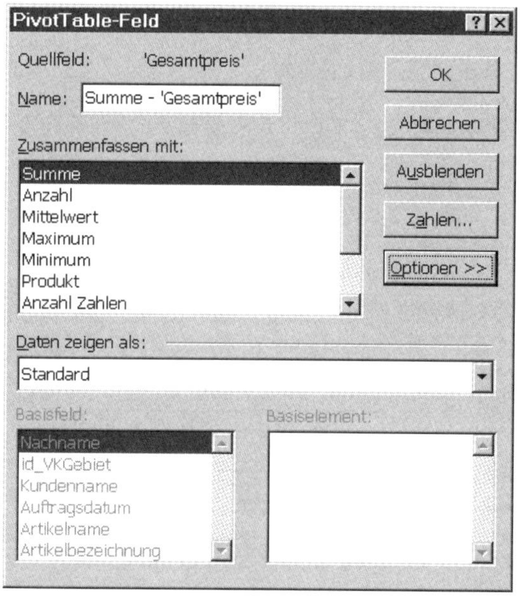

Abbildung 8.23 Optionen im Pivot-Tabellenfeld

Ihre Daten lassen sich nicht nur im gewählten Standard anzeigen, sondern auch so.

Lassen Sie sich beispielsweise die Summe des Gesamtpreises als Prozent der Spalte anzeigen, bekommen Sie den Umsatzanteil jedes Kunden bzw. jedes Produktes pro Monat angezeigt. Lassen Sie sich die Summe des Gesamtpreises als Prozent der Zeile anzeigen, sehen Sie den prozentualen Umsatzanteil bezogen auf die Monate.

Finden Sie Geschmack an dieser Art der Darstellung, können Sie auch im Datenbereich ein Datenfeld mehrfach platzieren und sich so die Summe und die Prozentzahlen pro Spalte und pro Zeile anzeigen lassen.

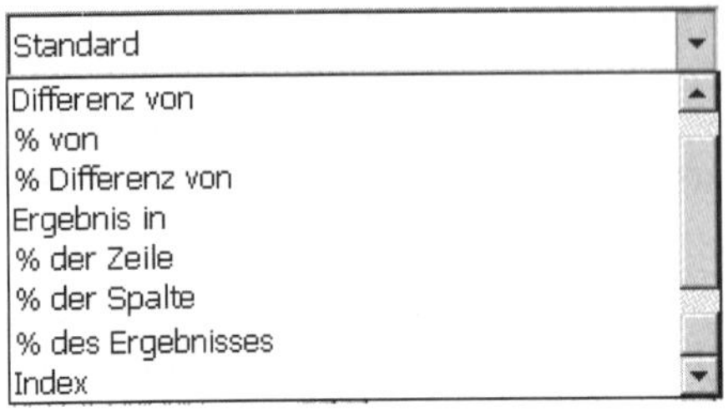

Abbildung 8.24 Die Auswahlmöglichkeiten

	A	B	C	D	E	F
1	Kundenname	(Alle)				
2	Nachname	(Alle)				
3						
4			Jahre	Auftragsdatum		
5			2000			
6	id_VKGebie	Daten	Jan	Feb	Mrz	Apr
7	Mitte	Summe - 'Gesamtpreis'	216.052,00 €	111.686,00 €	219.643,00 €	21.994.311,00 €
8		Summe - %-Anteil Monatsumsatz	0,10%	0,05%	0,10%	10,11%
9		Summe - %-Anteil lfd. Umsatz	29,57%	26,13%	40,21%	17,52%
10	Nord	Summe - 'Gesamtpreis'	61.874,00 €	55.492,00 €	24.266,00 €	8.562.625,00 €
11		Summe - %-Anteil Monatsumsatz	0,08%	0,08%	0,03%	11,65%
12		Summe - %-Anteil lfd. Umsatz	8,47%	12,98%	4,44%	6,82%
13	Ost	Summe - 'Gesamtpreis'	117.713,00 €	95.762,00 €	112.840,00 €	31.424.815,00 €
14		Summe - %-Anteil Monatsumsatz	0,04%	0,03%	0,04%	10,83%
15		Summe - %-Anteil lfd. Umsatz	16,11%	22,40%	20,66%	25,04%
16	Süd	Summe - 'Gesamtpreis'	170.208,00 €	106.273,00 €	77.712,00 €	39.425.964,00 €
17		Summe - %-Anteil Monatsumsatz	0,05%	0,03%	0,02%	10,76%
18		Summe - %-Anteil lfd. Umsatz	23,30%	24,86%	14,23%	31,41%
19	West	Summe - 'Gesamtpreis'	164.709,00 €	58.260,00 €	111.769,00 €	24.097.665,00 €
20		Summe - %-Anteil Monatsumsatz	0,07%	0,03%	0,05%	10,91%
21		Summe - %-Anteil lfd. Umsatz	22,55%	13,63%	20,46%	19,20%
22	Gesamt: Summe - 'Gesamtpreis'		730.556,00 €	427.473,00 €	546.230,00 €	125.505.380,00 €
23	Gesamt: Summe - %-Anteil Monatsumsatz		0,06%	0,04%	0,05%	10,74%
24	Gesamt: Summe - %-Anteil lfd. Umsatz		100,00%	100,00%	100,00%	100,00%

Abbildung 8.25 Gleichzeitige Anzeige mehrerer Datenfelder

Dazu müssen Sie allerdings zunächst zwei neue Zeilen einfügen.

- Klicken Sie mit der rechten Maustaste auf eine beliebige Zelle im Datenbereich und wählen dann den Untermenübefehl FORMELN und dann BERECHNETES FELD... aus.
- Es erscheint das nachstehende Dialogfeld. Überschreiben Sie den vorgegebenen Namen *Feld 1* mit *%-Prozentanteil Monatsumsatz,* wählen bei FELDER *Gesamtpreis* aus und fügen diesen mithilfe der Schaltfläche FELD EINFÜGEN der FORMEL hinzu.
- Wiederholen Sie diesen Vorgang und überschreiben dieses Mal den vorgegebenen Namen *Feld 1* mit *%-Prozentanteil laufender Umsatz*. Dann wählen Sie wieder bei FELDER *Gesamtpreis* aus und fügen diesen mithilfe der Schaltfläche FELD EINFÜGEN der FORMEL hinzu.

Abbildung 8.26 Berechnetes Feld einfügen (Menübefehl)

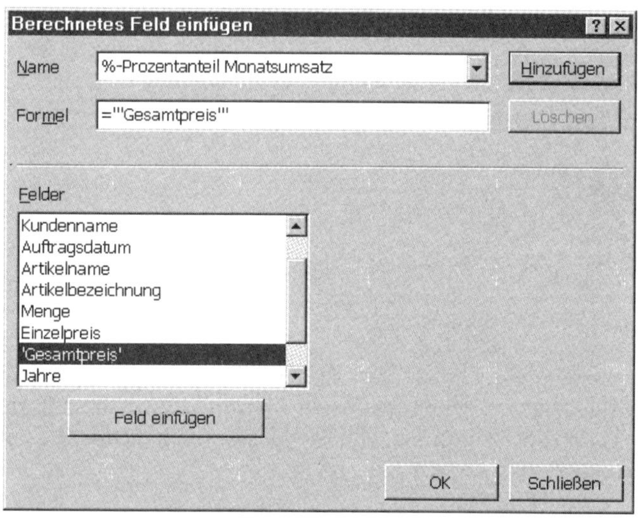

Abbildung 8.27 Berechnetes Feld einfügen (Dialogmenü)

Damit haben Sie die zwei erforderlichen Zeilen sowie eine Spalte mit dem Titel *Daten* erzeugt.

- Klicken Sie in der Spalte DATEN auf *Summe – %-Prozentanteil Monatsumsatz* und klicken die rechte Maustaste, oder wählen über die Symbolleiste die FELDEIGENSCHAFTEN aus. In der Dialogbox PIVOTTABLE-Feld klicken Sie auf die Schaltfläche OPTIONEN, und wählen bei DATEN ZEIGEN ALS *% der Spalte* aus.
- Damit der Name auch wie gewünscht angezeigt wird, tragen Sie bei NAME den gewünschten Namen ein:

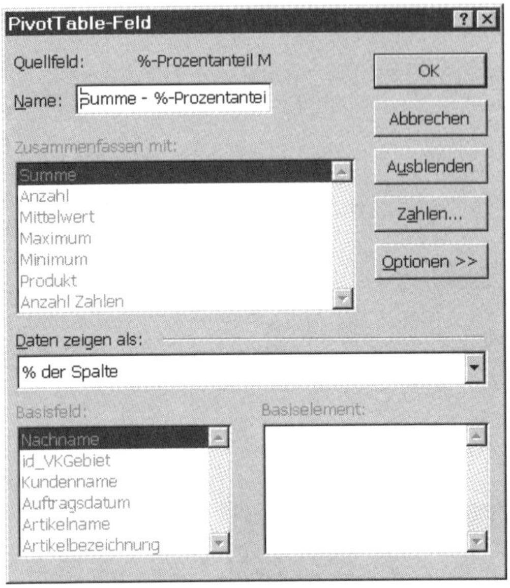

Abbildung 8.28 Berechnetes Feld als % der Spalte anzeigen

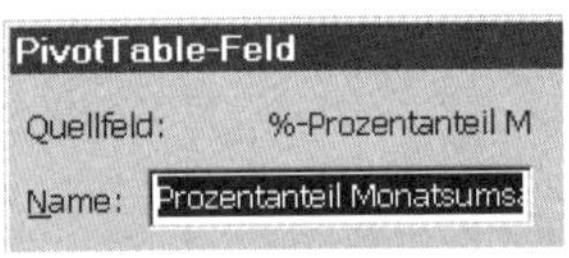

Abbildung 8.29 Gewünschten Namen eintragen

Sie haben gesehen, dass es unter Umständen einfacher ist, den gewünschten Namen erst, wie oben gezeigt, zu einem späteren Zeitpunkt einzutragen, da dann unerwünschte Zusatzbezeichnungen, wie in diesem Fall *SUMME*, mit einem Mal überschrieben werden können.

Wenn Sie mit diesen Möglichkeiten etwas experimentieren, kann es passieren, dass Sie plötzlich in der PivotTable statt der gewünschten Zahlen die Fehlermeldung *#NV* finden. Diese Fehlermeldung (No Value) bedeutet, dass die PivotTable keinen Wert zur Berechnung gefunden hat. Sobald Sie wieder eine passende Möglichkeit gewählt haben, erscheinen auch wieder die Zahlen.

Fehlt allerdings der Wert in der Datenbasis, so kann statt der Fehlermeldung *#NV* auch *#BEZUG!* oder *#DIV/0* erscheinen.

- Wählen Sie mit der rechten Maustaste im Kontextmenü TABELLENOPTIONEN. In dem erscheinenden, nachstehend abgebildeten Dialogmenü *Tabellenoptionen* lassen sich sowohl die *Fehlerwerte* als auch *Leere Zellen* in gewünschter Weise anzeigen. Soll nichts angezeigt werden, so lassen Sie die Kästchen einfach leer.

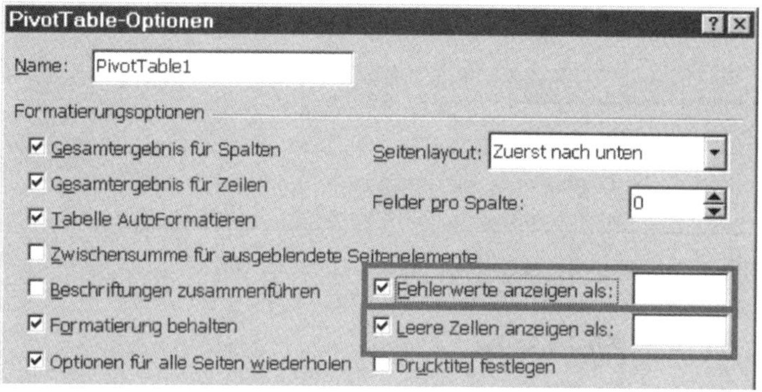

Abbildung 8.30 Einstellung der PivotTable-Optionen

8.10 Arbeiten mit berechneten Feldern und Elementen

8.10.1 Berechnete Felder

Berechnete Felder, so wie Sie diese soeben kennen gelernt haben, lassen sich aber auch für andere Dinge einsetzen. Möchten Sie beispielsweise die Mehrwertsteuer oder den Bruttopreis für die einzelnen Positionen berechnen, so gehen Sie wie vorstehend beschrieben vor. Anders ist lediglich die Formel. Der Gesamtpreis muss mit Faktor 1,16 beaufschlagt werden. Das Multiplikationszeichen und den Faktor geben Sie einfach per Hand ein.

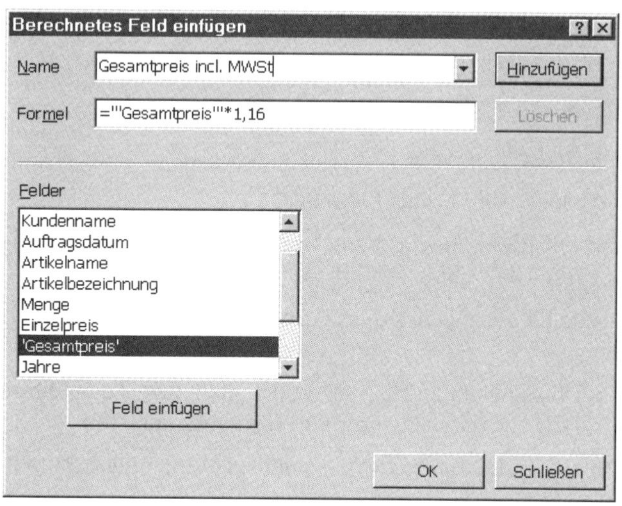

Abbildung 8.31 Dialogbox Berechnetes Feld einfügen

Nun stellt sich die PivotTable so dar:

7	Kundenname	Daten	Jan
8	Büro + Service	Summe - 'Gesamtpreis'	86.481,00 €
9		Prozentanteil Monatsumsatz	11,84%
10		Prozentanteil laufender Umsatz	0,12%
11		Summe - Gesamtpreis incl. MWSt	100.317,96 €

Abbildung 8.32 PivotTable mit berechneten Feldern (Ausschnitt)

8.10.2 Berechnete Elemente

Neben den berechneten Feldern lassen sich auch berechnete Elemente in die PivotTable aufnehmen. Ihnen ist sicher aufgefallen, dass im Kontextmenü FORMELN... der Befehl BERECHNETES ELEMENT inaktiv war. Dies ändert sich, wenn Sie ein Spaltenfeld- oder Zeilenfeldelement markieren. Wichtig hierbei ist, dass das Element nicht gruppiert wurde. Dies ist bei den bisher erstellten Pivot-Tabellen, die das Auftragsdatum beinhalten, jedoch der Fall.

- Aus diesem Grund erstellen Sie in einer neuen Mappe eine neue Pivot-Tabelle, die auf der bereits erstellten SQL-Abfrage *Bestellungen2000.dqy* basieren soll.
- Hier ordnen Sie den *Kundenname* als *Zeilenfeld*, den *Artikelname* als *Spaltenfeld* und den *Gesamtpreis* als *Datenfeld* an.
- Klicken Sie nun auf das Spaltenfeld *Artikelname* mit der rechten Maustaste. Unter Umständen müssen Sie diesen Klick noch einmal wiederholen, da der erste Klick nur das Spaltenfeld markiert und erst der zweite Klick das Kontextmenü öffnet.
- Wählen Sie nun FORMELN und dann BERECHNETES ELEMENT. Es erscheint die Dialogbox BERECHNETES ELEMENT IN *ARTIKELNAME* EINFÜGEN.
- Hier geben Sie bei NAME ein: *Controller / Festplatte in %*
- und bei FORMEL = *Controller/ Festplatte.*
- Verwenden Sie hierzu die Taste ELEMENT EINFÜGEN.
- Mit HINZUFÜGEN und OK fügen Sie das berechnete Element der PivotTable hinzu und schließen diese Dialogbox.
- Formatieren Sie jetzt die PivotTable mit dem Format Buchhaltung und ohne Nachkommastellen.
- Dann schalten Sie aber nun MARKIEREN | AUSWAHL AKTIVIEREN aus, damit sich die €-Beträge und die Prozentsätze getrennt formatieren lassen.
- Dann formatieren Sie die Spalte *Controller / Festplatte in %* mit einem 2-stelligen Prozent-Format.

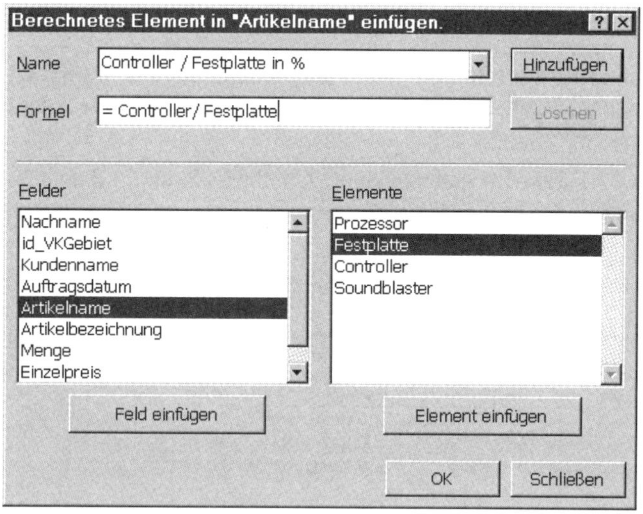

Abbildung 8.33 Dialogbox Berechnetes Element in *ARTIKELNAME* einfügen

Übrigens steckt in unserer Tabelle noch ein Fehler, der auf den ersten Blick nicht erkennbar ist. Wählen Sie einen der Summenwerte an, so erkennen Sie, dass zu den €-Beträgen auch die Prozentsätze hinzuaddiert wurden. Daher sollte bei dieser Darstellung auf das Gesamtergebnis verzichtet werden. Außerdem dürfen die ermittelten Prozente nicht addiert werden, sodass auch die Summe des Spaltenwerts falsch ist.

Klicken Sie mit der rechten Maustaste eine Zelle in der Pivot-Tabelle an und wählen den Befehl OPTIONEN. Hier wählen Sie das Kontrollfeld *Gesamtsumme für Zeilen* und das Kontrollfeld *Gesamtsumme für Spalten* ab.

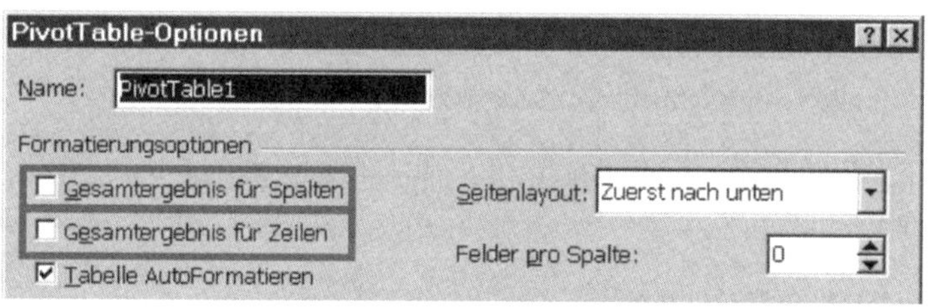

Abbildung 8.34 Pivot-Tabelle ohne Zeilenergebnisse darstellen

In früheren Versionen ging bei dieser Aktion das Format für die Prozentzahlen bei jeder Aktualisierung verloren. Dies ist hier jetzt nicht mehr der Fall.

8.10.3 Formeln auflisten

Wollen Sie die Formeln auflisten, die sich in berechneten Feldern und Elementen befinden, so wird Ihnen seit Excel 97 eine schöne Möglichkeit zur Verfügung gestellt:

- Klicken Sie mit der rechten Maustaste den Datenbereich an und wählen FORMELN... und dann FORMELN AUFLISTEN.

Damit wird eine neue Tabelle erzeugt, in der die Formeln der berechneten Felder und der berechneten Elemente in ihrer Lösungsreihenfolge enthalten sind.

	A	B	C	D	E
1	*Berechnetes Feld*				
2	**Lösungsreihenfolge**	**Feld**	**Formel**		
3	1	%-Prozentanteil Monatsumsatz	='Gesamtpreis'		
4	2	%-Anteil laufender Umsatz	='Gesamtpreis'		
5	3	Gesamtpreis incl. MWSt	='Gesamtpreis'*1,16		
6					
7	*Berechnetes Element*				
8	**Lösungsreihenfolge**	**Element**	**Formel**		
9					
10					
11	*Hinweis:*	Wenn eine Zelle von mehr als einer Funktion aktualisiert wird,			
12		wird der Wert von der letzten Funktion in der Lösungsreihenfolge bestimmt.			
13					
14		Verwenden Sie den 'Lösungsreihenfolge'-Befehl in der PivotTable-Symbolleiste,			
15		um die Lösungsreihenfolge zu bearbeiten.			
16					

Abbildung 8.35 Tabelle Formeln auflisten: Berechnete Felder

4	*Berechnetes Element*		
5	**Lösungsreihenfolge**	**Element**	**Formel**
6	1	'Controller / Festplatte in %'	=Controller /Festplatte
7			

Abbildung 8.36 Tabelle Formeln auflisten: Berechnete Elemente

Dieses Beispiel ist in der Datei *Excel_2000_Ctrl_08_02.xls* enthalten.

8.11 Erstellen einer weiteren PivotTable, basierend auf einer vorhandenen

- Für das nächste Beispiel benötigen Sie wieder zwei Zeilenfelder. Um die vorherige Auswertung nicht zu beeinflussen, rufen Sie das Beispiel *Excel_2000_Ctrl_08_01.xls* wieder auf und erstellen hier eine neue PivotTable in einem leeren Tabellenblatt.

📖 Warum? Sie haben im vorangegangenen Beispiel ein neues Element in die Pivot-Tabelle aufgenommen. Dieses Element wäre natürlich auch in der neuen Pivot-Tabelle vorhanden, es sei denn, Sie greifen nicht auf die bestehende Pivot-Tabelle zurück, sondern nochmals auf die Original-Datenquelle.

⌨ Wählen Sie den Menübefehl DATEN | PIVOTTABLE- UND PIVOTCHART-BERICHT – dann aber nicht wie bisher Microsoft EXCEL-LISTE ODER -DATENBANK oder EXTERNE DATENQUELLE, sondern WEITERE PIVOTTABLE ODER PIVOTCHART.

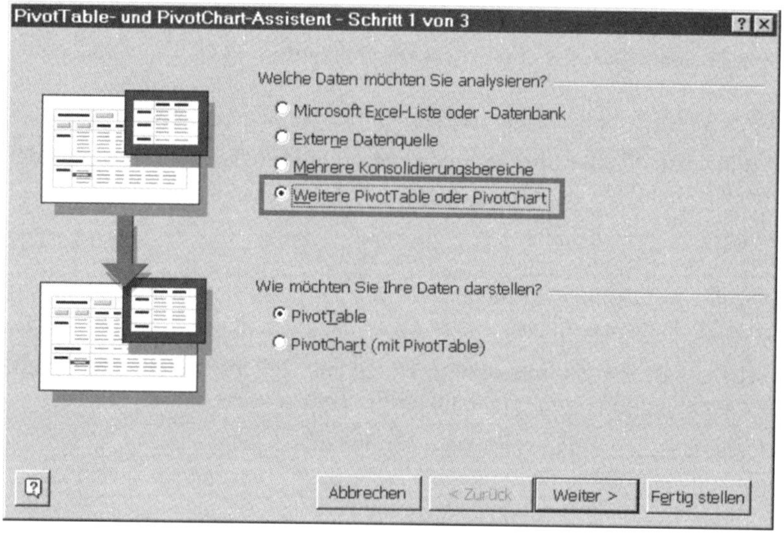

Abbildung 8.37 Daten aus anderer Pivot-Tabelle

Sie kommen damit einer Warnung des PivotTable-Assistenten zuvor:

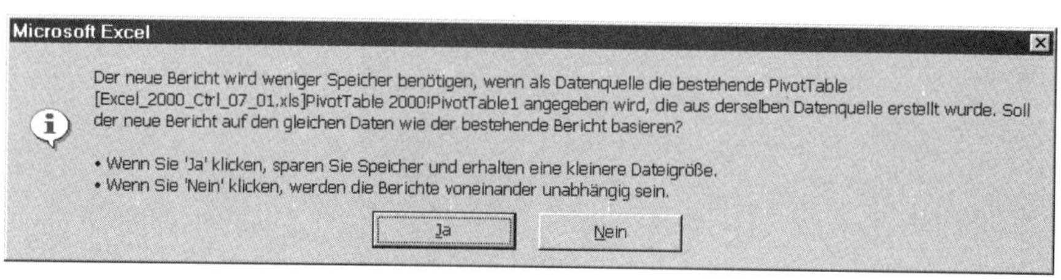

Abbildung 8.38 Gleiche Basisdaten verwenden

In beiden Fällen – vorausgesetzt, Sie haben die Frage mit JA beantwortet – erscheint diese Dialogbox:

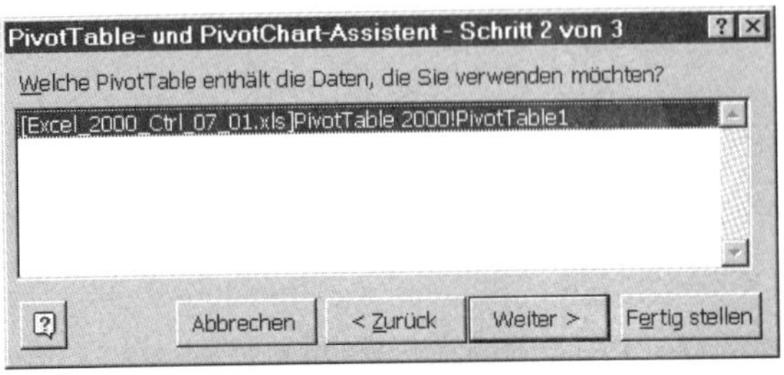

Abbildung 8.39 Schritt 2 von 3 des PivotTable-Assistenten

Sind mehrere Pivot-Tabellen eingetragen, wählen Sie die gewünschte aus.

- Klicken Sie auf WEITER und erstellen die neue PivotTable im bestehenden Blatt nach folgender Vorgabe:

Zeilenfeld	*Nachname*
	Artikelname
Spaltenfeld	*Auftragsdatum*
Datenfeld	*Gesamtpreis*

Wie Sie sehen, wurden Zwischensummen für die Zeilenfeldelemente erstellt. Um diese auszublenden, können Sie folgendermaßen vorgehen:

- Klicken Sie das Zeilenfeld *Nachname* doppelt an

oder

- wählen Sie ein Zeilenfeldelement von *Kundenname* aus und klicken dann das Symbol FELDEIGENSCHAFTEN an.

In beiden Fällen öffnet sich die Dialogbox PIVOTTABLE-FELD:

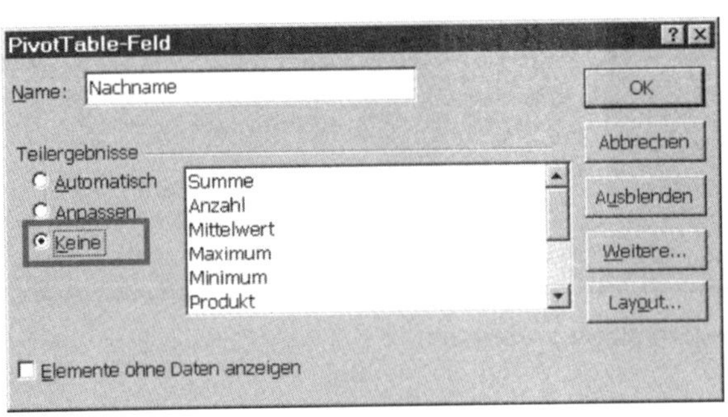

Abbildung 8.40 PivotTable-Feld

- Hier wählen Sie bei TEILERGEBNISSE das Optionsfeld *Keine* aus und schließen mit OK.

Die Teilergebnisse sind verschwunden:

	A	B	C	D	E
1					
2					
3	Summe - 'Gesar		Auftragsdatum		
4	Nachname	Artikelname	Jan	Feb	Mrz
5	Bauer	Prozessor	216052	111686	219643
6	Baumgarten	Prozessor	117713	95762	112840
7	Maier	Prozessor	164709	58260	111769
8	Müller	Prozessor	61874	55492	24266
9	Schumann	Prozessor	170208	106273	77712
10	Gesamtergebnis		730556	427473	546230
11					

Abbildung 8.41 PivotTable ohne Teilergebnisse

- Machen Sie diese Aktion rückgängig und lassen Sie sich die Teilergebnisse wieder anzeigen.

Beim nächsten Schritt sollen nicht die Teilergebnisse, sondern die Detaildaten aus- und wieder eingeblendet werden. Auch hier stehen wieder verschiedene Möglichkeiten zur Verfügung

- Klicken Sie die Detaildaten doppelt an, so verschwinden diese. Nur noch das Teilergebnis ist zu sehen.
- Ein erneuter Doppelklick auf das Teilergebnis zeigt die Detaildaten wieder an.

Wollen Sie alle Detaildaten ausblenden, gibt es einen schnelleren Weg.

- Klicken Sie auf das Zeilenfeld *Nachname* und dann in der Symbolleiste auf DETAIL AUSBLENDEN. Alle Detaildaten werden ausgeblendet.
- Zum Einblenden verfahren Sie wie oben beschrieben oder klicken auf das Symbol DETAIL EINBLENDEN. Achten Sie hierbei jedoch auf den markierten Bereich.

Als ob das nicht bereits genug wäre, gibt es noch weitere Möglichkeiten. Sie können komplette Zeilenfeldelemente ausblenden. Hier hat sich allerdings gegenüber Excel 97 die Technik geändert. Die Zeilenfelder sind mit einem Auswahlpfeil versehen.

- Öffnen Sie das Zeilenfeld *Nachname* durch einen Klick auf den Auswahlpfeil.

Hier werden die ZEILENFELDELEMENTE aufgelistet, die Sie ausblenden können.

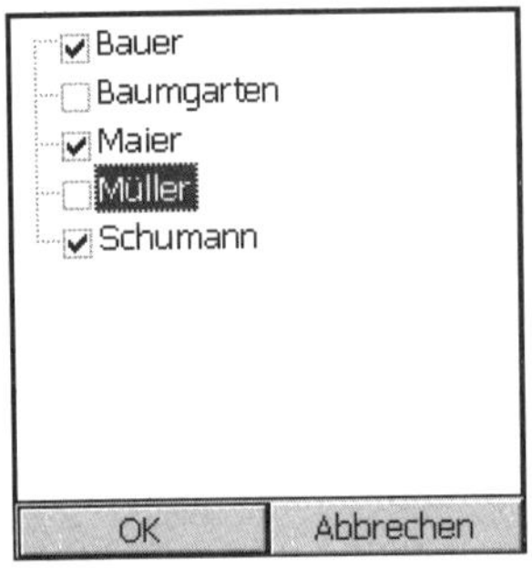

Abbildung 8.42 Ausblenden kompletter Zeilenfeldelemente

- Klicken Sie die ZEILENFELDELEMENTE an, die Sie ausblenden wollen. Das Häkchen verschwindet. Schließen Sie die Dialogbox mit OK.

	A	B	C	D	E
1					
2					
3	Summe - 'Gesar		Auftragsdatum		
4	Nachname	Artikelname	Jan	Feb	Mrz
5	Bauer		216052	111686	219643
6	Maier		164709	58260	111769
7	Schumann		170208	106273	77712
8	Gesamtergebnis		550969	276219	409124

Abbildung 8.43 Ausgeblendete Zeilenfeldelemente Baumgarten und Müller

- Um diese ZEILENFELDELEMENTE wieder einzublenden, wiederholen Sie den vorangegangenen Schritt und setzen wieder das Häkchen.

8.12 Teilergebnisse anders zusammenfassen

- Erstellen Sie in einer neuen, leeren Mappe nochmals eine neue PivotTable.
- Wählen Sie EXTERNE DATENQUELLE aus.
- Die Datenbasis ist die Abfrage *Bestellungen2000.*
- Die Daten geben Sie an Excel zurück.
- Klicken Sie auf FERTIG STELLEN und erstellen Sie die neue PivotTable im bestehenden Blatt nach folgender Vorgabe:

Zeilenfeld	*Nachname*
	Artikelname
Spaltenfeld	*Auftragsdatum*
Datenfeld	*Gesamtpreis*

- Gruppieren Sie das Auftragsdatum nach Monat und Jahr.

Hinweis: Übrigens können Sie mit dieser PivotTable auch das vorstehende Beispiel durchführen.

Wurde die Option AUTOMATISCHE TEILERGEBNISSE gewählt, dann werden bis auf das Zeilenfeld, das am weitesten innen liegt, die Teilergebnisse gebildet. Soll auch dieses Zeilenfeld addiert werden, müssen Sie folgendermaßen vorgehen:

- Markieren Sie das innen liegende Zeilenfeld.
- Rufen Sie das PIVOTTABLE-FELD auf.
- Wählen Sie bei TEILERGEBNISSE *Anpassen* und wählen die gewünschte Funktion, beispielsweise *Summe*.

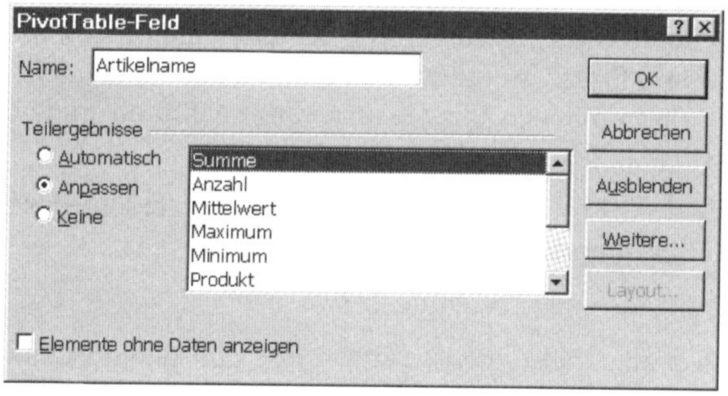

Abbildung 8.44 Teilergebnisse Anpassen

Damit stellt sich die Tabelle (ausschnittsweise) folgendermaßen dar:

	A	B	C	D	E
1					
2					
3	Summe - Ges		Jahre	Auftragsdatum	
4			2000		
5	Nachname	Artikelname	Jan	Feb	Mrz
26	Schumann	Controller	17104	22032	294
27		Festplatte	115788	24738	28105
28		Prozessor	170208	106273	77712
29		Soundblaster	3403		
30	Schumann Ergebnis		306503	153043	106111
31		Controller Summe	23632	42636	21502
32		Festplatte Summe	582117	346067	368888
33		Prozessor Summe	730556	427473	546230
34		Soundblaster Summe	26363		3444
35	Gesamtergebnis		1362668	816176	940064

Abbildung 8.45 Summe für innerstes Zeilenfeld darstellen

Die Summe der Artikel wird am Ende der PivotTable vor der Gesamtsumme dargestellt.

8.13 Kopieren von Ergebnissen

8.13.1 Kopieren von Elementen

Angenommen, Sie haben die Daten in der PivotTable zusammengefasst, wie nachstehend abgebildet.

3	Summe - menge*Einzelpreis		Auftragsdatum	
4	Nachname	Artikelname	Jan	Feb
5	Bauer	Controller		
6		Festplatte	280.415,00 €	
7		Prozessor	216.052,00 €	
8		Soundblaster	902,00 €	
9	Bauer Ergebnis		497.369,00 €	

Abbildung 8.46 Kopieren von Detaildaten (DrillDown) durch Doppelklick

Da kommt Ihr Chef und sagt: »Ich brauche die Einzelpositionen aller Prozessoren, die der Vertriebsbeauftragte Bauer im Januar verkauft hat. In 5 Minuten.« Nun haben Sie ein Problem: Was machen Sie die anderen 4 Minuten und 55 Sekunden?

Zunächst stöhnen Sie, nach dem Motto: lerne klagen, ohne zu leiden; dann warten Sie, bis Ihr Chef den Raum verlassen hat.

Jetzt klicken Sie doppelt auf die entsprechende Zelle.

Excel erstellt daraufhin automatisch eine neue Tabelle mit den gewünschten Einzelpositionen. Da diese neue Tabelle keinen Rückbezug zur Pivot-Tabelle hat, können Sie diese Tabelle beliebig bearbeiten und formatieren.

	A	B	C	D	E	F	G	H	I
1	Nachname	id_VKGebiet	Kundenname	Auftragsdatum	Artikelname	Artikelbezeichnung	Menge	Einzelpreis	Gesamtpreis
2	Bauer	Mitte	Büro + Service	20.01.2000	Prozessor	AMD K7 / 800 Athlon	6	430	2580
3	Bauer	Mitte	Büro + Service	03.01.2000	Prozessor	Duron 600	90	150	13500
4	Bauer	Mitte	Computer Beratung	14.01.2000	Prozessor	Duron 600	6	150	900
5	Bauer	Mitte	Computer Beratung	05.01.2000	Prozessor	Duron 600	2	150	300
6	Bauer	Mitte	MicroCom	08.01.2000	Prozessor	Duron 600	3	150	450
7	Bauer	Mitte	Büro + Service	08.01.2000	Prozessor	Duron 600	48	150	7200
8	Bauer	Mitte	MicroCom	22.01.2000	Prozessor	Duron 600	91	150	13650
9	Bauer	Mitte	MicroCom	03.01.2000	Prozessor	Duron 650	5	188	940
10	Bauer	Mitte	Computer Beratung	15.01.2000	Prozessor	Duron 600	15	150	2250
11	Bauer	Mitte	Computer Beratung	15.01.2000	Prozessor	Duron 700	56	196	10976
12	Bauer	Mitte	Büro + Service	03.01.2000	Prozessor	Duron 700	4	196	784
13	Bauer	Mitte	MicroCom	07.01.2000	Prozessor	Duron 650	45	188	8460
14	Bauer	Mitte	MicroCom	23.01.2000	Prozessor	Duron 600	44	150	6600
15	Bauer	Mitte	Büro + Service	19.01.2000	Prozessor	Duron 600	43	150	6450
16	Bauer	Mitte	MicroCom	13.01.2000	Prozessor	Duron 700	2	196	392
17	Bauer	Mitte	Büro + Service	19.01.2000	Prozessor	AMD K7 / 800 Athlon	89	430	38270
18	Bauer	Mitte	MicroCom	20.01.2000	Prozessor	AMD K7 / 700 Athlon	83	347	28801
19	Bauer	Mitte	MicroCom	13.01.2000	Prozessor	Duron 650	25	188	4700
20	Bauer	Mitte	Computer Beratung	13.01.2000	Prozessor	AMD K7 / 700 Athlon	3	347	1041
21	Bauer	Mitte	Computer Beratung	13.01.2000	Prozessor	AMD K7 / 800 Athlon	60	430	25800
22	Bauer	Mitte	Büro + Service	13.01.2000	Prozessor	AMD K7 / 700 Athlon	51	347	17697
23	Bauer	Mitte	MicroCom	30.01.2000	Prozessor	Duron 600	46	150	6900
24	Bauer	Mitte	Computer Beratung	21.01.2000	Prozessor	AMD K7 / 800 Athlon	19	430	8170
25	Bauer	Mitte	MicroCom	19.01.2000	Prozessor	AMD K7 / 700 Athlon	3	347	1041
26	Bauer	Mitte	MicroCom	19.01.2000	Prozessor	AMD K7 / 800 Athlon	11	430	4730
27	Bauer	Mitte	MicroCom	13.01.2000	Prozessor	AMD K7 / 700 Athlon	10	347	3470

Abbildung 8.47 Tabelle mit Quelldaten erstellen

8.13.2 Kopieren von Seitenfeldern

Seit Excel 97 gibt es die Möglichkeit, für jedes Element eines *Seitenfeldes* eine neue Tabelle zu erstellen.

- Fügen Sie der Tabelle als Seitenfeld *id_Verkaufsgebiet* hinzu.
- Markieren Sie ein *Seitenfeld* und öffnen mit der rechten Maustaste das Kontextmenü.
- Wählen Sie hier den Befehl SEITEN ANZEIGEN... und es erscheint die Dialogbox SEITEN ANZEIGEN.

Abbildung 8.48 Dialogbox Seiten anzeigen

Wählen Sie die gewünschte Seite und bestätigen mit OK.

Excel erstellt nur pro *Seitenfeldelement* eine neue Tabelle.

Abbildung 8.49 Aus Seitenfeldelementen erstellte Tabellen

8.13.3 Kopieren der gesamten PivotTable

Natürlich lässt sich auch die gesamte PivotTable kopieren. Um diese komplett zu markieren, können Sie entweder Sie die Tastenkombination [Strg]+[*] verwenden. Dann werden allerdings die Seitenfelder nicht mit markiert. Oder Sie verwenden den Kontextmenübefehl MARKIEREN | GANZE TABELLE, dann werden auch die Seitenfelder markiert.

Fügen Sie diese normal ein, bleiben die Bezüge erhalten. Fügen Sie die Kopie als Wert ein, verändern sich die Zahlen nicht mehr.

Dieses Beispiel ist in der Datei *Excel_2000_Ctrl_08_03.xls* enthalten.

8.14 Gruppieren

8.14.1 Gruppieren ausgewählter Zeilenfeldelemente

Erinnern Sie sich? Zu Beginn dieses Kapitels hatten Sie das Datum in Monate und Jahre gruppiert. Was mit dem Datumsformat klappt, klappt auch mit anderen Spalten- und Zeilenfeldelementen.

Erstellen Sie zunächst in einem neuen, leeren Tabellenblatt eine PivotTable. Wenden Sie dabei das vorstehend Gelernte an.

Zeilenfeld	*Artikelname*
	Artikelbezeichnung
Spaltenfeld	*Auftragsdatum*
Datenfeld	*Gesamtpreis*

Blenden Sie die Zeilenfeldelemente *Controller, Festplatte* und *Soundblaster* aus.

Die verbleibenden Prozessoren sollen in drei Gruppen gegliedert werden: < 700 MHz Taktfrequenz, < 800 MHz Taktfrequenz und >= 800 MHz Taktfrequenz.

Markieren Sie die entsprechenden Zeilenfeldelemente mithilfe der Maus und der gedrückten [Strg]-Taste. Mit der rechten Maustaste rufen Sie das Kontextmenü auf und wählen den Befehl GRUPPIERUNG UND GLIEDERUNG und dann GRUPPIERUNG... aus.

3	Summe - Gesamtpreis	
4	Artikelname	Artikelbezeichnung
5	Prozessor	AMD K7 / 700 Athlon
6		AMD K7 / 800 Athlon
7		AMD K7 / Thunderbird 700
8		AMD K7 / Thunderbird 750
9		AMD K7 / Thunderbird 800
10		AMD K7 / Thunderbird 900
11		Celeron PPGA 600
12		Celeron PPGA 633
13		Duron 600
14		Duron 650
15		Duron 700
16		Pentium III 500 E
17		Pentium III 650 E
18		Pentium III 700 E
19		Pentium III 750 E
20		Pentium III 800 E

Abbildung 8.50 Zeilenfeldelemente gruppieren

Damit werden die ausgewählten Zeilenfeldelemente zu einer Gruppe zusammengefasst.

- Wiederholen Sie diesen Vorgang sinngemäß für die beiden anderen Gruppen. Benennen Sie dann die Gruppen und das Spaltenfeld entsprechend der Abbildung 8.51 um.

	A	B	C	G	H
1					
2					
3	Summe - menge*Einzelpreis				
4	Artikelname	Artikelbezeichnung2	Artikelbezeichnung	Apr	Mai
5	Prozessor	< 700 MHz	Celeron PPGA 600	4.747.853,00 €	5.021.434,00 €
6			Celeron PPGA 633	5.477.808,00 €	5.927.390,00 €
7			Duron 600	3.439.050,00 €	3.611.850,00 €
8			Duron 650	4.405.592,00 €	4.423.076,00 €
9			Pentium III 500 E	6.243.864,00 €	6.479.436,00 €
10			Pentium III 650 E	9.655.390,00 €	9.805.620,00 €
11		< 800 MHz	AMD K7 / 700 Athlon	7.946.647,00 €	8.390.113,00 €
12			AMD K7 / Thunderbird 700	7.802.150,00 €	7.974.340,00 €
13			AMD K7 / Thunderbird 750	7.835.793,00 €	8.360.877,00 €
14			Duron 700	4.322.192,00 €	4.670.876,00 €
15			Pentium III 700 E	9.327.125,00 €	10.104.420,00 €
16			Pentium III 750 E	11.983.650,00 €	12.591.075,00 €
17		>= 800 MHz	AMD K7 / 800 Athlon	9.865.490,00 €	10.685.070,00 €
18			AMD K7 / Thunderbird 800	8.974.875,00 €	8.816.625,00 €
19			AMD K7 / Thunderbird 900	10.128.126,00 €	10.729.341,00 €
20			Pentium III 800 E	13.349.775,00 €	13.815.525,00 €
21	Prozessor Summe			125.505.380,00 €	131.407.068,00 €
22	Gesamtergebnis			125.505.380,00 €	131.407.068,00 €

Abbildung 8.51 Zeilenfeldelemente gruppieren

- Mit GRUPPIERUNG AUFHEBEN heben Sie diese Gruppierung wieder auf.

8.14.2 Gruppierung numerischer Zeilenfeldelemente

Natürlich lassen sich auch numerische Daten gruppieren. Angenommen, die Aufträge sollen in Größenklassen und nach Artikelnamen unterteilt werden, so gehen Sie folgendermaßen vor:

- Erstellen Sie eine neue Pivot-Tabelle, diese darf auch auf einer vorhandenen basieren.
- Wählen Sie die folgenden Elemente aus

Zeilenfeld	*Gesamtpreis*
Spaltenfeld	*Artikelname*
Datenfeld	*Summe – Gesamtpreis*

- Markieren Sie nun das Zeilenfeldelement und klicken in der Symbolleiste auf GRUPPIERUNG.

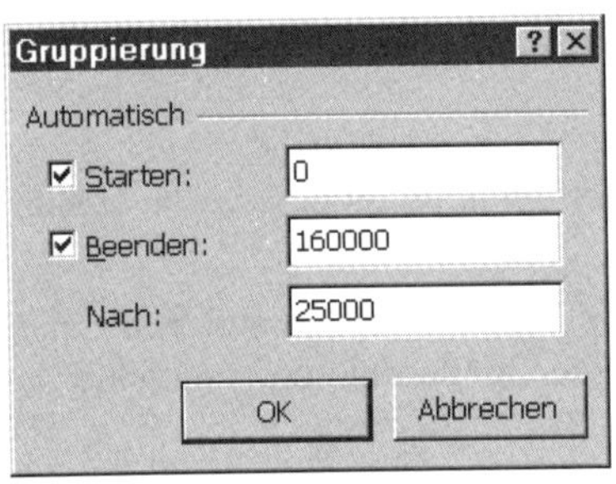

Abbildung 8.52 Gruppierung numerischer Elemente

- Geben Sie bei NACH: *25000* ein und die PivotTable gliedert Aufträge entsprechend.

3	Summe - menge*Einzelpreis	Artikelname				
4	menge*Einzelpreis	Controller	Festplatte	Prozessor	Soundblaster	Gesamtergebnis
5	0-25000	246.031.168,50 €	716.664.548,00 €	567.413.795,00 €	30.496.735,00 €	1.560.606.246,50 €
6	25000-50000	75.926.907,00 €	854.660.798,00 €	522.156.764,00 €		1.452.744.469,00 €
7	50000-75000	4.062.915,00 €	480.524.030,00 €	79.306.399,00 €		563.893.344,00 €
8	75000-100000		334.528.009,00 €			334.528.009,00 €
9	100000-125000		172.542.581,00 €			172.542.581,00 €
10	125000-150000		85.957.680,00 €			85.957.680,00 €
11	150000-175000		17.741.475,00 €			17.741.475,00 €
12	Gesamtergebnis	326.020.990,50 €	2.662.619.121,00 €	1.168.876.958,00 €	30.496.735,00 €	4.188.013.804,50 €

Abbildung 8.53 Gegliederte Aufträge

8.15 Pivot-Daten zuordnen

Wollen Sie von »außen« auf Ihre Pivot-Tabelle zugreifen, wird Ihnen seit Excel 97 eine neue Funktion zur Verfügung gestellt: Mit `PivotDatenZuordnen` lassen sich bestimmte Daten in der gleichen Tabelle, in einer anderen Tabelle oder sogar in einer anderen Mappe darstellen.

Dabei muss diese andere Mappe nicht einmal geladen sein, um auf die Daten zugreifen zu können.

Zunächst betrachten Sie die Syntax der Funktion `PivotDatenZuordnen` etwas näher:

```
=PIVOTDATENZUORDNEN(PivotTable;Name)
```

Die Funktion verfügt über zwei Argumente, `PivotTable` und `Name`.

Das Argument `PivotTable` gibt den Bezug auf die Zelle der PivotTable an, in der sich die abzurufenden Daten befinden. Dabei ist es eigentlich belanglos, welche Zelle angegeben wird. Befindet sich die Zelle in einer anderen Tabelle, so muss zusätzlich noch der Name der Tabelle angegeben werden. Befindet sich die Zelle in einer Tabelle einer anderen Mappe, so muss außerdem noch der Mappenname angegeben werden. Ist die Mappe, in der sich die Pivot-Tabelle befindet, nicht geöffnet, beinhaltet das Argument den kompletten Pfadnamen.

Sinnvoll ist es, hier immer die oberste, linke Ecke der PivotTable auszusuchen. Dies dürfte in den meisten Fällen die Zelle *A3* sein.

Das Argument `Name` muss in Anführungszeichen angegeben werden und gibt den Namen der Zelle an, aus der der Wert abgerufen werden soll. Soll beispielsweise aus dieser PivotTable der Gesamtwert abgerufen werden, lautet das Argument Name `Gesamtergebnis`. Soll nur der Gesamtwert für die Verkäufer abgerufen werden, heißt das Argument beispielsweise `Bauer`.

```
=PIVOTDATENZUORDNEN('PivotTable Bestellungen 2000'!A3;"Bauer")
```

	A	B	C
1	Summe - menge*Einzelpreis	Auftragsdatum	
2	Nachname	Jan	Feb
3	Bauer	497.369,00 €	238.721,00 €
4	Baumgarten	175.300,00 €	196.545,00 €
5	Maier	262.040,00 €	133.062,00 €
6	Müller	121.456,00 €	94.805,00 €
7	Schumann	306.503,00 €	153.043,00 €
8	Gesamtergebnis	1.362.668,00 €	816.176,00 €
9			
10	Pivotdaten zuordnen		
11	**AE-Gesamt**	**Funktion**	**Ergebnis**
12	Bauer	PIVOTDATENZUORDNEN($A$1;A12)	780.628.344,50 €
13	Baumgarten	PIVOTDATENZUORDNEN($A$1;A13)	1.044.121.586,50 €
14	Maier	PIVOTDATENZUORDNEN($A$1;A14)	789.939.518,00 €
15	Müller	PIVOTDATENZUORDNEN($A$1;A15)	260.877.152,00 €
16	Schumann	PIVOTDATENZUORDNEN($A$1;A16)	1.312.447.203,50 €
17	Gesamtergebnis	PIVOTDATENZUORDNEN($A$1;A17)	4.188.013.804,50 €
18			
19	**AE-Januar**	**Funktion**	**Ergebnis**
20	Bauer Jan	PIVOTDATENZUORDNEN($A$1;A20)	497.369,00 €
21	Baumgarten Jan	PIVOTDATENZUORDNEN($A$1;A21)	175.300,00 €
22	Maier Jan	PIVOTDATENZUORDNEN($A$1;A22)	262.040,00 €
23	Müller Jan	PIVOTDATENZUORDNEN($A$1;A23)	121.456,00 €
24	Schumann Jan	PIVOTDATENZUORDNEN($A$1;A24)	306.503,00 €
25	Gesamtergebnis Jan	PIVOTDATENZUORDNEN($A$1;A25)	1.362.668,00 €
26			

Abbildung 8.54 PivotDatenZuordnen

8.16 Mit der Pivot-Tabelle konsolidieren

Eine Möglichkeit, die Ihnen die PivotTable bietet, wurde noch nicht näher untersucht: Die Erstellung einer Pivot-Tabelle, die auf mehreren Konsolidierungsbereichen basiert. Dies ist auch eine schöne Überleitung zu einem Thema, mit dem ich mich in einem der nächsten Kapitel beschäftigen werde, die Verdichtung von Daten mithilfe der Konsolidierung.

Bei der Konsolidierung werden Werte, die sich in unterschiedlichen Bereichen befinden, zusammengefasst, sofern sie die gleichen Spalten- und Zeilenbeschriftungen aufweisen.

Zunächst sollen aber die Möglichkeiten der Pivot-Tabelle näher unter die Lupe genommen werden. Die Daten, die sich in einem Betriebsabrechnungsbogen befinden, sollen in einer PivotTable verdichtet werden. Die Basisdaten befinden sich in der Tabelle *Excel_2000_Ctrl_08_04.xls.*

Öffnen Sie die Mappe *Excel_2000_Ctrl_08_04.xls.*

Es sollen die Zahlen der Kosten- und Leistungsrechnung, die über einen Verteilungsschlüssel auf die Haupt-, Hilfs- und Nebenkostenstellen verteilt wurden und monatlich vorliegen, zusammengefasst werden.

Erstellen Sie eine leeres Tabellenblatt, das die Pivot-Tabelle aufnehmen soll. Dies ließe sich zwar auch später noch bewerkstelligen, aber die Bearbeitung ist komfortabler, wenn dieses leere Blatt bereits existiert.

Rufen Sie über das Menü DATEN den PIVOTTABLE- UND PivotChart-BERICHT auf.

Wählen Sie MEHRERE KONSOLIDIERUNGSBEREICHE aus

Der zweite Schritt ist hier in die Teile 2a und 2b untergliedert. In Schritt 2a kann zwischen EINFACHE SEITENFELDERSTELLUNG und BENUTZERDEFINIERTE SEITENFELDERSTELLUNG gewählt werden.

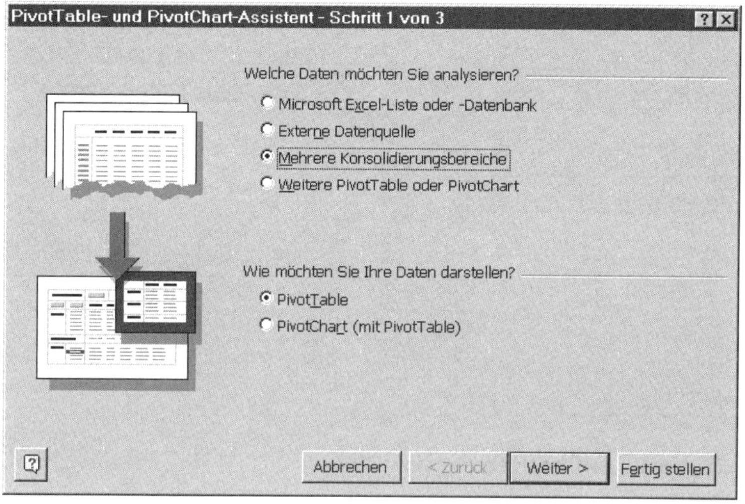

Abbildung 8.55 Pivot-Tabelle auf mehreren Konsolidierungsbereichen erstellen

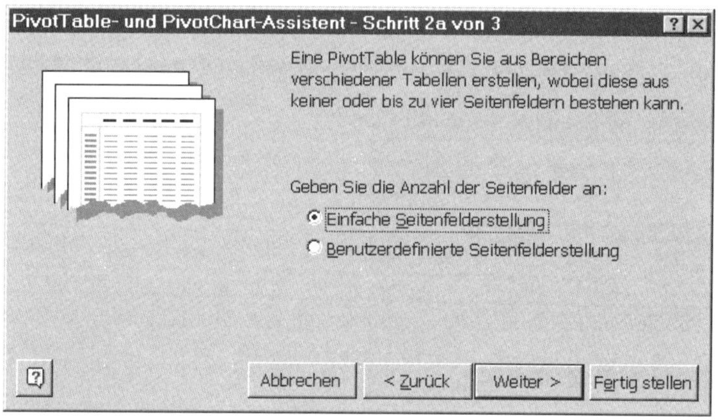

Abbildung 8.56 Art der Seitenfelderstellung wählen

Klicken Sie auf EINFACHE SEITENFELDERSTELLUNG und dann auf WEITER.

Nun wird der Schritt 2b angezeigt. Hier lassen sich die Bereiche, die zusammengefasst werden sollen, auswählen.

Sie könnten nun in den einzelnen Tabellen jeweils die Bereiche *A6* bis *G15* auswählen. Wie Sie im Kapitel *Konsolidieren* erfahren werden, ist es aber weitaus besser und auch sicherer, mit Bereichsnamen zu arbeiten. Aus diesem Grund habe ich für die Bereiche *A6* bis *G15* in den drei Tabellen die Namen *Januar*, *Februar* und *März* vergeben.

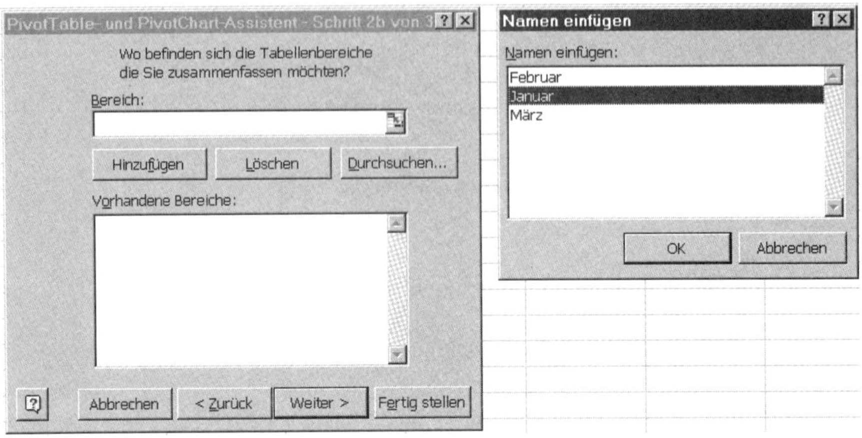

Abbildung 8.57 Art der Seitenfelderstellung wählen

- Rufen Sie mit der Funktionstaste F3 das Dialogmenü NAMEN EINFÜGEN auf, markieren *Januar* und fügen diesen Bereichsnamen mit OK hinzu.
- Klicken Sie auf die Schaltfläche HINZUFÜGEN.
- Wiederholen Sie diesen Vorgang für die Bereichsnamen *Februar* und *März*.

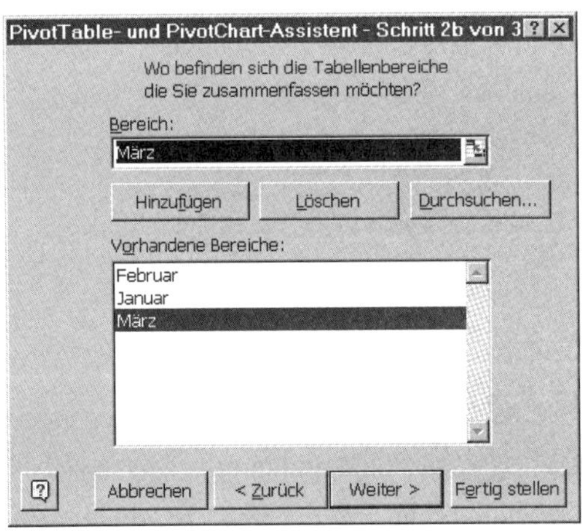

Abbildung 8.58 Ausgewählte Bereiche

- Dann klicken Sie zum Beenden auf FERTIG STELLEN.

Die PivotTable wird erstellt und kann mit den Möglichkeiten, die bereits in diesem Kapitel beschrieben wurden, bearbeitet werden.

	A	B	C	D	E	F	G	H
1	Monate	(Alle)						
2								
3	Summe - Wert	Spalte						
4	Zeile	Einkauf I	Einkauf II	Fuhrpark	Lager	Vertrieb	Verwaltung	Gesamtergebnis
5	Abschreibungen	0,00 €	0,00 €	9.800,00 €	3.266,67 €	6.533,33 €	9.800,00 €	29.400,00 €
6	Frachten und Verpackung	0,00 €	0,00 €	0,00 €	2.446,00 €	9.784,00 €	0,00 €	12.230,00 €
7	Kosten des Fuhrparks	0,00 €	0,00 €	10.653,13 €	0,00 €	6.391,88 €	0,00 €	17.045,00 €
8	Kosten des Geldverkehrs□Kalkulatorische Zinsen	5.000,00 €	5.000,00 €	2.500,00 €	0,00 €	0,00 €	10.000,00 €	22.500,00 €
9	Kosten für Geschäftsräume	10.714,29 €	10.714,29 €	10.714,29 €	10.714,29 €	10.714,29 €	21.428,57 €	75.000,00 €
10	Kosten für Werbung und Reisen	0,00 €	0,00 €	0,00 €	0,00 €	126.600,00 €	0,00 €	126.600,00 €
11	Personalkosten	18.631,58 €	18.631,58 €	55.894,74 €	18.631,58 €	93.157,89 €	149.052,63 €	354.000,00 €
12	sonstige Verwaltungskosten	3.461,54 €	3.461,54 €	3.461,54 €	3.461,54 €	10.384,62 €	20.769,23 €	45.000,00 €
13	Steuern, Abgaben, Beiträge	0,00 €	0,00 €	14.400,00 €	0,00 €	0,00 €	21.600,00 €	36.000,00 €
14	Gesamtergebnis	37.807,40 €	37.807,40 €	107.423,69 €	38.520,07 €	263.566,00 €	232.650,43 €	717.775,00 €

Abbildung 8.59 Konsolidierte Daten in der PivotTable

Allerdings erfolgt die Auflistung der Daten nicht in der ursprünglichen Reihenfolge, sondern alphabetisch. Möchten Sie die ursprüngliche Reihenfolge wieder herstellen, müssen Sie die Möglichkeit des AUTOAUSFÜLLENs verwenden, die unter diesem Stichwort an anderer Stelle bereits beschrieben wurde.

Leider ist die Beschriftung von *Seitenfeld*, *Spaltenfeld* und *Zeilenfeld* nicht aussagekräftig. Dies lässt sich allerdings manuell ändern.

Markieren Sie diese und vergeben Sie aussagekräftige Namen:

	A	B
1	Monate	(Alle)
2		
3	Summe - Wert	Kostenstelle
4	Gemeinkostenarten	Einkauf I
5	Abschreibungen	0,00 €

Abbildung 8.60 Sprechende Feldnamen

Allerdings gibt es noch einen kleinen Schönheitsfehler: Statt der Monate Januar, Februar und März werden als *Seitenfeldelemente* Element1, 2 usw. angezeigt.

Auch dies soll geändert werden.

Markieren Sie *Element1* und bestätigen mit OK

Anschließend überschreiben Sie *Element1* in der Bearbeitungsleiste mit *Januar*.

B1 × ✓ = Januar

	A	B
1	Monate	Januar
2		

Abbildung 8.61 Seitenfeldelemente mit sprechenden Namen

- Bestätigen Sie mit [↵], erscheint die folgende Warnung, die vor einem unbeabsichtigten Überschreiben der Seitenfeldelemente warnt.

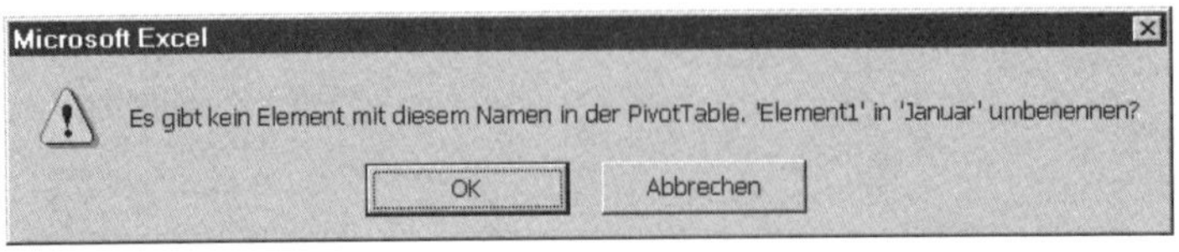

Abbildung 8.62 Warnmeldung

- Bestätigen Sie die Warnung mit OK und ändern auch die beiden anderen Elemente in *Februar* und *März* ab.

8.17 Erstellen von benutzerdefinierten Seitenfeldern

An dieser Stelle zeige ich Ihnen die Möglichkeit, mit Excel benutzerdefinierte Seitenfelder zu erstellen.

Im vorangegangenen Beispiel wurde eine PivotTable erstellt, die leider nur ein Seitenfeld beinhaltet. Das nächste Beispiel soll die Mappe *Excel_2000_Ctrl_08_05.xls* verwenden. Dieser Mappe wurden lediglich 3 weitere Tabellen mit den Monaten April, Mai und Juni hinzugefügt.

Nun zur Vorgehensweise:

- Erstellen Sie eine neue Tabelle.
- Verfahren Sie wie vorstehend beschrieben bis zum Schritt 2a.
- Wählen Sie BENUTZERDEFINIERTE SEITENFELDERSTELLUNG und dann WEITER.
- Markieren Sie bei Anzahl der Seitenfelder die Option 2.
- Fügen Sie mithilfe der Funktionstaste [F3] die Bereichsnamen *April* bis *März* hinzu.
- Markieren Sie dann bei VORHANDENE BEREICHE: *Januar*, klicken im unteren Teil der Dialogbox FELD EINS an und geben dort *Januar* ein.
- Wiederholen Sie dies für *Februar* und *März*. Ordnen Sie diese Bereiche ebenfalls FELD EINS zu, indem Sie dort *Februar* bzw. *März* eingeben.
- Singemäß führen Sie bitte diesen Vorgang für *April, Mai* und *Juni* im FELD ZWEI durch.
- Mit FERTIG STELLEN können Sie den Assistenten nun beenden, da die Voreinstellungen der nächsten beiden Schritte übernommen werden können.

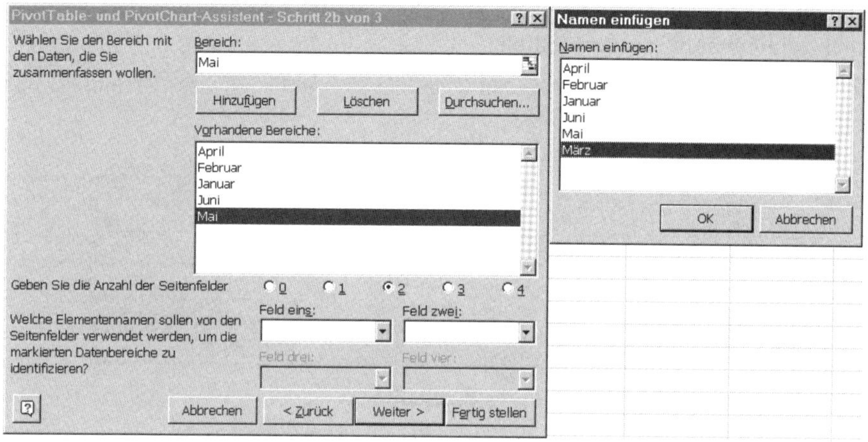

Abbildung 8.63 Schritt 2b von 3

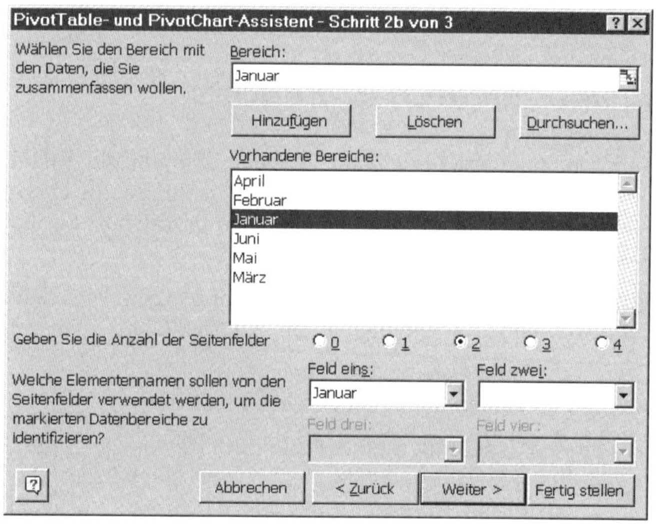

Abbildung 8.64 Bereiche den Seitenfeldern zuordnen

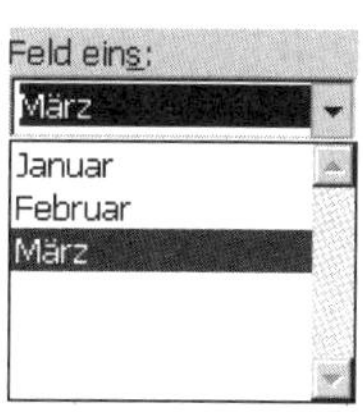

Abbildung 8.65 Eingaben in Feld eins (Ausschnitt)

Die PivotTable wird mit zwei Seitenfeldern erstellt, wobei diese noch entsprechend umbenannt werden sollten.

Benennen Sie die Seitenfelder und das Spaltenfeld sowie das Zeilenfeld wie nachstehend abgebildet um:

	A	B
1	Quartal 1	(Alle)
2	Quartal 2	(Alle)
3		
4	Summe - Wert	Kostenstellen
5	Gemeinkostenarten	Einkauf I

Abbildung 8.66 Umbenennen der Feldnamen

Nun lassen sich über die beiden Seitenfelder entsprechende Filter einstellen. Bei Quartal 1 sind dies *(Alle)*, *Januar*, *Februar*, *März* und *(Leer)*. Diese Seitenfeldelemente lassen sich nun mit denen des Seitenfelds Quartal 2 kombinieren.

8.18 Erstellen eines PivotChart-Berichts

Die Erstellung eines PivotChart-Berichts gleicht in vielen Dingen der Erstellung einer PivotTable. Und dennoch existieren kleine Unterschiede, die einem bei Unkenntnis das Leben, sprich den Umgang mit einem PivotChart-Bericht schwer machen können.

Ich werde Ihnen die Besonderheit anhand eines Beispiels aufzeigen. Was heißt eines Beispiels! Es gibt prinzipiell zwei Möglichkeiten, ein PivotChart zu erstellen:

❶ Erstellung mithilfe des PivotTable- und PivotChart-Assistenten.

❷ Erstellung auf Basis einer existierenden PivotTable mithilfe des Diagramm-Assistenten.

Grundsätzlich gilt jedoch, PivotTable und PivotChart müssen sich in der gleichen Arbeitsmappe befinden. Eine PivotTable benötigt kein PivotChart, umgekehrt benötigt ein PivotChart immer eine PivotTable. Wird die zugehörige PivotTable gelöscht, wird das PivotChart zu einem ganz normalen Diagramm.

8.18.1 Erstellung mithilfe des PivotTable- und PivotChart-Assistenten

Den Vorgang kennen Sie aus Kapitel 7.2 bereits zur Genüge.

- Rufen Sie über das Menü DATEN den PIVOTTABLE- UND PIVOTCHART-ASSISTENTEN auf.
- Klicken Sie die Optionen EXTERNE DATENQUELLE und PIVOTCHART (MIT PIVOTTABLE) an.

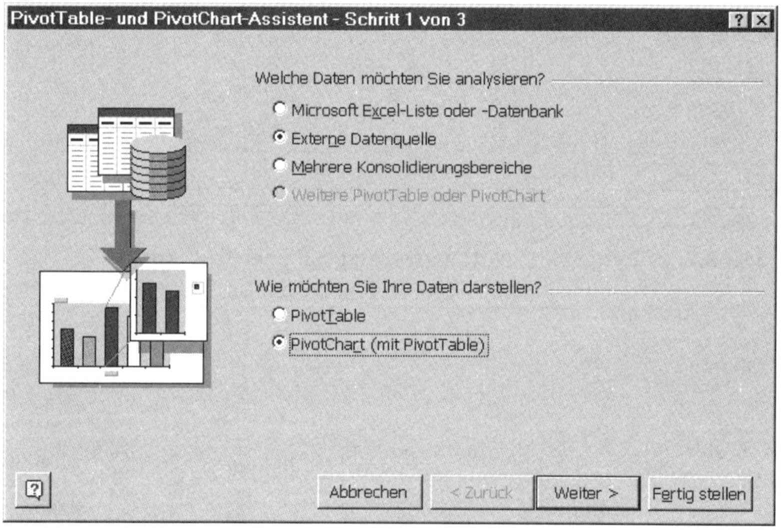

Abbildung 8.67 Erstellung eines PivotChart – Schritt 1

- Gehen Sie mit WEITER zu Schritt 2 und wählen als Datenbankabfrage die vorhandene Abfrage *Bestellungen2000.dqy* aus.
- Geben Sie die Daten an Excel zurück und beenden mit FERTIG STELLEN den Assistenten.

Es wird ein leeres Diagrammblatt angezeigt, in das die Datenfelder aus der ebenfalls angezeigten PivotTable-Symbolleiste gezogen werden können.

- Ziehen Sie in das RUBRIKENFELD das *Auftragsdatum*, das Sie in bekannter Weise nach Monten und Jahren gruppieren. Dazu klicken Sie mit der rechten Maustaste .... Ich hoffe, Sie können sich an den Ablauf erinnern.
- In REIHENFELDER ziehen Sie das Feld *Artikelname*, in DATENFELDER den *Gesamtpreis*, der summiert dargestellt wird und das SEITENFELD soll die *id_VK-Gebiet* beinhalten.

Abbildung 8.68 Erstellung eines PivotChart – Feldpositionen festlegen

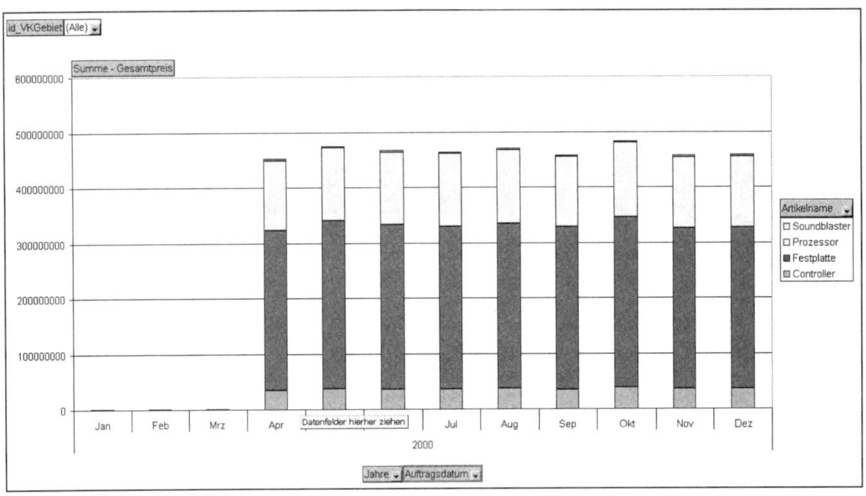

Abbildung 8.69 PivotChart mit Daten

Wie Sie unschwer erkennen können, werden die Werte gestapelt in einem Säulendiagramm angezeigt. Wünschen Sie eine andere Darstellung, so stehen Ihnen die normalen Diagrammtechniken zur Verfügung. Auf diese soll an dieser Stelle jedoch nicht eingegangen werden.

Möchten Sie die Legende ausblenden, so lässt sich dies mit DIAGRAMM | DIAGRAMMOPTIONEN Registerkarte LEGENDE bewerkstelligen.

Wie lassen sich aber die Schaltflächen ausblenden? Auch kein Problem.

- Klicken Sie in der Symbolleiste PIVOTTABLE auf das Symbol PIVOTCHART und dann auf PIVOTCHART-FELD-SCHALTFLÄCHEN AUSBLENDEN.

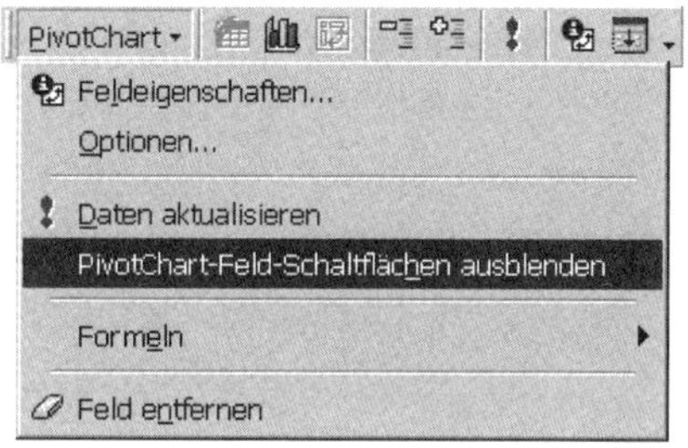

Abbildung 8.70 PivotChart-Feld-Schaltflächen ausblenden

Damit werden diese Schaltflächen ausgeblendet. Auf die gleiche Art und Weise lassen sie sich übrigens wieder einblenden.

Die Werte der Y-Achse sind doch etwas unübersichtlich. Besser wäre es, wenn diese Werte in Mio. € formatiert wären. Aber wo macht man das? Werfen Sie doch einmal einen Blick auf die Tabelle, die sich ja ebenfalls in Ihrer Mappe findet. Und Sie werden feststellen, dass Excel parallel zur Erstellung der Grafik die zugehörige Tabelle angelegt hat.

- Formatieren Sie die Werte in Mio. €. Wie man das macht, ist im ersten Teil des Buchs unter Tipps und Tricks beschrieben.

Seitenfelder, Reihenfelder und Rubrikenfelder lassen sich übrigens genauso gegeneinander verschieben wie die Seiten-, Zeilen- und Spaltenfelder in der PivotTable. Apropos PivotTable. Es spielt keine Rolle, wo Sie die Änderungen durchführen, in der PivotTable oder im PivotChart.

Diese Beispiel finden Sie übrigens in der Datei *Excel_2000_Ctrl_08_06.xls.*

8.18.2 Erstellung eines PivotChart mithilfe des Diagramm-Assistenten

Die bereits angesprochene, zweite Möglichkeit der Erstellung erfolgt mithilfe des ganz normalen Diagramm-Assistenten.

Dabei ist die Erstellung so unglaublich einfach, dass ich mich gefragt habe, ob es gerechtfertigt ist, hierfür eine eigene Kaptitelüberschrift zu verwenden. Ich möchte Sie aber nicht länger auf die Folter spannen.

- Markieren Sie eine Zelle in der PivotTable.
- Wählen Sie den Menübefehl EINFÜGEN | DIAGRAMM. Fertig!!!

Es wird ein PivotChart mit dem Standard-Diagrammtyp *gestapeltes Säulendiagramm* erstellt.

Hätten Sie's gerne etwas umständlicher, dann klicken Sie eine Zelle außerhalb der PivotTable an und rufen dann den Diagramm-Assistenten auf.

Bei Schritt 2 wird nach dem Datenbereich gefragt. Hier klicken Sie dann einfach auf die PivotTable und der entsprechende Datenbereich wird automatisch eingetragen. Sie müssen sonst nichts Weiteres tun.

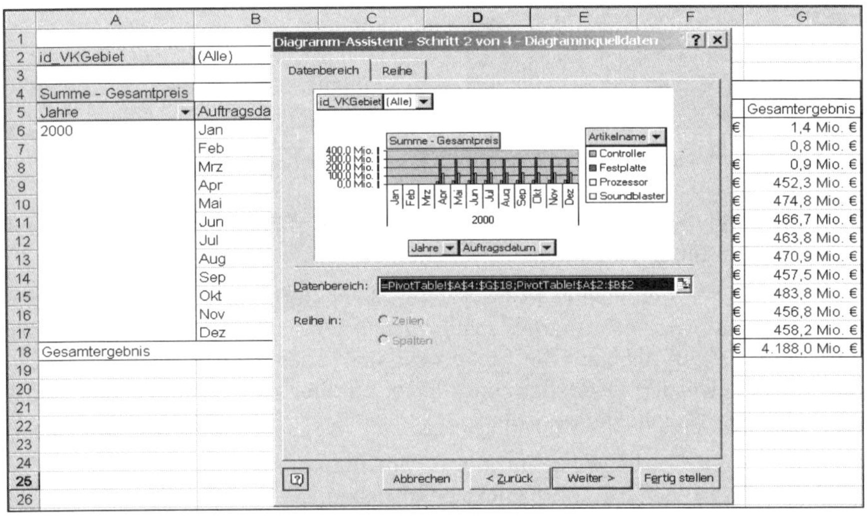

Abbildung 8.71 Datenbereich auswählen

In den Schritten 3 und 4 können Sie dann Ihr Diagramm wie gewünscht formatieren. Unterschiede zur Erstellung eines normalen Diagramms bestehen kaum.

Allerdings gibt es doch einige Beschränkungen, die Sie kennen sollten.

❶ Punkte(XY)-, Blasen- und Kursdiagramme lassen sich nicht erstellen. Versuchen Sie es trotzdem, erhalten Sie die nachstehende Fehlermeldung.

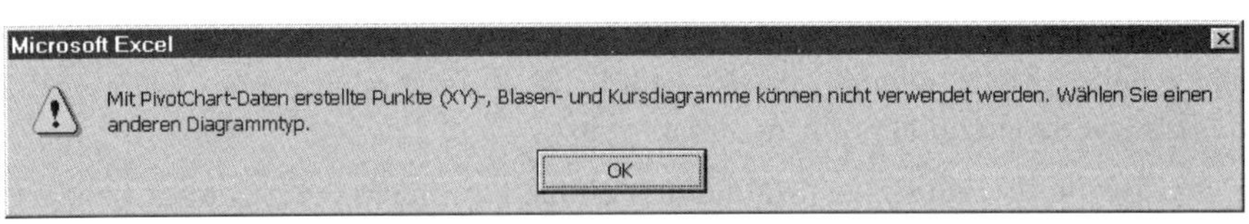

Abbildung 8.72 Datenbereich auswählen

❷ In einem PivotChart lassen sich im Gegensatz zu normalen Diagrammen die Legende, der Titel und die Zeichnungsfläche nicht manuell verschieben oder in der Größe ändern.

❸ Die Formatierung von Datenreihen geht verloren, wenn sich das Layout des PivotCharts ändert. Bei jedem Neuaufbau des Charts werden die Datenreihen wieder standardmäßig formatiert.

8.18.3 Umwandlung des PivotChart in ein normales Diagramm

Hier stehen Ihnen zwei Möglichkeiten zur Verfügung. Eine der Möglichkeiten ist Ihnen dabei sicher bekannt:

- Markieren Sie eine Zelle in der PivotTable und betätigen Sie die Tastenkombination [Strg]+[*].
- Kopieren Sie den markierten Bereich und fügen ihn in einer leeren Tabelle mit INHALTE EINFÜGEN | WERTE ein.

Mithilfe des Diagramm-Assistenten lässt sich dann ein ganz normales Diagramm erstellen.

Die zweite Möglichkeit der Umwandlung in ein statisches Diagramm gefällt mir aber besser.

- Speichern Sie die Mappe unter einem anderen Namen ab.
- Löschen Sie die PivotTable oder alternativ das ganze Tabellenblatt. Fertig!!! Das Diagramm ist statisch.

Bei Bedarf lässt sich ja dieses statische Diagramm mit BEARBEITEN | BLATT VERSCHIEBEN/KOPIEREN in die ursprüngliche Mappe verschieben oder kopieren.

Dieses Beispiel, das heißt das statische Diagramm, finden Sie in der Datei *Excel_2000_Ctrl_08_07.xls*.

9 OLAP-Cubes und -Services

9.1 Begriffsdefinitionen

Mit dem SQL-Server 7 wurden auch die OLAP-Services ausgeliefert. OLAP ist die Abkürzung von OnLine Analytical Processing.

OLAP-Services stellt eine Erweiterung des Datenzugriffkonzepts von OLE DB dar. Da es sich hier um ein multidimensionales Datensystem handelt, reicht das normale SQL nicht mehr aus. Es wurde eine neue, spezielle Datenzugriffssprache erforderlich, der die Bezeichnung MDX gegeben wurde.

MDX steht für MultiDimensional Expressions und ist eine multidimensionale Erweiterung von SQL.

OLAP stellt das Gegenstück zu OLTP dar. OLTP ist die Abkürzung für OnLine Transaction Processing. Hierunter wird die herkömmliche »flache« Transaktionsverarbeitung von Daten verstanden, wie sie beim Umgang mit SQL-Datenbanken üblich ist.

Nachstehend sollen einige Begriffe, die im Zusammenhang mit multidimensionalen Datenbanken immer wieder auftauchen, kurz erklärt werden.

9.2 Das multidimensionale Konzept

9.2.1 Dimensionen

Bei der Analyse von Daten beschäftigt man sich in der Regel mit verdichteten, also aggregierten bzw. konsolidierten Daten. Diese Daten entstammen in der Regel verschiedenen Ebenen. Erst durch diese Verdichtung ist es möglich, einen entsprechenden Überblick zu bekommen. Die oberste Ebene einer solchen Verdichtung wird als Dimension bezeichnet.

Soll beispielsweise eine Dimension Zeit geschafften werden, so ließe sich diese über die Stufung Tag, Woche, Monat, Quartal und Jahr aggregieren.

Eine weitere gängige Dimension ist beispielsweise die räumliche Abgrenzung, die als Region bezeichnet werden kann. Hierbei ist Region aber als übergeordneter Begriff zu verstehen.

Diese Dimension ließe sich aus Firma, Ort, Bundesland, Land, untergeordneter Erdteil, Erdteil und Welt aggregieren.

Weitere denkbare Dimensionen sind Produkte, Kostengruppen usw.

Die einzelnen Ausprägungen einer Dimension bezeichnet man als *Elemente*, wobei auch oft der englische Begriff *members* zu finden ist.

9.2.2 Measures

Als Measures bezeichnet man Werte, auf die mithilfe der Dimensionen zugegriffen wird. Eine multidimensionale Datenmenge muss mindestens ein, kann aber auch beliebig viele Measures enthalten.

Aggregiert werden die Werte der Measures, wobei in den meisten Fällen summiert wird.

9.2.3 Hierarchien

Elemente von Dimensionen sind meist hierarchisch aufgebaut. Wie bereits weiter vorne erwähnt, kann beispielsweise die Dimension Zeit sich aus Tag, Woche, Monat, Quartal und Jahr zusammensetzen. Diese Elemente sind hierarchisch strukturiert, das heißt sie bauen aufeinander auf.

In Hierarchien kann mithilfe von DrillDown und RollUp eine Datenspreizung oder Datenverdichtung erreicht werden.

9.2.4 Cubes

Cubes setzen sich zusammen aus Dimensionen und Measures.

Cuberollen legen fest, welche Benutzer oder Benutzergruppen auf die Daten in einem Cube zugreifen und sie abfragen dürfen.

Ein Cube setzt sich aus Measures (oder quantitativen Daten wie Umsätze und Kosten) und Dimensionen (oder beschreibenden Unternehmensdaten wie geografische Regionen, Zeit oder Kundendemografie) zusammen.

Ein virtueller Cube ist eine Obermenge aus ausgewählten Cubes in der Datenbank. Er ist mit einer Sicht zwischen relationalen Tabellen vergleichbar. Ein virtueller Cube ermöglicht Ihnen die Erstellung umfassenderer Sichten für Ihre multidimensionalen Daten, ohne zusätzlichen physischen Speicherbereich auf

Ihrem Datenträger zu benötigen. Ein virtueller Cube ermöglicht es Benutzern, die die Datenbank abfragen, Daten aus verschiedenen Cubes an ein und derselben Stelle anzuzeigen, wodurch die vorhandenen Analysefunktionen wesentlich erweitert und verbessert werden.

9.2.5 Dimensions- und Faktentabellen

Zur Versorgung eines Cubes mit Daten sind bestimmte Voraussetzungen erforderlich:

❶ Um den Cube mit Daten zu versorgen, sind Werte (Measures) erforderlich, die in einer Faktentabelle (fact table) gespeichert werden.

❷ Die bereits mehrfach angesprochenen Elemente einer Dimension werden in Dimensionstabellen abgespeichert.

❸ Zur Verbindung von Faktentabelle und Dimensionstabelle sind Schlüssel erforderlich. Die Primärschlüssel der Dimensionstabelle erscheinen als Fremdschlüssel in der Faktentabelle.

9.3 Speicheroptionen (Auszug aus der Hilfe)

Physische Speicheroptionen wirken sich auf die Leistung und Speicheranforderungen von Cubes aus. Sie können einen Cube in einer MOLAP-Struktur (multidimensionale OLAP), einer ROLAP-Datenbank (relationale OLAP) oder einer HOLAP-Kombination (hybride OLAP) aus multidimensionaler Struktur und relationaler Datenbank speichern. Jede dieser Speicherstrategien hat ihre Vor- und Nachteile.

MOLAP (multidimensionale OLAP): Speichert Aggregationen und eine Kopie der Quelldaten eines Cubes in einer multidimensionalen Struktur.

ROLAP (relationale OLAP): Speichert Aggregationen in einer relationalen Struktur und belässt die Quelldaten des Cubes in ihrer vorhandenen relationalen Struktur.

HOLAP (hybride OLAP): Speichert Aggregationen in einer multidimensionalen Struktur und belässt die Quelldaten eines Cubes in ihrer vorhandenen relationalen Struktur.

Die *MOLAP-Speicherung* verwendet eine multidimensionale Struktur, um Aggregationen und eine Kopie der Basisdaten aufzunehmen. Mit der MOLAP-Speicherung ist es möglich, die schnellsten Antwortzeiten zu erbringen, die nur vom Prozentwert und dem Entwurf der Aggregationen des Cubes abhängen. MOLAP ist im Allgemeinen eher für Cubes geeignet, die regelmäßig verwendet werden und schnelle Antwortzeiten benötigen.

Die *ROLAP-Speicherung* verwendet Tabellen in der relationalen Datawarehouse-Datenbank, um die Aggregationen eines Cubes zu speichern. Im Gegensatz zur MOLAP-Speicherung speichert ROLAP keine Kopie der Basisdaten, wenn sie auf die ursprüngliche Faktentabelle beim Antworten auf Abfragen zugreift. Die Reaktion von ROLAP auf Abfragen erfolgt im Allgemeinen langsamer als bei den beiden anderen Speicherstrategien. Ein typisches Einsatzgebiet für ROLAP sind große Datenmengen, die unregelmäßig abgefragt werden, z.B. Vergangenheitsdaten aus weiter zurückliegenden Jahren.

Die *HOLAP-Speicherung* kombiniert Attribute von MOLAP und ROLAP. Aggregationsdaten werden in MOLAP-Strukturen gespeichert, und die Basisdaten verbleiben in der relationalen Datenbank des Datawarehouse. Für die Abfragen, die auf Zusammenfassungsdaten zugreifen, ist HOLAP äquivalent zu MOLAP. Abfragen, die auf Basisdaten zugreifen (wie z.B. bei einem Drill-Down auf einzelne Fakten), müssen Daten aus der relationalen Datenbank abrufen und sind daher langsamer, als wenn die Basisdaten in der MOLAP-Struktur gespeichert wären. Als HOLAP gespeicherte Cubes sind kleiner als die vergleichbaren MOLAP-Cubes und antworten schneller als ROLAP-Cubes auf Abfragen mit Zusammenfassungsdaten. Die HOLAP-Speicherung ist im Allgemeinen für Cubes geeignet, die schnelle Abfrageantworten für Zusammenfassungen erfordern, die auf großen Basisdatenmengen basieren.

Microsoft® SQL Server™ OLAP Services unterstützt alle drei Speichermodi. Der Speicherentwurfs-Assistent stellt Optionen bereit, mit denen Sie den geeigneten Speichermodus für den Cube wählen.

9.4 Erstellen eines OLAP-Cubes

Zur Erstellung eines OLAP-Cubes gehen Sie anfangs genau so vor, wie Sie dies bei der Erstellung einer Verbindung mit einer externen Datenquelle tun. Nachstehend zeige ich Ihnen schrittweise die Vorgehensweise.

- Wählen Sie den Menübefehl DATEN | EXTERNE DATEN | NEUE ABFRAGE ERSTELLEN....
- In der Registerkarte DATENBANKEN wählen Sie <*Neue Datenquelle*> und erstellen eine neue Datenquelle, der Sie den Namen *Bestellungen2000_OLAP* geben.
- Verwenden Sie für die Datenbank *Bestellungen2000_BIG.MDB* den *Microsoft-Access-Treiber*.
- Bestätigen Sie dann mit OK.
- Nun erstellen Sie, basierend auf der Datenquelle *Bestellungen2000_OLAP* eine neue Abfrage.

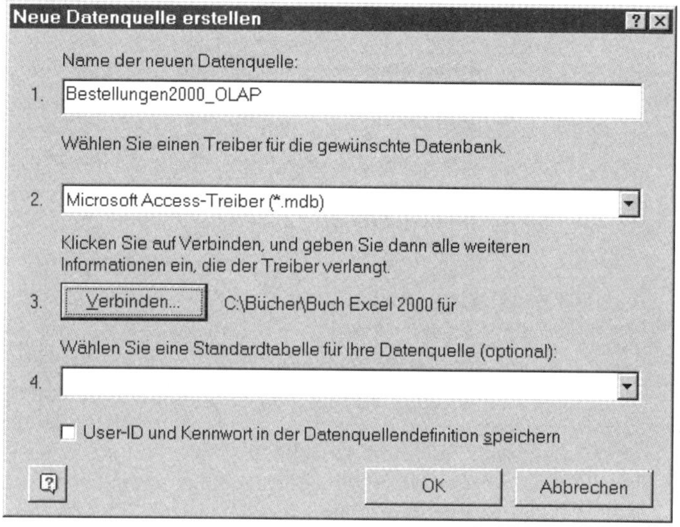

Abbildung 9.1 Neue Datenquelle erstellen

Fügen Sie die Tabellen *tblVerkaeufer, tblVerkaufsgebiete, tblKunden, tblAuftraege, tblKalender, tblAuftragspositionen* und *tblArtikel* hinzu.

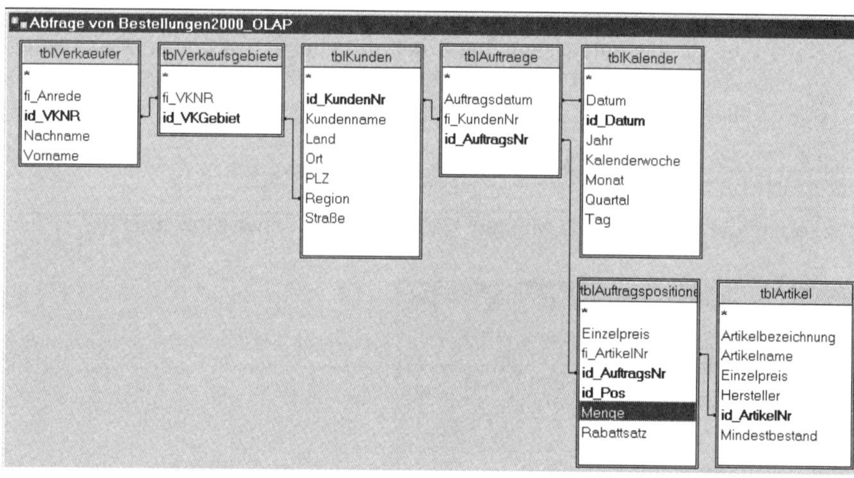

Abbildung 9.2 Abfrage erstellen

Für die Abfrage benötigen Sie die folgenden Felder:

Tabelle	Feldname
tblVerkaeufer	*Nachname*
tblVerkaufsgebiete	*id_Verkaufsgebiet*
tblKunden	*Kundenname*
tblKunden	*PLZ*
tblKunden	*Ort*
tblAuftraege	*id_Auftragsnummer*
tblAuftraege	*Auftragsdatum*
tblArtikel	*Artikelname*
tblArtikel	*Artikelbezeichnung*
tblAuftragspositionen	*Menge*
tblAuftragspositionen	*Einzelpreis*
Virtuelles Feld	*Menge* tblAuftragspositionen.Einzelpreis*

Benennen Sie das nachstehende virtuelle Feld um und geben ihm den Namen *Gesamtpreis*. Dazu markieren Sie die Spalte und klicken doppelt auf den Spaltenkopf.

Abbildung 9.3 Virtuelles Feld Menge* tblAuftragspositionen.Einzelpreis

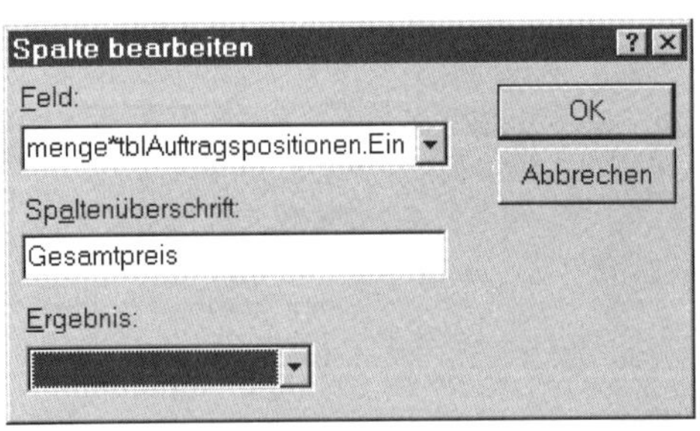

Abbildung 9.4 Namen für Spaltenüberschrift vergeben

- Speichern Sie zur Sicherheit diese Abfrage unter dem Namen *Bestellungen2000_OLAP.dqy*. Im Moment handelt es sich noch um eine ganz normale Abfrage.
- Wählen Sie dann den Menübefehl DATEI | OLAP-CUBE ERSTELLEN.

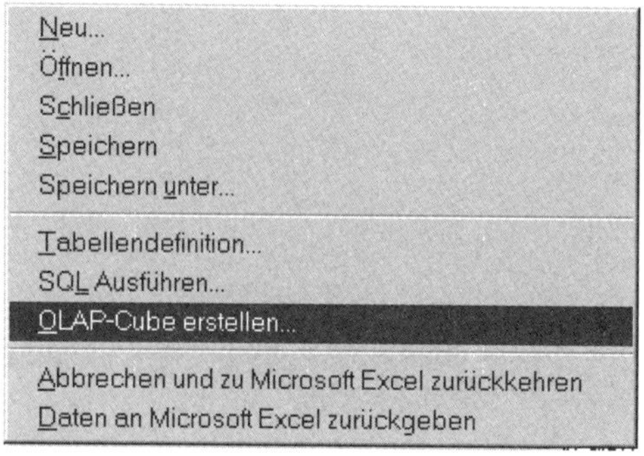

Abbildung 9.5 OLAP-Cube erstellen.

- Es erscheint der OLAP-CUBE-ASSISTENT. Mit WEITER kommen Sie dann zum eigentlich ersten Schritt des OLAP-Cube-Assistenten.

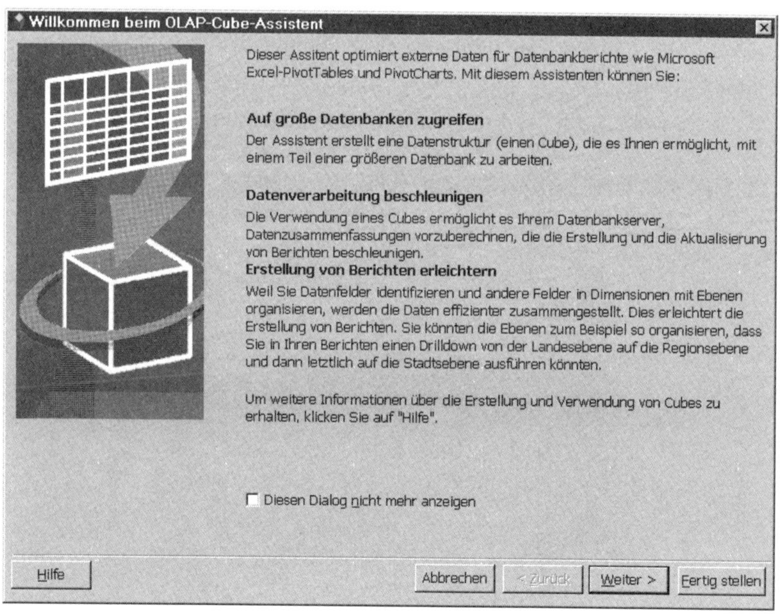

Abbildung 9.6 Willkommen beim OLAP-Cube-Assistent

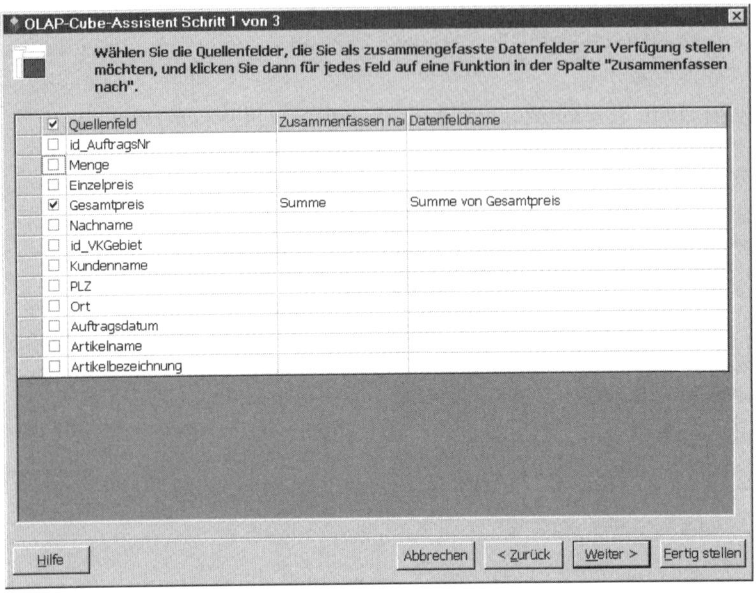

Abbildung 9.7 Schritt 1 von 3 des OLAP-Cube-Assistenten

- Bei den QUELLENFELDERN wählen Sie lediglich den *Gesamtpreis* zur Zusammenfassung aus. Mit WEITER gelangen Sie zu Schritt 2.
- Hier legen Sie die Dimensionen fest, indem Sie die QUELLENFELDER in DIMENSIONEN ziehen oder mit der Pfeiltaste verschieben.

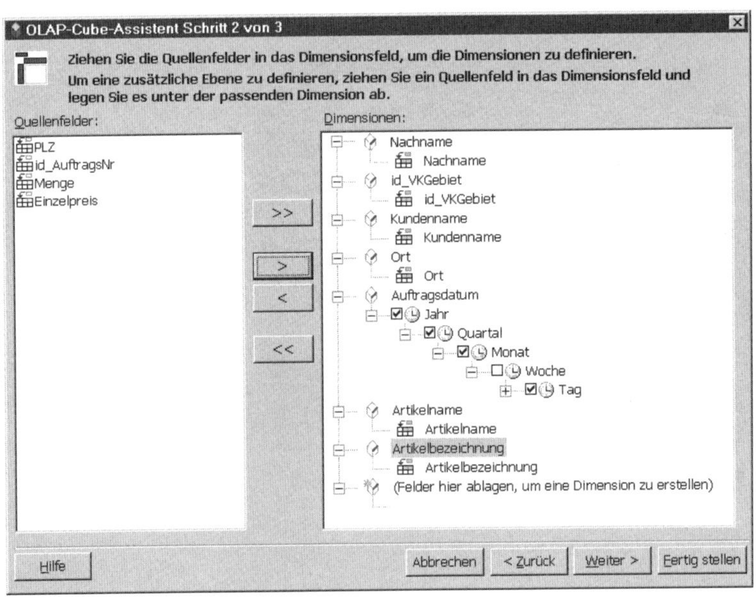

Abbildung 9.8 Definition der Dimensionen

Quellenfelder als Dimension
Nachname
id_VKGebiet
Kundenname
Ort
Auftragsdatum
Artikelname
Artikelbezeichnung

Haben Sie die Dimensionen bestimmt, klicken Sie auf WEITER. Im 3. Schritt legen Sie fest, welche Art von Cube Sie erstellen möchten. Ich habe mich für die dritte Option entschieden. Speichern Sie Datei in einem beliebigen oder dem vorgeschlagenen Verzeichnis unter dem Namen *Bestellungen2000_OLAP.cub* ab.

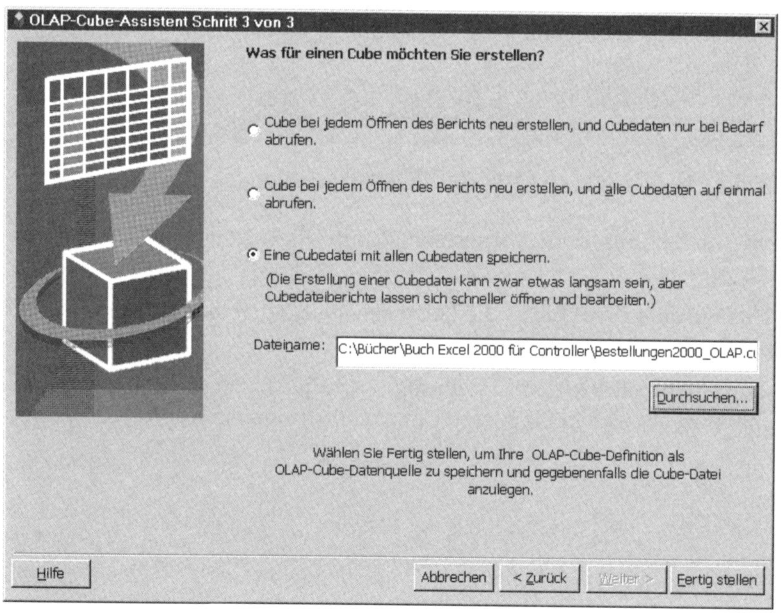

Abbildung 9.9 Art des Cubes bestimmen

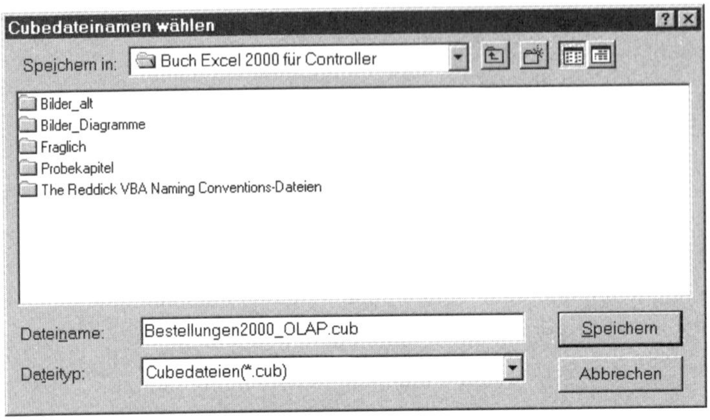

Abbildung 9.10 Abspeichern des OLAP-Cubes

Nun kann eine gewisse Zeit vergehen, bis der Cube erstellt wurde. Dann aber erscheint die folgende Meldung, die Sie natürlich mit JA beantworten.

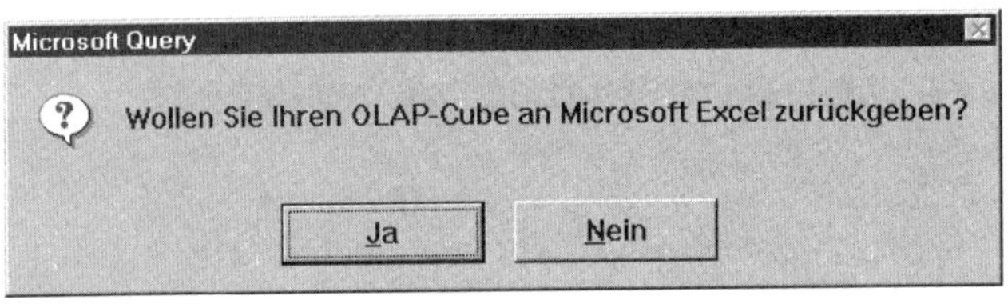

Abbildung 9.11 OLAP-Cube an Excel zurückgeben

Nun erscheint der aus dem vorherigen Kapitel bekannte dritte Schritt des PivotTable-Assistenten.

- Erstellen Sie eine PivotTable, die beispielsweise das folgende Aussehen haben kann.

Auf die einzelnen Schritte zur Erstellung einer PivotTable gehe ich an dieser Stelle nicht mehr ein. Lesen Sie hierzu die Ausführungen in Kapitel 8.

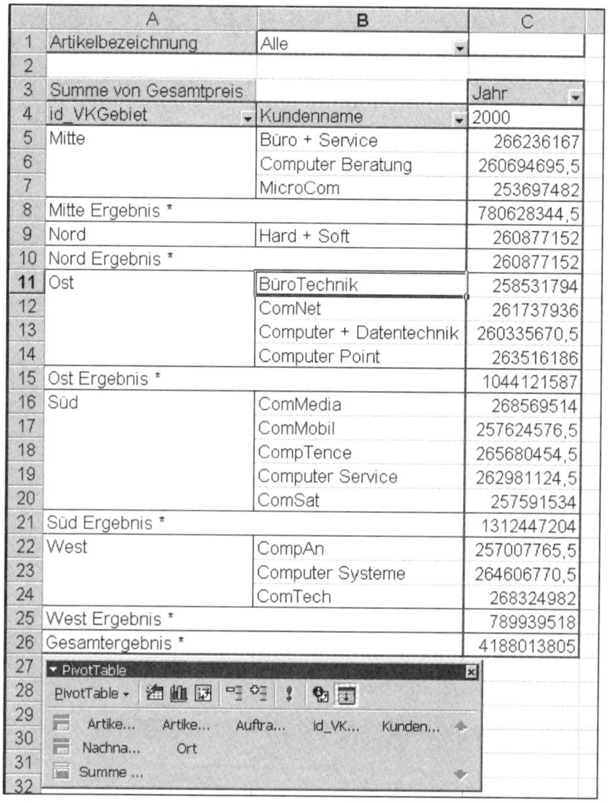

	A	B	C
1	Artikelbezeichnung	Alle	
2			
3	Summe von Gesamtpreis		Jahr
4	id_VKGebiet	Kundenname	2000
5	Mitte	Büro + Service	266236167
6		Computer Beratung	260694695,5
7		MicroCom	253697482
8	Mitte Ergebnis *		780628344,5
9	Nord	Hard + Soft	260877152
10	Nord Ergebnis *		260877152
11	Ost	BüroTechnik	258531794
12		ComNet	261737936
13		Computer + Datentechnik	260335670,5
14		Computer Point	263516186
15	Ost Ergebnis *		1044121587
16	Süd	ComMedia	268569514
17		ComMobil	257624576,5
18		CompTence	265680454,5
19		Computer Service	262981124,5
20		ComSat	257591534
21	Süd Ergebnis *		1312447204
22	West	CompAn	257007765,5
23		Computer Systeme	264606770,5
24		ComTech	268324982
25	West Ergebnis *		789939518
26	Gesamtergebnis *		4188013805

Abbildung 9.12 PivotTable

9.5 Ausführen einer gespeicherten Abfrage

Auch hier werden Sie wieder große Ähnlichkeiten mit der Verwendung einer normalen Abfrage feststellen.

- Führen Sie die Menübefehle DATEN | EXTERNE DATEN | GESPEICHERTE ABFRAGE AUSFÜHREN... aus .
- Wählen Sie die Datei *Bestellungen2000_OLAP.oqy* aus.

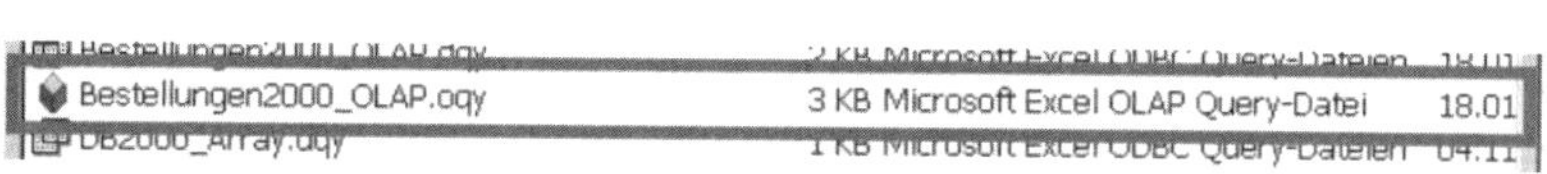

Abbildung 9.13 Auswahl der Cube-Abfrage

- Importieren Sie die Daten und erstellen dann eine neue PivotTable.

9.6 Erstellung eines OLAP-Cubes in Datenquellen

Führen Sie die Menübefehle DATEN | EXTERNE DATEN | NEUE ABFRAGE ERSTELLEN... aus.

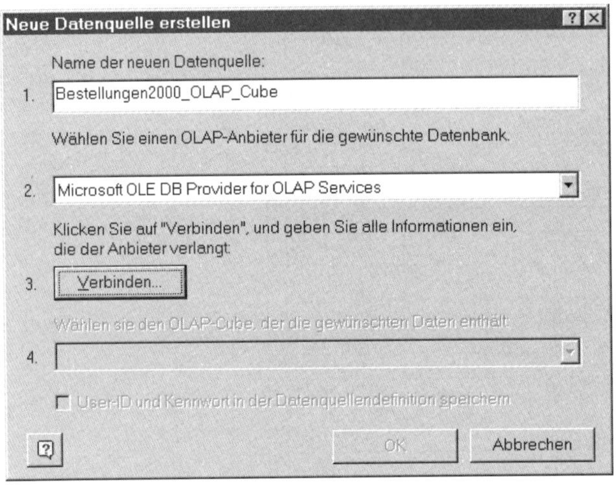

Abbildung 9.14 Auswahl des OLE DB-Anbieters

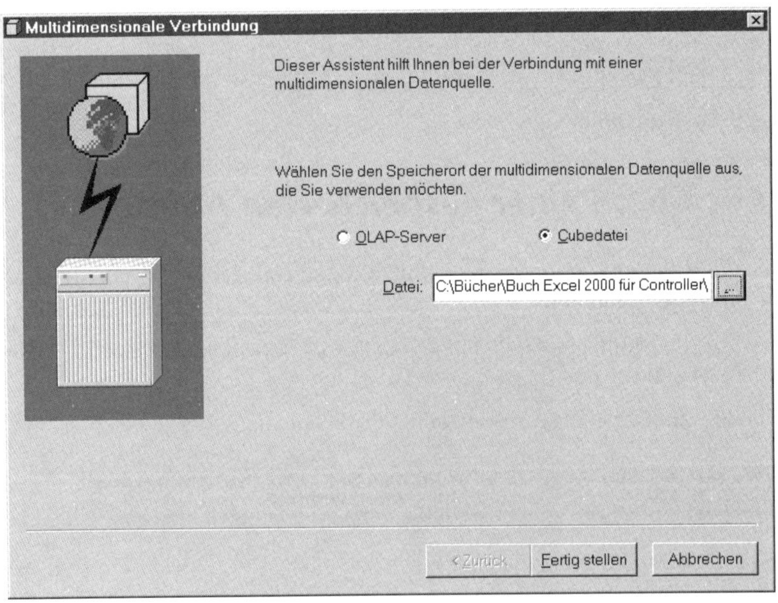

Abbildung 9.15 Auswahl des Speicherorts der multidimensionalen Datenquelle

- In der Registerkarte OLAP-CUBES wählen Sie *<Neue Datenquelle>* und erstellen eine neue Datenquelle, der Sie den Namen *Bestellungen2000_OLAP_Cube* geben.
- Der im Moment einzig mögliche OLAP-Anbieter ist *Microsoft OLE DB for OLAP Services*. Wählen Sie diesen Anbieter aus.
- Klicken Sie auf VERBINDEN, erscheint eine neues Dialogmenü. Hier wählen Sie den Speicherort der multidimensionalen Datenquelle aus.
- Die Datei ist die zuvor in diesem Kapitel erstellte Cube-Datei *Bestellungen2000_OLAP.cub*. Klicken Sie dann auf FERTIG STELLEN.

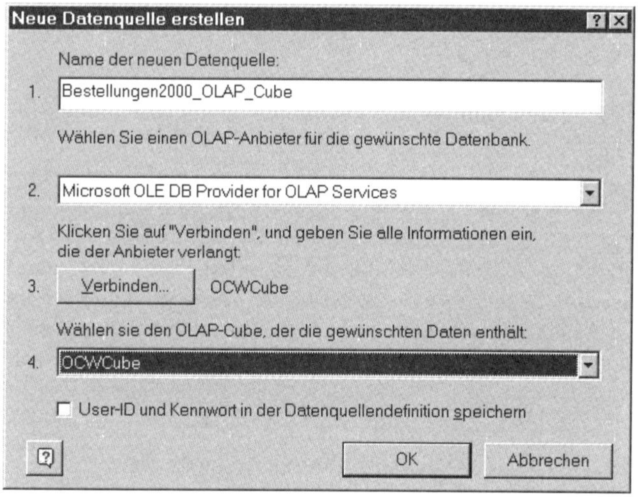

Abbildung 9.16 Komplette Auswahl von Datenquelle, OLAP-Anbieter und OLAP-Cube

Damit haben Sie eine neue OLAP-Cube-Datenquelle erstellt, die Sie jetzt nutzen können.

9.7 Auswahl eines OLAP-Cubes aus Datenquellen

Soll die gerade erstellte OLAP-Cube-Datenquelle in einer neuen Tabelle verwendet werden, gehen Sie folgendermaßen vor.

- Führen Sie die Menübefehle DATEN | EXTERNE DATEN | NEUE ABFRAGE ERSTELLEN... aus.
- Wählen Sie die Registerkarte OLAP-CUBES und dort *Bestellungen2000_OLAP_Cube*.

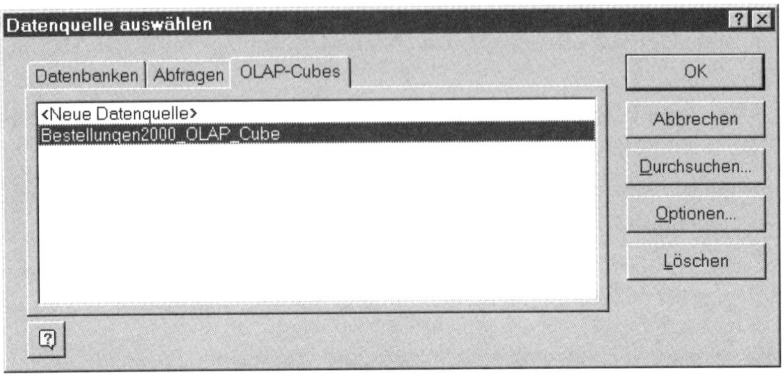

Abbildung 9.17 Auswahl des OLAP-Cubes

- Bestätigen Sie mit OK und Sie können die PivotTable erstellen.

9.8 Der OLAP-Manager des SQL-Servers

Eine weitere Möglichkeit, einen OLAP-Cube zu erstellen, haben Sie dann, wenn Sie über den Microsoft SQL-Server 7.0 oder höher verfügen. Die nachstehend beschriebene Vorgehensweise basiert auf dem SQL-Server 7.0 und setzt diesen folgerichtig auch voraus. Der erstellte Cube lässt sich dann wieder mithilfe von Excel aufrufen.

9.8.1 Einrichten der Datenquellenverbindung des Systems

Sie können erst mit dem OLAP-Manager arbeiten, wenn Sie die Verbindungen mit der Quelle der Daten im ODBC-DATENQUELLEN-ADMINISTRATOR eingerichtet haben.

So richten Sie den Datenquellennamen (Data Source Name, DSN) für das System ein:

- Zeigen Sie im Startmenü von Windows auf EINSTELLUNGEN, wählen Sie SYSTEMSTEUERUNG aus, und doppelklicken Sie auf ODBC-DATENQUELLEN.
- Klicken Sie auf der Registerkarte SYSTEM-DSN auf HINZUFÜGEN.
- Wählen Sie *Microsoft Access-Treiber (*.mdb)* aus, und klicken Sie auf FERTIG STELLEN.
- Geben Sie *Bestellungen2000_BIG_OLAP* im Feld DATENQUELLENNAME ein, und klicken Sie unter DATENBANK auf AUSWÄHLEN.

- Suchen Sie im Dialogfeld DATENBANK AUSWÄHLEN den Ordner aus, in den Sie die Beispiele des Buchs kopiert haben, geben dann LW:\PFAD ein, und wählen Sie die Datei *Bestellungen2000_BIG.mdb* aus. Klicken Sie dann auf OK.
- Klicken Sie im Dialogfeld ODBC MICROSOFT ACCESS SETUP auf OK.
- Klicken Sie im Dialogfeld ODBC-DATENQUELLEN-ADMINISTRATOR auf OK.

9.8.2 Starten des OLAP-Managers

Der OLAP-Manager ist ein Snap-in-Programm, das unter Microsoft Management Console (MMC) ausgeführt wird.

So starten Sie den OLAP-Manager:

- Zeigen Sie im Startmenü von Windows auf PROGRAMME, sodann auf MICROSOFT SQL SERVER 7.0 und OLAP SERVICES, und wählen Sie OLAP-MANAGER aus. Es erscheint das Fenster KONSOLENSTAMM\OLAP-SERVERS.

9.8.3 Einrichten der Datenbank und der Datenquelle

Sie haben nun alle Vorbereitungen getroffen, um mit dem OLAP-Manager arbeiten zu können. Vor dem Entwurf des Cubes müssen Sie eine Datenbankstruktur einrichten und eine Verbindung mit der bereits im ODBC-DATENQUELLEN-ADMINISTRATOR erstellten Datenquelle herstellen.

So richten Sie die Datenbankstruktur ein:

- Erweitern Sie in der Baumansicht des OLAP-Managers den Ordner OLAP-SERVER.
- Klicken Sie auf den Namen des Servers. Es wird eine Verbindung mit dem OLAP-Server hergestellt.
- Klicken Sie mit der rechten Maustaste auf den Namen des Servers, und wählen Sie im Kontextmenü die Option *Neue Datenbank* aus.
- Geben Sie im Dialogfeld DATENBANK im Feld DATENBANKNAME den Namen *Bestellungen2000_BIG* ein, und klicken Sie dann auf OK.
- Erweitern Sie den Server in der Baumansicht des OLAP-Managers und anschließend die soeben von Ihnen erstellte Datenbank *Bestellungen2000_BIG*.

Die neue Datenbank *Bestellungen2000_BIG* enthält drei Ordner. Im Verlauf dieser Übung werden diese drei Ordner aufgefüllt:

- Cubes
- Virtuelle Cubes
- Bibliothek

Als Nächstes stellen Sie eine Verbindung mit den Beispieldaten in der Datenquelle *Bestellungen2000_BIG* her.

Durch das Einrichten einer Datenquelle im OLAP-Manager wird eine Verbindung zwischen der Datenbank und dem System-DSN im ODBC-DATENQUELLEN-ADMINISTRATOR hergestellt. Während Sie den Cube erstellen, werden alle Daten aus dieser Quelle entnommen.

So richten Sie die Datenquelle ein:

- Erweitern Sie in der Baumansicht des OLAP-Managers den Ordner BIBLIOTHEK, klicken Sie mit der rechten Maustaste auf den Ordner DATENQUELLEN, und wählen Sie dann im Kontextmenü die Option NEUE DATENQUELLE aus.
- Klicken Sie im Dialogfeld DATENVERKNÜPFUNGSEIGENSCHAFTEN auf die Registerkarte PROVIDER, und wählen Sie dann *Microsoft Jet 4.0 OLE DB-Provider* aus der Liste aus.
- Klicken Sie auf die Schaltfläche WEITER oder wählen Sie auf der Registerkarte VERBINDUNG in der Drop-downliste DATENQUELLENNAME VERWENDEN die Datenquelle *Bestellungen2000_BIG_OLAP* aus.
- Stellen Sie die einwandfreie Funktion durch Klicken auf VERBINDUNG TESTEN sicher. Die Meldung, dass die Verbindung erfolgreich war, sollte in einer MessageBox angezeigt werden. Klicken Sie auf OK.
- Klicken Sie auf OK, um das Dialogfeld DATENVERKNÜPFUNGSEIGENSCHAFTEN zu schließen.

9.8.4 Erstellen des Cubes

Ein Cube setzt sich aus Measures (oder quantitativen Daten wie Umsätze und Kosten) und Dimensionen (oder beschreibenden Unternehmensdaten wie geografische Regionen, Zeit oder Kundendemografie) zusammen.

Öffnen des Cube-Assistenten

- Klicken Sie in der Baumansicht des OLAP-Managers unter *Bestellungen2000_BIG* mit der rechten Maustaste auf den Ordner *Cubes*, wählen Sie *Neuer Cube* und anschließend im Kontextmenü *Assistent* aus.

Hinzufügen von Measures zum Cube

- Klicken Sie im Begrüßungsbildschirm des Cube-Assistenten auf WEITER.
- Erweitern Sie im Schritt WÄHLEN SIE EINE FAKTENTABELLE FÜR IHREN CUBE AUS die Datenquelle *Bestellungen2000_BIG*, klicken Sie auf *qryAuftragspositionen*. Sie können die Daten in der *qryAuftragspositionen*-Abfrage durch Klicken auf DATEN ANZEIGEN... anzeigen.

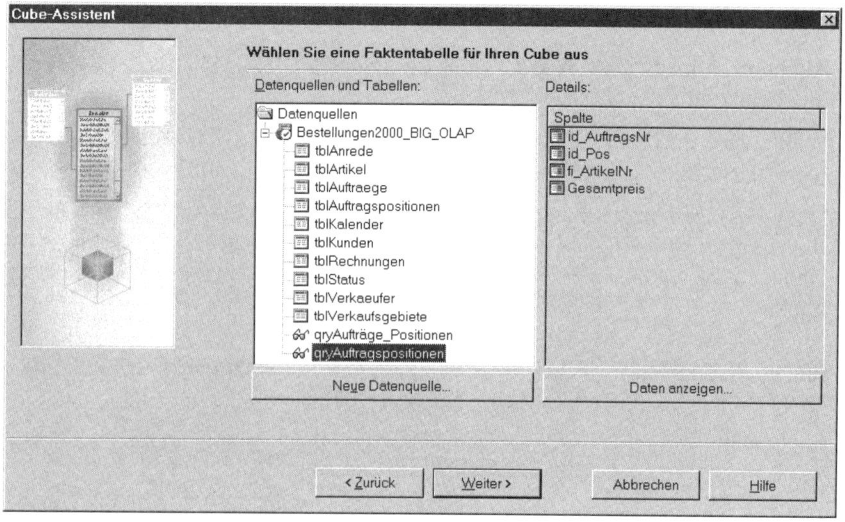

Abbildung 9.18 Auswahl einer Faktentabelle

- Klicken Sie auf WEITER.
- Wenn Sie die Measures für den Cube definieren möchten, doppelklicken Sie unter NUMERISCHE SPALTEN DER FAKTENTABELLE auf *Gesamtpreis*.

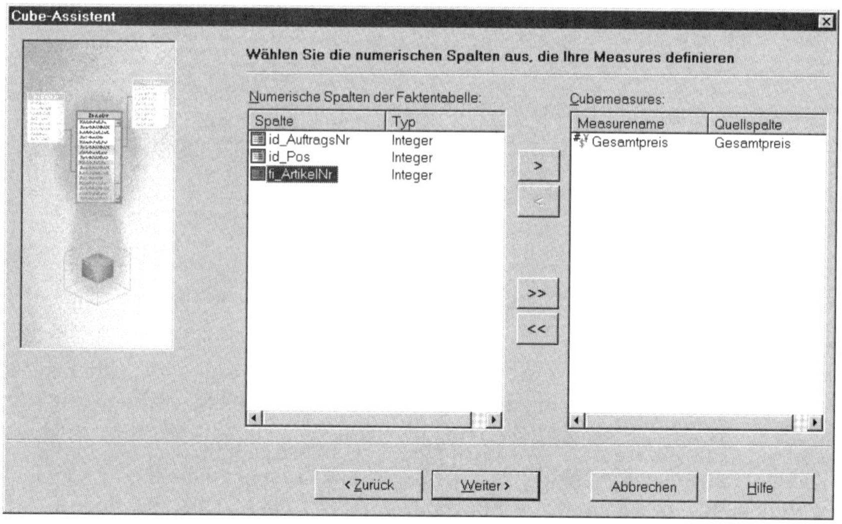

Abbildung 9.19 Measures definieren

- Klicken Sie dann auf WEITER.

Erstellen der Dimension »Zeit«

- Klicken Sie im Schritt WÄHLEN SIE DIE DIMENSIONEN FÜR IHREN CUBE AUS des Assistenten auf NEUE DIMENSION....
- Wählen Sie im Dimensions-Assistenten EINE EINZELNE DIMENSIONSTABELLE (FLACH ODER STERNSCHEMA) aus, und klicken Sie dann auf WEITER.
- Erweitern Sie im Schritt DIMENSIONSTABELLE AUSWÄHLEN den Ordner *Bestellungen2000_BIG_OLAP*, und klicken Sie auf *tblKalender*. Sie können die Daten in der *tblKalender*-Tabelle anzeigen, indem Sie auf DATEN ANZEIGEN klicken.

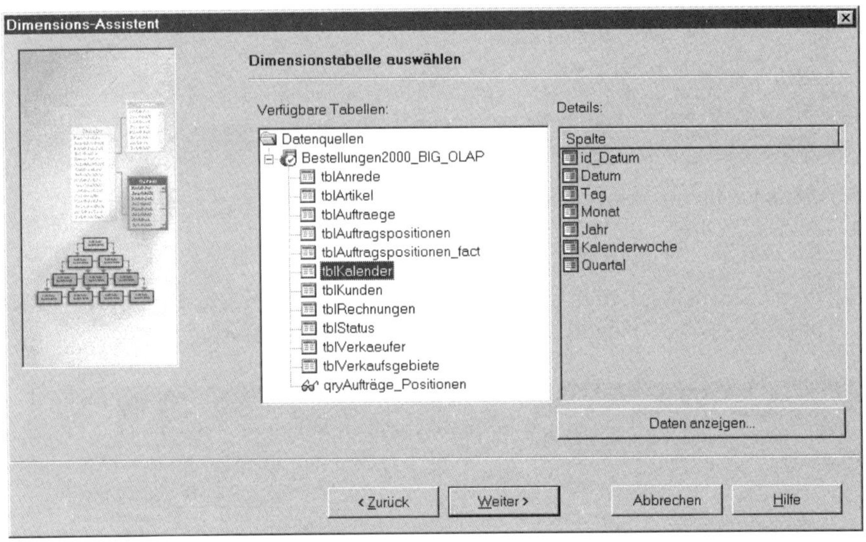

Abbildung 9.20 Dimensionstabelle auswählen

- Klicken Sie auf WEITER.
- Wählen Sie im Schritt DIMENSIONSTYP AUSWÄHLEN die Option *Zeitdimension* aus, und klicken Sie dann auf WEITER.
- Wenn Sie die Ebenen für die Dimensionen definieren möchten, klicken Sie auf das Drop-down-Listenfeld ZEITEBENEN AUSWÄHLEN, wählen Sie *Jahr, Quartal, Monat* aus, und klicken Sie dann auf WEITER.
- Geben Sie im letzten Schritt des Assistenten *Datum* als Namen für die neue Dimension ein, und klicken Sie dann auf FERTIG STELLEN, um zum CUBE-ASSISTENTEN zurückzukehren.

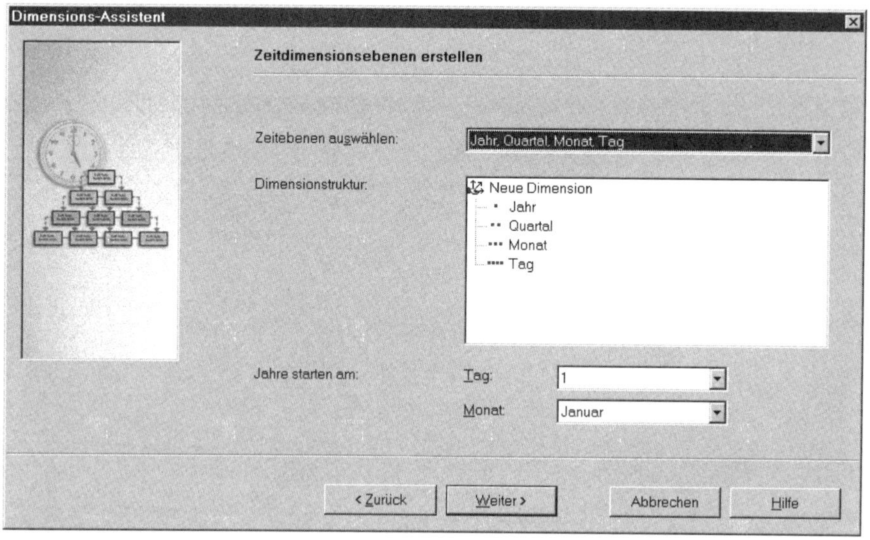

Abbildung 9.21 Zeitdimension erstellen

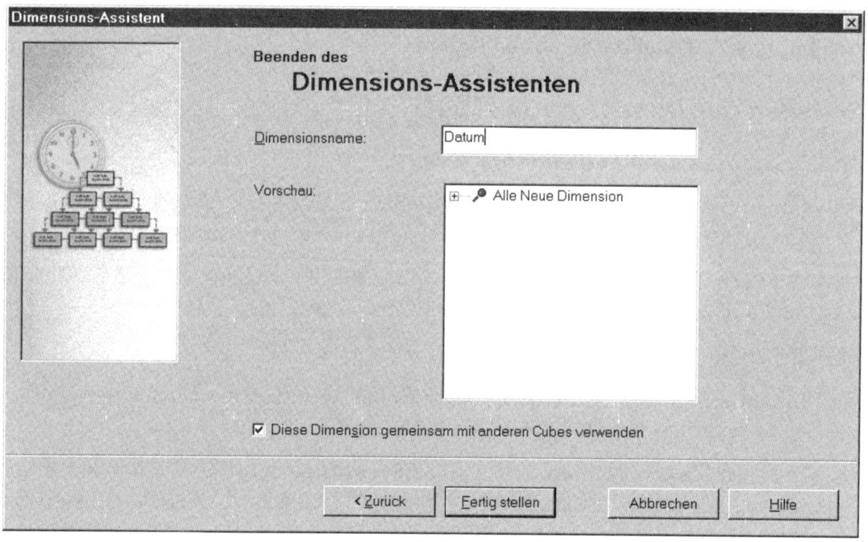

Abbildung 9.22 Name für die Dimension Datum vergeben

Anmerkung Sie können festlegen, ob diese Dimension *Gemeinsam* oder *Privat* sein soll, indem Sie das Kontrollkästchen DIESE DIMENSION GEMEINSAM MIT ANDEREN CUBES VERWENDEN, das sich in der Ecke unten links auf dem Bildschirm befindet, verwenden. Das Kontrollkästchen sollte aktiviert bleiben.

Die Dimension *Datum* sollte nun in der Liste CUBEDIMENSIONEN angezeigt werden.

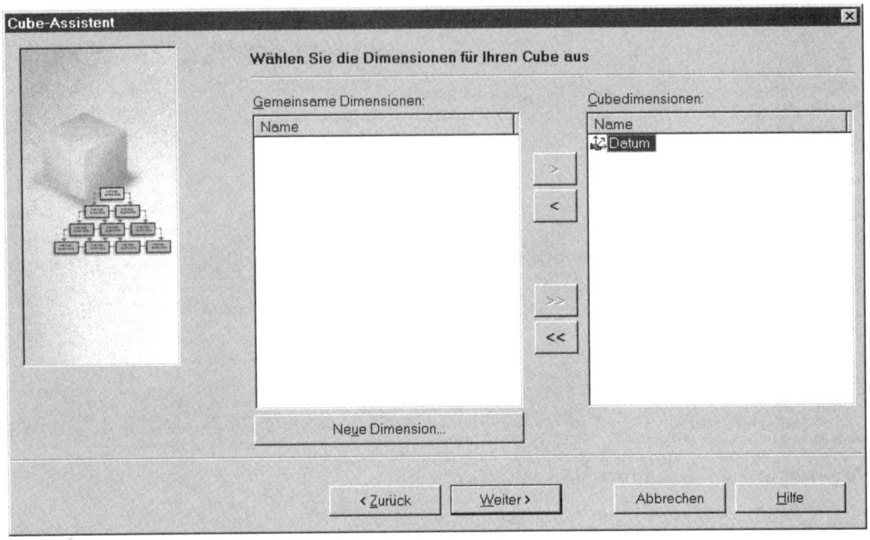

Abbildung 9.23 Erstellte Dimension Datum

Erstellen der Dimension »Artikel«

- Klicken Sie erneut auf NEUE DIMENSION....
- Wählen Sie im Dimensions-Assistenten EINE EINZELNE DIMENSIONSTABELLE (FLACH ODER STERNSCHEMA) aus, und klicken Sie dann auf WEITER.
- Erweitern Sie im Schritt DIMENSIONSTABELLEN AUSWÄHLEN den Ordner *Bestellungen2000_BIG_OLAP*, und klicken Sie auf *tblArtikel*.
- Klicken Sie auf WEITER.
- Wählen Sie die Spalten *Hersteller*, *Artikelname* und *Artikelbezeichnung* in dieser Reihenfolge für die DIMENSIONSEBENEN aus.
- Vergeben Sie den Namen *Artikel* für diese Dimension. Das Kontrollkästchen DIESE DIMENSION GEMEINSAM MIT ANDEREN CUBES VERWENDEN lassen Sie aktiviert.
- Klicken Sie auf FERTIG STELLEN. Die Dimension *Artikel* sollte nun in der Liste CUBEDIMENSIONEN angezeigt werden.

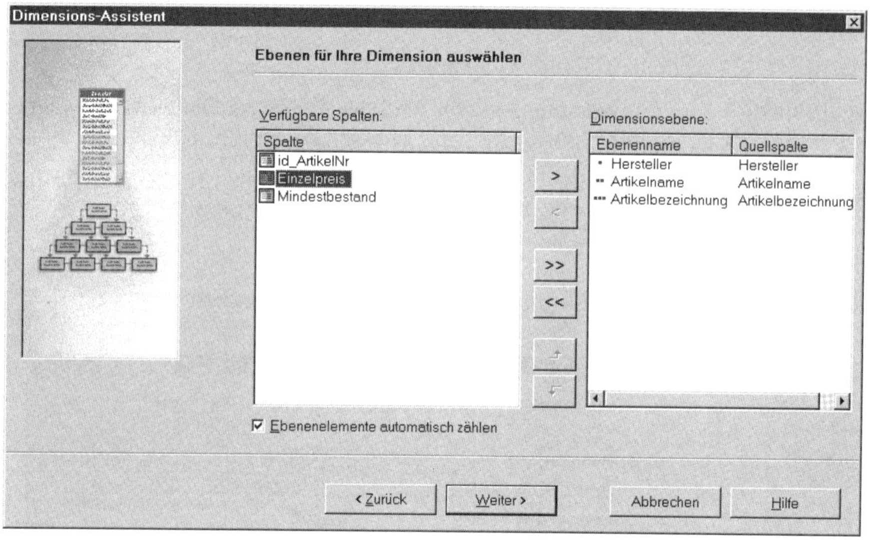

Abbildung 9.24 Auswahl der Spalten für die Dimensionsebene

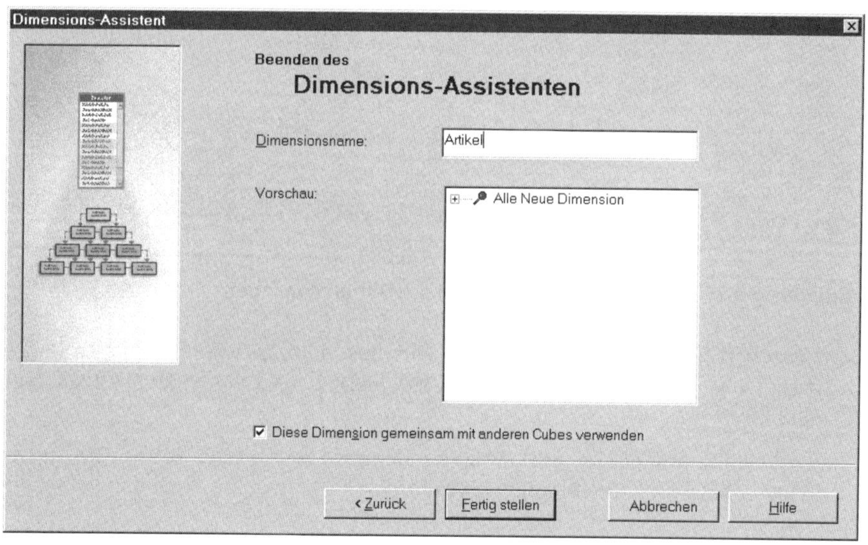

Abbildung 9.25 Name für die Dimension Artikel vergeben

Erstellen der Dimension »Aufträge«

- Klicken Sie erneut auf NEUE DIMENSION....
- Wählen Sie im Dimensions-Assistenten EINE EINZELNE DIMENSIONSTABELLE (FLACH ODER STERNSCHEMA) aus, und klicken Sie dann auf WEITER.
- Erweitern Sie im Schritt DIMENSIONSTABELLEN AUSWÄHLEN den Ordner *Bestellungen2000_BIG_OLAP*, und klicken Sie auf *tblAuftraege*.
- Klicken Sie auf WEITER.
- Wählen Sie die Spalten *Auftragsdatum* für die DIMENSIONSEBENE aus.

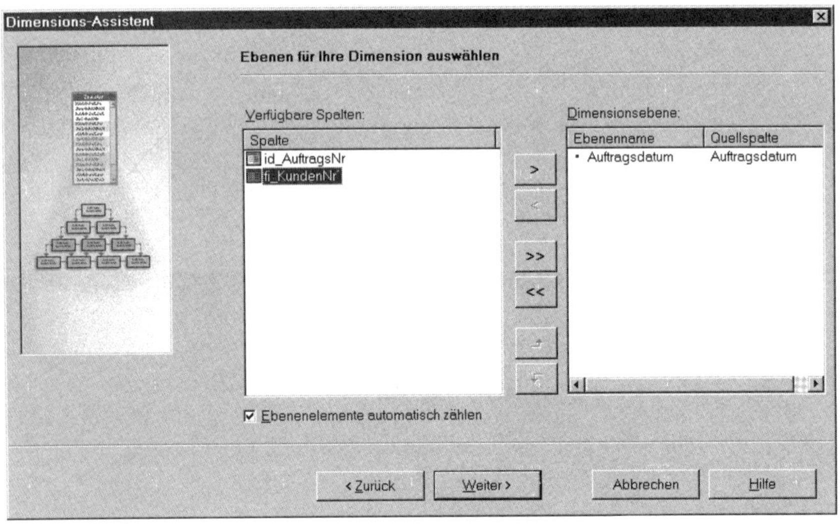

Abbildung 9.26 Auswahl der Spalten für die Dimensionsebene

- Vergeben Sie den Namen *Aufträge* für diese Dimension. Das Kontrollkästchen DIESE DIMENSION GEMEINSAM MIT ANDEREN CUBES VERWENDEN lassen Sie aktiviert.
- Klicken Sie auf FERTIG STELLEN. Die Dimension *Aufträge* sollte nun in der Liste CUBEDIMENSIONEN angezeigt werden.

Erstellen der Dimension »Verkaufsgebiet und Kunde«

- Klicken Sie erneut auf NEUE DIMENSION....
- Wählen Sie im Dimensions-Assistenten MEHRERE DIMENSIONSTABELLEN (SCHNEEFLOCKENSCHEMA) aus, und klicken Sie dann auf WEITER.

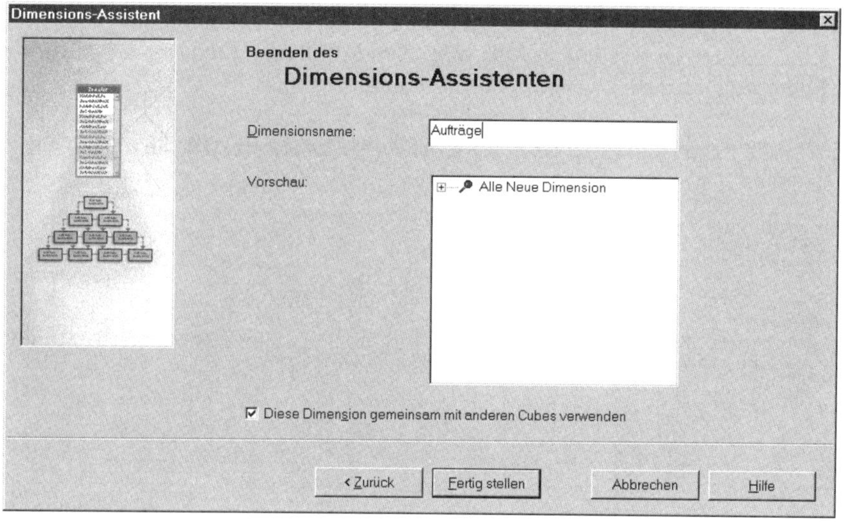

Abbildung 9.27 Name für die Dimension Aufträge vergeben

- Erweitern Sie im Schritt DIMENSIONSTABELLEN AUSWÄHLEN den Ordner *Bestellungen2000_BIG_OLAP* und klicken zuerst auf *tblVerkaufsgebiete* und dann auf *tblKunden* und fügen diese AUSGEWÄHLTE TABELLEN hinzu.
- Klicken Sie auf WEITER.
- Verknüpfen Sie diese beiden Tabellen über die Felder *id_Verkaufsgebiet* und *Region*.

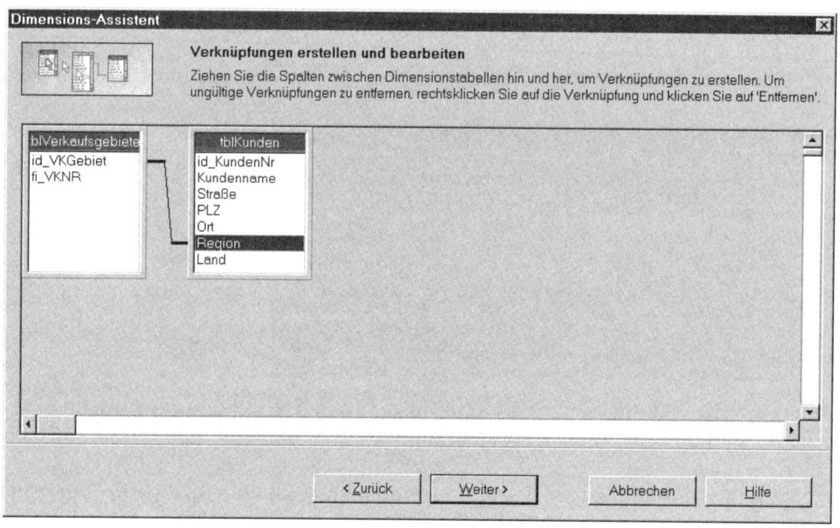

Abbildung 9.28 Verknüpfung der beiden Tabellen

- Klicken Sie auf WEITER.
- Wählen Sie die Spalten *id_VKGebiet*, *Land*, *Ort* und *Kundenname* in dieser Reihenfolge für die DIMENSIONSEBENEN aus.

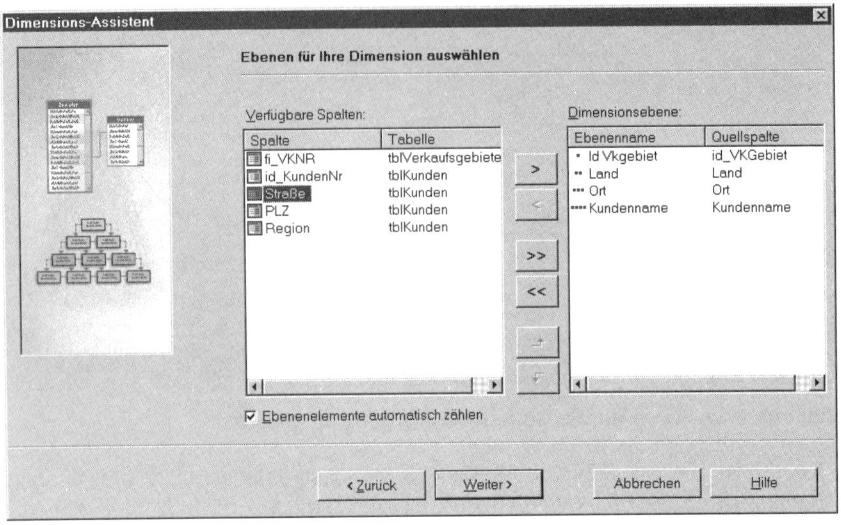

Abbildung 9.29 Dimensionsebenen auswählen

- Klicken Sie auf WEITER und vergeben den Namen *Verkaufsgebiet und Kunde.*

Fertigstellen des Cubes

- Klicken Sie auf WEITER.
- Es erscheint die folgende Meldung, die Sie mit OK bestätigen:

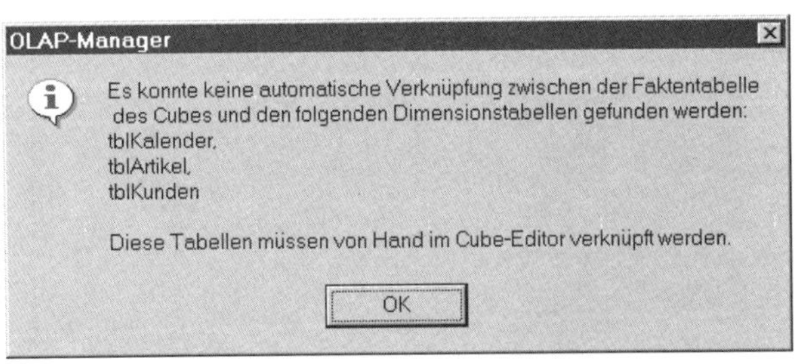

Abbildung 9.30 Information, dass keine Automatische Verknüpfung zwischen Faktentabelle und den Dimensionstabellen möglich ist

- Geben Sie dem Cube den Namen *Aufträge*, und klicken Sie auf FERTIG STELLEN.

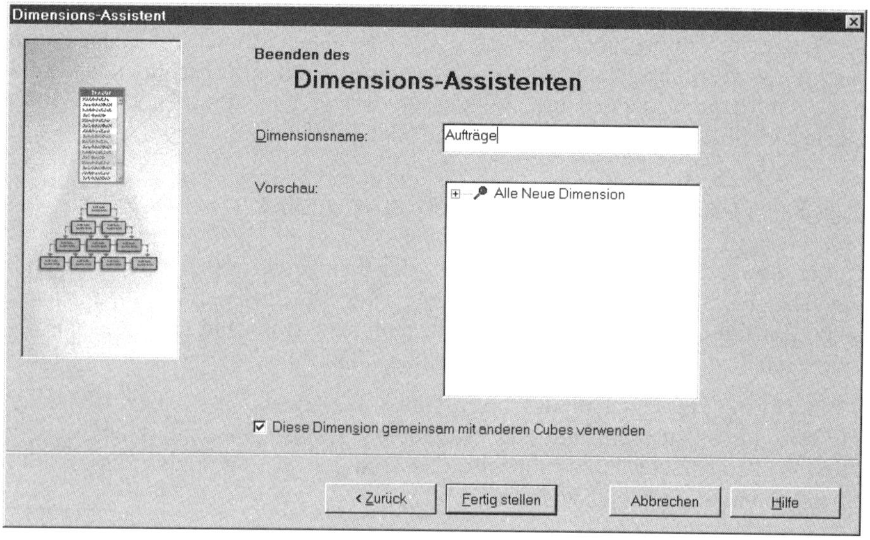

Abbildung 9.31 Cube Aufträge fertig stellen

Bearbeiten des Cubes im Cube-Editor

Nachdem die Information erfolgte, dass nicht alle Tabellen richtig verbunden werden konnten, muss dies nun manuell geschehen. Dazu wird automatisch der Cube-Editor eingeblendet.

- Stellen Sie die Verbindungen, wie nachstehend abgebildet durch Ziehen mit der Maus, her.

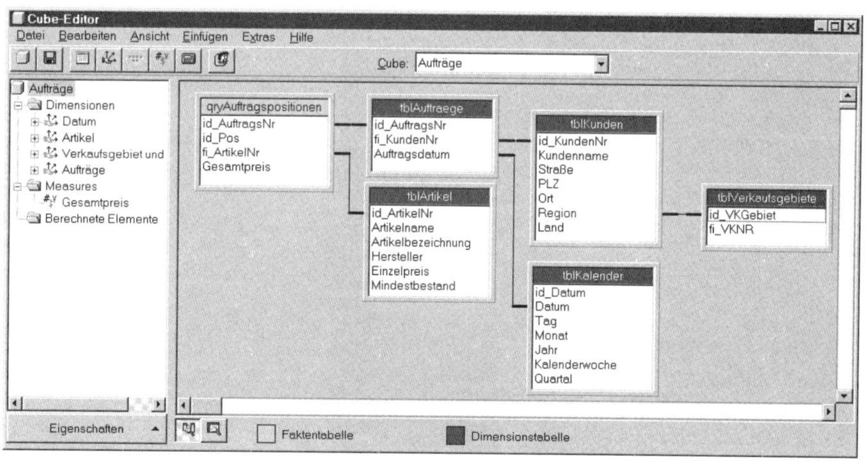

Abbildung 9.32 Herstellen der Verbindungen im Cube-Editor

Im Cube-Editor wird die Faktentabelle (mit gelber Titelleiste) sowie die verknüpften Dimensionstabellen (mit blauen Titelleisten) angezeigt. In der Baumansicht des Cube-Editors erhalten Sie eine Vorschau auf die Struktur des Cubes in einem hierarchischen Baum. Sie können die Eigenschaften des Cubes durch Klicken auf die Schaltfläche EIGENSCHAFTEN bearbeiten.

9.8.5 Hinzufügen von Rollen zum Cube

Cuberollen legen fest, welche Benutzer oder Benutzergruppen auf die Daten in einem Cube zugreifen und sie abfragen dürfen. Nachdem der Cube nun vollständig ausgearbeitet ist, fügen Sie ihm eine neue Rolle hinzu. In diesem Beispiel erstellen Sie eine Rolle mit dem Namen *Absatzanalyse*.

Anmerkung Der Datenbankadministrator benötigt keine Zugriffsberechtigung, um die Daten mithilfe der Suchtools des OLAP-Managers abzufragen. Für den Zugriff auf Cubes mithilfe clientseitiger Abfragetools müssen allerdings Rollen eingerichtet werden.

- Wählen Sie im Cube-Editor im Menü EXTRAS den Befehl ROLLEN VERWALTEN aus.
- Klicken Sie im Dialogfeld CUBEROLLEN auf NEUE ROLLE.
- Geben Sie im Dialogfeld DATENBANKROLLE ERSTELLEN im Feld ROLLENNAME *Absatzanalyse* ein.

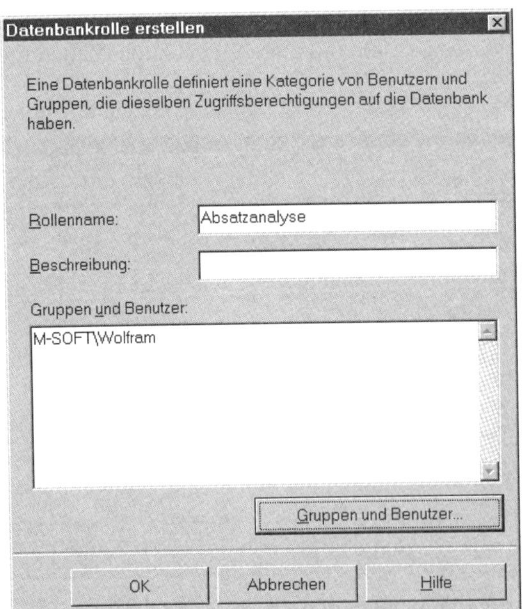

Abbildung 9.33 Rollenname und Benutzer festlegen

- Geben Sie im Feld GRUPPEN UND BENUTZER Ihren Benutzernamen ein, und klicken Sie dann auf OK.
- Im Dialogfeld ROLLEN VERWALTEN sollte in der Liste CUBEZUGRIFF die Rolle *Absatzanalyse* angezeigt werden. Klicken Sie auf OK.

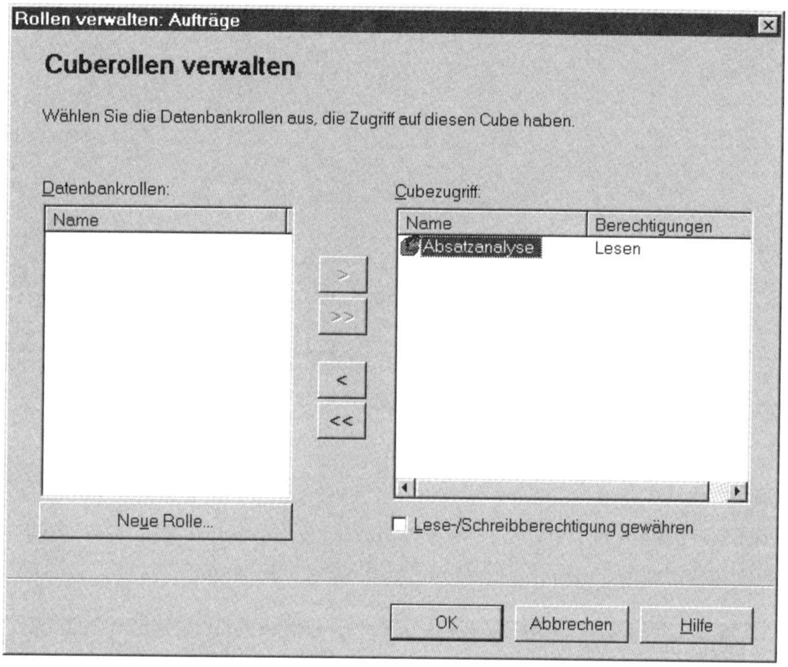

Abbildung 9.34 Cuberollen verwalten

- Wählen Sie im Cube-Editor im Menü DATEI den Befehl SPEICHERN aus.

9.8.6 Entwerfen des Speichers und Aufbereiten des Cubes

OLAP Services ermöglicht Ihnen das Einrichten von Aggregationen, durch die die Effizienz und die Antwortzeiten von Abfragen deutlich erhöht werden können. Sie können mithilfe des SPEICHERENTWURFS-ASSISTENTEN die Methode festlegen, mit der OLAP Services diese Aggregationen speichern soll, um die Leistung bei der Verarbeitung von Abfragen für den Cube zu optimieren.

- Wählen Sie im Cube-Editor im Menü EXTRAS die Option SPEICHERENTWURF aus.
- Klicken Sie im Begrüßungsbildschirm des SPEICHERENTWURFS-ASSISTENTEN auf WEITER.

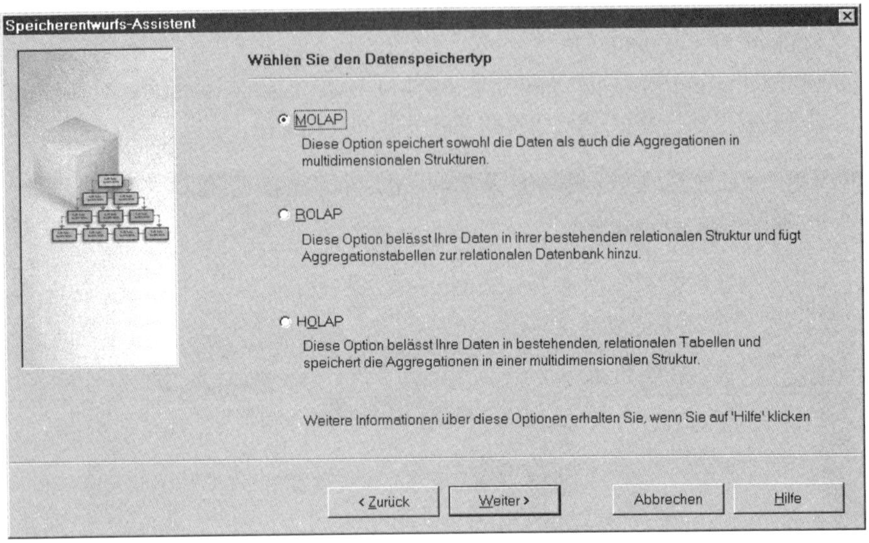

Abbildung 9.35 Auswahl des Datenspeichertyps

- Wählen Sie *MOLAP* als Datenspeichertyp aus, und klicken Sie dann auf WEITER.
- Wählen Sie unter AGGREGATIONSOPTIONEN die Option LEISTUNGSGEWINN ERREICHT aus. Geben Sie im Textfeld *40* ein.

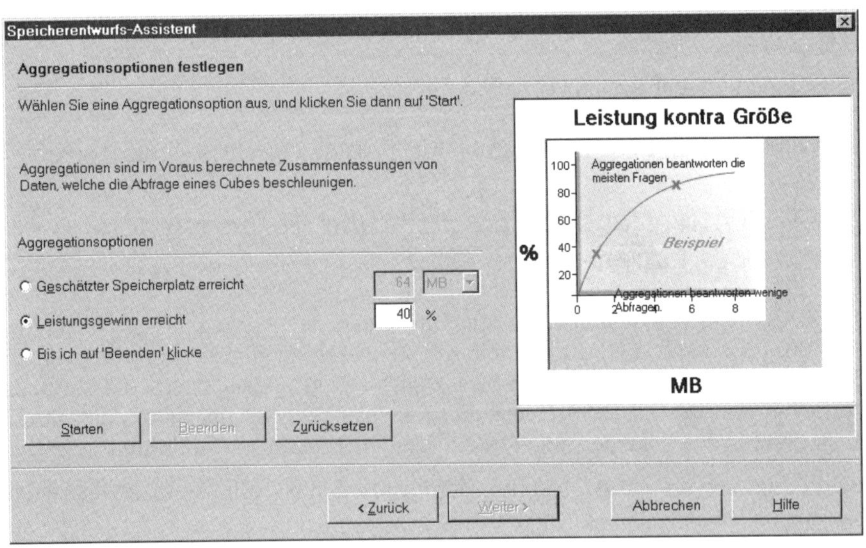

Abbildung 9.36 Aggregationsoptionen festlegen

- So weisen Sie OLAP Services an, die Leistung um bis zu 40 Prozent zu erhöhen, unabhängig von der Menge an Speicherplatz, die dazu notwendig ist. Administratoren können mit dieser Regulierungsfunktion ein Gleichgewicht zwischen der Abfrageleistung einerseits und dem Festplattenspeicher, der zum Speichern der Aggregationsdaten notwendig ist, finden.
- Klicken Sie auf STARTEN.
- Sie können das Diagramm LEISTUNG KONTRA GRÖSSE in der Ecke unten rechts des Bildschirmes beobachten, während OLAP Services die Aggregationen entwirft. Sie sehen hier, wie bei zunehmender Leistung zusätzlicher Festplattenspeicher notwendig wird.

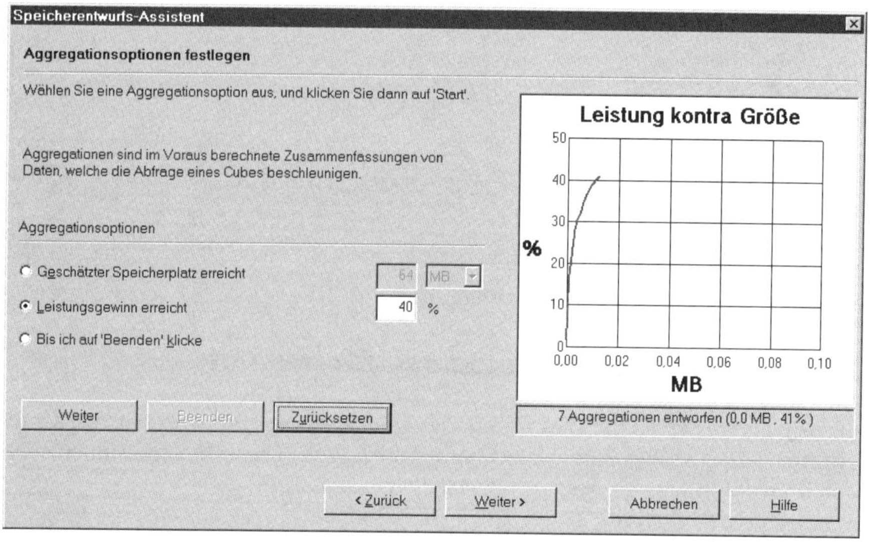

Abbildung 9.37 Erfolgte Berechnung

- Nach dem Entwurfsvorgang der Aggregationen klicken Sie auf WEITER.
- Wählen Sie JETZT AUFBEREITEN unter WAS MÖCHTEN SIE TUN? aus, und klicken Sie auf FERTIG STELLEN.

Anmerkung Die Aufbereitung der Aggregationen kann einige Zeit dauern.

- Es wird ein Fenster angezeigt, in dem Sie den Cube, der aufbereitet wird, sehen können. Nach der Aufbereitung wird die Meldung »Aufbereitung wurde erfolgreich abgeschlossen« angezeigt. Klicken Sie auf SCHLIESSEN, um zum Cube-Editor zurückzukehren.
- Wählen Sie im Menü DATEI den Befehl BEENDEN aus, um den Cube-Editor zu schließen und um zur Baumansicht des OLAP-Managers zurückzukehren.

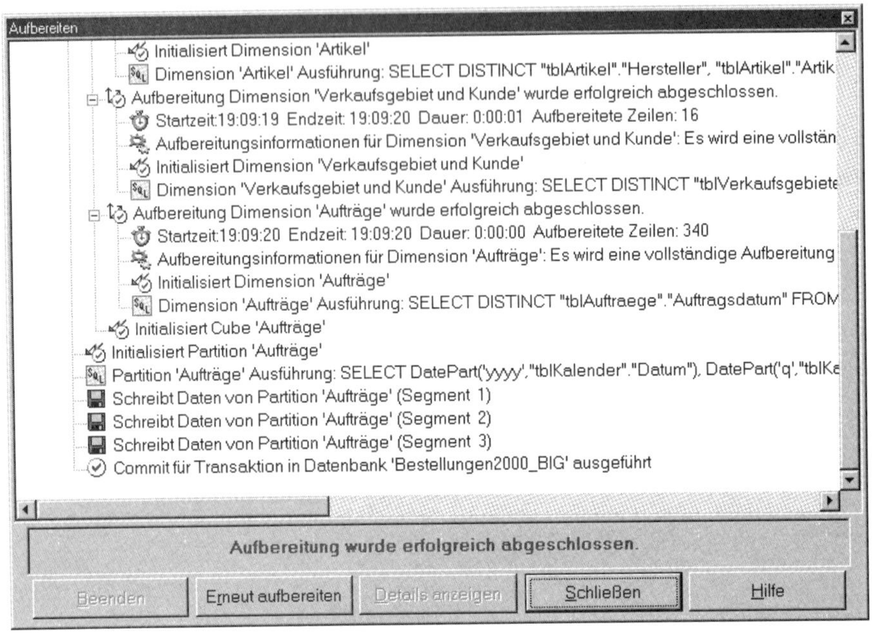

Abbildung 9.38 Abgeschlossene Aufbereitung

9.8.7 Anzeigen der Metadaten für den Cube

OLAP Services ermöglicht es Ihnen, detaillierte Informationen über die Konfiguration eines Cubes (die Metadaten) anzuzeigen. Diese Informationen werden im rechten Fenster des OLAP-Managers angezeigt.

Anzeigen der Metadaten für den Cube »Aufträge« an

- Erweitern Sie in der Baumansicht des OLAP-Managers den Ordner CUBES.
- Wählen Sie den Cube *Aufträge* aus.
- Klicken Sie im rechten Fenster des OLAP-Managers auf METADATEN.

An dieser Stelle beende ich die Arbeit mit dem Cube-Assistenten, da der erforderliche Cube erstellt wurde. Natürlich wären Sie jetzt auch in der Lage, die Daten im Cube *Aufträge* mithilfe des Cube-Browsers anzeigen und filtern zu lassen. Sie könnten auch weitere Bearbeitungen wie die Erstellung von Partitionen durchführen. Allerdings war der Ausgangspunkt die Möglichkeit des Zugriffs auf einen Cube mithilfe von Excel. Zu diesem Ausgangspunkt kehre ich nun zurück.

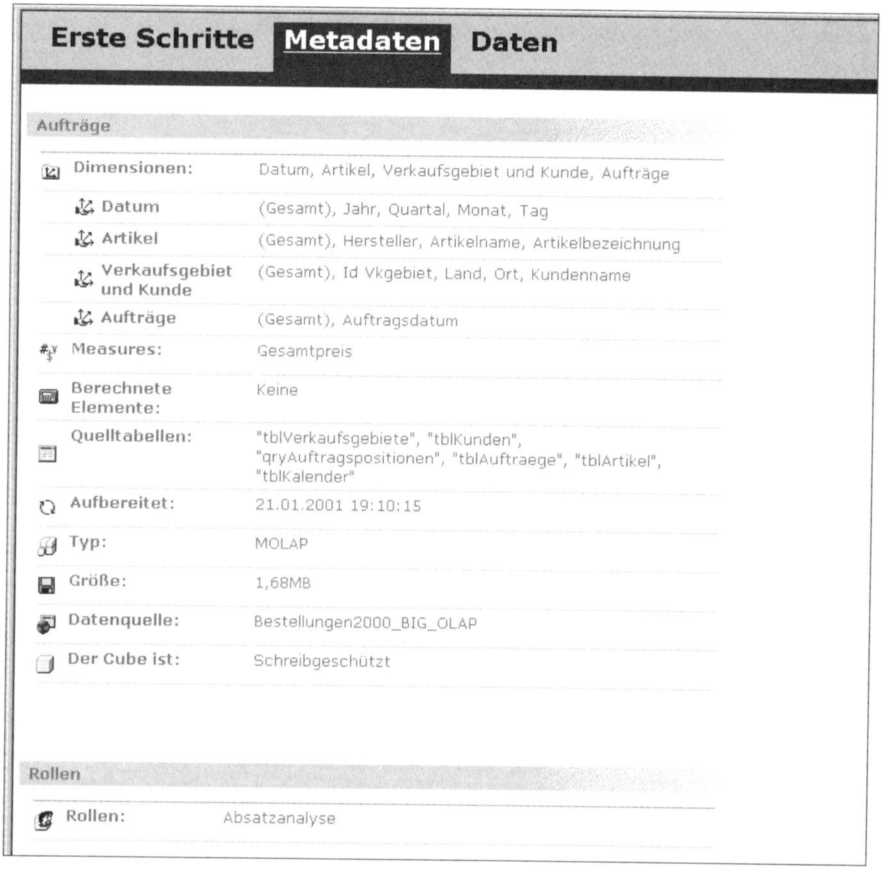

Abbildung 9.39 Ansicht der Meta-Daten

9.9 Verwendung des mit dem OLAP-Assistenten erstellten Cubes

- Führen Sie die Menübefehle DATEN | EXTERNE DATEN | NEUE ABFRAGE ERSTELLEN... aus.
- In der Registerkarte OLAP-CUBES wählen Sie <*Neue Datenquelle*> und erstellen eine neue Datenquelle, der Sie den Namen *Bestellungen2000_OLAP_Server* geben.
- Der im Moment einzig mögliche OLAP-ANBIETER ist *Microsoft OLE DB for OLAP Services*. Wählen Sie diesen Anbieter aus.
- Klicken Sie auf VERBINDEN..., erscheint ein neues Dialogmenü. Hier wählen Sie den Speicherort der multidimensionalen Datenquelle aus.

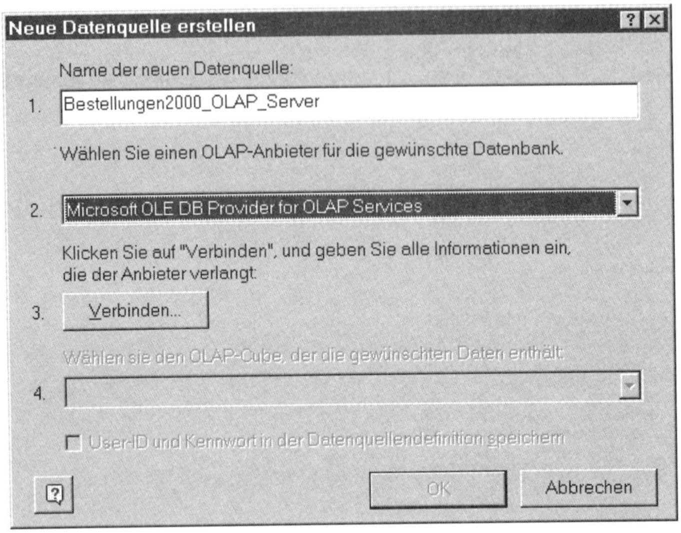

Abbildung 9.40 Auswahl des OLE DB-Anbieters

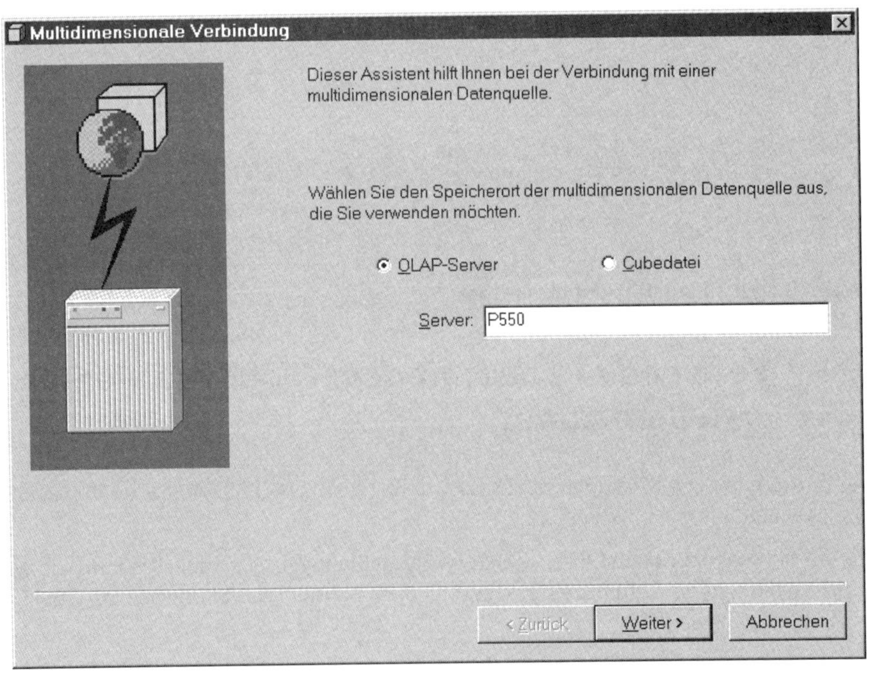

Abbildung 9.41 Auswahl des Speicherorts der multidimensionalen Datenquelle

Geben Sie als Namen den Namen des Servers ein, auf dem sich der SQL-Server und der soeben erstellte Cube *Aufträge* befindet. Klicken Sie dann auf WEITER.

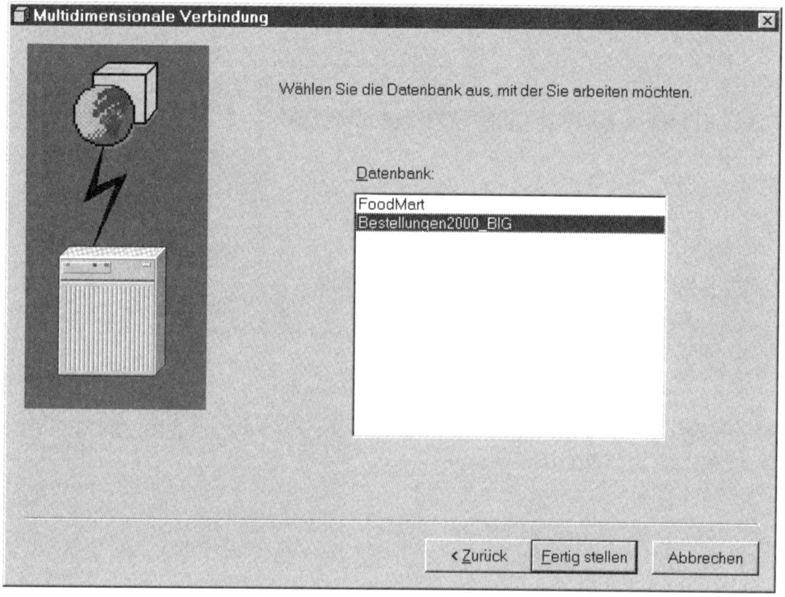

Abbildung 9.42 Auswahl der Datenbank Bestellungen2000_BIG

Wählen Sie den Namen der gewünschten Datenbank, in diesem Beispiel *Bestellungen2000_BIG* aus und klicken Sie dann auf FERTIG STELLEN.

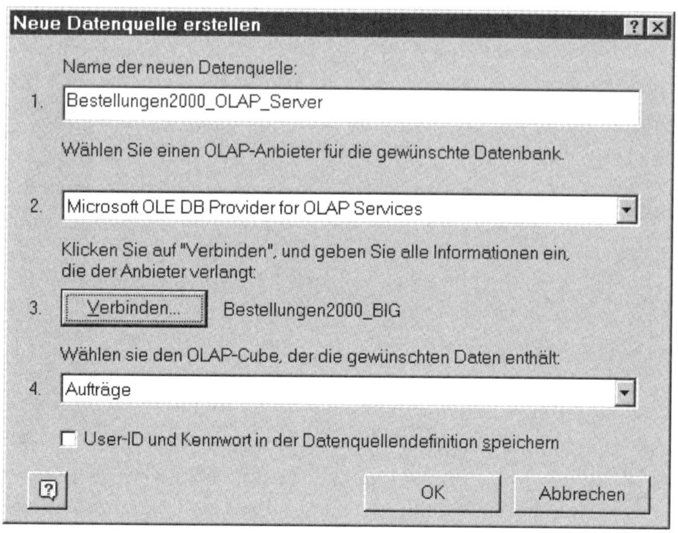

Abbildung 9.43 Auswahl des OLAP-Cubes »Aufträge«

Wählen Sie den Namen des gewünschten OLAP-Cubes aus. In diesem Beispiel ist das der Cube *Aufträge*. Dann klicken Sie auf OK.

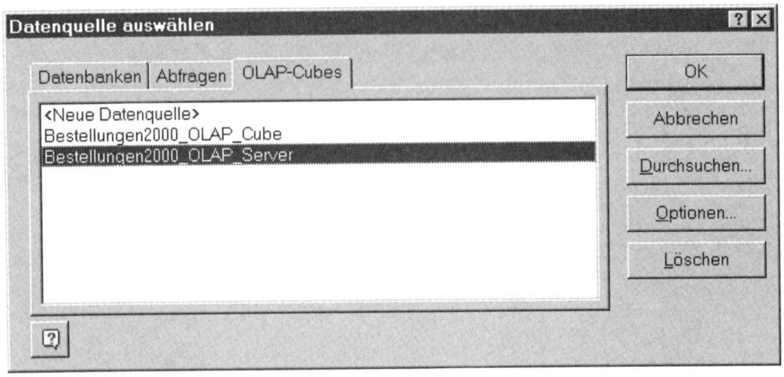

Abbildung 9.44 Neuer OLAP-Cube

Damit haben Sie den Zugriff auf einen neuen OLAP-Cube erstellt, den Sie nun in bekannter Weise verwenden können.

10 Datenanalyse

10.1 Sensibilitäts-Analyse und Deckungsbeitrag

Nachdem Sie soeben die Möglichkeiten der Aufbereitung und Analyse großer Datenmengen kennen gelernt haben, behandelt dieses Beispiel das Zusammenspiel der unternehmensinternen Parameter.

Beim nachfolgenden Beispiel soll festgestellt werden, wie sich prozentuale Veränderungen von *Verkaufspreis, Stückzahl, variablen* und *fixen Kosten* auf den *Ertrag* auswirken. Hierbei wird vorausgesetzt, dass sich immer nur ein Parameter ändert (Ceteris-paribus-Klausel).

Als Ausgangsbasis wurden die folgenden Daten gewählt:

Verkaufspreis	52,00 €
Variable Kosten	30,00 €
Deckungsbeitrag (Stufe1)	22,22 €
Stückzahl (Plan)	14.000 Stück
Umsatz	624.000,00 €
Variable Kosten gesamt	360.000,00 €
Deckungsbeitrag (Gesamt)	100.000,00 €
Fixkosten	250.000,00 €
Erfolg	14.000,00 €

Tabelle 10.1 Die Ausgangswerte

Zur Berechnung des sich ergebenden Erfolgs werden die folgenden Formeln benötigt:

Erfolg bei Variation des Verkaufspreises:

- Umsatz * (1+Variation)
  minus variable Kosten (Gesamt)
  minus Fixkosten

Erfolg bei Variation der Stückzahl:

- Umsatz * (1+Variation)
  minus variable Kosten (Gesamt) * (1+Variation)
  minus Fixkosten

Erfolg bei Variation der variablen Kosten:

- Umsatz
  minus variable Kosten (Gesamt) * (1+Variation)
  minus Fixkosten

Erfolg bei Variation der fixen Kosten:

- Umsatz
  minus variable Kosten (Gesamt)
  minus Fixkosten * (1+Variation)

Variation ist ein Prozentwert zwischen -10% und +10%. Diese große Spanne ist natürlich etwas wirklichkeitsfremd und dient hier nur den Möglichkeiten der Darstellung.

Das entsprechende Beispiel ist in der Datei *Excel_2000_Ctrl_10_01.XLS* in den Tabellen *Fixkostenschichten und Analyse (DB)* enthalten, wobei die Fixkosten nochmals in Produktfixkosten, Produktgruppenfixkosten, Bereichsfixkosten und Unternehmensfixkosten aufgeteilt wurden.

Diese Darstellung lässt sich auch pro Stück machen, wobei sich dann auch Soll und das spätere Ist gegenüberstellen lassen.

Sollen nun die Sensibilitäten berechnet werden, so bedarf es entweder der manuellen Eingabe der entsprechenden Formeln oder des Einsatzes einer selbstgeschriebenen Funktion. Das Schreiben einer Funktion stellt zwar kein großes Problem dar, wäre an dieser Stelle allerdings ein Vorgriff auf die Makroprogrammierung, die in einem späteren Kapitel dieses Buchs behandelt werden wird. Dies soll Sie aber nicht daran hindern, diese Funktionen bereits jetzt einzusetzen. Aufrufen lassen sich diese Funktionen genauso wie die bereits in Excel vorhandenen Funktionen, nämlich über den Funktionsassistenten.

	Soll	
VKP	624.000,00 €	
Variable Kosten	360.000,00 €	
DB I	264.000,00 €	
Produktfixkosten	**100.000,00 €**	37,88%
DB II	164.000,00 €	
Produktgruppenfixkosten	**75.000,00 €**	45,73%
DB III	89.000,00 €	
Bereichsfixkosten	**50.000,00 €**	56,18%
DB IV	39.000,00 €	
Unternehmensfixkosten	**25.000,00 €**	64,10%
Erfolg	**14.000,00 €**	
Stückzahl Soll	**12.000 Stück**	
Gesamte Fixkosten	**250.000,00 €**	

Abbildung 10.1 Darstellung des Gesamtumsatzes, der Variablen Kosten sowie der Fixkosten

	Soll	Ist
VKP	52,00 €	55,00 €
Variable Kosten	30,00 €	30,00 €
DB I	22,00 €	25,00 €
Produktfixkosten	8,33 €	8,33 €
DB II	13,67 €	16,67 €
Produktgruppenfixkosten	6,25 €	6,25 €
DB III	7,42 €	10,42 €
Bereichsfixkosten	4,17 €	4,17 €
DB IV	3,25 €	6,25 €
Unternehmensfixkosten	2,08 €	2,08 €
DB/Stück	1,17 €	4,17 €

Abbildung 10.2 Gegenüberstellung von Soll und Ist pro Stück

Dargestellt wird das Ergebnis, das mit diesen Funktionen ermittelt wird, in der Tabelle *Analyse (DB)*, die nachstehend abgebildet wird.

Da die gesamte Tabelle bis auf eine Zelle gesperrt und der Schutz aktiv ist, lassen sich auch nur Eingaben in die Zelle *Variation* machen. Für den Erfolg bei Variation des Verkaufspreises, der Stückzahl, der variablen Kosten sowie der fixen Kosten werden jeweils zwei Werte ausgegeben. Der obere Wert stellt den absoluten Erfolg der jeweiligen Kategorie dar. Mit dem unteren Wert wird die Veränderung in € dargestellt, die eine prozentuale Veränderung ergibt. Je höher diese Änderung ausfällt, desto mehr Potenzial ist in der Kategorie enthalten.

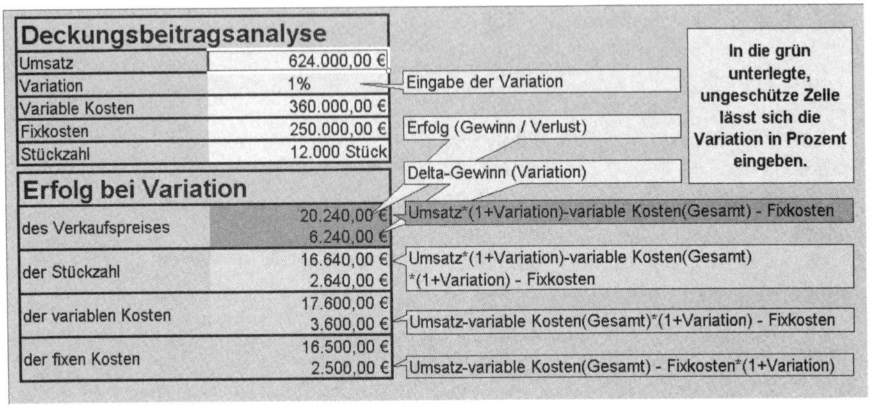

Abbildung 10.3 Variationsunterschiede bei der Berechnung des Erfolgs

Grafisch wird das Ganze dann im Diagramm *Sensibilitätsanalyse (Dia)* dargestellt. Als Basis für dieses Diagramm dient die Tabelle *Sensibilitätsanalyse.*

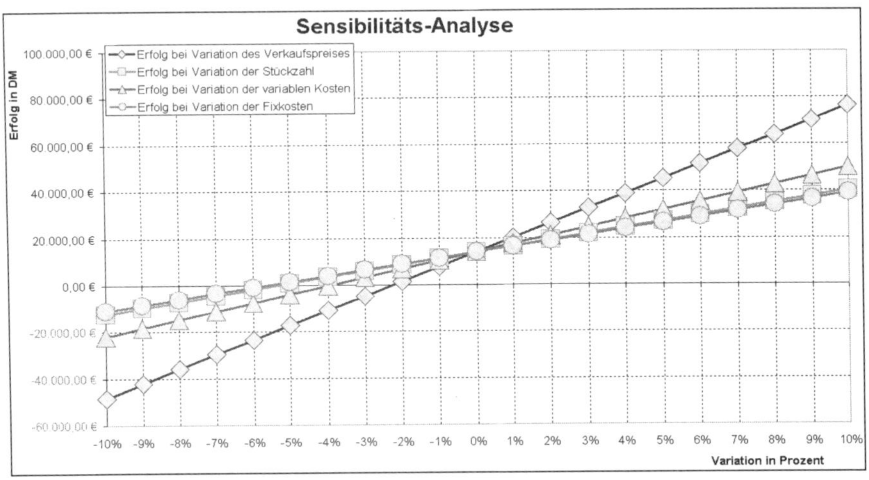

Abbildung 10.4 Erfolg bei Variation unterschiedlicher Parameter

Neben der grafischen Darstellung der Sensibilität finden Sie in dieser Mappe auch noch die grafische Darstellung des Break-Even-Points (BEP). Berechnet wird der BEP in der Tabelle *Berechnung BEP*. Diese Tabelle ist komplett gesperrt und auch der Blattschutz ist aktiv. Eingaben sind auch nicht erforderlich, da sich die verwendeten Formeln und selbst geschriebenen Funktionen ihre Basiswerte aus der Tabelle *Fixkostenschichten* holen. Die Formel zur Berechnung des BEP ist ebenfalls selbst geschrieben. Für sie gilt ebenfalls, dass das Schreiben von Funktionen in einem späteren Kapitel ausführlich behandelt werden wird.

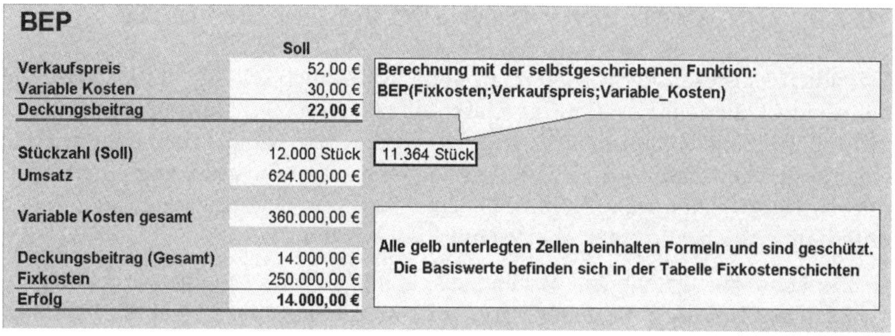

Abbildung 10.5 Berechnung des Break-Even-Punkts

Unter Verwendung der entsprechenden Formeln und der tabellarischen Darstellung der Daten aus der Tabelle *BEP-Basis* lässt sich das Erreichen des BEP ebenfalls darstellen.

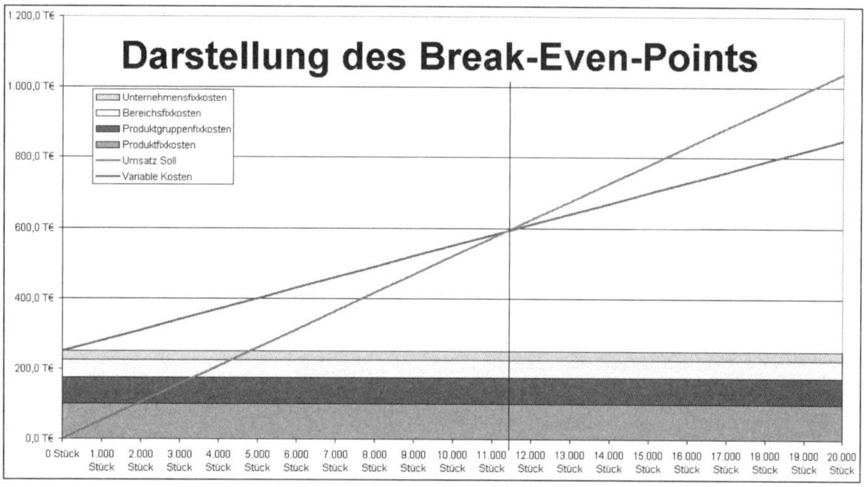

Abbildung 10.6 Grafische Darstellung des Break-Even-Points

10.2 Markieren bestimmter Daten

Die beiden Möglichkeiten, die ich Ihnen nun vorstelle, wurden mit Excel 97 eingeführt und sind seit dieser Version verfügbar.

10.2.1 Gültigkeit von Daten und die Detektivleiste

Eigentlich ist diese Möglichkeit dazu gedacht, ähnlich wie bei der Dateneingabe in eine Datenbank, ungültige Daten abzuweisen. Was gültig ist und was nicht, können Sie bestimmen. Ich werde Ihnen diese Möglichkeit aber auch in einer abgewandelten Form vorstellen. Dann werden Sie auch verstehen, warum ich dieses Thema im Kapitel *Datenanalyse* vorstelle. Es sollen alle Daten unterhalb eines bestimmten Wertes markiert werden.

- Zunächst zur Datenbasis. Holen Sie sich mithilfe des Menübefehls DATEN | EXTERNE DATEN | GESPEICHERTE ABFRAGE AUSFÜHREN (Excel 97: DATEN | EXTERNE DATEN | DATENBANKABFRAGE AUSFÜHREN) die Daten, indem Sie die Abfrage *Bestellungen2000.DQY* auf die Datenbank *Bestellungen2000_BIG.MDB* ausführen. Wie das genau funktioniert, wurde ja bereits in einem der vorherigen Kapitel beschrieben.
- Löschen Sie bis auf *Nachname* und *Gesamtpreis* alle Spalten.
- Nun markieren Sie die Daten der Spalte *B*, in der sich nun der Gesamtpreis befindet. Verwenden Sie dabei die Tastenkombination [Strg]+[⇧]+[↓].
- Nun wählen Sie den Menübefehl DATEN | GÜLTIGKEIT... und es erscheint die Dialogbox GÜLTIGKEITSPRÜFUNG.
- Diese besteht aus den Registerkarten EINSTELLUNGEN, EINGABEMELDUNG und FEHLERMELDUNG.
- Wählen Sie in der Registerkarte EINSTELLUNGEN bei GÜLTIGKEITSKRITERIEN | ZULASSEN: *Ganze Zahl* (oder *Dezimalzahl*):

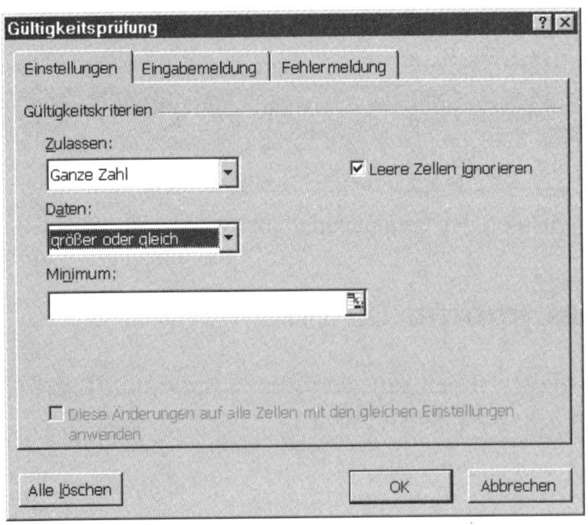

Abbildung 10.7 Gültigkeitskriterien eingeben

Nun lassen sich die Kriterien eingeben. Beispielsweise könnte man nur Werte zulassen, die größer bzw. kleiner sind als der Vorgabewert. Diese Werte würden bei einer Eingabe abgelehnt werden. Aber wir haben es hier ja mit Werten zu tun, die bereits vorhanden sind. Und bei diesen Werten interessieren uns die, die kleiner als 10.00 € sind.

Wählen Sie bei DATEN *größer oder gleich* und geben bei MINIMUM *1000* ein:

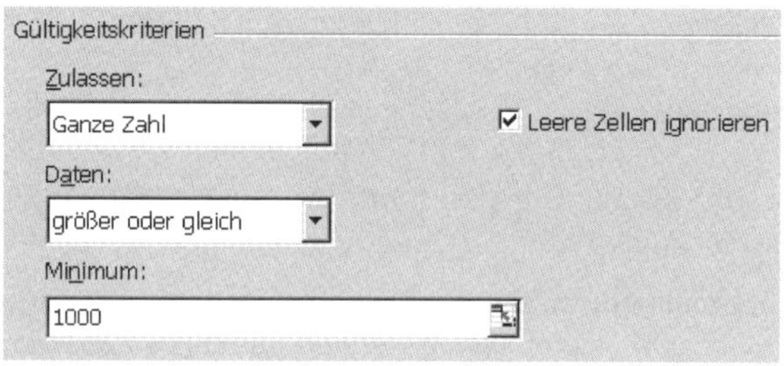

Abbildung 10.8 Gültigkeit eingeben

Dann bestätigen Sie mit OK und es passiert .... NICHTS!

Haben wir etwas falsch gemacht? Nein! Würden wir versuchen, in eine der Zellen einen Wert einzugeben, der unter 1000 € liegt, so würden wir die folgende Fehlermeldung erhalten:

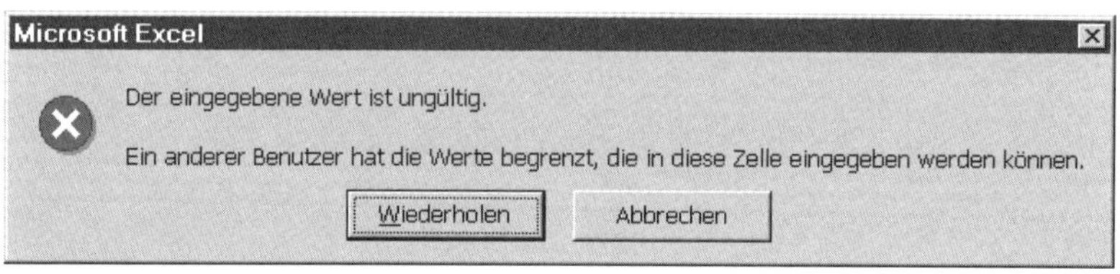

Abbildung 10.9 Fehlermeldung

Aber die »falschen« Daten wurden noch nicht markiert. Hierzu verwenden wir den Detektiv.

Mit EXTRAS | DETEKTIV | DETEKTIVSYMBOLLEISTE ANZEIGEN (Excel 97: EXTRAS | DETEKTIV | DETEKTIV-SYMBOLLEISTE) holen wir uns zunächst die benötigte Symbolleiste:

Abbildung 10.10 Detektiv-Symbolleiste

- Klicken Sie nun auf das Symbol UNGÜLTIGE DATEN MARKIEREN, so wird um jede Zelle ein rotes Oval gezeichnet:

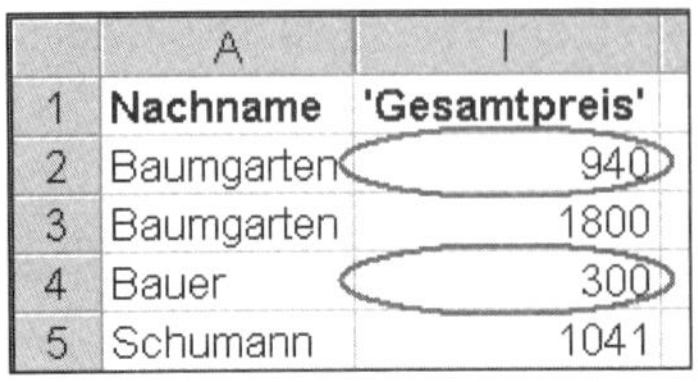

	A	I
1	**Nachname**	**'Gesamtpreis'**
2	Baumgarten	940
3	Baumgarten	1800
4	Bauer	300
5	Schumann	1041

Abbildung 10.11 Die markierten Zellen

Ein richtiger Wert oder die Betätigung des Symbols GÜLTIGKEITSKREISE LÖSCHEN entfernt die Markierung wieder.

Führen Sie dieses Beispiel nochmals durch. Dazu markieren Sie zuerst den Gültigkeitsbereich. Ach, Sie wissen nicht mehr, welche Zellen alle dazu gehören? Kein Problem!

- Wählen Sie den Menübefehl BEARBEITEN | GEHE ZU... oder wählen Sie die Tastenkombination [Strg]+[g]. Für die »alten Hasen«: Die Funktionstaste [F5] funktioniert nach wie vor immer noch, auch in MS-Word.
- Klicken Sie dann auf die Schaltfläche INHALTE... und klicken dann das Optionsfeld GÜLTIGKEITSPRÜFUNG an. Anschließend bestätigen Sie mit OK.

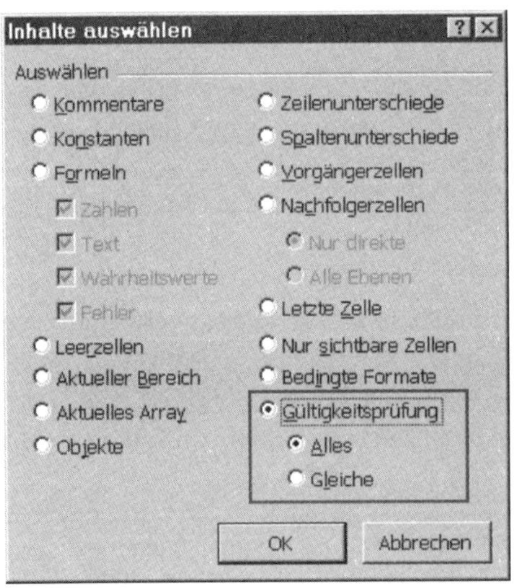

Abbildung 10.12 Dialogbox Inhalte auswählen

Excel markiert den Bereich, den Sie für die Gültigkeitsprüfung vorgesehen haben.

- Rufen Sie nochmals die GÜLTIGKEITSPRÜFUNG auf.
- Ändern Sie das Minimum von 1000 auf 10.000 und bestätigen mit OK.

Nun erscheint die folgende Meldung:

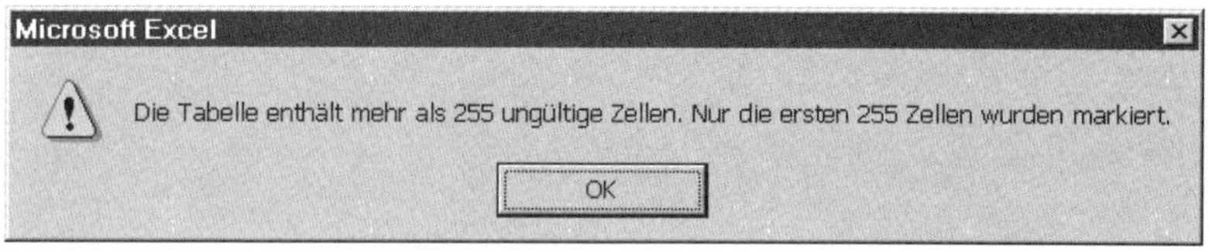

Abbildung 10.13 Warnmeldung bei mehr als 255 ungültigen Zellen

Die Grenze der Leistungsfähigkeit wurde also bei dieser Art der Markierung bei 255 ungültigen Zellen erreicht.

Besteht die Möglichkeit, dass die zurückgelieferten Daten mehr ungültige Zellen beinhalten, als diese Art der Markierung verarbeiten kann, müssen Sie die Hoffnung nicht aufgeben. Es gibt ja auch noch die *Bedingte Formatierung*. In gewisser Weise ist diese sogar noch leistungsfähiger als der Detektiv.

Bevor ich jedoch auf diese Technik eingehe, zeige ich Ihnen noch weitere Möglichkeiten der Gültigkeitsprüfung.

10.2.2 Arbeiten mit Listen

Beim Einsatz des AutoFilters wurde die erste Zeile (Zelle) des zu filternden Bereichs mit einem Auswahlsymbol, dargestellt durch ein kleines Dreieck nach unten, versehen. Dadurch war es relativ einfach, nach einem gewünschten Begriff zu filtern.

Genau so angenehm wäre es beispielsweise auch, wenn immer wiederkehrende Begriffe aus einer Liste ausgewählt werden könnten, um dann in eine Zelle übernommen zu werden. Dies muss kein Wunsch bleiben, mithilfe der Gültigkeitsprüfung ist auch das machbar.

- Gehen Sie in die Zelle, die anschließend zur Auswahl verwendet werden soll.
- Rufen Sie die GÜLTIGKEITSPRÜFUNG auf.
- Wählen Sie bei ZULASSEN den Eintrag LISTE aus.
- Wählen Sie in der gleichen Tabelle den Bereich aus, der die Quelldaten enthält. In diesem Beispiel ist das der Bereich *B10:B14*, dem ich den Namen *Quelle* gegeben habe. Bestätigen Sie dann mit OK.

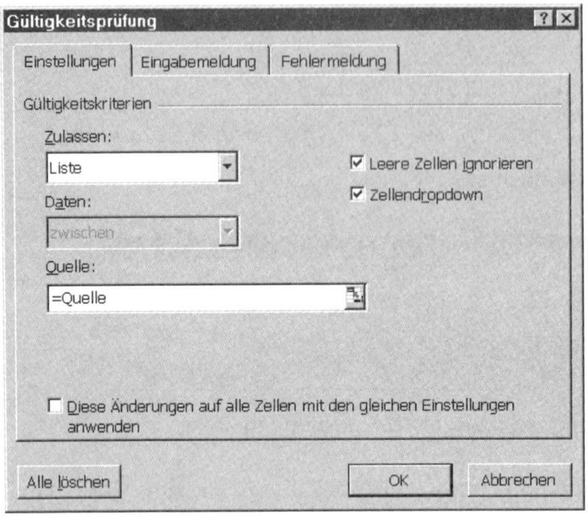

Abbildung 10.14 Arbeiten mit Listen

In diesem Beispiel lassen sich Namen aus einer Liste auswählen. Der ausgewählte Name ist gleichzeitig das Suchkriterium für die Funktion SVERWEIS(), die sich in der Zelle *D3* befindet. Mithilfe des Suchkriteriums und der Funktion SVERWEIS wird in einem Bereich nach einem übereinstimmenden Namen gesucht und als Rückgabe die zugehörige Telefonnummer, die sich in der dritten Spalte des Bereichs befindet, zurückgegeben.

Abbildung 10.15 Suche mit der Funktion SVERWEIS

Dieses Beispiel finden Sie unter dem Namen *Excel_2000_Ctrl_10_02.xls* bei den Beispielen.

10.2.3 Die Registerkarte Eingabemeldung

Neben der Registerkarte EINSTELLUNGEN befinden sich zwei weitere interessante Registerkarten in diesem Dialogfeld.

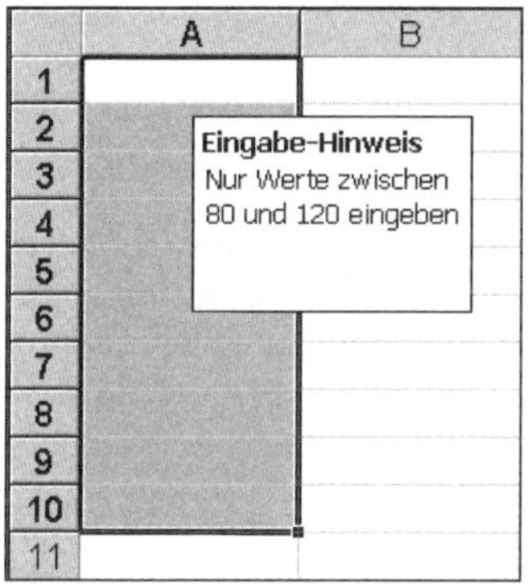

Abbildung 10.16 Angezeigte Eingabemeldung

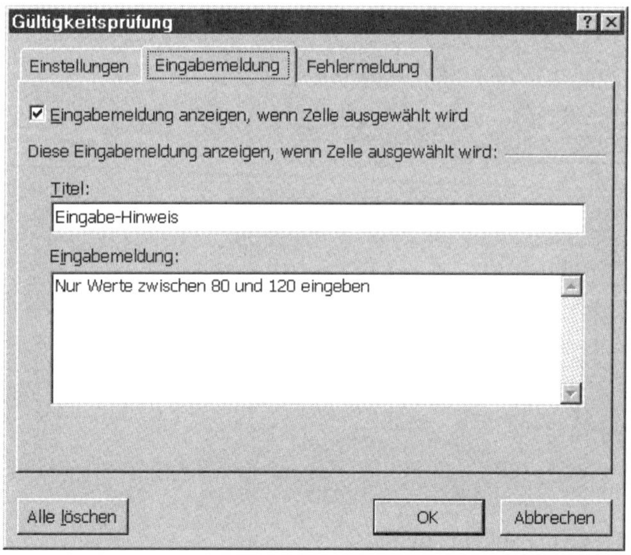

Abbildung 10.17 Registerkarte Eingabemeldung

Die Registerkarte EINGABEMELDUNG erlaubt es, dem Anwender bereits einen Hinweis auf den Gültigkeitsbereich der einzugebenden Daten zu geben. Möchten Sie den Hinweisdialog mit einer eigenen Beschriftung in der Titelleiste versehen, so geben Sie den gewünschten Text bei TITEL ein. Der Text, der den Anwender auf den Gültigkeitsbereich aufmerksam machen soll, wird bei EINGABEMELDUNG eingetragen.

Wollen Sie diesen Text nicht anzeigen, wobei sich die Frage stellt, wozu tragen Sie ihn dann ein, so deaktivieren Sie das entsprechende Kontrollfeld. Mit der Schaltfläche ALLE LÖSCHEN setzen Sie die Eingaben wieder zurück.

10.2.4 Die Registerkarte Fehlermeldung

Die Registerkarte FEHLERMELDUNG warnt Sie vor der Eingabe falscher Werte. Werte, die den Gültigkeitskriterien nicht entsprechen, werden entweder abgewiesen, nach einer Warnung übernommen oder es erfolgt lediglich eine Information, dass der eingegebene Wert außerhalb des zulässigen Gültigkeitsbereichs liegt.

Außerdem lassen sich auch hier die Eingaben für die Titelleiste und den Warnhinweis machen:

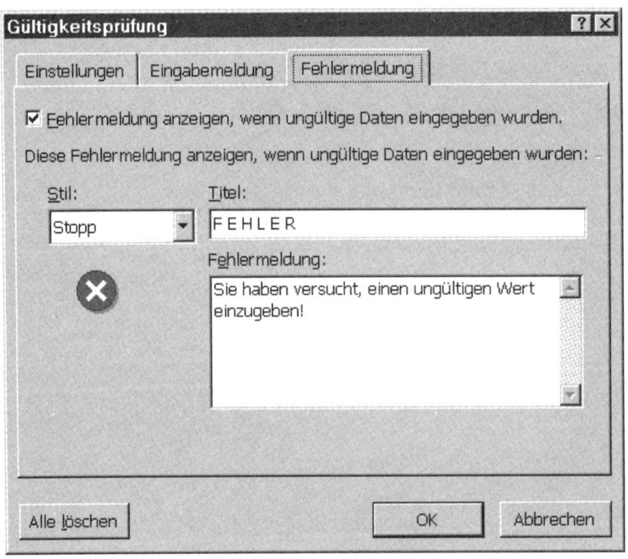

Abbildung 10.18 Registerkarte Fehlermeldung

Haben Sie den STIL *Stopp* gewählt, so müssen die Eingaben der Vorgabe des Gültigkeitsbereichs entsprechen. Ist dies nicht der Fall, so erscheint die folgende Fehlermeldung:

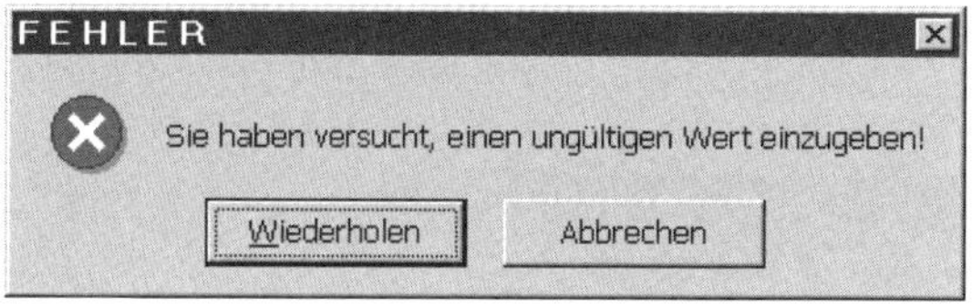

Abbildung 10.19 Fehlermeldung bei Stopp

Die zweite Möglichkeit besteht darin, auf die falsche Eingabe hinzuweisen, dem Anwender aber dann die Entscheidung zu überlassen, ob der Wert doch übernommen werden soll.

Abbildung 10.20 Einstellung Warnung

Haben Sie den STIL *Warnung* gewählt, so erscheint bei einer Eingabe außerhalb des Gültigkeitsbereichs diese Warnung. Der Anwender kann selbst entscheiden, ob er den ungültigen Wert übernehmen will.

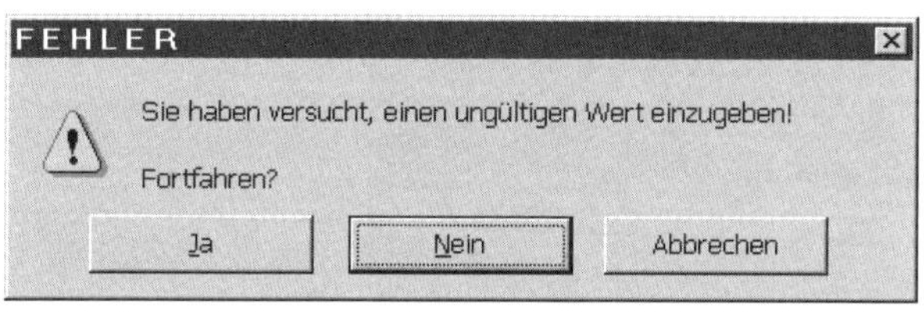

Abbildung 10.21 Fehlermeldung beim Stil Warnung

Der dritte Stil, der eingestellt werden kann, heißt *Information*.

Abbildung 10.22 Einstellung Information

Und genauso verhält sich diese Einstellung auch. Bei einer ungültigen Eingabe erscheint diese Meldung:

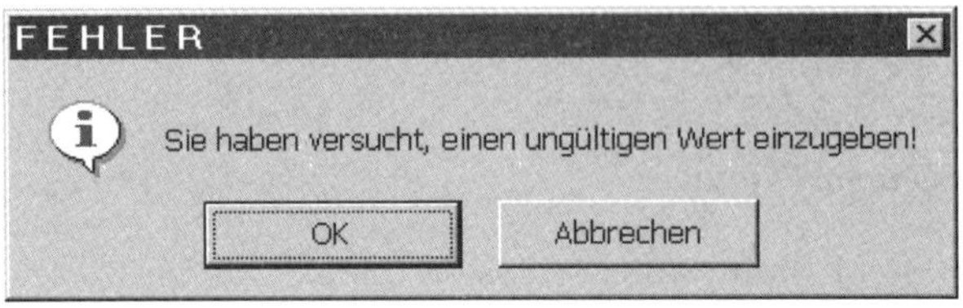

Abbildung 10.23 Information bei Eingabe eines falschen Werts

Mit OK wird der ungültige Wert übernommen.

10.3 Bedingte Formatierung

Eine weitere Möglichkeit, auf bestimmte Werte aufmerksam zu machen, ist die bedingte Formatierung.

Markieren Sie auch hier wieder den gleichen Zahlenbereich wie soeben.

Vergewissern Sie sich, dass die folgenden Einstellungen gewählt wurden:

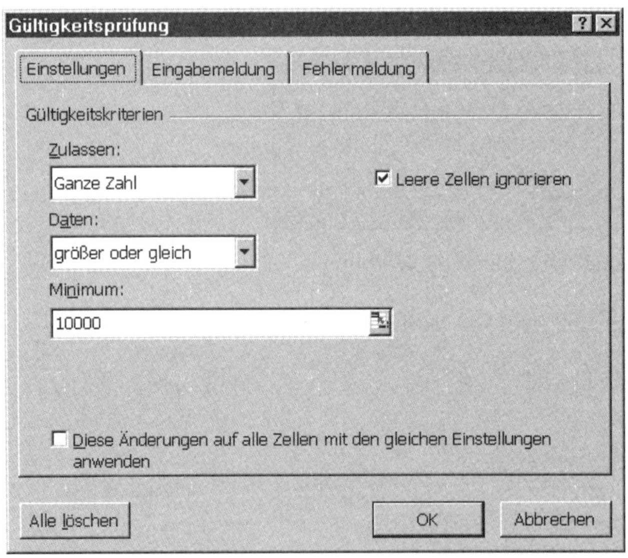

Abbildung 10.24 Einstellungen für die Gültigkeitsprüfung

Wählen Sie den Menübefehl FORMAT | BEDINGTE FORMATIERUNG.

Abbildung 10.25 Dialogbox Bedingte Formatierung

Es lassen sich insgesamt drei Bedingungen wählen. Bei jeder dieser Bedingungen können Werte *zwischen...und* eingestellt werden. Diesen Bedingungen lassen sich Formate zuweisen. Zunächst sollen alle Werte, die zwischen 0 und 999 liegen, rot und fett dargestellt werden. Außerdem soll der Hintergrund gelb hinterlegt werden.

Geben Sie die entsprechenden Werte ein und klicken dann auf die Schaltfläche FORMAT.

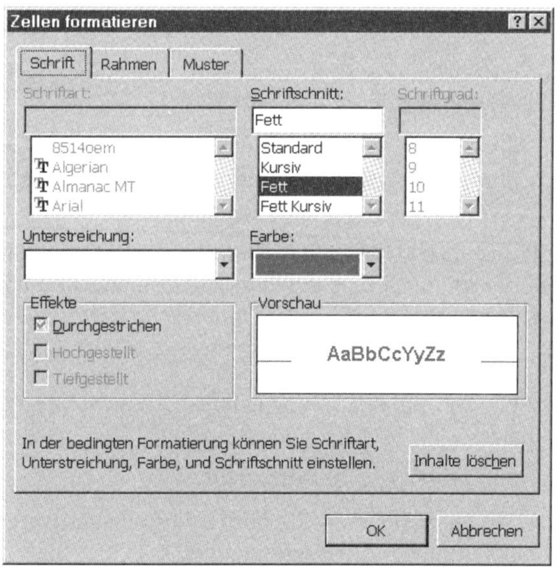

Abbildung 10.26 Dialogbox Zellen formatieren

Es erscheint die Dialogbox ZELLEN FORMATIEREN mit der Registerkarte SCHRIFT. Hier wählen Sie bei SCHRIFTSCHNITT *Fett* und bei FARBE *Rot*. Dann wechseln Sie in die Registerkarte MUSTER und wählen bei ZELLSCHATTIERUNG *Gelb* aus. Bestätigen Sie Ihre Auswahl anschließend mit OK.

Klicken Sie nun auf die Schaltfläche HINZUFÜGEN und die Dialogbox wird erweitert:

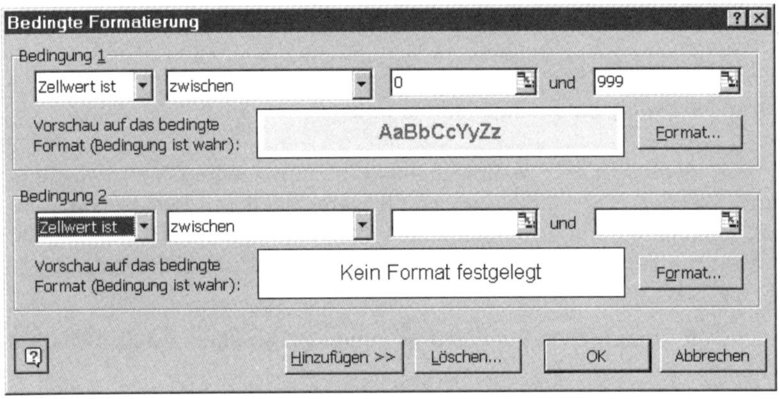

Abbildung 10.27 Die zweite Bedingung

Die Werte zwischen 1000 und 9999 sollen fett und blau, mit einem hellblauen Hintergrund formatiert werden.

Die Werte ab 50.000 sollen fett und grün formatiert werden. Auch hier verwenden Sie ein Muster für den Hintergrund, das dieses Mal hellgrün sein soll.

Die Werte zwischen 10.000 und 50.000 sollen den Standardbereich darstellen und schwarz dargestellt werden. Da dies die Standardformatierung ist, müssen Sie hier nichts einstellen.

Verfahren Sie bitte wie oben beschrieben.

Sie sehen, nachdem die dritte Bedingung gewählt wurde, ist die Schaltfläche HINZUFÜGEN deaktiviert worden.

Bestätigen Sie Ihre Eingaben nun mit der Schaltfläche OK.

Betrachten Sie nun Ihre Daten, so sehen Sie, dass die Formatierungen entsprechend den von Ihnen gemachten Vorgaben durchgeführt wurden.

Wollen Sie eine oder alle Formatierungen wieder löschen, so markieren Sie erneut die in Frage kommenden Zellen und klicken dann auf die Schaltfläche LÖSCHEN. Es erscheint die folgende Dialogbox, mit der Sie das gewünschte Format wählen können:

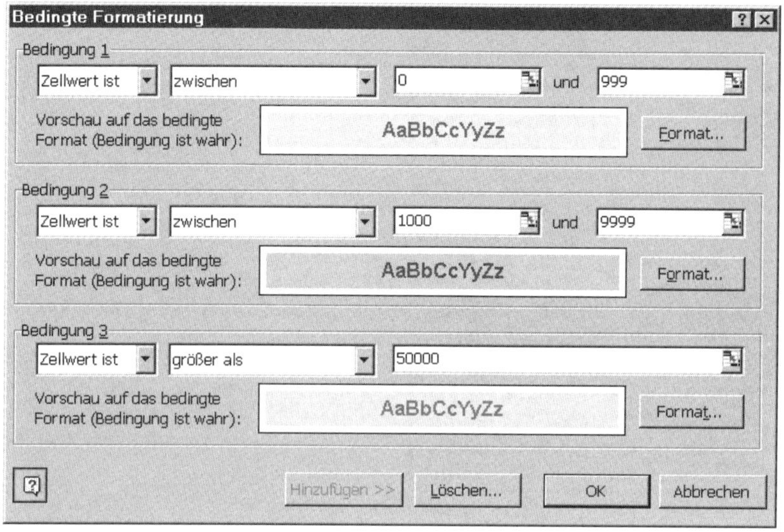

Abbildung 10.28 Alle Bedingungen wurden eingegeben

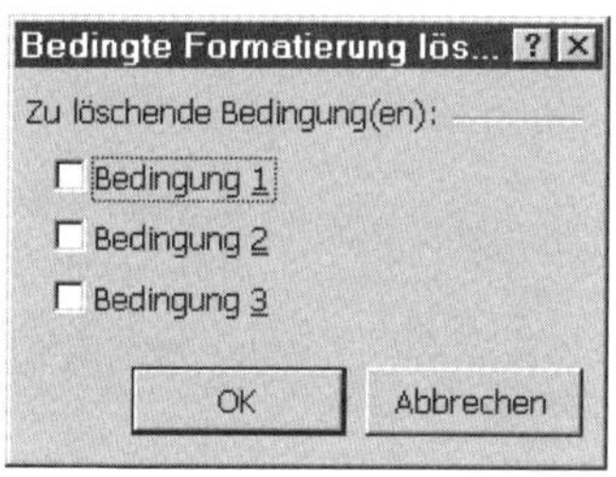

Abbildung 10.29 Löschen von Bedingten Formatierungen

An dieser Stelle soll ein kleiner Hinweis nicht fehlen. Ähnlich wie bei der Gültigkeitsprüfung lässt sich auch bei der BEDINGTEN FORMATIERUNG nachträglich auf einfache Weise der Bereich ermitteln, für den diese Formatierung gilt.

- Rufen Sie mit der Tastenkombination [Strg]+[g] bzw. der Funktionstaste [F5] die Dialogbox GEHE ZU auf.
- Klicken Sie dann auf die Schaltfläche INHALTE... und klicken dann das Optionsfeld BEDINGTE FORMATE an. Anschließend bestätigen Sie mit OK.

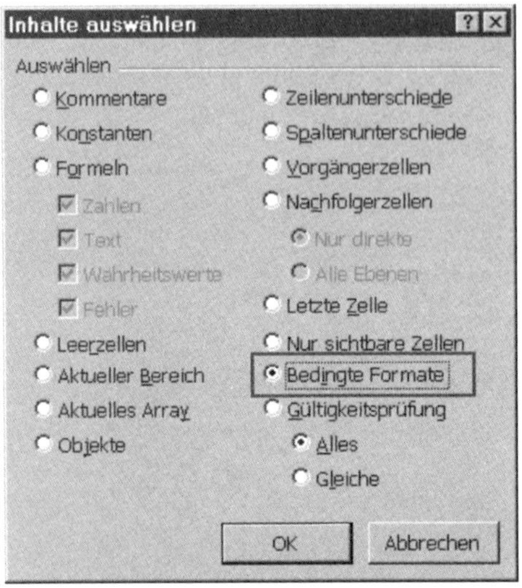

Abbildung 10.30 Inhalte Bedingte Formate auswählen

Kostenrechnung mit Excel

11

11.1 Begriffe

In diesem Kapitel werden die betriebswirtschaftlichen Begriffe und Zusammenhänge noch einmal kurz rekapituliert, bevor die praktische Arbeit mit Excel beginnt.

Der *Kostenbegriff* ist scharf zu trennen von den Begriffen *Ausgaben* und *Aufwand*. *Kosten* ist ein Begriff der Kalkulation, *Ausgaben* ein Begriff des Zahlungsverkehrs und *Aufwand* ein Begriff der Erfolgsrechnung.

11.1.1 Kosten, Kostenarten, Kostenstellen, Kostenträger

Kosten sind der in Geld bewertete Einsatz von Mitteln zur Erstellung von Gütern und Diensten. Kosten werden entweder für eine Periode oder für eine Mengeneinheit bestimmt.

Alle in einem Betrieb entstehenden Kosten lassen sich bestimmten *Kostenarten* zuordnen. Die wichtigsten Kostenarten hierbei sind:

❶ Materialkosten

❷ Löhne und Gehälter

❸ Abschreibungen und Zinsen

❹ sonstige Kosten

Diese Kosten entstehen in betrieblichen Bereichen, die *Kostenstellen* genannt werden. Dies sind beispielsweise Abteilungen, Werkstätten, Maschinen, Maschinengruppen oder auch einzelne Arbeitsplätze.

Die so entstehenden Kosten müssen ihrerseits wieder einem *Kostenträger* zugeordnet werden. Diese Kostenträger sind die Erzeugnisse oder die Dienstleistungen bzw. die zu ihrer Erstellung erteilten Aufträge.

11.1.2 Aufgaben der Kostenrechnung

Die Kostenrechnung umfasst im Wesentlichen drei Aufgabengebiete:

❶ Kostenträgerrechnung (Kalkulation)

❷ Periodenkostenrechnung

❸ Kostenvergleichsrechnung

Die *Kostenträgerrechnung* dient der Ermittlung von Kosten, die bei der Erstellung eines bestimmten Kostenträgers entweder anfallen werden oder bereits angefallen sind. Das Ergebnis dieser Kostenträgerrechnung sind die Selbstkosten des Kostenträgers, bezogen auf die verwendete Mengeneinheit.

Die *Periodenkostenrechnung* dient zur Ermittlung der Kosten einer Abrechnungsperiode, die entweder anfallen werden oder bereits angefallen sind. Das Ergebnis wird als Grundlage für die betriebliche Planung verwendet und ermöglicht somit die Kontrolle des betrieblichen Geschehens.

Bei der *Kostenvergleichsrechnung* werden Kostenunterschiede verschiedener Maßnahmen betrachtet, die dem gleichen Zweck dienen.

11.1.3 Vorgehensweise bei der Kostenrechnung

Die Vorgehensweise bei der Kostenrechnung ist folgende:

Kostenerfassung	**nach Kostenarten**
Kostenverrechnung	auf Kostenstellen auf Kostenträger
Kostenverwendung	zur Messung der Betriebstätigkeit zur Kontrolle des Betriebsverhaltens zur Disposition

Tabelle 11.1 Erfassung, Verrechnung und Verwendung

Bei der Kostenverrechnung werden grundsätzlich zwei verschiedene Kostenrechnungsverfahren unterschieden:

❶ Vollkostenrechnung (Zuschlagskalkulation)
Hier werden alle anfallenden Kosten erfasst und auf die einzelnen Kostenstellen und Kostenträger verrechnet.

❷ Teilkostenrechnung (Deckungsbeitragsrechnung)
Hier werden nur die mengenabhängigen Kosten des Kostenträgers erfasst. Die zeitabhängigen Kosten werden periodisch bestimmt.

11.2 Zuschlagskalkulation (Vollkostenrechnung)

Bei der Vollkosten- oder Zuschlagskalkulation wird, wie der Name bereits andeutet, mit Zuschlagssätzen gearbeitet. Mit diesen in der Höhe unterschiedlichen Zuschlagssätzen werden die Materialeinzelkosten und die Fertigungslohnkosten beaufschlagt. Ebenso werden die Verwaltungs- und Vertriebskosten basierend auf Fertigungskosten zugeschlagen.

Die Zuschlagskalkulation geht also von einer Trennung von Einzel- und Gemeinkosten aus. Sie wird überall dort angewendet, wo mehrere Erzeugnisse mit unterschiedlichen Kosten an Material und Fertigungslöhnen mit verschiedenen Fertigungsverfahren hergestellt werden. Das Schema der Zuschlagskalkulation wird in dem anschließend besprochenen Beispiel deutlich.

Hierbei wird mit folgenden Begriffen gearbeitet:

Materialeinzelkosten (MEK)

Die MEK ergeben sich aus dem Verbrauch an Material für die Fertigung des zu kalkulierenden Kostenträgers und dem Wert des Materials je Mengeneinheit. Die verbrauchten Mengen werden in der Regel mit so genannten Materialentnahmescheinen erfasst.

Materialgemeinkosten (MGK)

Die MGK enthalten die anteiligen Kosten, welche durch Einkauf, Lagerung und Verwaltung des Materials entstehen. Sie liegen meist als Prozentsatz vor und werden mit dem Betriebsabrechnungsbogen (BAB) erfasst.

Materialkosten (MK)

Die MK ergeben sich aus der Summe von MEK und MGK.

Fertigungslohnkosten (FLK)

Die FLK ergeben sich aus der Ist-Zeit (gebrauchte Zeit) und dem Fertigungslohn. Die gebrauchte Zeit wird üblicherweise den Arbeitsscheinen entnommen.

Fertigungsgemeinkosten (FGK)

Die FGK bestehen aus den im BAB erfassten Kostenarten. Sie werden als Prozentsatz je Kostenstelle ausgewiesen.

Fertigungskosten (FK)

FK sind die Summe aus FLK und FGK. Da ein Produkt üblicherweise mehrere Kostenstellen durchläuft, müssen die FK der einzelnen Kostenstellen addiert werden.

Sondereinzelkosten (SEK)

SEK der Fertigung sind, wie der Name schon sagt, Einzelkosten und können somit direkt dem Kostenträger oder Auftrag zugeschlagen werden. Üblicherweise sind dies Kosten für spezielle Vorrichtungen oder Werkzeuge, die ausschließlich zur Herstellung dieses Produkts benötigt werden.

Herstellkosten (HK)

Diese ergeben sich aus der Summe der soeben genannten Kosten:

HK =	MEK +	MGK +	FLK +	FGK +	SEK
HK =	MK +		FK +		SEK

Selbstkosten (SK)

Die SK ergeben sich, wenn zu den HK noch die Entwicklungs- und Konstruktionseinzelkosten, die Gemeinkosten der Verwaltung und die des Vertriebs hinzuaddiert werden.

SK =	HK +	EK +	VwGK +	VtGK
SK =	HK +	EK +	VVGK	

Zuschlagskalkulation			
Kosten			
	Materialeinzelkosten		435.000,00 €
	Materialgemeinkosten	7,0%	30.450,00 €
Materialkosten			465.450,00 €
Kostenstelle 4711			
	Fertigungslohn		28.200,00 €
	Fertigungsgemeinkosten	157,0%	44.274,00 €

Zuschlagskalkulation			
Kosten			
Kostenstelle 4712			
	Fertigungslohn		44.600,00 €
	Fertigungsgemeinkosten	128,0%	57.088,00 €
Kostenstelle 4713			
	Fertigungslohn		90.000,00 €
	Fertigungsgemeinkosten	193,0%	173.700,00 €
Sonderkosten der Fertigung			20.000,00 €
Fertigungskosten			649.088,00 €
Herstellkosten			1.114.538,00 €
	Verwaltungskosten bezogen auf Fertigungskosten	14,6%	94.766,85 €
	Vertriebskosten bezogen auf Fertigungskosten	7,7%	49.979,78 €
Selbstkosten			1.259.284,62 €

Diese Beispieldatei trägt den Namen *Excel_2000_Ctrl_11_01.xls.*

Bei der Zuschlagskalkulation wird der Fertigungslohn mit dem durchschnittlichen Gemeinkostensatz der Kostenstelle verrechnet. Dabei bleibt unberücksichtigt, ob die Herstellung des Produkts auf einer Maschine durchgeführt wurde, die geringe oder hohe Kosten verursacht. Dies kann zu Fehlern bei der Ermittlung des tatsächlichen Selbstkostenpreises führen, wenn dadurch die Artikel zu niedrig oder zu hoch kalkuliert werden.

Derartige Fehler können eingeschränkt werden, wenn die durch die Betriebsmittel verursachten Kosten aus dem Fertigungsgemeinkostensatz herausgenommen und dem jeweiligen Kostenträger direkt zugeordnet werden. Die Kosten dieser Betriebsmittel werden allgemein als *Maschinenkosten* bezeichnet.

Durch diese direkte Zuordnung der Maschinenkosten wird der Fertigungsgemeinkostensatz aufgespaltet. Die verbleibenden Fertigungsgemeinkosten bezeichnet man als *Rest-Fertigungsgemeinkosten.*

Auf die Berechnung der Maschinenkosten werde ich in einem späteren Kapitel mit einem Beispiel eingehen.

11.3 Deckungsbeitragsrechnung

Während bei der Vollkostenrechnung Einzelkosten und Gemeinkosten, bezogen auf das Einzelstück, undifferenziert in die Kalkulation eingehen, unterscheidet man bei der Deckungsbeitragsrechnung genauer.

Die Einzelkosten sind direkt zurechenbar und die Gemeinkosten werden unterteilt in nutzungsabhängige und nutzungsunabhängige Gemeinkosten.

Nutzungsunabhängige Gemeinkosten sind beispielsweise bei einem Auto Steuer, Versicherung, Garage, Abschreibung und Zinsen, nutzungsabhängig sind Benzin, Öl, Reifen usw.

Das folgende Beispiel soll dies verdeutlichen. Die fertige Lösung finden Sie auf der Diskette unter *Excel_2000_Ctrl_11_02.xls.*

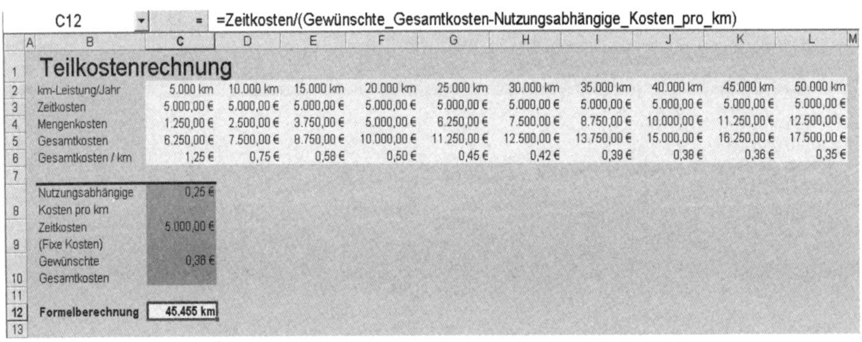

C12 = =Zeitkosten/(Gewünschte_Gesamtkosten-Nutzungsabhängige_Kosten_pro_km)

	B	C	D	E	F	G	H	I	J	K	L
1	Teilkostenrechnung										
2	km-Leistung/Jahr	5.000 km	10.000 km	15.000 km	20.000 km	25.000 km	30.000 km	35.000 km	40.000 km	45.000 km	50.000 km
3	Zeitkosten	5.000,00 €	5.000,00 €	5.000,00 €	5.000,00 €	5.000,00 €	5.000,00 €	5.000,00 €	5.000,00 €	5.000,00 €	5.000,00 €
4	Mengenkosten	1.250,00 €	2.500,00 €	3.750,00 €	5.000,00 €	6.250,00 €	7.500,00 €	8.750,00 €	10.000,00 €	11.250,00 €	12.500,00 €
5	Gesamtkosten	6.250,00 €	7.500,00 €	8.750,00 €	10.000,00 €	11.250,00 €	12.500,00 €	13.750,00 €	15.000,00 €	16.250,00 €	17.500,00 €
6	Gesamtkosten / km	1,25 €	0,75 €	0,58 €	0,50 €	0,45 €	0,42 €	0,39 €	0,38 €	0,36 €	0,35 €
7											
8	Nutzungsabhängige Kosten pro km	0,25 €									
9	Zeitkosten (Fixe Kosten)	5.000,00 €									
10	Gewünschte Gesamtkosten	0,38 €									
11											
12	**Formelberechnung**	**45.455 km**									
13											

Abbildung 11.1 Berechnung der gewünschten Gesamtkosten

Bei einem Auto fallen nutzungsunabhängige Kosten von 5.000 € pro Jahr an. Die nutzungsabhängigen Kosten pro km betragen 0,25 €.

Frage:

Welche Leistung muss erbracht werden, um auf Betriebskosten von 0,36 €/km zu kommen?

Formel:

$$km - Leistung = \frac{Fixe\ Kosten}{Gesamtkosten\ /\ km - Nutzungsabhängige\ Kosten\ /\ km}$$

11.3.1 Einstufige Deckungsbeitragsrechnung

Wie bereits erwähnt, geht man bei der Deckungsbeitragsrechnung von mengenabhängigen und von zeitabhängigen Kosten aus.

Zur Berechnung der Deckungsbeitragsrechnung sind zwei Formeln wichtig:

*Erlös = Verkaufspreis * Menge*

und

Deckungsbeitrag = Erlös – mengenabhängige Kosten.

Anders ausgedrückt kann man sagen, dass jedes verkaufte Teil mit seinem Deckungsbeitrag den Block der zeitabhängigen Kosten verringert. Entspricht der gesamte Deckungsbeitrag den Zeitkosten, so ist der so genannte *Break-Even-Point* erreicht. Jedes weitere verkaufte Teil erhöht jetzt mit seinem Deckungsbeitrag den Gewinn.

Ebenfalls wichtig im Rahmen der Deckungsbeitragsrechnung sind Deckungsgrad, Rangfolge und Leistungserfolgssatz.

Der *Deckungsgrad* wird in Prozent gemessen und gibt an, wie viel Prozent des Verkaufspreises Deckungsbeitrag sind.

$$Deckungsgrad = \frac{Deckungsbeitrag\ /\ Stück}{Fertigungszeit}$$

Die *Rangfolge* gibt die Reihenfolge der deckungsbeitragsstärksten Produkte an.

Der *Leistungserfolgssatz (LES)* ist beinahe noch wichtiger als der Deckungsgrad. Hiermit wird der Deckungsbeitrag pro Stück, bezogen auf die dafür aufzuwendende Fertigungszeit, angegeben.

$$Leistungserfolgssatz = \frac{Deckungsbeitrag\ /\ Stück}{Fertigungszeit}$$

Hierzu soll eine kleine Übung durchgeführt werden:

	Produkte		
	A	B	C
Verkaufspreis pro Stück	200,00 €	300,00 €	60,00 €
Mengenkosten pro Stück	150,00 €	180,00 €	50,00 €
Fertigungszeit je Stück	6,0 Min	24,0 Min	1,5 Min

Berechnet werden sollen:

1. Deckungsbeitrag pro Stück
2. Rangfolge Deckungsbeitrag
3. Deckungsgrad
4. Deckungsbeitrag pro Stunde
5. Deckungsbeitrag pro Minute
6. Rangfolge Leistungserfolgssatz

Die Aufgabe und die Lösung finden Sie in der Datei *Excel_2000_Ctrl_11_03.XLS*.

11.3.2 Mehrstufige Deckungsbeitragsrechnung

Bei der mehrstufigen Deckungsbeitragsrechnung werden artikelbezogene Zeitkosten aus dem allgemeinen Zeitkostenpool herausgenommen und den Kostenverursachern direkt zugeordnet.

Das Ergebnis wird als Deckungsbeitrag Stufe I bezeichnet. Anschließend werden die übrigen Zeitkosten auf alle Artikel verteilt. Dieses Ergebnis ist dann der Deckungsbeitrag Stufe II.

Je nach Unternehmen wird die mehrstufige Deckungsbeitragsrechnung auch anders gehandhabt. So werden die einzelnen Deckungsbeitragsstufen folgendermaßen ermittelt:

Umsatz, gekürzt um Provisionen und Rabatte
abzüglich Herstellkosten
abzüglich Wareneinsatzkosten

Tabelle 11.2 Auflösung des Fixkostenblocks – Möglichkeit 1

Deckungsbeitrag Stufe I
abzüglich Fertigungsgemeinkosten und Gemeinkosten der Entwicklung
Deckungsbeitrag Stufe II
abzüglich Verwaltungskosten
abzüglich Vertriebskosten
abzüglich Vertriebssonderkosten
Deckungsbeitrag Stufe III

Tabelle 11.2 Auflösung des Fixkostenblocks – Möglichkeit 1

Eine andere Möglichkeit, den Fixkostenblock aufzulösen, besteht darin, ihn in folgende Gruppen zu untergliedern:

Verkaufspreis	
minus variable Kosten	DB Stufe I
minus Produktfixkosten	DB Stufe II
minus Produktgruppenfixkosten	DB Stufe III
minus Bereichsfixkosten	DB Stufe IV
minus Unternehmensfixkosten	Erfolg

Tabelle 11.3 Auflösung des Fixkostenblocks – Möglichkeit 2

Die ehemaligen Bestandteile eines aufgelösten Fixkostenblocks werden Fixkostenschichten genannt.

11.4 Kalkulation mit Fixkostenschichten

Nachdem der Fixkostenblock aufgelöst wurde, ist es nun möglich, seine ehemaligen Bestandteile, die so genannten Fixkostenschichten, in Relation zum jeweiligen erwirtschafteten Deckungsbeitrag zu setzen.

Kalkulation mit Fixkostenschichten					
	Soll (€)	%		Soll (€)	Ist (€)
VKP	624.000		VKP	52,00	55,00
Variable Kosten	360.000		Variable Kosten	30,00	30,00
DB I	264.000		DB I	22,00	25,00
Produktfixkosten	100.000	37,88	Produktfixkosten	8,33	8,33
DB II	164.000		DB II	13,67	16,67
Produktgruppenfix-kosten	75.000	45,73	Produktgruppen-fixkosten	6,25	6,25
DB III	89.000		DB III	7,42	10,42
Bereichsfixkosten	50.000	56,18	Bereichsfixkosten	4,17	4,17
DB IV	39.000		DB IV	3,25	6,25
Unternehmensfixkos-ten	25.000	64,10	Unternehmensfix-kosten	2,08	2,08
Erfolg	14.000		DB/Stück	1,17	4,17

Tabelle 11.4 Kalkulation mit Fixkostenschichten

Hierbei werden die Fixkosten des Einzelproduktes mit dem Prozentsatz berechnet, der sich aus der Gesamtfixkostenberechnung ergibt.

Das entsprechende Beispiel ist ebenfalls in der Datei *Excel_2000_Ctrl_10_01.XLS*, Tabelle *Fixkostenschichten* enthalten.

11.5 Prozesskostenrechnung

Bei der Prozesskostenrechnung handelt es sich um eine Variante der Vollkostenrechnung (Zuschlagskalkulation).

Nachdem in den vergangenen Jahren die Gemeinkosten u.a. durch nicht produktzuordenbare Abgaben und Steuern überproportional angewachsen sind, wird es immer wichtiger, die Stellen, an denen evtl. direkt zuordenbare Gemeinkosten entstehen, aufzuspüren und diese dem Kostenträger direkt und nicht proportional zuzuordnen.

Durch diese direkte Zuordnung der Gemeinkosten lassen sich bei der Kalkulation so genannte Kostentreiber sehr schnell feststellen und ggf. isolieren. Dies gilt einerseits für Modifikationen und Varianten eines Produkts und andererseits für kleine Losgrößen, die hohe Rüstzeiten erfordern.

Solange sich die erhöhten Kosten über den Verkaufspreis weitergeben lassen, ist alles in Ordnung.

Wird allerdings durch den proportionalen Zuschlag die Preissituation der Standardartikel am Markt verschlechtert, kann dies nicht ohne weiteres hingenommen werden.

Bei der Prozesskostenrechnung werden nun die gesamten Kosten eines bestimmten Fertigungsprozesses ermittelt und über die Prozessmenge, also die gefertigten Produkte, verteilt.

Hiermit wird erreicht, dass die Gemeinkosten bereits auf Prozessebene und nicht erst auf Produktebene zugeordnet werden.

$$Prozesskostensatz = \frac{Gesamtkosten\ des\ Prozesses}{Prozesskosten}$$

Ein Beispiel hierzu finden Sie in der Datei *Excel_2000_Ctrl_11_05.XLS*.

Bei diesem Beispiel geht es um die Ermittlung der Prozesskosten für die Rohmaterialprüfung und die Kosten für die Instandhaltung. Die Mappe *ProzKoRe.xls* besteht aus den beiden Tabellen *Kalkulation* und *Prozesskostenermittlung*.

Wäre bei der Kalkulation mit normalen Zuschlagssätzen gearbeitet worden, so wäre der Einkaufspreis Rohmaterial von Produkt A und C mit dem gleichen Faktor beaufschlagt worden. Die Materialkosten des Produkts C wären also um fast 1 € teurer, als sie sein müssten. Ähnliches gilt für die Instandhaltung. Da hier aber die Losgrößen und Stückzahlen in der Ermittlung des Prozesskostensatzes mitberücksichtigt wurden, werden diese Kosten verursachungsgerecht zugeordnet.

11.6 Berechnung von Maschinenstundensätzen

In die Berechnung von maschinenabhängigen Kosten gehen ein:

1. Abschreibung (geteilt durch die Nutzungsdauer)
2. Kalkulatorische Zinsen
3. Instandhaltung
4. Raumkosten
5. Energiekosten

Energiekosten und teilweise auch *Instandhaltungskosten,* wie beispielsweise Ersatz- und Verschleißteile, sind nutzungsabhängige Kosten. Sie werden auch als variable, produktionsabhängige oder, wie wir bereits wissen, als Mengenkosten bezeichnet.

Abschreibung, kalkulatorische Zinsen und *Raumkosten* sind Zeitkosten. Sie fallen unabhängig von der produzierten Menge an und werden auch als fixe Kosten oder Kosten der Betriebsbereitschaft bezeichnet.

Instandhaltungskosten dienen im Gegensatz zu Instandsetzungskosten nicht der Werterhöhung. Die Höhe der Instandsetzungskosten kann bzw. muss dem Abschreibungswert der Maschine zugeschlagen werden. Je nachdem, ob sich die Instandhaltungsmaßnahme auf die Nutzungsdauer auswirkt oder nicht, wird der erhöhte Wert bis zum verlängerten Termin abgeschrieben bzw. ein höherer jährlicher Betrag bis zum früher bestimmten Termin abgeschrieben.

Am Beispiel eines Drehautomaten wird aufgezeigt, wie der Maschinenstundensatz und die Fertigungskosten berechnet werden.

Für einen Drehautomaten soll Folgendes berechnet werden:

- Maschinenkostensatz
- die Effektivkosten bei einer Auslastung von 1.200 Stunden
- die Kosten für nicht genutzte Kapazität

Daten

Berechnung des Maschinenstundensatzes und der Fertigungskosten	
Bezeichnung	**Wert**
Preis Drehautomat	95.000,00 €
Transportkosten	2.300,00 €
Installationskosten	5.700,00 €
Fundamentkosten	1.000,00 €
Anschaffungspreis gesamt	**104.000,00 €**
Einsatzzeit	8 Jahre
Laufzeit bei 75 % Nutzung	1.200 Stunden/Jahr
Laufzeit bei 100 % Nutzung	1.600 Stunden/Jahr
Kalkulatorische Zinsen	8,00% / Jahr
Grundinstandhaltung	4,00% / Jahr vom Ansch. Wert

Tabelle 11.5 Die Basisdaten

Berechnung des Maschinenstundensatzes und der Fertigungskosten	
Ersatzteile, Verschleißteile	5,00 € pro lfd. Std.
Raumbedarf	30,00 m²
Raumkosten	60 €/m² pro Jahr
Energieverbrauch lt. Angabe	15,00 kW/h
Nutzfaktor	0,6
Energiekosten	0,20 € / kWh
Rüstzeit (tr)	500,0 Min.
Menge	200 Stück
Fertigungzeit (te)	2,3 Min.
Lohnkosten pro Std.	10,80 €
Restfertigungsgemeinkosten (RFGK)	120%

Tabelle 11.5 Die Basisdaten

Vorgehensweise

Zuerst müssen die gesamten Zeitkosten berechnet werden. Diese setzen sich zusammen aus:

- Abschreibung (linear)
- kalkulatorischem Zins
- Instandhaltung
- Raumkosten

Als Nächstes werden die Mengenkosten berechnet für einen Betrieb von 1.600 Stunden bzw. 1.200 Stunden.

Die Mengenkosten setzen sich zusammen aus:

- Energiekosten
- Verschleißteilen

Im nächsten Schritt lassen sich schon die gesamten Fertigungskosten und der Maschinenkostensatz pro Stunde ermitteln.

Die gesamten Fertigungskosten addieren sich aus:

- Zeitkosten gesamt
- Mengenkosten gesamt

Die Maschinenkosten sind der Quotient aus:

- Fertigungskosten geteilt durch Betriebsstunden

Nun werden wir die Fertigungskosten pro Stück berechnen.

Zuerst wird die Fertigungszeit berechnet:

- Rüstzeit (tr) plus das Produkt aus Fertigungszeit (te) und Stückzahl

Der Fertigungslohn berechnet sich aus dem

- Produkt von Fertigungszeit und Fertigungslohn, dividiert durch 60 Minuten.

Die Maschinenkosten berechnen sich aus dem

- Produkt von Fertigungszeit und Maschinenkosten pro Stunde, dividiert durch 60 Minuten

Zuletzt muss noch der Wert für die Rest-Fertigungsgemeinkosten berechnet werden. Dies ist das Produkt aus:

- Fertigungslohn und RFGK

Damit haben wir alle Werte, die sich zu den Fertigungskosten addieren lassen.

```
FK = FL + MaschK + RFGK
```

Abschließend müssen noch die Kosten nicht genutzter Kapazität berechnet werden. Diese ergeben sich aus der Differenz der Maschinenkosten pro Stunde multipliziert mit den Stunden der Laufzeit bei 75%iger Auslastung.

Berechnung

Berechnung der Zeitkosten		
	Abschreibung (linear)	13.000,00 €
	Kalkulatorischer Zins	8.320,00 €
	Instandhaltung	4.160,00 €
	Raumkosten	1.800,00 €
Zeitkosten gesamt		27.280,00 €
Berechnung der Mengenkosten bei 1.600 Std.		
	Energiekosten	2.880,00 €
	Verschleißteile	8.000,00 €
Mengenkosten gesamt		10.880,00 €

Tabelle 11.6 Berechnung der Kosten

Gesamte Fertigungskosten		38.160,00 €
Maschinenkosten pro Std.		23,85 €
Berechnung der Mengenkosten bei 1.200 Std.		
	Energiekosten	2.160,00 €
	Verschleißteile	6.000,00 €
Mengenkosten gesamt		8.160,00 €
Gesamte Fertigungskosten		35.440,00 €
Maschinenkosten pro Std.		29,53 €
Berechnung der Fertigungskosten je Stück		
	Fertigungszeit	960,0 Min.
	Fertigungslohn	172,80 €
	Maschinenkosten	381,60 €
	RFGK	207,36 €
Fertigungskosten für 200 Stück		761,76 €
Fertigungskosten je Stück		3,81 €
	Verrechnete Kosten	28.620,00 €
	Angefallene Kosten	35.440,00 €
Kosten nicht genutzter Kapazität		-6.820,00 €

Tabelle 11.6 Berechnung der Kosten

Dieses Beispiel ist in der Mappe *Excel_2000_Ctrl_11_06.XLS* enthalten.

Planung

12

12.1 Regression und Trend

Bei der Arbeit mit dem Deckungsbeitrag haben Sie zwischen variablen Kosten (Stückkosten, proportionalen Kosten) und fixen Kosten (Zeitkosten) unterschieden. Es gibt aber noch eine dritte Kostengruppe, auf die hier eingegangen werden soll: die Mischkosten.

Mischkosten sind, wie der Name schon andeutet, Kosten, die sich aus variablen und fixen Kosten zusammensetzen. Hierzu zählen beispielsweise Hilfs- und Betriebsstoffe, Reparaturkosten oder die Zinsen des Umlaufvermögens.

Der Anfall dieser Mischkosten muss nicht linear sein, also in einem bestimmten Verhältnis zu den produzierten Stückzahlen verlaufen.

Bei diesem Beispiel soll davon ausgegangen werden, dass die Kosten durch Messung ermittelt wurden.

Menge	Reparaturkosten
1.000 Stück	52,00 €
2.000 Stück	68,00 €
3.000 Stück	81,00 €
4.000 Stück	82,00 €
5.000 Stück	99,00 €
6.000 Stück	102,00 €

Tabelle 12.1 Durch Messung ermittelte Kosten

Menge	Reparaturkosten
7.000 Stück	108,00 €
8.000 Stück	135,00 €

Tabelle 12.1 Durch Messung ermittelte Kosten

Diese Zahlen ergeben eine Linie mit dem folgenden unregelmäßigen Verkauf:

Abbildung 12.1 Verlauf der gemessenen Mischkosten

Mit der »Methode der kleinsten Quadrate« wird eine lineare Funktion gesucht, die die empirisch beobachtete Kurve bestmöglich durch eine Gerade beschreibt.

Die Methode basiert darauf, dass die Summe der quadrierten Abstände zwischen den beobachteten Werten und den zugehörigen Funktionswerten minimiert wird.

Die »Methode der kleinsten Quadrate« ist unter dem Namen `RGP()` in Excel enthalten. Die Formel hierfür ist $y = mx+b$.

Bei dieser Regressionsfunktion ist der abhängige *y-Wert* eine Funktion der unabhängigen *x-Werte*. Die *m-Werte* sind Koeffizienten, die zu den jeweiligen *x-Werten* gehören. Der *B-Wert* ist eine Konstante.

12.1.1 Die Funktion RGP()

Mithilfe der Funktion `RGP()` sollen nun das Steigungsmaß m und der Ordinatenabschnitt b berechnet werden.

Somit ergibt sich ein Startwert für *y* von

```
0,01025 * 1.000+44,75
10,25+44,75
55
```

Wir gehen also folgendermaßen vor:

- Markieren Sie die Zellen *F3* und *G3*.
- Klicken Sie auf die Eingabezeile und dann auf das Gleichheitszeichen.

Es erscheint die Dialogbox des Funktionsassistenten.

- Wählen Sie bei FUNKTIONSKATEGORIE entweder *Alle* oder *Statistik* aus.
- Klicken Sie dann eine beliebige Funktion an und geben den Buchstaben R ein. Damit springt die Markierung auf die erste Funktion, die mit dem Buchstaben R beginnt.
- Wählen Sie nun die Funktion `RGP` aus.

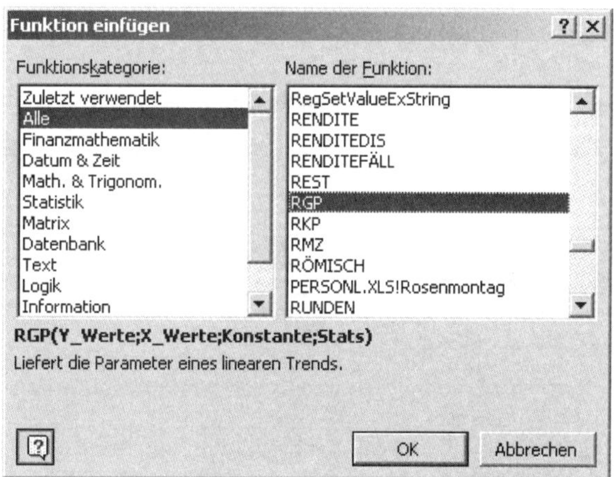

Abbildung 12.2 Funktionsassistent: Auswahl der Funktion

- Dann klicken Sie bei Excel 97 auf die Schaltfläche WEITER, bei Excel 2000 auf die Schaltfläche OK.

Nun erscheint der zweite Schritt des Funktionsassistenten für die Funktion `RGP`.

- Markieren Sie für die *y-Werte* den Bereich *C3:C10* und für *x-Werte* den Bereich *B3:B10*.
- Da die gemachte Eingabe für die Zellen *F3* und *G3* gilt, darf nicht einfach mit der OK-Schaltfläche bestätigt werden, sondern es muss mit der Tastenkombination [Strg]+[⇧]+[↵] abgeschlossen werden.

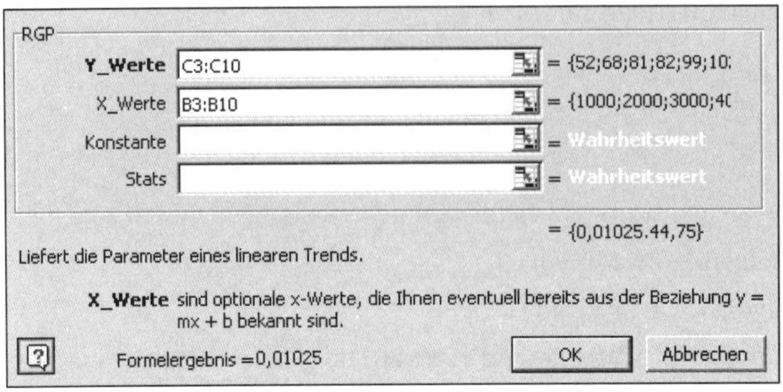

Abbildung 12.3 Die Funktion RGP

Die eingegebene Formel erscheint in geschweiften Klammern.

12.1.2 Die Funktion TREND()

Als Nächstes soll der Trend berechnet werden. Hierzu verwenden wir die gleichnamige Funktion `TREND()`.

- Markieren Sie die Zellen *D3:D10*.
- Wählen Sie die Funktion `TREND`. Gehen Sie so vor wie bei `RGP`.
- Markieren Sie für die Y-WERTE die Zellen *C3:C10* und für die X-WERTE *B3:B10*

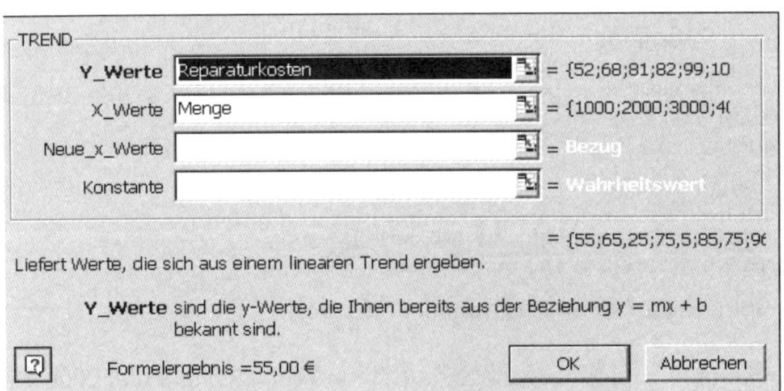

Abbildung 12.4 Eingabe der Funktion TREND

- Bestätigen Sie mit [Strg]+[⇧]+[↵].

Die Tabelle sieht nun so aus:

Regressions- (RGP) und Trendfunktion

Menge	Reparaturkosten	Trend	Steigung	Ordinatenabschnitt
1.000 Stück	52,00 €	55,00 €	0,01025	44,75
2.000 Stück	68,00 €	65,25 €		
3.000 Stück	81,00 €	75,50 €	{=RGP(Reparaturkosten;Menge)}	
4.000 Stück	82,00 €	85,75 €		
5.000 Stück	99,00 €	96,00 €		
6.000 Stück	102,00 €	106,25 €		
7.000 Stück	108,00 €	116,50 €	{=TREND(Reparaturkosten;Menge)}	
8.000 Stück	135,00 €	126,75 €		

Abbildung 12.5 Die fertige Tabelle

Aufgabe:

Erstellen Sie ein Liniendiagramm mit dem Verlauf der gemessenen Mischkosten. Die Trendlinie werden wir auf eine andere Art einfügen.

12.1.3 Trendlinie in das Diagramm einfügen

Ist dies geschehen, wollen wir in diesem Diagramm auch noch die *Formel* und das *Bestimmtheitsmaß* darstellen.

- Markieren Sie im Diagramm die *Linie der Mischkosten*.
- Wählen Sie den Menübefehl DIAGRAMM | TRENDLINIE HINZUFÜGEN... aus und klicken im Registerblatt TYP den Trendtyp *Linear* an.
- Wechseln Sie anschließend zum Registerblatt OPTIONEN.
- Klicken Sie hier die Kontrollfelder GLEICHUNG IM DIAGRAMM DARSTELLEN und BESTIMMTHEITSMASS IM DIAGRAMM DARSTELLEN an.
- Möchten Sie sehen, wie sich der Trend entwickelt, können Sie bei TREND VORWÄRTS die Stückzahl eingeben.
- Bestätigen Sie die Eingaben mit der Schaltfläche OK.

Hinweis: Bitte beachten Sie, dass sich die Bezeichner in der Registerkarte *Optionen* bei *Trend* geändert haben. Während sich bei Excel 97 der Trend in Perioden einstellen ließ, wird in Excel 2000 jetzt der Trend in Einheiten eingestellt. In diesem Beispiel genügt es also nicht, eine EINS für den Vorwärts-Trend einzugeben, sondern es muss 1000 für die Stückzahl eingegeben werden.

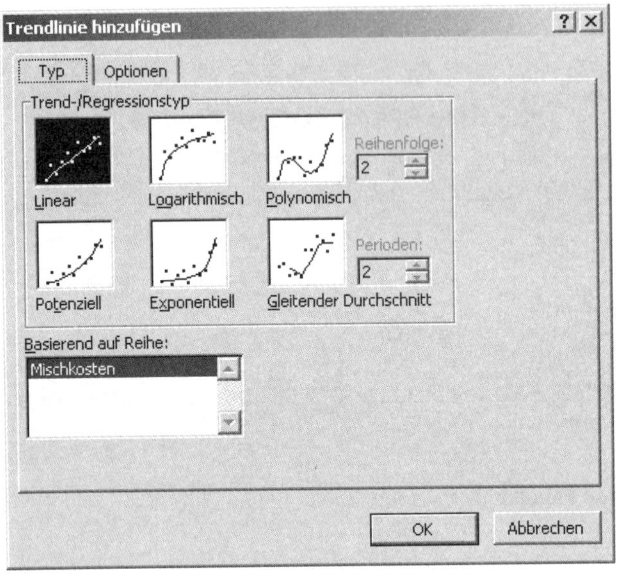

Abbildung 12.6 Lineare Trendlinie einfügen

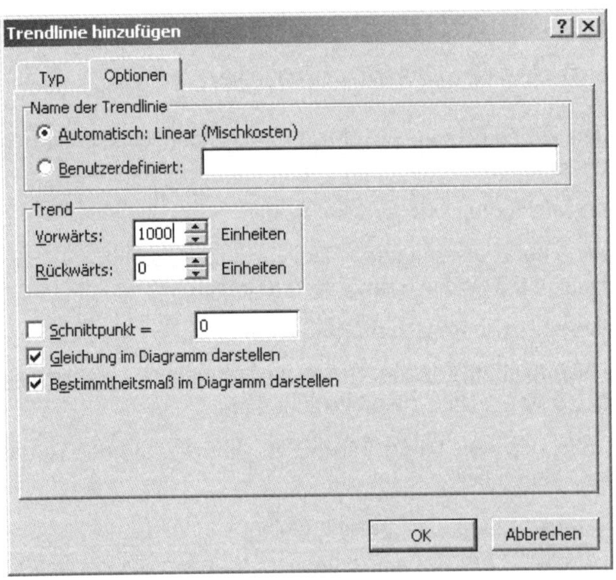

Abbildung 12.7 Formeln einfügen

Markieren Sie die eingefügten Formeln und wählen, um diese besser lesen zu können, den Schriftgrad 10 aus. Anschließend können Sie die Formeln an einer beliebigen Stelle positionieren.

Ihr Diagramm könnte nun in etwa so aussehen. Vergleichen Sie auch die Werte im Diagramm mit den von Ihnen berechneten Werten in der Tabelle.

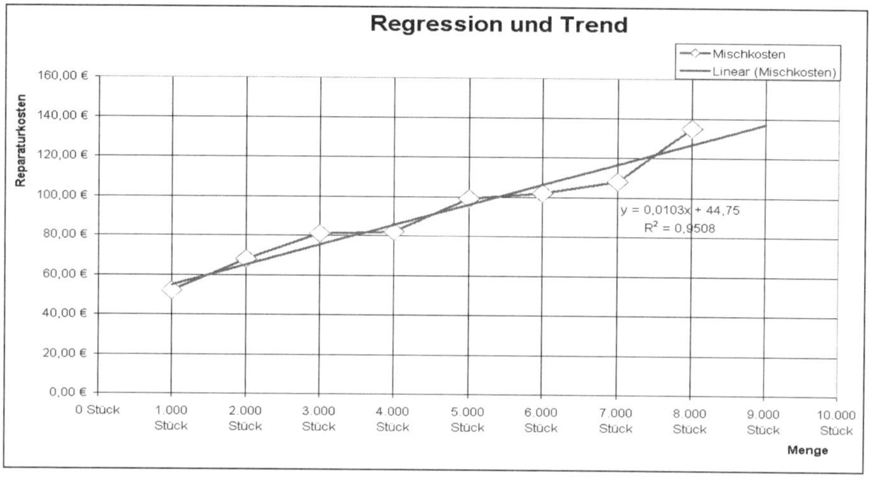

Abbildung 12.8 Das fertige Diagramm

Bestimmtheitsmaß

Das Bestimmtheitsmaß r^2 (mit r = Korrelationskoeffizient) dient als Indikator dafür, wie verlässlich die beobachteten Werte durch die berechnete Trendfunktion repräsentiert werden.

Ein Bestimmtheitsmaß von *1* drückt eine vollkommene Übereinstimmung aus. Werte kleiner als *0,8* lassen eine derartige Bestimmung des y-Wertes schon fraglich erscheinen.

12.1.4 Die Funktion MTRANS()

Die kennen Sie noch gar nicht? Kein Problem, da stehen Sie sicher nicht allein da. Und diese Funktion hat auch nicht unmittelbar etwas mit der Berechnung von Trends zu tun; aber mit der Darstellung von Matrix-Werten. Mit `MTRANS` können Sie die Zeilen und Spalten einer Matrix in einer Tabelle vertauschen. Dies ist besonders praktisch, wenn beispielsweise eine Matrix vertikale Werte zurückliefert, aber horizontale Werte benötigt werden.

Die Funktion `MTRANS` lässt sich nun direkt oder indirekt anwenden. Sehen Sie sich zunächst einmal die direkte Anwendung an, demonstriert am vorigen Beispiel.

Die Funktion TREND() wird eingeschlossen von `MTRANS`, wobei der Abschluss mit [Strg]+[⇧]+[↵] erfolgt.

```
{=TREND(MTRANS(TREND(C3:C10;B3:B10)))}
```

- Beim indirekten Einsatz der Funktion markieren Sie alle Zellen, die die Rückgabewerte der Funktion aufnehmen sollen.
- Dann geben Sie die Funktion `MTRANS` ein und nehmen Bezug auf die Rückgabewerte der Funktionen `TREND` oder `RGP`, also auf die Zellen *D3:D10* bzw. *F3:G3*.
- Dann schließen Sie mit [Strg]+[⇧]+[↵] ab.

12.2 Datenverdichtung durch Konsolidierung

Weitreichende Möglichkeiten bietet der Befehl KONSOLIDIEREN..., den es seit der Version Excel 4.0 gibt.

- Laden Sie die Mappe *Excel_2000_Ctrl_12_02.xls.*

Diese Datei – oder richtiger gesagt, deren Inhalt – kennen Sie schon aus dem Beispiel der Pivot-Tabelle. Wir wollen die hier enthaltenen Daten auf eine andere Art verdichten, eben durch die Konsolidierung. In dieser Tabelle sind für die Monate Januar bis Juni die entsprechenden Werte enthalten, die nun konsolidiert werden sollen. Diese Konsolidierung soll in der Tabelle *Konsolidierung BAB* erfolgen, die bereits als leere Tabelle vorhanden ist.

- Positionieren Sie den Zellzeiger in der Tabelle *Konsolidierung BAB* in Zelle *A2*. Rufen Sie dann den Befehl DATEN | KONSOLIDIEREN... auf.

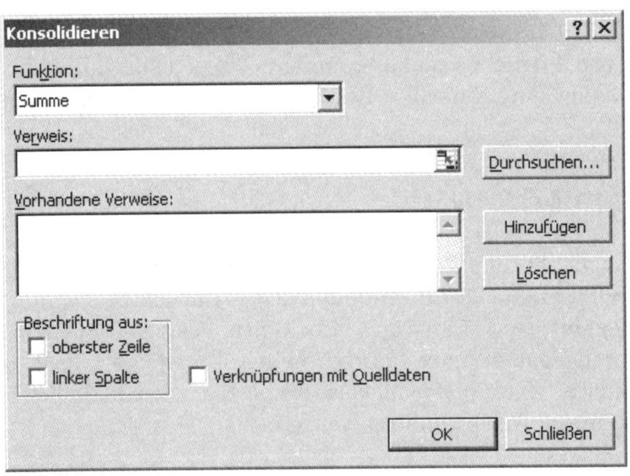

Abbildung 12.9 Konsolidieren – leere Dialogbox

In dem erscheinenden Dialogmenü können Sie nun den Bezug eintragen.

- Hierzu klicken Sie das REGISTERFELD am unteren Ende der Tabelle an und markieren den Bereich mithilfe der Maus.

Der so markierte Bereich wird nun in das Eingabefeld VERWEIS übernommen.

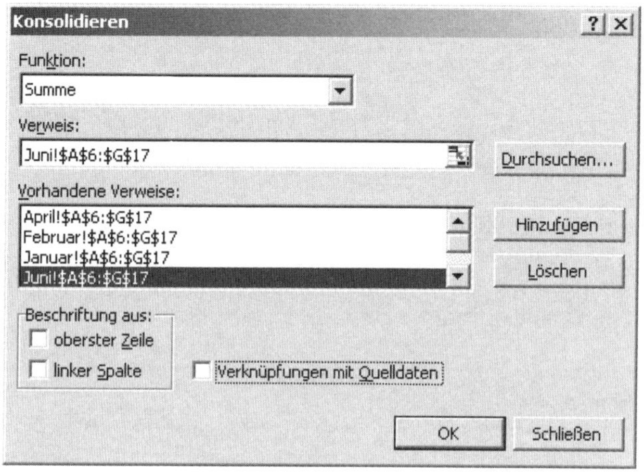

Abbildung 12.10 Konsolidieren – ausgefüllte Dialogbox

Mit HINZUFÜGEN wird der Bezug dann bei *Vorhandene Verweise* eingetragen.

Für eine dauerhafte (dynamische) Verbindung aktivieren Sie das Optionsfeld VERKNÜPFUNGEN MIT QUELLDATEN. Dadurch werden die Formeln, nicht die Werte, in die Konsolidierungstabelle eingefügt.

Da Excel normalerweise nur Werte aus den Quellbereichen (Ursprungsbezügen) konsolidiert und Zellen mit Text wie Leerzellen behandelt, wir aber die entsprechenden Überschriften haben wollen, wählen wir die Optionen bei BESCHRIFTUNG AUS: an

Abbildung 12.11 Auswahl der Kontrollfelder (Ausschnitt)

Anschließend bestätigen Sie mit OK.

Excel führt die Konsolidierung durch, wobei die nun erscheinende Darstellung der Tabelle Ihnen ungewohnt erscheinen wird. Wir haben es hier mit einer Gliederungsansicht zu tun, die im nachfolgenden Kapitel erläutert werden wird.

Wichtig ist, dass Excel alle Daten aus den bezogenen Dateien geholt und dann entsprechend addiert hat. Im Moment sehen Sie nur die Ergebnisse dieser Addition in den Zeilen 9, 16, 23, 30, 37, 44, 51, 58 und 65. In der Zeile 72 befindet sich die Addition der Summen.

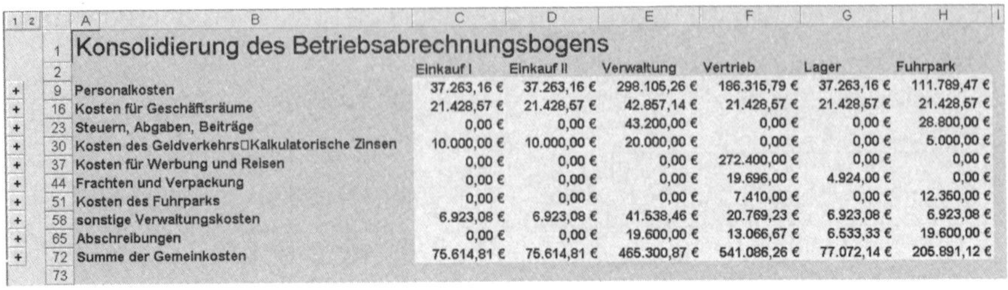

	A/B	C	D	E	F	G	H
1	Konsolidierung des Betriebsabrechnungsbogens						
2		Einkauf I	Einkauf II	Verwaltung	Vertrieb	Lager	Fuhrpark
9	Personalkosten	37.263,16 €	37.263,16 €	298.105,26 €	186.315,79 €	37.263,16 €	111.789,47 €
16	Kosten für Geschäftsräume	21.428,57 €	21.428,57 €	42.857,14 €	21.428,57 €	21.428,57 €	21.428,57 €
23	Steuern, Abgaben, Beiträge	0,00 €	0,00 €	43.200,00 €	0,00 €	0,00 €	28.800,00 €
30	Kosten des Geldverkehrs□Kalkulatorische Zinsen	10.000,00 €	10.000,00 €	20.000,00 €	0,00 €	0,00 €	5.000,00 €
37	Kosten für Werbung und Reisen	0,00 €	0,00 €	0,00 €	272.400,00 €	0,00 €	0,00 €
44	Frachten und Verpackung	0,00 €	0,00 €	0,00 €	19.696,00 €	4.924,00 €	0,00 €
51	Kosten des Fuhrparks	0,00 €	0,00 €	0,00 €	7.410,00 €	0,00 €	12.350,00 €
58	sonstige Verwaltungskosten	6.923,08 €	6.923,08 €	41.538,46 €	20.769,23 €	6.923,08 €	6.923,08 €
65	Abschreibungen	0,00 €	0,00 €	19.600,00 €	13.066,67 €	6.533,33 €	19.600,00 €
72	Summe der Gemeinkosten	75.614,81 €	75.614,81 €	465.300,87 €	541.086,26 €	77.072,14 €	205.891,12 €
73							

Abbildung 12.12 Anzeige der konsolidierten Daten (überarbeitet)

- Klicken Sie auf das *Plus-Zeichen* vor einer Zeile, so werden die gruppierten Daten dieser Zusammenfassung angezeigt.

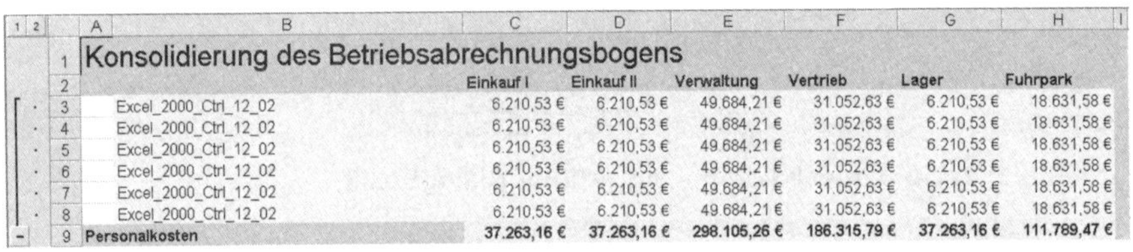

	A/B	C	D	E	F	G	H
1	Konsolidierung des Betriebsabrechnungsbogens						
2		Einkauf I	Einkauf II	Verwaltung	Vertrieb	Lager	Fuhrpark
3	Excel_2000_Ctrl_12_02	6.210,53 €	6.210,53 €	49.684,21 €	31.052,63 €	6.210,53 €	18.631,58 €
4	Excel_2000_Ctrl_12_02	6.210,53 €	6.210,53 €	49.684,21 €	31.052,63 €	6.210,53 €	18.631,58 €
5	Excel_2000_Ctrl_12_02	6.210,53 €	6.210,53 €	49.684,21 €	31.052,63 €	6.210,53 €	18.631,58 €
6	Excel_2000_Ctrl_12_02	6.210,53 €	6.210,53 €	49.684,21 €	31.052,63 €	6.210,53 €	18.631,58 €
7	Excel_2000_Ctrl_12_02	6.210,53 €	6.210,53 €	49.684,21 €	31.052,63 €	6.210,53 €	18.631,58 €
8	Excel_2000_Ctrl_12_02	6.210,53 €	6.210,53 €	49.684,21 €	31.052,63 €	6.210,53 €	18.631,58 €
9	Personalkosten	37.263,16 €	37.263,16 €	298.105,26 €	186.315,79 €	37.263,16 €	111.789,47 €

Abbildung 12.13 Anzeige der gruppierten Daten

- Klicken Sie auf die kleine 2 links oben neben der Tabelle, so werden auch die restlichen verborgenen Zeilen angezeigt.

Die einmal erfassten Ursprungsbezüge bleiben erhalten. Sie können nun für diese Ursprungsbezüge den *Mittelwert*, den *Maximalwert* usw. auf sehr einfache Weise berechnen.

Allerdings werden Sie auch einen kleinen Schönheitsfehler feststellen. Schauen Sie sich die Formeln in der Spalte C einmal etwas genauer an. Sie werden feststellen, es wurde sortiert, ohne dass Sie das wollten oder beeinflussen konnten. Des Weiteren sehen Sie auch, dass in der Spalte B überall *Excel_2000_Ctrl_12_02* steht. Dies ist der Name der Mappe, aus der die Daten stammen. Dies macht natürlich nur dann Sinn, wenn die Daten auch tatsächlich aus einer anderen Mappe stammen. Hier führt es eher zur Verwirrung. Aus diesem Grund werden wir die Zellen in der Spalte B mit neuen Inhalten versehen. Geben Sie zunächst nur die neuen Bezeichnungen für die Zellen *B3* bis *B8* ein.

Um nun auch noch die restlichen Zellen auszufüllen, verwenden wir einen der Kniffe, die im Teil 1 dieses Buches vorgestellt wurden.

- Markieren Sie die Zellen *B10* bis *B71* und löschen die Inhalte mithilfe der Taste [Entf].
- Nun markieren Sie die Zellen *B3* bis *B9*. In der Zelle *B9* befindet sich übrigens kein Wert.

		Einkauf I
3	April	6.210,53 €
4	Februar	6.210,53 €
5	Januar	6.210,53 €
6	Juni	6.210,53 €
7	Mai	6.210,53 €
8	März	6.210,53 €

Abbildung 12.14 Beschriftung Monate

- Klicken Sie dann auf den Griff der Zelle *B9*, so werden automatisch die markierten Werte nach unten ausgefüllt. Dies funktioniert deshalb, weil sich rechts der auszufüllenden Zellen bereits gefüllte Zellen befinden.

Nun bleibt nur noch übrig, die Zeilen entsprechend zu sortieren. Leider muss das für jede Gruppierung einzeln durchgeführt werden. Die Sortieroptionen müssen nun ebenfalls geändert werden. Wie Sie hier vorzugehen haben, wurde im Kapitel *Sortierung* bereits hinreichend beschrieben.

Es stellt sich hier meiner Meinung nach eine ganz andere Frage. Wenn hier immer alle Daten der Basistabellen, dargestellt durch die Bezüge, enthalten sind, sprengt das nicht irgendwann den Rahmen bzw. verschlechtert die Performance?

Es gibt natürlich die Möglichkeit, die Konsolidierung der Daten ohne Aktualisierung durchzuführen. Dazu muss lediglich das Kontrollfeld VERKNÜPFUNG MIT QUELLDATEN abgewählt werden.

Abbildung 12.15 Keine Verknüpfung mit Quelldaten

Erstellen Sie jetzt die Konsolidierung, so sehen Sie, dass es keine gruppierten Zeilen und auch keine Mappennamen in der Spalte B mehr gibt.

	A	B	C	D	E	F	G
1	Konsolidierung des Betriebsabrechnungsbogens						
2		Einkauf I	Einkauf II	Verwaltung	Vertrieb	Lager	Fuhrpark
3	Personalkosten	37.263,16 €	37.263,16 €	298.105,26 €	186.315,79 €	37.263,16 €	111.789,47 €
4	Kosten für Geschäftsräume	21.428,57 €	21.428,57 €	42.857,14 €	21.428,57 €	21.428,57 €	21.428,57 €
5	Steuern, Abgaben, Beiträge	0,00 €	0,00 €	43.200,00 €	0,00 €	0,00 €	28.800,00 €
6	Kosten des Geldverkehrs□Kalkulatorische Zinsen	10.000,00 €	10.000,00 €	20.000,00 €	0,00 €	0,00 €	5.000,00 €
7	Kosten für Werbung und Reisen	0,00 €	0,00 €	0,00 €	272.400,00 €	0,00 €	0,00 €
8	Frachten und Verpackung	0,00 €	0,00 €	0,00 €	19.696,00 €	4.924,00 €	0,00 €
9	Kosten des Fuhrparks	0,00 €	0,00 €	0,00 €	7.410,00 €	0,00 €	12.350,00 €
10	sonstige Verwaltungskosten	6.923,08 €	6.923,08 €	41.538,46 €	20.769,23 €	6.923,08 €	6.923,08 €
11	Abschreibungen	0,00 €	0,00 €	19.600,00 €	13.066,67 €	6.533,33 €	19.600,00 €
12	Summe der Gemeinkosten	75.614,81 €	75.614,81 €	465.300,87 €	541.086,26 €	77.072,14 €	205.891,12 €
13							

Abbildung 12.16 Tabelle ohne Verknüpfung

Nun haben Sie zwar ein Problem gelöst, aber ein anderes geschaffen. Was machen Sie, wenn sich die Daten ändern? Bisher wurde durch die Verknüpfung die Aktualisierung automatisch durchgeführt. Nun besteht keine direkte Verbindung mehr mit den Quelldateien. Sie müssen diese Verbindung über die Konsolidierung jedes Mal wieder herstellen. Das klingt jetzt aufwändig, ist es aber nicht. Die Lösung heißt Makro. Genauer gesagt: ein aufgezeichnetes Makro. Näheres hierzu erfahren Sie im Kapitel 29.1 *Mit Makros konsolidieren.*

12.3 Gliederung und Tabellenüberblick

12.3.1 Automatische Gliederung

Wie Sie sicher bereits bemerkt haben, werden einige Zeilen nicht mehr angezeigt.

1 2		A	B	C
	2			Einkauf I
+	9	Personalkosten		37.263,16 €
+	16	Kosten für Geschäftsräume		21.428,57 €
+	23	Steuern, Abgaben, Beiträge		0,00 €
+	30	Kosten des Geldverkehrs□Kalkulatorische Zinsen		10.000,00 €
+	37	Kosten für Werbung und Reisen		0,00 €
+	44	Frachten und Verpackung		0,00 €
+	51	Kosten des Fuhrparks		0,00 €
+	58	sonstige Verwaltungskosten		6.923,08 €
+	65	Abschreibungen		0,00 €
+	72	Summe der Gemeinkosten		75.614,81 €
	73			

Abbildung 12.17 Gliederung nach Zeilen

Klicken Sie statt auf die kleine 2 auf eines der + (PLUS)-Zeichen, so werden die zu dieser Zeile gehörenden ausgeblendeten Zeilen eingeblendet.

1 2		A	B	C
	2			Einkauf I
·	3		Excel_2000_Ctrl_12_02	6.210,53 €
·	4		Excel_2000_Ctrl_12_02	6.210,53 €
·	5		Excel_2000_Ctrl_12_02	6.210,53 €
·	6		Excel_2000_Ctrl_12_02	6.210,53 €
·	7		Excel_2000_Ctrl_12_02	6.210,53 €
·	8		Excel_2000_Ctrl_12_02	6.210,53 €
–	9	Personalkosten		37.263,16 €

Abbildung 12.18 Gliederungsanzeige 2. Ebene eingeblendet

- Klicken Sie auf das -(MINUS)-Zeichen, so werden die Zeilen wieder ausgeblendet.

Diese komprimierte Darstellung hat sicher einiges für sich. Stören Sie jedoch diese Plus- oder Minus-Zeichen am linken Rand, können Sie diese ausblenden.

- Rufen Sie im Menü EXTRAS | OPTIONEN die Registerkarte ANSICHT auf und wählen dort das Kontrollfeld GLIEDERUNGSSYMBOLE ab.

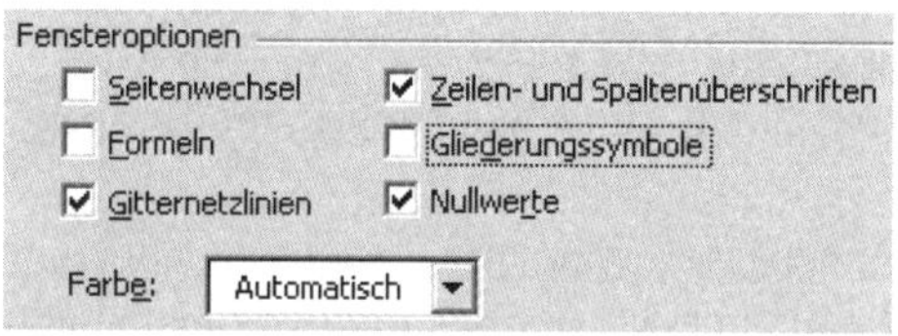

Abbildung 12.19 Gliederungssymbole ausblenden (Ausschnitt)

Excel verfügt über eine Gliederungstiefe von 8 Ebenen. Das Prinzip ist in allen Gliederungsebenen das Gleiche. Mit [+] können Sie die Gliederungsebene sichtbar machen, mit [-] verbergen.

12.3.2 Manuelle Gliederung

Unter einer manuellen Gliederung soll hier die Gliederung verstanden werden, die vom Anwender gesteuert wird. Eine manuelle Gliederung können Sie entweder mithilfe der Befehle aus dem Menü DATEN oder den Symbolfeldern HERABSTUFEN und HERAUFSTUFEN aus der Symbolleiste vornehmen.

Erstellen Sie eine neue Tabelle und geben Sie ein:

Zelle A1:	100
Zelle A2:	150
Zelle A3:	=SUMME(A1:A2)
Zelle A5:	200
Zelle A6:	250
Zelle A7:	=SUMME(A5:A6)

Tabelle 12.2 Eingabewerte für die Gliederung

Markieren Sie einen Bereich, beispielsweise *A1:A3*, so wird die Gliederung nur für diesen Bereich durchgeführt. Wird nichts markiert, dann wird der nachfolgende Befehl alle Zellen gliedern.

Die Befehlsfolge entspricht dem Excel-97-Wortlaut, der aber bis auf geringe Abweichungen dem der Vorgängerversionen entspricht.

- Wählen Sie nun den Befehl DATEN-GRUPPIERUNG und GLIEDERUNG-AUTO-GLIEDERUNG und die Gliederung wird automatisch durchgeführt.
- Mit DATEN-GRUPPIERUNG und GLIEDERUNG-GLIEDERUNG ENTFERNEN lässt sich die Gliederung wieder entfernen.

Die ebenfalls im Menü DATEN | GLIEDERUNG... enthaltenen Befehle DETAIL EINBLENDEN bzw. DETAIL AUSBLENDEN lassen sich alternativ zu den [+]- bzw. [-]-Zeichen verwenden, insbesondere dann, wenn die Gliederungssymbole ausgeblendet wurden.

Die Befehle GRUPPIERUNG bzw. GRUPPIERUNG AUFHEBEN... entsprechen dem (PFEIL NACH RECHTS) bzw. dem (PFEIL NACH LINKS) in der Funktionsleiste GLIEDERUNG.

Wollen Sie der Gliederung entsprechende Formate zuweisen, so wählen Sie den Befehl EINSTELLUNGEN...
In dem erscheinenden Dialogmenü können Sie die Gliederung automatisch formatieren lassen oder diese einer bestimmten Formatvorlage zuweisen.

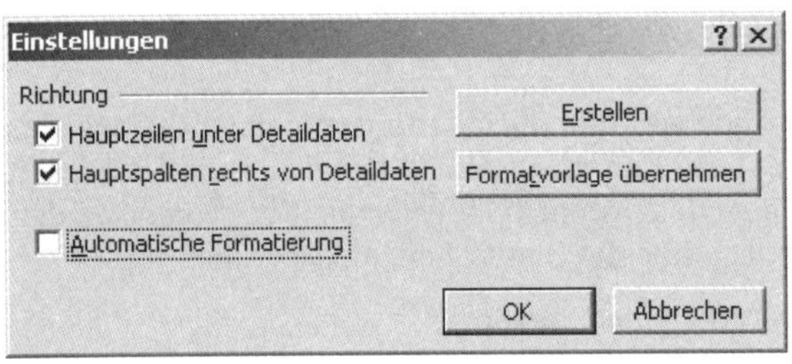

Abbildung 12.20 Einrichten der Gliederung

Klicken Sie auf die Schaltfläche ERSTELLEN, führt Excel die Gliederung durch. Dabei wird davon ausgegangen, dass die einzelnen Werte eine geringere Anzeigepriorität haben als die daraus gebildete Summe.

Summen, die aus anderen Summen gebildet werden, haben demzufolge ebenfalls eine höhere Priorität als die Summanden.

Ganze Ebenen ein- und ausblenden können Sie über die EBENEN-ANZEIGE links oben neben Ihrer Tabelle.

Die Gliederungsebenen funktionieren übrigens sinngemäß auch spaltenorientiert.

Soll alles nun auch noch formatiert werden, steht auch hier eine Möglichkeit zur Verfügung. Ist die Option AUTOMATISCHE FORMATIERUNG gewählt, werden den unterschiedlichen Gliederungsebenen vordefinierte Formate zugewiesen. Diese lassen sich, dem eigenen Geschmack entsprechend, auch umdefinieren.

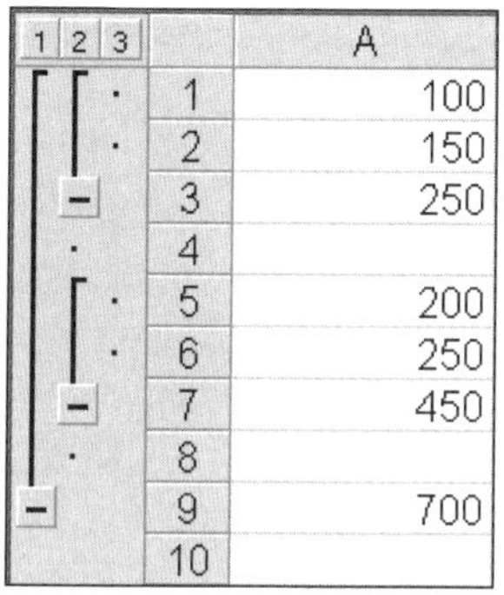

Abbildung 12.21 Gliederung in 3 Ebenen

12.4 Planen mit rollierenden Diagrammen

Zur Planung zukünftiger Umsätze und zur Kontrolle des aktuellen Umsatzes werden Vergangenheitsdaten benötigt. Eine Möglichkeit der Darstellung besteht darin, hierzu den Umsatz der vergangenen 12 Monate mit dem des aktuellen Jahres zu vergleichen oder auch den Monat des Vorjahres mit dem aktuellen Monat. Modelle, die diese Zahlen darstellen, sind zwar informativ, aber meist auch starr.

Interessant wäre es, über diese Informationen zu verfügen, wobei je nach Bedarf durch einfache Handhabung die Datenbasis geändert werden kann.

Als Werkzeug für die Planung hat sich Excel bewährt, wobei mit den Versionen 97 und 2000 die bisher umfangreichsten Möglichkeiten zur Verfügung stehen.

Allerdings ist die Funktion `Bereich.Verschieben`, die Ihnen bei der Erstellung des rollierenden Plans helfen soll, auch schon in früheren Versionen enthalten.

Mithilfe dieser Funktion werden im nachfolgenden Beispiel sowohl die Anzahl als auch der Zeitraum der dargestellten Monate verändert. Dies geschieht, ohne dass eine Zeile Programmcode geschrieben werden muss.

In diesem Zusammenhang werden Sie auch eigene Werkzeuge erstellen, wie beispielsweise eine Funktion zur Umwandlung einer Zahl in einen Monat, spezielle Formate zur Darstellung von Werten in Zellen usw.

Betrachten Sie zunächst die Datenbasis. Die Werte werden als T€ dargestellt. Wenden wir uns zunächst den Ist-Zahlen zu. Hierzu sei allerdings angemerkt, dass diese Werte nur als Beispiel dienen. Selbstverständlich können Sie auch eigene Werte verwenden. Das komplette Beispiel trägt den Namen *Excel_2000_Ctrl_12_03.XLS* und ist als Beispieldatei vorhanden.

	Jan	Feb	Mrz	Apr	Mai	Jun	Jul	Aug	Sep	Okt	Nov	Dez
1998	143,7	142,6	151,4	145,0	143,2	141,5	153,1	143,2	153,1	159,5	151,0	148,1
1999	164,3	160,2	153,3	156,0	168,1	159,1	158,4	167,4	162,4	167,7	159,2	151,2
2000	169,0	172,5	172,7	168,7	170,9	171,3	169,6	173,8	169,4	173,5	174,6	175,6
2001	185,1	182,7										

Tabelle 12.3 Die Ausgangswerte

Die Planzahlen für diese Jahre lauten

Jahr	Plan
1998	150,0
1999	160,0
2000	170,0
2001	180,0

Tabelle 12.4 Die Planzahlen

Diese Zahlen werden nun in Excel folgendermaßen dargestellt werden:

	A		B	C
1	**Soll-Ist-Vergleich**			
2–3	**Rollierender Plan**			
4	Monate / Jahr		Soll	Ist
29	Januar	2000	170,0 T€	169,0 T€
30	Februar	2000	170,0 T€	172,5 T€
31	März	2000	170,0 T€	172,7 T€
32	April	2000	170,0 T€	168,7 T€
33	Mai	2000	170,0 T€	170,9 T€
34	Juni	2000	170,0 T€	171,3 T€
35	Juli	2000	170,0 T€	169,6 T€
36	August	2000	170,0 T€	173,8 T€
37	September	2000	170,0 T€	169,4 T€
38	Oktober	2000	170,0 T€	173,5 T€
39	November	2000	170,0 T€	174,6 T€
40	Dezember	2000	170,0 T€	175,6 T€
41	Januar	2001	180,0 T€	185,1 T€
42	Februar	2001	180,0 T€	182,7 T€

Abbildung 12.22 Darstellung in Excel

- Geben Sie diese Zahlen gemäß der vorstehenden Abbildung und der Tabelle entsprechend ein. Halten Sie sich hierbei auch bitte an die Spalten- und Zeilenvorgaben, da auf diese bei der Namensvergabe und dem Formelaufbau Bezug genommen wird.
- Nun ändern Sie auch noch den Namen der Tabelle ab: Geben Sie ihr den Namen *Basisdaten*.
- Dazu klicken Sie doppelt auf den Tabellenreiter *Tabelle1* und geben den neuen Namen ein.

Der Tipp zur Formatierung:

Um ein Datum oder eine Zahl in einer Zelle gleichzeitig links- und rechtsbündig zu formatieren, verwendet man das Zeichen *. In unserem Fall soll das Datum mit ausgeschriebenem Monat und Jahr in einer Zelle dargestellt werden. Dabei soll der Monat linksbündig und das Jahr rechtsbündig angezeigt werden.

- Markieren Sie die zu formatierenden Zellen.
- Wählen Sie den Menübefehl FORMAT | ZELLEN und dann die Registerkarte ZAHLEN.
- Wählen Sie *Benutzerdefiniert* bei KATEGORIE.
- Geben Sie dann bei FORMATE das nachfolgende Format ein: *MMMM* JJJJ*, also viermal den Großbuchstaben M, dann ein Sternchen, ein Leerzeichen und viermal den Großbuchstaben J.

Vergleichen Sie Ihre Eingabe mit der nachfolgenden Darstellung:

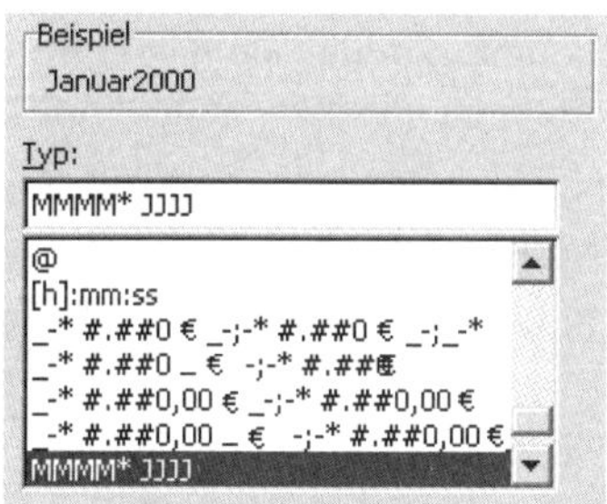

Abbildung 12.23 Formatieren von Monat und Jahr

Durch die vier Großbuchstaben wird der Monat ausgeschrieben und das Jahr mit Jahrhundert dargestellt. Das Sternchen wiederholt das nachfolgende Zeichen beliebig oft, in unserem Fall also das Leerzeichen. Damit wird der Zwischenraum zwischen Monat und Jahr ausgefüllt.

Der Tipp zur Namensvergabe:

Um einzelne Zellen besser »ansprechen« zu können, ist es empfehlenswert, Namen für diese einzelnen Zellen oder aber auch für Zellbereiche zu vergeben.

- Markieren Sie die einzelne Zelle oder den Zellbereich.
- Wählen Sie dann den Menübefehl EINFÜGEN | NAME | DEFINIEREN (in Excel 97 lautet der Menübefehl EINFÜGEN | NAMEN | FESTLEGEN) und vergeben dann in dem erscheinenden Dialogmenü einen Namen, der keine Sonderzeichen (des amerikanischen Alphabets) und auch keine Leerzeichen enthalten darf. Dieser Name gilt nicht nur für die aktuelle Tabelle, sondern für die gesamte Arbeitsmappe.

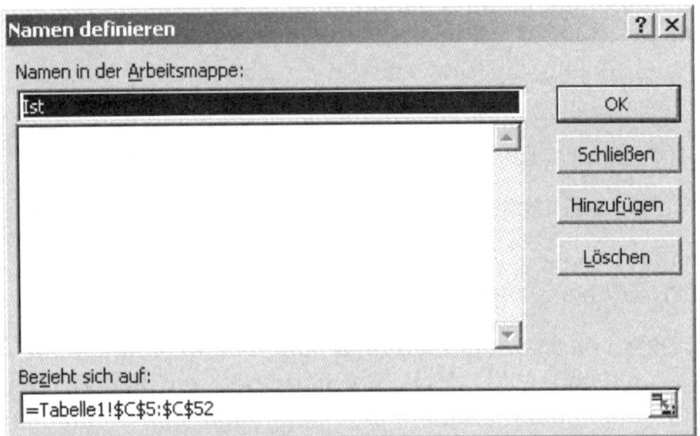

Abbildung 12.24 Dialogmenü

- Wenn Sie gerne mit Tastenkombinationen arbeiten, können Sie das vorstehende Dialogmenü auch mit [Strg]+[F3] aufrufen.
- Noch schneller geht es, wenn Sie den gewünschten Namen direkt in das Namenfeld eingeben. Dieses befindet sich links neben der Eingabeleiste.
- Schließen Sie die Vergabe eines Namens im Namenfeld mit der [↵]-Taste ab.

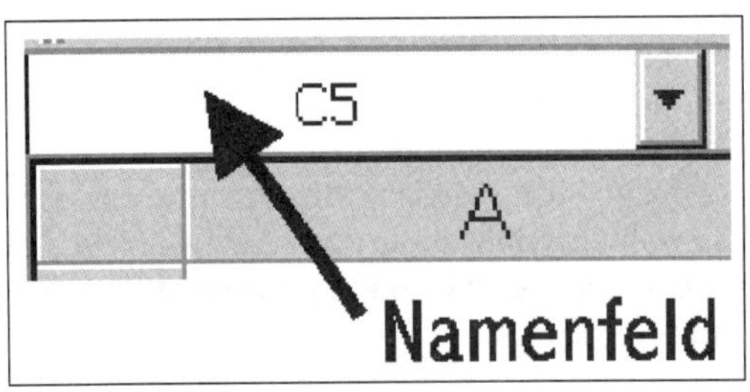

Abbildung 12.25 Namenfeld

Wenden Sie das eben Gelernte an.

- Markieren Sie die Zelle *A5* und geben dieser Zelle den Namen *ErsterMonat* (ohne Leerzeichen!).
- Die Zelle *B5* erhält den Namen *ErsterSollWert* und *C5* den Namen *ErsterIstWert*.
- Nun müssen Sie auch noch angeben, wie viele Monate angezeigt werden sollen und ab welchem Zeitpunkt diese Anzeige geschehen soll. Dazu müssen Sie weitere Eingaben in der Tabelle vornehmen:

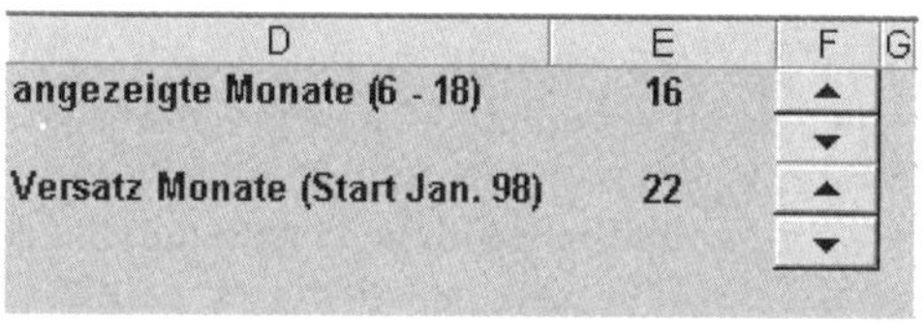

Abbildung 12.26 Angezeigte Monate und Versatz

- Tragen Sie in die Zelle *D1* den Text *angezeigte Monate (6 – 18)* und in die Zelle *D3* den Text *Versatz Monate (Start Jan. 98)* ein und optimieren dann die Spaltenbreite.
- Vergeben Sie für die Zelle *E1* den Namen *angezeigteMonate* (ohne Leerzeichen!) und für *E3* den Namen *Versatz*. Geben Sie in die Zelle *E1* den Wert *16* und in *E3* den Wert *22* ein.
- Was es mit den Drehfeldern auf sich hat, werden wir etwas später besprechen. Drehfelder sind übrigens die Schaltflächen mit den Pfeilen nach oben und unten.

Nun kommt das »Sahnestück« dieses Beispiels. Sie haben gelernt, dass für Zellen bzw. Zellbereiche Namen vergeben werden können. Bei BEZIEHT SICH AUF steht eigentlich der Zellbereich, auf den sich der Name bezieht. Viele Excel-Anwender wissen nicht, dass statt eines starren Zellbereichs hier auch eine Funktion stehen kann. Diese Möglichkeit machen Sie sich nun zunutze. Mit der Funktion `Bereich.Verschieben` soll aus der Reihe der eingegebenen Werte nur ein ganz bestimmter Ausschnitt in einer Grafik angezeigt werden. Doch bevor Sie diese Funktion verwenden, sollen die Argumente der Funktion etwas näher betrachtet werden:

```
=BEREICH.VERSCHIEBEN(Bezug;Zeilen;Spalten;Höhe;Breite)
```

`Bezug` ist der Ausgangspunkt, der als Bezug für den Verschiebevorgang dient.

`Zeilen` gibt die Anzahl der Zeilen an, die verschoben werden sollen.

`Spalten` gibt die Anzahl der Spalten an, die verschoben werden sollen.

`Höhe` und `Breite` sind optionale Angaben, die in diesem Beispiel jedoch Verwendung finden. Beide Angaben müssen positiv sein. Sie geben die Größe des neuen Bezugs an.

- Wählen Sie nun den Menübefehl EINFÜGEN | NAMEN | FESTLEGEN und vergeben als Namen *Monate*.
- Bei BEZIEHT SICH AUF markieren Sie den Eintrag und überschreiben ihn mit der folgenden Funktion:

```
=BEREICH.VERSCHIEBEN(ErsterMonat;Versatz;0;angezeigte Monate;1)
```

- `ErsterMonat` stellt den Ausgangspunkt des Bezugs dar, *Versatz* um wie viel vom Ausgangspunkt verschoben werden soll, `0` bedeutet, dass sich der Vorgang des Verschiebens in der gleichen Spalte abspielt. Mit `angezeigteMonate` wird festgelegt, wie viel Monate in der Grafik angezeigt werden sollen und die `1` bedeutet, dass es sich um Daten einer Spalte handelt. Vermeiden Sie es bitte unbedingt, während der Eingabe die Pfeiltaste zu betätigen, da dieses als Veränderung der Zellposition interpretiert wird und als solche in der Formel erscheint.
- Nun führen Sie alles noch mal für die Namen *Soll* und *Ist* durch. Nachstehend finden Sie die entsprechenden Formeln:

```
=BEREICH.VERSCHIEBEN(ErsterSollWert;Versatz;0;angezeigte Monate;1)
=BEREICH.VERSCHIEBEN(ErsterIstWert;Versatz;0;angezeigte Monate;1)
```

- Mit HINZUFÜGEN bzw. OK beenden Sie die Namensvergabe.

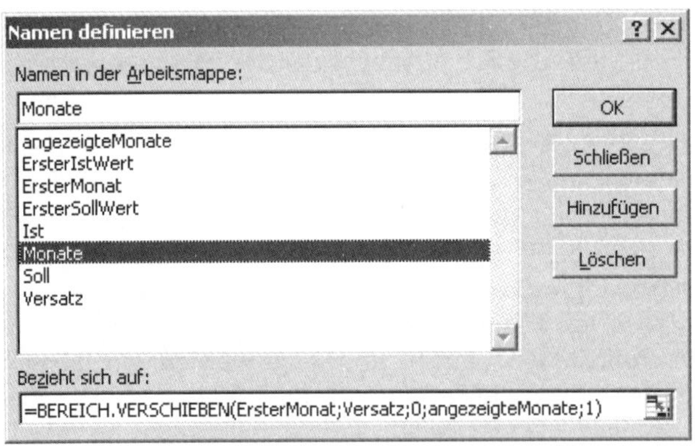

Abbildung 12.27 Vergeben von Namen

In der Tabelle ist nun die Vorbereitung abgeschlossen. Nun geht es an die Erstellung der Grafik. Speichern Sie aber zunächst Ihre Mappe unter dem Namen *RollierenderPlan.xls* ab. Dies ist nicht nur aus Sicherheitsgründen, sondern auch für die folgende Vorgehensweise wichtig.

- Wählen Sie den Menübefehl EINFÜGEN | DIAGRAMM.
- Den Standardtyp lassen Sie unverändert und klicken auf die Schaltfläche WEITER.
- Im Schritt 2 von 4 des Diagramm-Assistenten wählen Sie (am oberen Rand) die Registerkarte REIHE aus und markieren das Eingabefeld NAME.
- Hierbei muss der gesamte Inhalt invers dargestellt werden.
- Nun klicken Sie auf die Zelle *B4* Ihrer Tabelle. Damit wird der Name dieser Datenreihe bestimmt.
- Wechseln Sie jetzt zum Eingabefeld WERTE.
- Auch hier muss wieder der gesamte Inhalt markiert werden.
- Diesen überschreiben Sie mit *=RollierenderPlan.xls!Soll*.
- Damit haben Sie die Datenherkunft der Soll-Werte festgelegt.
- Um nun auch die richtige Beschriftung der Rubrikenachse zu erhalten, tragen Sie in das gleichnamige Eingabefeld die Funktion *=RollierenderPlan.xls!Monate* ein.

Nun fügen Sie auch die zweite Datenreihe hinzu.

- Klicken Sie auf die gleichnamige Schaltfläche und geben bei NAME *=Basisdaten!$C$4* ein sowie bei WERTE *=RollierenderPlan.xls!Ist*.
- Die Beschriftung der Rubrikenachse muss nicht erneut eingegeben werden, da dies bereits bei der Eingabe der ersten Datenreihe erfolgte und diese Rubrikenachse natürlich auch für die neue Datenreihe gilt. Sollte eine Fehlermeldung erscheinen, so prüfen Sie bitte, ob Sie sich bei der Namensvergabe an die vorgeschlagenen Namen gehalten haben bzw. ob diese Namen auch richtig geschrieben wurden.
- Die weiteren Schritte des Diagramm-Assistenten überspringen Sie durch einen Klick auf die Schaltfläche ENDE. Das Diagramm wird in die Tabelle *Basisdaten* eingefügt.
- Bevor Sie die Größe des Diagramms ändern, mache ich Sie noch auf eine Neuerung aufmerksam, die mit Excel 97 eingeführt wurde. Vergrößern Sie die Fläche eines Diagramms, so wird die Schrift ebenfalls automatisch angepasst. Dies ist nicht in allen Fällen gewünscht. Soll die Schrift ihre ursprüngliche Größe beibehalten, so klicken Sie mit der rechten Maustaste das Diagramm an und wählen im erscheinenden Kontextmenü den Befehl DIAGRAMMFLÄCHE FORMATIEREN. Im erscheinenden Dialogmenü wählen Sie die Registerkarte SCHRIFT aus und wählen das Kontrollfeld AUTOMATISCH SKALIEREN (Excel 97 AUTOMATISCH ANPASSEN) ab.

Nun weisen Sie der ersten Datenreihe noch einen anderen Typ zu.

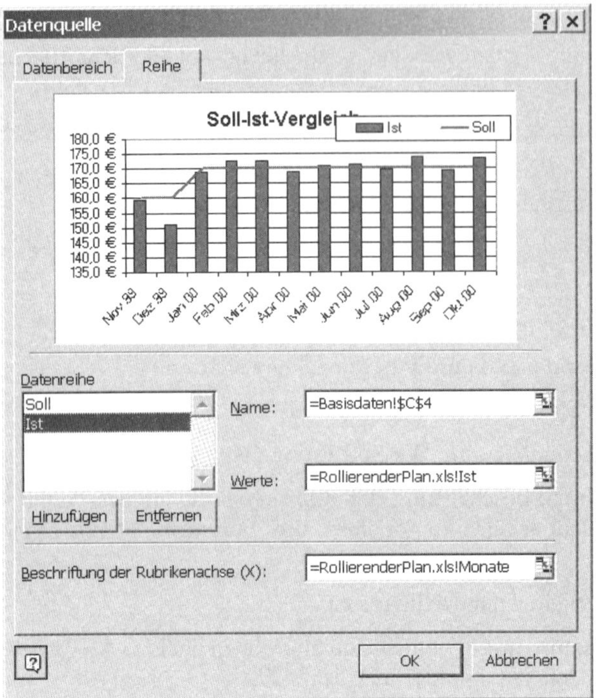

Abbildung 12.28 Eingabe der Quelldaten

- Klicken Sie die Datenreihe *Soll* an und wählen dann den Menübefehl DIAGRAMM | DIAGRAMMTYP aus.
- Klicken Sie auf den Diagrammtyp LINIE und achten darauf, dass das Kontrollfeld AUF AUSWAHL ANWENDEN aktiviert ist. Weitere Formatierungen können Sie nach eigenem Geschmack vornehmen.

Nun ist diese Übung beinahe beendet. Aber ich habe ja versprochen, noch auf die Drehfelder einzugehen. Hierzu benötigen Sie die Symbolleiste *Formular*.

- Klicken Sie das Drehfeld an, lassen dann aber die Maustaste wieder los.
- Wenn Sie nun den Mauszeiger wieder in die Tabelle bewegen, sehen Sie statt des gewohnten Pfeils ein dünnes schwarzes Kreuz.
- Dieses positionieren Sie in der linken oberen Ecke der Zelle *F1* und ziehen das Kreuz bei gedrückter Maustaste in Richtung untere rechte Ecke von *F2*. Halten Sie während des Ziehvorgangs die [Alt]-Taste gedrückt, so wird die Größe automatisch den darunter liegenden Zellen angepasst.
- Wiederholen Sie diesen Vorgang noch mal für die Zellen *F3* und *F4*.

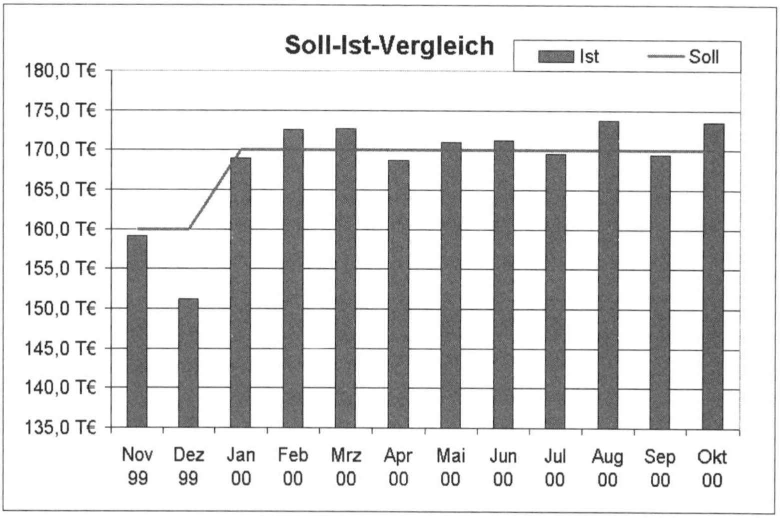

Abbildung 12.29 Beispieldiagramm

Abbildung 12.30 Symbolleiste Formular

- Jetzt stellen Sie die Eigenschaften dieser Drehfelder ein. Dazu klicken Sie zunächst das obere Drehfeld mit der rechten Maustaste an und wählen im erscheinenden Kontextmenü den Befehl STEUERELEMENT FORMATIEREN.
- Im erscheinenden Dialogmenü wählen Sie die Registerkarte STEUERUNG aus.
- Vergeben Sie für die folgenden Eigenschaften die entsprechenden Werte:

Eigenschaften	oberes Drehfeld angezeigte Monate	unteres Drehfeld Versatz Monate
Aktueller Wert	6	0
Minimalwert	6	0
Maximalwert	18	36
Schrittweite	1	1
Ausgabeverknüpfung	$E$1	$E$3

Tabelle 12.5 Eigenschaften und Werte der Drehfelder

📖 Nun lassen sich über diese Drehfelder die Anzahl der angezeigten Monate sowie die angezeigten Zeiträume variieren.

12.5 Rollierende Berichte

Im vorstehenden Kapitel haben Sie sich mit der Erstellung eines rollierenden Diagramms beschäftigt. Aufbauend auf diesen Basisdaten werden Sie jetzt eine Gegenüberstellung der Vorgängerjahre mit den aktuellen Daten durchführen.

Zuerst legen Sie den Namen für die neue Tabelle fest. Dieser soll *Auswertung* lauten. Der Inhalt der Basistabelle bleibt gleich. Aus Gründen der Übersicht habe ich lediglich das Diagramm und die Drehfelder entfernt. Übrigens finden Sie das fertige Beispiel unter *Excel_2000_Ctrl_12_04.xls*.

Ihre neue Tabelle *Auswertung* beinhaltet – obwohl es sicher auf den ersten Blick so aussehen mag – keine Werte, sondern hauptsächlich Formeln:

Jahr_Heute = =JAHR(HEUTE())

	A	B	C	D	E	F	G	H
1		**Vergleich mit Vorjahreszahlen**						
2				**2002**	**2001**	**2000**	**1999**	
3		**September**	**9**	178,5 T€	169,4 T€	162,4 T€	153,1 T€	
4		**Oktober**	**10**		173,5 T€	167,7 T€	159,5 T€	
5		**November**	**11**		174,6 T€	159,2 T€	151,0 T€	
6		**Dezember**	**12**		175,6 T€	151,2 T€	148,1 T€	
7		**Januar**	**1**	185,1 T€	169,0 T€	164,3 T€	143,7 T€	
8		**Februar**	**2**	182,7 T€	172,5 T€	160,2 T€	142,6 T€	
9		**März**	**3**	181,1 T€	172,7 T€	153,3 T€	151,4 T€	
10		**April**	**4**	180,3 T€	168,7 T€	156,0 T€	145,0 T€	
11		**Mai**	**5**	179,1 T€	170,9 T€	168,1 T€	143,2 T€	
12		**Juni**	**6**	180,4 T€	171,3 T€	159,1 T€	141,5 T€	
13		**Juli**	**7**	181,6 T€	169,6 T€	158,4 T€	153,1 T€	
14		**August**	**8**	176,0 T€	173,8 T€	167,4 T€	143,2 T€	
15								
16		**Versatz**		36 Monate	24 Monate	12 Monate		
17								
18–19		**Formel in D3: =INDEX(DATEN;$C3+Versatz1)**						

Abbildung 12.31 Tabellenblatt Auswertung

Schauen Sie sich zuerst einmal die Jahreszahlen an. Angenommen, wir schreiben den März 2001, so wird in der Zelle *C2* das Jahr 2001 angezeigt. Der Inhalt der Zelle ist aber die geschachtelte Funktion `=Jahr(Heute())`. Die Funktion `Heute()` ermittelt aus dem Systemdatum das aktuelle Tagesdatum. Mithilfe der Funktion `Jahr()` wird aus diesem Tagesdatum das aktuelle Jahr extrahiert. Da dies der Ausgangspunkt der Jahresanzeige ist, geben wir dieser Zelle den

Namen *Jahr_Heute*. Für die Anzeige der Vorjahre müssen nun lediglich die inzwischen vergangenen Jahre abgezogen werden. Für 2000 bedeutet dies `=Jahr_Heute - 1` usw.

Gleiches gilt nun auch für die Darstellung der Monatsziffern, die in den Zellen *C3* bis *C14* enthalten sind. In Zelle *C3* befindet sich die Formel, mit der aus dem aktuellen Systemdatum der Monate extrahiert wird. Die geschieht ähnlich wie zuvor beim Jahr mit `=Monat(Heute())`.

- Geben Sie nun in die Zelle *B16* den Text »Versatz« ein und in die Zellen *D16* bis *F16* die Werte *36*, *24* und *12*.
- Dann vergeben Sie für die Zelle *D16* in bereits bekannter Weise den Namen *Versatz1*.
- Auch dies wiederholen Sie bitte für die Zellen *E16* bis *G16* mit den Namen *Versatz2*, *Versatz3* und *Versatz4*.
- Wechseln Sie nun in die Tabelle *Basisdaten*.

Hier muss zur Namensvergabe der Bereich *C5* bis *C52* markiert werden. Eine Möglichkeit, einen weit auseinanderliegenden Bereich schnell zu markieren, besteht in der Verwendung der Funktionstaste [F5] (Gehe zu...). Dabei gehen Sie folgendermaßen vor:

- Klicken Sie die Zelle *C5* an. Dann betätigen Sie die Funktionstaste [F5].
- Bei BEZUG geben Sie die Zelle an, zu der gesprungen werden soll, in unserem Fall also die Zelle *C52*.
- Bevor Sie nun mit der Schaltfläche OK bestätigen, drücken Sie die [⇧]-Taste und halten diese gedrückt, während Sie auf OK klicken.

Durch das Drücken der [⇧]-Taste wird nun der Bereich zwischen *C5* und *C52* markiert.

- Vergeben Sie für diesen Bereich den Namen *Daten*.
- Wechseln Sie nun wieder zur Tabelle *Auswertung*.
- Hier geben Sie in die Zelle *C4* eine weitere Formel ein, die nun schon etwas anspruchsvoller ist.

Da die Tabelle *Auswertung* dynamisch angelegt ist, muss nun festgestellt werden, welche Monatszahl in der Zelle *C4* ermittelt wurde. Ist die Zahl größer/gleich *12*, so handelt es sich um den Monat *Dezember*. Der folgende Monat ist logischerweise der Monat *Januar*. Liegt der Monatswert zwischen *1* und *11*, dann kann für den Folgemonat einfach der Wert *1* hinzugefügt werden. Dies drückt auch die Formel in *C4* aus:

```
=WENN(C3>=12;1;C3+1)
```

- Sinngemäß wird diese Formel in den folgenden Zellen beispielsweise mit der Drag&Drop-Methode ausgefüllt.

Nun sollen aus den Monatszahlen die ausgeschriebenen Monate erzeugt werden. Hierzu habe ich keine passende Funktion gefunden. Was lag also näher, als eine eigene Funktion zu schreiben? An dieser Stelle greife ich dem dritten Teil dieses Buches etwas vor. Was Funktionen und was Prozeduren sind, wie sie erstellt werden und was dabei zu beachten ist, wird dort näher beschrieben. Sollten Sie sich mit diesen Techniken noch nie beschäftigt haben und die nachfolgenden Ausführungen »böhmische Dörfer« für Sie sein, so finden Sie dort ein- und weiterführende Informationen.

Die diesem Beispiel zugrunde liegende Aufgabenstellung ist allerdings relativ simpel. Steht der Monatswert *1* in der Bezugszelle, soll in der aktiven Zelle der Monat *Januar* angezeigt werden. Steht *2* in der Bezugszelle, der Monat *Februar* usw.

Makros (VBA-Funktionen) in Excel 97 / 2000 erzeugen

Wählen Sie den Menübefehl EXTRAS | MAKRO | VISUAL BASIC EDITOR. Natürlich können Sie auch mit der Tastenkombination `Alt`+`F11` zwischen Tabelle und Visual-Basic-Editor hin- und herschalten.

Da wir die Monatswerte übergeben müssen, werden wir eine Funktion schreiben. Dieser Funktion geben wir den Namen *Mmonat,* und den Wert, den wir dieser Funktion übergeben, nennen wir *Monatszahl.*

Die Monatszahl ist eine Ganzzahl, also vom Typ Integer. Der Monat, den wir zurückgeben, ist Text. Also muss der Rückgabewert der Funktion vom Typ String sein.

Die erste Zeile unserer Funktion sieht daher so aus:

```
Function MMonat(Monatszahl As Integer) As String
```

Nun folgt eine `Select Case...End Select`-Anweisung. Mit dieser Art von Anweisungen können übergebene Werte überprüft und je nach Inhalt ausgewertet werden. Tritt also der Fall (Case) ein, dass der übergebene Wert *1* ist, so ist der Rückgabewert *Januar.* Die folgenden Zeilen für diesen Fall lauten deshalb:

```
Select Case Monatszahl
       Case 1
            MMonat = "Januar"
```

Würde der Wert 2 übergeben werden, so lautete die Auswertung:

```
Case 2
            MMonat = "Februar"
```

Die komplette Funktion, die übrigens mit `End Function` abgeschlossen wird, ist nachstehend abgebildet.

```
Function MMonat(Monatszahl As Integer) As String
    Select Case Monatszahl
        Case 1
            MMonat = "Januar"
        Case 2
            MMonat = "Februar"
        Case 3
            MMonat = "März"
        Case 4
            MMonat = "April"
        Case 5
            MMonat = "Mai"
        Case 6
            MMonat = "Juni"
        Case 7
            MMonat = "Juli"
        Case 8
            MMonat = "August"
        Case 9
            MMonat = "September"
        Case 10
            MMonat = "Oktober"
        Case 11
            MMonat = "November"
        Case 12
            MMonat = "Dezember"
    Case Else
        MMonat = ""
        MsgBox "Keine gültige Ganzzahl"
End Select
End Function
```

Um Fehler bei falscher Werteübergabe zu vermeiden, wurde auch noch eine `Case Else`-Bedingung eingefügt. Ist der übergebene Wert kleiner *1* oder größer *12*, wird dies über eine Message-Box gemeldet. Um die Fehlermeldung *#Zahl!* zu vermeiden, wird ein so genannter Leerstring übergeben. Dies geschieht mit `MMonat = ""`

Möchten Sie zur Tabelle zurückkehren, können Sie dies mit der bereits erwähnten Tastenkombination [Alt]+[F11], der allgemein gültigen Tastenkombination [Alt]+[Tab] oder einem Klick auf das Excel-Symbol am oberen linken Rand des Visual-Basic-Editors tun.

Abbildung 12.32 Umschalten zwischen Tabelle und Makro (Excel 97)

Kommen wir nun zur Formel in der Zelle *D3*.

```
=INDEX(Daten;$C3+Versatz1)
```

Die `INDEX()`-Funktion liefert den Bezug auf eine bestimmte Zelle, in der sich eine bestimmte Zeile und Spalte schneiden. Der Zellbereichsname `Daten` repräsentiert die Ist-Werte der Tabelle *Basisdaten*. Die Zeile, aus der die Daten geholt werden sollen, setzt sich folgendermaßen zusammen: Der Inhalt der Zelle *$C3* plus der Wert der Zelle mit dem Namen `Versatz1`, also in unserem Beispiel 3 + 36 = 39.

Ziehen Sie die Formel später nach unten, wird aus *$C3* dann *$C4*.

```
=INDEX(Daten;$C4+Versatz1)
```

Daher wird der Wert, der im Bereich `Daten` in der Zeile 39 steht, in dieser Zelle angezeigt, also der Ist-Wert des Monats März, sofern dieser bereits vorhanden ist.

```
=INDEX(Daten;$C3+Versatz2)
=INDEX(Daten;$C3+Versatz3)
=INDEX(Daten;$C3+Versatz4)
```

Markieren Sie nun die Zellen *B2* bis *B14*, drücken dann die [Strg]-Taste und markieren auch noch die Zellen *B2* bis *D14*. Aus diesem Bereich erstellen wir ein Liniendiagramm. Auf eine besondere Formatierung wird im Moment kein Wert gelegt, das Problem lässt sich auch so leicht erkennen.

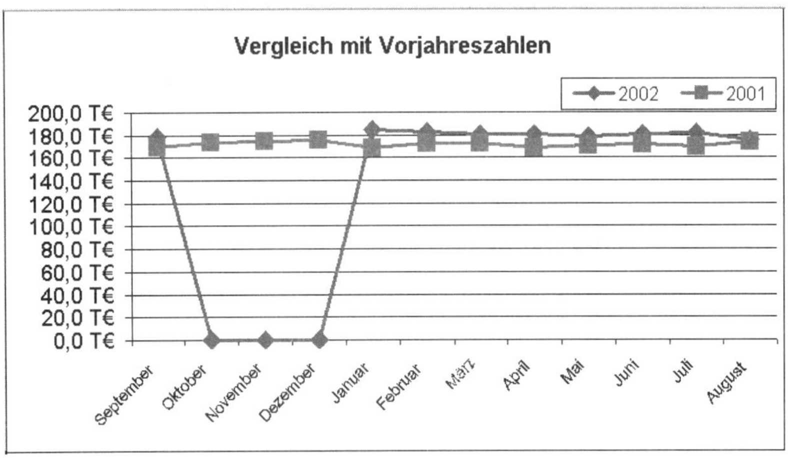

Abbildung 12.33 Liniendiagramm mit absackender Linie

Nullwerte werden in einem Liniendiagramm auch als Nullwerte dargestellt. Das lässt sich nicht ändern. Aber es gibt trotzdem eine Lösung.

Wir ändern unsere Formel ab.

Nachstehend die Formel aus Zelle *D3*, die so auch in der Tabelle *Auswertung (2)* enthalten ist.

```
=WENN(INDEX(DATEN;$C3+Versatz1)<>0;INDEX(DATEN;$C3+Versatz1);NV())
```

Die `WENN()`-Bedingung prüft den Rückgabewert der Funktion `INDEX()`. Ist dieser ungleich 0, kommt die `INDEX()`-Funktion zum Einsatz. Sonst wird die Funktion `NV()` in die Zelle eingetragen. Diese Funktion liefert den Fehlerwert *#NV()*. Der Fehlerwert *#NV()* gibt an, dass kein Wert verfügbar ist, also »No Value«.

Ändern Sie die anderen Formeln entsprechend ab und ziehen diese dann nach unten.

Damit haben wir unser Problem im Liniendiagramm zwar gelöst, aber unsere Tabelle sieht nicht mehr sehr ansprechend aus. Doch auch hierfür gibt es eine Lösung, selbst wenn die Trickkiste etwas weiter aufgemacht werden muss.

Markieren Sie den Bereich *D3* bis *F14*.

Wählen Sie den Menübefehl FORMAT | ZELLEN | SCHRIFT und stellen die Farbe auf *weiß* (oder die von Ihnen verwendete Hintergrundfarbe) ein.

Nun sind im markierten Bereich keine Zellwerte mehr zu erkennen.

Behalten Sie die Markierung bei und wählen nun den Menübefehl FORMAT | ZELLEN | ZAHLEN.

Wählen Sie die KATEGORIE *Benutzerdefiniert* und geben bei Typ folgende Formatierung ein: *[Schwarz]#.##0,0." T€"*

Nun werden alle Zahlen, mit Ausnahme der Null-Werte, in schwarzer Schriftfarbe angezeigt. Hintergrund für diese Formatierung ist die Möglichkeit, getrennt durch ein Semikolon positive, negative und Null-Werte in unterschiedlichen Farben darzustellen.

Beispielsweise stellt die nachfolgende Formatierung (in einer Zelle mit ganz normaler Schriftfarbe) positive Werte grün, negative Werte rot und Nullwerte blau dar:

```
[Grün]#.##0;[Rot]-#.##0;[Blau]0
```

Sollte es mit der Farbangabe *Grün* nicht klappen, versuchen Sie es mit *Hellgrün*, da es in früheren Versionen die Farbe Grün anscheinend nicht gab!?

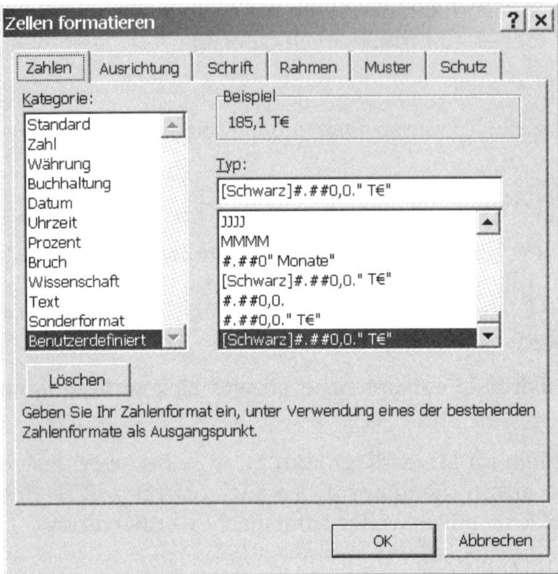

Abbildung 12.34 Eingabe des benutzerdefinierten Formats

12.6 Dynamische Definition von Datenreihen

In Excel besteht die Möglichkeit, einer Zelle oder auch einem Zellbereich einen Namen zuzuweisen, um auf diesen dann mit einer Formel Bezug zu nehmen.

Wenig bekannt ist jedoch, dass mit einem Namen auch auf eine Formel Bezug genommen werden kann.

Im nachfolgenden Beispiel soll aus einer Tabelle ein Diagramm erstellt werden, das automatisch bei einer Eingabe neuer Daten in die Tabelle erweitert wird.

Wird ein Name einer Formel zugeordnet, so wird bei der Verwendung dieses Namens das Ergebnis dieser Formel zurückgeliefert.

Zur dynamischen Definition von Datenreihen verwenden wir die Funktion `BEREICH.VERSCHIEBEN`.

Diese Funktion liefert einen Bereichsbezug, der gegenüber einer Ausgangsposition um eine bestimmte Anzahl von Zeilen und Spalten verschoben ist. Dieser Bereich kann eine beliebige Größe aufweisen.

Die genaue Syntax dieser Funktion lautet:

```
=BEREICH.VERSCHIEBEN(Bezug; Zeilen; Spalten; Höhe; Breite)
```

Als Ergebnis dieser Funktion erhält man den Bezug eines Bereichs. Die linke obere Ecke dieses Bereich ist gegenüber dem `Bezug` um `Zeilen` und `Spalten` verschoben. Die Größe dieses Bereichs wird mit `Höhe` und `Breite` beschrieben.

Das nachfolgende Beispiel soll die Wirkungsweise und die Möglichkeiten der Funktion verdeutlichen.

Normalerweise ist der Bezug auf die Datenreihen in einem Diagramm absolut. Dieser absolute Bezug wird durch die Funktion `BEREICH.VERSCHIEBEN` ersetzt. Diese Funktion ermittelt den auszuwertenden Bereich.

- Rufen Sie die Tabelle *Excel_2000_Ctrl_12_05.xls* auf.
- Markieren Sie den Bereich *B4:E7*.
- Wählen Sie den Menübefehl EINFÜGEN | DIAGRAMM | SÄULE | UNTERTYP *Säulen (gruppiert)*.
- Erstellen Sie mithilfe des Diagramm-Assistenten das Balkendiagramm. Dieses soll als neues Blatt eingefügt werden.
- Wechseln Sie zurück zur Tabelle.
- Für den Bereich, in dem sich die Daten befinden, sowie für jede der Datenreihen muss nun ein Name vergeben werden, dessen Bezug die Formel `BEREICH.VERSCHIEBEN` beinhaltet.
- Um diesen Namen und den Formelbezug eingeben zu können, gehen Sie folgendermaßen vor:
- Führen Sie den Menübefehl EINFÜGEN | NAME | DEFINIEREN (Excel 97 EINFÜGEN | NAMEN | FESTLEGEN) aus.
- Geben Sie bei NAMEN IN DER ARBEITSMAPPE den Namen *Beschriftungen* ein.
- Bei BEZIEHT SICH AUF: geben Sie die folgende Formel ein:

```
=BEREICH.VERSCHIEBEN(Basisdaten!$B$5;0;0;ANZAHL2(Basisda-
ten!$B$4:$B$16);1)
```

Bezug	**Tabelle1!$B$5**
Zeilen	0
Spalten	0
Höhe	ANZAHL2(Tabelle1!$B$4:$B$16)
Breite	1

Tabelle 12.6 Argumente der Funktion Bereich.Verschieben

Mit der Funktion `ANZAHL2()` wird im angegebenen Bereich *B4* bis *B16* die Anzahl der Einträge ermittelt.

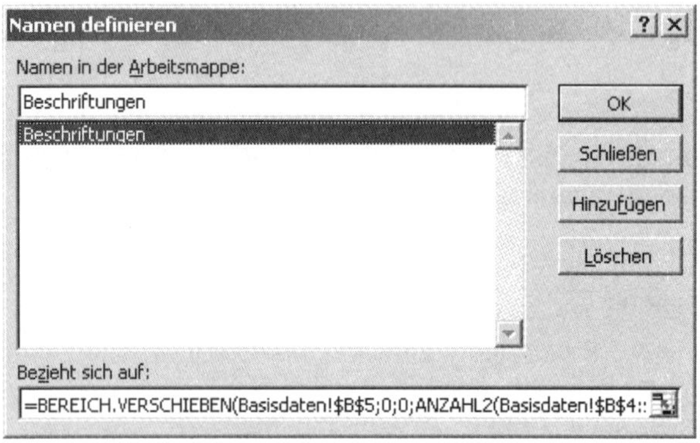

Abbildung 12.35 Eingabe des Namens (Beschriftungen) und des Bereichs

- Klicken Sie auf HINZUFÜGEN.
- Vergeben Sie nun den Namen *Reihe1*. Gehen Sie hierbei nach dem gleichen Schema wie soeben beschrieben vor.

```
=BEREICH.VERSCHIEBEN(Basisdaten!$C$5;0;0;ANZAHL2(Basisda-
ten!$C$5:$C$16);1)
```

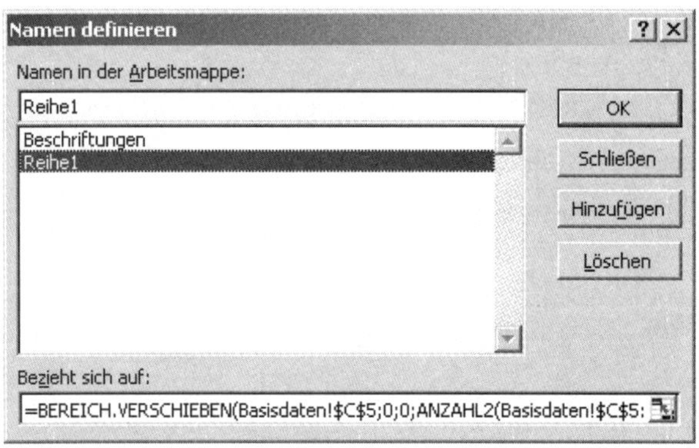

Abbildung 12.36 Eingabe des Namens (Reihe1) und des Bereichs

- Wiederholen Sie dies sinngemäß für *Reihe2* und *Reihe3*.

```
=BEREICH.VERSCHIEBEN(Basisdaten!$D$5;0;0;ANZAHL2(Basisda-
ten!$D$5:$D$16);1)
```

- Klicken Sie auf die Schaltfläche HINZUFÜGEN.

```
=BEREICH.VERSCHIEBEN(Basisdaten!$E$5;0;0;ANZAHL2(Basisda-
ten!$E$5:$E$16);1)
```

- Klicken Sie auf die Schaltfläche HINZUFÜGEN und OK.
- Wechseln Sie zum Diagramm.
- Wählen Sie den Menübefehl DIAGRAMM | DATENQUELLE... | Registerkarte DATENBEREICH.
- Setzen Sie in das Optionsfeld REIHE IN: *Spalten* ein.
- Wechseln Sie zur Registerkarte REIHE.
- Wählen Sie die Datenreihe *Reutlingen.*
- Geben Sie folgende Bezüge ein:

Name	=Basisdaten!$C$4
Werte	=Excel_2000_Ctrl_12_05.xls!Reihe1
Beschriftungen der Rubrikenachse (X):	=Excel_2000_Ctrl_12_05.xls!Beschriftungen

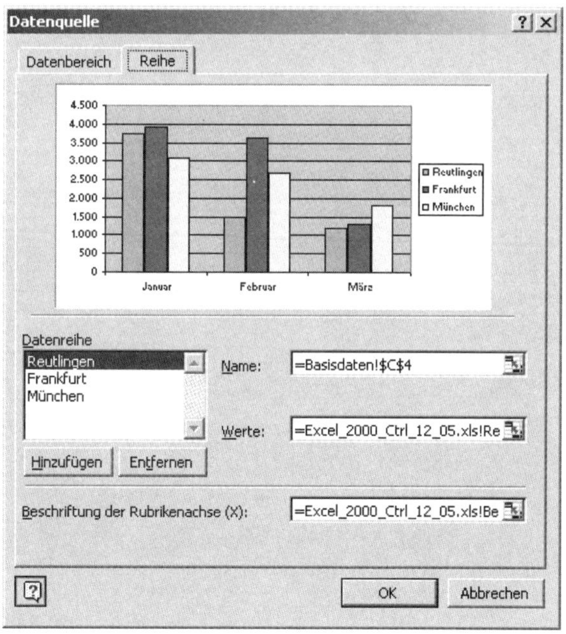

Abbildung 12.37 Formatieren der Datenreihe Reutlingen

- Klicken Sie dann auf die DATENREIHE *Frankfurt* und überprüfen die vorhandenen Einträge bzw. ändern die abweichenden Daten (bei WERTE).

Name	=Basisdaten!$D$4
Werte	=Excel_2000_Ctrl_12_05.xls!Reihe2
Beschriftungen der Rubrikenachse (X):	=Excel_2000_Ctrl_12_05.xls!Beschriftungen

- Verfahren Sie sinngemäß mit der Datenreihe *München*.

Name	=Basisdaten!$E$4
Werte	=Excel_2000_Ctrl_12_05.xls!Reihe3
Beschriftungen der Rubrikenachse (X):	=Excel_2000_Ctrl_12_05.xls!Beschriftungen

- Schließen Sie die Dialogbox mit OK.

Damit sind die Vorbereitungen abgeschlossen. Geben Sie in der Tabelle einen neuen Monat und die dazugehörigen Werte ein, so wird die Grafik automatisch erweitert und angepasst.

13 Verbindung mit anderen Anwendungen

Grundsätzlich gibt es für den Anwender 3 Möglichkeiten, Daten aus einer Anwendung in eine andere zu übertragen.

❶ Einfügen

❷ Verknüpfen

❸ Einbetten

Die erste Möglichkeit, das Einfügen, setzt ein Markieren und Kopieren der entsprechenden Daten in der Quelldatei voraus.

Verknüpfen und Einbetten können sowohl aus der Quell- als auch aus der Zielanwendung heraus gestartet werden. Im ersten Fall müssen auch hier die gewünschten Daten markiert und kopiert werden.

13.1 Einfügen

Die einfachste Möglichkeit des Datenaustausches innerhalb eines Programms oder zwischen zwei unterschiedlichen Programmen ist die des Kopierens markierter Daten und anschließenden Einfügens in den Zielbereich. Dabei wird nach dem Einfügen die Verbindung zwischen Quelle und Ziel gelöst. Original und Kopie haben – bis auf den im Moment noch gleichen Inhalt – nichts mehr miteinander zu tun. Dies ist sicher so bekannt, dass es hier nicht noch einmal gezeigt werden muss.

13.2 Verknüpfen

13.2.1 Dynamic Data Exchange (DDE)

DDE ist die ältere Technik, mit der zwei Anwendungsprogramme miteinander verbunden werden können. Die Befehle, um einen dynamischen Datenaustausch durchführen zu können, stehen dem Programmierer nach wie vor zur Verfügung, können aber vom normalen Anwender nicht mehr direkt genutzt werden. Das Herstellen einer dynamischen Verbindung zwischen zwei Anwendungsprogrammen steht uns allerdings nach wie vor durch die neue Technik des Object Linkings zur Verfügung.

13.2.2 Object Linking (Verknüpfen)

Das Verknüpfen mittels Object Linking ist eine der beiden Techniken, die uns mit OLE (Object Linking and Embedding) zur Verfügung gestellt werden. Das Object Linking entspricht – oberflächlich gesehen – dem DDE, basiert aber auf einem moderneren Protokoll. Unter einem Protokoll versteht man übrigens eine genormte Festlegung, in der geregelt wird, wie die Daten ausgetauscht werden. Bei der Programmierung ergeben sich wesentliche Unterschiede zwischen beiden Verfahren. Auf diese soll hier allerdings nicht eingegangen werden, da für den Anwender diese Unterschiede nicht unmittelbar erkennbar sind.

Bei Object Linking werden zwei Programme bzw. deren Dateien so miteinander verknüpft, dass ein permanenter Datenaustausch zwischen den beiden Programmen stattfindet. Diese beiden Programme werden *Client* und *Server* genannt, wobei der Server üblicherweise dem Client die Daten zur Verfügung stellt. Ändern sich die Daten im Server, wird diese Änderung sofort an den Client weitergegeben.

- Markieren und kopieren Sie die gewünschten Daten in der Quellanwendung (Excel).
- Wechseln Sie in die Ziel-Datei (Word).
- Wählen Sie den Menübefehl BEARBEITEN | INHALTE EINFÜGEN...
- Markieren Sie die Option VERKNÜPFEN.

Dadurch bleibt die Verbindung zur Originaldatei erhalten. Ändern Sie Daten in der Quellanwendung, so werden diese automatisch in der Zielanwendung korrigiert.

Wie Sie der nachfolgenden Abbildung entnehmen können, stehen hier drei Möglichkeiten des Einfügens / der Verknüpfung zur Verfügung. So auch die Möglichkeit, die Kopie als Microsoft Excel-Diagramm-Objekt zu verknüpfen.

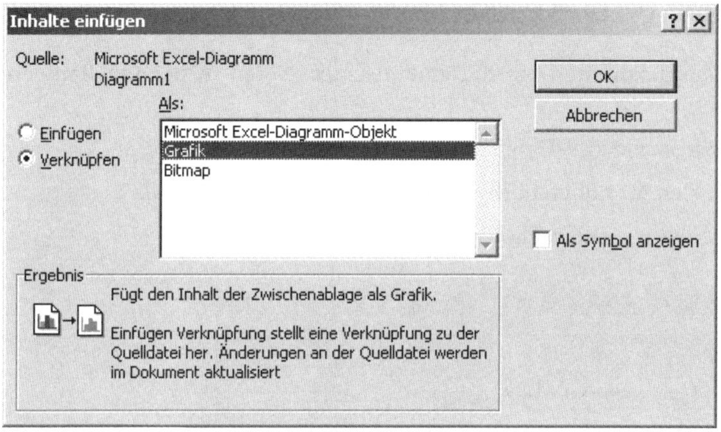

Abbildung 13.1 Inhalte einfügen

Dies ist sicherlich rein technisch machbar, widerspricht aber nach meinem Empfinden der Objekttheorie. Ein Objekt lässt sich nach meinem Verständnis nur einbetten, aber nicht verknüpfen. Verknüpfen lassen sich nur Inhalte, die sich ihrerseits als Datei abspeichern lassen. Dies ist aber bei einem Objekt nicht möglich, da ein Objekt immer nur als Bestandteil der Container-Anwendung gespeichert werden kann.

13.3 Object Embedding (Einbetten)

Beim Einbetten von Objekten handelt es sich um eine neue Technik, die es bei DDE bisher noch nicht gab.

So haben sich auch die Namen der Programme, die bei dieser Technik mitwirken, verändert. Man spricht nicht mehr von Client-Server-Programmen, sondern vom Container- und vom OLE-Programm.

Das Container-Programm ist das Programm, das das eingebettete Objekt aufnimmt; mit dem OLE-Programm werden die in dem eingebetteten Objekt enthaltenen Daten aktualisiert.

Im Gegensatz zum Verknüpfen hat das Objekt keine eigenen Dateinamen mehr, sondern ist, zumindest speichertechnisch gesehen, Bestandteil des Container-Programms.

Wie beim Einfügen wird die Verbindung zum Original gelöst, der große Unterschied besteht jedoch darin, dass die Verbindung zur Anwendung, mit der die Tabelle – oder allgemein gesagt: das Objekt – erstellt wurde, erhalten bleibt.

13.3.1 Kopieren und Einbetten

- Markieren und kopieren Sie die gewünschten Daten in der Quellanwendung (Excel).
- Wechseln Sie in die Ziel-Datei (Word bzw. PowerPoint).
- Wählen Sie den Menübefehl BEARBEITEN | INHALTE EINFÜGEN...
- Markieren Sie die Option EINFÜGEN.

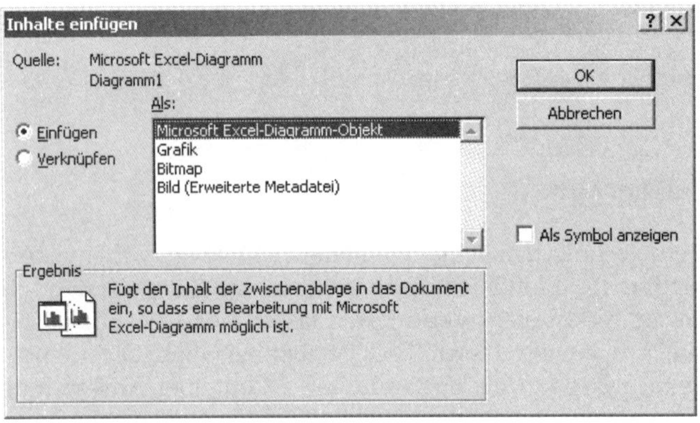

Abbildung 13.2 Einbetten eines Excel-Objekts in Word

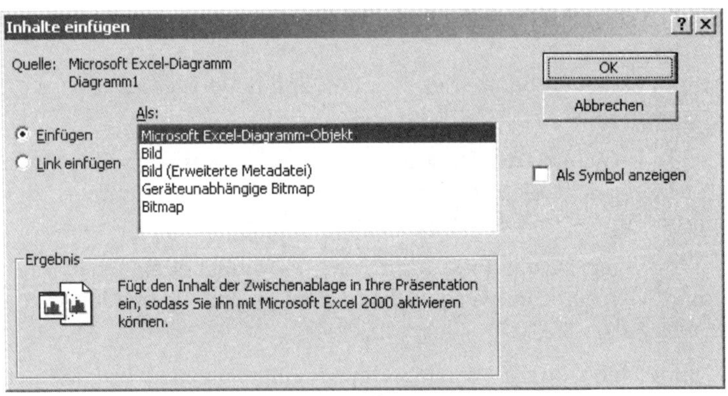

Abbildung 13.3 Einbetten eines Excel-Objekts in PowerPoint

Fügen Sie die Datei als Objekt ein, so geht zwar die Verbindung zur Originaldatei verloren, nicht aber die Verbindung zu dem Programm, mit dem die Datei erstellt wurde. Das bedeutet, dass dieses Objekt über die volle Funktionalität des Anwendungsprogramms verfügt.

Selbstverständlich lässt sich diese Vorgehensweise auch umgekehrt durchführen, allerdings sollten Sie sich bewusst sein, dass in Abhängigkeit der Quellanwendung in der Zielanwendung nicht immer alle Optionen verfügbar sind.

Zur Bearbeitung klicken Sie mit der *rechten* Maustaste das Objekt an.

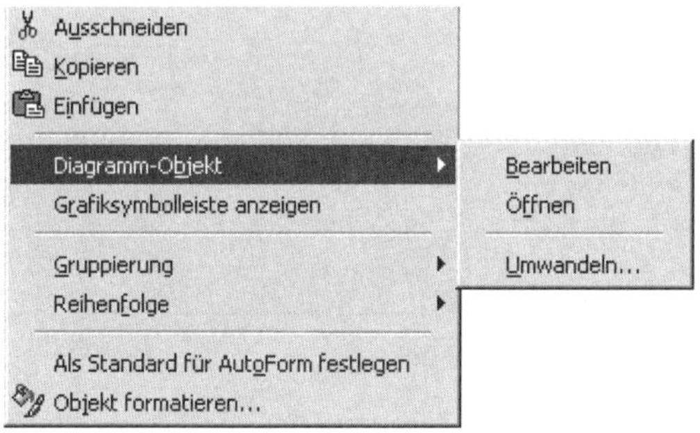

Abbildung 13.4 Kontextmenü zur Bearbeitung eines Excel-Diagramm-Objektes in Word 2000

Klicken Sie MICROSOFT EXCEL | DIAGRAMM-OBJEKT | BEARBEITEN an, wird die Grafik bzw. die Tabelle an der Stelle zur Bearbeitung geöffnet, an der sie in Word bzw. PowerPoint eingefügt wurde. Dies wird auch mit *In-Place-Editing* (Vor-Ort-Editieren) bezeichnet.

Klicken Sie MICROSOFT EXCEL | DIAGRAMM-OBJEKT | ÖFFNEN an, so wird Excel zusammen mit dem eingebetteten Objekt geöffnet.

Wenn Sie ein Objekt einbetten, dann sollten Sie wissen, dass Sie nie einen Ausschnitt, sondern immer die gesamte Datei einbetten. Bei Excel bedeutet dies beispielsweise, dass nicht nur der markierte Ausschnitt einer Tabelle, sondern die komplette Mappe eingebettet wird. Sichtbar ist allerdings immer der von Ihnen gewählte Bereich.

13.3.2 Objekte aus der Zielanwendung einbetten

Eine weitere Möglichkeit besteht darin, ein Objekt direkt aus der Zielanwendung einzubetten. Hierzu gehen Sie in die Anwendung, in die das Objekt eingebettet werden soll, beispielsweise also in PowerPoint.

Wählen Sie den Menübefehl EINFÜGEN | OBJEKT.

Sie haben hier die Möglichkeit, ein Objekt neu zu erstellen, basierend auf dem ausgewählten Objekttyp.

Möchten Sie auf eine bereits existierende Datei zurückgreifen, wählen Sie die Option AUS DATEI ERSTELLEN.

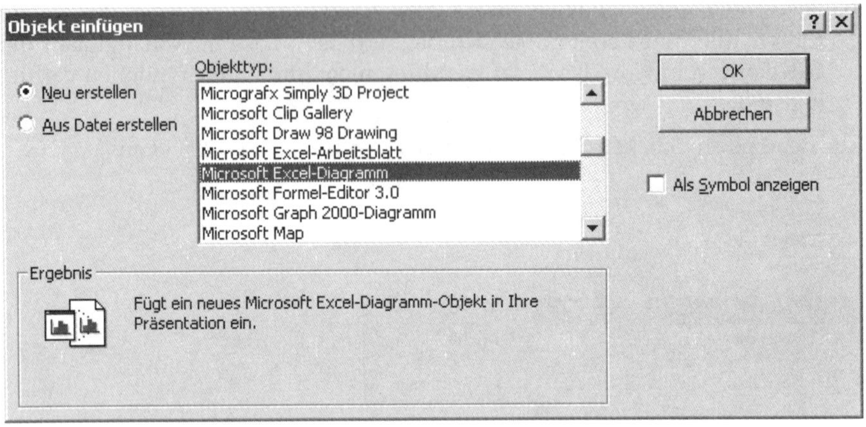

Abbildung 13.5 Objekt neu erstellen (PowerPoint 2000)

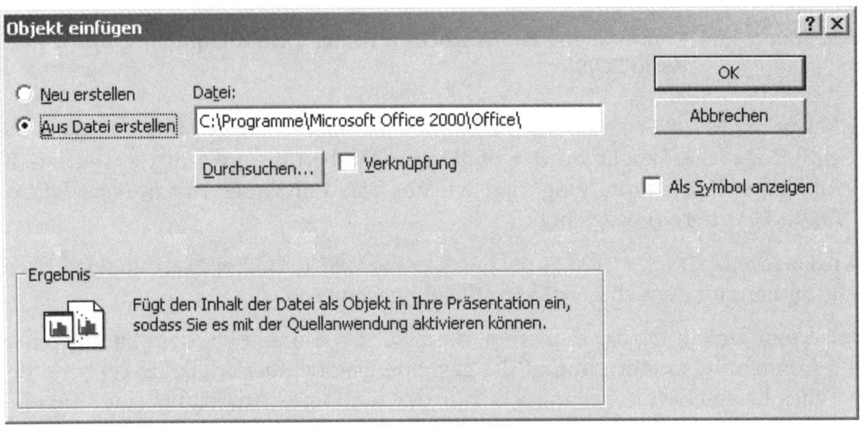

Abbildung 13.6 Objekt aus Datei erstellen (PowerPoint 2000)

🕮 Hier haben Sie übrigens die Möglichkeit, statt eines eingebetteten Objektes eine Verknüpfung zu der vorhandenen Datei zu erstellen. Sie müssen hierzu nur das entsprechende Kontrollfeld aktivieren.

Klicken Sie auf DURCHSUCHEN, um die gewünschte Datei auszuwählen.

Simulation von Ereignissen

14

14.1 Mehrfachoperationen

Mehrfachoperationen haben Ähnlichkeit mit Arrays, werden jedoch für etwas gänzlich anderes eingesetzt.

Während Arrays die gleiche Formel auf verschiedene Zellen anwenden, werden Mehrfachoperationen für das »Durchspielen« mehrerer Möglichkeiten bei verschiedenen Eingabebedingungen eingesetzt.

Als ich das erste Mal mit Excel 2000 eine Mehrfachoperation durchführen wollte, musste ich feststellen, dass es den Befehl *Mehrfachoperation* im Menü *Daten* nicht mehr gab. »Okay«, sagte ich zu mir, »kein Problem, dann schaue ich eben in der Hilfe unter dem Stichwort ‚Mehrfachoperation' nach.« Nice try, würden die Amerikaner sagen, »War wohl nichts.« Kein offensichtlicher Hinweis auf den verschwundenen Menübefehl vorhanden. Was sollte ich machen? Nun kam mir aber meine Erfahrung im Umgang mit den früheren Excel-Versionen zugute. Der sechste Untermenübefehl im Menü *Daten* war in den Vorgänger-Versionen, zumindest in Excel 97, der Befehl *Mehrfachoperation*. An dieser Stelle taucht nun in Excel 2000 der ominöse Unterbefehl *‚Tabelle...'* auf, der mir zunächst nichts sagte. Mit einem beherzten »Schaun mer mal« klickte ich diesen Untermenübefehl an und da war sie wieder, die verschwundene *Mehrfachoperation*. Ich verwende auch weiterhin in diesem Buch bewusst die Bezeichnung ‚Mehrfachoperation', weil ich annehme, anderen Anwendern könnte es genauso gehen wie mir.

Die zugehörigen Beispiele sind in den Dateien *Excel_2000_Ctrl_14_01A.xls*. bzw. *Excel_2000_Ctrl_14_01B.xls* enthalten, wobei die erstere der beiden Dateien die Übung und die zweite Datei das fertige Beispiel enthält.

14.1.1 Eindimensionale Mehrfachoperation

Legen Sie nun eine Tabelle an, aus der der Erfolg bei wachsender Stückzahl hervorgeht. Dazu bedienen Sie sich der Mehrfachoperation mit einem Eingabefeld.

Die Stückzahl geben Sie mithilfe eines Excel-Menübefehls ein.

- Geben Sie in die Zelle *E4* den Wert *500* ein.
- Wählen Sie den Menübefehl BEARBEITEN | AUSFÜLLEN | REIHE...

Abbildung 14.1 Reihe ausfüllen

- Im erscheinenden Dialogmenü wählen Sie REIHE IN SPALTEN aus.
- Geben Sie bei INKREMENT, das ist die Schrittweite der zu erstellenden Reihe, den Wert *500* und bei ENDWERT den Wert *10000* ein.
- Anschließend klicken Sie auf die Schaltfläche OK.

Als Nächstes nehmen Sie Bezug auf die Formel, die verwendet werden soll. Diese Formel soll in der Zelle *F3* stehen.

- Markieren Sie die Zelle *F3*.
- Geben Sie ein Gleichheitszeichen = ein und klicken dann mit der Maus die Zelle *C14* an. Da die Zelle *C14* den Namen *Erfolg* trägt, wird auch dieser Name als Bezug in der Zelle *C14* stehen. Dies ist so ab der Version Excel 97.
- Markieren Sie nun den Zellenbereich *E3* bis *F23*.

Nun sollen die leeren Zellen im markierten Bereich mithilfe der Mehrfachoperation, pardon, in Excel 2000 heißt dies ja Tabelle, ausgefüllt werden.

- Wählen Sie den Menübefehl DATEN | TABELLE...

Es erscheint das folgende Dialogmenü:

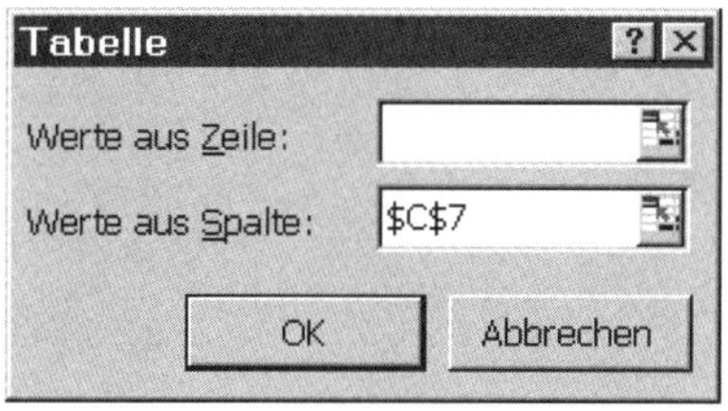

Abbildung 14.2 Mehrfachoperation mit einem Eingabefeld

In dieser Kalkulation befindet sich in der Zelle *C7* die Stückzahl. Statt dieser Stückzahl sollen die Stückzahlen verwendet werden, die Sie markiert haben, und die sich in der Spalte D befinden. Durch den folgenden Eintrag wird der Bezug zwischen Spalte und auszutauschendem Wert hergestellt.

- Wählen Sie WERTE AUS SPALTE und klicken mit der Maus die Zelle *C7* und dann OK an.

Die gewünschte Zahlenreihe, die den Erfolg in Abhängigkeit der Stückzahl beinhaltet, wird augenblicklich angezeigt.

Aufgabe:

Erweitern Sie die Tabelle um eine Formel. Der Bezug auf die Zelle *C7* soll dabei erhalten bleiben. Zusätzlich soll der *DB (Gesamt)* angezeigt werden.

Lösung:

Stückzahl (Plan)	Erfolg	DB (Gesamt)
	60.000,00 €	100.000,00 €
500 Stück	-33.750,00 €	6.250,00 €
1.000 Stück	-27.500,00 €	12.500,00 €
1.500 Stück	-21.250,00 €	18.750,00 €
2.000 Stück	-15.000,00 €	25.000,00 €
2.500 Stück	- 8.750,00 €	31.250,00 €
3.000 Stück	- 2.500,00 €	37.500,00 €
3.500 Stück	3.750,00 €	43.750,00 €
4.000 Stück	10.000,00 €	50.000,00 €

Tabelle 14.1 Die Rückgabewerte der eindimensionalen Mehrfachoperation

Stückzahl (Plan)	Erfolg	DB (Gesamt)
4.500 Stück	16.250,00 €	56.250,00 €
5.000 Stück	22.500,00 €	62.500,00 €
5.500 Stück	28.750,00 €	68.750,00 €
6.000 Stück	35.000,00 €	75.000,00 €
6.500 Stück	41.250,00 €	81.250,00 €
7.000 Stück	47.500,00 €	87.500,00 €
7.500 Stück	53.750,00 €	93.750,00 €
8.000 Stück	60.000,00 €	100.000,00 €
8.500 Stück	66.250,00 €	106.250,00 €
9.000 Stück	72.500,00 €	112.500,00 €
9.500 Stück	78.750,00 €	118.750,00 €
10.000 Stück	85.000,00 €	125.000,00 €

Tabelle 14.1 Die Rückgabewerte der eindimensionalen Mehrfachoperation

14.1.2 Zweidimensionale Mehrfachoperation

Bei der zweidimensionalen Mehrfachoperation haben wir es mit zwei Eingabezellen zu tun, deren Werte sich ändern.

Die Erstellung der Tabelle wird nachstehend wieder schrittweise beschrieben. Die bereits vorbereitete Tabelle befindet sich ebenfalls in der Datei *Excel_2000_Ctrl_14_01A.xls* im Tabellenblatt *MOP mit zwei Eingabefeldern.*

- Markieren Sie die Zelle *E3.*
- Stellen Sie den Bezug zu der Zelle her, die die Formel beinhaltet *=C14.*
- Geben Sie in die Zelle *E4* den Wert *500* (Stück) ein.
- Erstellen Sie ab Zelle *E4* für die *Spalte* eine Datenreihe. Das Inkrement soll *500,* der Endwert *10.000* sein.
- Gehen Sie in die Zelle *F3* und geben dort den Wert *25* (€) ein. Dies ist der Wert für den Verkaufspreis (pro Stück).
- Auch hier soll eine *Reihe* ausgefüllt werden, dieses Mal allerdings in einer Zeile. Das Inkrement soll *0,5* sein, der Endwert *32.* Bestätigen Sie diese Eingabe.
- Markieren Sie dann den Zellbereich *E3* bis *P23.*

Wählen Sie den Menübefehl DATEN | TABELLE... und klicken für WERTE AUS ZEILE die Zelle *C3* und für WERTE AUS SPALTE die Zelle *C7* an.

Daraufhin werden die entsprechenden Zellen ausgefüllt.

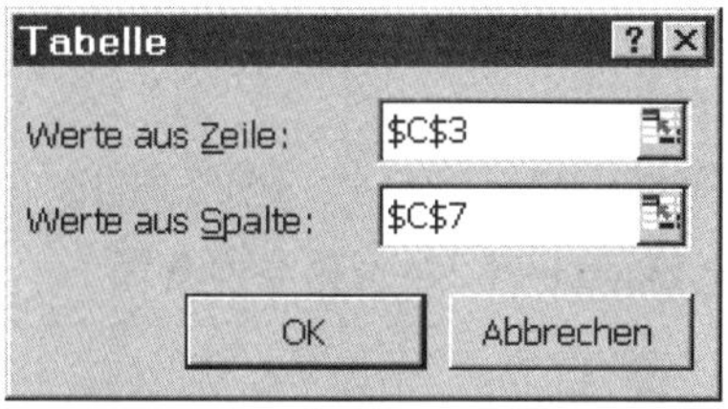

Abbildung 14.3 Mehrfachoperation mit zwei Eingabezellen

Das Ergebnis sieht dann folgendermaßen aus:

Stückzahl (Plan)	**Verkaufspreis**		
60.000,00 €	27,00 €	27,50 €	28,00 €
500 Stück	-34.000,00 €	-33.750,00 €	-33.500,00 €
1.000 Stück	-28.000,00 €	-27.500,00 €	-27.000,00 €
1.500 Stück	-22.000,00 €	-21.250,00 €	-20.500,00 €
2.000 Stück	-16.000,00 €	-15.000,00 €	-14.000,00 €
2.500 Stück	-10.000,00 €	-8.750,00 €	-7.500,00 €
3.000 Stück	-4.000,00 €	-2.500,00 €	-1.000,00 €
3.500 Stück	2.000,00 €	3.750,00 €	5.500,00 €
4.000 Stück	8.000,00 €	10.000,00 €	12.000,00 €
4.500 Stück	14.000,00 €	16.250,00 €	18.500,00 €
5.000 Stück	20.000,00 €	22.500,00 €	25.000,00 €
5.500 Stück	26.000,00 €	28.750,00 €	31.500,00 €
6.000 Stück	32.000,00 €	35.000,00 €	38.000,00 €
6.500 Stück	38.000,00 €	41.250,00 €	44.500,00 €
7.000 Stück	44.000,00 €	47.500,00 €	51.000,00 €
7.500 Stück	50.000,00 €	53.750,00 €	57.500,00 €

Tabelle 14.2 Tabelle Mehrfachoperation mit zwei Eingabefeldern (Ausschnitt)

8.000 Stück	56.000,00 €	60.000,00 €	64.000,00 €
8.500 Stück	62.000,00 €	66.250,00 €	70.500,00 €
9.000 Stück	68.000,00 €	72.500,00 €	77.000,00 €
9.500 Stück	74.000,00 €	78.750,00 €	83.500,00 €
10.000 Stück	80.000,00 €	85.000,00 €	90.000,00 €

Tabelle 14.2 Tabelle Mehrfachoperation mit zwei Eingabefeldern (Ausschnitt)

14.2 Zielwertsuche

Zielwertsuche ist »Was wäre wenn..?« einmal umgekehrt.

Ab Excel 4.0 besteht die Möglichkeit, Eingangswerte über eine Zielwertvorgabe suchen zu lassen. Die Zielwertsuche ermöglicht es, einen Zielwert vorzugeben und dann zu bestimmen, welche Zelle sich diesem Zielwert anpassen soll.

Dabei muss der Zielwert nicht direkt von dieser Zelle abhängig sein.

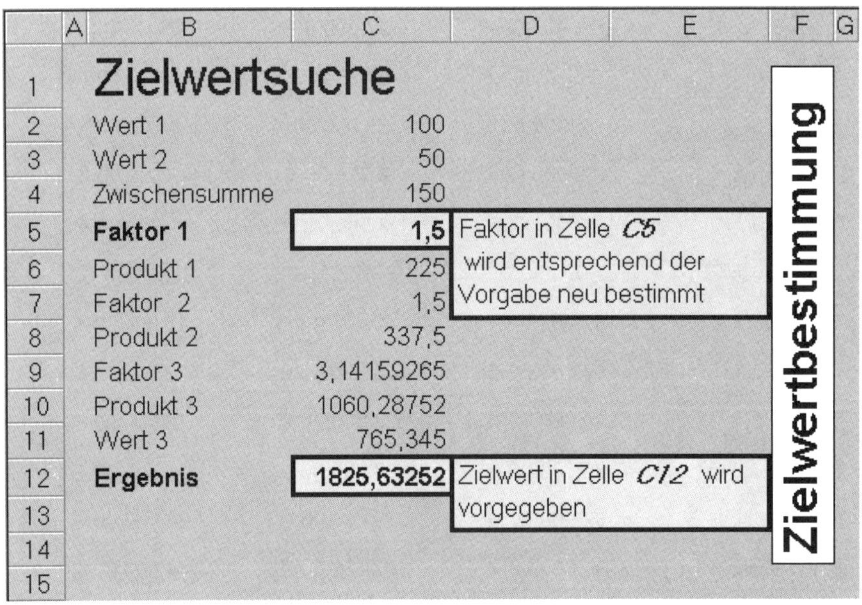

Abbildung 14.4 Zielwertsuche

Wählen Sie den Menübefehl EXTRAS | ZIELWERTSUCHE...

Geben Sie in das erscheinende Dialogmenü die folgenden Daten ein oder klicken die entsprechenden Zellen an:

- Zielzelle: *$C$12*
  Zielwert: *2000*
  Veränderbare Zelle: *$C$5*

In der veränderbaren Zelle *C5* befindet sich ein Faktor, der aufgrund der gemachten Eingaben geändert wird. Es erfolgt nun eine Rückrechnung von der angegebenen Zielzelle *C12* bis zu der Zelle *C5*, in die, wie gesagt, der neue Faktor eingesetzt wird.

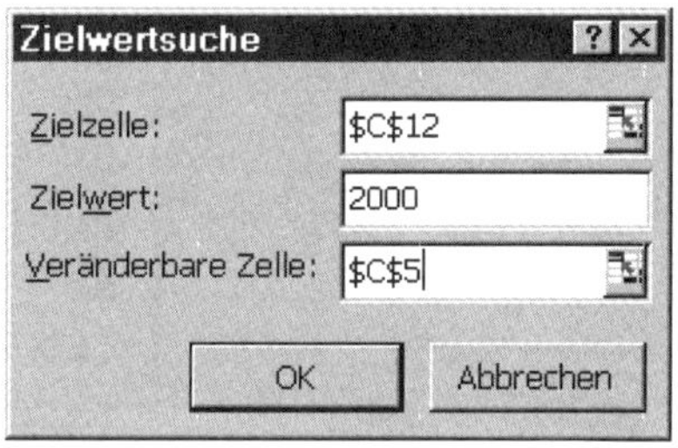

Abbildung 14.5 Dialogmenü Dateneingabe der Zielwertsuche

Ist dies geschehen, dann bestätigen Sie durch einen Klick auf die Schaltfläche OK und es erscheint die folgende Meldung:

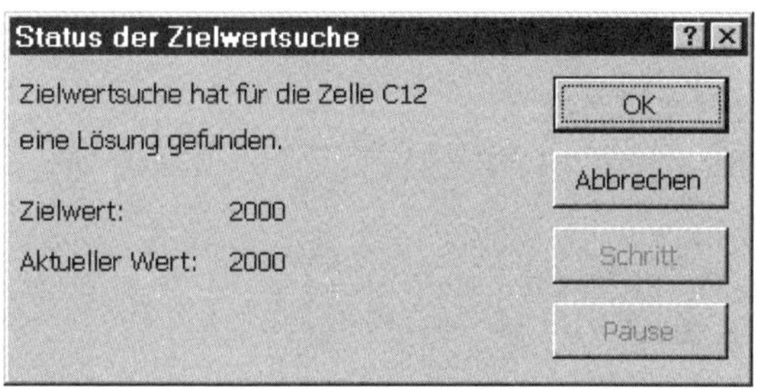

Abbildung 14.6 Status der Zielwertsuche

Wollen Sie den AKTUELLEN WERT **nicht** übernehmen, so müssen Sie jetzt auf die Schaltfläche ABBRECHEN klicken. Andernfalls wird mit OK dieser Wert übernommen.

Haben Sie auf OK geklickt, verändert sich die Tabelle wie nachstehend gezeigt.

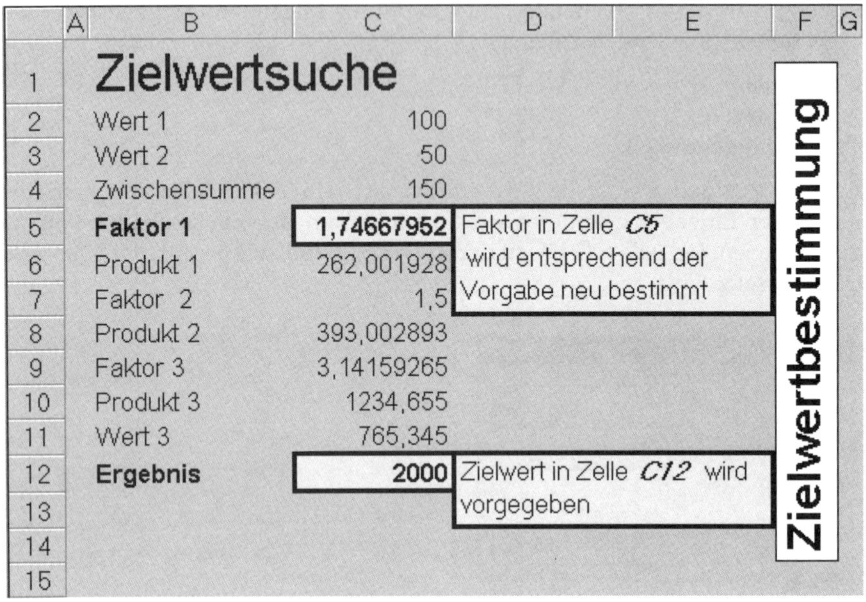

Abbildung 14.7 Tabelle mit dem Ergebnis der Zielwertsuche

Arbeiten mit Grafiken

15

15.1 Erstellen eines Abweichungsdiagramms

Bei jeder Planung werden Soll-Zahlen ermittelt, die dann später mit den eintretenden Ist-Zahlen verglichen werden. Je genauer die Planung möglich war, desto geringer ist die spätere Abweichung.

Das nachfolgend erstellte Abweichungsdiagramm soll nicht, wie das oft der Fall ist, die Soll- und Ist-Zahlen anzeigen, sondern lediglich die Abweichung. Wie Sie bei der Erstellung eines solchen Diagramms vorgehen müssen, soll auch hier wieder Schritt für Schritt gezeigt werden.

Als Ausgangstabelle verwenden wir die Daten, die wir bereits zur Erstellung des rollierenden Plans verwendet haben. Diese finden Sie in der Mappe *Excel_2000_Ctrl_15_01.xls.*

Die Vorgehensweise in Excel 97

- Markieren Sie die Zellen *B2* bis *D2*, drücken dann die Steuerungstaste und markieren zusätzlich die Zellen *B27* bis *D38*.
- Nun wählen Sie den Menübefehl EINFÜGEN | DIAGRAMM.

Es erscheint SCHRITT 1 VON 4 des Diagramm-Assistenten.

- Hier wählen Sie in der Registerkarte STANDARDTYPEN den Diagrammtyp LINIE.
- Mit der Schaltfläche WEITER gelangen Sie zum Schritt 2 des Diagramm-Assistenten. Hier existieren zwei Registerkarten: DATENBEREICH und REIHE.
- Die Voreinstellungen lassen Sie unverändert.
- Mit WEITER wechseln Sie zum dritten Schritt des Diagramm-Assistenten.

	A	B		C	D	E
1		Abweichungsdiagramm				
2		Monate / Jahr		Soll	Ist	
27		Januar	2000	150,0 T€	162,6 T€	
28		Februar	2000	150,0 T€	153,5 T€	
29		März	2000	150,0 T€	165,4 T€	
30		April	2000	150,0 T€	140,0 T€	
31		Mai	2000	150,0 T€	161,4 T€	
32		Juni	2000	150,0 T€	142,8 T€	
33		Juli	2000	150,0 T€	143,2 T€	
34		August	2000	150,0 T€	153,7 T€	
35		September	2000	150,0 T€	173,1 T€	
36		Oktober	2000	150,0 T€	148,5 T€	
37		November	2000	150,0 T€	139,9 T€	
38		Dezember	2000	150,0 T€	142,5 T€	

Abbildung 15.1 Die Ausgangsdaten

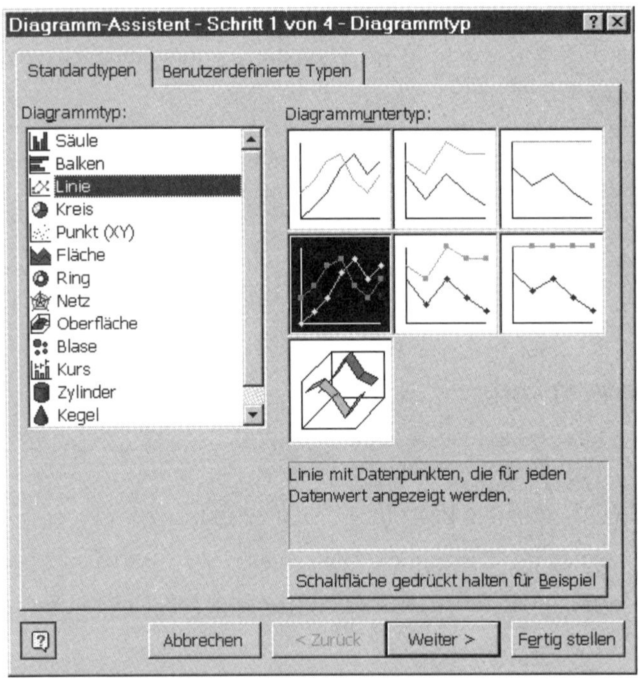

Abbildung 15.2 Schritt 1 von 4 des Diagramm-Assistenten

- Hier stehen 6 Registerkarten zur Auswahl an: TITEL, ACHSEN, GITTERNETZLINIEN, LEGENDE, DATENBESCHRIFTUNGEN und DATENTABELLE. In diesem Beispiel sind allerdings nur zwei Registerkarten von Interesse.
- Geben Sie in die Registerkarte TITEL den Diagrammtitel *Soll-Ist-Abweichung* ein.

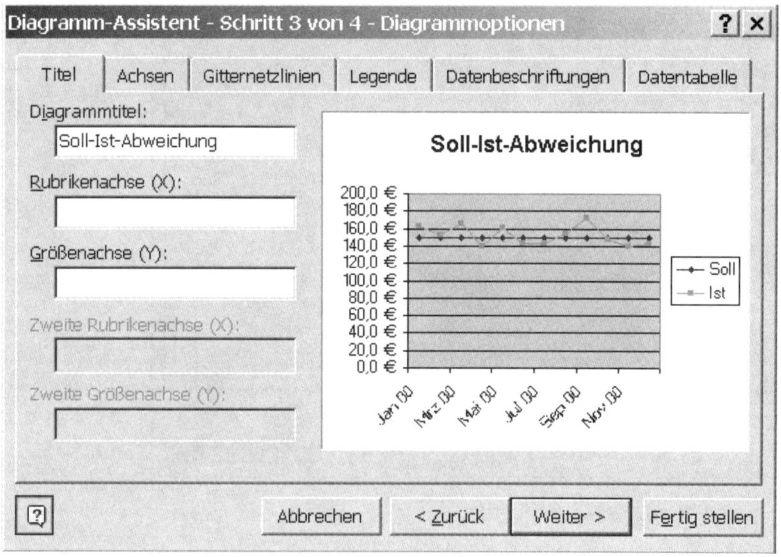

Abbildung 15.3 Eingabe des Diagrammtitels

- In der Registerkarte LEGENDE lassen Sie sich KEINE LEGENDE anzeigen.
- Alle anderen Voreinstellungen lassen Sie im dritten Schritt unverändert.
- Mit der Schaltfläche WEITER gelangen Sie dann zum vierten und letzten Schritt des Diagramm-Assistenten.
- Das Diagramm soll als neues Blatt eingefügt werden. Wählen Sie das entsprechende Optionsfeld aus.
- Vergeben Sie den Namen *Soll-Ist-Abweichung* für dieses Diagramm.
- Dann beenden Sie den Diagramm-Assistenten mit der Schaltfläche FERTIG STELLEN.
- Markieren Sie nun eine der Datenlinien und wählen den Menübefehl FORMAT | MARKIERTE DATENREIHEN...
- In der Registerkarte MUSTER wählen Sie: LINIE OHNE, MARKIERUNG OHNE.
- Wählen Sie nun die Registerkarte OPTIONEN. Hier klicken Sie POS.-NEG. ABWEICHUNG an.

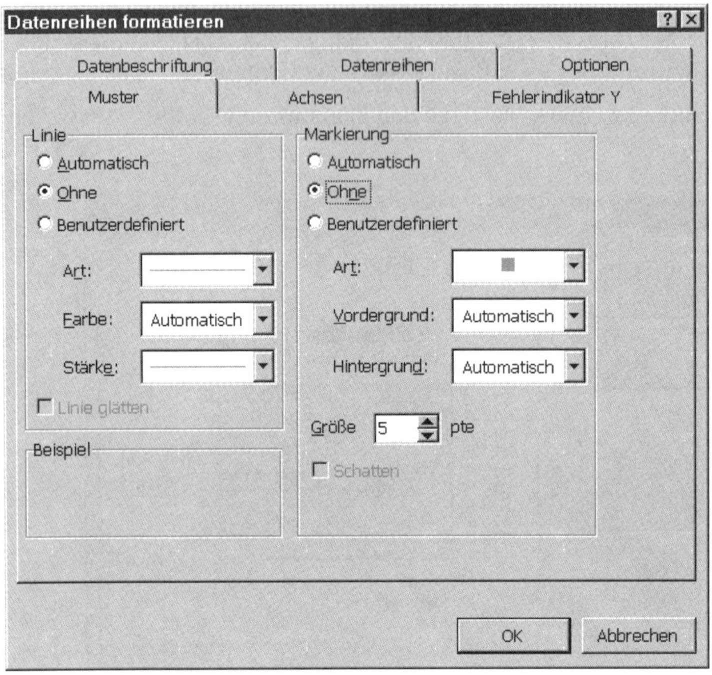

Abbildung 15.4 Registerkarte Muster

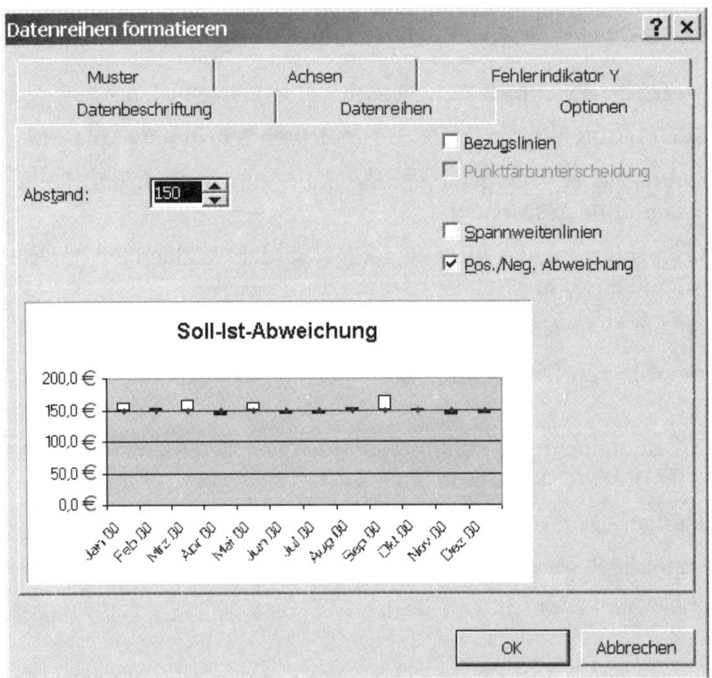

Abbildung 15.5 Anzeige der Positiven und Negativen Abweichungen

- Bestätigen Sie dann mit der Schaltfläche OK.
- Nun müssen Sie auch noch die andere Datenlinie markieren.
- Wählen Sie auch hier wieder den Menübefehl FORMAT | DATENREIHEN FORMATIEREN und in der Registerkarte MUSTER: LINIE OHNE, MARKIERUNG OHNE.
- Bestätigen Sie auch diesen Vorgang mit OK.
- Damit die Abweichung besser zur Geltung kommt, verändern Sie noch die Skalierung der Y-Achse.
- Klicken Sie die Größenachse doppelt an. Es erscheint die nachstehend abgebildete Dialogbox.

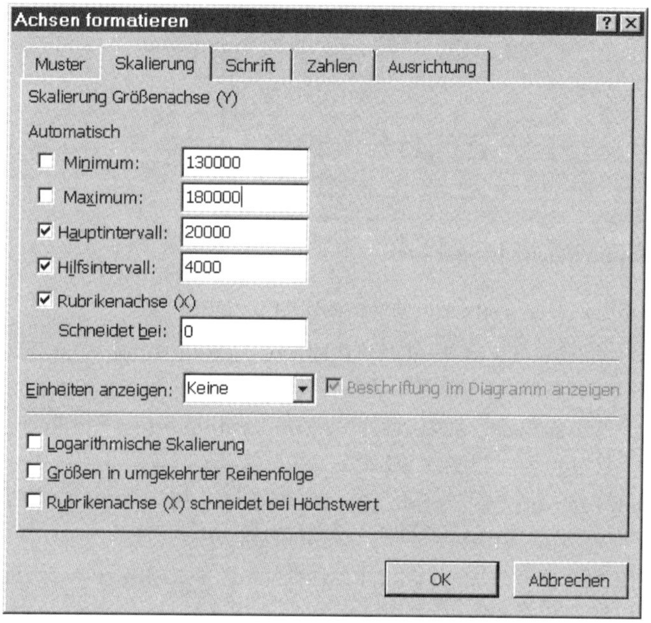

Abbildung 15.6 Skalierung der Größenachse

- Stellen Sie den Kleinstwert auf *130.000* und den Höchstwert auf *180.000* ein. Dann bestätigen Sie mit OK.
- Nun soll das Diagramm noch etwas schöner formatiert werden. Dazu klicken Sie die Zeichnungsfläche doppelt an. Natürlich können Sie auch im Menü FORMAT auf den Befehl MARKIERTE ZEICHNUNGSFLÄCHE klicken. In beiden Fällen erscheint das nachfolgende Dialogfeld.
- Wählen Sie bei FLÄCHE: KEINE (Excel 97 AUSFÜLLEN: OHNE) an und schließen die Dialogbox mit OK.

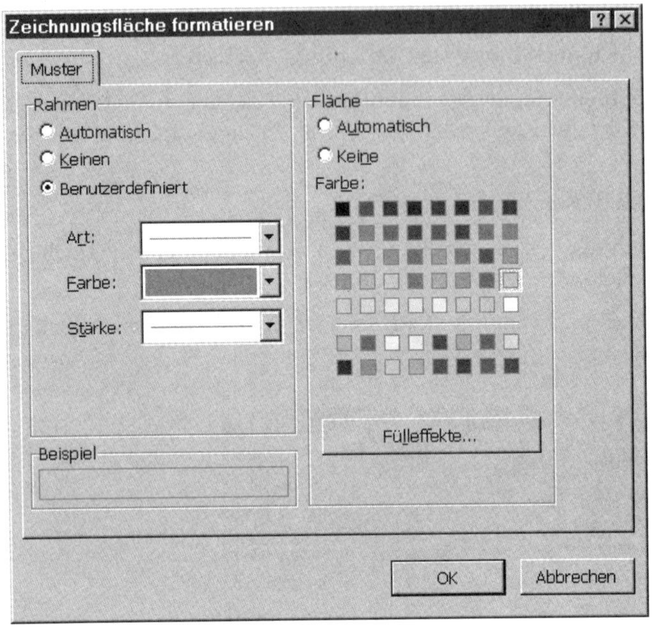

Abbildung 15.7 Zeichnungsfläche formatieren

- Markieren Sie nun die Datenreihe der positiven Abweichungen.
- Im Menü FORMAT wählen Sie MARKIERTE POSITIVE ABWEICHUNG. Die Dialogbox gleicht der soeben vorgestellten Dialogbox.
- Klicken Sie auf die Schaltfläche FÜLLEFFEKTE... und wählen dort die Registerkarte GRADUELL (Excel 97: FLIESSEND).
- Bei FARBEN wählen Sie nun die Option ZWEIFARBIG und bei FARBE 1: *Hellgrün* (Excel 97: *Pastellgrün*) sowie bei FARBE 2: *Meeresgrün*.
- Dann stellen Sie die Option SCHATTIERUNGSARTEN auf VERTIKAL sowie die VARIANTEN auf unten rechts ein.
- Beenden Sie die Formatierung der positiven Abweichungen durch OK in dieser und der folgenden Dialogbox.
- Gehen Sie sinngemäß für die negative Abweichung vor.
- Wählen Sie die Farben *Hellrosa* und *Rot*.
- Die weitere Formatierung nehmen Sie sinngemäß nach Ihren Vorstellungen vor.

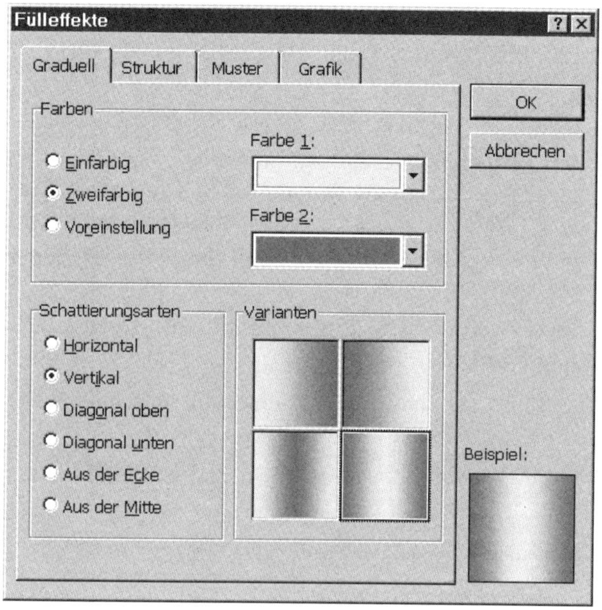

Abbildung 15.8 Fülleffekte einstellen

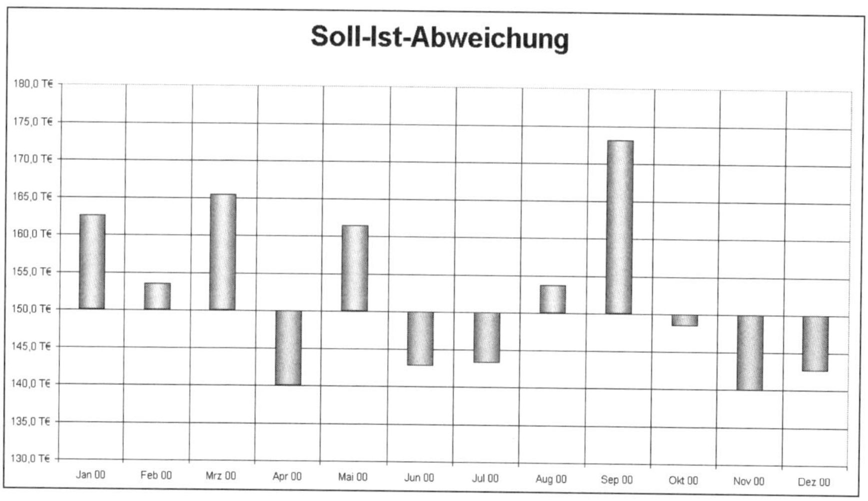

Abbildung 15.9 Das fertige Abweichungsdiagramm

15.2 Grafikvorlagen erstellen und verwenden

15.2.1 Die Erstellung

Um sich nicht jedes Mal der Mühe zu unterziehen, immer wieder die gleiche Grafik mit den gleichen Angaben erstellen zu müssen, ist es sehr empfehlenswert, eine bereits vorhandene Grafik als Vorlage abzuspeichern. Hierzu kann praktisch jede bereits vorhandene Grafik verwendet werden, sodass Sie relativ schnell an die benötigten Vorlagen gelangen.

- Öffnen Sie die Datei, die die gewünschte Grafik enthält, und wechseln Sie zum entsprechenden Diagramm.
- Markieren Sie das Diagramm. Im NAMENFELD erscheint der Name *Diagrammfläche.*
- Rufen Sie aus dem Menü den Befehl DIAGRAMM auf, und wählen Sie dann DIAGRAMMTYP aus.
- Wechseln Sie zur Registerkarte BENUTZERDEFINIERTE TYPEN.
- Wählen Sie die Option BENUTZERDEFINIERT aus.

Abbildung 15.10 Registerkarte Benutzerdefinierte Typen

- Lassen Sie sich nicht durch die Voranzeige des Beispieldiagramms irritieren.
- Klicken Sie auf die Schaltfläche HINZUFÜGEN.
- Geben Sie den FORMATNAMEN und die BESCHREIBUNG wie nachstehend abgebildet ein:

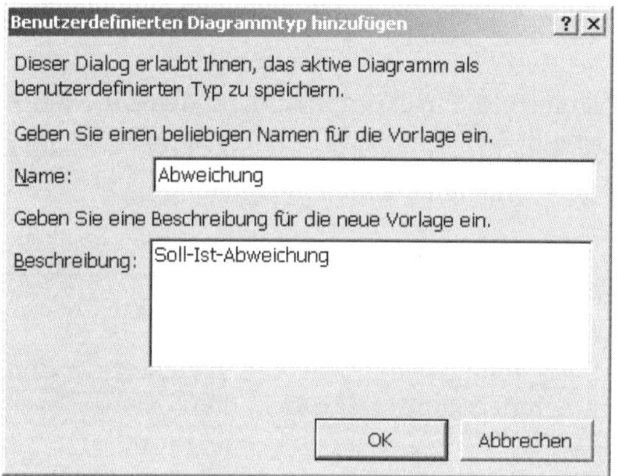

Abbildung 15.11 Vorlagen anzeigen – Benutzerdefiniert

- Diese Eingaben bestätigen Sie mit OK.
- Mit der Schaltfläche SCHLIESSEN beenden Sie auch die nächste Dialogbox.

Ihre Diagramm-Vorlage ist nun erstellt, sie kann jetzt direkt verwendet werden. Spätere Änderungen der Vorlage sind immer möglich. Sie haben keine Rückwirkung auf bereits erstellte Diagramme.

15.2.2 Verwendung der Diagramm-Vorlage

Die Verwendung der soeben erstellten Vorlage ist noch simpler als deren Erstellung. Wahrscheinlich werden Sie sich fragen, warum Sie bisher immer soviel Zeit für die Erstellung immer wiederkehrender Grafiken aufgewendet haben. Aber das ist ja jetzt vorbei! Hoffentlich!

- Markieren Sie die Zellen *B2* bis *D2*, drücken dann die Steuerungstaste und markieren zusätzlich die Zellen *B27* bis *D38*.
- Wählen Sie den Menübefehl EINFÜGEN | DIAGRAMM und dann die Registerkarte BENUTZERDEFINIERTE TYPEN.
- Wählen Sie die Option AUSWÄHLEN aus BENUTZERDEFINIERT und dann den DIAGRAMMTYP ABWEICHUNG.

Abbildung 15.12 Registerkarte Benutzerdefinierte Typen – Diagrammtyp Abweichung

- Blättern Sie mit der Schaltfläche WEITER... bis zum vierten Schritt des Diagramm-Assistenten.
- Wählen Sie die Option ALS NEUES BLATT und beenden dann den Diagramm-Assistenten mit der Schaltfläche ENDE

Das Diagramm erscheint in der gewünschten Formatierung.

15.3 Die Vorlagen-Dateien

Vielleicht haben Sie sich gefragt, wo denn diese Vorlagen gespeichert werden? Und wie man diese Vorlagen mitnehmen kann, wenn man den Rechner wechselt?

Kein Problem! Als Sie die Vorlagen erstellt hatten, wurde von Excel entweder eine neue Datei angelegt oder eine vorhandene Datei erweitert.

Ab Excel 97 wird ein neuer Name für diese Vorlagen-Datei verwendet. Sie lautet *XLUSRGAL.xls*. Diese ExcelUserGalery, wie der Name vollständig lauten würde, wird allerdings nicht im Unterverzeichnis *XLSTART* gespeichert, sondern im Unterverzeichnis \...*OFFICE*. Hier befindet sich dann auch noch eine weitere Neuerung, die Datei *XL8GALRY.xls*. In dieser Datei befinden sich weitere Möglichkeiten, Balken, Linien, Kreise usw. zu formatieren.

15.4 Hintergrund-Formatierung

Ab Excel 97 werden Ihnen mehr Gestaltungsmöglichkeiten als bei den Vorgängerversionen angeboten. Die bisherigen und die neuen Möglichkeiten lernen Sie nun nachstehend kennen.

Wie bei den Vorgängerversionen lässt sich der Hintergrund separat im Bild gestalten:

- Rufen Sie eine Mappe mit einem Diagramm auf, und wechseln Sie zu diesem Diagramm.
- Im Menü FORMAT finden Sie den Befehl BLATT. Rufen Sie diesen auf, öffnet sich ein Untermenü, aus dem Sie den Befehl HINTERGRUND... auswählen können.

Es erscheint eine Dialogbox, aus der Sie Hintergrunddateien auswählen können. Also alles wie in den Vorgänger-Versionen.

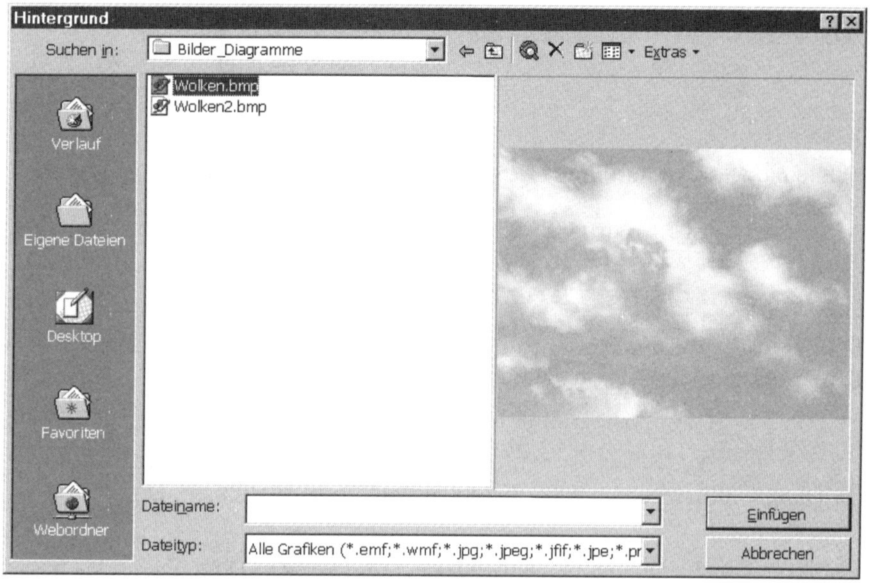

Abbildung 15.13 Hintergrundbild auswählen

Wählen Sie eine Grafik-Datei aus und bestätigen Sie mit OK.

Der gesamte Hintergrund wird mit der Grafik ausgefüllt. Ist die Grafik kleiner als die Fläche, die gefüllt werden soll, wird der Hintergrund »gekachelt«. Das heißt, die Grafik wird mehrfach wiederholt dargestellt, bis die gesamte Fläche ausgefüllt ist.

Grafiken, die hier verwendet werden, können beispielsweise einen thematischen Bezug zu den dargestellten Werten haben. Dies könnte ein Bild des Firmengebäudes oder des Produkts sein, oder aber auch das Logo der Firma.

Würden Sie jedoch eine Vorlage erstellen, wird dieses Hintergrundbild nicht mit in die Vorlage aufgenommen.

Wollen Sie diese Grafik wieder entfernen, so erscheint bei Wiederholung des Befehls HINTERGRUND LÖSCHEN.

Damit waren die Möglichkeiten der Vorgängerversionen, was die Hintergrundgestaltung von Diagrammen betrifft, im Wesentlichen erschöpft, sieht man einmal von der einfachen farblichen Formatierung des Hintergrunds ab.

Soll statt des Hintergrundbildes der Hintergrund farblich gestaltet werden, so genügt ein Doppelklick auf den Hintergrund (Diagrammfläche), um die entsprechende Dialogbox aufzurufen.

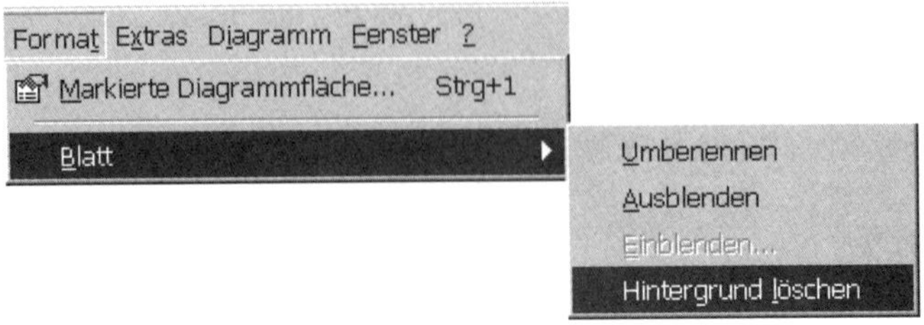

Abbildung 15.14 Hintergrund löschen

Auf diese Dialogbox wird im nächsten Beispiel näher eingegangen.

Formatieren mit markiertem Objekt

Bei der Auswahl des Hintergrundbilds war es unerheblich, welche Elemente der Grafik markiert waren. Dies ist in diesem Fall anders.

- Soll das gesamte Diagramm formatiert werden, so klicken Sie DIAGRAMMFLÄCHE an.
- Dann wählen Sie den Menübefehl FORMAT und MARKIERTE DIAGRAMMFLÄCHE.

Es öffnet sich die Dialogbox DIAGRAMMFLÄCHE FORMATIEREN. Diese Box hat im Moment zwei Registerkarten: MUSTER und SCHRIFT.

- Klicken Sie in der Registerkarte MUSTER auf die Schaltfläche FÜLLEFFEKTE....

Eine weitere Dialogbox wird geöffnet. Hier sind vier Registerkarten enthalten: GRADUELL, STRUKTUR, MUSTER und GRAFIK. (In Excel 97 lauten die Namen der Registerkarten FLIESSEND, STRUKTUR, MUSTER und GRAFIK.) Mit der Registerkarte GRAFIK werden wir uns noch näher beschäftigen.

Zuerst jedoch zur Registerkarte GRADUELL.

- Klicken Sie im Rahmen FARBEN auf die Option VOREINSTELLUNG.
- Wählen Sie bei VOREINGESTELLTE FARBEN die Einstellung *Morgendämmerung*, ändert sich die Ansicht dieser Registerkarte wie nachstehend abgebildet.
- Mit OK in dieser und der folgenden Dialogbox wird die Grafik in der gewählten Formatierung dargestellt.
- Nun klicken Sie die Zeichnungsfläche an. Dies ist der innere Bereich des Diagramms.

Wählen Sie wieder den Menübefehl FORMAT. Statt MARKIERTE DIAGRAMMFLÄCHE steht hier nun MARKIERTE ZEICHNUNGSFLÄCHE.

- Wählen Sie MARKIERTE ZEICHNUNGSFLÄCHE aus und verfahren wie oben beschrieben, wählen aber ZWEIFARBIG.

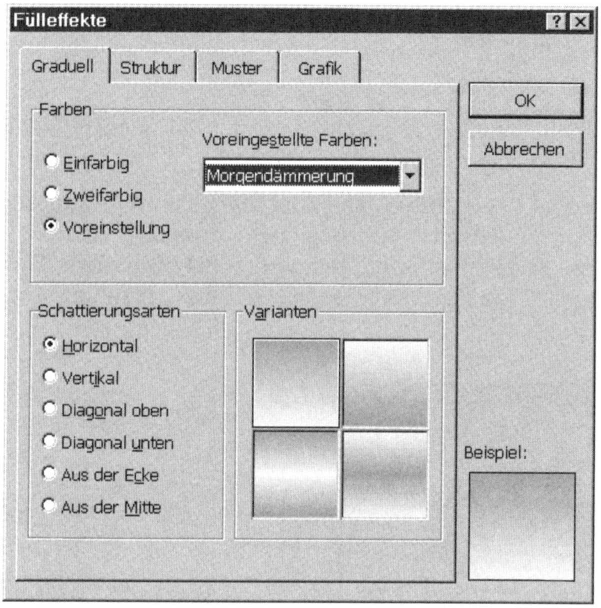

Abbildung 15.15 Ändern der Hintergrundfarben

Sollte Ihnen diese Darstellung bekannt vorkommen, haben Sie Recht. Die gleichen Möglichkeiten standen uns bereits bei der Formatierung des Abweichungs-Diagramms zur Verfügung.

- Wählen Sie bei FARBE 1: *Hellgrün* und bei FARBE 2: *GelbBraun*.
- Bestätigen Sie mit OK.

Ob diese Formatierung nun schöner ist, überlasse ich Ihrer persönlichen Beurteilung. Würden Sie jedoch eine Vorlage erstellen, so wird diese Formatierung Bestandteil der Vorlage.

Säulen mit Grafik formatieren

Nun wollen wir auch die Säulen statt mit einer Farbe mit Symbolen formatieren. Dies lässt sich hier auch mit dem Abweichungsdiagramm durchführen. Dabei gibt es allerdings eine Einschränkung: Die Symbole lassen sich nicht stapeln. Aus diesem Grund verwenden wir für dieses Beispiel ein ganz normales Säulendiagramm. Als Basis dienen uns hier die Ist-Zahlen unseres Beispiels.

- Erstellen Sie ein neues Säulendiagramm aus den Ist-Zahlen der Mappe *Excel_2000_Ctrl_15_01.xls*.
- Markieren Sie die zu formatierende Säulenreihe.

- Wählen Sie den Menübefehl FORMAT | MARKIERTE DATENREIHEN und klicken auf die Schaltfläche FÜLLEFFEKTE....
- Wählen Sie die Registerkarte GRAFIK aus.
- Klicken Sie auf die Schaltfläche GRAFIK AUSWÄHLEN..., und wählen Sie im Unterverzeichnis \...*Bilder_Diagramme* eine Grafik aus.

Ich habe im Beispiel eine Grafik ausgewählt, die über keine Hintergrundfarbe verfügt. Um über diese Möglichkeit verfügen zu können, muss diese Grafik im GIF-Format vorliegen. Eine solche Grafik zu verwenden, ist besonders dann sinnvoll, wenn zusätzlich eine Hintergrundfarbe oder ein Hintergrundbild verwendet werden soll.

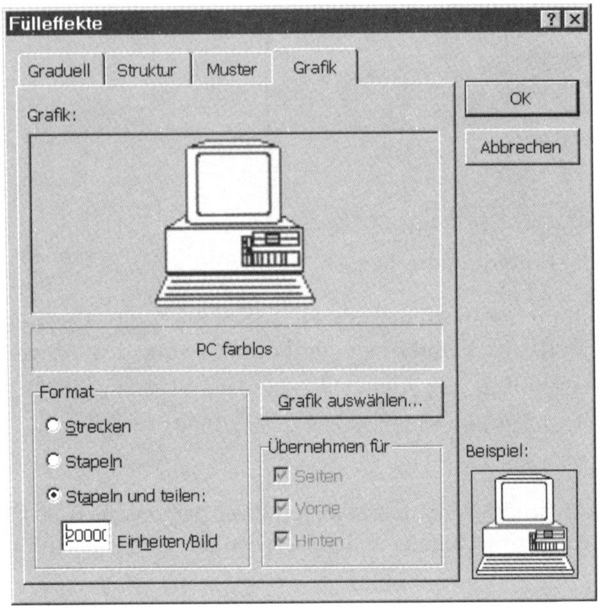

Abbildung 15.16 Grafik auswählen

Wie Sie der vorstehenden Abbildung entnehmen können, lassen sich hier weitere Einstellungen vornehmen, welche die Darstellung der Grafik im Diagramm betreffen. Bei STAPELN wird die Voreinstellung des Hauptintervalls übernommen, bei STAPELN UND TEILEN können Sie hiervon abweichende Einstellungen vornehmen.

STRECKEN bedeutet, dass nur ein Bild verwendet wird und dieses dann in der Höhe so gestreckt wird, dass es die Länge der Säule repräsentiert.

15.5 Produktdarstellung in Blasen-Diagrammen

Ab Excel 97 gibt es einen neuen Diagrammtyp, das Blasendiagramm. Mit diesem Diagrammtyp ist es nun möglich, Produkte in einem so genannten Portfolio-Diagramm darzustellen.

Das bekannteste dieser Konzepte ist das *Marktanteil-Marktwachstums-Konzept* der *Boston Consulting Group*. Dieses Konzept kennt man auch unter dem Namen *Vier-Felder-Matrix*.

Die vier Felder repräsentieren so genannte strategische Geschäftseinheiten und orientieren sich am zu erwartenden Cash Flow.

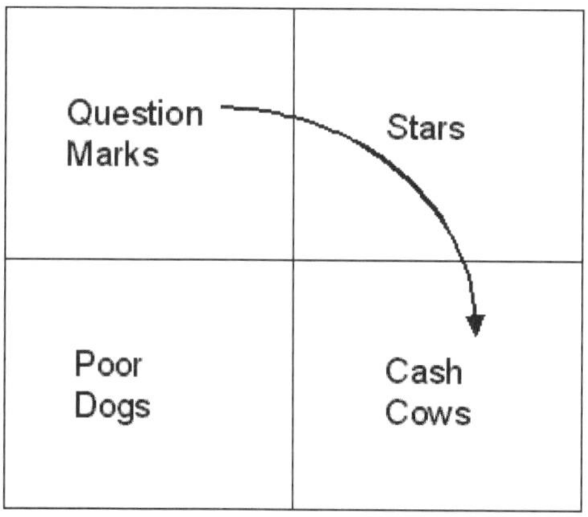

Abbildung 15.17 Portfolio-Diagramm

SGE (Strategische Geschäfts-Einheiten) mit *niederem Marktanteil und geringem Wachstum* werden *Poor Dogs* genannt. Sie befinden sich links unten in der Matrix. Hier handelt es sich um Produkte, die aus dem Programm herausgenommen werden sollten.

SGE mit *hohem Marktanteil*, aber *geringem Wachstum* werden Cash Cows genannt. Dies sind Produkte, die ihren Zenit bereits überschritten haben und sich in der abklingenden Phase befinden. Diese Produkte werden »gemolken«, da sie über einen relativ hohen Cash Flow verfügen. Angesiedelt sind diese Produkte im unteren rechten Feld.

Question Marks werden Produkte genannt, die zwar über ein sehr starkes Wachstum, aber noch über einen relativ geringen Marktanteil verfügen. Durch das starke Wachstum sind meist größere Finanzmittel erforderlich. Gelingt es den Produkten, sich einen höheren Marktanteil zu sichern, so werden sie zu Stars, anderenfalls zu Poor Dogs. Positioniert sind sie links oben.

Stars sind, wie der Name bereits ausdrückt, die absoluten Spitzenprodukte. Sie verfügen neben einem hohen Marktwachstum auch über einen großen Marktanteil. Sie befinden sich oben rechts in der Matrix. Lässt das Marktwachstum nach, werden diese Produkte zu Cash Cows.

Ein weiteres Portfolio-Modell ist die 3*3 Matrix. Dieses auch Neun-Felder-Matrix genannte Portfolio wird der Unternehmensberatung McKinsey, aber auch General Electric und Shell zugeschrieben.

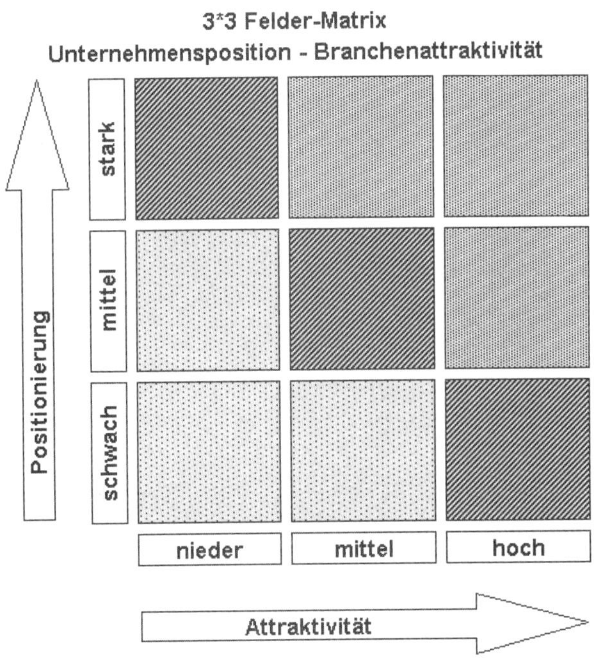

Abbildung 15.18 Neun-Felder-Matrix

Die beiden Achsen dieser Matrix sind Marktattraktivität und Marktposition. Kriterien für die Attraktivität sind beispielsweise Marktwachstum, Marktgröße, Preise, Wettbewerbsstruktur usw. Für die Marktposition gelten als Kriterien Wachstum, Größe, Rentabilität, Marktanteil usw.

Je nach Positionierung der SGE auf den Feldern lauten die strategischen Aufgaben entweder Investition, um die Position auszubauen, die Position zu halten und damit die Cash-Erzeugung und Cash-Verwendung ins Gleichgewicht zu bringen bzw. abzuschöpfen, oder Stopp der Investition.

Da hier teilweise die Einordnungen subjektiver als bei der Marktwachstums-Marktanteils-Matrix sind, wird diese Matrix oft kritisiert, da sie anfälliger für Manipulationen ist.

Im Vordergrund steht in unserem Beispiel jedoch die Vier-Felder-Matrix, die Neun-Felder-Matrix sollte nur der Vollständigkeit halber erwähnt werden.

Mithilfe des Blasendiagramms werden Sie nun ein Portfolio-Diagramm als Vier-Felder-Matrix erstellen.

Hierzu nehmen Sie die Quartalsumsätze der Artikel aus der Pivot-Tabelle *Bestellungen2000_Artikel.XLS* und vergleichen diese miteinander. Die verwendeten Marktanteile sind hier fiktiv, in der Praxis lassen sich aber entsprechende Marktstudien von Marktforschungsfirmen erwerben.

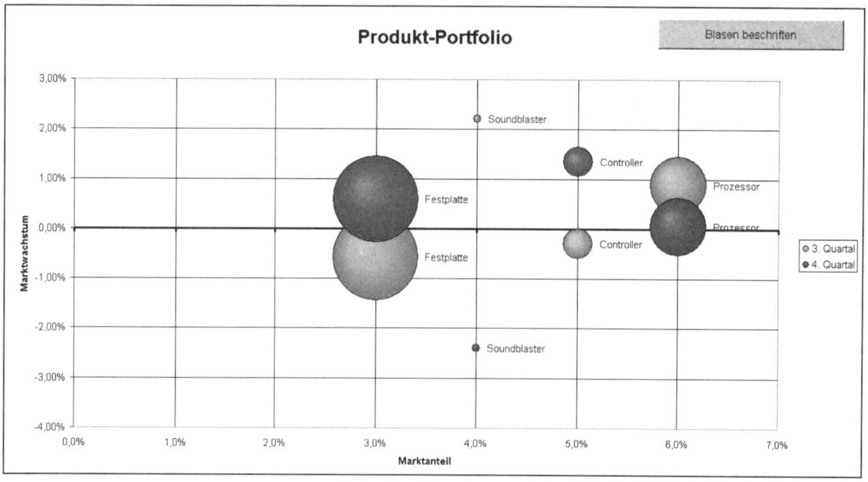

Abbildung 15.19 Blasendiagramm

Das oben gezeigte Blasendiagramm finden Sie in der Mappe *Excel_2000_Ctrl_15_02.xls*.

Zur Erstellung eines solchen Diagramms sind die folgenden Schritte erforderlich:

- Rufen Sie die Tabelle *Daten* in der Mappe *Excel_2000_Ctrl_15_02.xls* auf.
- Markieren Sie den Zellbereich *D4:F7*.
- Wählen Sie den Menübefehl EINFÜGEN | DIAGRAMM | BLASE in der Registerkarte STANDARDTYPEN.
- Der gewählte Untertyp soll *Blasen mit 3D-Effekt* sein.
- Um einen Eindruck des zu erstellenden Diagramms zu bekommen, klicken Sie auf die BEISPIEL-Taste.
- Klicken Sie dann auf WEITER.
- Sie befinden sich jetzt im 2. von 4 Schritten.

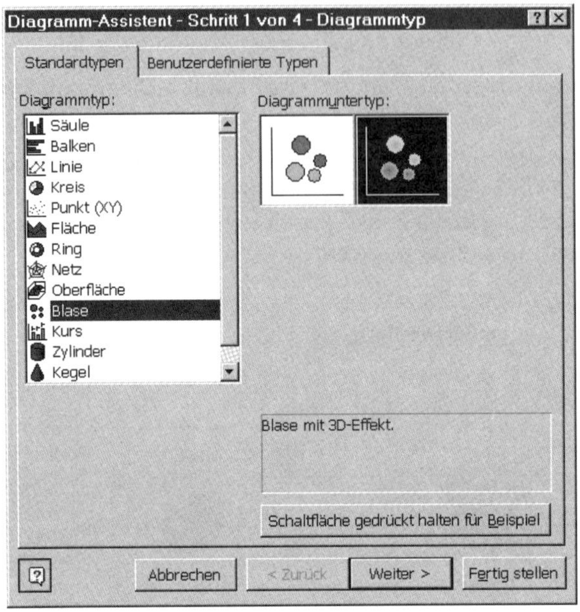

Abbildung 15.20 Schritt 1 Registerkarte STANDARDTYPEN

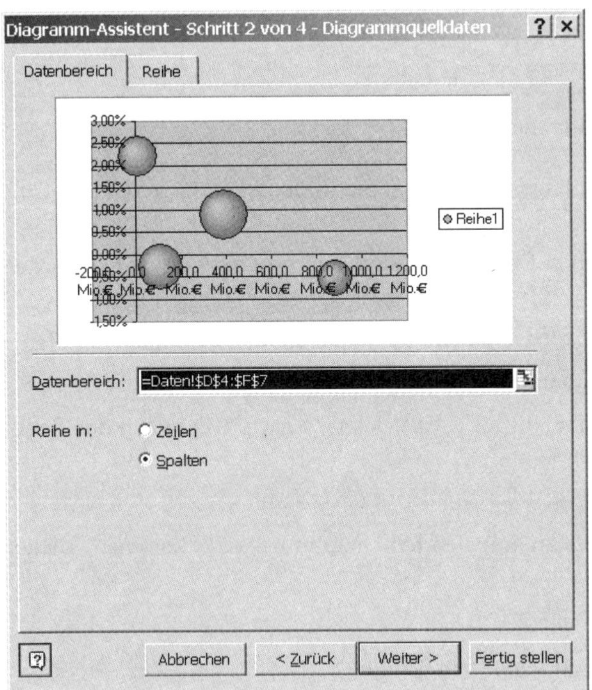

Abbildung 15.21 Schritt 2 Registerkarte DATENBEREICH

- Wählen Sie in der Registerkarte DATENBEREICH bei REIHE IN die Option SPALTEN aus bzw. achten darauf, dass diese Option gewählt ist.
- Wechseln Sie nun in die Registerkarte REIHE.
- Wählen Sie bei Name *D2* aus.
- Wählen Sie bei X-WERTE den Bereich *F4:F7* aus.
- Wählen Sie bei Y-WERTE den Bereich *E4:E7* aus.
- Wählen Sie bei GRÖSSEN den Bereich *D4:D7* aus.

Ist die Dialogbox bei der Markierung im Weg, verwenden Sie die Verkleinerungsmöglichkeit (Symbol rechts hinter der Eingabe).

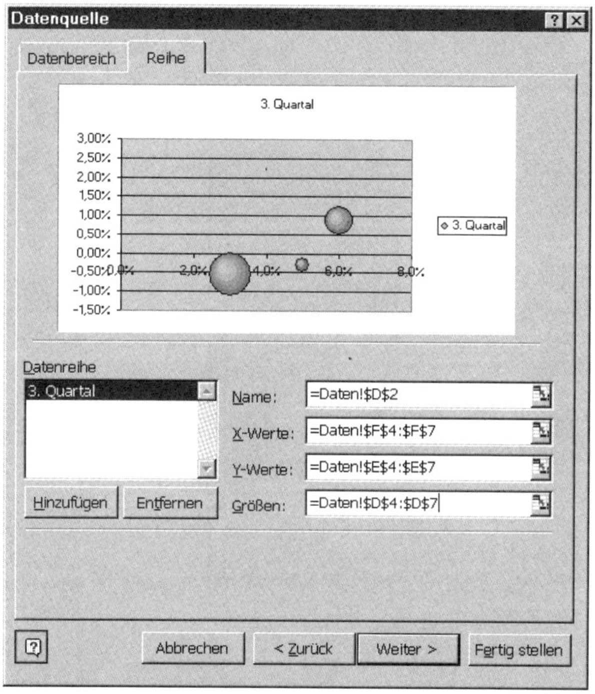

Abbildung 15.22 Schritt 2 Registerkarte REIHE

- Klicken Sie auf HINZUFÜGEN und fügen eine weitere Datenreihe hinzu.

Geben Sie die folgenden Daten für diese Reihe ein:

DATEN:	*=Daten!$G$2*
X-WERTE:	*=Daten!$I$4:$I$7*
Y-WERTE:	*=Daten!$H$4:$H$7*
GRÖSSEN:	*=Daten!$G$4:$G$7*

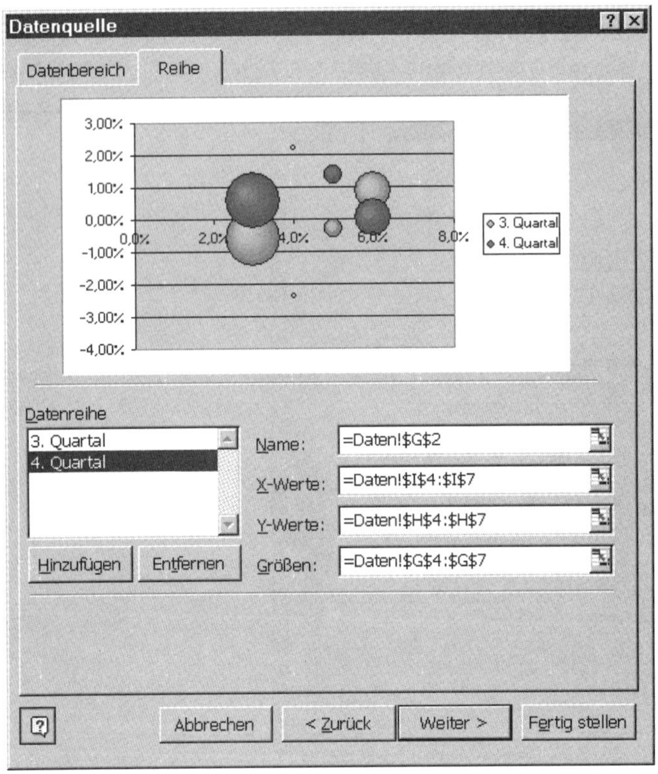

Abbildung 15.23 Schritt 2 Registerkarte REIHE – 2. Datenreihe

Klicken Sie auf WEITER.

Der 3. Schritt verfügt über insgesamt 5 Registerkarten.

Geben Sie hier die Namen für den DIAGRAMMTITEL, die RUBRIKENACHSE und die GRÖSSENACHSE entsprechend der nachfolgenden Abbildung 15.24 ein.

Wechseln Sie zur Registerkarte GITTERNETZLINIEN und wählen dort bei beiden Größenachsen HAUPTGITTERNETZ aus.

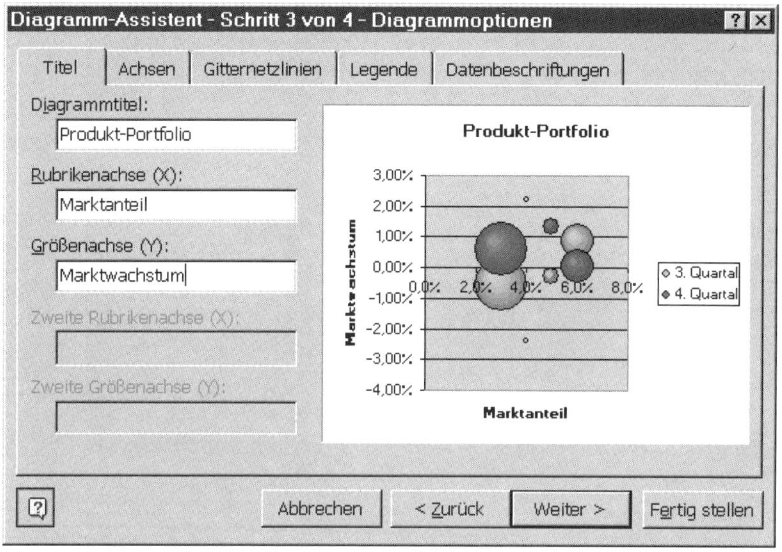

Abbildung 15.24 Schritt 3 Registerkarte TITEL

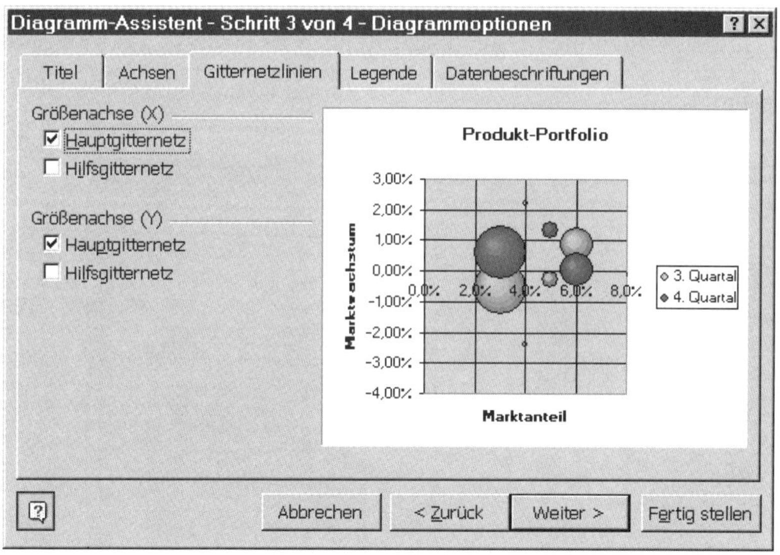

Abbildung 15.25 Schritt 3 Registerkarte GITTERNETZLINIEN

Jetzt wechseln Sie in die Registerkarte LEGENDE und wählen hier die Option LEGENDE ANZEIGEN an.

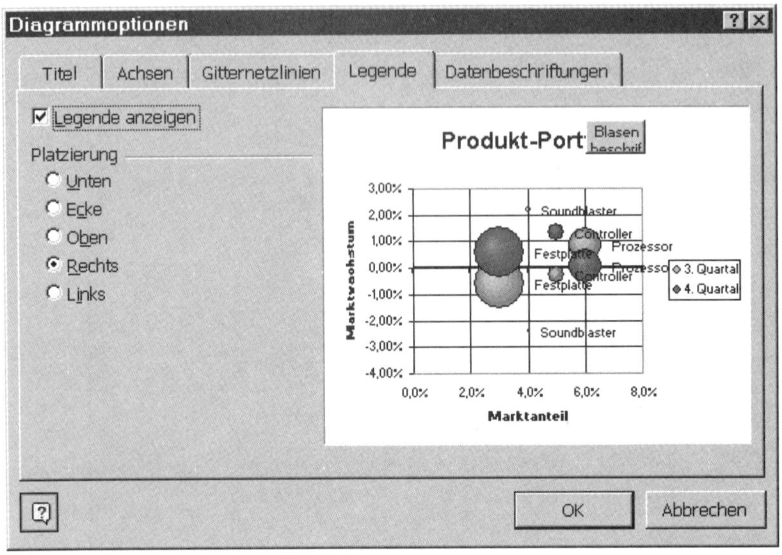

Abbildung 15.26 Schritt 3 Registerkarte LEGENDE

Die letzte Registerkarte trägt den Namen DATENBESCHRIFTUNGEN. Hier lassen sich die gewünschten Datenbeschriftungen einblenden. Leider jedoch nicht die Namen der Produkte. Dies wird allerdings mithilfe eines Makros nachgeholt werden.

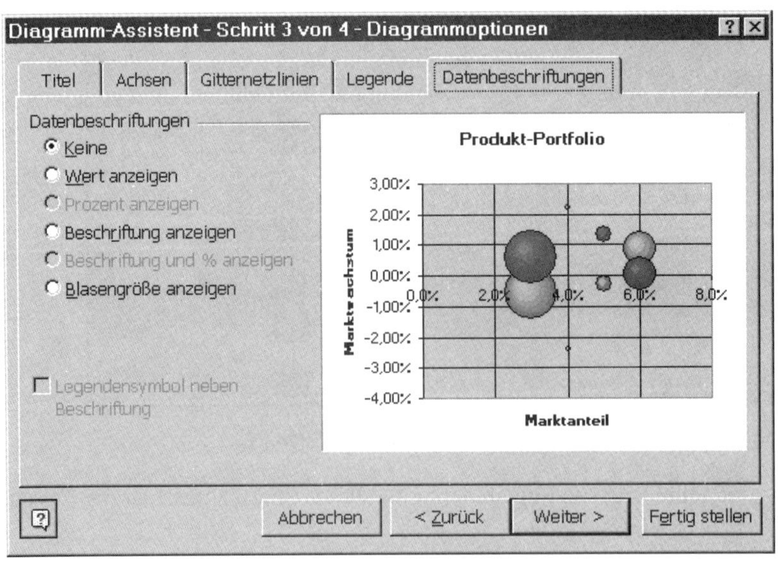

Abbildung 15.27 Schritt 3 Registerkarte DATENBESCHRIFTUNGEN

- Klicken Sie nun auf WEITER. Hätten Sie auf FERTIGSTELLEN. geklickt, so wäre das Diagramm automatisch als Objekt in der Tabelle *Daten* eingebettet worden.

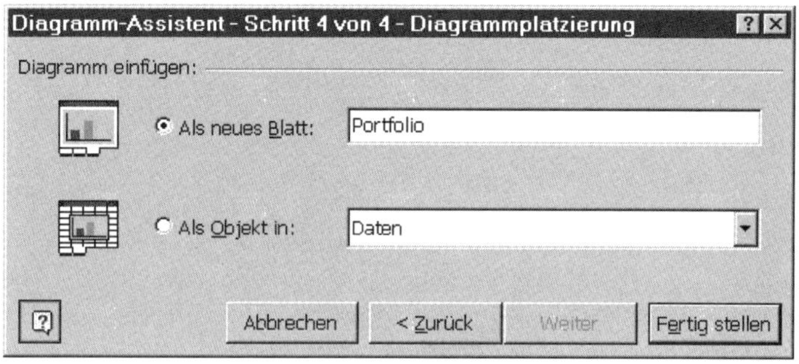

Abbildung 15.28 Schritt 4 Diagrammplatzierung

- Wählen Sie hier, ob das Diagramm ALS NEUES BLATT oder ALS OBJEKT IN einer Tabelle erstellt werden soll.
- Bestätigen Sie mit FERTIG STELLEN (Excel 97: ENDE), wird das Diagramm erstellt.

Erstellen von Mustervorlagen

16

Wenn Sie bereits mit dem Textverarbeitungsprogramm Word gearbeitet haben, dann ist es bei der Erstellung neuer Dokumente eine Selbstverständlichkeit, auf sogenannte Dokumentvorlagen zurückzugreifen.

Was in Word selbstverständlich ist, sollte es auch in Excel sein. Wobei ich leider sagen muss, dass die Handhabung solcher Vorlagen bei weitem nicht so elegant ist wie in Word. Aber lieber den Spatz in der Hand ... Na, ja, Sie kennen das sicher.

Wann ist es sinnvoll, Mustervorlagen zu erstellen? Eigentlich immer, wenn Sie auf eine gewohnte Arbeitsumgebung zurückgreifen wollen.

Dies fängt bei der Verwendung von eigenen Formaten an und endet beim Einsatz kompletter Formulare mit speziell abgestimmten Makros.

Beginnen Sie mit einem ganz simplen Beispiel. Im ersten Teil dieses Buches habe ich Ihnen einige spezielle Formatierungen gezeigt. Beispielsweise möchte ich ungern auf die Möglichkeit verzichten, Werte in T€ oder Mio. € formatieren zu können. Allerdings habe ich auch keine Lust, dieses Format immer wieder neu zu erstellen.

Nachstehend werde ich Ihnen zeigen, wie sich eine Zellformatierung und ein Name in eine zu erstellende Vorlage übernehmen lassen.

16.1 Die Vorlage MAPPE.XLT und andere

16.1.1 Vergabe von Zellformat-Namen

Zunächst müssen Sie einer Symbolleiste, vorzugsweise der Leiste FORMAT, eine neue Schaltfläche hinzufügen, die Schaltfläche FORMATVORLAGE.

Hierzu gehen Sie folgendermaßen vor:

- Wählen Sie den Menübefehl ANSICHT | SYMBOLLEISTEN... und klicken dann auf die Schaltfläche ANPASSEN....

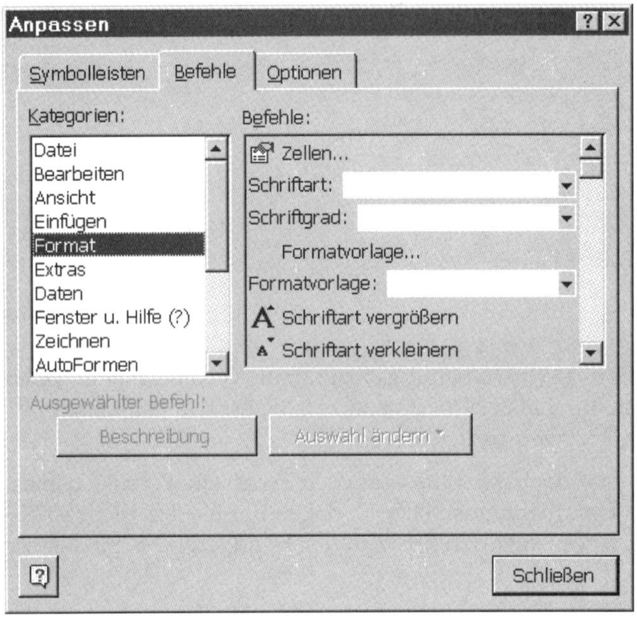

Abbildung 16.1 Dialogbox Anpassen

Diese Dialogbox besteht aus den drei Registerkarten SYMBOLLEISTEN, BEFEHLE und OPTIONEN.

- Wählen Sie die Registerkarte BEFEHLE und bei KATEGORIEN: *Format* aus.
- Schieben Sie die Schaltfläche FORMATVORLAGE mit der linken Maustaste nach oben in eine der Symbolleisten und schließen dann die Dialogbox.
- Wählen Sie den Menübefehl FORMAT | ZELLEN und dann die Registerkarte ZAHLEN. Hier heißt die zu wählende Kategorie BENUTZERDEFINIERT, in die das Format *#.##0,0. T€* eingegeben werden muss.
- Dann bestätigen Sie mit OK.
- Wichtig ist, dass Sie die Zellposition der aktiven Zelle, für die Sie die Formatierung durchgeführt haben, beibehalten. Klicken Sie jetzt das Symbol FORMATVORLAGE, das Sie soeben in die Symbolleiste eingefügt haben, an. Damit wird der Text *Standard* dieses Symbols farblich unterlegt.
- Geben Sie den neuen Formatnamen ein: *#.##0,0 T€*.
- Bestätigen Sie die Eingabe mit der [↵]-Taste.

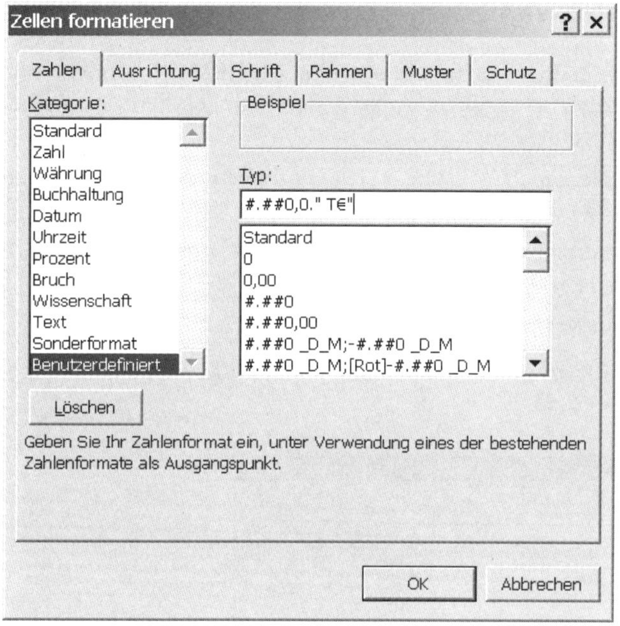

Abbildung 16.2 Zellen formatieren

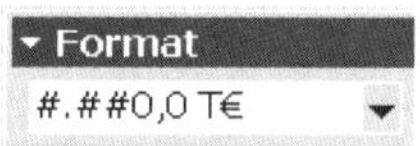

Abbildung 16.3 Eingabe eines neuen Formatnamens

Natürlich hätten Sie auch einen anderen Namen eingeben können. Sie machen sich allerdings das Leben leichter, wenn der vergebene Name einen leicht erkennbaren Bezug zum Format hat.

Sie können nun selbst weitere Formate nach der soeben gezeigten Vorgehensweise erstellen. Haben Sie das abgeschlossen, fahren Sie wie folgt fort.

Markieren Sie das gesamte Tabellenblatt mit [Strg]+[a] und betätigen dann die Tastenkombination [Strg]+[-].

Damit löschen Sie alle Zellen des Tabellenblatts und ebenso alle formatierten Zellen, nicht jedoch den vergebenen Formatnamen.

Klicken Sie dann die Zelle *A1* an. Damit wird die Markierung der Tabelle wieder aufgehoben.

16.1.2 Vergabe von Namen

Neben der Vergabe von Zellnamen besteht auch die Möglichkeit, Namen ohne einen direkten Zellbezug zu vergeben. Anstatt des Namens kann eine Zahl oder eine Formel angegeben werden.

Diese Vorlage soll die Namen *MWSt* und *EURO* enthalten, da diese Faktoren repräsentieren, die häufig eingesetzt werden.

- Wählen Sie den Menübefehl EINFÜGEN | NAME | DEFINIEREN... (Excel 97: EINFÜGEN | NAME | FESTLEGEN).
- Geben Sie bei NAMEN IN DER ARBEITSMAPPE: *EURO* ein.
- Bei BEZIEHT SICH AUF: tragen Sie nach einem Gleichheitszeichen den gewünschten Faktor ein: *1,95583*

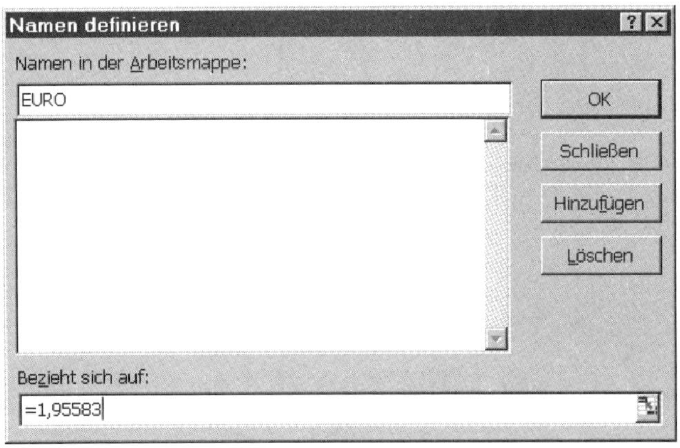

Abbildung 16.4 Mappe als Vorlage abspeichern

- Dann klicken Sie auf die Schaltfläche HINZUFÜGEN.
- Wiederholen Sie diesen Vorgang für die MWSt, indem Sie als Namen *MWSt* und als Faktor *=1,16* eingeben.
- Schließen Sie diesen Vorgang mit einem Klick auf die Schaltfläche OK ab.

Damit haben Sie die Vorarbeiten abgeschlossen. Nun muss die Tabelle nur noch als Vorlage abgespeichert werden.

16.1.3 Speichern der Mappe als Vorlage MAPPE.XLT

- Wählen Sie den Menübefehl DATEI | SPEICHERN UNTER...
- Ändern Sie den Dateinamen in *MAPPE* (bitte genau so) und wählen bei DATEITYP *Mustervorlage*.

Bei VERZEICHNISSE wählen Sie das Unterverzeichnis \...*XLSTART*.

Abbildung 16.5 Mappe als Vorlage abspeichern

Bestätigen Sie dann mit OK.

Schließen Sie die Datei *MAPPE.XLT*. Sie haben damit eine neue Standard-Mappe erstellt.

Erstellen Sie eine neue Datei.

Achten Sie auf den Dateinamen. Er lautet *MAPPE*, geschrieben in Großbuchstaben und gefolgt von einer laufenden Ziffer. Diese neue Mappe beinhaltet alle soeben von Ihnen vergebenen Formate und Namen.

Wollen Sie Änderungen an dieser *MAPPE* durchführen, müssen Sie die Datei *MAPPE.XLT* hierzu aufrufen. Vergessen Sie aber beim Speichern nicht, wieder den Dateityp *Mustervorlage* auszuwählen.

Andere Vorlagen lassen sich genauso erstellen und dann unter einem anderen Namen im Verzeichnis \...*VORLAGEN* abspeichern.

Interessant und wichtig hierbei ist, dass der Pfad nicht in Excel, sondern in Word 2000 im Menü EXTRAS | OPTIONEN | SPEICHERORT FÜR DATEIEN eingestellt wird.

In Word 97 lautet der Menübefehl EXTRAS | OPTIONEN | DATEIABLAGE.

Um diese dann verwenden zu können, wählen Sie den Menübefehl DATEI | NEU (nicht das Symbol in der Symbolleiste).

Es erscheint die folgende Dialogbox, aus der dann die gewünschte Vorlage ausgewählt werden kann:

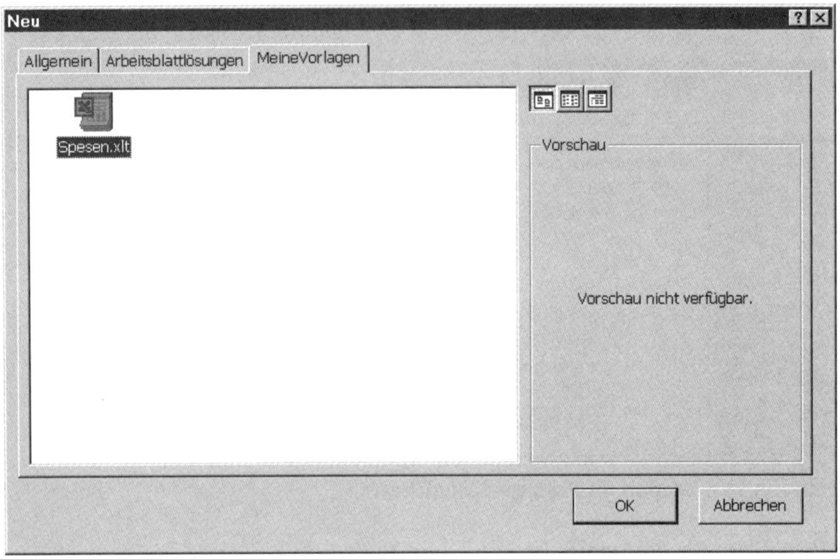

Abbildung 16.6 Auswahl einer Vorlage

17 Betrachtung des Ist-Zustandes

Nachdem die Daten aus der Datenbank übernommen wurden, sollen die wichtigsten Produkte etwas betrachtet werden. Hierzu bedienen Sie sich der ABC-Analyse. In dieser werden die Produkte nach der Umsatzhöhe geordnet.

17.1 ABC-Analyse

Mithilfe der ABC-Analyse lassen sich große Datenmengen bewertbar machen. Aus der großen Datenflut werden die für das Unternehmen wichtigsten Daten in A-, B- und C-Klassen aufgeteilt. In dem nachfolgenden Beispiel werden die Bestellungen in diese Klassen eingeteilt.

Zur A-Klasse gehören Bestellungen, die von ihrer Anzahl her 10 Prozent, von ihrer Höhe aber 70 Prozent des Umsatzes ausmachen.

Bestellungen der B-Klasse tragen zu 20 Prozent zum Umsatz bei und machen auch 20 Prozent der Aufträge aus.

Zur C-Klasse gehören in diesem Fall die »Kleinbestellungen«. Von der Anzahl her 70 Prozent, tragen sie nur zu 10 Prozent des Umsatzes bei.

Betrachten Sie den Datenbankabzug und erstellen Sie eine ABC-Analyse.

- Erstellen Sie ein neues Tabellenblatt in der Mappe und geben ihm den Namen *ABC-Analyse*.
- Geben Sie in Zeile **2** die folgenden Überschriften ein:

A	B	C	D
Kundenname	Gesamtwert kumuliert	%-Anteil am Wert	Klassenzuordnung

In Zeile *3* werden die Formeln eingetragen:

A	='Abfrage der Datenbank (Filter)'!C4
B	='Abfrage der Datenbank (Filter)'!I4
C	=WENN(B3=0;0;B3/SUMME(Gesamtpreis))
D	=WENN(C3<=0,7;"A";WENN(C3>0,9;"C";"B"))

In die Zelle *B4* muss zur Kumulierung des Wertes eine weitere Formel eingegeben werden:

B	='Abfrage der Datenbank (Filter)'!I5+B3

Dann können die Formeln nach unten kopiert werden.

Vergleichen Sie Ihr Ergebnis mit der Tabelle *ABC-Analyse* der Mappe *Excel_2000_Ctrl_17_01.xls*.

Soll das Ergebnis der ABC-Analyse grafisch dargestellt werden, verwendet man die Lorenzkurve, die auch als Konzentrationskurve bekannt ist.

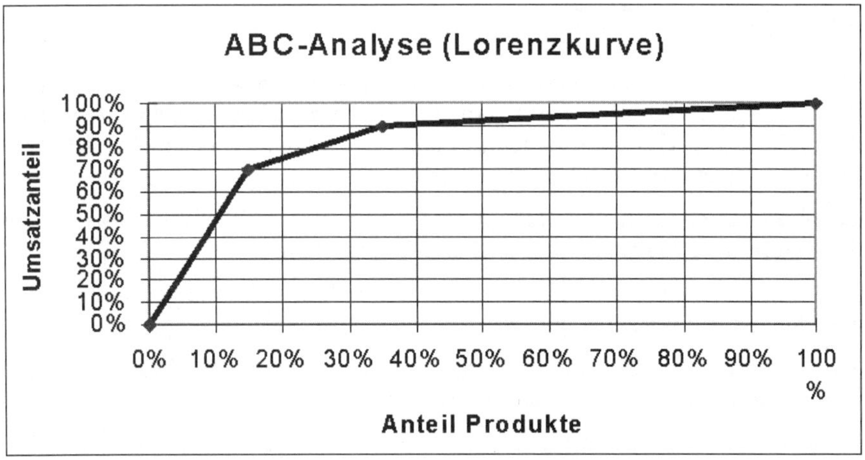

Abbildung 17.1 Lorenzkurve

Je mehr sich diese Kurve von 45° nach oben verschiebt, desto unausgewogener und somit anfälliger ist das Verkaufssortiment (Hauptumsatzträger) für Veränderungen. Sollte einer oder gar mehrere der Hauptumsatzträger ausfallen, so sieht es für das Unternehmen in Bezug auf die Umsatz- und Ertragslage sehr schlecht aus.

In den Blättern *ABC-Analyse (Auswertung)* und *ABC-Analyse (Lorenzkurve)* der Datei *Excel_2000_Ctrl_17_01.xls* finden Sie die Auswertung und grafische Darstellung der Beispieldatenbank *Bestellungen_2000.MDB,* allerdings gefiltert nach Prozessoren und dem vierten Quartal 2000, um die Auswertezeiten nicht zu lang werden zu lassen.

	A	B	C	D	E	F	G
1		**ABC - Analyse**					
2		**Summe der Aufträge**	**386,1 Mio. €**	Anteil in %		kumuliert	
3						0,00%	
4		A-Produkte	270,3 Mio. €	70%		70,00%	
5		B-Produkte	77,2 Mio. €	20%		90,00%	
6		C-Produkte	38,6 Mio. €	10%		100,00%	
8		**Anzahl der Aufträge**	**20.485 Aufträge**	Anteil in %		kumuliert	
9						0,00%	
10		A-Produkte	8.949 Aufträge	43,69%		43,69%	
11		B-Produkte	5.446 Aufträge	26,59%		70,27%	
12		C-Produkte	6.090 Aufträge	29,73%		100,00%	
13							

Abbildung 17.2 ABC-Analyse (Auswertung) – Bestellungen_2000.MDB, gefiltert

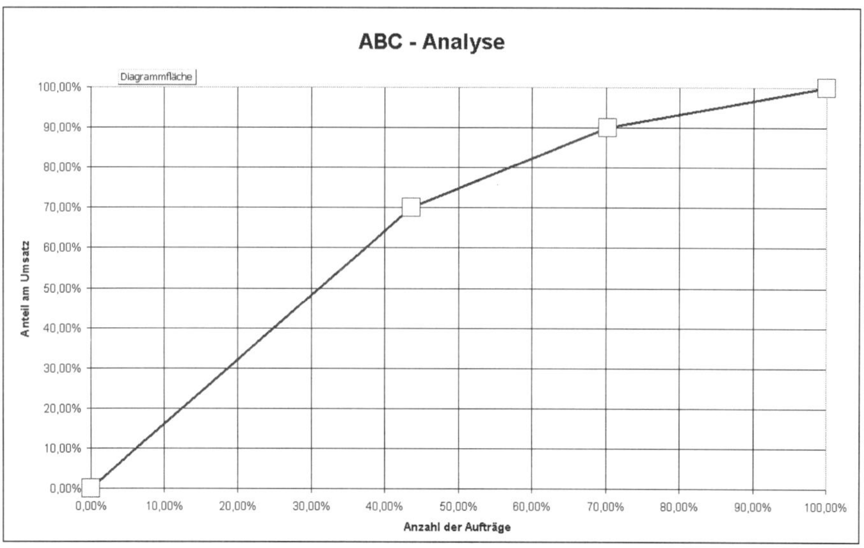

Abbildung 17.3 ABC-Analyse (Lorenzkurve) – Bestellungen_2000.MDB, gefiltert

17.2 Errechnen von Häufigkeiten

Als Nächstes interessieren die Auftragsgrößen der Aufträge.

Legen Sie die folgenden Auftragsgrößenklassen fest. In der Spalte *Häufigkeit* steht bereits das zu erwartende Ergebnis.

Struktur der Aufträge	Größe	Häufigkeit
kleiner	1.000,00 €	49 Aufträge
kleiner	5.000,00 €	1.955 Aufträge
kleiner	10.000,00 €	3.718 Aufträge
kleiner	20.000,00 €	6.886 Aufträge
kleiner	30.000,00 €	4.160 Aufträge
kleiner	40.000,00 €	2.241 Aufträge
kleiner	50.000,00 €	1.034 Aufträge
kleiner	60.000,00 €	329 Aufträge
kleiner	70.000,00 €	103 Aufträge
kleiner	80.000,00 €	10 Aufträge

Tabelle 17.1 Auftragsgrößenklassen

Verwenden Sie hierzu die Excel-Funktion `Häufigkeit()`.

```
=HÄUFIGKEIT(Gesamtpreis;C9:C18)
```

Vergleichen Sie Ihr Ergebnis mit der Tabelle *Statistik*, und erstellen Sie ein Liniendiagramm über die Verteilung der Auftragsgrößen.

Mit den Funktionen `Anzahl`, `Max`, `Min` und `Mittelwert` gewinnen Sie zusätzliche Informationen über die Aufträge.

Statistik	Größe	Anzahl
Anzahl der Aufträge		20.485 Aufträge
Kleinster Auftrag	209,00 €	
Größter Auftrag	71.875,00 €	
Durchschnittliche Auftragsgröße	18.849,48 €	

Tabelle 17.2 Weitere Informationen über die Auftragsstruktur

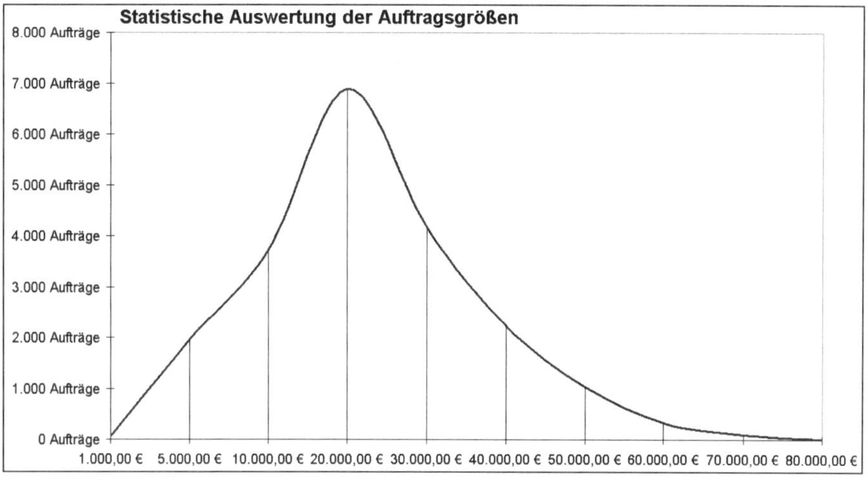

Abbildung 17.4 Verteilung der Auftragsgrößen

17.2.1 Normierung der Daten

Um Abweichungen im monatlichen Auftragseingang feststellen zu können, sowie Saisonalitäten zu ermitteln, müssen Sie die Daten normieren.

Mittelwert

Hierzu verwenden Sie das einfache arithmetische Mittel, da die Daten nicht in gruppierter, sondern in einfacher Form vorliegen. Hierzu verwenden Sie die Funktion `Mittelwert()`.

```
=MITTELWERT(Zahl1;Zahl2;...)
```

Mithilfe des errechneten Mittelwerts lässt sich die *Standardabweichung* der Aufträge pro Monat ermitteln.

Durchschnittliche absolute Abweichung vom Mittelwert

Eine weitere Excel-Funktion liefert die durchschnittliche absolute Abweichung einer Datenreihe.

Mit `=MITTELABW(Zahl1; Zahl2; ...)` lässt sich die Streuung innerhalb einer Datengruppe ermitteln und wird mit der folgenden Formel berechnet:

$$\frac{1}{n}\sum x - \bar{x}$$

Als Argumente sollten nur Zahlen oder aber Namen, Matrizen oder Bezüge angegeben werden, die Zahlen enthalten. Zellen, die den Wert 0 enthalten, werden berücksichtigt, Zellen mit Texten, Wahrheitswerten und leere Zellen werden ignoriert.

Standardabweichung

Die Funktion `=STABWN(Zahl1;Zahl2;...)` berechnet die Standardabweichung, ausgehend von der Grundgesamtheit.

$$\sqrt{\frac{n\sum x^2 - \left(\sum x\right)^2}{n^2}}$$

Die Standardabweichung ist ein Maß dafür, wie weit die jeweiligen Werte um den Mittelwert (Durchschnitt) streuen.

Für eine Standardabweichung wird die Methode »Asymptotisch erwartungstreue Schätzung« oder »n« verwendet.

	A	B	C	D	E
1		Normierung der Daten			
2			Jahr 2000	Standard-abweichung	
3		2. Quartal			
4		April	452,3 Mio. €	-12,7 Mio. €	
5		Mai	474,8 Mio. €	9,8 Mio. €	
6		Juni	466,7 Mio. €	1,7 Mio. €	
7		3. Quartal			
8		Juli	463,8 Mio. €	-1,2 Mio. €	
9		August	470,9 Mio. €	5,9 Mio. €	
10		September	457,5 Mio. €	-7,5 Mio. €	
11		4. Quartal			
12		Oktober	483,8 Mio. €	18,9 Mio. €	
13		November	456,8 Mio. €	-8,2 Mio. €	
14		Dezember	458,2 Mio. €	-6,8 Mio. €	
15					
16		Einfaches arithmetisches Mittel (Mittelwert)	465,0 Mio. €		
17		Durchschnittliche absolute Abweichung		8,1 Mio. €	
18		Standardabweichung		10,1 Mio. €	
19					

Abbildung 17.5 Verteilung der Auftragsgrößen

Das vorstehend abgebildete Beispiel finden Sie in der Tabelle *Normierung* der Datei *Excel_2000_Ctrl_17_01.xls*.

17.3 Lebenszyklen

Betrachtet man ein Produkt über seine Lebensdauer hinweg, so erhält man bei einem normalen Verlauf zuerst geringe Umsätze, die sich dann stetig steigern, bis ein Scheitelpunkt erreicht ist. Dieser wird schließlich überschritten, dann wird die Kurve abnehmen und zuletzt ausklingen.

Abbildung 17.6 Lebenszykluskurve

Wie aus der obigen Kurve zu entnehmen ist, wird in die folgenden Phasen unterschieden:

1. Entwicklung
2. Einführung
3. Wachstum
4. Reife
5. Sättigung
6. beginnende Abnahme
7. Ausklingen
8. Nachwirkung

Spätestens in der Sättigungsphase müssen Maßnahmen greifen, die entweder für ein Relaunching (Verlängerungsstrategie) oder die Einführung eines Nachfolgeprodukts sorgen.

Berücksichtigt werden muss auch die jeweilige Marktform. Bei *absoluten Produktneuheiten* liegt während der *Einführungsphase* ein *Marktmonopol* vor. In Abhängigkeit der Komplexität des Produkts (erforderliches Kapital, Produktionsstätten, vorhandenes Know-how) dauert diese Marktform kürzer oder länger an. Nachgefragt wird vom *Avantgardisten*.

Nachdem Mitanbieter (*frühe Imitatoren*) auftauchen, ändert sich der Markt in eine Mischung von *Monopol* und *Oligopol*. Das Produkt befindet sich nun in der *Wachstumsphase*. Den Abnehmertyp bezeichnet man als *frühen Abnehmer*.

In der *Reifephase* treten dann die *späten Imitatoren* auf. Der Markt wird zu einem reinen *Oligopol*. Nachgefragt wird von der *frühen Mehrheit*.

In der *Sättigungsphase* stellt der Markt ein *Polypol* dar. Nachgefragt wird von der Mehrheit, die als Verbrauchertyp die *Mehrheit* repräsentieren.

In der Phase der *beginnenden Abnahme* treten dann die *Eliminierer* in den Markt ein, die Marktform ist noch immer ein *Polypol*, der Abnehmertyp ist der *Konservative*.

Die *Eliminierer* sind auch die Anbieter in der *Ausklangsphase*, der Nachfrager ist ebenfalls noch der *Konservative*, die Marktform wandelt sich allerdings wieder zu einem *Oligopol*.

Die *Nachwirkung* ist die letzte Phase des Produktlebenszyklusses. Beherrscht wird jetzt der *monopolistische Markt* durch *Spezialunternehmen*, die an *Außenseiter* verkaufen.

In Abhängigkeit der Branche dauern diese Phasen unterschiedlich lange. Haushaltsgeräte und Mode werden durch sehr kurze Phasen gekennzeichnet, Produkte der chemischen und pharmazeutischen Industrie durch teilweise sehr lange Phasen.

18 Der Szenario-Manager

Eine große Hilfe bei der Planung stellt der Szenario-Manager dar. Mit seiner Hilfe können unterschiedliche Ausgangssituationen reproduzierbar dargestellt werden, also so genannte Szenarien inszeniert werden.

Dabei ist die Arbeit mit dem Szenario-Manager denkbar einfach. Öffnen Sie hierzu die Datei *Excel_2000_Ctrl_18_01.xls*.

Hier soll der Deckungsbeitrag für drei verschiedene Produkte berechnet werden. Diese Produkte tragen unterschiedlich zum *Deckungsbeitrag gesamt* bei und haben auch einen unterschiedlichen Leistungserfolgssatz.

Die Fertigungskapazität (t_e) beträgt 49.000 Minuten. Es liegen nun drei Marktanalysen vor, die für unterschiedliche Vorgehensweisen unterschiedliche Absatzstückzahlen prognostizieren:

Ausgangssituation	Produkt A Produkt B Produkt C	5.000 Stück 3.000 Stück 4.000 Stück
Marktanalyse 1	Produkt A Produkt B Produkt C	3.000 Stück 4.000 Stück 5.000 Stück
Marktanalyse 2	Produkt A Produkt B Produkt C	3.500 Stück 10.000 Stück 1.000 Stück
Marktanalyse 3	Produkt A Produkt B Produkt C	375 Stück 15.000 Stück 500 Stück

Tabelle 18.1 Unterschiedliche Szenarien

Durch entsprechende Werbemaßnahmen lässt sich besonders das Produkt B in großen Stückzahlen am Markt platzieren. Inwieweit dies sinnvoll ist, lässt sich in dem durch den Szenario-Manager erstellten Übersichtsbericht ablesen.

- Markieren Sie die Zellen *C7* bis *E7*.
- Rufen Sie den Szenario-Manager mit dem Menübefehl EXTRAS | SZENARIO-MANAGER auf.

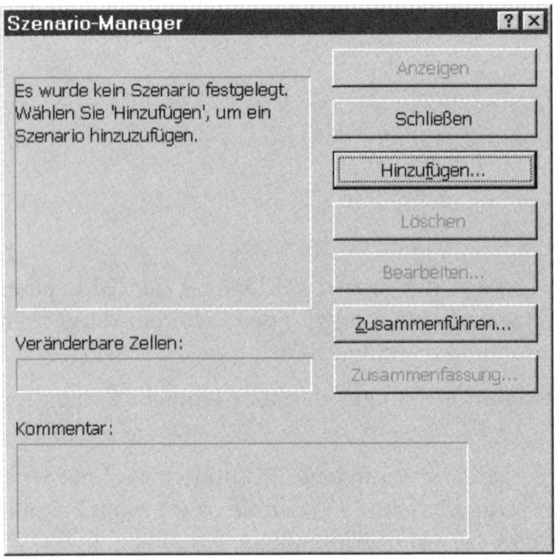

Abbildung 18.1 Szenario-Manager

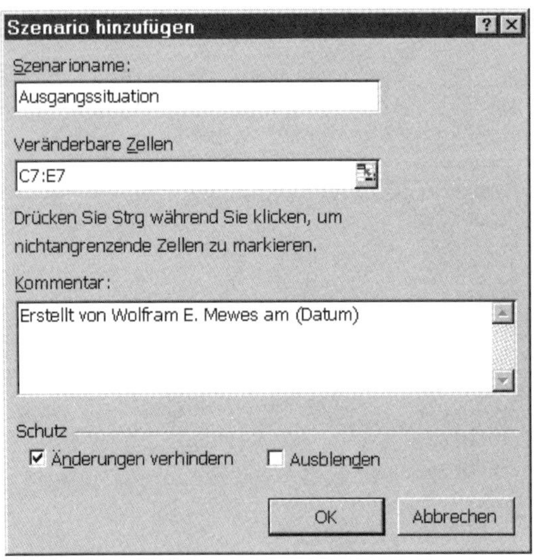

Abbildung 18.2 Szenario hinzufügen

- Es sollen nun die entsprechenden Szenarien erstellt werden. Klicken Sie auf die Schaltfläche HINZUFÜGEN.
- In das erscheinende Dialogmenü geben Sie nun den SZENARIONAMEN sowie die VERÄNDERBAREN ZELLEN ein, deren Werte neu bestimmt werden sollen.
- Ist dies geschehen, klicken Sie auf OK.

Der Kommentar wird von Excel hinzugefügt. Da Sie die entsprechenden Zellen zuvor markiert hatten, sind diese bereits mit den entsprechenden Werten ausgefüllt.

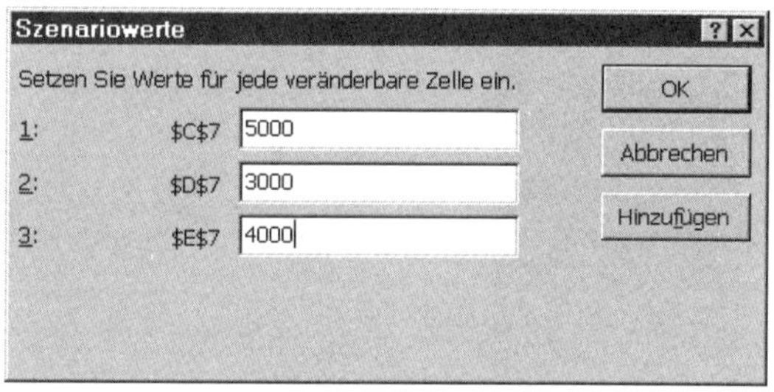

Abbildung 18.3 Eingabe der Werte

- Bestätigen Sie nun mit OK.

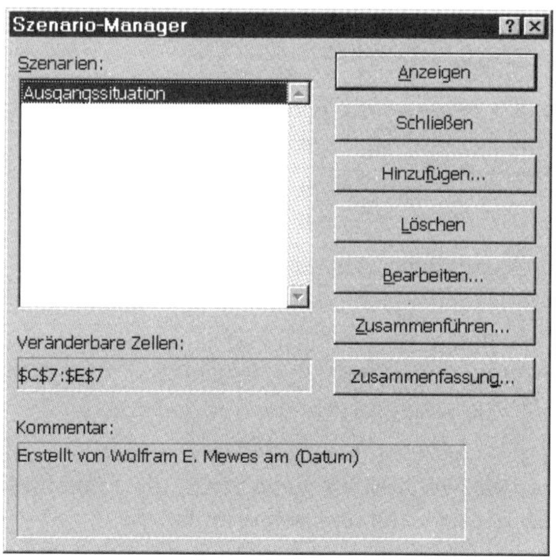

Abbildung 18.4 Szenario-Manager mit erstem Eintrag

⌨ Um weitere Szenarien eingeben zu können, klicken Sie wieder auf die Schaltfläche HINZUFÜGEN und tragen die Szenarien und die Werte entsprechend der Vorgaben ein.

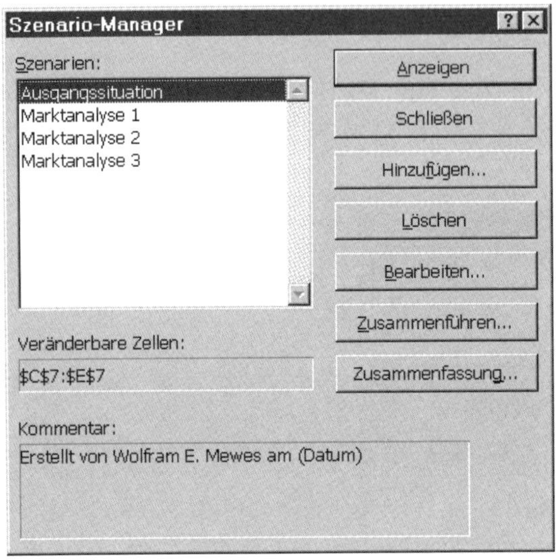

Abbildung 18.5 Szenario-Manager nach Eingabe aller vier Szenarien

Mit der Schaltfläche ANZEIGEN werden die soeben eingegebenen Werte des jeweiligen Szenarios in die Tabelle eingefügt.

Mit der Schaltfläche BEARBEITEN können Änderungen der eingegebenen Werte vorgenommen werden, wobei auch diese Änderung wieder vom Szenario-Manager automatisch protokolliert wird.

Lassen Sie sich nun aber die Auswirkungen in einem Bericht darstellen.

⌨ Hierzu klicken Sie auf die Schaltfläche ZUSAMMENFASSUNG... (Excel 97: BERICHT).

Es erscheint ein Dialogmenü, das Ihnen zwei unterschiedliche Berichtstypen anbietet, die SZENARIOZUSAMMENFASSUNG und SZENARIO-PIVOTTABLE. (In Excel 97 hießen diese Berichte ÜBERSICHTSBERICHT und PIVOT-TABELLE.)

Sehen Sie sich die Auswirkungen in einer Szenariozusammenfassung an. Außerdem sollen neben der bereits gewählten Ergebniszelle die Ergebnisse weiterer Kennzahlen in dieser Szenariozusammenfassung auftauchen.

Dies sind der Deckungsgrad (Zelle *C19*), Sicherheitsabstand (Zelle *C23*), Fixkostenabdeckungssatz (Zelle *C25*) und die Umsatzrentabilität (Zelle *C27*).

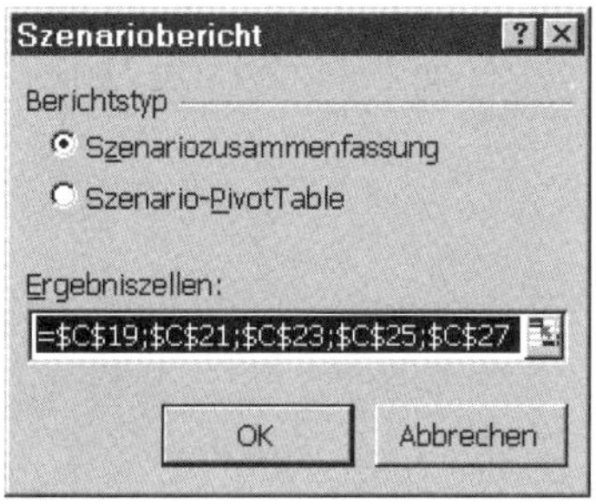

Abbildung 18.6 Auswahl des Szenarienberichts

Deckungsgrad ist der Quotient aus Summe Deckungsbeitrag (Dividend) und Nettoumsatz (Divisor) und gibt den prozentualen Anteil des Deckungsbeitrags am Nettoumsatz an.

Sicherheitsabstand ist die Differenz aus Umsatz und BEP, dividiert durch Umsatz. Er ist ein Maß für das Über- bzw. Unterschreiten des BEPs.

Fixkostenabdeckungssatz: errechnet aus Deckungsbeitrag gesamt, dividiert durch die Zeitkosten, wobei der Quotient mit 100 multipliziert wird.

Umsatzrentabilität berechnet sich aus der Differenz von Gesamtumsatz und Mindestumsatz (BEP), dividiert durch den Mindestumsatz.

Szenariobericht	Aktuelle Werte:	Ausgangssituation	Marktanalyse 1	Marktanalyse 2	Marktanalyse 3
Veränderbare Zellen:					
$C$7	5.000 Stück	5.000 Stück	3.000 Stück	3.500 Stück	375 Stück
$D$7	3.000 Stück	3.000 Stück	4.000 Stück	10.000 Stück	15.000 Stück
$E$7	4.000 Stück	4.000 Stück	5.000 Stück	1.000 Stück	500 Stück
Ergebniszellen:					
Deckungsgrad	32,6%	32,6%	34,9%	30,9%	33,5%
BEP	306.896,55 €	306.896,55 €	286.666,67 €	323.809,52 €	298.591,55 €
Sicherheitsabstand	31,0%	31,0%	33,3%	4,8%	-12,7%
Fixkostenabdeckungssatz	145,0%	145,0%	150,0%	105,0%	88,8%
Umsatzrentabilität	45,0%	45,0%	50,0%	5,0%	-11,3%

Anmerkung: Die Aktuelle Wertespalte repräsentiert die Werte der veränderbaren Zellen zum Zeitpunkt, als der Szenariobericht erstellt wurde. Veränderbare Zellen für Szenarien sind in grau hervorgehoben.

Abbildung 18.7 Übersichtsbericht

Wie Sie sehen, sind bei den Ergebniszellen bereits die richtigen Namen eingetragen. Dies geschieht automatisch, sofern für die entsprechenden Zellen *Zellnamen* vergeben wurden.

Wie diesem Bericht sehr schnell entnommen werden kann, führt der forcierte Verkauf des Produkts B dazu, dass trotz Vollauslastung der Produktion die Zeitkosten nur noch zu 88,8 Prozent abgedeckt werden können, was einem Realverlust von 11,2 Prozent entspricht.

Szenarien lassen sich auch nachträglich nochmals ändern. Klicken Sie auf die Schaltfläche BEARBEITEN..., so öffnet sich das nachstehend abgebildete Dialogmenü.

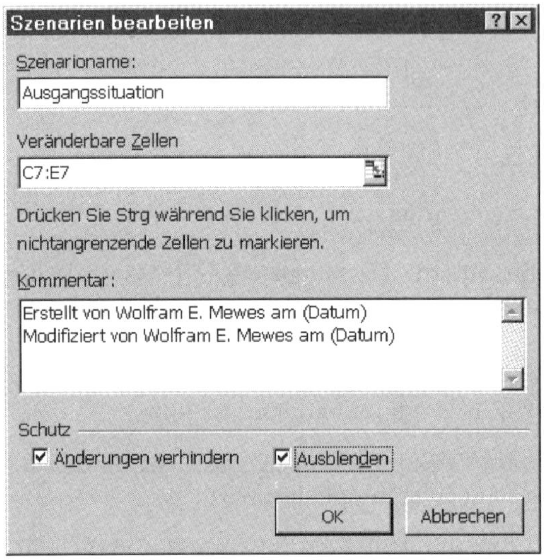

Abbildung 18.8 Szenarien bearbeiten

Hier lassen sich die Kontrollfelder ÄNDERUNGEN VERHINDERN und AUSBLENDEN aktivieren. Diese Kontrollfelder werden aber erst wirksam, wenn der Schutz für die Tabelle aktiviert wurde (Menü EXTRAS | SCHUTZ | BLATT SCHÜTZEN...).

Haben Sie das Kontrollfeld ÄNDERUNGEN VERHINDERN angeklickt und die Tabelle geschützt, so wird die Schaltfläche BEARBEITEN... deaktiviert und abgeblendet.

Das Kontrollfeld AUSBLENDEN bewirkt, dass das ausgewählte Szenario nicht mehr angezeigt wird. Beide Einstellungen können unabhängig für jedes Szenario vorgenommen werden.

Bei der Berichtserstellung hatten Sie die SZENARIOZUSAMMENFASSUNG gewählt. Nun soll auch noch kurz die andere Möglichkeit, die SZENARIO-PIVOTTABLE, betrachtet werden.

Hier werden die Kennzahlen, unterteilt nach den einzelnen Szenarien, übersichtlich ausgegeben. Allerdings bedarf es noch einer geringfügigen Nachformatierung, um die oben abgebildete Ansicht zu erhalten.

	A	B	C	D	E	F
1	Stückzahl	(Alle)				
2						
3		Ergebniszellen				
4	$C$7:$E$7	Deckungsgrad	BEP	Sicherheitsabstand	Fixkostenabdeckungssatz	Umsatzrentabilität
5	Ausgangssituation	32,58%	306.896,55 €	31,03%	145,00%	45,00%
6	Marktanalyse 1	34,88%	286.666,67 €	33,33%	150,00%	50,00%
7	Marktanalyse 2	30,88%	323.809,52 €	4,76%	105,00%	5,00%
8	Marktanalyse 3	33,49%	298.591,55 €	-12,68%	88,75%	-11,25%

Abbildung 18.9 Szenario-PivotTable (nachformatiert)

Damit Sie aber die wirklich beeindruckenden Möglichkeiten der Pivot-Tabelle richtig würdigen können, werde ich etwas weiter ausholen. Das entsprechende Beispiel ist auf der Beispieldiskette unter *Excel_2000_Ctrl_19_01.xls.* enthalten und wird im nächsten Kapitel behandelt.

19 Der Solver

Während die Zielwertsuche auf eine einzige, unabhängige Variable beschränkt ist, lassen sich beim Solver mehrere Nebenbedingungen festlegen.

Der *Solver* ist ein Add-In, also eine *XLA-Datei*, die entweder direkt unter Windows als *Solver.xla* aufgerufen oder in Excel als Menüpunkt bzw. Symbol eingebunden werden kann. Dies lässt sich mithilfe des Add-In-Manager auch nachträglich bewerkstelligen.

Sie können *Solver.xla* auch in das Unterverzeichnis *XLSTART* kopieren, dann steht Ihnen der »Problemlöser« sofort nach dem Start von Excel zur Verfügung.

Übrigens werden alle Dateien, die sich in diesem Verzeichnis befinden, automatisch beim Start von Excel geladen.

19.1 Ausnutzen der Produktionskapazität

Als Sie im vorherigen Kapitel mit dem Szenario-Manager gearbeitet haben, waren alle Stückzahlen bereits vorgegeben. Aus diesem Grund wurde die maximale Fertigungskapazität von 49.000 Minuten nie über- oder unterschritten.

Bei »zufällig« eingegebenen Stückzahlen ist dies aber normalerweise nicht der Fall. Um sich ein mühseliges »Heranrechnen« zu ersparen, ist es sinnvoll, diese Aufgabe zu delegieren: an den Solver. Dieser Solver wird uns auch im nachfolgenden Beispiel mit seinen Rechenkünsten zur Seite stehen.

Aufgabe:

Von Produkt A sollen mindestens 2.500 Stück und von Produkt B mindestens 1.500 Stück produziert werden. Gleichzeitig soll die Fertigungskapazität auf 75.000 Minuten ausgeweitet werden. Wie viel Stück können vom Produkt C gefertigt und welcher Deckungsbeitrag kann dabei erwirtschaftet werden?

Vorgehensweise

- Öffnen Sie die Datei *Excel_2000_Ctrl_19_01.xls*. In dieser Datei befinden sich die gleichen Ausgangsdaten wie in der Datei *Excel_2000_Ctrl_18_01.xls, jedoch ohne Szenarien, Berichte und Kennzahlen.*
- Starten Sie den Solver mit dem Menübefehl EXTRAS | SOLVER...

Abbildung 19.1 Solver-Parameter festlegen

Der Deckungsbeitrag gesamt, der in der Zelle *E16* berechnet wird, soll maximiert werden.

- Klicken Sie mit der Maus im Dialogmenü ZIELZELLE an und anschließend die Zelle *F16* und stellen sicher, dass ZIELWERT: *Max* aktiviert ist. Da für die Zielzelle bereits ein Name vergeben wurde, wird statt des Zellbezugs dieser Name angezeigt.

Verändert, also berechnet werden soll die Stückzahl des Produkts C.

- Klicken Sie im Dialogmenü VERÄNDERBARE ZELLEN an und markieren anschließend die Zellen *C7* bis *E7*.

Nun müssen die Nebenbedingungen eingegeben werden. Dies sind die bekannten Stückzahlen der Produkte A und B sowie die erhöhte Fertigungskapazität in Minuten.

Eine weitere Nebenbedingung, die hier allerdings nicht erforderlich wäre, ist die Stückzahl von Produkt C. Diese muss größer/gleich Null sein, damit der Solver nicht mit negativen Stückzahlen rechnet.

- Klicken Sie das Feld NEBENBEDINGUNGEN an und dann die Schaltfläche HINZUFÜGEN.

Es erscheint das folgende Dialogmenü:

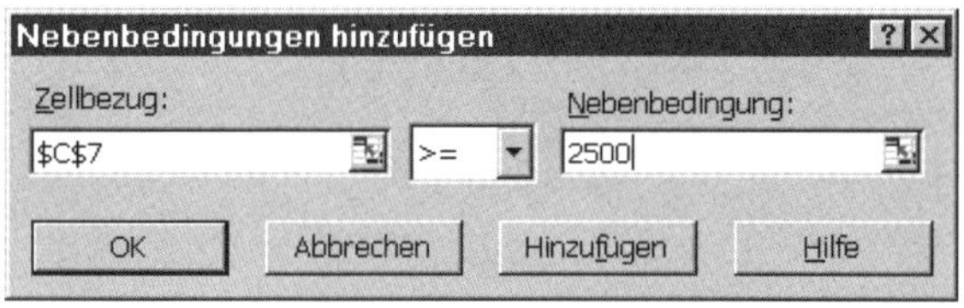

Abbildung 19.2 Nebenbedingungen hinzufügen

- Geben Sie bei ZELLBEZUG die *Zelladresse* an, in der sich die Stückzahl für das Produkt A befindet. Der Einfachheit halber können Sie die entsprechende Zelle auch anklicken.
- Bei NEBENBEDINGUNG wird der Wert *2.500* für die Stückzahl eingegeben und mit >= der Bezug auf die Nebenbedingung.
- Geben Sie die weiteren Nebenbedingungen ein, indem Sie die Schaltfläche HINZUFÜGEN... anklicken:
  D7 >= 1.500
  F8 <=75.000

Abbildung 19.3 Eingetragene Parameter

Da nun alle Eingaben gemacht wurden, werden Sie jetzt den Solver in Betrieb setzen.

Klicken Sie auf die Schaltfläche LÖSEN.

Findet der Solver eine Lösung, so erscheint das folgende Dialogmenü:

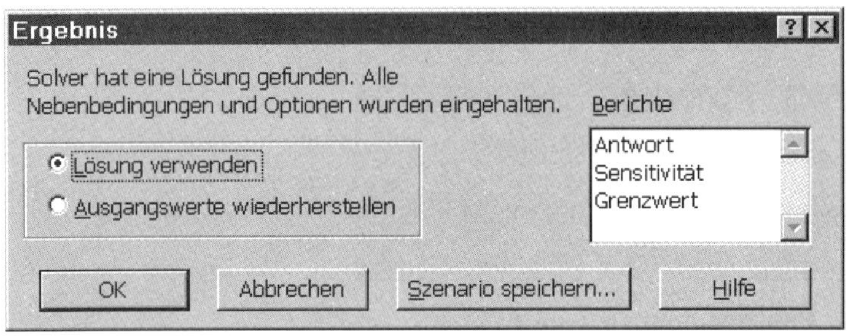

Abbildung 19.4 Ergebnismeldung des Solvers

Hier können Sie wählen, ob Sie die LÖSUNG VERWENDEN, oder ob Sie die AUSGANGSWERTE WIEDERHERSTELLEN wollen.

Als Berichte stehen Ihnen *Antwort, Sensitivität* und *Grenzwert* zur Verfügung. Auf die Information, die diese Berichte liefern, gehen wir anschließend ein.

Außerdem können Sie die gemachten Eingaben als Szenario speichern.

Markieren Sie die drei Berichte und klicken dann auf OK.

Die entsprechenden Berichte werden als neue Tabellenblätter erstellt und die Eintragungen in der Tabelle vorgenommen.

Im Antwortbericht werden der Ausgangswert und der Lösungswert der Zielzelle gezeigt. Gleiches gilt für die veränderbaren Zellen. Ebenso werden die Nebenbedingungen angezeigt.

Die Angabe *Einschränkend* bedeutet, dass der Lösungswert und der in der Nebenbedingung angegebene Wert übereinstimmen.

Wurden zwar die Nebenbedingungen erfüllt, der Lösungswert stimmt aber nicht mit dem Wert der Nebenbedingung überein, wird der Status *Nicht einschränkend* vergeben.

Der Sensitivitätsbericht liefert Informationen darüber, wie empfindlich eine optimale Lösung auf die Veränderung einzelner Parameter reagiert.

Der Sensitivitätsbericht existiert in 2 Varianten, für LINEARE und NICHT LINEARE Probleme. Die entsprechende Einstellung können Sie im Dialogfeld OPTIONEN einstellen.

Microsoft Excel 9.0 Antwortbericht
Tabelle: [Excel_2000_Ctrl_19_01.xls]Solver
Bericht erstellt am: 08.09.2002 17:15:50

Zielzelle (Max)

Zelle	Name	Ausgangswert	Lösungswert
$F$16	Summe_Deckungsbeitrag	274.500,00 €	274.500,00 €

Veränderbare Zellen

Zelle	Name	Ausgangswert	Lösungswert
$C$7	Menge Produkt A	2.500 Stück	2.500 Stück
$D$7	Menge Produkt B	1.500 Stück	1.500 Stück
$E$7	Menge Produkt C	12.100 Stück	12.100 Stück

Nebenbedingungen

Zelle	Name	Zellwert	Formel	Status	Differenz
$F$8	TE/Stck. Summe	75.000,0 Minuten	$F$8<=75000	Einschränkend	0
$C$7	Menge Produkt A	2.500 Stück	$C$7>=2500	Einschränkend	0 Stück
$D$7	Menge Produkt B	1.500 Stück	$D$7>=1500	Einschränkend	0 Stück

Abbildung 19.5 Antwortbericht

Microsoft Excel 9.0 Sensitivitätsbericht
Tabelle: [Excel_2000_Ctrl_19_01.xls]Solver
Bericht erstellt am: 08.09.2002 17:15:50

Veränderbare Zellen

Zelle	Name	Lösung Endwert	Reduzierter Gradient
$C$7	Menge Produkt A	2.500 Stück	-6,00 €
$D$7	Menge Produkt B	1.500 Stück	-7,00 €
$E$7	Menge Produkt C	12.100 Stück	0,00 €

Nebenbedingungen

Zelle	Name	Lösung Endwert	Lagrange-Multiplikator
$F$8	TE/Stck. Summe	75.000,0 Minuten	4,00 €

Abbildung 19.6 Sensitivitätsbericht

Reduzierter Gradient gibt den Zuwachs an, um den sich der Wert in der *Zielzelle* verändert, wenn sich das Wachstum in der *veränderbaren Zelle* um 1 Stück ändert.

Lagrange-Multiplikator gibt den Zuwachs an, um den sich der Wert in der *Zielzelle* verändert, wenn sich das Wachstum in der entsprechenden *Nebenbedingung* um 1 Stück ändert.

Haben Sie das verstanden? Ja? Gratulation! Falls nein, macht es nichts, ich erkläre es noch mal verständlich, denn diese Informationen sind so wichtig, dass man sie unbedingt verstehen und dann auch verwenden sollte.

Zuerst der *Reduzierte Gradient*. Bauen Sie von Produkt A ein Stück mehr (Wachstum in der veränderbaren Zelle), so verringert sich der Wert in der Zielzelle, also der Deckungsbeitrag, um 6,00 €.

Übrigens ist in den Berichten ein kleiner Schönheitsfehler enthalten. Das Format der Ausgangswerte wird auch auf die berechneten Werte übertragen. Dies lässt sich allerdings manuell korrigieren (siehe Abbildung). Lästig, aber erforderlich. Es sei denn, Sie wollen ohne Formate arbeiten.

Beim *Lagrange-Multiplikator* wird das Wachstum in der Nebenbedingung betrachtet. Ändert sich der Wert in der Nebenbedingung, so ändert sich auch der Wert in der Zielzelle entsprechend.

Nehmen wir an, es werden mehr Produkte vom Typ C nachgefragt. Die Nachfrage kann nur durch Überstunden abgedeckt werden. Die Kosten für eine Überstunde liegen bei 180,00 €. Die Frage ist, sollen Überstunden gemacht werden oder nicht. Mithilfe des *Lagrange-Multiplikators* ist die Antwort relativ einfach. Nebenbedingung sind die Fertigungsminuten. Eine Überstunde, also 60 Minuten, multipliziert mit dem *Lagrange-Multiplikator* von 4,00 €, ergibt 240,00 €. Bei Kosten von 180,00 € ist die Entscheidung nun sehr einfach.

Microsoft Excel 9.0 Grenzenwertbericht
Tabelle: [Excel_2000_Ctrl_19_01.xls]Solver
Bericht erstellt am: 08.09.2002 17:15:50

	Zielzelle	
Zelle	**Name**	**Endwert**
$F$16	Summe_Deckungsbeitrag	274.500,00 €

	Veränderbare Zellen		Untere	Zielzelle	Obere	Zielzelle
Zelle	**Name**	**Endwert**	**Grenze**	**Ergebnis**	**Grenze**	**Ergebnis**
$C$7	Menge Produkt A	2.500 Stück	2.500 Stück	274.500,00 €	2.500 Stück	274.500,00 €
$D$7	Menge Produkt B	1.500 Stück	1.500 Stück	274.500,00 €	1.500 Stück	274.500,00 €
$E$7	Menge Produkt C	12.100 Stück	#NV	#NV	12.100 Stück	274.500,00 €

Abbildung 19.7 Grenzenwertbericht

Im Grenzenwertbericht werden die oberen und unteren Grenzen sowie das Zielergebnis dargestellt.

Der *untere Grenzwert* ist der kleinste Wert einer veränderbaren Zelle bei Einhaltung aller Nebenbedingungen und Fixierung der Werte aller anderen veränderbaren Zellen.

Der *obere Grenzwert* ist der größte Wert einer veränderbaren Zelle bei Einhaltung aller Nebenbedingungen und Fixierung der Werte aller anderen veränderbaren Zellen.

Zielergebnis ist der Wert der Zielzelle, wenn die veränderbare Zelle ihren unteren bzw. oberen Wert erreicht hat.

19.2 Ermittlung der optimalen Bestellmenge

Der Solver soll Ihnen nun ein weiteres Mal helfen. Errechnet werden soll die optimale Bestellmenge eines Produktes, das zu saisonal stark schwankenden Preisen angeboten wird. Allerdings wird die Einkaufsmenge durch die beschränkte Lagerkapazität begrenzt.

Es wird der folgende Bedarf erwartet. Der vorhandene Lagerbestand beträgt 0 Stück, die maximale Lagerkapazität 500 Stück. Auf Grund der Erfahrungen der Vorjahre ist mit folgenden Preisen zu rechnen:

	A/B	C	E	F	G	H	J	K	L
1	Planung: Einkauf						Bestand max: 500	0,00 €	1,25
3		Bedarf	Vorrat Anfang	Einkauf Stück	Bestand max.	Vorrat Ende	Einheitspreis	Wareneinkauf	Warenverkauf
4	Jan	150	0		0		75,00 €	0,00 €	
5	Feb	80					65,00 €	0,00 €	
6	Mrz	80					55,00 €	0,00 €	
7	Apr	100					60,00 €	0,00 €	
8	Mai	150					75,00 €	0,00 €	
9	Jun	250					85,00 €	0,00 €	
10	Jul	300					100,00 €	0,00 €	
11	Aug	350					110,00 €	0,00 €	
12	Sep	250					80,00 €	0,00 €	
13	Okt	200					70,00 €	0,00 €	
14	Nov	250					90,00 €	0,00 €	
15	Dez	300					100,00 €	0,00 €	
16									

Abbildung 19.8 Der erwartete Bedarf und die Einheitspreise

Berechnet werden sollen die optimalen Einkaufsmengen in Stück sowie die daraus resultierenden Einkaufspreise und Verkaufspreise. Der Aufschlag zwischen Einkauf und Verkauf beträgt 25%.

Verwenden Sie zur Lösung den Solver. Das fertige Beispiel ist in der Datei *Excel_2000_Ctrl_19_02.xls* enthalten.

Abbildung 19.9 Die einzustellenden Parameter

	A/B	C	E	F	G	H	J	K	L
1	Planung: Einkauf						Bestand max: 500	188.500,00 €	1,25
3		Bedarf	Vorrat Anfang	Einkauf Stück	Bestand max.	Vorrat Ende	Einheitspreis	Wareneinkauf	Warenverkauf
4	Jan	150	0	150	150		75,00 €	11.250,00 €	14.062,50 €
5	Feb	80		80	80		65,00 €	5.200,00 €	6.500,00 €
6	Mrz	80		500	500	420	55,00 €	27.500,00 €	5.500,00 €
7	Apr	100	420	80	500	400	60,00 €	4.800,00 €	7.500,00 €
8	Mai	150	400	100	500	350	75,00 €	7.500,00 €	14.062,50 €
9	Jun	250	350	150	500	250	85,00 €	12.750,00 €	26.562,50 €
10	Jul	300	250	250	500	200	100,00 €	25.000,00 €	37.500,00 €
11	Aug	350	200	150	350	0	110,00 €	16.500,00 €	48.125,00 €
12	Sep	250	0	250	250		80,00 €	20.000,00 €	25.000,00 €
13	Okt	200		500	500	300	70,00 €	35.000,00 €	17.500,00 €
14	Nov	250	300	200	500	250	90,00 €	18.000,00 €	28.125,00 €
15	Dez	300	250	50	300		100,00 €	5.000,00 €	37.500,00 €
16									

Abbildung 19.10 Das fertige Ergebnis

Und so sieht der grafische Verlauf von Vorrat, Einkauf und Bedarf aus:

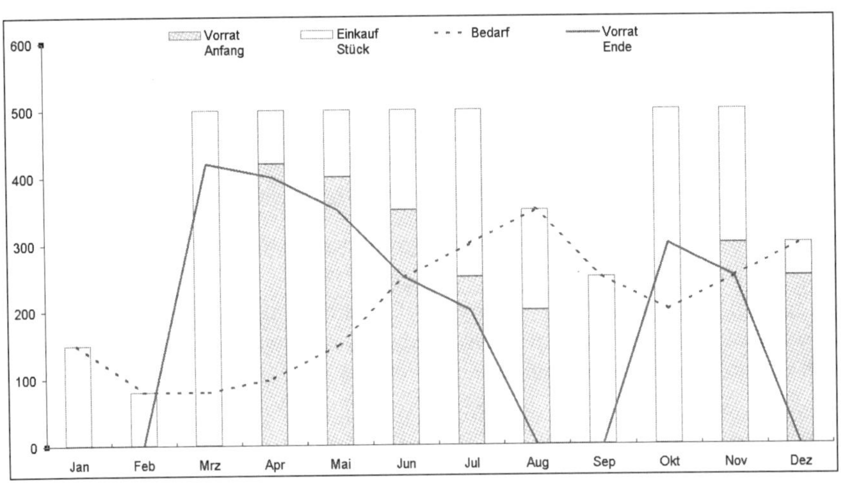

Abbildung 19.11 Das fertige Ergebnis als grafische Darstellung

20 Bilanz

20.1 Aufbau einer Bilanz

Die Bilanz ist eine kontenmäßige Gegenüberstellung des Vermögens (Aktiva) und des Kapitals (Passiva) eines Unternehmens. Sie beinhaltet in systematischer Anordnung die Bilanzpositionen.

Auf der *Aktivseite* sind dies:

❶ Ausstehende Einlagen auf das Grundkapital

❷ Anlagevermögen

- Sachanlagen und immaterielle Anlagewerte:
  Grundstücke und Gebäude, Maschinen, Betriebs- und Geschäftsausstattung, Konzessionen
- Finanzanlagen:
  Beteiligungen, Wertpapiere, Ausleihungen über 4 Jahre

❸ Umlaufvermögen

- Vorräte:
  Roh-, Hilfs- und Betriebsstoffe, unfertige und fertige Erzeugnisse
- Andere Gegenstände des Umlaufvermögens:
  Anzahlungen, Forderungen, Zahlungsmittel

❹ Rechnungsabgrenzungsposten

❺ Bilanzverlust

Und auf der *Passivseite*:

❶ Grundkapital

❷ Offene Rücklagen:
gesetzliche Rücklagen, freie Rücklagen

❸ Wertberichtigungen

❹ Rückstellungen:
Pensions- und andere Rückstellungen

❺ Verbindlichkeiten über 4 Jahre Laufzeit

❻ Andere Verbindlichkeiten

❼ Rechnungsabgrenzungsposten

❽ Bilanzgewinn

Die beiden Hauptbereiche Anlage- und Umlaufvermögen auf der Aktivseite sowie Eigenkapital und Fremdkapital auf der Passivseite werden wir etwas näher betrachten.

Das *Anlagevermögen* – auf der Aktivseite wird immer vom *Vermögen* gesprochen – ist das langfristige Vermögen des Betriebs. Es ist für mehrere Jahre an den Betrieb gebunden.

Das *Umlaufvermögen* ist nur kurzfristig an den Betrieb gebunden, es kann innerhalb eines Jahres zu Geld gemacht werden.

Ähnlich sieht es auf der Passiv-Seite aus. Hier wird immer vom *Kapital* gesprochen. Betrachten Sie zunächst das *Fremdkapital*. Dieses gliedert sich auf in langfristiges Fremdkapital und kurzfristiges Fremdkapital. Auch hier gilt das Jahr als Unterscheidungskriterium. Erfolgt die Tilgung innerhalb eines Jahres, spricht man von kurzfristig, anderenfalls von langfristig.

Kurzfristige Kredite sind meist Lieferantenverbindlichkeiten, die aus Warenlieferungen entstehen, oder kurzfristige Bankkredite, die der Finanzierung des Umlaufvermögens dienen.

Langfristige Kredite sind Kredite mit mehrjähriger Laufzeit, die meist grundpfandrechtlich abgesichert sind. Ebenfalls in den langfristigen Bereich gehören Rückstellungen, die zu einem späteren Zeitpunkt zu Ausgaben werden. Dies können beispielsweise so genannte Pensionsrückstellungen sein oder aber auch Gelder, die zur Anschaffung eines größeren Investitionsguts dienen sollen.

Wie hängen nun Aktiva und Passiva zusammen? Die Differenz zwischen Aktiva und dem Fremdkapital ist das Eigenkapital. Durch diese Differenzbildung ist die Bilanz stets ausgeglichen, die Bilanzsumme auf der Aktiva- und Passiva-Seite ist gleich.

Die vorstehende Bilanz finden Sie im Beispiel *Excel_2000_Ctrl_20_01.xls*. Die gelb markierten Zellen beinhalten Formeln und sind geschützt. Ändern Sie eine der Positionen, so ändert sich auch das Eigenkapital.

	A	B	C	D	E	F	G	H	I	J	K
1		Bilanz zum 31. Dezember 2002									
2	Aktiva						Passiva				
3	**Anlagevermögen**						**Eigenkapital**			94,0 T€	11,9%
4	Grundstücke	100,0 T€	12,6%								
5	Gebäude	500,0 T€	63,1%								
6	Sachanlagen	10,0 T€	1,3%				**Fremdkapital, langfristig**				
7	Finanzanlagen	20,0 T€	2,5%	630,0 T€	79,5%		Hypotheken	400,0 T€	50,5%		
8							Rückstellungen	150,0 T€	18,9%	550,0 T€	69,4%
9	**Umlaufvermögen**										
10	liquide Mittel	80,0 T€	10,1%				**Fremdkapital, kurzfristig**				
11	Forderungen Kunden	44,5 T€	5,6%				Lieferantenverbindlichkeiten	47,5 T€	6,0%		
12	Vorräte	30,0 T€	3,8%				Kontokorrentkredit	100,0 T€	12,6%		
13	sonstige Forderungen	8,0 T€	1,0%	162,5 T€	20,5%		sonstige Verbindlichkeiten	1,0 T€	0,1%	148,5 T€	18,7%
14											
15	**Bilanzsumme**			792,5 T€	100,0%		**Bilanzsumme**			792,5 T€	100,0%

Abbildung 20.1 Bilanz

Nehmen Sie einmal eine Änderung vor. Es werden neue Waren im Wert von 10 T€ gekauft. Die Hälfte wird sofort bar bezahlt, die andere Hälfte auf Lieferantenkredit. Dadurch erhöhen sich die Vorräte um 10 T€ und die flüssigen Mittel reduzieren sich um 5 T€. Auf der Passivseite erhöhen sich die Lieferantenverbindlichkeiten um die Differenz, also um ebenfalls 5 T€. Damit ist die Bilanz wieder ausgeglichen, die Bilanzsumme hat sich aber um 5 T€ erhöht. Die Bilanz stellt immer einen Schnappschuss dar. Schon im nächsten Moment kann sie ein anderes Aussehen haben. Wenn man üblicherweise von Bilanzen spricht, meint man nicht die laufende Bilanz, sondern die Bilanz, die zu einem besonderen Zeitpunkt erstellt wurde. Bei dem Zeitpunkt kann es sich um den 31.12., also um das Jahresende oder auch das Ende des Geschäftsjahres handeln, das nicht zwangsläufig mit dem Kalenderjahr übereinstimmen muss.

Natürlich werden normale Geschäftsvorgänge nicht direkt in der Bilanz gebucht. Hierfür gibt es die GuV-Rechnung, also die Gewinn- und Verlustrechnung sowie die Sachkonten, auch als T-Konten bezeichnet.

In der GuV-Rechnung heißt die linke Seite nicht Aktiva, sondern *Aufwendungen,* und die rechte Seite nicht Passiva, sondern *Erträge.* Ergibt sich auf der Aufwendungsseite eine Differenz zur Ertragsseite, so spricht man von *Gewinn,* ergibt sich die Differenz auf der Ertragsseite, so spricht man von *Verlust.*

20.2 Die Bilanzanalyse

Mithilfe der Bilanzanalyse lassen sich Erkenntnisse aus den Zahlen des Jahresabschlusses gewinnen, aus denen sich Kennzahlen bilden lassen. Mit diesen Kennzahlen lassen sich Vergleiche über den Vermögens- und Kapitalaufbau anstellen sowie Kenntnisse über die finanziellen Verhältnisse und die verfolgte Betriebspolitik gewinnen. Grundlage bilden hier auch die Bilanzkritik und der Bilanzvergleich.

Unter einer Bilanzkritik versteht man die kritische Durchleuchtung von Bilanz und GuV-Rechnung. Hauptziele hierbei sind die Feststellung und Beurteilung von Vermögensstand, Liquidität, Rentabilität und Wirtschaftlichkeit. Durch Vergleich mit den Zahlen des Vorjahres lassen sich Entwicklungen in der Vermögens-, Finanz- und Ertragslage gewinnen.

Die Vorgehensweise wird im Folgenden erläutert: Zunächst müssen die Bilanzen und die Erfolgsrechnungen aufbereitet werden. Dies geschieht durch Zusammenfassung von Posten, die in ihrer Funktion zusammengehören. Anschließend werden diese Werte normiert, das heißt prozentual ins Verhältnis zur Gesamtsumme (Bilanz bzw. GuV) gesetzt (siehe Beispiel *Excel_2000_Ctrl_20_01.xls*).

Bei der Auswertung werden diese Zahlen untersucht, indem sie über die Jahre verglichen und zueinander ins Verhältnis gesetzt werden.

Im Tabellenblatt *Analysen* der Mappe *Excel_2000_Ctrl_20_01.xls* befinden sich einige Kennzahlen, die Bilanz bewertbar machen.

20.2.1 Vermögens- und Kapitalstruktur

Anlagenintensität

Die Anlagenintensität gibt Auskunft darüber, in welchem Verhältnis das Anlagevermögen zum Gesamtvermögen steht. Dabei setzt sich das Gesamtvermögen aus dem Anlagevermögen und dem Umlaufvermögen zusammen.

Da in dieser Mappe großer Wert auf die Vergabe von Zellnamen gelegt wurde, lassen sich die Zusammensetzungen und Zusammenhänge relativ einfach nachvollziehen. Setzt man nun das Anlagevermögen zum Gesamtvermögen in Bezug, so ergibt sich eine Prozentzahl, welche die Anlagenintensität wiedergibt.

Kennzahlen zur Vermögens- und Kapitalstruktur			
Anlagevermögen	Gesamtvermögen		Anlagenintensität
630,0 T€	792,5 T€		79,5%

20.2.2 Finanz- und Liquiditätsstruktur

Nettoverschuldung

Unter Nettoverschuldung versteht man die Differenz zwischen dem gesamten Fremdkapital und den flüssigen Mitteln.

Nettoverschuldung			
Fremdkapital gesamt	Flüssige Mittel		Nettoverschuldung
698,5 T€	80,0 T€		618,5 T€

Liquidität 2. Grades

Auf die unterschiedlichen Liquiditätsgrade und Liquiditätskennzahlen gehe ich im Kapitel *Bewegungsrechnung* noch näher ein.

Bei der Liquidität 2. Grades werden die flüssigen Mittel und die kurzfristigen Forderungen zum kurzfristigen Fremdkapital in Bezug gesetzt. Der resultierende Wert gibt die Liquidität 2. Grades in Prozent an.

Liquidität 2. Grades		
Flüssige Mittel + kurzfristige Forderungen	Kurzfristiges Fremdkapital	Liquidität 2.Grades
124,5 T€	148,5 T€	83,8%

20.2.3 Liquiditätsanalyse

Kurzfristig

Die kurzfristige Liquiditätsanalyse gibt das Verhältnis zwischen dem kurzfristigen Fremdkapital und dem Umlaufvermögen in Prozent an. Die Differenz zwischen dem Umlaufvermögen und dem kurzfristigen Fremdkapital ist das kurzfristige Net working Capital.

Kurzfristig			
Fremdkapital kurzfristig	Umlaufvermögen	Net Working Capital	Verhältnis
148,5 T€	162,5 T€	14,0 T€	91%

Langfristig

Die langfristige Liquiditätsanalyse gibt das Verhältnis zwischen dem langfristigen Fremdkapital und dem Anlagevermögen in Prozent an. Die Differenz zwischen dem Anlagevermögen und dem langfristigen Fremdkapital ist das langfristige Net working Capital.

Langfristig			
Fremdkapital langfristig	Anlagevermögen	Net Working Capital	Anlagendeckung
550,0 T€	630,0 T€	80,0 T€	87%

20.2.4 Rentabilität

Return of Investment

Jahresüberschuss zuzüglich des Zinsertrags abzüglich des Zinsaufwands ergibt den Kapitalertrag. Wird dieser Kapitalertrag ins Verhältnis zum Kapital gesetzt, ergibt sich der Return of Investment (ROI). Der ROI liefert als Prozentsatz die Rentabilität des eingesetzten Kapitals zurück.

Return of Investment			
Überschuss	Zinsaufwand	Kapitalertrag	ROI
22,5 T€	12,5 T€	35,0 T€	4,4%

Rentabilität des Eigenkapitals

Ähnlich verhält es sich auch bei der Rentabilität des Eigenkapitals. Hier wird allerdings nicht das gesamte eingesetzte Kapital betrachtet, sondern nur das Eigenkapital. Wieder wird der Überschuss in Bezug zum Eigenkapital gesetzt. Erneut wird ein Prozentsatz zurückgeliefert, der die Rentabilität des Eigenkapitals angibt.

Rentabilität Eigenkapital			
Überschuss	Eigenkapital		EKR
22,5 T€	94,0 T€		23,9%

Umsatzrentabilität

Bei der Umsatzrentabilität haben Sie es mit dem Kapitalertrag und den Umsatzerlösen zu tun. Die Umsatzrentabilität, angegeben in Prozent, gibt das Verhältnis von Kapitalertrag zu Umsatzerlösen an.

Umsatzrentabilität			
Kapitalertrag	Umsatzerlöse		Umsatzrentabilität
35,0 T€	600,0 T€		5,8%

Umschlagshäufigkeit

Hier ist nicht die Umschlagshäufigkeit der Waren oder des Lagerbestandswertes gemeint, sondern das Verhältnis der Umsatzerlöse zum eingesetzten Kapital.

Umschlagshäufigkeit			
Umsatzerlöse	Kapital		Umschlagshäufigkeit
600,0 T€	792,5 T€		0,76

20.2.5 Cash Flow

Betriebsbedingter Cash Flow

Der betriebsbedingte Cash Flow setzt sich aus dem ordentlichen Betriebsergebnis der Tabelle *Kontennachweis zur GuV* und den ordentlichen Abschreibungen zusammen.

Betriebsbedingter Cash Flow		
Ordentliches Betriebsergebnis	Ordentliche Abschreibungen	Betriebsbedingter Cash Flow
35,0 T€	25,0 T€	60,0 T€

Ordentlicher Cash Flow

Der ordentliche Cash Flow setzt sich aus dem ordentlichen Ergebnis (ebenfalls Tabelle *Kontennachweis zur GuV*) sowie ebenfalls den ordentlichen Abschreibungen zusammen.

Ordentlicher Cash Flow		
Ordentliches Ergebnis	Ordentliche Abschreibungen	Betriebsbedingter Cash Flow
22,5 T€	25,0 T€	47,5 T€

21 Bewegungsrechnung

21.1 Liquiditätsplanung

Liquidität ist die Fähigkeit eines Unternehmens, seinen Zahlungsverpflichtungen nachkommen zu können.

Diese Fähigkeit wird bestimmt durch Barmittel, kurzfristige Verbindlichkeiten und Umlaufvermögen.

Um diese Fähigkeit schnell beschreiben zu können, werden in der Praxis Kennzahlensysteme verwendet.

Auf zwei dieser Systeme und die Formeln, mit denen diese Kennzahlen gebildet werden, gehe ich hier ein.

21.1.1 Liquiditätsgrade

Man unterscheidet hier drei Grade der absoluten Liquidität. Den ersten Grad nehmen die Zahlungsmittel ein, da sie praktisch sofort verfügbar sind. Hierzu kommen noch nicht ausgenutzte Kreditrahmen.

Der zweite Grad wird durch die Zahlungsmittel und die kurzfristigen Forderungen gebildet.

Beim dritten Grad kommen zu den Zahlungsmitteln und den kurzfristigen Forderungen noch die Lagerbestände hinzu. Dieser Wert wird auch als Umlaufvermögen bezeichnet.

$$\text{Liquidität 1. Grades} = \frac{\text{Zahlungsmittel}}{\text{kurzfristige Verbindlichkeiten}}$$

$$\text{Liquidität 2. Grades} = \frac{\text{Zahlungsmittel + kurzfristige Forderungen}}{\text{kurzfristige Verbindlichkeiten}}$$

$$\text{Liquidität 3. Grades} = \frac{\text{Umlaufvermögen}}{\text{kurzfristige Verbindlichkeiten}}$$

Je nach Branche sind diese Liquiditätsgrade natürlich unterschiedlich, sodass hier kein absoluter Wert angegeben werden kann. Allerdings können Werte, die sich innerhalb der folgenden Bandbreite befinden, akzeptiert werden:

Liquidität 1. Grades zwischen	5% und	14%
Liquidität 2. Grades zwischen	70% und	95%
Liquidität 3. Grades zwischen	120% und	250%

21.1.2 Liquiditätskennzahlen

Neben diesen Liquiditätsgraden gibt es auch noch die Liquiditätskennzahlen, die auf Grund ihres ähnlichen Namens leicht zu Verwechslungen führen können.

Die Liquiditätskennzahl I, die eine Aussage über die allgemeine Zahlungsfähigkeit eines Unternehmens machen soll, entspricht der Liquidität 3. Grades.

$$\text{Liquiditätskennzahl I} = \frac{\text{Umlaufvermögen}}{\text{kurzfristige Verbindlichkeiten}}$$

Für Branchen mit einer hohen Lagerumschlagsfrequenz sind Werte unter 200% üblich. In anderen Branchen dagegen gilt ein solcher Wert bereits besorgniserregend und zeugt von finanziellem Stress.

Je mehr man sich dem Wert 100% nähert, umso geringer wird das Sicherheitspolster. Anders ausgedrückt: Bei einer Liquiditätskennzahl von I können gerade noch die laufenden Rechnungen bezahlt werden.

Allerdings muss die Kennzahl bei der Beurteilung immer vor dem aktuellen Firmenhintergrund gesehen werden. Speziell bei saisonabhängigen Produktpaletten kann dieser Wert schwanken.

Ein anderer Gesichtspunkt, der in die Betrachtung miteinbezogen werden sollte, sind überalterte Lagerbestände. Diese erhöhen zwar die Liquiditätskennzahl, führen aber, weil sie früher oder später abgeschrieben werden müssen, zu einer falschen Beurteilung.

Sicherer ist hier die Liquiditätskennzahl II, die der Berechnung der Liquidität 2. Grades entspricht.

$$\textit{Liquiditätskennzahl II} = \frac{\textit{Umlaufvermögen} - \textit{Lagerbestand}}{\textit{kurzfristige Verbindlichkeiten}}$$

Würden beispielsweise die Aufträge kurzfristig ausbleiben, müssten die fälligen Rechnungen aus den Zahlungsmitteln und den kurzfristigen Forderungen beglichen werden, oder anders ausgedrückt aus dem Umlaufvermögen ohne den Lagerbestand.

Da der Lagerbestand das eingesetzte Kapital langfristig bindet, ist eine optimale Lagerhaltung anzustreben.

Um die Bindung des Kapitals bestimmen zu können, gibt es auch hier Kennzahlen.

21.1.3 Kennzahlen der Kapitalbindung

Die Zahlungsmittel durchlaufen innerhalb des Betriebes einen gewissen Zyklus. Je nach Art des Betriebes werden sie dazu verwendet, Handelsgüter einzukaufen und diese dann (hoffentlich mit Gewinn) wieder zu verkaufen. In einem Fertigungsbetrieb werden Rohmaterialien eingekauft, die Verarbeitung dieser Rohmaterialien bezahlt und verkaufsfähige Produkte hergestellt. In beiden Fällen werden also pauschal betrachtet aus Zahlungsmitteln Lagerbestände gemacht. Das bedeutet, dass durch die Lagerung weitere Kosten entstehen.

Um diese Kosten nach Möglichkeit gering zu halten, gibt es zwei Möglichkeiten.

Die eine ist, die Lagerbestände möglichst gering zu halten und die andere, den Zyklus möglichst zu beschleunigen.

Beiden Zielen sind natürlich Grenzen gesetzt, allerdings lässt sich unter optimaler Ausnutzung der Randbedingungen die Kapitalbildung möglichst gering halten. Hierbei helfen uns die Kennzahlen der durchschnittlichen Zahlungszeit und des Lagerumschlags weiter.

Durchschnittliche Zahlungszeit

Hierunter wird die Zeitspanne verstanden, die zwischen Rechnungsstellung und Zahlungseingang vergeht. Erhöht sich das Umsatzvolumen, so erhöhen sich zwangsläufig auch die kurzfristigen Forderungen. Hieraus ergeben sich zwei Hauptfaktoren: die Höhe des Forderungsbestandes und die durchschnittliche Zahlungszeit. Dies wird mit der folgenden Formel ausgedrückt:

$$\mathit{Zahlungszeit} = \frac{\mathit{Forderungsbestand}}{\mathit{Tagesumsatz}}$$

Die durchschnittliche Zahlungszeit, dies kann als Daumenwert angenommen werden, sollte das dem Kunden vorgegebene Zahlungsziel nicht um mehr als ein Drittel überschreiten.

Lagerumschlag

Diese zweite, sehr wichtige Kennzahl zur Analyse des Kapitals im Umlaufvermögen zeigt auf, wie schnell die Ware bewegt wird.

$$\mathit{Lagerumschlag} = \frac{\mathit{Wareneinsatz/Herstellkosten}}{\mathit{Lagerbestand}}$$

Der Lagerbestand ist ein Wert, der kritisch zu betrachten ist, da die absolute Höhe oft irreführend sein kann. Ein hoher Lagerbestand kann auf eine veraltete Produktpalette ebenso hinweisen wie auf ein Sinken des Umsatzes. Genauso kann er aber auch eine hohe Lieferbereitschaft zu Saisonbeginn bedeuten.

Je höher der Umschlagsfaktor ist, desto geringer ist die Kapitalbindung.

Einen weiteren Anhaltspunkt für die Bewertung liefert die Lagerlaufzeit. Sie gibt an, wie lange ein Artikel durchschnittlich im Lager verbleibt.

$$\mathit{Lagerlaufzeit} = \frac{\mathit{Lagerbestand}}{\mathit{Herstellkosten}}$$

22 Verfahren der Investitionsrechnung

Durch Investitionen werden Finanzmittel und damit Unternehmensressourcen langfristig gebunden. Damit wird auch mittel- bis langfristig die Position eines Unternehmens am Markt festgelegt.

Um nun *vor* der Investition zu gesicherten Informationen bezüglich der Wirtschaftlichkeit zu gelangen, werden verschiedene Rechenverfahren verwendet, um zu quantifizierbaren Ergebnissen zu gelangen.

Grundsätzlich lassen sich diese Verfahren in zwei Gruppen unterteilen, die statischen und die dynamischen Rechenverfahren.

Bei den statischen Verfahren wird der Zeitfaktor nicht oder nur unzureichend berücksichtigt. Betrachtet werden vorwiegend Kosten und Leistungen.

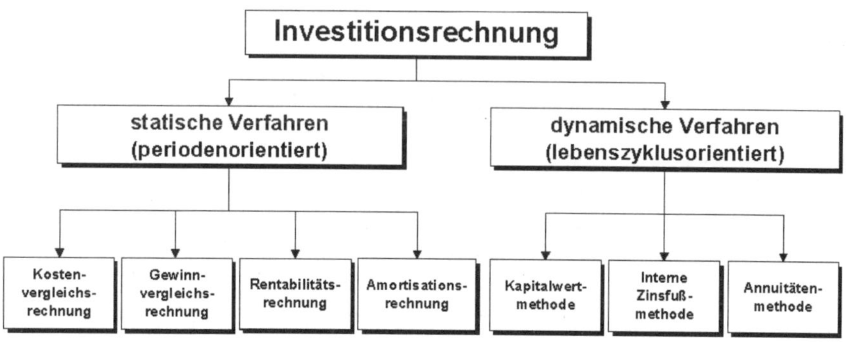

Abbildung 22.1 Verfahren der Investitionsrechnung

Die dynamischen Verfahren beurteilen eine Investition über deren gesamte Lebensdauer. Berücksichtigt werden hier die unterschiedlichen Zahlungen, die durch Diskontierung vergleichbar gemacht werden.

Das vorherige Diagramm gibt einen Überblick über die verschiedenen Verfahren.

22.1 Statische Verfahren

22.1.1 Kostenvergleichsrechnung

Bei der Kostenvergleichsrechnung werden unterschiedliche Alternativen von Investitionen gegenübergestellt. Vorausgesetzt wird hier, dass die Erträge der Alternativen gleich hoch sind. Zeitliche Unterschiede beim Anfall der Kosten werden nicht berücksichtigt.

Um ein neues Produkt fertigen zu können, wird eine Investition erforderlich. Hier stehen zwei Alternativen zur Auswahl: Projekt A und Projekt B.

Rufen Sie hierzu die Datei *Excel_2000_Ctrl_22_01.xls* auf.

Die Investition für Projekt A beträgt 100.000 € bei einer Nutzungsdauer (Abschreibungsdauer) von 6 Jahren. Der Restwert beträgt 10.000 €. Die Abschreibung erfolgt linear.

Die Investition für Projekt B beträgt 150.000 €, ebenfalls bei einer Nutzungsdauer (Abschreibungsdauer) von 6 Jahren. Der Restwert beträgt 20.000 €. Die Abschreibung erfolgt linear.

Die Zeitkosten betragen bei Projekt A 5.000 €, bei Projekt B 8.000 €.

Allerdings sind die Mengenkosten bei Projekt B niedriger als bei Projekt A.

3		Projekt A	Projekt B
16	**Mengenkosten**		
17	Materialkosten	0,80 €	0,75 €
18	Lohnkosten	1,20 €	0,90 €
19	Verbrauchsenergie	0,05 €	0,06 €
20	Sonstige Mengenkosten	0,25 €	0,10 €
21	Mengenkosten pro Stück	2,30 €	1,81 €
22	Mengenkosten gesamt	23.000,00 €	18.100,00 €

Abbildung 22.2 Kostenvergleich zwischen Projekt A und Projekt B

Das Diagramm und die zugehörige Tabelle zeigen den Verlauf der Gesamtkosten bei wachsenden Stückzahlen.

Bei 20.000 Stück entsprechen sich die Investitionen.

41	20.000 Stück	66.000,00 €	65.866,67 €	3,30 €	3,29 €

Abbildung 22.3 Kosten bei 20.000 Stück

Bei zunehmender Stückzahl ist die Investition in das Projekt B die bessere Alternative.

22.1.2 Gewinnvergleichsrechnung

Werden bei der Kostenvergleichsrechnung auch noch die *erzielten Erlöse* berücksichtigt, spricht man von einer *Gewinnvergleichsrechnung*. Problematisch kann sich allerdings die Gewinnzurechnung darstellen, da die Erlöse nicht immer den einzelnen Investitionen zurechenbar sind. Ist dies jedoch der Fall, lässt sich der Kostenvergleich zum Gewinnvergleich erweitern.

22.1.3 Amortisationsrechnung

Die soeben behandelte Tabelle der Kostenvergleichsrechnung *Excel_2000_Ctrl_22_01.xls* kann für die Amortisationsrechnung erweitert werden. Dieses Beispiel trägt den Dateinamen *Excel_2000_Ctrl_22_02.xls.*

Die Amortisationsrechnung, die auch als *PayBack-Methode* bezeichnet wird, beurteilt die Zweckmäßigkeit einer Investition in Bezug auf die Zeitdauer des vollständigen Kapitalrückflusses.

Ermittelt werden soll der Deckungsbeitrag pro Stück und gesamt, der Gesamtverkaufspreis bei einem Einzelverkaufspreis von 5 €, der Gewinn pro Stück und gesamt sowie der Cash Flow und die Rückflussdauer in Jahren.

Der *Cash Flow* berechnet sich aus dem Deckungsbeitrag gesamt minus den Zeitkosten, jedoch ohne Abschreibung.

Die *Rückflussdauer* ist der Quotient aus Investitionsausgabe und Cash Flow. Damit wird die Zeitdauer berechnet, in der sich die Investition amortisiert.

Steht bei einer Investition das Sicherheitsmotiv und nicht der Gewinn im Vordergrund, so ist die Investition mit der kürzesten Rückflussdauer zu wählen.

	A	B	C	D	E	F
1		Amortisationsrechnung				
2				Projekt A	Projekt B	
27		Deckungsbeitrag				
28		Deckungsbeitrag pro Stück		2,70 €	3,19 €	
29		Deckungsbeitrag gesamt		54.000,00 €	63.800,00 €	
30						
31		Verkaufspreise				
32		Verkaufspreis pro Stück		5,00 €	5,00 €	
33		Gesamtverkaufspreis		100.000,00 €	100.000,00 €	
34						
35		Gewinn vor Steuern				
36		Gewinn pro Stück		1,70 €	1,71 €	
37		Gesamtgewinn		34.000,00 €	34.133,33 €	
38						
39		Amortisation				
40		Cash Flow		49.000,00 €	55.800,00 €	
41		Rückflussdauer in Jahren		2,04	2,69	
42						

Abbildung 22.4 **Berechnung von Deckungsbeitrag, Verkaufspreis, Gewinn und Amortisation**

22.1.4 Rentabilitätsrechnung

Bei Kosten- und Gewinnvergleich lassen sich allerdings keine Aussagen über die Rentabilität eines Projektes und die Verzinsung der eingesetzten Finanzmittel machen.

Diese Frage soll die Rentabilitätsrechnung beantworten. Allerdings wird auch hier ein gleichbleibender Gewinnverlauf über die Dauer der Nutzung angenommen.

Angewendet wird die Rentabilitätsrechnung hauptsächlich bei Rationalisierungsinvestitionen.

Ein Beispiel hierzu finden Sie unter *Excel_2000_Ctrl_22_03.xls.*

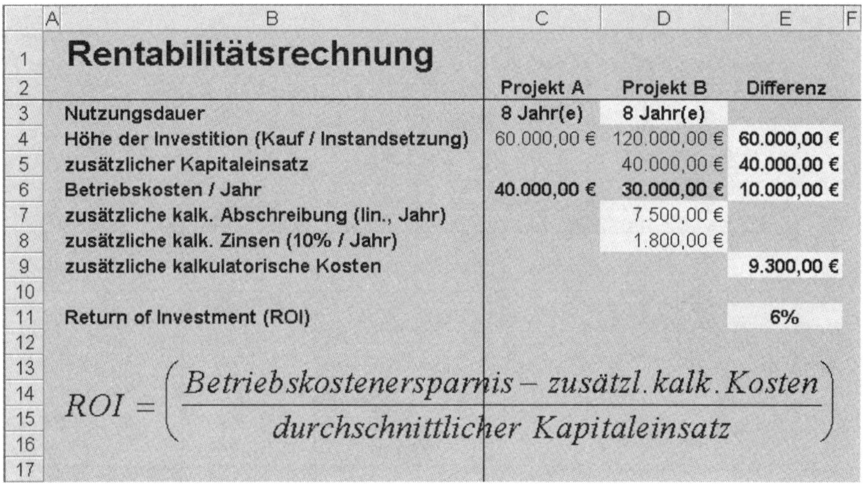

	A	B	C	D	E	F
1		**Rentabilitätsrechnung**				
2			Projekt A	Projekt B	Differenz	
3		Nutzungsdauer	8 Jahr(e)	8 Jahr(e)		
4		Höhe der Investition (Kauf / Instandsetzung)	60.000,00 €	120.000,00 €	60.000,00 €	
5		zusätzlicher Kapitaleinsatz		40.000,00 €	40.000,00 €	
6		Betriebskosten / Jahr	40.000,00 €	30.000,00 €	10.000,00 €	
7		zusätzliche kalk. Abschreibung (lin., Jahr)		7.500,00 €		
8		zusätzliche kalk. Zinsen (10% / Jahr)		1.800,00 €		
9		zusätzliche kalkulatorische Kosten			9.300,00 €	
10						
11		Return of Investment (ROI)			6%	
12						
13						
14						
15						
16						
17						

$$ROI = \left(\frac{Betriebskostenersparnis - zusätzl.kalk.Kosten}{durchschnittlicher\ Kapitaleinsatz} \right)$$

Abbildung 22.5 Kostenvergleich zwischen Projekt A und Projekt B

22.2 Dynamische Verfahren

22.2.1 Kapitalwertmethode

Der Kapitalwert dient der Bewertung einer Investition. Er wird durch Abzinsung der Zahlungsströme (Rückzahlungen), bezogen auf einen bestimmten Zeitpunkt, unter Berücksichtigung eines vorgegebenen Zinsfußes berechnet. Diese abgezinsten Rückflüsse bezeichnet man auch als *Barwert*.

Der Barwert drückt den Wert *zukünftiger* Rückflüsse zum *jetzigen* Zeitpunkt aus. Die Addition aller Barwerte ergibt den Kapitalwert.

Ist dieser Kapitalwert *größer* Null, wird das eingesetzte Kapital nicht nur zum vorgegebenen Zinsfuß verzinst, sondern es ergibt sich auch noch ein Überschuss in Höhe des Kapitalwerts.

Ist der Kapitalwert gleich *Null*, wird das eingesetzte Kapital zum vorgegebenen Zinsfuß verzinst.

Bei einem Kapitalwert *kleiner* Null liegt die Verzinsung des eingesetzten Kapitals unter dem angesetzten Zinsfuß, von einer Verzinsung wäre in diesem Fall abzuraten.

Die hierzu gehörenden Beispieldateien tragen den Namen *Excel_2000_Ctrl_22_04.xls* bzw. *Excel_2000_Ctrl_22_05.xls.*

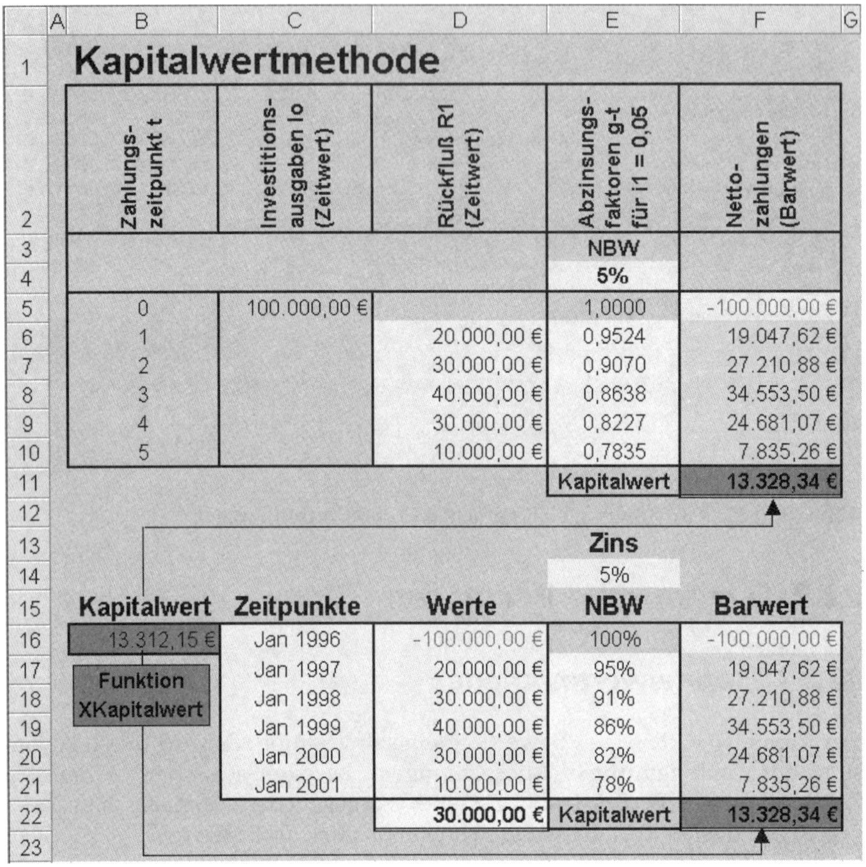

	A	B	C	D	E	F	G
1		Kapitalwertmethode					
2		Zahlungs-zeitpunkt t	Investitions-ausgaben Io (Zeitwert)	Rückfluß R1 (Zeitwert)	Abzinsungs-faktoren g-t für i1 = 0,05	Netto-zahlungen (Barwert)	
3					NBW		
4					5%		
5		0	100.000,00 €		1,0000	-100.000,00 €	
6		1		20.000,00 €	0,9524	19.047,62 €	
7		2		30.000,00 €	0,9070	27.210,88 €	
8		3		40.000,00 €	0,8638	34.553,50 €	
9		4		30.000,00 €	0,8227	24.681,07 €	
10		5		10.000,00 €	0,7835	7.835,26 €	
11					Kapitalwert	13.328,34 €	
12							
13					Zins		
14					5%		
15		Kapitalwert	Zeitpunkte	Werte	NBW	Barwert	
16		13.312,15 €	Jan 1996	-100.000,00 €	100%	-100.000,00 €	
17		Funktion	Jan 1997	20.000,00 €	95%	19.047,62 €	
18		XKapitalwert	Jan 1998	30.000,00 €	91%	27.210,88 €	
19			Jan 1999	40.000,00 €	86%	34.553,50 €	
20			Jan 2000	30.000,00 €	82%	24.681,07 €	
21			Jan 2001	10.000,00 €	78%	7.835,26 €	
22				30.000,00 €	Kapitalwert	13.328,34 €	
23							

Abbildung 22.6 **Berechnung des Kapitalwerts mithilfe des NBW und der Funktion XKapitalwert**

Wie die vorstehende Abbildung zeigt, lässt sich der Kapitalwert entweder etwas umständlich mithilfe der Funktion `NBW()` errechnen oder aber auf direktem Wege mithilfe der Funktion `XKapitalwert()`. Diese Funktion ist Bestandteil der Analysefunktionen und ähnelt der Funktion zur Berechnung des internen Zinssatzes, auf die im nächsten Abschnitt noch eingegangen wird, sehr stark.

$$XKapitalwert = \sum_{i=1}^{N} \frac{P_i}{(1+Zins)^{\frac{(d_i - d_1)}{365}}}$$

d_i = der i-te Zahlungstermin
d_1 = der 0-te Zahlungstermin
P_i = der Betrag der i-ten Zahlung

Weitere Beispiele finden Sie in der Mappe *Excel_2000_Ctrl_22_05.xls*, in der nach gleichbleibendem und wechselndem Cash Flow unterschieden wird.

	A	B	C	D	E	F	G	H
1		**Kapitalwert-Methode**						
2		mit **gleichbleibendem** Cash Flow						
3		**Investition**	-100.000,00 €	**Jahr**	**Cash Flow**	**Barwert**	**Kap.-Wert**	
4		**Dauer**	5 Jahre	0		-100.000,00 €	100.000,00 €	
5		**Zins**	5%	1	30.000,00 €	28.571,43 €	71.428,57 €	
6		**Cash Flow**	30.000,00 €	2	30.000,00 €	27.210,88 €	44.217,69 €	
7		**Restwert**	10.000,00 €	3	30.000,00 €	25.915,13 €	18.302,56 €	
8				4	30.000,00 €	24.681,07 €	-6.378,52 €	
9				5	40.000,00 €	31.341,05 €	-37.719,56 €	
10				Summe	**160.000,00 €**	**37.719,56 €**		
11								

Abbildung 22.7 Berechnung des Kapitalwerts mit gleichbleibendem Cash Flow

	A	B	C	D	E	F	G	H	I
1		**Kapitalwertmethode**							
2		mit **wechselndem** Cash Flow							
3		**Investition**	-100.000,00 €	**Jahr**	**Cash Flow**	**Barwert**	**Kap.-Wert**	**ROI**	
4		**Dauer**	5 Jahre	0		-100.000,00 €	100.000,00 €		
5		**Zins**	5%	1	20.000,00 €	19.047,62 €	80.952,38 €	19,05%	
6		**Restwert**	10.000,00 €	2	30.000,00 €	27.210,88 €	53.741,50 €	27,21%	
7				3	40.000,00 €	34.553,50 €	19.187,99 €	34,55%	
8				4	30.000,00 €	24.681,07 €	-5.493,08 €	24,68%	
9				5	10.000,00 €	7.835,26 €	-13.328,34 €	7,84%	
10				Summe	**130.000,00 €**	**13.328,34 €**			
11		Funktion XKapitalwert		1996	-100.000,00 €		**13.312,15 €**		
12				1997	20.000,00 €				
13		**Zins**	5%	1998	30.000,00 €				
14				1999	40.000,00 €				
15				2000	30.000,00 €				
16				2001	10.000,00 €				
17									

Abbildung 22.8 Berechnung des Kapitalwerts mit wechselndem Cash Flow

22.2.2 *Interne Zinsfußmethode*

Als interner Zinsfuß wird der Zins bezeichnet, bei dem der Kapitalwert Null ist.

Der interne Zinsfuß wird durch Iterationsrechnung oder durch grafische Interpolation errechnet. Da es sich hierbei um ein Polynom n-ten Grades handelt, ist eine exakte Lösung in der Regel nicht möglich.

Interner Zinsfuß

Zahlungszeitpunkt t	Investitionsausgaben Io (Zeitwert)	Rückfluß R1 (Zeitwert)	Abzinsungsfaktoren g-t für i1 = 0,04	Nettozahlungen (Barwert)	Abzinsungsfaktor g-t für i2 = 0,06	Nettozahlungen (Barwert)
			NBW 4%		NBW 6%	
0	100.000,00 €		1,0000	-100.000,00 €	1,0000	-100.000,00 €
1		20.000,00 €	0,9615	19.230,77 €	0,9434	18.867,92 €
2		30.000,00 €	0,9246	27.736,69 €	0,8900	26.699,89 €
3		38.000,00 €	0,8890	33.781,86 €	0,8396	31.905,53 €
4		20.000,00 €	0,8548	17.096,08 €	0,7921	15.841,87 €
5		10.000,00 €	0,8219	8.219,27 €	0,7473	7.472,58 €
			Kapitalwert	6.064,67 €		787,81 €
				Interner Zinsfuß		6,30%

Abbildung 22.9 Die Funktion Interner Zinsfuß

Sie werden feststellen, dass der interne Zinsfuß der obigen Tabelle von dem internen Zinsfuß, berechnet mit der nachfolgenden Funktion, abweicht. Je enger diese beiden Abzinsungsfaktoren zusammenliegen, umso dichter liegen auch die Ergebnisse des internen Zinsfußes zusammen.

Microsoft Excel verwendet zur Berechnung von `XINTZINSFUSS` ein Iterationsverfahren. Mit unterschiedlichen Zinssätzen (Startpunkt ist Schätzwert) wiederholt `XINTZINSFUSS` die Berechnung solange, bis das Ergebnis mit einer Abweichung von kleiner gleich 0,000001% vorliegt. Hat `XINTZINSFUSS` nach 100 Iterationsschritten noch kein geeignetes Ergebnis gefunden, liefert die Funktion den Fehlerwert #ZAHL!. Der Zinssatz wird so lange geändert, bis Folgendes zutrifft:

$$0 = \sum_{i=1}^{N} \frac{P_i}{(1 + Zins)^{\frac{(d_i - d_1)}{365}}}$$

d_i = der i-te Zahlungstermin
d_1 = der 0-te Zahlungstermin
P_i = der Betrag der i-ten Zahlung

Die Berechnung des internen Zinsfußes ist die wichtigste unter den dynamischen Investitionsrechnungsverfahren, da mit ihr Aussagen über die tatsächliche Verzinsung des gebundenen Kapitals möglich sind.

Diese Beispiele sind auf der Diskette unter *Excel_2000_Ctrl_22_06.xls* enthalten.

Neben dieser Funktion existieren in Excel übrigens noch zwei weitere Funktionen zur Berechnung des internen Zinsfußes.

Abbildung 22.10 Berechnung des internen Zinsfußes

Dies ist zum einen die Funktion `IKV`. Sie liefert den internen Zinsfuß einer Investition ohne Finanzierungskosten oder Reinvestitionsgewinne. Die Syntax dieser Funktion lautet:

```
IKV(Werte;Schätzwert)
```

Das Argument *Werte* besteht aus einem Array von Zahlen, die in der Reihenfolge der Zahlungen angegeben werden sollten. Dabei muss einer der Werte negativ sein. Er repräsentiert die Investition. Statt der Werte darf die Funktion auch einen Bezug auf die Werte enthalten, sofern dieser Bezug der oben angegebenen Bedingung entspricht.

Schätzwert ist eine optionale Angabe, von der angenommen wird, dass sie dem Ergebnis nahe kommt.

Die andere Funktion lautet `QIKV` und liefert einen modifizierten internen Zinsfuß. QIKV heißt **Q**ualifizierter **I**nterner **K**apital**V**erzinsungssatz, er unterscheidet sich von IKV dadurch, dass sich positive und negative Cash Flows mit unterschiedlichen Zinssätzen angeben lassen. Dabei werden sowohl die Kosten der jeweiligen Investition als auch die Zinsen, die sich aus der Reinvestition des Geldes ergeben, berücksichtigt. Die genaue Syntax lautet:

```
QIKV(Werte;Investition;Reinvestition)
```

Die Angaben der Werte entsprechen denen des IKV, bei Investition wird der zu bezahlende Zinssatz angegeben, bei Reinvestition der Zinssatz, der für reinvestierte Gelder erzielt wird.

22.2.3 Annuitätenmethode

Die Annuitätenmethode stellt eine spezielle Form der Kapitalwertmethode dar. Gearbeitet wird auch hier mit Durchschnittswerten.

Verglichen werden die *durchschnittlichen jährlichen Einnahmen* mit den *durchschnittlichen jährlichen Ausgaben*. Diese werden mithilfe der Zinseszinsrechnung vergleichbar gemacht.

Eine Investition ist dann empfehlenswert, wenn es keine negative Differenz zwischen Einzahlungen und Auszahlungen gibt. Diese Differenz wird als Annuität bezeichnet. Sie ist ein gleichbleibender Betrag, der neben Tilgung und Verzinsung in jeder Periode zur Verfügung steht.

22.3 Investitionssicherung durch vorausschauende Planung

Eine Marktstudie hat ergeben, dass ein Produkt, das die bestehende Produktpalette sinnvoll ergänzen würde, gute Marktchancen hat. Dieses Beispiel ist in der Datei *Excel_2000_Ctrl_22_07.xls* enthalten.

Hierfür ist eine Investition von 100.000 € erforderlich, die linear auf 5 Jahre abgeschrieben werden kann.

Auf Grund der bisherigen Erfahrungen werden Mehrumsatz und Mehrkosten wie folgt erwartet:

Nutzung	1 Jahr(e)	2 Jahr(e)	3 Jahr(e)	4 Jahr(e)	5 Jahr(e)	6 Jahr(e)
Mehrumsatz	5.000 €	10.000 €	20.000 €	40.000 €	40.000 €	40.000 €
Mehrkosten	10.000 €	7.500 €	6.250 €	5.000 €	5.000 €	5.000 €

Tabelle 22.1 Mehrumsatz und Mehrkosten

Die Mehrkosten sind als Betriebskosten und nicht als Teil der Investitionen zu betrachten. Sie können also in dem Jahr, in dem sie anfallen, abgeschrieben werden.

Annahme:

In den ersten Jahren ist das Ergebnis negativ, dies liegt allerdings daran, dass die Abschreibung den Gewinn reduziert.

Betrachtet man den Gewinn plus Abschreibung, so hat man einen sehr wichtigen Wert für den Rückfluss der Mittel.

Dieser Mittelfluss wird verwendet, um in den Folgejahren Kredite zu tilgen und die Zinsen zu bezahlen.

Die Diagramme *Verschuldung, Gewinn* und *Mittelfluss* zeigen grafisch die Entwicklung auf.

Rentabilität, Verschuldung, Gewinn und Mittelfluß						
Höhe der Investition	100.000,00 €					
Abschreibung auf	5 Jahr(e)					
Nutzung	1 Jahr(e)	2 Jahr(e)	3 Jahr(e)	4 Jahr(e)	5 Jahr(e)	6 Jahr(e)
Mehrumsatz	5.000,00 €	10.000,00 €	20.000,00 €	40.000,00 €	40.000,00 €	40.000,00 €
Mehrkosten	10.000,00 €	7.500,00 €	6.250,00 €	5.000,00 €	5.000,00 €	5.000,00 €
Nutzung	1 Jahr(e)	2 Jahr(e)	3 Jahr(e)	4 Jahr(e)	5 Jahr(e)	6 Jahr(e)
Umsatz	5.000,00 €	10.000,00 €	20.000,00 €	40.000,00 €	40.000,00 €	40.000,00 €
Kosten	10.000,00 €	7.500,00 €	6.250,00 €	5.000,00 €	5.000,00 €	5.000,00 €
Abschreibung (Lin.)	20.000,00 €	20.000,00 €	20.000,00 €	20.000,00 €	20.000,00 €	0,00 €
Zinsen	9.000,00 €	10.260,00 €	10.958,40 €	10.707,16 €	8.520,80 €	6.137,67 €
Gewinn	-34.000,00 €	-27.760,00 €	-17.208,40 €	4.292,84 €	6.479,20 €	28.862,33 €
Mittelfluß	-14.000,00 €	-7.760,00 €	2.791,60 €	24.292,84 €	26.479,20 €	28.862,33 €
Verbindlichkeiten	100.000,00 €	114.000,00 €	121.760,00 €	118.968,40 €	94.675,56 €	68.196,36 €
Zinssatz	9,0%	9,0%	9,0%	9,0%	9,0%	9,0%

Abbildung 22.11 Tabelle Rentabilität

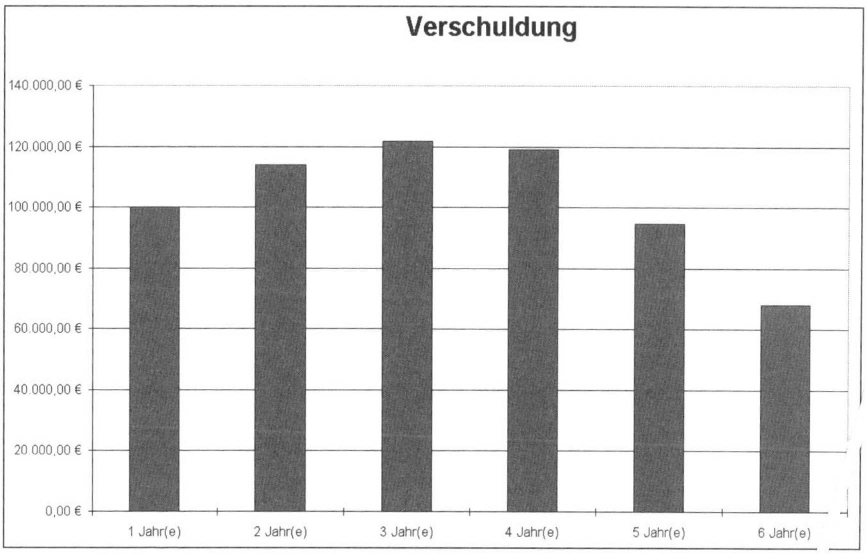

Abbildung 22.12 Darstellung der Verschuldung

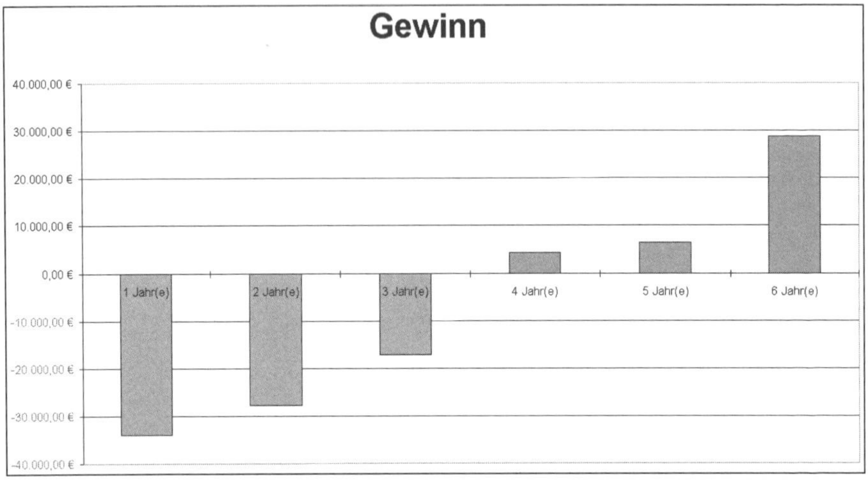

Abbildung 22.13 Gewinn nach Steuern

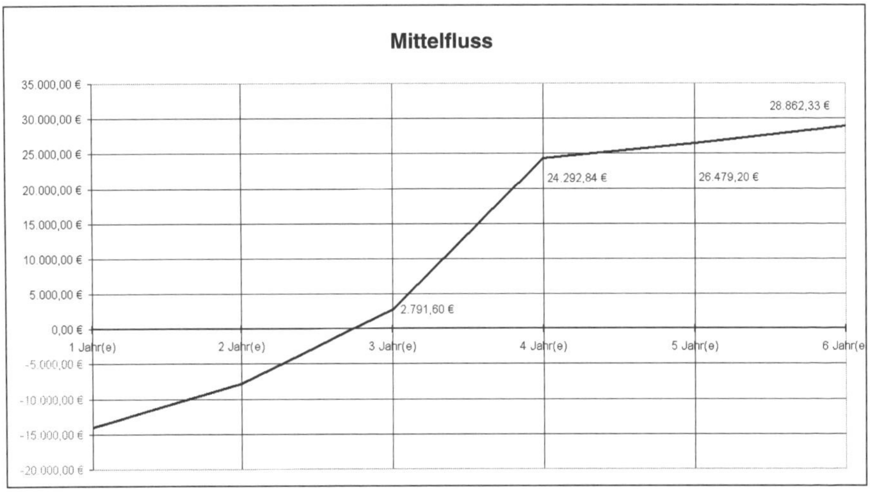

Abbildung 22.14 Darstellung des Mittelflusses

23 Kapitalflussanalyse

Unter einer Kapitalflussanalyse ist der Periodenvergleich von Mittelherkunft und Mittelverwendung zu verstehen. Sie ist auch unter dem Namen Funds Flow Analysis bekannt.

Bilanzen weisen lediglich Bestände zu einem bestimmten Stichtag aus. Zur Analyse ist es jedoch weitaus interessanter, sich die Veränderungen der Bilanz zwischen zwei Stichtagen zu betrachten. Diese Veränderungen, die sich durch Zu- und Abgang der Bilanzpositionen während einer Periode ergeben, betrachtet die Kapitalflussrechnung.

23.1 Kapitalflussrechnung

In der Mappe *Excel_2000_Ctrl_23_01.xls* habe ich eine Kapitalflussrechnung aufgebaut, die in der nachstehenden Abbildung dargestellt wird.

Der Cash Flow I ergibt sich aus der Differenz von Aufwendungen und Erträgen. Die Formeln sind übrigens so aufgebaut, dass je nach Ergebnis die Werte in der Spalte *Abgang* oder *Zugang* angezeigt werden.

Mithilfe dieses Cash Flows lässt sich das Netto-Umlaufvermögen finanzieren. Dieses hier als Net Working Capital bezeichnete Umlaufvermögen saldiert sich aus kurzfristigen Forderungen und Verbindlichkeiten, deren Laufzeit unter einem Jahr liegt.

Das Umlaufvermögen und die kurzfristigen Verbindlichkeiten bezeichnet man auch als NWC. Dies ist die Abkürzung für Net Working CapitalFund.

	A	B	C	D	E
1		Kapitalflußrechnung			
2		**Positionen**	**Abgang**	**Zugang**	
3		Erlöse Warenverkauf		600,0 T€	
4		Wareneinkauf	300,0 T€		
5		Löhne, Gehälter und Sozialversich.	225,0 T€		
6		Abschreibungen auf Sachanlagen	25,0 T€		
7		sonstige betriebliche Aufwendungen	15,0 T€		
8		Zinsen + sonstige Aufwendungen	12,5 T€		
9		**Summe Aufwendungen / Erträge**	**577,5 T€**	**600,0 T€**	
11		**CashFlow I**		**22,5 T€**	
12					
13		**Hauptpositionen**			
14		Veränderungen Warenbestand	40,0 T€		
15		Veränderungen Kundenforderungen		30,0 T€	
16		Veränderungen Lieferantenverbindlichkeiten			
17		**Summe**	**40,0 T€**	**30,0 T€**	
19		**Veränderung des Net Working Capital**	**10,0 T€**		
20					
21		**Restliche Positionen**			
22		Veränderungen liquide Mittel		15,0 T€	
23		Veränderungen sonstige Forderungen			
24		Veränderungen kurzfristige Bankverbindlinchkeiten	5,0 T€	10,0 T€	
25		Sonstige kurzfristige Verbindlichkeiten	0,3 T€		
26		**Summe**	**5,3 T€**	**25,0 T€**	
28		**Veränderung Working Capital (Rest)**		**19,7 T€**	
30		**CashFlow II**		**32,2 T€**	
31					
32		Investitionen	20,0 T€		
33		Langfristige Bankverbindlichkeiten	10,0 T€		
34		Sonstige langfristige Verbindlichkeiten			
35		**Summe**	**30,0 T€**		
37		**Veränderung langfristiger Bereich**	**30,0 T€**		
39		**Mittelbedarf / Überschuß**		**2,2 T€**	
40					

Abbildung 23.1 Kapitalflussrechnung

Dieses NWC lässt sich aufteilen in:

❶ Hauptpositionen wie Warenbestand, Kundenforderungen und Lieferantenverbindlichkeiten.

❷ Restliche Positionen wie liquide Mittel, sonstige Forderungen, kurzfristige Bankverbindlichkeiten und kurzfristige Verbindlichkeiten.

Der Cash Flow II setzt sich seinerseits zusammen aus der Addition von Cash Flow I, Veränderung NWC und Veränderung Rest WC.

Investitionen, langfristige Bankverbindlichkeiten und sonstige langfristige Verbindlichkeiten ergeben die Veränderungen im langfristigen Bereich.

Werden Cash Flow II und die Veränderungen im langfristigen Bereich saldiert, ergibt sich entweder ein Mittelbedarf oder ein Überschuss.

Nun lassen sich natürlich Kapitalflussrechnungen unterschiedlich aufbauen. Der Aussagegehalt der Kapitalflussrechnung hängt vom Umfang und Grad der Differenzierung ab.

So lassen sich beispielsweise Veränderungsrechnungen durchführen, die auf der Saldierung zweier aufeinander folgender Bilanzen beruhen. Diese Art der Veränderungsrechnung wird *Netto-Rechnung* genannt, und stellt die einfachste Möglichkeit dar.

Soll-Bewegungen auf einem Bestandskonto entsprechen einer Mittelverwendung, also im weitesten Sinne einer Investition.

Die Mittelherkunft bedeutet andererseits einen Haben-Umsatz.

In Bilanzen liegen diese Informationen nur saldiert vor und gehen dadurch verloren.

Werden die Zahlungsströme für Investitionen und Auftrags- und Ertragsgrößen in die Kapitalflussrechnung miteinbezogen, erhöht sich deren Aussagekraft.

Aktiverhöhungen und *Passivminderungen* stellen eine Mittelverwendung dar.

Aktivminderungen und *Passiverhöhungen* dagegen stellen die Herkunft der Mittel dar.

23.2 Die Brutto-Kapitalflussrechnung

Wesentlich informativer ist die so genannte *Brutto-Kapitalflussrechnung*, bei der Informationen über die einzelnen Konten vorliegen. Sie wird übrigens auch als die *Direkte Methode* bezeichnet.

Beim Einsatz der Kapitalflussrechnung werden verschiedene Positionen aus der Bilanz zusammengefasst, es werden Fonds gebildet.

Es existieren in der Praxis unterschiedliche Fondstypen:

Neben den oben vorgestellten Fondstypen gibt es auch noch eine andere Gruppierung, die Einteilung in die Fondstypen 1, 2 und 3.

Nachstehend sind diese Typen aufgeführt, mit dem Querbezug auf die oben vorgestellten Bezeichnungen.

Fondstyp 1 (Cash Fund)

Der Fondstyp 1 kann aus den Werten der Bilanz ermittelt werden. Er bezieht sich auf die liquiden Mittel, also Guthaben und Besitzwechsel. Bei dieser Form der Betrachtung werden nur Positionen der Aktivseite der Bilanz miteinbezogen.

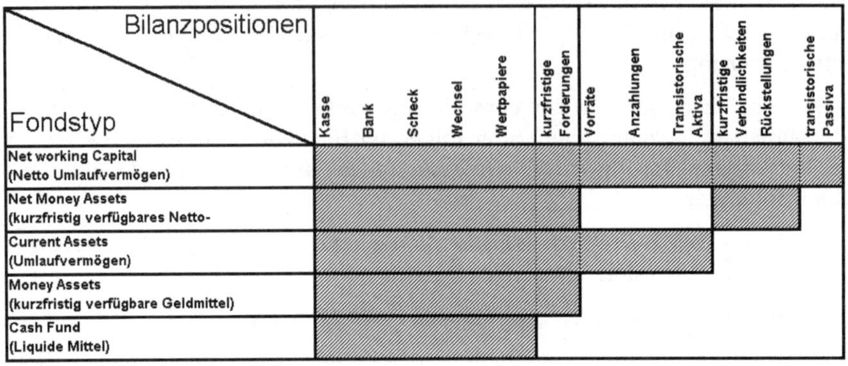

Abbildung 23.2 Fondstypen

Fondstyp 2 (Money Assets)

Der Fondstyp 2 beinhaltet neben den Positionen des Fondstyps 1 zusätzlich die Forderungen aus Lieferungen und Leistungen sowie die sonstigen Vermögensgegenstände. Auch hier finden wir wie beim Typ 1 eine Brutto-Rechnung vor, da wir uns nur auf die Aktiv-Seite der Bilanz beziehen.

Fondstyp 3 (Net Money Assets)

In diesen Typ werden nun auch Teile der Passivseite miteinbezogen, so beispielsweise die kurzfristigen Passiva.
Der Fondstyp 3 informiert über die Veränderung und die Höhe des kurzfristigen Netto-Geldvermögens.

24 Gewinnschwellen-analyse einmal anders

Erwirtschaftet ein Unternehmen einen Umsatz, mit dem alle fixen und variablen Kosten abgedeckt werden können, spricht man vom Mindestumsatz oder auch dem Break-Even-Point. Dieser BEP lässt sich auf verschiedene Arten berechnen. Die gängigste Formel ist sicherlich die folgende:

$$\textit{Fixkosten gesamt} = \textit{Verkaufspreis gesamt} - \textit{Variable Kosten gesamt}$$

Wurden alle Fixkosten abgedeckt, so ergibt ein Mehrumsatz einen Gewinn. Oder im umgekehrten Fall einen Verlust.

Bei den Fixkosten wird im Allgemeinen von den gesamten Fixkosten, also den ausgabewirksamen und den nichtausgabewirksamen Kosten ausgegangen. Allerdings ist auch ein anderer Ansatz denkbar, die Berechnung des so genannten CashFlow-Points (CFP). Hier werden nicht die gesamten Fixkosten, sondern nur die ausgabewirksamen Fixkosten in Ansatz gebracht:

$$\textit{Fixkosten ausgabewirksam} = \textit{Verkaufspreis gesamt} - \textit{Variable Kosten gesamt}$$

Diese Betrachtungsweise ist sicherlich für kurz- und mittelfristige Betrachtungsweisen zulässig, da die ausgabewirksamen Kosten abgedeckt werden. Langfristig müssen aber natürlich auch die nichtausgabewirksamen Kosten, wie beispielsweise Abschreibungen, abgedeckt werden, da diese ja als nicht gedeckter Verlust übrig bleiben.

Sowohl der BEP als auch der CFP können aber nicht das Ziel einer Unternehmensplanung sein. Diese ist normalerweise auf eine Gewinnerzielung ausgerichtet.

Diesen Umsatz bezeichnet man üblicherweise als Plan- oder Zielumsatz. Dieser Umsatz besteht aus dem BEP multipliziert mit dem Plangewinn in Prozent.

Nun ist Ihnen sicherlich die übliche Darstellung der Gewinnschwelle bekannt:

In diesem Beispiel werden Sie sich mit einer anderen Darstellungsweise beschäftigen. Bei dieser Gewinnschwellenanalyse wird zwischen drei Werten unterschieden:

1. Dem Cash-Flow-Umsatz
2. Dem Break-Even-Point
3. Dem Zielumsatz

Natürlich werden nicht immer die gesteckten Ziele erreicht, aber auch in manchen Fällen überschritten. Die Ober- und Untergrenzen lassen sich als Linien im Diagramm darstellen. Im nachfolgenden Beispiel gehen Sie jedoch einen anderen Weg. Datenpunkte, deren Werte im Planbereich liegen, sollen nicht mit einer der üblichen Markierungen versehen werden, sondern mit einem als Bitmap dargestellten blauen Haken. Werte, die oberhalb der Planung liegen, sollen mit einem grünen Plus-Zeichen, Werte, die unterhalb liegen, mit einem roten Minus-Zeichen, ebenfalls als Bitmap, dargestellt werden.

Diese Bitmaps sollen bei einer Veränderung der Daten automatisch durch ein Makro zugewiesen werden. Dies ist zwar ein gewisser Vorgriff auf den dritten Teil dieses Buches. Es ist hier allerdings unumgänglich, ein Makro, oder besser gesagt VBA-Code, einzusetzen. Auf dem Weg zur richtigen Lösung ergeben sich jedoch einige Schwierigkeiten, die hier besprochen und gelöst werden sollen.

Die Datenbasis befindet sich in 12 Monatstabellen, die alle gleichartig aufgebaut sind. Hier werden unter anderem der Umsatz, die Mengenkosten der Deckungsbeitrag und der BEP in € errechnet. Die Fixkosten wurden mit 100.000 € pro Monat festgelegt. Die verkaufte Stückzahl ist die veränderliche Größe, die mithilfe der Funktion `Zufallsbereich` bestimmt wird. Bei dieser Funktion kann die untere und die obere Grenze des Bereichs bestimmt werden, aus dem die Zufallszahl ermittelt wird. Diese Funktion stammt übrigens aus den Analyse-Funktionen und lässt sich meines Erachtens eleganter einsetzen, als die Standard-Funktion `Zufallszahl`.

Deckungsbeitrag und Break-Even-Point wurden in den Monatstabellen mit Namen versehen und in der Tabelle *DB_Daten* zusammengefasst.

Die Werte für den Cash Flow und den Zielumsatz lassen sich aus dem BEP mithilfe der Abschreibungen und des in Prozent angegebenen Plangewinns berechnen.

Tatsächlich verkaufte Stückzahlen pro Monat				
Produkt	**Produkt A**	**Produkt B**	**Produkt C**	**Summe**
Zeitkosten				100.000,00 €
Menge	3.784 Stück	3.190 Stück	2.952 Stück	
TE/Stck.	4,0 Minuten	3,0 Minuten	5,0 Minuten	39.466,0 Minuten
Verkaufspreis/Stck	40,00 €	15,00 €	50,00 €	
Mengenkosten/Stck	30,00 €	10,00 €	30,00 €	
Deckungsbeitrag/Stck	10,00 €	5,00 €	20,00 €	
Deckungsgrad	25%	33%	40%	
Leistungserfolgssatz	2,50	1,67	4,00	
Summe Umsatz	151.360,00 €	47.850,00 €	147.600,00 €	346.810,00 €
Summe Mengenkosten	113.520,00 €	31.900,00 €	88.560,00 €	233.980,00 €
Summe Deckungsbeitrag	37.840,00 €	15.950,00 €	59.040,00 €	112.830,00 €
Break-Even-Point				333.980,00 €

Abbildung 24.1 Ermittlung der Basisdaten

Das resultierende Diagramm soll als Liniendiagramm dargestellt werden. Hier stoßen Sie allerdings auf die erste Schwierigkeit. Die Daten für unser Liniendiagramm resultieren aus einer Formel. Da Sie beispielsweise zu Beginn Ihrer Planung lediglich über den Januar-Wert verfügen, sackt die Linie im Februar auf den Nullwert ab, da diese Formel natürlich eben diesen Wert zurückgibt.

Diese erste Schwierigkeit überwinden Sie mithilfe von drei Maßnahmen:

❶ Einbetten des Wertes in eine Wenn-Bedingung

❷ Formatierung der Schriftfarbe mit der Farbe des Hintergrunds

❸ Verwendung eines speziellen Formates für Zahlen

Zunächst zur WENN-Bedingung. Allgemein formuliert soll diese Bedingung das Folgende ausdrücken: Wenn der Rückgabewert ungleich Null ist, soll der Rückgabewert verwendet werden, sonst soll der Fehlerwert `NV()` zurückgegeben werden:

```
=WENN(DB_Jan<>0;DB_Jan;NV())
```

Zellen, deren Formel normalerweise einen Null-Wert zurückgeben würden, geben nun den Fehlerwert NV() für `No-Value` oder `Nicht-Vorhanden` zurück.

Nun markieren Sie die in Frage kommenden Zellen und formatieren diese in der Farbe des Hintergrunds mit dem Menübefehl: FORMAT | ZELLEN | SCHRIFT | FARBE: (Hintergrundfarbe)

Nun sehen Sie zwar die zurückgegebenen Fehlerwerte nicht mehr, aber die Planwerte auch nicht. Deshalb folgt nun die dritte Maßnahme.

Markieren Sie wieder die betreffenden Zellen und wählen dann den Menübefehl FORMAT | ZELLEN | ZAHLEN | BENUTZERDEFINIERT | FORMATE: *[Schwarz]#.##0,0." T€"*

Durch diese Formatierung werden die Planwerte wieder sichtbar, die Fehlerwerte bleiben aber verborgen.

Was haben Sie nun erreicht? In Ihrer Tabelle werden in den so formatierten Zellen keine Null-Werte mehr angezeigt und Ihr Liniendiagramm sackt nicht auf einen Nullwert ab, sondern verarbeitet den Wert als »nicht vorhanden«.

Ihre Tabelle mit den zusammengefassten Daten sieht folgendermaßen aus:

	A	B	C	D	E	F	G	H
1		**Verlauf von DB, BEP, Cashflow und Zielumsatz**						
2			DB gesamt	BEP gesamt	Cashflow	Zielumsatz		
3		**Januar**	99,5 T€	308,2 T€	288,2 T€	323,6 T€		
4		**Februar**	119,8 T€	348,3 T€	328,3 T€	365,7 T€		
5		**März**	117,6 T€	348,9 T€	328,9 T€	366,3 T€		
6		**April**	156,2 T€	412,2 T€	392,2 T€	432,8 T€		
7		**Mai**	99,7 T€	311,2 T€	291,2 T€	326,7 T€		
8		**Juni**						
9		**Juli**	106,0 T€	307,4 T€	287,4 T€	322,8 T€		
10		**August**	133,5 T€	360,7 T€	340,7 T€	378,7 T€		
11		**September**	122,1 T€	334,0 T€	314,0 T€	350,7 T€		
12		**Oktober**	148,0 T€	392,1 T€	372,1 T€	411,7 T€		
13		**November**	108,9 T€	314,1 T€	294,1 T€	329,8 T€		
14		**Dezember**						
16		**Obergrenze**	140,0 T€	380,0 T€	360,0 T€	399,0 T€	5,00%	
17		**Untergrenze**	100,0 T€	330,0 T€	310,0 T€	346,5 T€	5,00%	
18		**Zeitkosten**	100,0 T€	100,0 T€	100,0 T€	100,0 T€		
19		**Abschreibung**	20,0 T€	20,0 T€	20,0 T€	20,0 T€		

Abbildung 24.2 Zusammenfassung der Basisdaten

Erstellen Sie nun das Diagramm und weisen hierbei die BMP-Symbole zu. Die entsprechenden Makros werden über Schaltflächen aufgerufen, die sich als Überschriften über den jeweiligen Datenreihen befinden.

Zunächst werden Sie die Datenreihe für den gesamten Deckungsbeitrag, aufgegliedert nach Monaten, darstellen. Mit einem Klick auf die Schaltfläche `DB gesamt` wird das folgende Makro mit dem Namen `Dia_DB_Gesamt` aufgerufen.

Haben Sie bisher noch nicht mit VBA-Programmierung gearbeitet, dann sollten Sie an dieser Stelle unterbrechen und mit dem dritten Teil des Buches weitermachen. Natürlich können Sie auch weiterlesen, allerdings müssen Sie dann dabei in Kauf nehmen, dass nicht jede meiner Ausführungen unmittelbar verstanden wird. Vielleicht werden Sie sich fragen, warum hat er dann dieses Kapitel nicht dem dritten Teil des Buches zugeordnet? Ich muss gestehen, zu Beginn war ich mir auch nicht ganz schlüssig. Der Grund, warum ich es nun doch an dieser Stelle platziert habe, ist, ich möchte Sie, wenn Sie mit Programmierung und VBA-Code bisher nichts zu tun hatten, ein bisschen neugierig auf die Möglichkeiten machen, die Ihnen Excel hier bietet.

Zurück zum Thema. Dieses Makro `Dia_DB_Gesamt` befindet sich in dem Modul `basDatenreihenErstellen`. Seit Excel 97 lässt sich der Visual-Basic-Editor mit der Tastenkombination [Alt]+[F11] aufrufen. Damit lässt sich der nachstehende Programmcode betrachten.

Im so genannten Deklarationsteil dieses Makros befindet sich die Deklaration der Variablen. Diese wurden `Global` deklariert und gelten damit nicht nur für dieses Modul, sondern für das gesamte Projekt. Im Einzelnen sind dies:

```
Global g_intCt_Series As Integer
Global g_sngObergrenze As Single
Global g_sngUntergrenze As Single
Global g_strAuswahl As String
```

Doch zunächst zurück zum Makro. Damit bei der Erstellung des Diagramms das »Flackern« der Darstellung vermieden wird, schalten Sie die Aktualisierung des Bildschirms zunächst aus. Ein durchaus erwünschter Nebeneffekt ist der damit verbundene Geschwindigkeitsvorteil, der sich durch den Wegfall der permanenten Bildschirmaktualisierung ergibt:

```
Application.ScreenUpdating = False
```

Nun legen Sie fest, welcher Bereich später als Diagramm dargestellt werden soll. Hierzu wurde für die Zellen *C3* bis *C14* der Name `DB_Gesamt` vergeben. Diesen Namen weisen Sie der globalen Variablen `g_strAuswahl` zu. Die Vorsilbe `g_` kennzeichnet die Variable als global, `str` als String-Variable, also eine Variable, die Text aufnehmen kann. `Auswahl` ist ein frei vergebener Name, der den Inhalt der Variablen beschreibt.

```
g_strAuswahl = "DB_Gesamt"
```

Bevor Sie ein neues Diagramm erstellen, löschen Sie zunächst das alte Diagramm. Da Sie dies bei verschiedenen Darstellungen durchführen müssen, haben ich den hierzu erforderlichen Programmcode in ein separates Makro verlagert. Dieses Makro rufen Sie auf mit:

```
Call Dia_Delete
```

Damit wird in das Makro `Dia_Delete` gesprungen, dessen Inhalt ich nachstehend bespreche.

In diesem Makro wird zunächst in das entsprechende Diagramm gewechselt ...

```
Sheets("DB_Diagramm").Select
```

... und dann der gesamte Diagrammbereich markiert.

```
ActiveChart.ChartArea.Select
```

Dieser ausgewählte Bereich wird mit der Methode `Clear` gelöscht.

```
Selection.Clear
```

Nun wird wieder das Tabellenblatt `DB_Daten` ausgewählt.

```
Sheets("DB_Daten").Select
```

Nachdem dieses Makro ausgeführt wurde, wird automatisch in das aufrufende Makro `Dia_DB_Gesamt` zurückgesprungen. Dort wird die nächste Zeile ausgeführt, die der Zeile `Call Dia_Delete` folgt.

Der Bereich, der als Diagramm dargestellt werden soll, wird markiert. Hierzu verwenden Sie den Inhalt der globalen Variablen `g_strAuswahl`:

```
Application.Goto Reference:=g_strAuswahl
```

Nun werden die ausgewählten Zellen kopiert ...

```
Selection.Copy
```

... und zum leeren Diagramm gewechselt.

```
Sheets("DB_Diagramm").Select
```

Hier werden die kopierten Daten eingefügt. Gleichzeitig wird auch noch die Überschrift des Diagramms bestimmt und die Y-Achse ebenfalls mit einer Beschriftung versehen. Diese Zuweisungen von Werten werden in einer `With...End With`-Anweisung durchgeführt. Dies verkürzt sowohl die Schreibweise als auch die Durchlaufgeschwindigkeit.

```
With ActiveChart
        .SeriesCollection.Paste _
           Rowcol:=xlColumns, _
           NewSeries:=True
        .ChartType = xlLineMarkers
        .HasTitle = True
        .ChartTitle.Characters.Text = "Verlauf des Deckungsbeitrags"
        .Axes(xlValue, xlPrimary).HasTitle = True
        .Axes(xlValue, xlPrimary).AxisTitle.Characters.Text = "DB-Gesamt"
End With
```

Die nächsten Aktionen sind bei allen zu erstellenden Diagrammen wieder gleich. Diese wurden deshalb in das Makro `Dia_Diverses` ausgelagert, das wieder mit `Call` aufgerufen wird. Übrigens ist die Verwendung des Schlüsselworts `Call` nicht zwingend erforderlich für den Aufruf eines Makros, ich bin aber der Meinung, es sollte trotzdem verwendet werden, da für andere der Code besser lesbar ist.

```
Call Dia_Diverses
```

Zunächst wird der Kopiermodus zurückgesetzt, oder mit anderen Worten, es werden die kopierten Daten aus der Zwischenablage entfernt.

```
Application.CutCopyMode = False
```

Um später die Datenpunkte besser zuordnen zu können, werden sowohl für die X- als auch die Y-Achse Gitternetzlinien verwendet.

```
ActiveChart.Axes(xlCategory).HasMajorGridlines = True
ActiveChart.Axes(xlValue).HasMajorGridlines = True
```

Das Liniendiagramm soll mit Datenpunkten versehen werden, dies erreichen Sie mit der folgenden Anweisung:

```
ActiveChart.ChartType = xlLineMarkers
```

Nun sollten auch Bezeichner für die X-Achse hinzugefügt werden. Hierzu bieten sich natürlich die Namen der Monate an. Da sich dies so leichter handhaben lässt, habe ich für diesen Bereich in der Tabelle `DB_Daten` ebenfalls einen Namen vergeben. Und was lag näher, als diesen Bereich `Monate` zu nennen:

```
ActiveChart.SeriesCollection(1).XValues = "=DB_Daten!Monate"
```

Nun wird die erste (und einzige) Datenreihe ausgewählt ...

```
ActiveChart.SeriesCollection(1).Select
```

... und dann die Farbe (Farbindex 1 = Schwarz), die Stärke (dick) und die Art (durchgehend) der Linie festgelegt. Auch diese Wertzuweisungen erfolgen innerhalb einer `With...End With`-Anweisung.

```
With Selection.Border
    .ColorIndex = 1
    .Weight = xlThick
    .LineStyle = xlContinuous
End With
```

Anschließend wird wieder in das aufrufende Makro zurückgekehrt.

Zur Zuweisung der Bitmaps benötigen Sie, je nach ausgewählter Datenreihe, auch die oberen und unteren Grenzwerte. Diese befinden sich in der Tabelle `DB_Daten`, wobei für die relevanten Zellen auch wieder Zellnamen vergeben wurden:

```
g_sngObergrenze = Range("=Obergrenze_DB").Value
g_sngUntergrenze = Range("=Untergrenze_DB").Value
```

Nachdem die Grenzwerte festliegen, können Sie den Datenpunkten die entsprechenden Symbole zuweisen. Allerdings bin ich hier auf nicht erwartete Schwierigkeiten gestoßen. Hierzu gleich mehr. Zunächst erfolgt auch hier wieder der Aufruf des Makros mit Call:

```
    Call SymboleZuweisen
```

Dieses Makro befindet sich in einem separaten Modul. Dies ist jedoch nicht zwingend erforderlich und wurde von mir nur aus Gründen der Wiederverwendbarkeit gemacht.

In diesem Makro befindet sich neben der Deklaration der Prozedur-Variablen auch eine Fehleranweisung, die dafür sorgt, dass bei einem eventuell auftretenden Fehler das Programm nicht unkontrolliert abstürzt, sondern zu einer Fehlerbehandlungsroutine verzweigt wird. Hier habe ich mich allerdings etwas zurückgehalten und gebe mithilfe einer MessageBox lediglich die Nummer und den Text des eventuellen Fehlers aus.

```
On Error GoTo SymboleZuweisen_Fehler
'** Deklaration der Variablen
    Dim intCt_Point As Integer
    Dim vntBild As Variant
    Dim vntZelle As Variant
    Dim strTabellenName As String
    Dim strDiagrammName As String
```

Anstatt die Blätter direkt anzusprechen, lässt sich auch die flexiblere Möglichkeit einsetzen, dies mithilfe von Variablen zu tun.

```
strTabellenName = "DB_Daten"
strDiagrammName = "DB_Diagramm"
```

Es wird nun das Diagrammblatt ausgewählt...

```
Sheets(strDiagrammName).Select
```

... um zunächst einmal die Anzahl der Datenreihen zu ermitteln. Dieser Wert wird der globalen Variablen `g_intCt_Series` zugewiesen. Wie der Name schon andeutet, handelt es sich hier um eine Variable vom Typ Ganzzahl (Integer).

```
g_intCt_Series = ActiveChart.SeriesCollection.Count
```

Es wird also die Datentabelle markiert ....

```
Sheets(strTabellenName).Select
```

... und der entsprechenden Bereich ausgewählt. Dies lässt sich mithilfe der globalen Variable `g_strAuswahl` durchführen, der Sie ja einen entsprechenden Inhalt zugewiesen haben. Dem vergebenen Namen entsprechend wird der Bereich markiert.

```
Select Case g_strAuswahl
    Case "DB_Gesamt"
        Range("DB_Gesamt").Select
    Case "BEP_Gesamt"
        Range("BEP_Gesamt").Select
    Case "CashFlow_Gesamt"
        Range("CashFlow_Gesamt").Select
    Case "Zielumsatz_Gesamt"
        Range("Zielumsatz_Gesamt").Select
End Select
```

Weiter oben hatte ich bereits erwähnt, dass ich auf ein nicht erwartetes Problem gestoßen bin. Ich konnte leider nicht den Wert des jeweiligen Datenpunktes auslesen. Aus diesem Grund habe ich zu einer Hilfskonstruktion gegriffen. Mithilfe der `For Each...Next`-Anweisung durchlaufe ich jedes Element der Markierung und stelle somit den Wert jedes einzelnen Elementes fest.

```
For Each vntZelle In Selection
    intCt_Point = intCt_Point + 1
```

Sollte sich kein normaler Wert in der Zelle befinden, sondern ein Fehlerwert (Sie erinnern sich an die Zuweisung `NV()` bei der Rückgabe eines 0-Wertes), so soll, da ja kein Wert existiert, auch kein Bitmap zugewiesen werden. Die gesamte Zuweisung wird dann übersprungen und mit dem nächsten Element fortgefahren.

```
If Not VarType(vntZelle) = vbError Then
```

Liegt der Inhalt des Elements, also der Variablen `vntZelle` oberhalb der Obergrenze, so soll dem Datenpunkt ein Bitmap in Form eines grünen Pluszeichens zugewiesen werden. Diese Bitmap-Symbole befinden sich übrigens im Tabellenblatt `Symbole` und tragen die Namen `Gut`, `Mittel` und `Schlecht`. Sinngemäß erfolgt diese Zuweisung, wenn der Inhalt der Variablen `vntZelle` unterhalb der Untergrenze liegt. In allen anderen Fällen liegt der Wert im normalen Bereich und es wird ein Symbol in Form eines blauen Hakens hinzugefügt.

```
If varZelle > g_sngObergrenze Then
    varBild = "Gut"
ElseIf varZelle < g_sngUntergrenze Then
    varBild = "Schlecht"
Else
   varBild = "Mittel"
End If
```

Wurde das in Frage kommende Symbol ermittelt, kann es nun in der Tabelle `Symbole` markiert und dann kopiert werden.

```
Sheets("Symbole").Select
ActiveSheet.Shapes(vntBild).Select
Selection.Copy
```

Nun wird es dem entsprechenden Datenpunkt zugewiesen. Dazu wird zunächst das Diagramm, dann die Datenreihe und zum Schluss der Datenpunkt ausgewählt.

```
Sheets(strDiagrammName).Select
ActiveChart.SeriesCollection(g_intCt_Series).Select
ActiveChart.SeriesCollection(g_intCt_Series). _ Points(intCt_Point).Select
```

Nun kann das Symbol dem ausgewählten Datenpunkt zugewiesen werden

```
Selection.Paste
```

Damit endet die äußere If-Bedingung ...

```
End If
```

... und mit `Next` kann der Inhalt des nächsten Elements ausgewertet werden.

```
Next
```

Wurden alle Elemente ausgewertet, so soll das aktive Diagramm oder genauer gesagt der letzte aktive Datenpunkt deselektiert werden.

```
ActiveChart.Deselect
```

Damit ist der reguläre Durchlauf des Makros beendet, was auch mit dem Befehl `Exit Sub` ausgedrückt wird.

```
Exit Sub
```

Sollte wider Erwarten jedoch ein Fehler aufgetreten sein (fehlerfreie Programme gibt es übrigens nicht), so erfolgt, wie bereits erwähnt, die Anzeige von Fehlernummer und Fehler. Danach ist das Programm ebenfalls beendet und auch hier wird wieder zum aufrufenden Programm zurückgekehrt.

```
SymboleZuweisen_Fehler:
    MsgBox Err & " " & Error, vbCritical, "Fehlermeldung"
End Sub
```

Nun wird die Bildschirmaktualisierung wieder eingeschaltet und Sie können das fertige Diagramm betrachten.

```
    Application.ScreenUpdating = True
End Sub
```

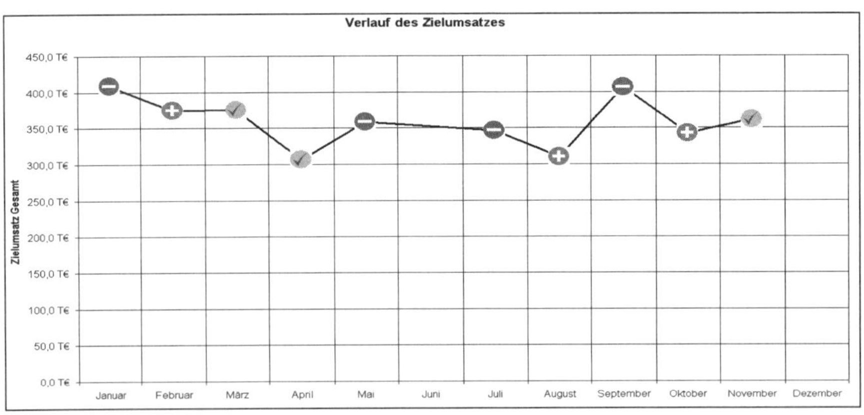

Abbildung 24.3 Das fertige Diagramm

Teil 3: Automatisierung von Excel Arbeiten mit VBA-Makros

25 Die Programmiersprache VBA

25.1 Was sind Makros

Eigentlich konnten Sie seit jeher mit Excel Makros erstellen. Diese Erstellung ließ sich entweder durch Aufzeichnen oder aber auch durch Schreiben dieser Makros bewerkstelligen.

Makros, VBA, was bedeutet das eigentlich? Bevor Sie tiefer in den Umgang mit VBA einsteigen, sollen zunächst diese Begriffe erklärt werden.

Bis zur Version 4.0 ließen sich Makros in der speziellen Makrosprache von Excel schreiben. Dies war eine »zellenorientierte« Sprache, das heißt der Editor sah aus wie eine Tabelle, deren Spalten auf 20 Zeichen verbreitert wurden. Diese Sprache wurde dann ab der Excel-Version 5.0 ergänzt durch die Makrosprache VBA. VBA ist die Abkürzung von Visual Basic für Applikationen.

Vielleicht ist ergänzt auch nicht das richtige Wort, ersetzt wäre sicher besser. Diese Sprache bietet nämlich die Möglichkeiten einer »richtigen« Programmiersprache. Um aber nicht abrupt mit der alten Makrosprache zu brechen, wurde die Möglichkeit, Makros nach der alten Technik zu erstellen, bis zur Version 7.0 (Excel 95) beibehalten. Was aber ist bzw. was kann ein Makro?

Ein Makro ist die Zusammenfassung von Befehlen, Anweisungen und Funktionen, die auf »Knopfdruck« ausgeführt werden können.

25.2 Was ist VBA?

Und was ist VBA? Bei VBA handelt es sich um eine visuelle Programmiersprache, die zuerst bei Excel, dann bei MS-Project und nun mit allen Office-Applikationen, also Office-Programmen, verwendet werden kann. Allerdings erst seit Office 97. Das »Visuelle« an dieser Programmiersprache ist die Möglichkeit, die Benutzeroberfläche durch so genannte Objekte selbst gestalten zu können. Diese Objekte sind beispielsweise Schaltflächen, Text- oder Bezeichnungsfelder, Listboxen usw. Mithilfe von Methoden, Eigenschaften und Ereignissen lassen sich nun diese Objekte verwenden. Was diese Begriffe bedeuten, erfahren Sie etwas später in diesem Kapitel.

25.3 Welche Makros gibt es?

Man unterscheidet grundsätzlich zwischen 2 Makrotypen, den Befehlsmakros und den Funktionsmakros.

Befehlsmakros sind Makros, die Befehle ausführen. Soll beispielsweise eine Zelle einen gelben Hintergrund und eine rote Schrift erhalten, so verwendet man ein Befehlsmakro.

Einem Funktionsmakro werden Werte übergeben. Mit diesen Werten wird eine Berechnung durchgeführt und ein Ergebnis zurückgeliefert. Angenommen, es soll die Fläche eines Rechtecks berechnet werden. Die Werte für Breite und Länge werden übergeben, innerhalb des Funktionsmakros multipliziert und der so berechnete Wert, die Fläche, wird zurückgegeben.

Unterscheiden Sie Makros nach Art der Erstellung, so haben Sie es entweder mit aufgezeichneten oder mit geschriebenen Makros zu tun.

Funktionsmakros können nicht aufgezeichnet werden, sie müssen immer geschrieben werden. Befehlsmakros werden meist dann geschrieben, wenn beim Ablauf des Makros Entscheidungen getroffen werden müssen. Beispielsweise ob ein Wert eine bestimmte Größe erreicht oder überschritten hat, ob sich in der aktiven Zelle ein Wert befindet usw. Aufgezeichnet werden Makros, wenn lediglich eine Reihe von Befehlen aneinander gereiht werden soll.

Es gibt bei den Befehlsmakros allerdings auch noch eine Variante. Um die Erstellung eines Makros zu vereinfachen, oder wenn einem die »richtigen« Befehle gerade nicht einfallen, kann ein Makro auch aufgezeichnet und anschließend bearbeitet werden. Diese Bearbeitung kann sich auf ein »Ausdünnen« der veränderten Eigenschaften erstrecken oder aber auch auf eine manuelle Ergänzung des aufgezeichneten Codes.

25.4 VBA-Makros aufzeichnen

Lassen Sie mich nun die Vorgehensweise an einem kleinen Beispiel erläutern.

Die Aufgabenstellung

Alle Zellen eines Arbeitsblatts, die Formeln enthalten, sollen farblich gekennzeichnet werden. Außerdem sollen sie gesperrt werden. In alle anderen Zellen sollen Eingaben gemacht werden können. Anschließend soll das Blatt geschützt werden.

Die Ausführung

Um dies manuell, also mithilfe von Maus, Menü- oder Tastaturbefehlen, zu bewerkstelligen, müssen Sie folgendermaßen vorgehen:

- Menü EXTRAS | MAKRO | AUFZEICHNEN...
- Makronamen vergeben: `FormelnKennzeichnen`

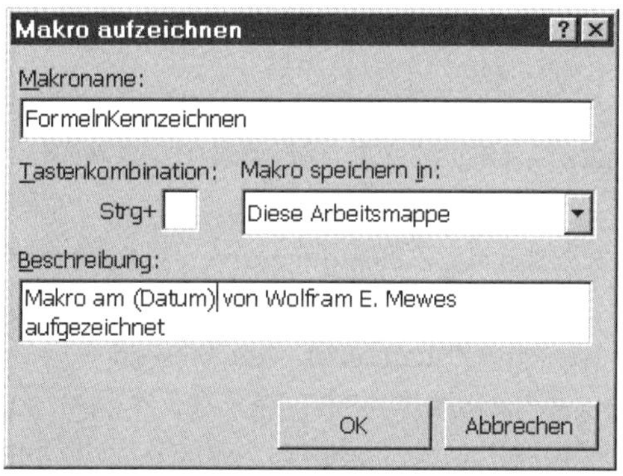

Abbildung 25.1 Neues Makro aufzeichnen

- Arbeitsblatt markieren [Strg]+[a]
- FORMAT | ZELLEN [Strg]+[1]-Register SCHUTZ | GESPERRT (abwählen) OK
- BEARBEITEN | GEHEZU [Strg]+[g] INHALTE | FORMELN (anwählen) OK.
- Format-Zellen [Strg]+[1]-Register Muster-Farbe Gelb.
- Register SCHUTZ | GESPERRT (anwählen) OK
- EXTRAS | SCHUTZ | BLATT OK

Nach dem letzten Befehl muss die Aufzeichnung beendet werden. Dies lässt sich auf zwei unterschiedliche Arten bewerkstelligen. Zu Beginn der Aufzeichnung wurde die Symbolleiste AUFZEICHNEN eingeblendet.

- Klicken Sie auf das Symbol AUFZEICHNUNG BEENDEN, so ist die Aufzeichnung abgeschlossen.

Alternativ ließe sich die Aufzeichnung so beenden, wie sie begonnen wurde, nämlich im Menü EXTRAS | MAKRO. Mit »AUFZEICHNUNG BEENDEN« kann auch hier die Makroaufzeichnung abgeschlossen werden.

So, nun haben Sie Ihr (erstes?) Makro erstellt. Sehen Sie sich den Inhalt einmal an. Verwenden Sie hierzu die Tastenkombination [Alt]+[F11], um den Visual Basic-Editor aufzurufen.

```
Sub FormelnKennzeichnen()
    Cells.Select
    Selection.Locked = False
    Selection.FormulaHidden = False
    Selection.SpecialCells(xlCellTypeFormulas, 23).Select
    With Selection.Interior
        .ColorIndex = 6
        .Pattern = xlSolid
        .PatternColorIndex = xlAutomatic
    End With
    Selection.Locked = True
    Selection.FormulaHidden = False
    ActiveSheet.Protect DrawingObjects:=True, _
                        Contents:=True, Scenarios:=True
End Sub
```

Die erste Zeile beinhaltet das Schlüsselwort `Sub` und den Namen dieses Befehlsmakros *FormelnKennzeichnen*.

Mit dem Befehl in der zweiten Zeile werden alle Zellen der aktiven Tabelle markiert.

Die dritte Zeile bewirkt, dass alle markierten Zellen nicht gesperrt sind.

In der nächsten Zeile steht ein Befehl, den Sie nicht gezielt eingegeben haben, der sich allerdings in der Registerkarte SCHUTZ befand. Hier wurde die aktuelle Einstellung, mit der gesperrte Formeln nicht ausgeblendet werden, übernommen.

In der fünften Zeile werden im aktuell markierten Bereich nur noch die Formeln markiert.

Die Zeilen 6 bis 10 sind eine `With....End With`-Anweisung, mit der der Hintergrund der markierten Zellen gelb hinterlegt wird.

In der Zeile 11 werden diese Zellen gesperrt. Wiederum gefolgt von einem nicht gezielt eingegebenen Befehl zur Nichtausblendung der gesperrten Formeln in der Zeile 12.

Zeile 13 und 14 zeigen einen Befehl, der allerdings zur Anzeige in einer Zeile zu lang war und mithilfe des Zeilenfortführungszeichens _ (Unterstrich) auf der nächsten Zeile fortgesetzt wurde. Der Befehl bewirkt den Schutz des aktiven Blattes, beinhaltet aber ebenfalls weitere, nicht bewusst ausgewählte Optionen.

In der letzten Zeile wird mit `End Sub` das Befehlsmakro beendet.

25.5 Aufgezeichnete Makros bearbeiten

Bearbeitung eines Makros ab Excel 97

Ab Office 97 werden die Makros nicht mehr innerhalb der Arbeitsmappe bearbeitet, sondern direkt in dem Visual Basic-Editor.

Diesen rufen Sie, wie bereits vorstehend erwähnt, entweder über die Tastenkombination [Alt]+[F11] oder den Menübefehl EXTRAS | MAKRO | VISUAL BASIC-EDITOR auf.

VBA 6.0, das ist die Versionsnummer der derzeit aktuellen VBA-Version. Diese Nummer hat nichts mit der Versionsnummer von Excel zu tun. Dieses VBA besteht eigentlich aus zwei Teilen. Der eine Teil beinhaltet den allgemeinen Sprachumfang dieser Makrosprache, der nicht nur für alle im Office-2000-Paket enthaltenen Applikationen gleich ist, sondern auch in der »richtigen« Programmiersprache Visual Basic 6.0.

Der »andere« Teil von VBA beinhaltet den applikationsspezifischen Teil, der sich natürlich bei Excel, Word und den anderen Applikationen unterscheidet.

Werfen Sie zunächst einen Blick auf die Oberfläche. Neben den Menü- und Symbolleisten am oberen Rand des Bildschirms enthält die Standardoberfläche auf der linken Bildschirmseite das Eigenschaftenfenster [F4] und den Projekt-Explorer [Strg]+[r].

In diesem Projekt-Explorer befinden sich alle Blätter der derzeit geladenen Arbeitsmappen. Uns interessiert die Mappe *Module*. Ist diese Mappe geschlossen, so befindet sich links daneben ein Pluszeichen. In geöffnetem Zustand ändert sich dieses Pluszeichen in ein Minuszeichen und die enthaltenen Module werden mit ihren Namen angezeigt. Das soeben aufgezeichnete Makro befindet sich in *Modul1*.

Um sich den Inhalt anzeigen zu lassen, klicken Sie auf dieses Modul.

Zunächst geschieht allerdings nichts. Im Kopf des Projekt-Explorers befinden sich drei Symbole. Setzt man den Mauszeiger auf diese Symbole, so erscheinen von links nach rechts betrachtet folgende Quick-Infos:

- Code anzeigen
- Objekt anzeigen
- Ordner wechseln

Da Sie den Code, den Sie aufgezeichnet haben, betrachten wollen, klicken Sie auf das erste Symbol.

Daraufhin erscheint der so genannte Code-Editor. Dieses Fenster vergrößern Sie zu einem Vollbild und betrachten dann den aufgezeichneten Befehlscode.

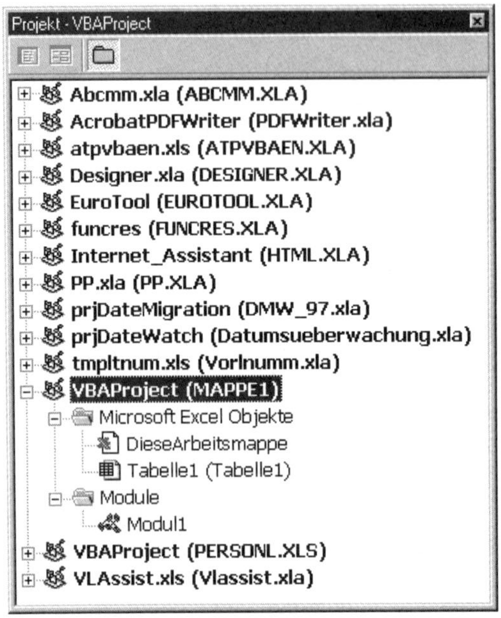

Abbildung 25.2 Projekt-Explorer

25.5.1 Warum eine Nachbearbeitung?

Warum sollten Sie ein aufgezeichnetes Makro bearbeiten? Die Antwort ist einfach: Weil der Makrorekorder oft des Guten zu viel tut.

Angenommen, Sie haben ein Makro aufgezeichnet, mit dem der Schriftschnitt der Schrift geändert werden soll. Unter Schriftschnitt versteht man die Ausprägung der Schrift, also ob sie fett, kursiv oder normal dargestellt wird. Der Code dieses aufgezeichneten Makros sieht folgendermaßen aus:

```
Sub SchriftSchnitt()
    With Selection.Font
        .Name = "Arial"
        .FontStyle = "Fett"
        .Size = 10
        .Strikethrough = False
        .Superscript = False
        .Subscript = False
        .OutlineFont = False
        .Shadow = False
        .Underline = xlNone
        .ColorIndex = xlAutomatic
    End With
End Sub
```

Obwohl eigentlich folgender Befehl gereicht hätte:

```
Selection.Font.FontStyle = "Fett"
```

Das aufgezeichnete Makro hat alle eingestellten Optionen der Dialogbox übernommen, also nicht nur den Schriftschnitt »Fett« der eigentlich eingestellt werden sollte. Würden Sie dieses aufgezeichnete Makro ablaufen lassen, so weisen Sie nicht nur der Eigenschaft »Schriftschnitt« einen neuen Wert zu, sondern auch allen anderen Eigenschaften des Objektes Schrift.

Dies ist sicher nicht in allen Fällen gewünscht. Editieren Sie dieses Makro, so lassen sich die überflüssigen Eigenschaftszuweisungen einfach entfernen. Das abgespeckte Makro sieht dann so aus:

```
Sub SchriftSchnitt()
    Selection.Font.FontStyle = "Fett"
End Sub
```

26 Objekte, Methoden, Eigenschaften und Ereignisse

Beschäftigen Sie sich näher mit den Programmiersprachen Visual Basic oder Visual Basic for Application, dann kommen Sie unweigerlich auch mit Objekten, Methoden, Eigenschaften und Ereignissen in Berührung.

Der Begriff des Objekts ist sehr weit gefasst. Man unterscheidet zwischen natürlichen und virtuellen Objekten. Natürliche Objekte sind beispielsweise Personen, Autos, Computer usw. Diese interessieren uns in Visual Basic allerdings nicht.

Virtuelle Objekte sind beispielsweise Mappen, Tabellen oder auch die Zellen, die Sie soeben bearbeitet haben.

Objekte verfügen über Eigenschaften, die sie beschreiben, Methoden mit denen sich Objekte ausführen lassen und Ereignisse, die im Zusammenhang mit der Ausführung von Objekten eintreten können.

Abbildung 26.1 Objekt Männchen

Mit einem kleinen abstrakten Beispiel soll dies etwas verdeutlicht werden.

26.1 Eigenschaften

Um Objekte beschreiben zu können, benötigen Sie Eigenschaften. Eigenschaften können zugewiesen und gelesen werden. Dieses Zuweisen bzw. Lesen kann während der Entwurfzeit oder während der Laufzeit erfolgen. Wann was möglich ist, hängt zum einen vom Objekt, zum anderen von der Eigenschaft ab. Hierauf werde ich später noch näher eingehen.

Eigenschaften, die zur Entwurfszeit zugewiesen werden sollen, werden in das zuvor bereits erwähnte Eigenschaftenfenster eingetragen.

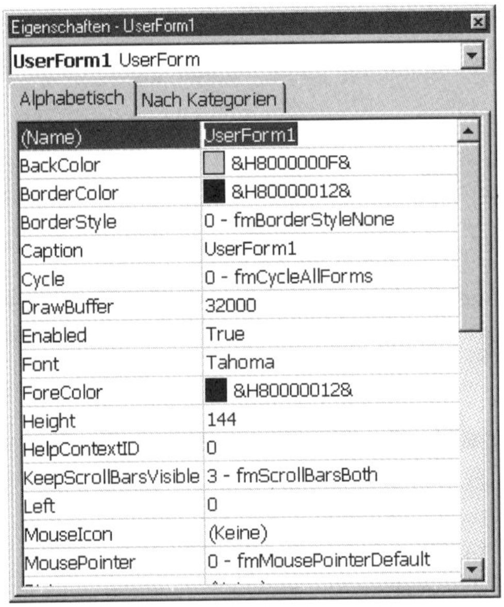

Abbildung 26.2 Eigenschaftenfenster

Eigenschaften, die zur Laufzeit zugewiesen werden, schreibt man als Programmcode.

Unterschiedliche Objekte haben unterschiedliche Eigenschaften. Diese bestimmen die Wirkungsweise und das Aussehen der Objekte.

Dies ist Ihr Objekt, das unter anderem zwei Eigenschaften hat: den Namen und die Farbe. Die Eigenschaft `Name` hat jedes Objekt. Der Eigenschaft `Name` weisen Sie den Wert *Männchen* zu und der Eigenschaft `Farbe` den Wert *schwarz*.

Da Eigenschaften immer zugewiesen werden, lautet die Syntax:

```
Objekt.Eigenschaft = Wert
```

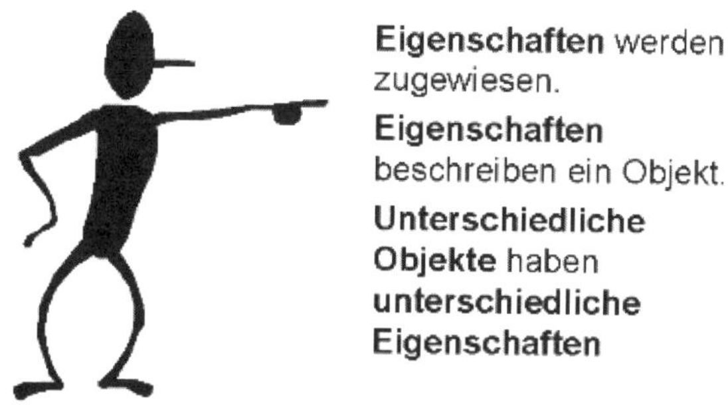

Abbildung 26.3 Eigenschaften werden zugewiesen

Das Objekt wird durch einen Punkt von der Eigenschaft getrennt. Der Wert wird der Eigenschaft durch ein Gleichheitszeichen zugewiesen.

26.2 Methoden

Mithilfe von Befehlen, die hier Methoden genannt werden, können Sie Ihr Objekt bearbeiten. Methoden werden ausgeführt und wirken immer direkt auf das Objekt. Methoden sind öffentliche Prozeduren der Klasse, aber darauf will ich hier nicht näher eingehen.

Angenommen, Ihr Objekt verfügt über die Methode `Laufen`. Mit dieser Methode `Laufen` können Sie Ihr Objekt in Bewegung setzten. Dabei gilt die folgende Schreibweise:

Objekt.Methode

Das Objekt wird durch einen Punkt von der Methode getrennt.

Abbildung 26.4 Die Methode Laufen

26.3 Ereignisse

Nachdem Sie Ihr Objekt Männchen mit der Methode `Laufen` in Bewegung gesetzt haben, muss es ja auch irgendwo ankommen. Ist das der Fall, so tritt ein Ereignis ein. Dieses Ereignis kann seinerseits auch wieder mit einer so genannten Ereignisprozedur gekoppelt werden, die dann ausgeführt wird, wenn das Ereignis eintritt.

Angenommen, das Männchen nimmt an einem Wettlauf teil und erreicht das Ziel, das Ereignis `Ziel erreicht` tritt also ein, so könnte die Ereignisprozedur `Freuen` gestartet werden.

Objekt_Ereignis()

Das Objekt wird durch einen Unterstrich vom Ereignis getrennt.

Abbildung 26.5 Ereignisse treten ein

26.4 Die Umsetzung

Stellen Sie sich einfach vor, Sie haben eine Schaltfläche, die 3 cm breit und 1 cm hoch ist. Oder anders ausgedrückt, das Objekt `Schaltfläche` besitzt die Eigenschaften `Width` und `Height`. Diesen sind momentan die Werte `Width` = *3 cm* und `Height` = *1 cm* zugewiesen. Soll nun die Schaltfläche größer werden, weisen Sie diesen Eigenschaften neue Werte zu, beispielsweise `Width` = *5 cm* und `Height` = *2 cm.*

Das `Schaltfläche` -Objekt verfügt zum einen über weitere Eigenschaften, zum anderen besitzen unterschiedliche Objekte auch unterschiedliche Eigenschaften.

26.5 Schreiben von Befehlsmakros

Als Beispiel für die Erstellung eines geschriebenen Befehlsmakros will ich eine Aufgabenstellung heranziehen, nach deren Lösung ich in Excel-Seminaren immer wieder gefragt werde: Wie bekomme ich den Verzeichnisnamen in die Kopf- bzw. Fußzeile meiner Mappe?

Diesem Problem werde ich mithilfe eines Makros auf den Leib rücken und es lösen.

26.5.1 Variable, ihre Deklaration und ihre Bedeutung

Bei geschriebenen Makros und auch bei Funktionen werden »Behälter« benötigt, in denen Werte zwischengespeichert werden können. Diese Behälter nennt man Variablen.

Grundsätzlich unterscheidet man zwei unterschiedliche Arten von Variablen. Solche, die einfache Werte, Daten, Zahlen usw. aufnehmen können, und so genannte komplexe Variablen. Komplexe Variablen bezeichnet man auch als Objektvariablen. Auf diese Variablen werden ich später noch genauer eingehen. Zunächst interessiert uns die ganz normale Variable und deren Definition.

Einfache Variable

Variablen werden normalerweise mit der `Dim`-Anweisung deklariert. Allerdings gibt es auch noch die Anweisungen `Static`, `Private` und `Public`. Soll die Variable ihren Wert während der Laufzeit nicht verändern, also konstant bleiben, kommt noch die Anweisung `Const` hinzu. Dabei wird für diese Variablen Speicherplatz reserviert. Der Anweisung folgt der Name der Variablen. Wird nichts Weiteres angegeben, so erhält die Variable den Standard-Typ zugewiesen. Dieser Standardtyp ist `Variant`. Dies bedeutet, die Variable kann jeden beliebigen Inhalt aufnehmen.

Die `Dim`-Anweisung kann entweder ganz am Anfang eines Moduls stehen. Diesen Bereich bezeichnet man als den Deklarationsabschnitt eines Moduls. Oder auch innerhalb einer Prozedur. Der Unterschied besteht in der Gültigkeit der Variablen. Eine im Deklarationsteil deklarierte Variable gilt für das ganze Modul, während die in einer Prozedur deklarierte Variable lediglich für diese Prozedur gilt.

Einer Variablen, unabhängig davon, wo sie deklariert wird, keinen Datentyp zuzuweisen, ist zwar sehr bequem, muss aber mit Speicherplatz bezahlt werden. Sinnvoller ist es deshalb, einen Typ zuzuweisen. Dies gilt in allen Fällen, in denen die zugewiesenen Inhalte bekannt sind.

Folgende Typdeklarationen kennt Excel:

Datentyp	**Speicherbedarf**
Byte	1 Byte
Boolean	2 Byte
Integer	2 Byte
Long (lange Ganzzahl)	4 Byte
Single (Gleitkommazahl mit einfacher Genauigkeit)	4 Byte
Double (Gleitkommazahl mit doppelter Genauigkeit)	8 Byte
Currency (skalierte Ganzzahl)	8 Byte
Decimal	14 Byte
Date	8 Byte
Object	4 Byte
String (variable Länge)	10 Bytes plus Zeichenfolgenlänge
String (feste Länge)	Zeichenfolgenlänge
Variant (mit Zahlen)	16 Byte
Variant (mit Zeichen)	22 Byte plus Zeichenfolgenlänge
Benutzerdefiniert(mit Type)	Zahl ist von Elementen abhängig

Tabelle 26.1 Typdeklaration in Excel

Eine genaue Spezifizierung finden Sie in der Excel-Hilfe und im Anhang dieses Buches. Auch im Internet finden Sie zu diesem Thema Hilfe. Die so genannten Reddick-Namenskonventionen beschäftigen sich ebenfalls mit diesem Thema. Auf der Begleit-CD zu diesem Buch sind diese Namenskonventionen als HTML-Datei enthalten.

Damit man beim Lesen des Programmcodes dann auch weiß, welchen Inhalt diese Variable aufnehmen kann, sollte die Vorsilbe des Variablennamens sprechend sein. Im nachfolgenden Beispiel wird eine `String`-Variable deklariert. Diese soll den ermittelten Verzeichnisnamen aufnehmen.

```
Dim strVerzeichnis As String
```

Mit `As String` wird der Datentyp angegeben. Da diese Deklaration innerhalb der Prozedur vorgenommen wird, ist diese Variable auch nur innerhalb der

Prozedur bekannt. Nach Beenden der Prozedur verliert sie ihre Gültigkeit. Der Vorteil besteht darin, dass dieser Variablen auch nur innerhalb der Prozedur ein Wert zugewiesen werden kann. Sie kann also nicht von »außen«, das heißt durch andere Prozeduren beeinflusst werden.

Dies könnte der Fall sein, wenn wir unsere Variable im Deklarationsabschnitt des Moduls mit `Dim` deklarieren würden. Nun behielte diese Variable ihre Gültigkeit und könnte im gesamten Modul verwendet werden. Allerdings nur in dem Modul, in dem sie deklariert wurde.

Soll sie jedoch in allen Modulen gelten, so wird nicht mehr die Anweisung `Dim` für die Deklaration verwendet, sondern `Public`.

Damit ist diese Variable in allen Modulen und Prozeduren bekannt und kann dort auch verwendet werden.

```
Public strVerzeichnis As String
```

Es gibt also drei Stellen, an denen Sie eine Prozedur deklarieren können. Aber woher sollen Sie als Programmierer bei der Verwendung dieser Funktion wissen, wo nun diese Variable deklariert wurde und welchen Gültigkeitsbereich sie hat. Nachschauen, klar das geht. Aber Ihr Problem wird dadurch nicht beseitigt, sondern nur zeitlich verschoben.

Besser ist es, wenn Sie sprechende Namen vergeben, die die Variable gleich so kennzeichnen, dass sofort ersichtlich ist, wo sie deklariert wurde. Hinweise, wie Variablen deklariert werden sollen, finden Sie an den bereits erwähnten Stellen, aber auch zusätzlich noch in der Hilfe zu VBA unter dem Stichwort »Namenskonventionen in Visual Basic«:

Befolgen Sie die folgenden Regeln, wenn Sie Prozeduren, Konstanten, Variablen und Argumente in einem Visual Basic-Modul benennen:

- Verwenden Sie einen Buchstaben als erstes Zeichen.
- Verwenden Sie kein Leerzeichen, keinen Punkt (.), Ausrufezeichen (!) oder die Zeichen @, &, $, # im Namen.
- Der Name darf die Länge von 255 Zeichen nicht überschreiten.
- Im Allgemeinen sollten Sie keine Namen verwenden, die bereits durch Funktionen, Anweisungen und Methoden in Visual Basic verwendet werden, da auf diese Weise die Funktionalität des entsprechenden Schlüsselworts in der Sprache beeinträchtigt wird. Wenn Sie Funktionen, Anweisungen oder Methoden verwenden möchten, die in die Sprache integriert sind und mit einem zugewiesenen Namen in Konflikt stehen, müssen Sie die Funktion, Anweisung oder Methode explizit kennzeichnen. Stellen Sie dem Namen der integrierten Funktion, Anweisung oder Methode den Namen der zugehörigen Klassenbibliothek voran. Wenn Sie z.B. eine Variable mit dem Namen Left verwenden, können Sie die Left-Funktion nur mit VBA.Left aufrufen.

- Sie können Namen innerhalb des gleichen Gültigkeitsbereichs nicht wiederholen. Sie können z. B. nicht zwei Variablen mit dem Namen Alter innerhalb der gleichen Prozedur deklarieren. Sie können aber eine private Variable mit dem Namen Alter und eine Variable auf Prozedurebene mit dem Namen Alter innerhalb des gleichen Moduls deklarieren.

Anmerkung: Visual Basic berücksichtigt die Groß-/Kleinschreibung nicht, behält jedoch die Schreibweise der Anweisung bei, mit der der Name deklariert wurde.

Damit also klar ersichtlich ist, dass eine Variable mit Public im Deklarationsteil des Moduls deklariert wurde, sollte vor der Angabe des Typs der Buchstabe `g` gesetzt werden. Natürlich wäre auch `p` möglich. Es könnte aber leicht zu Verwechslungen mit Variablen kommen, die als `Private` deklariert wurden.

Die Deklarationen auf den drei Gültigkeitsebenen sähen also folgendermaßen aus:

Auf Modulebene (Public):	`Public`	`g_strVerzeichnis As String`
Auf Modulebene:	`Dim`	`m_strVerzeichnis As String`
Auf Prozedurebene:	`Dim`	`strVerzeichnis As String`

Somit lässt sich leicht erkennen, wo diese Variablen deklariert wurden.

Es lassen sich auch mehrere Variablen in einer Anweisung deklarieren. Allerdings müssen Sie für jede Variable den Datentyp angeben. Dies unterscheidet VBA von anderen Programmiersprachen, wie beispielsweise Pascal.

Die Deklaration `Dim strVerzeichnis, strDateiname As String` erstellt eine Variable vom Typ `Variant` und eine Variable vom Typ `String`. Dies kann natürlich zu unliebsamen Überraschungen führen, da, wie bereits erwähnt, die Variant-Variable alle Datentypen aufnehmen kann. Sollten beide Variablen vom Typ String sein, müsste die Deklaration so lauten:

```
Dim strVerzeichnis As String, strDateiname As String
```

Die `Private`-Anwendung setzen Sie dann ein, wenn eine auf Modulebene deklarierte Variable nur von Prozeduren des gleichen Moduls verwendet werden soll. Allerdings wird dies nach meiner Erfahrung relativ selten getan, da die Anweisung `Dim` auf Modulebene das Gleiche bewirkt.

Einen besonderen Stellenwert hat die Anweisung `Static`. Wie bereits vorstehend ausgeführt wurde, verliert eine Prozedurvariable ihre Gültigkeit und damit auch ihren Inhalt, wenn die Prozedur beendet wurde. Wollen Sie beispielsweise einen Zähler programmieren, so müssten Sie die Variable außerhalb der Prozedur auf Modulebene deklarieren. Sonst wird beim Beenden der Prozedur der Wert immer wieder auf *0* zurückgesetzt. Ist die Variable aber im ganzen Modul bekannt, kann sie auch von außen verändert werden. Dies ist aber auch nicht in unserem Sinn. Die Lösung bringt die `Static`-Anweisung. Deklarieren Sie innerhalb der Prozedur mit Static, so bleibt der Inhalt der Variablen auch nach dem Verlassen der Prozedur erhalten.

Leider müssen Variablen in VBA nicht explizit, also ausdrücklich deklariert werden. Die implizierte Deklaration ist zulässig und erfolgt durch Zuweisen des Inhalts:

```
a = 5
```

deklariert die Variable implizit und weist ihr den Inhalt 5 zu. Um dies zu verhindern, sollte am Beginn jedes Moduls die Anweisung `Option Explicit` stehen.

Nun wäre es natürlich lästig, diese Anweisung selbst in jedes neue Modul schreiben zu müssen. Einfacher geht es, wenn die explizite Deklaration bereits in den Voreinstellungen gewählt werden würde: Befinden Sie sich im Code-Editor, rufen Sie mit der folgenden Anweisung diese Voreinstellungen auf:

EXTRAS | OPTIONEN

In der Registerkarte ANSICHT lässt sich das Kontrollfeld VARIABLENDEKLARATION ERFORDERLICH, wie nachstehend gezeigt, einstellen.

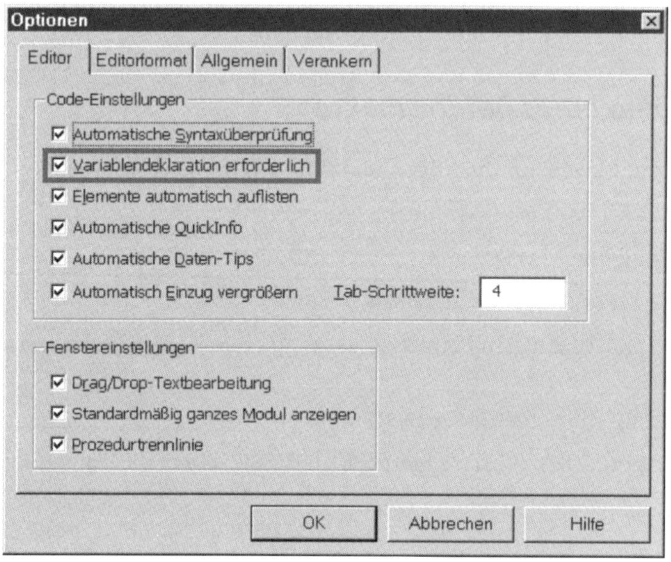

Abbildung 26.6 Variablendeklaration erforderlich

Allerdings bewirkt diese Option nicht, dass bereits vorhandene Module mit dieser Anweisung automatisch »nachgerüstet« werden. Dies müssten Sie nach wie vor manuell durchführen.

Komplexe Variable

Komplexe Variablen enthalten einen Verweis auf die Klassenbibliothek des Objektes. Dies klingt nicht nur kompliziert, sondern ist es auch. Jedenfalls intern. Damit müssen Sie sich hier jedoch nicht abgeben. Wollen Sie eine Objektvariable deklarieren, so verwenden Sie die gleichen Anweisungen wie bei einer einfachen Variablen. Anders ist lediglich der Typ, den Sie dieser Variablen zuweisen. Dieser Typ ist der Verweis auf die Klassenbibliothek.

Später in diesem Teil werden Sie sich mit der makrogesteuerten Erstellung einer Pivot-Tabelle beschäftigen. Diese Deklaration wird dann so aussehen:

```
Dim pivTabelle As PivotTable
```

Um dieser Objektvariablen dann einen Wert zuzuweisen, wird die Anweisung `Set` verwendet. Diese weist dieser Variablen den Objektverweis zu.

```
Set pivTabelle = ActiveSheet.PivotTableWizard
```

Eine andere Möglichkeit der Erstellung einer neuen Instanz, so wird dieser Vorgang auch genannt, besteht darin, das Schlüsselwort `New` zu verwenden. Allerdings gibt es bei der Verwendung von `New` einige Restriktionen, auf die an dieser Stelle nicht weiter eingegangen werden soll. Weitere Informationen zu dieser Problematik gibt Ihnen die Online-Hilfe von Excel.

26.5.2 Schreiben eines Befehlsmakros

Seit Excel 97 kann ein Makro auf die folgende Art und Weise erstellt werden:

- Menübefehl EXTRA | MAKRO | MAKROS...

Es erscheint die Dialogbox MAKRO.

- Wählen Sie bei MAKROS IN: *Diese Arbeitsmappe* aus.
- Geben Sie bei MAKRONAME den Namen unseres zu erstellenden Makros ein: *VerzeichnisName*
- Nun klicken Sie auf die Schaltfläche ERSTELLEN

Der Makro-Editor von VBA wird aufgerufen und Sie sehen die folgenden Befehlszeilen:

```
Option Explicit

Sub VerzeichnisName()
End Sub
```

Anfang und Ende der Befehlsprozedur wurden bereits eingefügt. Ebenso sehen Sie die Anweisung `Option Explicit`, die automatisch in den Deklarationsbereich unseres Moduls eingetragen wurde.

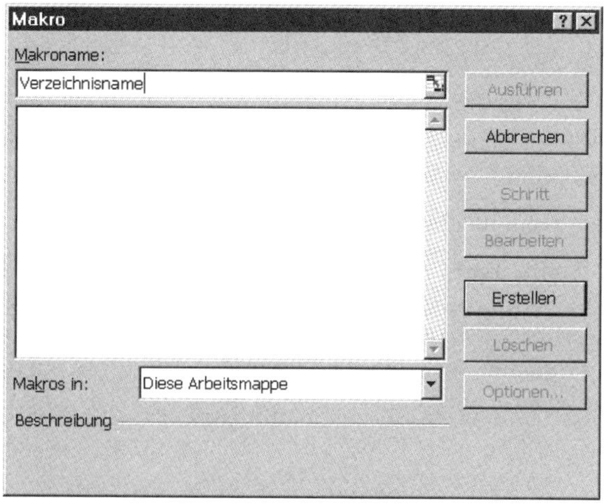

Abbildung 26.7 Vergeben eines Makronamens

Zwischen `Sub` und `End Sub` schreiben Sie nun die Befehlszeilen des Makros.

26.5.3 Eingabe des Befehlscodes

Zunächst deklarieren Sie eine Variable vom Typ `String`, die den Namen des Verzeichnisses einschließlich den Namen der Mappe aufnehmen soll:

```
Dim strVerzeichnis As String
```

Anschließend weisen Sie den Namen des Pfades sowie den Namen des Objektes, also unserer Mappe, der Variablen zu.

```
strVerzeichnis=Workbooks.Application.ActiveWorkbook.FullName
```

Workbooks ist kein Objekt, sondern eine Auflistung. In dieser Auflistung sind alle geöffneten Arbeitsmappen enthalten.

`Application` ist eine Eigenschaft, die ein `Application`-Objekt zurückgibt. Dieses Applikationsobjekt repräsentiert die Erstellungsanwendung des angegebenen Objekts oder, verständlicher ausgedrückt, Excel.

`ActiveWorkbook` gibt ein `Workbook`-Objekt zurück. Hierbei handelt es sich um die geöffnete Arbeitsmappe im aktiven Fenster.

Bei `FullName` handelt es sich ebenfalls um eine Eigenschaft. Diese beinhaltet das, was Sie eigentlich wissen wollen. Den kompletten Pfadnamen einschließlich des Namens der Mappe.

Um Missverständnissen vorzubeugen, es funktioniert beim Aufruf dieses Makros aus Excel auch die Kurzform dieser Befehlszeile:

```
strVerzeichnis = ActiveWorkbook.FullName
```

Nun soll der Inhalt der Variablen `strVerzeichnis` unserem aktiven Blatt, sprich unserer Tabelle zugewiesen werden.

`ActiveSheet` gibt als Objekt das aktuelle Blatt der aktiven Arbeitsmappe zurück.

`PageSetUp` ist wieder eine Eigenschaft, die als Wert ein `PageSetUp`-Objekt zurückgibt. Dieses `PageSetup`-Objekt enthält alle Eigenschaften zur Seiteneinrichtung. Sie interessieren in diesem Zusammenhang nur die Positionsmöglichkeiten der Kopf- und Fußzeile. Je nachdem, wo der Pfad mit dem Dateinamen positioniert werden soll, verwenden Sie eine der folgenden Eigenschaften:

Position	Eigenschaft
Kopfzeile links	LeftHeader
Kopfzeile zentriert	CenterHeader
Kopfzeile rechts	RightHeader
Fußzeile links	LeftFooter
Fußzeile zentriert	CenterFooter
Fußzeile rechts	RightFooter

Tabelle 26.2 Eigenschaften zur Positionierung der Kopf- und Fußzeile

Sollen der Pfad und Dateinamen links in der Fußzeile positioniert werden, so gilt die folgende Befehlszeile:

```
ActiveSheet.PageSetup.LeftFooter = strVerzeichnis
```

Erscheint Ihnen diese Fußzeile zu mächtig, also in einer zu großen Schrift ausgegeben, so lässt sich auch dies ändern. Mit dem Befehl:

```
ActiveSheet.PageSetup.LeftFooter = "&08" & strVerzeichnis
```

wird nicht nur der Pfad und der Dateiname ausgegeben, sondern auch die Größe auf *8 Punkte* festgelegt. Erreicht wird dies durch den speziellen Formatcode, der für die Kopf- und Fußzeilen gilt.

`&nn` druckt die nachfolgenden Zeichen im angegebenen Schriftgrad. Hierzu muss lediglich noch mit einer zweistelligen Zahl der Schriftgrad bestimmt werden.

Angenommen, Sie würden sich auch mit weniger zufrieden geben, beispielsweise mit der Angabe des aktuellen Pfads in Kopf- oder Fußzeile, dann können Sie auch die Funktion `CurDir` verwenden. Diese Funktion gibt einen Wert vom Typ `String` zurück, der den aktuellen Pfad enthält.

```
ActiveSheet.PageSetup.LeftFooter = CurDir
```

Hier nochmals der komplette Code des selbst geschriebenen Makros ohne Kommentare:

```
Sub VerzeichnisName()

Dim strVerzeichnis As String
strVerzeichnis = Workbooks.Application.ActiveWorkbook.FullName
ActiveSheet.PageSetup.LeftFooter = strVerzeichnis
ActiveSheet.PageSetup.LeftFooter = "&08" & strVerzeichnis

End Sub
```

Mithilfe der Tastenkombination [Alt]+[F11] können Sie zwischen Makro-Editor und Excel-Mappe hin- und herwechseln.

Gespeichert wird dieses Makro, wenn Sie die Mappe speichern.

26.6 Schreiben von Funktionsmakros

Funktionsmakros müssen immer geschrieben werden. Aufgerufen werden Funktionsmakros wie die eingebauten Funktionen auch, über den Funktionsassistenten oder aber durch Direkteingabe in die Zelle.

Statt mit Sub beginnt eine Funktion mit `Function` und endet dementsprechend auch mit `End Function`.

Eine Besonderheit gegenüber Befehlsmakros besteht darin, dass ein Funktionsmakro Werte zur »Bearbeitung« übergeben bekommt und die bearbeiteten Werte dann zurückliefert.

Angenommen, Sie benötigen eine Funktion, mit der Sie die Fläche eines Rechtecks berechnen wollen, so müssen Sie der Funktion die Werte für die Breite und die Höhe des Rechtecks übergeben. Denkbar wären natürlich auch Angaben wie Umfang und Länge usw., das wird im Moment aber außer Acht gelassen.

Der Rückgabewert, den Sie von der Funktion erwarten, ist die berechnete Fläche.

Rufen Sie den Makro-Editor auf. Je nach Excel-Version ist die Vorgehensweise unterschiedlich. Sie wurde weiter vorne in diesem Teil ausführlich beschrieben.

Geben Sie nun ein:

```
Function fläche(länge As Single, breite As Single) As Single
    fläche = länge * breite
End Function
```

Die Angaben für die Länge und die Breite werden als Werte vom Typ `Single` übergeben. Diese Angaben werden auch als Argumentenliste bezeichnet. Soll der Rückgabewert ebenfalls vom Typ `Single` sein, so muss dies ebenfalls angegeben werden.

Dann folgt der Berechnungsteil, den man auch Anweisungsteil nennt. Länge und Breite werden miteinander multipliziert und der Variablen `Fläche` zugewiesen, die gleichzeitig den Rückgabewert der Funktion darstellt.

Im Prinzip ist das schon alles, was zu tun ist. Selbstverständlich können Sie auch komplexere Funktionen schreiben, feste Faktoren innerhalb der Funktion verwenden usw.

Nun sollten Sie aber auch prüfen, ob diese Funktion funktioniert:

- Rufen Sie den Funktionsassistenten auf.
- Wählen Sie bei KATEGORIE: *Benutzerdefiniert* und bei FUNKTION: *fläche.*

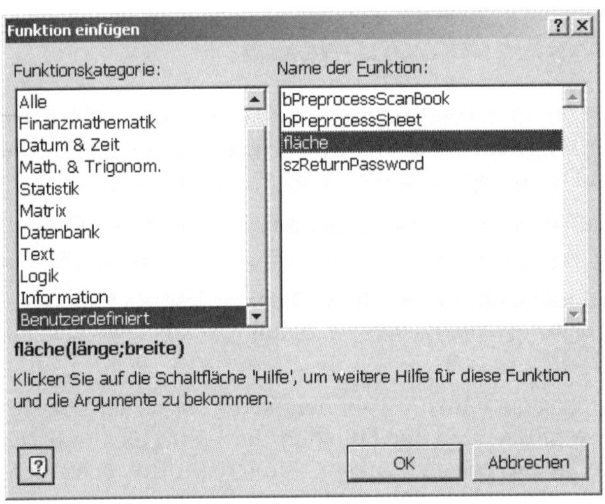

Abbildung 26.8 Aufruf des Funktionsassistenten

- Klicken Sie dann auf die Schaltfläche OK.
- Nun erscheint ein Fenster, in das Sie entweder die Werte direkt, oder besser die Zellbezüge eingeben können.

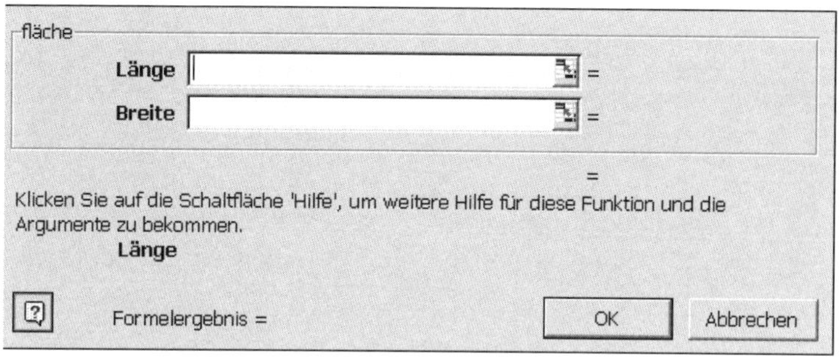

Abbildung 26.9 Eingabe der Werte oder Zellbezüge

Schließen Sie dieses Fenster mit ENDE, so führt Ihre Funktion die Berechnung in der Excel-Tabelle aus.

27 Steuerelemente auf Tabellenblättern

Die Mappe *Excel_2000_Ctrl_27_01.xls* enthält eine Tabelle mit einer Deckungsbeitragsrechnung, die sich mit der Darstellung von sprungfixen Kosten beschäftigt. Sprungfixe Kosten sind Kosten, die bei Erreichen eines so genannten Trigger-Wertes nicht linear, sondern sprunghaft ansteigen. Nehmen Sie hier beispielsweise die Lagerkapazität. Sobald die Kapazität eines Lagers erschöpft ist und ein neues Lager angemietet wird, müssen diese Kosten auf alle Produkte umgelegt werden. Dadurch kann der Fall eintreten, dass sich bei steigender Stückzahl ein Verlust ergibt.

Um die Planung eleganter und transparenter zu machen, werden Sie zur Ermittlung des Break-Even-Punktes Steuerelemente, eine Mehrfach-Operation und mehrere Grafiken verwenden.

Für die Planung werden Sie vier unterschiedliche Steuerelemente verwenden, und zwar eine COMBOBOX, einen SPINBUTTON, einen SCROLLBAR und einen COMMANDBUTTON.

Damit Sie auf der einen Seite den Umgang mit den Steuerelementen üben können, auf der anderen Seite aber über das fertige Beispiel verfügen, existieren zwei Dateien. Die Mappe *Excel_2000_Ctrl_27_01.xls* enthält das fertige Beispiel, die Mappe *Excel_2000_Ctrl_27_01_leer*.XLS beinhaltet die gleichen Daten, jedoch ohne die Steuerelemente.

- Öffnen Sie die Mappe *Excel_2000_Ctrl_27_01_leer*.XLS.
- Zunächst benötigen wir die Symbolleiste STEUERELEMENTE-TOOLBOX.
- In dieser Symbolleiste klicken Sie das Steuerelement KOMBINATIONSFELD (COMBOBOX) an.
- Bewegen Sie den Mauszeiger nun in die Tabelle, so sehen Sie ein kleines schwarzes Kreuz.

- Platzieren Sie diesen Mauszeiger in einer Ecke der Zelle *D3*, drücken die [Alt]-Taste, halten diese gedrückt und drücken nun auch die linke Maustaste. Nun ziehen Sie den Mauszeiger in die gegenüber liegende Ecke und lassen dann zuerst die Maustaste und dann die [Alt]-Taste los.
- Klicken Sie nun mit der rechten Maustaste auf das Steuerelement.

Es erscheint das folgende Kontext-Menü:

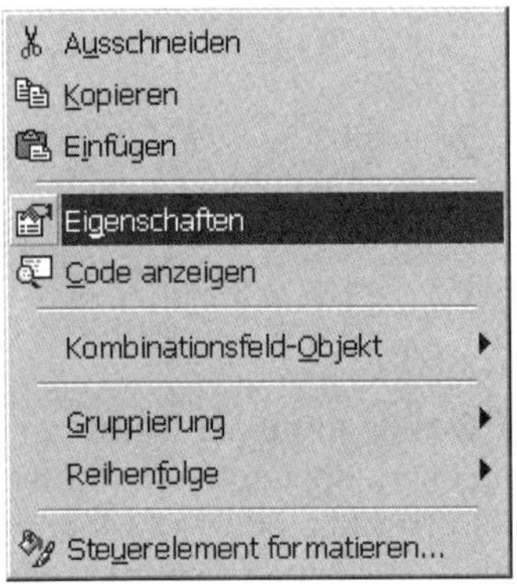

Abbildung 27.1 Eigenschaften auswählen

- Klicken Sie auf EIGENSCHAFTEN und es erscheint das Eigenschaften-Fenster:

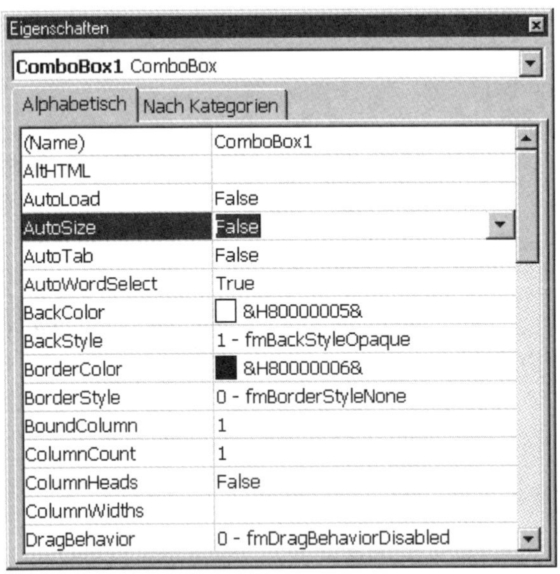

Abbildung 27.2 Das Eigenschaftenfenster der Combo-Box

Für dieses Beispiel interessieren nicht alle Eigenschaften, sondern nur die folgenden:

- Style
- LinkedCell
- ListFillRange
- BoundColumn
- ColumnCount
- Font

📖 Zunächst weisen Sie der Eigenschaft Style den gewünschten Wert zu. Möglich ist die Auswahl zwischen den Eigenschaftswerten *fmStyleDropDownCombo* und *fmStyleDropDownList*. Wird fmStyleDropDownCombo gewählt, so verhält sich das KOMBINATIONSFELD-Steuerelement wie ein DROPDOWN-Kombinationsfeld. Dies ist auch gleichzeitig die Voreinstellung. Die andere mögliche Einstellung ist fmStyleDropDownList und bewirkt, dass sich das KOMBINATIONSFELD-Steuerelement wie ein Listenfeld verhält.

⌨ Weisen Sie STYLE den Eigenschaftswert *fmStyleDropDownList* zu.

Die Aufgabe der COMBOBOX, ich verwende nachstehend die kürzere, englische Bezeichnung, ist es, eine Auswahlliste anzuzeigen. Aus dieser Liste soll dann ein Eintrag gewählt werden können. Im Tabellenblatt *Produkte* befindet sich eine solche Liste, für die der Name *Produkte* vergeben wurde. Auf diese Liste werden Sie nun Bezug nehmen:

⌨ Weisen Sie der Eigenschaft ListFillRange den Wert *Produkte* zu, indem Sie diesen Wert manuell eintragen.

Würden Sie jetzt bereits das Steuerelement ausprobieren, so würden zwar die Produkte angezeigt, aber mehr würde nicht passieren. Sie müssen den ausgewählten Wert einer Zelle zuweisen. Hierzu verwenden Sie die Eigenschaft LinkedCell.

⌨ Weisen Sie der Eigenschaft LinkedCell den Wert *D7* zu.

📖 Sollte die Fehlermeldung *Ungültiger Eigenschaftswert* erscheinen, können Sie diese hier ignorieren!

Würden wir nun unser Steuerelement ausprobieren, so geschieht zwar etwas, aber es wird der Name des Produkts in die Zelle *D7* geschrieben. Hier müssten jedoch die Mengenkosten stehen. Hier helfen Ihnen die Eigenschaften ColumnCount und BoundColumn weiter. ColumnCount gibt an, wieviel Spalten in dem Listenfeld angezeigt werden sollen und BoundColumn gibt an, in welcher der Spalten der Wert steht, der ausgegeben werden soll.

⌨ Weisen Sie sowohl der Eigenschaft ColumnCount als auch der Eigenschaft BoundColumn der Wert 2 zu.

Leider ist die Anzeige des Produktnamens noch etwas mickrig.

Wählen Sie die Eigenschaft `Font`.

Diese Eigenschaft verhält sich anders, als Sie es bisher gewohnt waren. Klicken Sie auf die drei Punkte, so erscheint die Dialogbox SCHRIFTART:

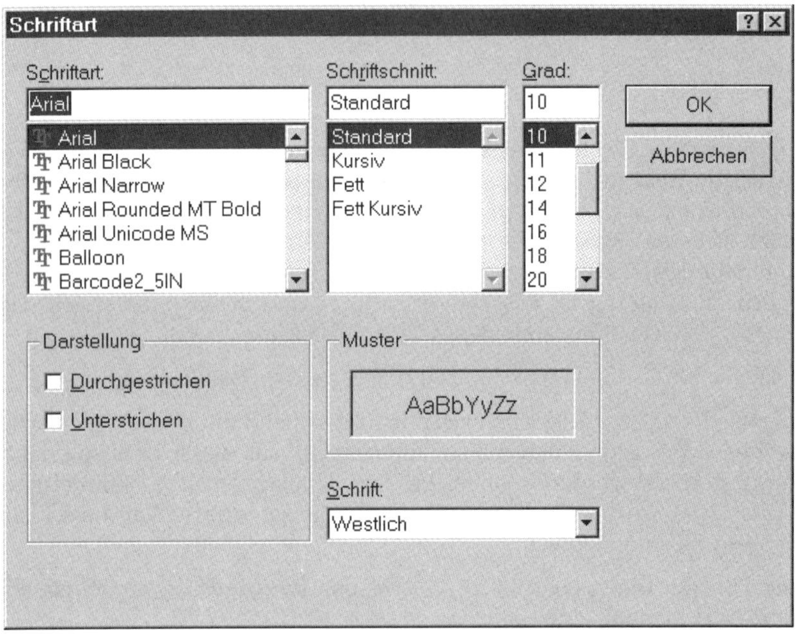

Abbildung 27.3 Dialogbox Schriftart

Wählen Sie bei SCHRIFTART *Arial.*

Ich bin Ihnen aber trotzdem noch eine Erklärung schuldig. Rufen Sie die Eigenschaft `Font` auf, so gibt diese Eigenschaft das FONT-Objekt zurück. Wie Sie bereits erfahren haben, verfügen Objekte ihrerseits wieder über eigene Eigenschaften, Methoden und Ereignisse. Und eben die Eigenschaften SCHRIFTART, SCHRIFTSCHNITT und SCHRIFTGRAD des `Font`-Objekts werden hier angezeigt.

Kommen Sie nun zum nächsten Steuerelement. Mit diesem soll der Verkaufspreis variiert werden. Dies können Sie zwar auch mit einer Direkteingabe vornehmen, Sie verwenden aber hierzu das Steuerelement DREHEN-Schaltfläche. Auch für die DREHEN-Schaltfläche verwende ich nachstehend wieder den englischen Begriff *SpinButton.*

Platzieren Sie das Steuerelement SPINBUTTON in der Zelle *C4*. Gehen Sie bei der Platzierung so vor, wie Sie dies bereits bei der COMBOBOX getan haben.

Nun müssen Sie auch hier einigen Eigenschaften die richtigen Werte zuweisen.

Klicken Sie auch hier wieder mit der rechten Maustaste das Steuerelement an, wählen Sie Eigenschaften und weisen den folgenden Eigenschaften die entsprechenden Eigenschaftswerte zu:

Eigenschaft	Eigenschaftswert	Beschreibung
LinkedCell	D4	Bestimmt die Ausgabezelle
SmallChange	1	Größe der Änderung
Min	0	Kleinstmöglicher Wert
Max	100	Größtmöglicher Wert
Orientation	fmOrientation-Horizontal	Steuerelement wird horizontal ausgerichtet

Tabelle 27.1 Eigenschaftswerte für das Steuerelement SpinButton zuweisen

Nun nehmen Sie das dritte Steuerelement in Angriff. Sie könnten zwar auch hier mit dem SPINBUTTON-Steuerelement arbeiten, aber ich stelle Ihnen hier das Steuerelement BILDLAUFLEISTE (SCROLLBAR) vor.

Platzieren Sie ein SCROLLBAR-Steuerelement in der Zelle *C5*. Auch hier bedienen Sie sich der oben beschriebenen Techniken.

Mithilfe dieses SCROLLBAR-Steuerelements soll die Stückzahl variiert werden. Hierzu weisen Sie den nachstehenden Eigenschaften folgende Werte zu:

Eigenschaft	Eigenschaftswert	Beschreibung
LinkedCell	StückVerkauft	Bestimmt die Ausgabezelle
SmallChange	100	Größe der Änderung bei Klick auf die Pfeile
LargeChange	500	Größe der Änderung bei Klick auf Bildlauf-feld
Min	0	Kleinstmöglicher Wert
Max	150.000	Größtmöglicher Wert
Orientation	fmOrientation-Horizontal	Steuerelement wird horizontal ausgerichtet

Tabelle 27.2 Eigenschaftswerte für das Steuerelement ScrollBar zuweisen

Sie sehen, wir haben `LinkedCell` nicht die Koordinaten einer Zelle, sondern einen zuvor festgelegten Zellnamen zugewiesen. Außerdem verfügt das Steuerelement SCROLLBAR über eine Eigenschaft, über die SPINBUTTON nicht verfügt: `LargeChange`. Mithilfe dieser Eigenschaft ist es möglich, größere Sprünge bei der Veränderung der Werte durchzuführen.

Das vierte Steuerelement ist eine SCHALTFLÄCHE und die damit verbundene Ereignisprozedur an dieser Stelle, zugegebenermaßen, ein bisschen Spielerei. Allerdings durchaus mit ernstem Hintergrund.

- Platzieren Sie eine BEFEHLSSCHALTFLÄCHE (COMMANDBUTTON) in den Zellen *B19* bis *B20*. Verwenden Sie hierzu auch wieder die [Alt]-Taste, um die Schaltfläche den darunter liegenden Zellen größenmäßig anzupassen.

Alle Steuerelemente besitzen die Eigenschaft `Name`, mit der das Steuerelement im Programmcode angesprochen werden kann. Bei den bisherigen Steuerelementen habe ich auf die Änderung des vorgeschlagenen Namens verzichtet, da Sie lediglich während der Entwurfszeit Eigenschaftswerte zugewiesen und keinen Programmcode geschrieben haben.

Dies werden Sie hier allerdings anders handhaben.

- Weisen Sie der Eigenschaft `Name` des Steuerelements COMMANDBUTTON den Wert `cmdScroll` zu.

Hierbei kennzeichnet der erste Teil des Namens `cmd` die Schaltfläche und der zweite Teil `Scroll` die Aufgabe. Zur einfacheren Unterscheidung zwischen erstem und zweitem Teil wird der erste Buchstabe des zweiten Teils groß geschrieben.

Nun zum Programmcode. Die einfachste Möglichkeit, den Code-Editor aufzurufen, ist der Doppelklick auf das Steuerelement, dem Programmcode zugewiesen werden soll.

- Klicken Sie die Schaltfläche doppelt an. Der Code-Editor wird aktiviert und Sie befinden sich zwischen den Anfangs- und Endzeilen einer Ereignisprozedur. Diese trägt den Namen der Schaltfläche und getrennt durch einen Unterstrich den Namen des Ereignisses:

```
Private Sub cmdScroll_Click()

End Sub
```

Zwischen diese Zeilen schreiben Sie nun den folgenden Programmcode, der dafür sorgt, dass nach dem Klicken die Tabelle soweit nach oben gescrollt wird, bis die Schaltfläche sich oben links befindet.

- Zunächst definieren Sie eine allgemeine Objekt-Variable mit dem Namen `tbl`

```
Dim tbl As Object
```

- Dieser Objekt-Variablen weisen Sie einen Wert zu.

```
Set tbl = ActiveSheet.cmdScroll.TopLeftCell
```

- Nun weisen Sie der Eigenschaft `ScrollRow` von `ActiveWindow` den Wert der Eigenschaft `Row` der Objektvariablen `tbl` zu. Das Gleiche machen Sie für die Spalte.

```
With ActiveWindow
    .ScrollRow = tbl.Row
    .ScrollColumn = tbl.Column
End With
```

Damit wird der Tabellenausschnitt so nach oben verschoben, dass sich das Steuerelement `CommandButton` oben links in der Tabellenansicht befindet.

Die `TopLeftCell`-Eigenschaft gibt übrigens ein `Range`-Objekt zurück. Dieses Objekt gibt die Zelle an, die sich unter der oberen linken Ecke des Objekts (CommandButton) befindet.

Erstellen eigener Funktionen

28

28.1 Dezimalzeit

28.1.1 Umrechnung von Normalzeit in Dezimalzeit

Mithilfe einer Funktion sollen Sie eine Zeitangabe, die in Normalzeit, das heißt mit 60 Minuten pro Stunde, gemacht wurde, umrechnen in so genannte Industrie-Minuten.

Hierzu müssen Sie sich das Folgende vergegenwärtigen: Jeder Tag wird im Kalender mit *1* gerechnet. Jeder Tag hat 24 Stunden. Um die Uhrzeit als Dezimalzeit darstellen zu können, müssen Sie also die Zeitangabe mit 24 multiplizieren und das Ergebnis anschließend als Dezimalwert formatieren:

```
Function DezimalZeit(Uhrzeit As Date)
        DezimalZeit = (Uhrzeit) * 24
        DezimalZeit = Format((DezimalZeit), "##0.00")
    End Function
```

Anstatt einer Funktion kann die Dezimalzeit auch mithilfe einer Prozedur umgewandelt werden. Dies ist unter Umständen auch effizienter, außerdem kann der Wert in der gleichen Zelle umgewandelt werden. Die prinzipielle Vorgehensweise entspricht der Vorgehensweise bei der Funktion. Allerdings muss hier kein Wert eingegeben werden, sondern es wird der Wert der aktiven Zelle übernommen. Dieser wird einer Variablen zugewiesen und anschließend mit 24 multipliziert. Dieses Produkt wird wieder der aktiven Zelle zugewiesen. Dieser Zelle wird zur korrekten Anzeige das Dezimalwert-Format zugewiesen.

```
Sub ZeitNormalDezimal()
        Dim sngZelle As Single
        sngZelle = ActiveCell.Value
```

```
        sngZelle = sngZelle * 24
        ActiveCell.Value = sngZelle
        Selection.NumberFormat = "#,##0.00"
    End Sub
```

28.1.2 Umrechnung von Dezimalzeit in Normalzeit

Umgekehrt geht es natürlich auch. Es soll nun mithilfe einer Prozedur die Dezimalzeit wieder in die Normalzeit umgerechnet werden. Hierzu nehmen Sie einfach den umgekehrten Wert. Dabei dürfen Sie am Ende aber nicht die Formatierung vergessen, da sonst das Ergebnis nicht Ihren Erwartungen entspricht.

```
Sub ZeitDezimalNormal()
        Dim sngZelle As Single
        sngZelle = ActiveCell.Value
        sngZelle = sngZelle / 24
        ActiveCell.Value = sngZelle
        Selection.NumberFormat = "[h]:mm"
    End Sub
```

Diese Beispiele finden Sie in der Datei *Excel_2000_Ctrl_28_01.xls*.

28.2 Berechnen der Feiertage

Der Mathematiker C.F. Gauß hätte sich im Jahre 1800 sicherlich nicht träumen lassen, dass seine Rechenvorschrift zur Berechnung des Osterdatums einmal in Excel Verwendung finden würde.

Das Osterdatum ist nämlich Ausgangspunkt für die Berechnung aller anderen beweglichen Feiertage. Einzige Ausnahme bildet hier das Datum des Buß- und Bettages, der vom 1. Advent zurückgerechnet wird.

Ostern fällt immer auf den Sonntag nach dem ersten Vollmond im Frühling. Damit lässt sich dieses Datum folgendermaßen berechnen:

Die Jahreszahl wird durch 19 geteilt, den verbleibenden Rest bezeichnet man mit A. Weiter gilt: Jahreszahl geteilt durch 4, Rest = B, Jahreszahl geteilt durch 7, Rest C. Dann wird zu 19 der Wert von A und M addiert und durch 30 geteilt, der Rest wird als D bezeichnet. Die Konstante von M ändert sich in gewissen Zeitabständen und ist ebenso wie die Konstante N aus der nachstehenden Tabelle zu entnehmen. Als Letztes wird der Rest E berechnet und zwar durch die Formel (2B + 4C + 6D + N).

Damit lässt sich nun das Osterdatum bestimmen, es fällt also entweder auf den (22 + D + E)ten März oder auf den (D + E – 9)ten April.

Allerdings gibt es, um die Sache noch etwas schwieriger zu machen, noch zwei Ausnahmeregeln:

❶ Fällt Ostern auf den 26. April, so wird der 19. April anstatt dessen verwendet.

❷ Fällt Ostern auf den 25. April, so wird der 18. April verwendet, hierbei muss aber A größer 10, D = 28 und E = 6 sein.

Jahr	M	N	Jahr	M	N	Jahr	M	N
1583 – 1699	22	2	1700 – 1799	23	3	1800 – 1899	23	4
1900 – 2099	24	5	2100 – 2199	24	6	22 – 2299	25	0

Tabelle 28.1 Konstante Werte für die Berechnung des Osterdatums

Berechnen Sie nun »von Hand« den Ostersonntag von 1998, so ergeben sich die folgenden Gleichungen:

```
1998 / 19 = 105 Rest (A) 3
1998 / 4 = 499 Rest (B) 2
1998 / 7 = 285 Rest (C) 3
(19 + A + M) /30 = (19 + 3+ 24) / 30 Rest (D) 16
(2 * B + 4 * C + 6 * D + N) / 7 = (2 * 2 + 4 * 3 + 6 * 3 + 5) / 7 = Rest
(E) 5
```

Das Osterdatum fällt auf den (22 + 16 + 5)ten März. Nun gibt es natürlich den 43. März nicht, also tritt die zweite Formel in Kraft:

Ostern fällt auf den (16 + 5 – 9)ten April, also den 12. April. Ein Blick in den Kalender bestätigt das Ergebnis.

Nun müssen Sie diese Berechnungsvorschrift nur noch in einer Funktion umsetzen. Wie man das innerhalb einer Tabelle umsetzt, wird in der Tabelle Ostern manuell gezeigt. Der Restwert wird hier mit der Funktion `REST(Zahl;Divisor)` berechnet, während innerhalb der `VBA`-Funktion der Operator `MOD` verwendet wird, der den Rest einer ganzzahligen Division zweier Zahlen zurückgibt.

Mithilfe einer `VBA`-Funktion sieht der Programmcode so aus:

`Ostern` ist der Name der Funktion, wobei die Jahreszahl, für welche das Osterdatum berechnet werden soll, der Funktion übergeben wird. Wird dies unterlassen, so wird für das aktuelle Jahr das Osterdatum berechnet. Die Möglichkeit des Weglassens wird durch das Schlüsselwort `Optional` erreicht. Die relevanten Code-Zeilen sind kommentiert, sodass die Funktionsweise des nachfolgenden Makros relativ leicht verstanden werden kann.

```
Function Ostern(Optional Jahreszahl As Variant)
    Dim intA As Integer
    Dim intB As Integer
    Dim intC As Integer
    Dim intD As Integer
    Dim intE As Integer
    Dim intM As Integer
    Dim intN As Integer

    Dim intOsterTag As Integer

    If IsMissing(Jahreszahl) Then Jahreszahl = Year(Now)

'** Zuweisen der Variableninhalte intM und intN

    If Jahreszahl >= 1583 And Jahreszahl <= 1699 Then
        intM = 22
        intN = 2
    ElseIf Jahreszahl >= 1700 And Jahreszahl <= 1799 Then
        intM = 23
        intN = 3
    ElseIf Jahreszahl >= 1800 And Jahreszahl <= 1899 Then
        intM = 23
        intN = 4
    ElseIf Jahreszahl >= 1900 And Jahreszahl <= 2099 Then
        intM = 24
        intN = 5
    ElseIf Jahreszahl >= 2100 And Jahreszahl <= 2199 Then
        intM = 24
        intN = 6
    ElseIf Jahreszahl >= 2200 And Jahreszahl <= 2299 Then
        intM = 25
        intN = 0
    End If

'** Gaußsche Formel zur Datumsberechnung
    intA = Jahreszahl Mod 19
    intB = Jahreszahl Mod 4
    intC = Jahreszahl Mod 7
    intD = (19 * intA + intM) Mod 30
    intE = (2 * intB + 4 * intC + 6 * intD + intN) Mod 7
    intOsterTag = 22 + intD + intE

    If intOsterTag > 31 Then
    '** Ostern fällt in den April
        intOsterTag = intOsterTag - 31
```

```
    '** 1. Ausnahme, wenn Ostern auf den 26. April fallen würde
        If intOsterTag = 26 Then intOsterTag = 19

    '** 2. Ausnahme, wenn Ostern auf den 25. April fallen würde
        If (intOsterTag = 25 And intD = 28 And intA > 18) Then intOsterTag
= 18

    '** Ostern im April (Monat 4)
        Ostern = DateSerial(Jahreszahl, 4, intOsterTag)

    Else

    '** Ostern im März (Monat 3)
        Ostern = DateSerial(Jahreszahl, 3, intOsterTag)

    End If

End Function
```

Dieses Makro ist wie auch die folgenden in der Mappe *Excel_2000_Ctrl_28_02.xls* enthalten.

Basierend auf diesem Osterdatum lassen sich nun die beweglichen Feiertage recht einfach berechnen. Die jeweiligen Abstände sind in der nachstehenden Tabelle aufgeführt:

Feiertag	**fester / beweglicher**	**Abstand zu Ostern in Tagen**
Neujahr	fest	1. Januar
Heilige Drei Könige	fest	6. Januar
Rosenmontag	beweglich	- 48
Fastnachtsdienstag	beweglich	- 47
Aschermittwoch	beweglich	- 46
Karfreitag	beweglich	- 2
Ostersonntag	beweglich	Basisformel
Ostermontag	beweglich	+1
Tag der Arbeit	fest	1. Mai
Christi Himmelfahrt	beweglich	+39
Pfingstsonntag	beweglich	+49

Tabelle 28.2 Berechnung der festen / beweglichen Feiertage

Feiertag	fester / beweglicher	Abstand zu Ostern in Tagen
Pfingstmontag	beweglich	+50
Fronleichnam	beweglich	+60
Mariä Himmelfahrt	fest	15. August
Tag der deutschen Einheit	fest	3. Oktober
Reformationstag	fest	31. Oktober
Allerheiligen	fest	1. November
Buß- und Bettag	beweglich	1. Advent – 11
1. Advent	beweglich	eigene Funktion
Heiliger Abend	fest	24. Dezember
1. Weihnachtsfeiertag	fest	25. Dezember
2. Weihnachtsfeiertag	fest	26. Dezember
Silvester	fest	31. Dezember

Tabelle 28.2 Berechnung der festen / beweglichen Feiertage

Zur Berechnung der beweglichen Feiertage (Ausnahme 1. Advent bzw. Buß- und Bettag) wird die folgende Funktion eingesetzt:

```
Function Rosenmontag(Optional Jahreszahl As Variant)
    If IsMissing(Jahreszahl) Then Jahreszahl = Year(Now)
    Rosenmontag = Ostern(Jahreszahl) - 48
End Function
```

Damit die Darstellung nicht unformatiert durch Ausgabe der seriellen Zahl erfolgt, wird der Rückgabewert mithilfe der `Format`-Funktion entsprechend formatiert:

```
Rosenmontag = Format(Rosenmontag, "DD /MMM/YYYY")
```

Der bewegliche Feiertag 1. Advent ist abhängig vom festen Feiertag Heiligabend.

Fällt Heiligabend (24.12.) auf einen Sonntag, so wird der 1. Advent auf den 3. Dezember festgelegt. Ist es ein anderer Wochentag, so wird vom seriellen Datum des 24. Dezember die Ziffer der Wochentags (Weekday) abgezogen und vom ermittelten Ergebnis nochmals der Wert 20.

Nachstehend finden Sie die Umsetzung in den VBA-Code:

```
Function Advent1(Optional Jahreszahl As Variant)
    Const Sonntag = 1
    If IsMissing(Jahreszahl) Then Jahreszahl = Year(Now)
'** Wenn HeiligAbend auf einen Sonntag fällt...
    If WeekDay(DateSerial(Jahreszahl, 12, 24)) = Sonntag Then
        '** ... ist der 1. Advent der 3. Dezember
        Advent1 = DateSerial(Jahreszahl, 12, 3)
    Else
        Advent1 = DateSerial(Jahreszahl, 12, 24) - WeekDay(DateSerial(Jah-
reszahl, 12, 24))
        Advent1 = Advent1 - 20
    End If
End Function
```

Die Berechnung des von diesem Datums abhängigen Buß- und Bettags ist dann wieder relativ simpel:

```
'** abgeschaffter Feiertag Buß- und Bettag()
Function BuBTag(Optional Jahreszahl As Variant)
    If IsMissing(Jahreszahl) Then Jahreszahl = Year(Now)
    BuBTag = Advent1(Jahreszahl) - 11
    BuBTag = Format(BuBTag, "DD /MMM/YYYY")
End Function
```

Ebenso einfach ist die Berechnung der festen Feiertage:

```
Function NeuJahr(Optional Jahreszahl As Variant)
    If IsMissing(Jahreszahl) Then Jahreszahl = Year(Now)
    NeuJahr = Format(DateSerial(Jahreszahl, 1, 1), "DD /MMM/YYYY")
End Function
```

Mithilfe dieser Funktionen lassen sich nun die Feiertage eines beliebigen Jahres im Zeitraum zwischen 1583 und 2299 ermitteln. Zumindest theoretisch, denn es gibt noch ein paar Punkte, die Sie kennen sollten.

Zum einen beginnt die Zeitrechnung in Excel, ich meine natürlich den Beginn der Zählung, am 1.1.1900. Dieser Tag hat die Nummer *1*. Für jeden weiteren Tag wird *1* hinzugefügt. Soweit scheint alles klar zu sein. Leider scheint Excel nicht zu wissen, dass Jahrhunderte, die sich nicht ohne Rest durch 400 teilen lassen, keine Schaltjahre sind. So hat in Excel das Jahr 1900 auch einen 29. Februar und 367 Tage.

Mit Excel 5.0 / 95 lassen sich die Feiertage bis zum Jahr 2078 berechnen, mit Excel 97 bis zum Jahr 9999. Allerdings wird die Berechnung der Feiertage hier künstlich bis zum Jahr 2299 begrenzt. Dies dürfte dann sicherlich auch für eine langfristige Terminplanung genügen ;-))

Die von Ihnen geschriebenen Funktionen lassen sich mithilfe des Funktionsassistenten aus der Kategorie BENUTZERDEFINIERT aufrufen.

Passender wäre es allerdings, wenn sich diese Feiertagsfunktionen aus der Kategorie DATUM & ZEIT aufrufen lassen ließen. Aber dazu müssen Sie noch ein bisschen programmieren:

```
Application.MacroOptions _
        Macro:="Ostern", _
        Description:="Osterdatum berechnen", _
        Category:=2, _
        StatusBar:="Osterdatum berechnen"
```

Das `Application`-Objekt besitzt die Methode `MacroOptions`. Mit den benannten Parametern `Macro`, `Description`, `Category` und `StatusBar` lässt sich das Folgende erreichen:

`Macro` gibt den Namen des Makros an.

`Description` beschreibt die Funktionsweise des Makros,

`Category` gibt an, in welcher Kategorie die Funktion erscheinen soll.

`StatusBar` zeigt diesen Text in der Statusleiste an.

Nun müssen Sie nur noch dafür sorgen, dass beim Start dieser Tabelle auch tatsächlich diese Zuordnung durchgeführt wird. Dies ist eigentlich ganz einfach und wird etwas später in diesem Buch auch noch ausführlich beschrieben. Sie geben dem Makro einfach den Namen `Auto_Open` und es wird automatisch beim Öffnen der Mappe gestartet.

Erstellen eigener Programme

29

29.1 Mit Makros konsolidieren

Als Sie im Kapitel 12.2 dieses Buchs Daten konsolidierten, wurden Sie mit dem Problem konfrontiert, dass bei fehlender Verknüpfung die Daten auch nicht aktualisiert wurden. Dieses Problem soll hier mithilfe eines aufgezeichneten Makros gelöst werden. Gestartet wird das Makro durch eine Schaltfläche, die sich in der Tabelle befindet.

Öffnen Sie die Mappe *Excel_2000_Ctrl_29_01.xls*

In der Tabelle *Konsolidierung BAB* der Mappe *Excel_2000_Ctrl_29_01.xls* wurde bereits die Konsolidierung durchgeführt, wobei auf die Verknüpfung mit den Quelldateien verzichtet wurde. Nun zeichnen Sie ein Makro auf, das die Aktualisierung der Daten sicherstellt. Dazu sollten sicherheitshalber die alten Einträge gelöscht werden. Um sicherzugehen, dass auch wirklich alles gelöscht wird, einschließlich eventuell vorhandener Formatierungen oder Gliederungen, werden wir die Zellen löschen. Nicht die Zellinhalte, aber auch nicht die komplette Tabelle, da sonst auch unsere Konsolidierungsbezüge gelöscht würden.

Menübefehl EXTRAS | MAKROS | AUFZEICHNEN.

Makro wird in dieser Arbeitsmappe gespeichert.

Makroname: `Konsolidieren`.

Bestätigen Sie mit OK .

Markieren Sie die ganze Tabelle mit der Tastenkombination [Strg]+[a].

Löschen Sie alle Zellen mit [Strg]+[-].

- Führen Sie den Menübefehl DATEN | KONSOLIDIEREN aus und bestätigen mit OK.
- Stellen Sie die optimale Spaltenbreite ein mit FORMAT | SPALTE | OPTIMALE BREITE BESTIMMEN.
- Klicken Sie auf die Zelle *A1*, um die Markierung der gesamten Tabelle zurückzunehmen.
- Beenden Sie die Aufzeichnung.

Nun verfügen Sie über ein Makro, mit dessen Hilfe Sie die Aktualisierung jederzeit durchführen können, oder genauer gesagt, Sie erstellen jedes Mal eine neue Tabelle auf Grund der einmal festgelegten Konsolidierungsbezüge. Jetzt müssen Sie noch die Schaltfläche auf der Tabelle platzieren, um das Makro schnell ausführen zu können.

Diese Schaltfläche befindet sich seit Excel 97 in der Symbolleiste FORMULAR

Abbildung 29.1 Symbolleiste Formular

In der Symbolleiste STEUERELEMENT-TOOLBOX befindet sich ebenfalls ein Symbol, das diesem Schaltflächen-Symbol sehr ähnlich sieht, aber eine vollkommen andere Wirkungsweise hat. Die Quick-Info gibt Ihnen die Information, dass es sich hier um die Befehlsschaltfläche handelt. Diese spielt bei der Erstellung von *UserForms* eine wichtige Rolle, soll Sie hier aber nicht weiter beschäftigen.

Abbildung 29.2 Symbolleiste Steuerelement-Toolbox

- Klicken Sie nun das Symbol SCHALTFLÄCHE an, lassen die Maustaste wieder los und ziehen dann in der Tabelle ein Rechteck auf.

In dem Moment, in dem Sie die Maustaste loslassen, erscheint die folgende Dialogbox:

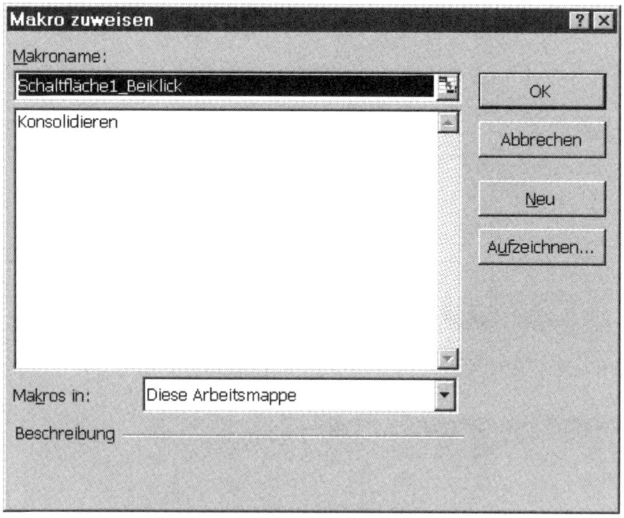

Abbildung 29.3 Dialogbox Zuweisen

- Klicken Sie den zuvor vergebenen Makronamen `Konsolidieren` an und bestätigen mit OK.

Damit haben Sie der Schaltfläche ein Makro zugewiesen.

- Klicken Sie nun außerhalb der Schaltfläche in die Tabelle, so ist die Bearbeitung der Schaltfläche abgeschlossen und sie ist einsatzfähig.
- Klicken Sie auf die Schaltfläche und das Makro wird ausgeführt.

Wunderbar, aber wo ist den unsere Schaltfläche geblieben? Verschwunden!

Was Sie nicht wissen konnten, als Sie die Zellen mithilfe des Makros gelöscht haben, da haben Sie auch gleich Ihre Schaltfläche gelöscht. Das wollten Sie natürlich nicht und treffen dieses Mal die entsprechende Vorbereitung:

- Wiederholen Sie die vorherigen Schritte bis einschließlich der Makrozuweisung.
- Markieren Sie mithilfe der Maus die Beschriftung der Schaltfläche und vergeben als Text *Konsolidieren*, bestätigen aber die Eingabe *nicht* mit OK.
- Klicken Sie dann mit der rechten Maustaste auf den schraffierten Rand der Schaltfläche und wählen den Befehl STEUERELEMENT FORMATIEREN aus.

Es erscheint die Dialogbox STEUERELEMENT FORMATIEREN.

- Hier wählen Sie die Registerkarte EIGENSCHAFTEN aus.

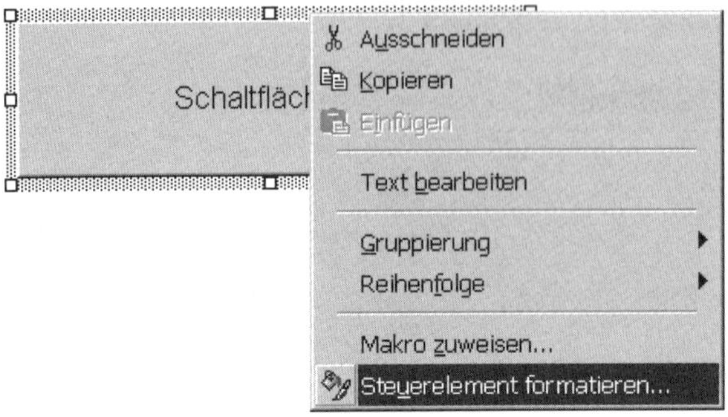

Abbildung 29.4 Steuerelement formatieren

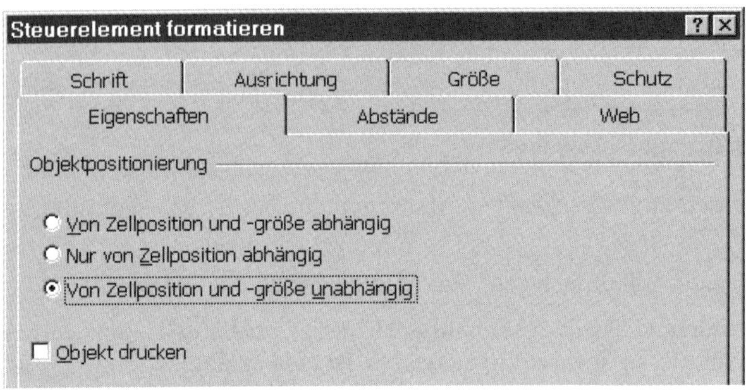

Abbildung 29.5 Eigenschaften – Objektpositionierung

Sie sehen, hier ist bei OBJEKTPOSITIONIERUNG entweder VON ZELLPOSITION UND -GRÖSSE ABHÄNGIG oder NUR VON ZELLPOSITION ABHÄNGIG angeklickt. Beide Einstellungen führen bei einem Löschen der Zellen zu unerwünschten Nebeneffekten.

- Klicken Sie deshalb auf die Option VON ZELLPOSITION UND -GRÖSSE UNABHÄNGIG an und schließen die Dialogbox mit OK.
- Klicken Sie nun wieder irgendwo in die Tabelle, um die Schaltfläche »scharf« zu machen, und führen dann das Makro erneut aus.

Dieses Mal bleibt die Schaltfläche unverändert an ihrer Position stehen. Zumindest sollte es so sein. Aber leider ist das in Excel 97 nicht immer so. Deshalb habe ich das aufgezeichnete Makro entsprechend abgeändert. Dabei habe ich der Schaltfläche den Namen `cmdKonsolidieren` gegeben.

```
Sub Konsolidieren()

'** Makro zur Konsolidierung der Monate Januar bis Juni
'** Alle Zellen markieren
    Cells.Select

'** Alle markierten Zellen löschen und nach oben
'** verschieben
    Selection.Delete Shift:=xlUp

'** Konsoliedierung durchführen
'** Beschriftung aus oberster Zeile und linker Spalte
'** übernehmen
'** Keine Verknüpfung mit Quelldaten
    Selection.Consolidate Sources:=Array( _
         "'[Excel_2000_Ctrl_29_01.xls]Januar'!R6C1:R17C7", _
         "'[Excel_2000_Ctrl_29_01.xls]Februar'!R6C1:R17C7", _
         "'[Excel_2000_Ctrl_29_01.xls]März'!R6C1:R17C7", _
         "'[Excel_2000_Ctrl_29_01.xls]April '!R6C1:R17C7", _
         "'[Excel_2000_Ctrl_29_01.xls]Mai'!R6C1:R17C7", _
         "'[Excel_2000_Ctrl_29_01.xls]Juni'!R6C1:R17C7" _
         ), _
         Function:=xlSum, _
         TopRow:=True, _
         LeftColumn:=True, _
         CreateLinks:=False

'** Optimale Spaltenbreite einstellen
    Selection.Columns.AutoFit

'** Zelle A1 markieren und damit die
'** Markierung aller Zellen aufheben
    Range("A1").Select

'** Schaltfläche cmdKonsolidieren formatieren
'** und Seitenverhältnis nicht sperren
    With ActiveSheet.Shapes("cmdKonsolidieren")
        .LockAspectRatio = msoFalse
        .Left = 0
        .Top = 0
        .Width = 220
        .Height = 14
    End With

'** Formatieren der Konsolidierung
'**********************************
'** Markieren der Zeile 1
```

```
    Rows("1:1").Select

'** Neue Zeile einfügen
    Selection.Insert Shift:=xlDown

'** Markieren des ausgefüllten Bereiches
    Selection.CurrentRegion.Select

'** Erweiterung des Bereichs (relativ)
    ActiveCell.Range("A1:H13").Select

'** Hintergrund des selektierten Bereichs grau formatieren
    With Selection.Interior
        .ColorIndex = 40
        .Pattern = xlSolid
        .PatternColorIndex = xlAutomatic
    End With

'** Zahlenbereich markieren
    Selection.SpecialCells(xlCellTypeConstants, 1).Select

'** Hintergrund des selektierten Bereichs grau formatieren
    With Selection.Interior
        .ColorIndex = 36
        .Pattern = xlSolid
        .PatternColorIndex = xlAutomatic
    End With

End Sub
```

Noch ein kleiner Tipp. Vergeben Sie für die zu konsolidierenden Bereiche einen Namen, so müssen Sie nur diesen eingeben, ohne markieren zu müssen.

29.2 Datenimport aus einer Textdatei

29.2.1 Öffnen der Textdatei

Es sollen Daten aus einer Textdatei übernommen werden, um sie entsprechend auszuwerten. Das Problem besteht darin, dass die Daten unter Datenbankgesichtspunkten nicht vollständig sind. Die Textdatei sieht folgendermaßen aus.

Das manuelle Öffnen einer Textdatei in Excel entspricht von der Befehlsabfolge dem Öffnen einer ganz normalen Excel-Tabelle. Der einzige Unterschied besteht darin, dass bei Dateityp »Textdateien« gewählt werden muss.

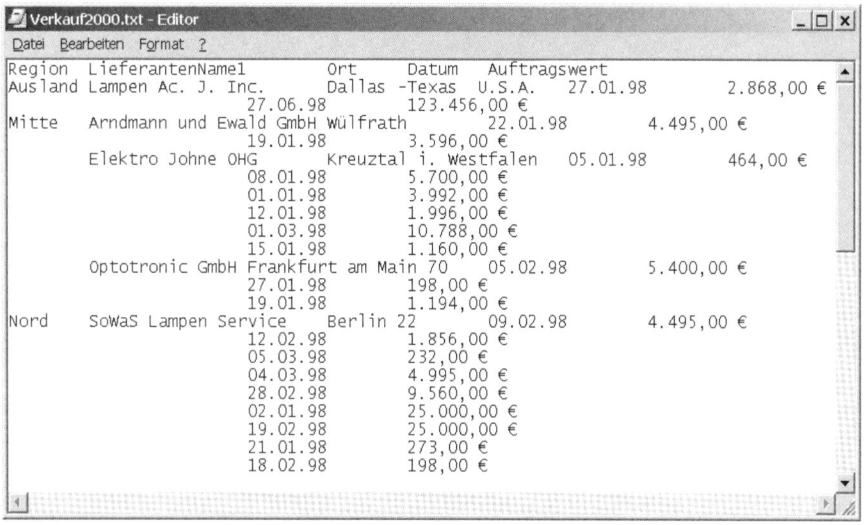

```
Verkauf2000.txt - Editor
Datei  Bearbeiten  Format  ?
Region  LieferantenName1        Ort       Datum    Auftragswert
Ausland Lampen AC. J. Inc.      Dallas -Texas  U.S.A.   27.01.98        2.868,00 €
                        27.06.98        123.456,00 €
Mitte   Arndmann und Ewald GmbH Wülfrath        22.01.98        4.495,00 €
                        19.01.98        3.596,00 €
        Elektro Johne OHG       Kreuztal i. Westfalen   05.01.98        464,00 €
                        08.01.98        5.700,00 €
                        01.01.98        3.992,00 €
                        12.01.98        1.996,00 €
                        01.03.98        10.788,00 €
                        15.01.98        1.160,00 €
        Optotronic GmbH Frankfurt am Main 70    05.02.98        5.400,00 €
                        27.01.98        198,00 €
                        19.01.98        1.194,00 €
Nord    SoWaS Lampen Service    Berlin 22       09.02.98        4.495,00 €
                        12.02.98        1.856,00 €
                        05.03.98        232,00 €
                        04.03.98        4.995,00 €
                        28.02.98        9.560,00 €
                        02.01.98        25.000,00 €
                        19.02.98        25.000,00 €
                        21.01.98        273,00 €
                        18.02.98        198,00 €
```

Abbildung 29.6 Textdatei Verkauf2000.TXT

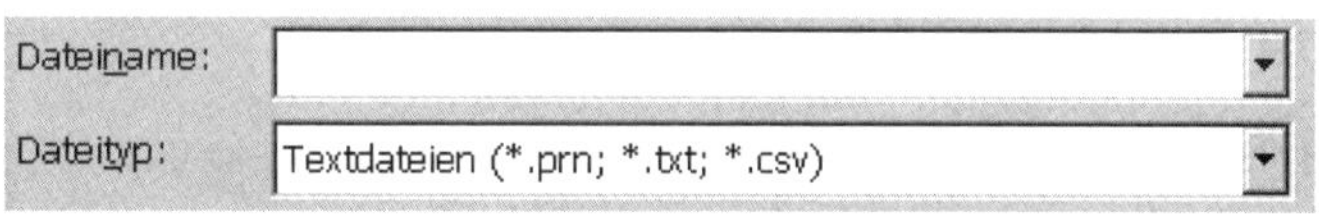

Abbildung 29.7 Öffnen einer Textdatei

- Ist eine Datei mit dieser Erweiterung im aktuellen Verzeichnis vorhanden, kann sie ausgewählt und mit einem Doppelklick, bzw. mit einem Klick auf die Schaltfläche ÖFFNEN geladen werden.

Nun erscheint der Textassistent, der in 3 Schritten bei der Übernahme der Daten hilft.

Die Daten wurden durch Texttrennzeichen separiert. Dies erkennt der Textassistent und bietet Ihnen eine entsprechende Vorgehensweise an. Eine andere Möglichkeit der Datentrennung könnte darin bestehen, dass die Daten eine feste Breite haben und in Spalten im Textdokument ausgerichtet sind.

Wichtig für den Import ist auch die Anfangszeile, da u. U. nicht alle Kopfdaten in die Excel-Tabelle übernommen werden sollen.

- Klicken Sie auf die Schaltfläche WEITER, so erscheint als zweiter Schritt des Textassistenten das folgende Dialogfeld.

Hier lässt sich der Typ der Trennzeichen einstellen, die im Textdokument die Daten trennen. Meist erkennt Excel jedoch automatisch das richtige Zeichen. Wurde ein exotisches Trennzeichen verwendet so lässt sich dieses bei »ANDERE« eintragen.

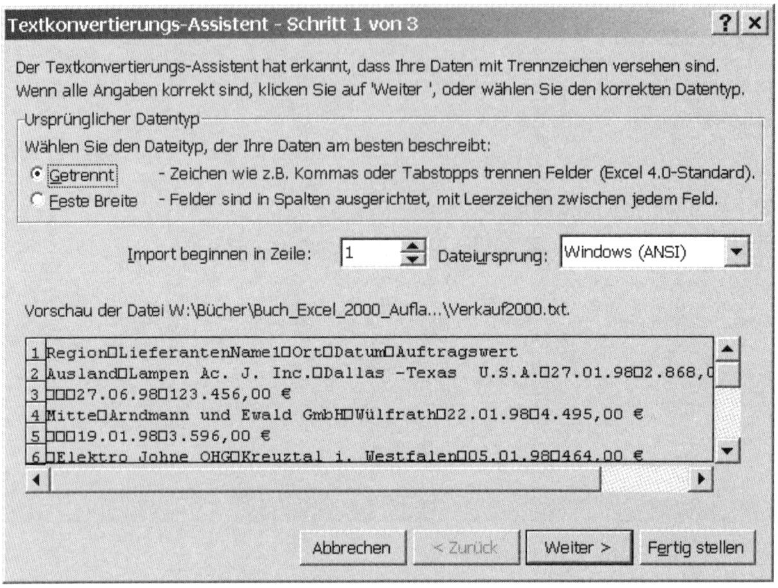

Abbildung 29.8 Textassistent Schritt 1 von 3

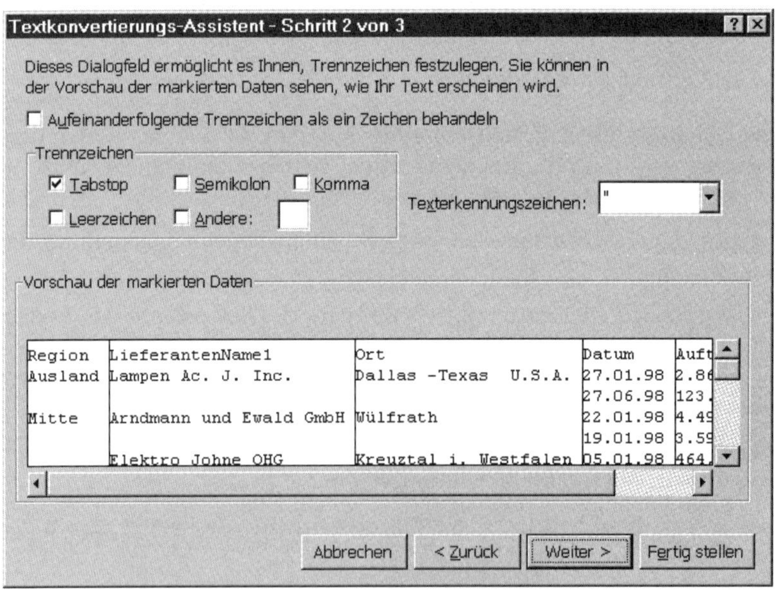

Abbildung 29.9 Schritt 2 von 3 des Textassistenten

- Mit einem erneuten Klick auf die Schaltfläche WEITER kommen Sie zum letzten Schritt. Die zu übernehmenden Daten werden nun bereits spaltenweise angezeigt. Hier lässt sich auch das gewünschte Datenformat auswählen.

Soll eine Spalte nicht importiert werden, so muss man diese lediglich anklicken und das gleichnamige Optionsfeld anklicken.

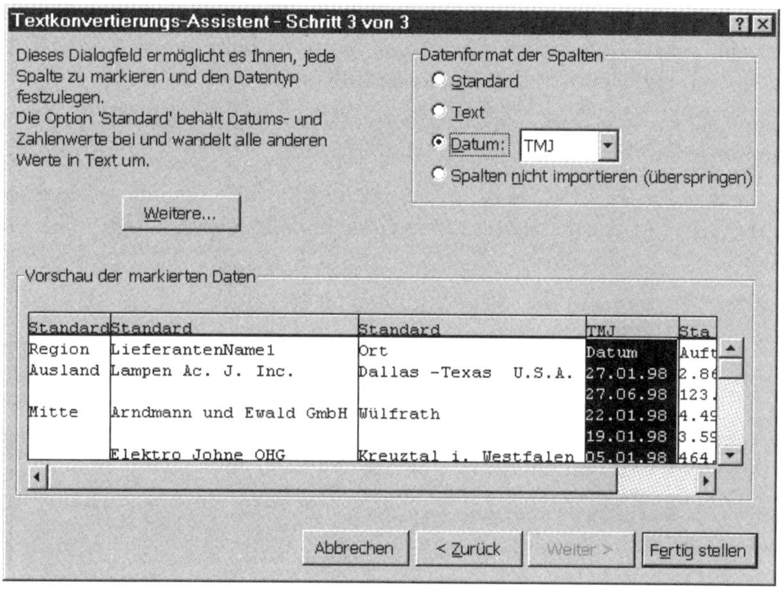

Abbildung 29.10 Schritt 3 von 3 – Auswahl des gewünschten Datenformats

- Mit einem Klick auf die Schaltfläche FERTIG STELLEN (in Excel 97: ENDE) wird der Import durchgeführt.

Haben Sie den Datumsüberwachungs-Assistenten installiert, erscheint die folgende Information, die Sie nach genauem Durchlesen mit OK bestätigen.

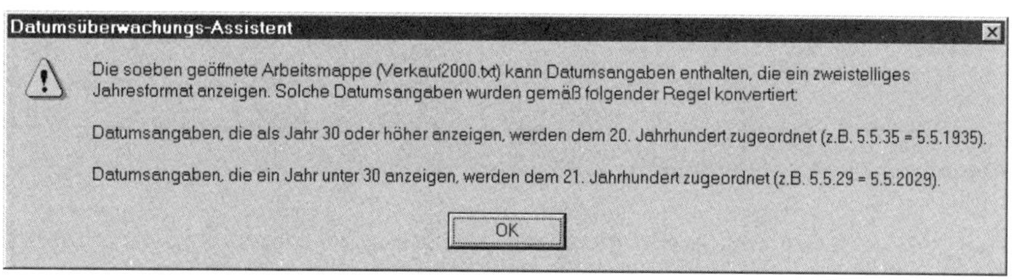

Abbildung 29.11 Meldung des Datumsüberwachungs-Assistenten

Dies ist die Vorgehensweise für einen manuellen Import. Da Sie sich jetzt im dritten Teil des Buchs befinden, in dem der Umgang mit Makros behandelt wird, sollen die Daten einer beliebigen Textdatei jedoch per Makro importiert werden. Die einzelnen Schritte werden hierbei anhand des verwendeten Programmcodes erläutert.

29.2.2 Ergänzung fehlender Daten per Makro

Nachdem die Daten in die Tabelle übertragen wurden, befinden sich innerhalb der Spalten noch viele leere Zellen, die ausgefüllt werden müssen.

- Um einen besseren Überblick zu haben, machen Sie zunächst das aktive Fenster zu einem Vollbild.
- Nun markieren Sie den aktuellen Bereich mit der Tastenkombination Strg+*. In diesem markierten Bereich sollen alle leeren Zellen markiert werden.
- Dies erreichen Sie mithilfe des Menübefehls BEARBEITEN | GEHE ZU... | INHALTE... | LEERZELLEN und dann OK.

Nun sollen die Werte, die sich in den Zellen oberhalb der markierten Zellen befinden, in die markierten Zellen übertragen werden. Dies erreichen Sie dadurch, dass Sie in die leeren Zellen eine Formel kopieren, die den Wert der darüber liegenden Zelle übernimmt. Gehen Sie dazu so vor:

- Geben Sie das Gleichheitszeichen = ein, drücken dann die Pfeiltaste ↑ nach oben und schließen dann die Eingabe mit Strg+↵ ab.

Da Sie aber in den jetzt ausgefüllten Zellen keine Formeln, sondern die Werte benötigen, kopieren Sie die Formeln und fügen Sie dann an der gleichen Stelle als Wert ein.

Allerdings lassen sich die so markierten Zellen nicht kopieren, würden Sie es dennoch versuchen, würden Sie die folgende Fehlermeldung erhalten:

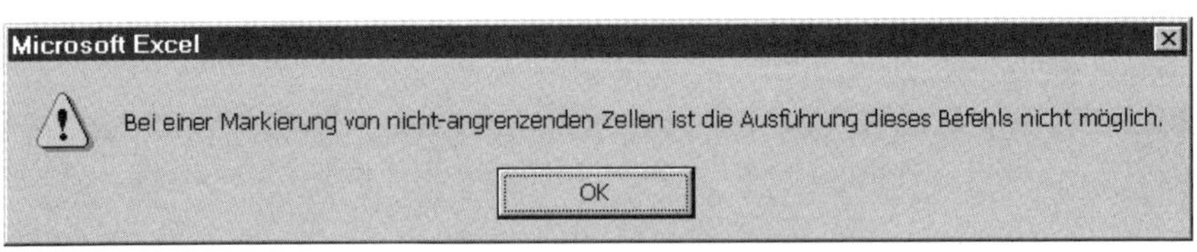

Abbildung 29.12 Fehlermeldung bei falscher Markierung

Aus diesem Grund wird nochmals der gesamte, zusammenhängende Bereich mit der Tastenkombination Strg+* markiert. Diese Auswahl wird nun mithilfe des Symbols oder der Tastenkombination Strg+C kopiert und dann mit BEARBEITEN | INHALTE EINFÜGEN | WERTE an der gleichen Stelle eingefügt.

Schließen Sie dann das Einfügen mit OK ab. Mithilfe der Taste [ESC] wird der Kopiermodus beendet. Nun stellen Sie noch die optimale Spaltenbreite ein. Dies erreichen Sie mit einem Doppelklick auf einen der Spaltenteiler. Um die Markierung wieder zu entfernen, klicken Sie als letzte Aktion auf die Zelle *A1*.

Das war's, den kompletten Programmcode für den Import und für das Ausfüllen der leeren Zellen finden Sie nachstehend und natürlich auch in der Mappe *Excel_2000_Ctrl_29_02.xls*.

```
Option Explicit
Dim strPfadName As String
Dim strDateiName As String
Dim strMappenName As String
Dim strTabellenName As String

Sub TextDateiImportieren()
'** Pfad einstellen, Variableninhalte zuweisen
    strPfadName = ThisWorkbook.Path
    strMappenName = ThisWorkbook.Name
    strDateiName = "Verkauf2000.txt"

'** Verzeichnis wechseln
    ChDir strPfadName

'** Textdatei importieren
    Workbooks.OpenText FileName:= _
        strDateiName, _
        Origin:=xlWindows, _
        StartRow:=1, _
        DataType:=xlDelimited, _
        TextQualifier:=xlDoubleQuote, _
        Tab:=True

'** Tabelle Verkauf verschieben
    Windows.Arrange ArrangeStyle:=xlVertical

'** Mappe aktivieren
    Windows(strDateiName).Activate

'** Mappe aktivieren
    Sheets(1).Select

'** Variabler den Namen des aktiven Tabellenblatts zuweisen
    strTabellenName = ActiveSheet.Name

'** Im Mappenregister des Workbooks vor das erste Blatt gehen
    Sheets(strTabellenName).Move Before:=Workbooks(strMappenNa-
me).Sheets(1)
```

```
'** Aktives Fenster zum Vollbild machen
    ActiveWindow.WindowState = xlMaximized

'** Aktuellen Bereich markieren
    Selection.CurrentRegion.Select

'** Alle leeren Zellen im markierten Bereich auswählen
    Selection.SpecialCells(xlCellTypeBlanks).Select

'** Formeln in die markierten Zellen kopieren
    Selection.FormulaR1C1 = "=R[-1]C"

'** Aktuellen Bereich markieren
    Selection.CurrentRegion.Select

'** Auswahl kopieren
    Selection.Copy

'** Auswahl einfügen, nur Werte
    Selection.PasteSpecial Paste:=xlValues

'** Inhalt der Zwischenablage löschen
    Application.CutCopyMode = False

'** Spalten auf optimale Breite einstellen
    Selection.Columns.AutoFit

'** Zelle A1 markieren
    Range("A1").Select

End Sub
```

29.3 Datenanalyse mit der PivotTable

29.3.1 Darstellung in einer zweidimensionalen Tabelle

Wie Sie im Teil 2 bereits feststellen konnten, lassen sich mithilfe der PivotTable Datenbanken oder andere Tabellen hervorragend analysieren. Die manuelle Erstellung bereitet keine große Mühe, genauso wie die Darstellung der Daten aus unterschiedlichen Blickwinkeln.

Um aber diese Möglichkeiten noch zu »toppen«, zeige ich Ihnen die Erstellung von PivotTables mithilfe eines VBA-Programms.

Als Datenbasis soll hier der Einfachheit halber eine Datenbank im dBase-Format dienen. In dieser sind Aufträge enthalten. Die Feldnamen lauten `LINR`, `AUFTRAG`, `DATUM`, `MENGE` und `WERT`. Da sich die Anzahl der Datensätze hier in Grenzen hält, wurde an dieser Stelle auf einen Filter verzichtet. An dieser Stelle sei nochmals auf die Ausführungen im Teil 2, Datenübernahme mit ODBC und MS-Query, hingewiesen.

- Rufen Sie über EXTRAS | MAKRO | VISUAL BASIC-EDITOR den Makro-Editor auf.
- Mit EINFÜGEN | MODUL fügen Sie der aktuellen Mappe ein Modul-Blatt hinzu.
- In der ersten Zeile steht bereits die Anweisung `Option Explicit`. Variable müssen also explizit, das heißt ausdrücklich deklariert werden.

Sie benötigen nun verschiedene Variablen, in denen Werte zwischengespeichert werden sollen. Diese Variablen schreiben Sie direkt unter die Anweisung `Option Explicit`. Damit befinden Sie sich im so genannten Deklarationsbereich des Moduls. Variablen, die hier deklariert werden, gelten nicht nur in der Prozedur, sondern haben für das gesamte Modul Gültigkeit.

Bei diesen Variablen handelt es sich allerdings nicht um »normale« Variable sondern um so genannte Objektvariablen. Objektvariablen werden oft auch als komplexe Variablen bezeichnet, da sie meist über die gesamte Funktionalität des zugewiesenen Typs verfügen.

Wir benötigen Variablen vom Typ `PivotTable`, `PivotField` und `PivotItem` sowie eine Variable vom Typ `Range`.

- Geben Sie ein:

```
Dim pivTabelle As PivotTable
Dim pivFeld_Zelle1 As PivotField
Dim pivFeld_Zelle2 As PivotField
Dim pivFeld_Zeile1 As PivotField
Dim pivFeld_Spalte1 As PivotField
Dim pivFeld_Seite As PivotField
Dim pivElement As PivotItem
Dim rngBereich As Range
```

Übrigens funktioniert dieses Beispiel auch dann, wenn nur eine Variable vom Typ `PivotField` verwendet würde. Diese würde mit der `SET`-Anweisung immer wieder überschrieben, nimmt aber weniger Speicherplatz in Anspruch. Aus Gründen der Übersichtlichkeit und des Verständnisses wurde für jede Zuweisung eine neue Variable verwendet.

Da es sich bei unserem Makro um ein Befehlsmakro handelt, geben Sie Sub, gefolgt von dem Dateinamen ein:

```
Sub PivotTabelleErstellen()
```

Sollte sich die Datenbank in einem anderen Verzeichnis befinden, lässt sich das Standardverzeichnis mit der Anweisung `ChDir-Anweisung` wechseln. Beachten Sie hierbei jedoch, dass nur das Standardverzeichnis, nicht aber das Standardlaufwerk gewechselt wird. Um Missverständnissen vorzubeugen, selbstverständlich kann mit diesem Befehl auch zu einem anderen Verzeichnis in einem anderen Laufwerk gewechselt werden. Das Standard-Laufwerk wird dadurch aber nicht gewechselt. Hierzu benötigen Sie die Anweisung `ChDrive-Anweisung`.

```
'** Pfad einstellen
    ChDir ThisWorkbook.Path
```

Auf diese Datenbank greifen wir zu, indem wir sie mit dem folgenden Befehl öffnen:

```
'** dBASE-Datenbank Auftrag.DBF öffnen
    Workbooks.Open "Auftrag.DBF"
```

Diese Datenbank, genauer gesagt, diese Datenbanktabelle wird in einer neuen Excel-Mappe geöffnet, wobei sowohl die Mappe als auch die Tabelle *Auftrag* heißen. Übrigens erhält diese Mappe nicht das Excel-Format, sondern würde im dBase-Format abgespeichert werden.

Dem Bereich, den diese Daten in der Tabelle ausfüllen, wird automatisch der Name *Datenbank* zugewiesen.

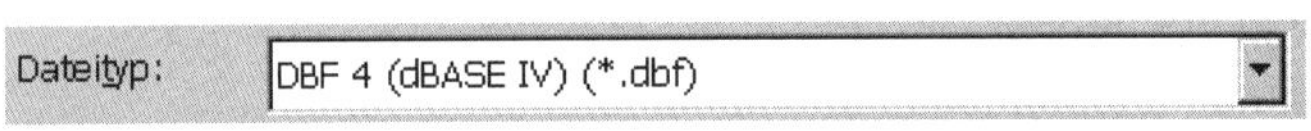

Abbildung 29.13 Format der Mappe Auftrag.DBF

Wie bereits erwähnt, benötigen Sie für die Makrolösung das PivotTable-Objekt. Jedes Objekt verfügt über Methoden, Eigenschaften und Ereignisse.

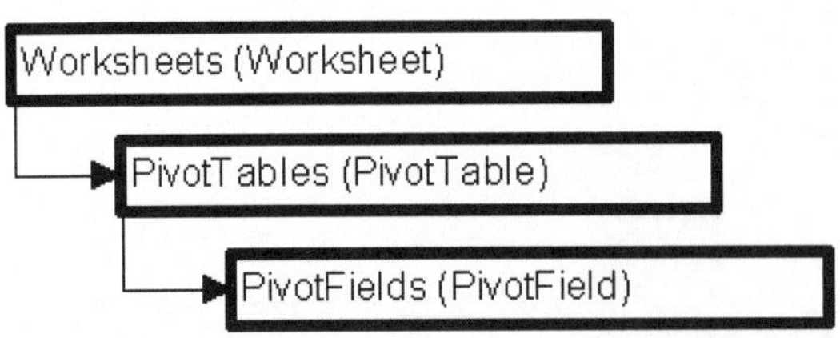

Abbildung 29.14 PivotTable-Objekt

Das PivotTable-Objekt ist Bestandteil der Arbeitsmappe (Worksheet). Die Objektvariable lässt sich mit der folgenden Befehlszeile erstellen:

```
Set pivTabelle = ActiveSheet.PivotTableWizard
```

Hierzu wird die Methode `PivotTableWizard` verwendet. Bei dieser Methode wird der PivotTable- und PivotChart-Assistent nicht angezeigt. Auch lassen sich mehrere Argumente zur Erstellung des Objektes übergeben. Von dieser Möglichkeit machen Sie im Moment jedoch keinen Gebrauch.

Wichtig ist, dass mit dieser Methode eine neue Tabelle in der Mappe geöffnet wird. Diese Tabelle beinhaltet dann auch die neue PivotTable.

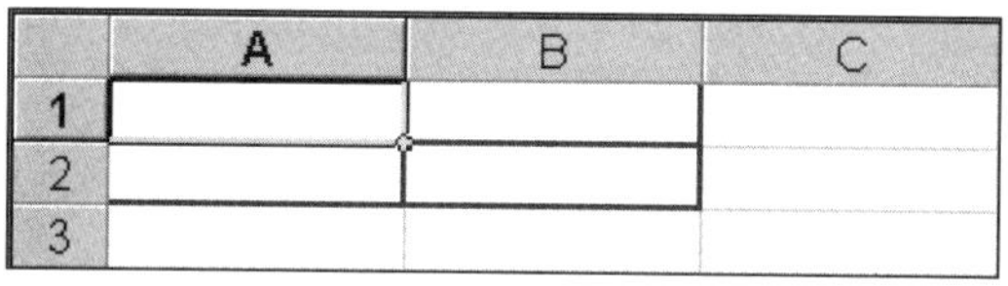

Abbildung 29.15 PivotTable erstellen

Zur kumulierten Darstellung der in der Datenbank enthaltenen Inhalte im Feld *Werte* benötigen Sie nun das Objekt `PivotField`. Aus der Auflistung (engl. Collection) PivotFields verwenden Sie das (Datenbank-) Feld `WERT`.

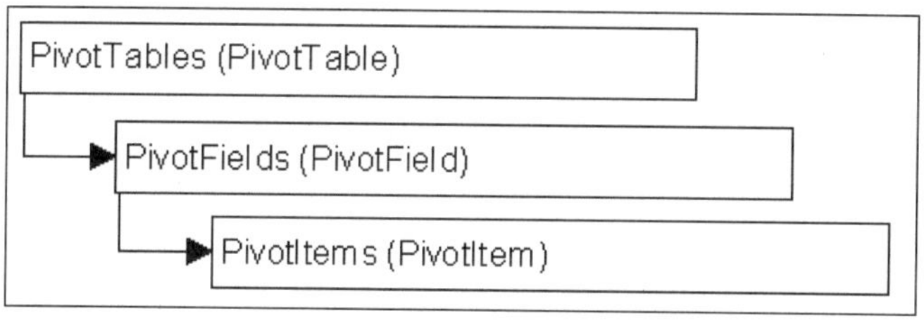

Abbildung 29.16 PivotField-Objekt

```
Set pivFeld_Zelle1 = pivTabelle.PivotFields("WERT")
```

Ist das geschehen, legen Sie die Position dieses Datenfelds in der PivotTable fest. Dies erfolgt, indem der Eigenschaft `Orientation` der Wert `xlDataField` zugewiesen wird. Dieser Wert gibt an, dass es sich um ein Datenfeld, also eine Zelle in der Excel-Tabelle, handelt. `XlDataField` ist eine der `XlPivotFieldOrientation`-Konstanten.

```
pivFeld_Zelle1.Orientation = xlDataField
```

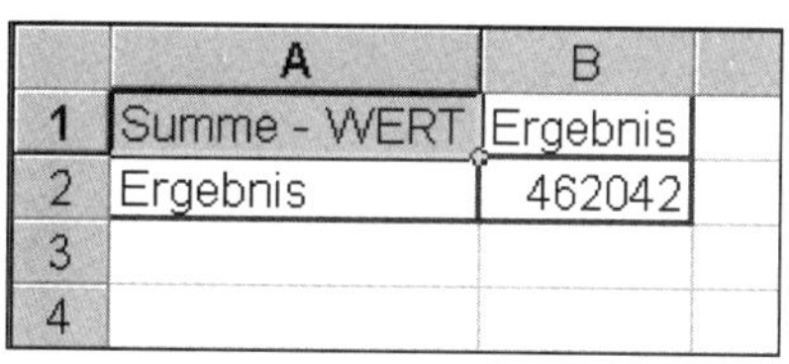

Abbildung 29.17 PivotTable-Feld WERT erstellt und Position zugewiesen

Da es sich bei den Inhalten des Feldes `Wert` um Zahlen handelt, werden diese automatisch summiert. Dies ist die Standardeinstellung der PivotTable.

Um die ausgegebene Zahl besser lesbar zu machen, formatieren Sie dieses Datenfeld. Hierzu muss der Eigenschaft `NumberFormat` der Objektvariablen `pivFeld` das Schema der gewünschten Formatierung zugewiesen werden:

```
pivFeld_Zelle1.NumberFormat = "#,##0"
```

	A	B
1	Summe - WERT	Ergebnis
2	Ergebnis	462.042
3		
4		
5		

Abbildung 29.18 Formatieren des PivotTable-Felds

Nun benötigen Sie noch ein weiteres Pivot-Feld, das die Lieferantennummer `LINR` aufnehmen soll. Diese sollen in der Zeile dargestellt werden.

```
Set pivFeld_Zeile1 = pivTabelle.PivotFields("LINR")
```

Auch hier muss die Position des Datenfelds in der PivotTable festgelegt werden. Dieses Mal sollen die Daten in der Zeile, also untereinander, angeordnet werden:

```
pivFeld_Zeile1.Orientation = xlRowField
```

	A	B
1	Summe - WERT	
2	LINR	Ergebnis
3	00001	107.213
4	00002	71.609
5	00006	53.472
6	00007	24.100
7	00011	58.588
8	00012	126.324
9	00015	8.091
10	00033	5.854
11	00034	6.792
12	Gesamtergebnis	462.042
13		

Abbildung 29.19 PivotTable-Feld LINR erstellt und Position zugewiesen

Um die Anzeige der Daten noch mehr zu komprimieren, besteht die Möglichkeit, ein Seitenfeld zu erzeugen. Mithilfe dieses Seitenfeldes besteht die Auswahlmöglichkeit, die Daten gesamt oder gruppiert auszugeben. Mit der Eigenschaft CURRENTPAGE wird die Gruppierung für die Lieferanten-Nummer 00001 bereits vorgenommen.

```
'** Der Objektvariablen pivTabelle das PivotTablenfeld
'** "LINR" zuweisen
    Set pivFeld_Seite = pivTabelle.PivotFields("LINR")

'** Daten in Seite
    pivFeld_Seite.Orientation = xlPageField

'** Gruppieren nach bestimmten Seiteninhalt
    pivFeld_Seite.CurrentPage = "00001"
```

	A	B
1	LINR	00001
2		
3	Summe - WERT	Ergebnis
4	Ergebnis	107.213
5		

Abbildung 29.20 Gruppierte Darstellung der Daten

Jetzt haben Sie bei der Verdichtung der Daten vielleicht des Guten zu viel getan. Interessant ist sicher auch die Möglichkeit, die Aufträge zusätzlich nach dem Auftragsdatum darzustellen. Hierzu fügen Sie mit der Methode `AddFields` die Felder `LINR` und `Datum` der Variablen `pivTabelle` hinzu.

Hierbei wird die Lieferantennummer als Zeilenfeld und das Datum als Spaltenfeld festgelegt. Der Wert wird im Schnittpunkt, also in der Zelle summiert dargestellt. Das dritte Argument `Seite` lassen Sie im Moment unberücksichtigt. Diese Argumente müssen immer in der Reihenfolge `Zeile, Spalte, Seite` übergeben werden.

```
'** Felder hinzufügen Zeile, Spalte
pivTabelle.AddFields "LINR", "Datum"
```

Aber leider hat Ihre Tabelle durch diese Darstellung doch deutlich an Übersichtlichkeit verloren. Die tageweise Auflistung der Aufträge verwirrt mehr, als dass sie hilft. Aus diesem Grund soll die Ausgabe verdichtet werden. Die Aufträge sollen monatlich zusammengefasst werden. Hierzu verwenden Sie die Methode `PivotSelect` und übergeben als Argument `Name` und `Mode`. Beide Argumente sind erforderlich. Der Name, als `String` übergeben, beinhaltet den Namen des Feldes, das selektiert, in diesem Fall also markiert werden soll. Diese Markierung erfolgt im Standardmarkierungsformat der PivotTable.

	A	B	C	D	E	F
1						
2						
3	Summe - WERT	DATUM				
4	LINR	01.01.1998	02.01.1998	04.01.1998	05.01.1998	08.01.1998
5	00001			13.300		
6	00002		25.000			
7	00006	995			396	
8	00007	3.992			464	5.700
9	00011					
10	00012					
11	00015					
12	00033					
13	00034					
14	Gesamtergebnis	4.987	25.000	13.300	860	5.700
15						

Abbildung 29.21 PivotTable mit Zeilen- und Spaltenfeldern (Ausschnitt)

Das zweite Argument ist vom Typ `Long` und legt den strukturierten Markierungsmodus fest. In diesem Beispiel wird `xlLabelOnly` zur Auswahl der Überschrift verwendet.

```
'** Nach Datum gruppieren
    pivTabelle.PivotSelect "DATUM[All]", xlLabelOnly
```

Diese Auswahl (Selection) gibt ein `Range`-Objekt zurück. Mit der `Group`-Methode wird das `Range`-Objekt gruppiert. Hierzu wird das Argument `Periods` verwendet, welches eine Matrix von booleschen Werten für den zu gruppierenden Zeitraum angibt. Diese Werte werden in der Reihenfolge *Sekunden, Minuten, Stunden, Tage, Monate, Quartale, Jahre* angegeben. Für den zu gruppierenden Wert wird der boolesche Wert von `False` auf `True` geändert. In diesem Fall wurden die letzten drei Werte der Matrix auf `True` gesetzt, es wird also nach *Monaten, Quartalen* und *Jahren* gruppiert werden.

```
Selection.Group Periods:=Array(False, False, False, False, True, True,
True)
```

Die Werte hatten Sie ja bereits schon einmal formatiert. Dies soll hier nochmals durchgeführt werden. Allerdings sollen diese Werte dieses Mal als €-Beträge dargestellt werden. Hierzu ist ein kleiner Kniff erforderlich.

Sie erinnern sich vielleicht noch an die Tastenkombination im Teil 1 dieses Buches, mit denen Sie die markierten Zellen als €-Beträge formatiert haben. Diese Tastenkombination lautete [Strg]+[$] bzw. [Strg]+[⇧]+[4] und beinhaltete das Dollarzeichen Repräsentanz für das amerikanische Währungsformat. Verwenden Sie das Dollarzeichen zur Formatierung in unserem Makro, so wird das Währungssymbol des eingestellten Landes verwendet.

	A	B	C	D	E
1					
2					
3	Summe - WERT	Jahre	Quartale	DATUM	
4		1998			Gesamtergebnis
5		Qrtl1			
6	LINR	Jan	Feb	Mrz	
7	00001	37.290	51.893	18.030	107.213
8	00002	25.273	41.109	5.227	71.609
9	00006	18.713	17.745	17.014	53.472
10	00007	13.312		10.788	24.100
11	00011	47.800	10.788		58.588
12	00012	2.868		123.456	126.324
13	00015	8.091			8.091
14	00033		1.767	4.087	5.854
15	00034	1.392	5.400		6.792
16	Gesamtergebnis	154.739	128.702	178.601	462.042
17					

Abbildung 29.22 Gruppierung nach Monat, Quartal und Jahr

```
With pivTabelle.PivotFields("Summe - WERT")
        .NumberFormat = "#,##0 $;[Red]-#,##0 $"
    End With
```

Damit haben Sie zunächst alle erforderlichen Objekte mit ihren Methoden und Eigenschaften eingegeben. Beenden Sie die Prozedur mit `End Sub`.

Dies müssen Sie jedoch seit Excel 97 nicht mehr eingeben. Die in Excel eingebaute Intellisense hat dies bereits für Sie erledigt.

Die Abbildung 29.23 zeigt das Ergebnis.

Den kompletten und kommentierten Programmcode finden Sie nachstehend abgebildet:

```
Option Explicit
Dim pivTabelle As PivotTable
Dim pivFeld_Zelle1 As PivotField
Dim pivFeld_Zelle2 As PivotField
Dim pivFeld_Zeile1 As PivotField
Dim pivFeld_Spalte1 As PivotField
Dim pivFeld_Seite As PivotField
Dim pivElement As PivotItem
Dim rngBereich As Range
```

```
Sub PivotTableErstellen()
'** Pfad einstellen, Workbook muss gespeichert sein
    ChDir ThisWorkbook.Path

'** dBASE-Datenbank Auftrag.DBF öffnen
'** Muss sich im CurDir befinden
    Workbooks.Open "Auftrag.DBF"

'** Erstellen einer neuen PivotTable durch Zuweisung der
'** Objektvariablen pivTabelle
    Set pivTabelle = ActiveSheet.PivotTableWizard

'** Der Objektvariablen pivFeld_Zelle das PivotTable-Feld
'** "Wert" zuweisen
    Set pivFeld_Zelle1 = pivTabelle.PivotFields("WERT")

'** Die Position des Datenfelds in der PivotTable wird festgelegt
    pivFeld_Zelle1.Orientation = xlDataField

'** Das Datenfeld wird formatiert
    pivFeld_Zelle1.NumberFormat = "#,##0"

'** Der Objektvariablen pivFeld_Zeile1 das PivotTable-Feld
'** "LINR" zuweisen
    Set pivFeld_Zeile1 = pivTabelle.PivotFields("LINR")

'** Die Position des Datenfelds in der PivotTable wird festgelegt
'** Daten in Reihe
    pivFeld_Zeile1.Orientation = xlRowField

'** Der Objektvariablen pivFeld_Seite das PivotTable-Feld
'** "LINR" zuweisen
    Set pivFeld_Seite = pivTabelle.PivotFields("LINR")

'** Daten in Seite
    pivFeld_Seite.Orientation = xlPageField

'** Gruppieren nach bestimmten Seiteninhalt
    pivFeld_Seite.CurrentPage = "00001"

'** Felder hinzufügen: Zeile, Spalte
    pivTabelle.AddFields "LINR", "Datum"

'** Felder hinzufügen: Zeile, Spalte, Seite
    'pivTabelle.AddFields "Auftrag", "Datum", "LiNr"

'** Felder hinzufügen: Array(Zeile,Zeile), Spalte)
```

```
    'pivTabelle.AddFields Array("LINR", "Auftrag"), "Datum"

'** Nach Datum gruppieren
    pivTabelle.PivotSelect "DATUM[All]", xlLabelOnly

'** Periods ist eine Matrix von booleschen Werten, die den zu gruppieren-
den Zeitraum angibt
'** Sekunden, Minuten, Stunden, Tage, Monate, Quartale, Jahre
    Selection.Group Periods:=Array(False, False, False, False, True, True,
True)
    With pivTabelle.PivotFields("Summe - WERT")
        .NumberFormat = "#,##0 $;[Red]-#,##0 $"
    End With

'** Objektvariable pivElement zuweisen
    Set pivElement = pivFeld_Zeile1.PivotItems("00001")

'** Objektvariable an Position 1 anordnen
    'pivElement.Position = 1

'** Details ausblenden
    'pivElement.ShowDetail = False

'    Dim pivElementName As String
'    pivElementName = pivElement.SourceName

    Set pivFeld_Zelle2 = pivTabelle.PivotFields("Menge")
    pivFeld_Zelle2.Orientation = xlDataField

    Set pivFeld_Spalte1 = pivTabelle.PivotFields("Daten")
    pivFeld_Spalte1.Orientation = xlColumnField

'** pivFeld verstecken
    pivFeld_Zelle2.Orientation = xlHidden

End Sub
```

	A	B	C	D	E
1					
2					
3	Summe - WERT	Jahre	Quartale	DATUM	
4		1998			Gesamtergebnis
5		Qrtl1			
6	LINR	Jan	Feb	Mrz	
7	00001	37.290 €	51.893 €	18.030 €	107.213 €
8	00002	25.273 €	41.109 €	5.227 €	71.609 €
9	00006	18.713 €	17.745 €	17.014 €	53.472 €
10	00007	13.312 €		10.788 €	24.100 €
11	00011	47.800 €	10.788 €		58.588 €
12	00012	2.868 €		123.456 €	126.324 €
13	00015	8.091 €			8.091 €
14	00033		1.767 €	4.087 €	5.854 €
15	00034	1.392 €	5.400 €		6.792 €
16	Gesamtergebnis	154.739 €	128.702 €	178.601 €	462.042 €
17					

Abbildung 29.23 Gruppierte und formatierte PivotTable

29.3.2 Weitere Möglichkeiten der Gruppierung

Angenommen, es besteht der Wunsch, festzustellen, ob und welche Aufträge gestückelt und an welche Lieferanten vergeben wurden. Hierzu müssen Sie die folgende Befehlszeile ersetzen:

```
pivTabelle.AddFields "LINR", "Datum"
```

und zwar durch diese Zeile:

```
pivTabelle.AddFields Array("LINR", "Auftrag"), "Datum"
```

Mithilfe der Funktion Array übergeben Sie mehrere Feldnamen in einem Argument an die Methode AddFields.

Ist Ihnen diese Ansicht wieder zu unübersichtlich oder zu unhandlich, fügen Sie einfach ein Seitenfeld hinzu. Ersetzen Sie die vorstehende Befehlszeile durch die nachstehende:

```
pivTabelle.AddFields "Auftrag", "Datum", "LiNr"
```

Über das Seitenfeld (Zelle A1 und B1) lassen sich nun entweder die Aufträge aller oder nur die des ausgewählten Lieferanten anzeigen.

	A	B	C	D	E	F
1						
2						
3	Summe - WERT		Jahre	Quartale	DATUM	
4			1998			Gesamtergebnis
5			Qrtl1			
6	LINR	AUFTRAG	Jan	Feb	Mrz	
7	00001	100003		45.600 €		45.600 €
8		100006		6.293 €	2.697 €	8.990 €
9		100143	2.390 €			2.390 €
10		100144	21.600 €			21.600 €
11		101244			15.000 €	15.000 €
12		109239	13.300 €		333 €	13.633 €
13	00001 Ergebnis		37.290 €	51.893 €	18.030 €	107.213 €
14	00002	100006		4.495 €		4.495 €
15		100007		1.856 €	232 €	2.088 €
16		100008			4.995 €	4.995 €
17		100143		9.560 €		9.560 €
18		101244	25.000 €	25.000 €		50.000 €
19		109812	273 €			273 €
20		109888		198 €		198 €
21	00002 Ergebnis		25.273 €	41.109 €	5.227 €	71.609 €

Abbildung 29.24 PivotTable mit Spaltenfeldern und mehreren Zeilenfeldern

	A	B	C	D	E
1	LINR	00001			
2					
3	Summe - WERT	Jahre	Quartale	DATUM	
4		1998			Gesamtergebnis
5		Qrtl1			
6	AUFTRAG	Jan	Feb	Mrz	
7	100003		45.600 €		45.600 €
8	100006		6.293 €	2.697 €	8.990 €
9	100143	2.390 €			2.390 €
10	100144	21.600 €			21.600 €
11	101244			15.000 €	15.000 €
12	109239	13.300 €		333 €	13.633 €
13	Gesamtergebnis	37.290 €	51.893 €	18.030 €	107.213 €
14					

Abbildung 29.25 PivotTable mit Zeilen-, Spalten- und Seitenfeldern

29.3.3 Arbeiten mit anderen Funktionen

Bisher haben Sie die Datenverdichtung lediglich mit einer Funktion, der Summe, durchgeführt. Wie Sie sich sicher denken können, gibt es natürlich weitere Funktionen, die sich im Zusammenhang mit der PivotTable einsetzen lassen.

Erreicht wird dies mithilfe der Eigenschaft Function. Soll beispielsweise der durchschnittliche Bestellwert berechnet werden, lässt sich dies mit den nachfolgenden Codezeilen erzielen.

Zunächst wird der Objektvariablen pivFeld_Zelle1 das PivotTablen-Feld "WERT" zugewiesen.

```
Set pivFeld_Zelle1 = pivTabelle.PivotFields("WERT")
```

Anschließend muss die Position des Feldes in der Tabelle festgelegt werden.

```
pivFeld_Zelle1.Orientation = xlDataField
```

Nun soll für die Werte, die sich in diesem Feld befinden, der Durchschnitt ermittelt werden.

```
pivFeld_Zelle1.Function = xlAverage
```

Statt der Durchschnitts-Funktion ließen sich natürlich auch noch andere Funktionen auswählen. Diese sind in der nachstehenden Abbildung enthalten:

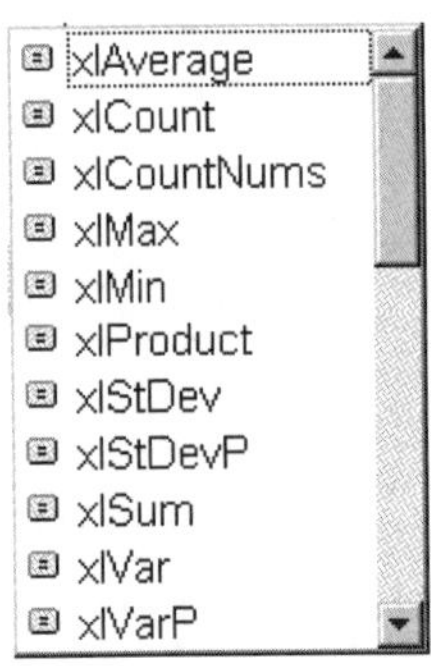

Abbildung 29.26 Mögliche Werte der Eigenschaft Function

Anschließend wird der Objektvariablen pivFeld_Zeile1 das PivotTable-Feld "LINR" zugewiesen:

```
Set pivFeld_Zeile1 = pivTabelle.PivotFields("LINR")
```

Nun muss das Datenfeld als Zeilenfeld positioniert werden. Dies geschieht wieder mit der Eigenschaft Orientation, der hier der Wert xlRowField zugewiesen wird.

```
pivFeld_Zeile1.Orientation = xlRowField
```

Die PivotTable soll dieses Mal in der Zeile die Aufträge darstellen, die weiter in die Lieferanten-Anteile untergliedert werden. In der Spalte soll wieder das Datum, nach Monaten zusammengefasst, erscheinen.

Um mehrere Felder in der Zeile darstellen zu können, verwendet man ein Array. Die Elemente dieses Arrays werden in Klammer geschrieben und voneinander durch Kommata getrennt.

```
'** Felder hinzufügen: Array(Zeile,Zeile), Spalte)
    pivTabelle.AddFields Array("Auftrag", "LINR"), "Datum"
```

Das komplette Makro enthält dann die folgenden Befehlszeilen:

```
Sub PivotTabelleFormeln()
'** Pfad einstellen
    ChDir ThisWorkbook.Path

'** dBASE-Datenbank Auftrag.DBF öffnen
    Workbooks.Open "Auftrag.DBF"

'** Erstellen einer neuen PivotTable durch Zuweisung der
'** Objektvariablen pivTabelle
    Set pivTabelle = ActiveSheet.PivotTableWizard

'** Der Objektvariablen pivFeld_Zelle das PivotTable-Feld
'** "Wert" zuweisen
    Set pivFeld_Zelle1 = pivTabelle.PivotFields("WERT")

'** Die Position des Datenfelds in der PivotTable wird festgelegt
    pivFeld_Zelle1.Orientation = xlDataField

'** Berechnung des Durchschnittswerts
    pivFeld_Zelle1.Function = xlAverage

'** Der Objektvariablen pivFeld_Zeile1 das PivotTable-Feld
'** "LINR" zuweisen
    Set pivFeld_Zeile1 = pivTabelle.PivotFields("LINR")

'** Die Position des Datenfelds in der PivotTable wird festgelegt
'** Daten in Reihe
    pivFeld_Zeile1.Orientation = xlRowField

'** Felder hinzufügen: Array(Zeile,Zeile), Spalte)
    pivTabelle.AddFields Array("Auftrag", "LINR"), "Datum"

'** Nach Datum gruppieren
    pivTabelle.PivotSelect "DATUM[All]", xlLabelOnly
```

```
'** Periods ist eine Matrix von booleschen Werten, die den zu gruppieren-
den Zeitraum angibt
'** Sekunden, Minuten, Stunden, Tage, Monate, Quartale, Jahre
   Selection.Group Periods:=Array(False, False, False, False, True, True,
True)

'** Ändern des Feldnamens
    pivFeld_Zelle1.Name = "Ø-Bestellwerte"

    With pivTabelle.PivotFields(pivFeld_Zelle1.Name)
        .NumberFormat = "#,##0 $;[Red]-#,##0 $"
    End With

End Sub
```

Sollte Ihnen die Bezeichnung »Mittelwert – Wert« in der Zelle *A1* nicht gefallen, so können Sie diese mithilfe der Eigenschaft `Name` abändern.

Diese Änderung erreichen wir mit der folgenden Befehlszeile:

```
pivFeld_Zelle1.Name = "Ø-Bestellwerte"
```

Damit haben Sie aber manuell einen Namen zugewiesen und somit die automatische Anpassung abgeschaltet. Allerdings würde beim nächsten Makrodurchlauf eine Fehlermeldung erscheinen. VBA könnte keine Formatierung mehr durchführen, weil der Name der zu formatierenden Zellen nicht mehr existiert. Deshalb sollte die Lösung folgendermaßen aussehen:

```
'** Ändern des Feldnamens
```

Wir weisen der Eigenschaft `Name` einen neuen Wert zu.

```
pivFeld_Zelle1.Name = "Ø-Bestellwerte"
```

Verwenden Sie diese Eigenschaft statt des festen Namens in der `With...End With`-Bedingung, so funktioniert unser Makro wieder störungsfrei.

```
With pivTabelle.PivotFields(pivFeld_Zelle1.Name)
    .NumberFormat = "#,##0 $;[Red]-#,##0 $"
End With
```

Wollen Sie statt des Mittelwerts die Anzahl der Bestellungen ermitteln, so dürfen die Ausgabezellen nicht mit € formatiert sein. Des Weiteren besteht der Wunsch, diese Ausgabezellen blau zu formatieren. Nun sind natürlich die Spalten zu breit. Diese sollen markiert und auf die optimale Breite eingestellt werden.

```
'** Anzahl der Bestellungen ermitteln
```

	A	B	C	D	E	F
1	Ø-Bestellwerte		Jahre	Quartale	DATUM	
2			1998			Gesamtergebnis
3			Qrtl1			
4	AUFTRAG	LINR	Jan	Feb	Mrz	
5	100001	00006		3.596 €		3.596 €
6		00011		10.788 €		10.788 €
7		00015	4.495 €			4.495 €
8	100001 Ergebnis		4.495 €	7.192 €		6.293 €
9	100002	00007	464 €			464 €
10	100002 Ergebnis		464 €			464 €
11	100003	00001		45.600 €		45.600 €
12		00006		1.900 €		1.900 €
13		00007	5.700 €			5.700 €
14		00011	22.800 €			22.800 €
15	100003 Ergebnis		14.250 €	23.750 €		19.000 €

Abbildung 29.27 Durchschnittliche Auftragswerte nach Aufträgen und Lieferanten

Als Erstes muss die Anzahl der Bestellungen ermittelt werden. Dies geschieht, indem Sie der Eigenschaft `Function` den Wert `xlCount` zuweisen.

```
pivFeld_Zelle1.Function = xlCount
```

Nun ändern Sie die Beschriftung der Tabelle. Hier müssen Sie konsequent sein, da Sie ja den Automatismus mit der ersten Namenszuweisung ausgeschaltet haben.

```
pivFeld_Zelle1.Name = "Anzahl Bestellungen"
```

Nun formatieren Sie die Zellen erneut, die Anzahl der Bestellungen soll blau formatiert werden. Hierzu fügen Sie den englischen Namen der Farbe in eckigen Klammern vor dem positiven Formatierungswert ein.

In diesem Formatierungswert können Angaben für die Darstellung der positiven, negativen und neutralen Ausgabewerte gemacht werden. Diese Anweisungen werden durch Semikola voneinander getrennt. Der Formatierungswert selbst wird in Anführungszeichen geschrieben.

```
With pivTabelle.PivotFields(pivFeld_Zelle1.Name)
    .NumberFormat = "[Blue] #,##0"
End With
```

Den Datenbereich, in dem sich die Ausgabewerte befinden, bezeichnet man als `DataBodyRange`. DataBodyRange ist eine Eigenschaft, die ein so genanntes `Range`-Objekt zurückgibt, also eben diesen Datenbereich. Diesen Datenbereich weisen Sie der Objektvariablen `rngBereich` zu. Zur Erinnerung, diese Objektvariable ist vom Typ `Range`. Sie hatten sie zu bereits zu Beginn des Kapitels deklariert.

```
Set rngBereich = pivTabelle.DataBodyRange
```

Nun markieren Sie diesen Bereich mit der Methode `Select`...

```
rngBereich.Select
```

... und stellen die Spaltenbreite dieses markierten Bereichs auf optimale Breite ein.

```
rngBereich.Columns.AutoFit
```

Nochmal der gesamte Code des letzten Beispiels im Überblick. Tauschen Sie die entsprechenden Zeilen aus, oder setzen Sie für Übungszwecke diesen Code ans Ende des Makros `PivotTabelleFormeln`:

```
'** Anzahl der Bestellungen ermitteln
    pivFeld_Zelle1.Function = xlCount
    pivFeld_Zelle1.Name = "Anzahl Bestellungen"

    With pivTabelle.PivotFields(pivFeld_Zelle1.Name)
        .NumberFormat = "[Blue] #,##0"
    End With

    Set rngBereich = pivTabelle.DataBodyRange
    rngBereich.Select
    rngBereich.Columns.AutoFit
```

Hier nochmals die verwendeten Methoden und Eigenschaften im Überblick:

Methode / Eigenschaft	**Beschreibung**	**M / E**
Workbooks.Open "Auftrag.DBF"	Öffnen einer Datei	M
ActiveSheet.PivotTableWizard	Erstellen eines PivotTable-Objekts	M
pivTabelle.PivotFields("WERT")	Gibt ein PivotTable-Objekt zurück	M
pivFeld_Zelle1.Orientation = xlDataField	Gibt die Ausrichtung eines Objektes zurück oder weist sie zu	E
pivFeld_Zelle1.NumberFormat = "#,##0"	Gibt den Formatierungscode für das Objekt zurück oder weist diesen zu	E
pivFeld_Seite.CurrentPage	Gibt die aktuelle Seite zurück, die im Seitenfeld angezeigt wird	E
pivTabelle.AddFields "Auftrag", "Datum", "LiNr"	Fügt der PivotTable Zeilen-, Spalten- und Seitenfelder hinzu	M
pivTabelle.PivotSelect "DATUM[All]", xlLabelOnly	Markiert einen Teil einer PivotTable	M

Tabelle 29.1 Verwendete Methoden und Eigenschaften der PivotTable

Methode / Eigenschaft	Beschreibung	M / E
Selection.Group Periods:=Array(False, False, False, False, True, True, True)	Führt eine Gruppierung nach Zahlen oder Datum in einem Pivot-Feld durch	M
pivFeld_Zeile1.PivotItems("00001")	Gibt ein Objekt zurück, das ein einzelnes Pivot-Element darstellt	O
pivElement.Position = 1	Position des Feldes (unter allen Feldern derselben Ausrichtung (Zeilen, Spalten, Seiten, Daten)	E
pivElement.ShowDetail = False	Blendet das Element ein oder aus	E
pivElement.SourceName	Gibt den Namen des angegebenen Objekts zurück, so wie er in den ursprünglichen Quelldaten für die PivotTable erscheint	E
pivFeld_Zelle1.Function = xlAverage	Weist dem Pivot-Feld (nur Datenfelder) die verwendete Funktion zu	E
pivFeld_Zelle1.Name = "Ø-Bestellwerte"	Gibt den Namen des Objekts zurück oder legt ihn fest	E
pivTabelle.DataBodyRange	Gibt ein Range-Objekt zurück; dieser Bereich enthält den Datenbereich der PivotTable	E
rngBereich.Select	Gibt ein markiertes Objekt zurück	M
rngBereich.Columns.AutoFit	Ändert die Spaltenbreite im angegebenen Bereich	M

Tabelle 29.1 Verwendete Methoden und Eigenschaften der PivotTable

29.4 Beschriften eines XY-Diagramms

Im Gegensatz zu einem »normalen« Linien-Diagramm wird bei einem XY-Diagramm auch die X-Achse wertmäßig berücksichtigt.

- Rufen Sie die Mappe *Excel_2000_Ctrl_29_04.xls* auf.
- Erstellen Sie mit diesen Daten ein XY-Diagramm

West	-3	10
Nord	-6	20
Ost	6	80
Süd	12	200

Den einzelnen Punkten lassen sich nun zwar Beschriftungen anzeigen, hierbei handelt es sich aber um die Wertangaben der X- bzw. Y-Datenreihe.

Sollen nun die einzelnen Punkte mit Texten (West, Nord, Ost, Süd) beschriftet werden, so bedient man sich am einfachsten eines Makros.

Dieses Makro springt von Datenpunkt zu Datenpunkt und weist vorgegebene Beschriftungen den jeweiligen Datenpunkten zu.

Da das Ganze benutzerfreundlich ablaufen soll, wird das Makro über eine Userform gestartet. Dabei wird davon ausgegangen, dass das XY-Diagramm bereits existiert.

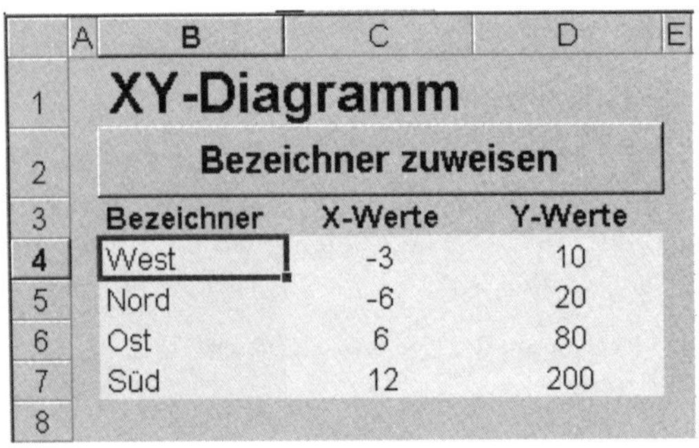

Abbildung 29.28 Die Daten für das XY-Diagramm

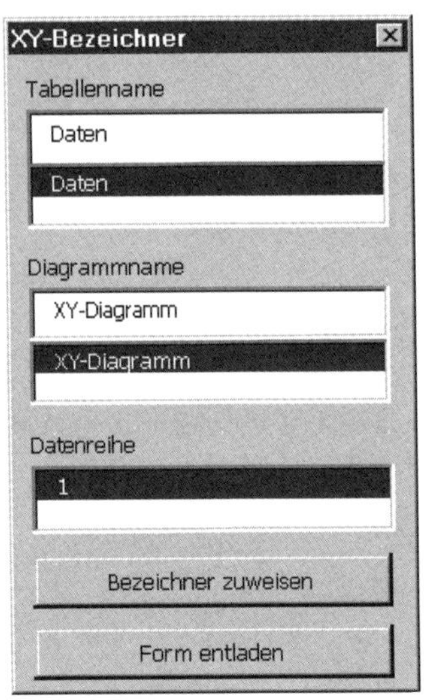

Abbildung 29.29 Eingabe der Diagrammdaten

```
Sub DialogZeigen()
'** Anzeigen der Eingabemaske
    frmXYBezeichner.Show
End Sub

Option Explicit
'** Deklaration der Variablen
    Dim m_intCt As Integer
    Dim m_intAnzahl As Integer
    Dim m_strZelle As String * 7
    Dim m_strBeschriftung As String
    Dim m_strTabellenName As String
    Dim m_strDiagrammName As String
    Dim m_intReihe As Integer

Private Sub cmdBezeichnerZuweisen_Click()

'** Werte zuweisen, m_intAnzahl bei Bedarf ändern
'** Stimmt die Anzahl der Werte nicht, kommt es zur Fehlermeldung 1004
    m_intAnzahl = Sheets(m_strDiagrammName).SeriesCollection(m_intRei-
he).Points.Count
    m_intCt = 1

'** Diagramm auswählen
    Sheets(m_strDiagrammName).Select

'** Datenreihe auswählen
    ActiveChart.SeriesCollection(m_intReihe).Select

'** Datenbeschriftungen anzeigen
    Selection.ApplyDataLabels Type:=xlShowLabel, LegendKey:=False

'** Bildschirm-Aktualisierung ausschalten
    Application.ScreenUpdating = False


'** Datenbeschriftungen in einer For...Next- Schleife hinzufügen
'** Werden Überschriften für die Werte verwendet, muß der Startwert
'** der For...Next-Schleife entsprechend erhöht werden
    For m_intCt = 1 To m_intAnzahl

    '** Tabelle auswählen
        Sheets(m_strTabellenName).Select

    '** Zelle bestimmen
        m_strZelle = "B" & CStr(m_intCt + 3)
```

```
    '** Beschriftung zuweisen
        m_strBeschriftung = Range(m_strZelle).Value

    '** Diagramm auswählen
        Sheets(m_strDiagrammName).Select

    '** Datenreihe auswählen
        ActiveChart.SeriesCollection(m_intReihe).Select

    '** Datenbeschriftung auswählen
        Selection.DataLabels.Select

    '** Auswahl des Datenpunkts
        ActiveChart.SeriesCollection(m_intReihe).Points(m_intCt).DataLa-
bel.Select

    '** Beschriftung dem ausgewählten Datenpunkt zuweisen
        Selection.Characters.Text = m_strBeschriftung

    Next m_intCt
'** Bildschirm-Aktualisierung wieder einschalten
    Application.ScreenUpdating = True

End Sub

Private Sub cmdEnde_Click()
'** Form entladen
    Unload Me
End Sub

Private Sub lstDatenReihe_Click()

    m_intReihe = lstDatenReihe.ListIndex + 1
End Sub

Private Sub lstDiagrammName_Click()
    txtDiagrammName.Text = lstDiagrammName.List(lstDiagrammName.ListIndex)
End Sub


Private Sub lstTabellenName_Click()
    txtTabellenName.Text = lstTabellenName.List(lstTabellenName.ListIndex)
End Sub

Private Sub UserForm_Activate()
'** Deklaration der Prozedur-Variablen
    Dim intCt As Integer
```

```
    Dim intReiheGesamt As Integer
    Dim intCtTabelle As Integer
    Dim intCtTabellen As Integer
    Dim intCtDiagramm As Integer
    Dim intCtDiagramme As Integer

'** Anzahl der Tabellen- und Diagrammblätter ermitteln
    intCtTabellen = ThisWorkbook.Worksheets.Count
    intCtDiagramme = ThisWorkbook.Charts.Count

'** Liste mit den Namen der Tabellenblätter füllen
    For intCtTabelle = 1 To intCtTabellen
        lstTabellenName.AddItem ThisWorkbook.Worksheets(intCtTabelle).Name
    Next
'** Liste mit den Namen der Diagrammblätter füllen
    For intCtDiagramm = 1 To intCtDiagramme
        lstDiagrammName.AddItem ThisWorkbook.Charts(intCtDiagramm).Name
    Next

'** Gültige Namen eingeben
    m_strTabellenName = lstTabellenName.List(0)
    m_strDiagrammName = lstDiagrammName.List(0)

'** Anzahl der Datenreihen ermitteln
    intReiheGesamt = Sheets(m_strDiagrammName).SeriesCollection.Count

'** Liste mit der Anzahl der Datenreihen füllen
    For intCt = 1 To intReiheGesamt
        lstDatenReihe.AddItem intCt
    Next

'** Erstes Element in der Listbox lstDatenreihe markieren
    If lstDatenReihe.ListCount > 0 Then
        lstDatenReihe.ListIndex = 0
    End If

'** Erstes Element in der Listbox lstTabellenName markieren
    If lstTabellenName.ListCount > 0 Then
        lstTabellenName.ListIndex = 0
    End If

'** Erstes Element in der Listbox lstDiagrammName markieren
    If lstDiagrammName.ListCount > 0 Then
        lstDiagrammName.ListIndex = 0
    End If

End Sub
```

29.5 Kleine Helfer

29.5.1 Zahlen in Zellen addieren

In einer Zelle befinden sich Zahlen, die allerdings als Text eingetragen wurden, das heißt das Gleichheitszeichen fehlt. Nachstehend zeige ich Ihnen zwei Möglichkeiten der Berechnung. Bei der ersten Lösung werden die Zahlen berechnet und das Ergebnis in die betreffende Zelle geschrieben. Befindet sich in der Zelle ein Zellenname, der einen Bezug auf einen Wert darstellt, wird dieser ebenfalls ausgewertet und berechnet. Diesen Programmcode finden Sie in der Datei *Excel_2000_Ctrl_29_05.xls*.

```
Sub ZelleBerechnen()
'** Deklaration der Variablen
    Dim strZelle As String
'** Inhalt der aktiven Zelle der Variablen zuweisen
    strZelle = activecell.Value
'** Prüfen, ob sich ein Wert in der Variablen befindet
    If IsNumeric(Application.Evaluate(strZelle)) Then
    '** Mithilfe der Methode Evaluate den Ausdruck in
    '** einen Wert konvertieren
        activecell.Value = Application.Evaluate(strZelle)
    Else
        MsgBox "Keine Werte zur Berechnung"
    End If
End Sub
```

Die zweite Möglichkeit wandelt den Text in eine Formel um, indem sie ein Gleichheitszeichen vor den Text stellt:

```
Sub TextInFormel()
'** Deklaration der Variablen
    Dim strZelle As String
'** Inhalt der aktiven Zelle der Variablen zuweisen
    strZelle = activecell.Value
'** Prüfen, ob sich ein Wert in der Variablen befindet
    If IsNumeric(Application.Evaluate(strZelle)) Then
    '** Gleichheitszeichen an den Anfang setzen
        activecell.Value = "=" & strZelle
    Else
        MsgBox "Es kann keine Formel erstellt werden"
    End If
End Sub
```

29.5.2 Text in Datum umwandeln

Excel bietet im Menü DATEN die Möglichkeit TEXT IN SPALTEN... umzuwandeln. Diese Möglichkeit soll hier speziell auf Texte in Spalten angewandt werden, die ein Datum enthalten. Importiert man beispielsweise Datensätze aus einer Textdatei, so wird zwar das Datum korrekt übernommen, aber nicht als Datum, sondern als Text. Sie können das nachfolgende Makro ja einmal in Zusammenhang mit dem Beispiel *Datenimport aus einer Textdatei* testen, das sich weiter vorne in diesem Kapitel befindet.

```
Sub TextInSpalten()
On Error GoTo TextInSpalten_Fehler
    Selection.TextToColumns _
        Destination:=Selection, _
        DataType:=xlDelimited, _
        TextQualifier:=xlDoubleQuote, _
        ConsecutiveDelimiter:=False, _
        Tab:=True, _
        FieldInfo:=Array(1, 4)

Exit Sub

TextInSpalten_Fehler:
    MsgBox Error()
End Sub
```

Diese Makros finden Sie in der Mappe *Excel_2000_Ctrl_29_05.xls*.

Automatische Ausführung von Makros

30

30.1 Funktionsweise und Einsatz von Auto-Makros

Excel verfügt über einige reservierte Prozedurnamen. Prozedurnamen, die mit AUTO_ anfangen, werden beim Eintreten eines Ereignisses automatisch ausgeführt. Manche dieser Ereignisse treten auf Arbeitsmappen-Ebene auf, andere auf Tabellenebene. Schauen Sie in der Hilfe nach, so werden Sie allerdings Schwierigkeiten haben, die entsprechenden Hilfestellungen zu finden. Da Excel objekt-, oder zumindest ereignisorientiert ist, gibt es heute andere Möglichkeiten, auf bestimmte Ereignisse zu reagieren. Aus Kompatibilitätsgründen sind aber die nachstehenden Prozedurnamen immer noch in Excel enthalten und können auch noch eingesetzt werden.

30.1.1 Automatische Prozeduren auf Mappen-Ebene

Prozedurname	Ereignis
Auto_Open	Tritt ein, wenn die Mappe, die diese Prozedur beinhaltet, geöffnet wird
Auto_Close	Tritt ein, wenn die Mappe, die diese Prozedur beinhaltet, geschlossen wird
Auto_Add	Tritt ein, wenn das Add-In, das diese Prozedur beinhaltet, installiert wird
Auto_Remove	Tritt ein, wenn das Add-In, das diese Prozedur beinhaltet, entfernt wird

Tabelle 30.1 Ereignisse automatischer Prozeduren auf Mappen-Ebene

Hinweis: `Auto_Open` und `Auto_Close` treten als Ereignis nicht ein, wenn die entsprechende Mappe per Programmcode geöffnet wird. Wird dies jedoch gewünscht, muss die `RunAutoMacro`-Methode verwendet werden.

Diese Makros werden beim Öffnen bzw. beim Schließen der Mappe ausgeführt.

```
Sub Auto_open()
    MsgBox "Herzlich willkommen"
End Sub

Sub auto_close()
    MsgBox "... und Tschüs!"
End Sub
```

30.1.2 Automatische Prozeduren auf Tabellen-Ebene

Um mit automatischen Makros auf Tabellen-Ebene arbeiten zu können, muss anders vorgegangen werden. In der nachstehenden Tabelle finden Sie die Prozedurnamen, die Sie bei der Erstellung eines Auto-Makros verwenden müssen.

Prozedurname	Ereignis
Auto_Öffnen_	Tritt ein, wenn die Mappe, die diese Prozedur beinhaltet, geschlossen wird
Auto_Schließen _	Tritt ein, wenn die Mappe, die diese Prozedur beinhaltet, geöffnet wird
Auto_Aktivieren_	Tritt ein, wenn die Tabelle, die dieses Makro beinhaltet, aktiviert wird
Auto_Deaktivieren_	Tritt ein, wenn die Tabelle, die dieses Makro beinhaltet, deaktiviert wird

Tabelle 30.2 Ereignisse automatischer Prozeduren auf Tabellen-Ebene

Sicher haben Sie die Unterstriche am Ende der Namen bemerkt.

Allerdings werden die Makros anders zugewiesen als auf der Mappen-Ebene.

- Aktivieren Sie die Tabelle, für die unsere Auto-Makros definiert werden sollen.
- Wählen Sie den Menü-Befehl EINFÜGEN | NAME | DEFINIEREN (Excel 97: EINFÜGEN | NAMEN | FESTLEGEN).
- Geben Sie den *deutschen* Namen (siehe Tabelle) bei NAMEN IN DER ARBEITSMAPPE ein, gefolgt von einem beliebigen Namen:

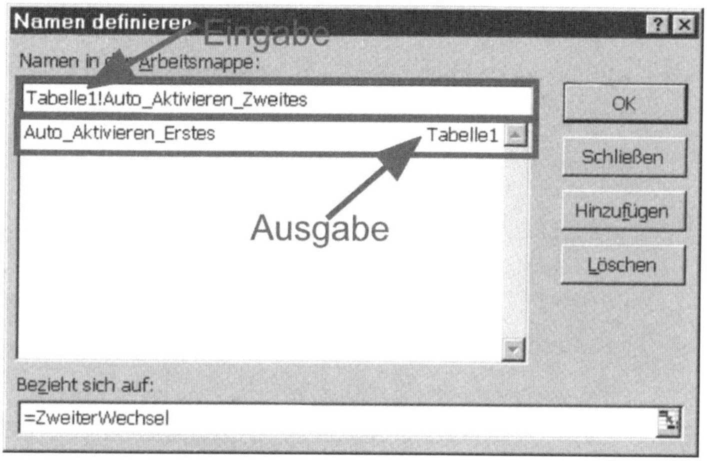

Abbildung 30.1 Makro-Namen festlegen

- Bei BEZIEHT SICH AUF: wird der Name des Makros, das ausgeführt werden soll, eingetragen.
- Klicken Sie dann auf HINZUFÜGEN und wiederholen den Vorgang nach eigenem Belieben.

Nachstehend der Programmcode, der auch in der Datei *Excel_2000_Ctrl_30_01.xls* enthalten ist.

```
Sub ErstesMakro()
    MsgBox "Sag Grüzi.."
End Sub

Sub ZweitesMakro()
    MsgBox "... und Hallo"
End Sub

Sub LetztesMakro()
    MsgBox "... und Auf Wiedersehen!"
End Sub

Sub ErsterWechsel()
    MsgBox "Tabelle wird aktiviert"
End Sub

Sub ZweiterWechsel()
    MsgBox "Tabelle wird deaktiviert"
End Sub
```

30.1.3 Erzeugen von Ereignis-Prozeduren (Excel 5.0 / 95)

Ereignis-Prozeduren werden ausgeführt, wenn ein bestimmtes Ereignis eintritt. Excel verfügt über die folgenden Ereignisse:

Eigenschaft / Methode	Ereignis
OnAction	Anklicken einer Schaltfläche oder eines grafischen Objekts, Anklicken eines Menü-Befehls oder Anklicken einer Symbolleisten-Schaltfläche
OnCalculate	Neuberechnen einer Tabelle
OnData	Die Ankunft von Daten aus einer anderen Anwendung unter Verwendung von DDE oder OLE
OnDoubleClick	Doppelklick auf ein Diagrammblatt, ein Dialogblatt oder eine Tabelle
OnEntry	Eingabe von Daten unter Verwendung der Bearbeitungsleiste oder durch Bearbeiten der Daten in einer Zelle
OnKey	Drücken einer bestimmten Taste oder einer Tastenkombination
OnRepeat	Klicken auf Wiederholen im Menü Bearbeiten
OnSheetActivate	Aktivieren eines Diagrammblattes, eines Dialogblattes, eines Moduls, einer Tabelle, einer Arbeitsmappe oder von EXCEL selbst
OnSheetDeactivate	Deaktivieren eines Diagrammblattes, eines Dialogblattes, eines Moduls, einer Tabelle, einer Arbeitsmappe oder von EXCEL selbst
OnTime	Warten auf eine bestimmte Zeit oder auf den Ablauf einer gewissen Verzögerung
OnUndo	Klicken auf Rückgängig im Menü Bearbeiten
OnWindow	Aktivieren eines Fensters

Tabelle 30.3 Ereignis-Prozeduren und ihre Ereignisse

In der Datei *Excel_2000_Ctrl_30_02.xls* befindet sich ein Beispiel mit der Methode `OnTime`. Hier wird eine Meldung verzögert ausgeführt:

```
Sub MeldungAusführen()
    Application.OnTime _
        EarliestTime:=Now + TimeValue("00:00:05"), _
        Procedure:="VerzögerteMeldung"
End Sub
```

```
Sub VerzögerteMeldung()
    MsgBox "Hier kommt die verzögerte Meldung"
End Sub
```

30.2 Ereignisse von Workbook und Worksheet

Seit Excel 97 sind Sie nicht mehr zwingend auf die vorstehend vorgestellten »Hilfsereignisse« angewiesen, da sowohl die Mappe (Workbook) als auch die Tabelle (Worksheet) und das Diagramm (Chart) über »echte« Ereignisse verfügen.

Wenn Sie sich im Visual Basic-Editor befinden, so wählen Sie im Programmcode des `Workbook`-Objekts das Dreieck nach unten hinter *(Allgemein)* an. Dort klicken Sie auf `Workbook`. Im Listenfeld der Prozeduren, die bei Objekten mit den Ereignissen gleichzusetzen sind, erscheint das Standardereignis des Workbook-Objekts.

Das Standardereignis des Workbook-Objekts ist `Open`.

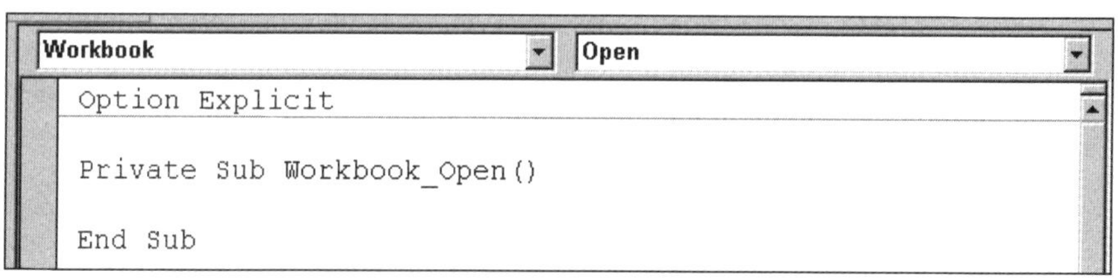

Abbildung 30.2 Open-Ereignis der Mappe

Dieses Ereignis tritt immer dann ein, wenn die Arbeitsmappe geöffnet wird. Es ist also dem `Auto_Open`-Schlüsselwort gleichzusetzen.

Das Workbook verfügt über die folgenden Ereignisse:

Ereignis	Beschreibung
Activate	Tritt ein, wenn eine Arbeitsmappe, ein Tabellenblatt, ein Diagrammblatt oder ein eingebettetes Diagramm aktiviert wird.
AddinInstall	Tritt ein, wenn die Arbeitsmappe als Add-In installiert wird.
AddinUninstall	Tritt ein, wenn die Arbeitsmappe als Add-In deinstalliert wird.
BeforeClose	Tritt ein, bevor die Arbeitsmappe geschlossen wird. Wurde die Arbeitsmappe geändert, tritt dieses Ereignis ein, bevor der Benutzer gefragt wird, ob die Änderungen gespeichert werden sollen.

Ereignis	Beschreibung
BeforePrint	Tritt ein, bevor die Arbeitsmappe (oder darin enthaltene Teile) gedruckt wird.
BeforeSave	Tritt ein, bevor die Arbeitsmappe gespeichert wird.
Deactivate	Tritt ein, wenn das Diagramm, das Tabellenblatt oder die Arbeitsmappe deaktiviert wird.
NewSheet	Tritt ein, wenn in einer Arbeitsmappe ein neues Blatt erstellt wird.
Open	Tritt ein, wenn die Arbeitsmappe geöffnet wird.
SheetActivate	Tritt ein, wenn ein beliebiges Blatt aktiviert wird.
SheetBeforeDouble-Click	Tritt ein, wenn auf ein beliebiges Tabellenblatt vor Durchführung des Standard-Doppelklicks doppelgeklickt wird.
SheetBeforeRight-Click	Tritt ein, wenn mit der rechten Maustaste auf ein beliebiges Tabellenblatt vor Durchführung des Standard-Rechtsklicks geklickt wird.
SheetCalculate	Tritt nach Neuberechnung jedes Tabellenblattes auf, oder wenn beliebige geänderte Daten in einem Diagramm aufgezeichnet werden.
SheetChange	Tritt ein, wenn ein beliebiges Tabellenblatt durch den Benutzer oder durch eine externe Verknüpfung geändert wird.
SheetDeactivate	Tritt ein, wenn ein beliebiges Blatt deaktiviert wird.
SheetFollowHyper-link	Tritt ein, wenn Sie in Microsoft Excel auf einen beliebigen Hyper-link klicken.
SheetSelec-tionChange	Tritt ein, wenn sich die Markierung in einem Arbeitsblatt ändert (tritt nicht ein, falls sich die Markierung in einem Diagrammblatt befindet).
WindowActivate	Tritt ein, wenn ein Arbeitsmappenfenster aktiviert wird.
WindowDeactivate	Tritt ein, wenn ein Arbeitsmappenfenster deaktiviert wird.
WindowResize	Tritt ein, wenn die Größe eines Arbeitsmappenfensters ange-passt wird.

Nicht ganz so viele Ereignisse hat das `WorkSheet`-Objekt. Das Standardereignis des `Worksheet`-Objekts ist `SelectionChange`.

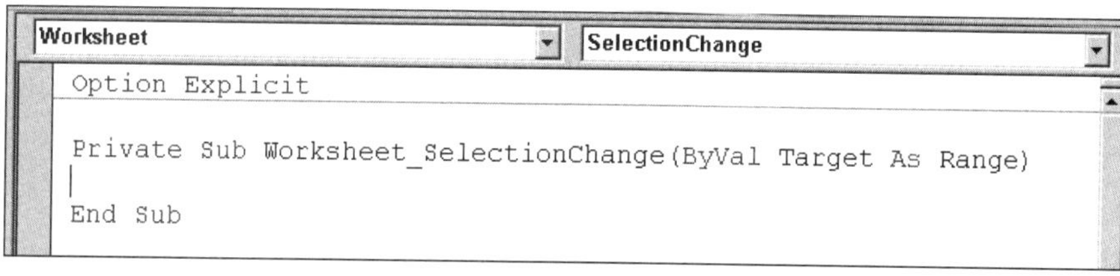

Abbildung 30.3 Open-Ereignis der Mappe

Die Ereignisse des `WorkSheet`-Objekts:

Ereignis	Beschreibung
Activate	Tritt ein, wenn eine Arbeitsmappe, ein Tabellenblatt, ein Diagrammblatt oder ein eingebettetes Diagramm aktiviert wird.
BeforeDoubleClick	Tritt ein, wenn auf ein eingebettetes Diagramm oder auf ein Tabellenblatt vor Durchführung des Standard-Doppelklicks doppelgeklickt wird.
BeforeRightClick	Tritt ein, wenn mit der rechten Maustaste auf ein eingebettetes Diagramm oder ein Tabellenblatt vor Durchführung des Standard-Rechtsklicks geklickt wird.
Calculate-Ereignis	Tritt ein, nachdem das Tabellenblatt neu berechnet worden ist.
Change	Tritt ein, wenn Zellen des Tabellenblattes durch den Benutzer oder durch eine externe Verknüpfung geändert werden.
Deactivate	Tritt ein, wenn das Diagramm, das Tabellenblatt oder die Arbeitsmappe deaktiviert wird.
FollowHyperlink	Tritt ein, wenn Sie auf einen beliebigen Hyperlink in einem Tabellenblatt klicken.
SelectionChange	Tritt ein, wenn sich die Markierung in einem Arbeitsblatt ändert.

Wie Sie sehen, verfügt das `Worksheet`-Objekt über einige gleichnamige Ereignisse wie das `Workbook`-Objekt, aber die meisten der anderen Ereignisse sind doch `Workbook`-spezifisch.

Arbeiten mit Dialog- und Listenfeldern

31

31.1 Die Dialogfelder MsgBox und InputBox

Die einfachste Art und Weise, Dialogfelder für die Ein- bzw. Ausgabe von Daten zu nutzen, ist die Verwendung der so genannten Meldungs- und Eingabedialogfelder.

Hierzu stehen die Funktionen `MsgBox` und `InputBox`, sowie die Methode `InputBox` zur Verfügung.

31.1.1 Die MessageBox

Mithilfe dieser Funktion lassen sich entweder Meldungen oder Inhalte ausgeben. Dabei beträgt in Excel die maximale Länge des Strings (Prompt) 256 Zeichen.

Die genaue Syntax dieser Funktion lautet:

```
MsgBox (Prompt[,buttons][,title][,helpfile,context])
```

Der `Prompt` beinhaltet die anzuzeigende Meldung.

`Button` kann als Wert oder symbolische Konstante angegeben werden. Dadurch wird das anzuzeigende Symbol und die voreingestellte Schaltfläche angegeben. Die Werte lassen sich additiv kombinieren.

Konstante / Wert	Beschreibung der Anzeige
vbOKOnly 0	Nur "OK"
VbOKCancel 1	"OK" und "Abbrechen"

Tabelle 31.1 Werte für das benannte Argument buttons

Konstante / Wert	Beschreibung der Anzeige
VbAbortRetryIgnore 2	"Abbrechen", "Wiederholen" und "Ignorieren"
VbYesNoCancel 3	"Ja", "Nein" und "Abbrechen"
VbYesNo 4	"Ja" und "Nein"
VbRetryCancel 5	"Wiederholen" und "Abbrechen"
VbCritical 16	Stop-Symbol
VbQuestion 32	Fragezeichen-Symbol
VbExclamation 48	Ausrufezeichen-Symbol
VbInformation 64	Info-Symbol
VbDefaultButton1 0	Erste Schaltfläche ist Voreinstellung
VbDefaultButton2 256	Zweite Schaltfläche ist Voreinstellung
VbDefaultButton3 512	Dritte Schaltfläche ist Voreinstellung
VbApplicationModal 0	An die Anwendung gebunden. Der Benutzer muss das Meldungsfeld beantworten, bevor er seine Arbeit mit der aktuellen Anwendung fortsetzen kann.
VbSystemModal 4096	An das System gebunden. Alle Anwendungen werden angehalten, bis der Benutzer das Meldungsfeld beantwortet.

Tabelle 31.1 Werte für das benannte Argument buttons

`Title` gibt den Text an, der in der Titelleiste erscheinen soll. Wird kein Text angegeben, so erscheint in der Titelliste der Name der Anwendung.

Arbeiten Sie mit einer eigenen Hilfedatei, so geben Sie bei `helpfile` den Namen der Hilfedatei an. Geben Sie `helpfile` an, so müssen Sie auch `context` angeben. `Context` ist ein numerischer Ausdruck, der den Hilfetext zu dieser MessageBox in der Hilfedatei angibt.

Die MsgBox kann als Anwendung oder auch als Funktion eingesetzt werden. Beim Einsatz als Funktion kann der zurückgegebene Wert ausgewertet werden.

Im nachstehenden Beispiel wird die MsgBox einmal als Funktion und einmal als Anweisung eingesetzt:

```
Option Explicit
Sub MsgBoxBeispiel()
    Dim intAntwort As Integer
    Dim strMsg As String
```

```
    intAntwort = MsgBox ( _
        "Wollen Sie die Zelle löschen", _
        vbCritical + vbYesNo + vbDefaultButton2, _
        "Löschwarnung")

    If intAntwort = vbYes Then
        strMsg = "Sie haben mit JA geantwortet"
        Application.ActiveCell.Value = ""
    Else
        strMsg = "Sie haben mit NEIN geantwortet"
    End If

    MsgBox strMsg, vbInformation

End Sub
```

Der Einsatz als Funktion:

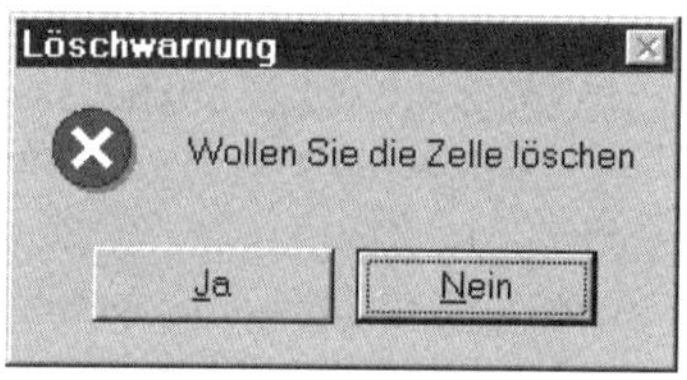

Abbildung 31.1 MessageBox als Funktion

Der Einsatz als Anweisung:

Abbildung 31.2 MessageBox als Anweisung

31.1.2 Die InputBox

Die InputBox dient der schnellen und unkomplizierten Eingabe von Daten. Sie empfiehlt sich dann, wenn der Anwender die Daten nicht direkt in die Zelle eingeben soll und wenn sich der Aufwand für eine Dialogdatei nicht lohnt.

Bei der InputBox existieren zwei Varianten, die `Inputbox`-Funktion und die `InputBox`-Methode.

Die Funktion Input-Box

Zeigt eine Eingabeaufforderung in einem Dialogfeld an, wartet auf die Eingabe eines Textes oder die Auswahl einer Schaltfläche und liefert den Inhalt des Bearbeitungsfeldes zurück.

Die genaue Syntax dieser Funktion lautet:

```
InputBox (prompt[,title][,default][,xpos][,ypos] [,helpfile, context])
```

Die Funktion InputBox verwendet die folgenden benannten Argumente:

Der `Prompt` beinhaltet die Meldung, auch Eingabeaufforderung genannt, und darf in Excel maximal 256 Zeichen enthalten.

`Title` gibt den Text an, der in der Titelleiste erscheinen soll. Wird kein Text angegeben, so erscheint in der Titelliste der Name der Anwendung.

Mit `Default` kann ein Wert vorgegeben werden, der im Bearbeitungsfeld angezeigt wird und überschrieben oder übernommen werden kann.

Mit `xpos` und `ypos` wird die linke, obere Ecke der InputBox relativ zum Bildschirmrand festgelegt. Die Angabe erfolgt in Twips. Wird auf die Angabe dieser Werte verzichtet, erscheint die InputBox horizontal zentriert und vertikal etwa ein Drittel unterhalb des oberen Bildschirmrands.

Arbeiten Sie mit einer eigenen Hilfedatei, so geben Sie bei `helpfile` den Namen der Hilfedatei an. Geben Sie `helpfile` an, so müssen Sie auch `context` angeben. `Context` ist ein numerischer Ausdruck, der den Hilfetext zu dieser MessageBox in der Hilfedatei angibt.

In einem kleinen Beispiel sollen Werte in die aktive Zelle eingegeben werden. Allerdings lässt es sich mit der Funktion nicht verhindern, dass bei Werten auch Texte eingegeben werden können.

```
Sub InputBoxFunktion()
'** Deklaration der Variablen
    Dim Prompt As String
    Dim Title As String
    Dim Default As Single
    Dim xPos As Integer
    Dim yPos As Integer
    Dim varAusgabe As Variant

'** Eingabe der Eingabeaufforderung
    Prompt = "Bitte Wert eingeben"

'** Beschriftung der Titelleiste
    Title = "InputBox-Demo"

'** Vorgabewert festlegen
```

```
    Default = 100

'** Linke, obere Ecke einstellen
    xPos = 50
    yPos = 200

'** Wert in aktive Zelle schreiben
     varAusgabe = InputBox (Prompt, Title, Default, xPos, yPos)
     Application.ActiveCell.Value = varAusgabe
End Sub
```

Abbildung 31.3 Die Funktion InputBox

Die Methode InputBox

Wie Sie bereits erfahren haben, wirken Methoden immer auf Objekte. Sie benötigen also noch ein Objekt für Ihre Methode: das `Application`-Objekt.

Die genaue Syntax dieser Methode lautet

```
Objekt.InputBox (prompt, title, default, left, top, helpFile, helpContext-
ID, type)
```

Der `Prompt` ist hier erforderlich, er beinhaltet die im Dialogfeld anzuzeigende Meldung. Diese kann eine Zeichenfolge, eine Zahl, ein Datum oder ein boolescher Wert sein.

`Title` ist optional und gibt den Titel des Dialogfelds an. Wird kein Titel angegeben, so erscheint in der Titelliste der Name der Anwendung.

Der optionale `Default`-Wert legt den Wert fest, der im Bearbeitungsfeld vorgegeben werden soll, wenn das Dialogfeld auf dem Bildschirm erscheint. Ohne Angabe dieses Arguments bleibt das Bearbeitungsfeld leer. Dieser Wert kann auch ein `Range`-Objekt sein.

Mit `left` und `top` wird die linke, obere Ecke der InputBox relativ zum Bildschirmrand festgelegt. Die Angabe erfolgt in Punkt. Ein Punkt entspricht 1/72 Zoll (0,35 mm). Wird auf die Angabe dieser Werte verzichtet, erscheint die InputBox horizontal zentriert und vertikal etwa ein Drittel unterhalb des oberen Bildschirmrands.

Arbeiten Sie mit einer eigenen Hilfedatei, so geben Sie bei `helpfile` den Namen der Hilfedatei an. Geben Sie `helpfile` an, so müssen Sie auch `helpContextID` angeben. `helpContextID` ist ein numerischer Ausdruck, der den Hilfetext zu dieser MessageBox in der Hilfedatei angibt.

Mit `type`, einem ebenfalls optionalen Argument, wird die Art der zurückgegebenen Daten bestimmen. Ohne Angabe dieses Arguments gibt das Dialogfeld die Daten in Form von Text zurück. Die folgenden Werte sind für das Argument zulässig, wobei diese auch summiert werden dürfen:

Wert	Bedeutung
0	Eine Formel
1	Eine Zahl
2	Text (eine Zeichenfolge)
4	Ein Wahrheitswert (True oder False)
8	Ein Zellbezug in Form eines Range-Objekts
16	Ein Fehlerwert, wie z. B. #NV
64	Eine Matrix von Werten

Tabelle 31.2 Optionale Argumente von TypeOptionale Argumente von Type

So sieht dann die fertige Prozedur aus, die noch um eine Fehlerroutine erweitert wurde.

```
Sub InputBoxMethode()
'** Fehler abfangen
    On Error GoTo InputBoxMethode_Error

'** Objekt.InputBox (prompt, title, default, left, top, helpFile, helpCon-
textID, type)
'** Deklaration der Variablen
    Dim strMeldung As String
    Dim strTitel As String
    Dim intLinks As Integer
    Dim intOben As Integer
    Dim objAusgabe As Object
    Dim intTyp As Integer

'** Eingabe der Eingabeaufforderung
    strMeldung = "Markieren Sie bitte eine Zelle oder einen Zellbereich:"
```

```
'** Beschriftung der Titelleiste
    strTitel = "Beispiel zur InputBox-Methode"
'** Linke, obere Ecke einstellen
    intLinks = 50
    intOben = 200

'** Type Zellbezug wählen
    intTyp = 8

'** Tabelle1 aktivieren
    Worksheets("Tabelle1").Activate

'** Der Objektvariablen einen Inhalt zuweisen
    Set objAusgabe = Application.InputBox( _
        Prompt:=strMeldung, _
        Title:=strTitel, _
        Left:=intLinks, _
        Top:=intOben, _
        Type:=intTyp _
        )

'** Rückgabe in aktive Zelle schreiben
    ActiveCell.Value = "Anzahl der Zellen: " & objAusgabe.Count & _
        " Erste Spalte: " & objAusgabe.Column & _
        " Erste Zeile: " & objAusgabe.Row


'** Prozedur verlassen
    Exit Sub

InputBoxMethode_Error:
'** Fehlertext anzeigen
    MsgBox Error()

End Sub
```

Die vorstehenden Beispiele sind in der Datei *Excel_2000_Ctrl_31_01.xls* enthalten.

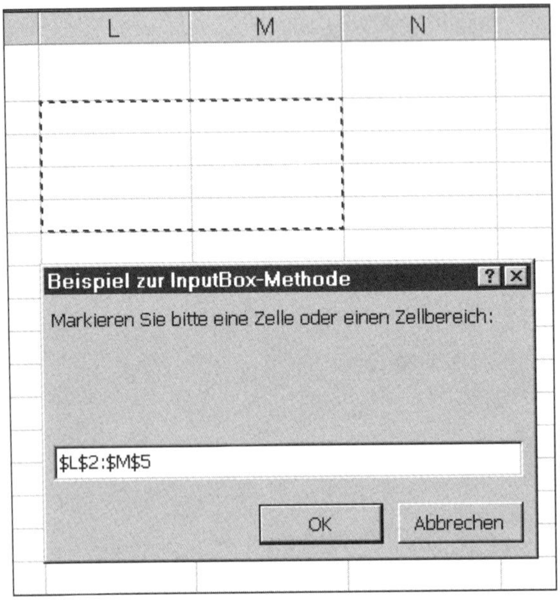

Abbildung 31.4 Die InputBox-Methode ...

Abbildung 31.5 ... und das Ergebnis

31.2 Eingebaute Dialogfelder

Neben diesen »vorgefertigten« Boxen können Sie auch ca. 200 weitere Dialogfelder verwenden. Hierzu werden die Methoden `Dialogs` und `Show` verwendet. Jedem dieser Dialoge ist ein Konstante zugeordnet, die mit `xlDialog` beginnt. Diese Konstanten sind unter dem Titel *Integrierte Dialogfeld-Argumentlisten* im Anhang aufgelistet.

Soll beispielsweise eine weitere Excel-Datei geöffnet werden, so kann dies mit der Konstante `xlDialogOpen` erfolgen. Nachstehend der Programmcode und das aufgerufene Dialogfeld.

```
Sub DialogÖffnen()
'** Anzeige der Dialogbox Öffnen
    Application.Dialogs (xlDialogOpen).Show

End Sub
```

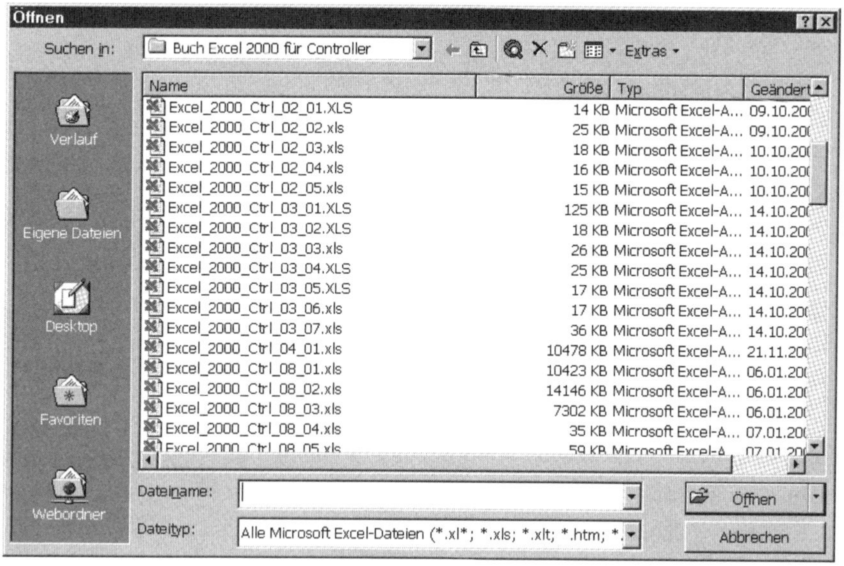

Abbildung 31.6 Aufruf des Dialogfelds Öffnen

Soll bei diesem Beispiel ein bestimmtes Laufwerk und Verzeichnis gewählt werden, so werden diese der Methode `Show` als Argument ("C:\Daten") übergeben.

Wird die Methode `Show` auf ein Dialogfeld mit ungültigem Kontext angewendet, so tritt ein abfangbarer Fehler auf. Wird dieser nicht abgefangen, so erscheint der Laufzeitfehler 1004.

31.3 Arbeiten mit Steuerelementen

Excel verfügt über eine Reihe von Steuerelementen. Diese lassen sich sowohl in Tabellen, Dialogblättern und Diagrammen platzieren.

Je nach verwendeter Excel-Version befinden sich diese Steuerelemente in den folgenden Symbolleisten:

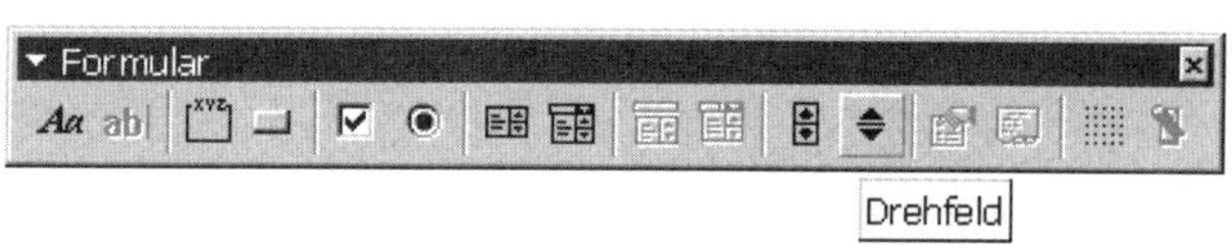

Abbildung 31.7 Symbolleiste Formular in Excel 97

Allerdings lassen sich nicht alle Steuerelemente in die Tabellen- oder Diagrammblätter einfügen.

Nachstehend werden Sie das Dreh-Feld in eine Tabelle einfügen.

Mithilfe des Drehfeldes, das englisch Spinbutton heißt, lassen sich Werte inkrementieren und dekrementieren. Die Vorgehensweise beim Einfügen des Drehfeldes in die Tabelle ist fast identisch, lediglich beim Zuweisen der Eigenschaften ergeben sich größere Unterschiede.

- Klicken Sie das Drehfeld an, lassen dann aber die Maustaste wieder los. Wenn Sie nun den Mauszeiger wieder in die Tabelle bewegen, sehen Sie statt des gewohnten Pfeils ein dünnes schwarzes Kreuz. Dieses positionieren Sie in der linken oberen Ecke der gewünschten Zelle, beispielsweise Zelle *A1*, und ziehen das Kreuz bei gedrückter Maustaste in Richtung untere rechte Ecke von *A2*. Halten Sie während des Ziehvorgangs die [Alt]-Taste gedrückt, so wird die Größe automatisch den darunter liegenden Zellen angepasst.

Jetzt stellen Sie die Eigenschaften dieser Drehfelder ein.

- Dazu klicken Sie zunächst das Drehfeld mit der *rechten* Maustaste an.

31.3.1 Arbeiten mit dem Dreh-Feld (Symbolleiste Formular)

- Wählen Sie im erscheinenden Kontextmenü den Befehl STEUERELEMENT FORMATIEREN...

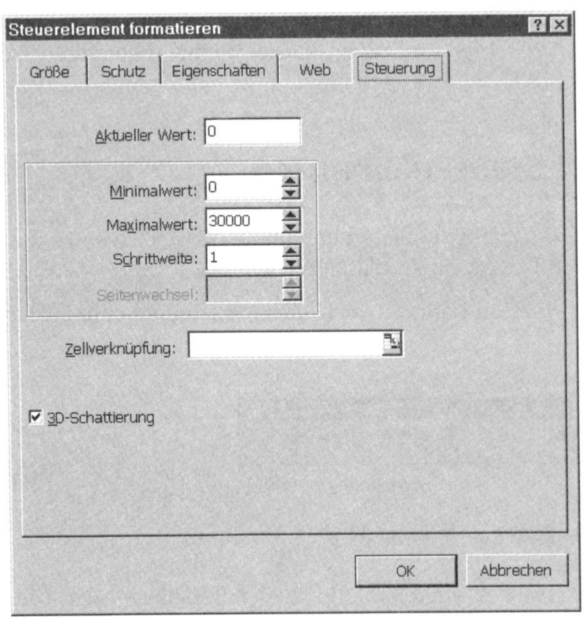

Abbildung 31.8 Objekt SpinButton einstellen

- Im erscheinenden Dialogmenü wählen Sie die Registerkarte STEUERUNG aus.
- Vergeben Sie für die folgenden Eigenschaften die entsprechenden Werte:

	Steuerungswerte
Aktueller Wert	10
Minimalwert	0
Maximalwert	24
Schrittweite	1
Ausgabeverknüpfung	$B$1

Tabelle 31.3 Steuerungswerte für das Objekt SpinButtonSteuerungswerte für das Objekt SpinButton

- Bestätigen Sie jetzt mit OK und klicken außerhalb des Steuerelements in die Tabelle. Das Steuerelement ist jetzt »scharf« und kann verwendet werden.

31.3.2 Arbeiten mit dem Dreh-Feld (Symbolleiste Steuerelement-Toolbox)

Seit Excel 97 gibt es neben der Symbolleiste FORMULAR auch noch eine Symbolleiste STEUERELEMENT-TOOLBOX. Auch hier gibt es ein solches Steuerelement, das hier ebenfalls DREHFELD heißt.

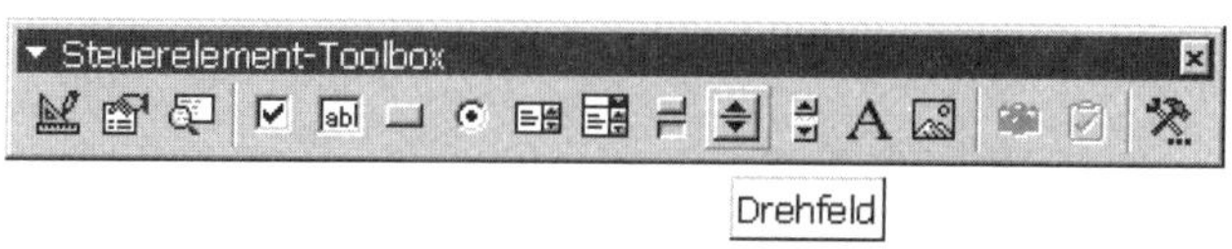

Abbildung 31.9 Symbolleiste Steuerelement-Toolbox

- Haben Sie dieses Steuerelement in der Tabelle, wie vorstehend beschrieben, platziert, so wählen Sie nun im erscheinenden Kontextmenü den Befehl EIGENSCHAFTEN... und es erscheint das Eigenschaftenfenster für das Drehfeld (Spinbutton).

Schon optisch sieht dieses DREHFELD anders aus. Auch bei den einstellbaren Eigenschaften hat sich sehr viel getan. Im Eigenschaftenfenster lassen sich nicht nur die Ober- und Untergrenzen einstellen, sondern auch die Ausrichtung.

Stellen Sie hier die folgenden Eigenschaftswerte ein:

	Eigenschaftswerte
Value	10
Min	0
Max	24
SmallChange	1
LinkedCell	$B$1
Orientation	fmOrientationVertical

Die Eigenschaft `Orientation` ermöglicht es, die Darstellung des Steuerelements zu ändern. Wählen Sie den angegebenen Eigenschaftswert, so ähneln sich das Steuerelement aus FORMULAR und STEUERELEMENT-TOOLBOX wieder.

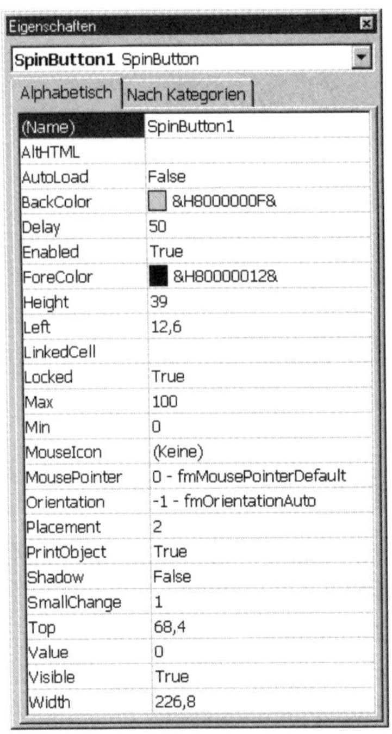

Abbildung 31.10 Eigenschaftenfenster von SpinButton

Zur Beendigung des Entwurfsmodus klicken Sie auf das gleichnamige Symbol. Dieses erkennen Sie an dem blauen Winkel, dem Lineal und dem Bleistift.

32 Programmgesteuertes Erstellen von eigenen Symbolleisten

Seit Office 97 gehören die Menüleisten und die Symbolleisten zum selben Typ. Diese Leisten bezeichnet man jetzt als CommandBars. Angesiedelt ist deren Objektmodell auch nicht mehr bei den einzelnen Applikationen, sondern folgerichtig, weil vereinheitlicht, in der Office-Bibliothek enthalten.

32.1 Die eigene Symbolleiste

Bei der Erstellung von anwenderorientierten Tabellen kann es erforderlich sein, automatisch eine eigene Symbolleiste zu generieren. Diese Symbolleiste soll die Symbole NEU, ÖFFNEN und SCHLIESSEN enthalten sowie zwei weitere Symbole, wobei eines der Symbole, der Smily, benutzerdefiniert belegt werden kann. Dem zweiten, frei belegbaren Symbol wird per Programmcode ein Makro zugewiesen.

Die neue Symbolleiste soll den Namen *Meine Symbolleiste* tragen. Existiert bereits eine Symbolleiste mit dem gleichen Namen, so soll diese gelöscht werden.

Abbildung 32.1 Die eigene Symbolleiste

Eine Übersicht über die Kenn-Nummern der Symbolleistenschaltflächen erhalten Sie in der Hilfe unter dem Stichwort: *Kennnummern der Symbolleisten-Schaltflächen*. Sie können sich aber auch selbst über die auf Ihrem Rechner vorhandenen Symbolleisten informieren. Eine Hilfestellung hierzu gibt Ihnen ein Makro, das etwas später in diesem Kapitel besprochen wird.

Der nachstehend aufgelistete Programmcode ist in der Tabelle *Symbole und Leisten* enthalten.

```
Private Sub cmdNeueSymbolleiste_Click()
    On Error GoTo NeueSymbolleiste_Error
'** Deklaration der Variablen
    Dim cbrMyComBar As CommandBar
    Dim cmdCommandBarButton As CommandBarButton
    Dim flagGefunden As Boolean

'** Vorbelegung der Variablen
    flagGefunden = False

'** Suchen nach der Symbolleiste "Meine Symbolleiste"
    For Each cbrMyComBar In CommandBars
        If cbrMyComBar.Name = "Meine Symbolleiste" Then
            cbrMyComBar.Protection = msoBarNoChangeDock
            cbrMyComBar.Visible = True
            flagGefunden = True
        End If
    Next cbrMyComBar

    If Not flagGefunden Then
    '** Meldung in der Statuszeile
        Application.StatusBar = "Die Symbolleiste 'Meine Symbolleiste'
        ist nicht in der Auflistung enthalten."

    '** Hinzufügen einer neuen Symbolleiste
        Set cbrMyComBar = CommandBars.Add _
            (Name:="Meine Symbolleiste", Position:=msoBarTop, Temporary:=
            True)
            'Position:=msoBarFloating
        'Application.CommandBars _
            .Add(Name:="Meine Symbolleiste", Position:=msoBarTop,
            Temporary:=True).Visible = True

    '** Symbolleiste anzeigen
        cbrMyComBar.Visible = True

    '** Hinzufügen von Symbolen zur Symbolleiste
        With Application.CommandBars("Meine Symbolleiste").Controls
            .Add Type:=msoControlButton, ID:=18, Before:=1
            .Add Type:=msoControlButton, ID:=23, Before:=2
            .Add Type:=msoControlButton, ID:=106, Before:=3
            .Add Type:=msoControlButton, ID:=2950, Before:=4
        End With
```

```
    '** Hinzufügen eines weiteren Symbols zur Symbolleiste
        Set cmdCommandBarButton = CommandBars("Meine Symbolleiste").
        Controls _
            .Add(Type:=msoControlButton)

        '** Zuweisung der Eigenschaften zur Symbolschaltfläche
            With cmdCommandBarButton
                .BeginGroup = True
                .Caption = "Glückwunsch aufrufen"
                .FaceId = 5
                .OnAction = "congrat"
            End With

    Else

    '** Statusleiste wird wieder von Excel gesteuert
        Application.StatusBar = False

    '** Symbolleiste löschen
        CommandBars("Meine Symbolleiste").Delete

    End If

Exit Sub

NeueSymbolleiste_Error:
        Resume Next
End Sub
```

Die Eigenschaft `.OnAction` ruft das nachstehende Makro, das im Modul basMak ros enthalten ist, auf.

```
Sub congrat()
'** Vom Symbol aufgerufenes Makro
   MsgBox "Gratuliere, es hat geklappt"
End Sub
```

32.2 Hilfe durch den eigenen Assistenten

Wollen Sie Ihrem Anwender bei der Arbeit mit Ihrer Mappe etwas Hilfe angedeihen lassen und soll diese Hilfestellung eine besondere Note haben, so verwenden Sie doch den Hilfe-Assistenten, der Ihnen auch bei Office auf die Nerven geht, Pardon!!!, ich meine selbstverständlich hilft.

Dieses Unterfangen gestaltet sich wahrscheinlich einfacher, als Sie denken. Es ist lediglich erforderlich, mithilfe des Assistenten ein neues Ballon-Objekt zu verwenden und mithilfe der Eigenschaft `Animation` den Typ der Animation auszuwählen. Mit `Heading` geben Sie die Überschrift vor und die Eigenschaft `Text` wird zur Eingabeaufforderung verwendet. Die `Label`-Eigenschaften geben die Auswahl vor und mit der Eigenschaft `Show` wird das Ganze angezeigt. Sie haben eine Auswahl an unterschiedlichen Assistenten, die Sie auf der Buch-CD finden. Apropos finden. Auflisten lassen sich diese Assistenten mithilfe einer kleinen Prozedur in einer Listbox. Und wenn sie sich dort befinden, so lassen sie sich auch ganz einfach auswählen.

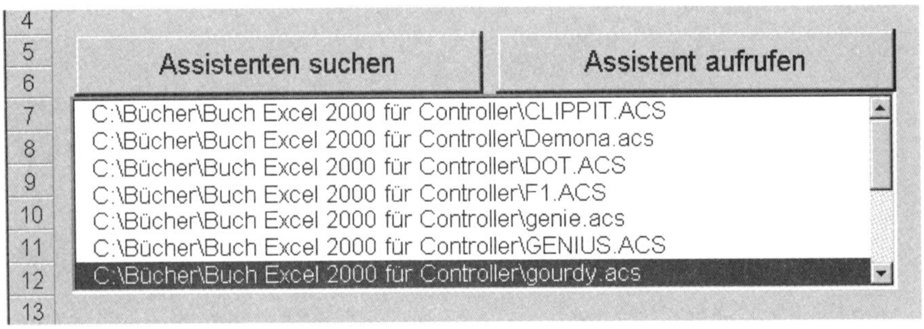

Abbildung 32.2 Gefundene Assistenten

Den nachstehend abgedruckten Programmcode finden Sie auch in der Tabelle *Symbole und Leisten* der Mappe *Excel_2000_Ctrl_32_01.xls.*

```
Dim m_strAssistent As String

Private Sub cmdAssistenSuchen_Click()
'** Suchen nach vorhandenen Assistenten
'** Deklaration der Variablen
    Dim fs As FileSearch
    Dim intCt As Integer
    Dim strText As String
'** FileSearch-Objekt initialisieren
    Set fs = Application.FileSearch
'** Inhalte der Listbox löschen
    lstAssistentAuswählen.Clear
    With fs
        .LookIn = ThisWorkbook.Path
        .Filename = "*.acs"
        If .Execute > 0 Then
            strText = "Es wurde(n) " & .FoundFiles.Count & " Assistent(en)
            gefunden."
            For intCt = 1 To .FoundFiles.Count
                lstAssistentAuswählen.AddItem .FoundFiles(intCt)
            Next intCt
        Else
            strText = "Es wurden keine Assistenten gefunden."
```

```
        End If
    End With
    MsgBox strText, vbInformation, "Assistentensuche"
End Sub

Private Sub lstAssistentAuswählen_Click()
'** Auswahl eines Assistenten
    m_strAssistent = lstAssistentAuswählen.Value
End Sub

Private Sub cmdBalloon_Click()
    Dim intItem As Integer
'** Assistenten einschalten
    Assistant.On = True
'** Auswahl eines anderen Assistenten
    If m_strAssistent <> vbNullString Then
    '** Wenn ein Assistent ausgewählt wurde
        Assistant.Filename = m_strAssistent
    End If
    With Assistant.NewBalloon
        .Animation = msoAnimationCharacterSuccessMajor
        .Heading = "Geben Sie Ihre Altersgruppe ein"
        .Labels(1).Text = "Unter 30."
        .Labels(2).Text = "Zwischen 30 und 50."
        .Labels(3).Text = "über  50."
        .Text = "Welche der folgenden " _
            & .Labels.Count & " Möglichkeiten wählen Sie aus?"
        .Show
    End With
    With Assistant.NewBalloon
        .Heading = "Das Gleiche mit Checkboxen."
        .Text = "Wählen Sie eine oder mehrere Gruppen aus"
        For intItem = 1 To 5
            .CheckBoxes(intItem).Text = "Gruppe " & intItem
        Next
        .Show
    End With
'** Assistenten ausschalten
    Assistant.On = False
End Sub
```

32.3 Symbolleisten auflisten

Vielleicht fragen Sie sich: »Welche Symbolleisten sind denn in meinem Excel enthalten und wie kann ich eine Auflistung dieser Symbolleisten erhalten?«

Die Antwort gibt Ihnen auch dieses Mal nicht der Wind, sondern der nachstehende Programmcode, der eine neue Tabelle in der aktuellen Arbeitsmappe erzeugt und die vorhandenen Symbolleisten (CommandBars) auflistet. Auch dieser Programmcode ist in der Tabelle *Symbole und Leisten* der Mappe *Excel_2000_Ctrl_32_01.xls* enthalten.

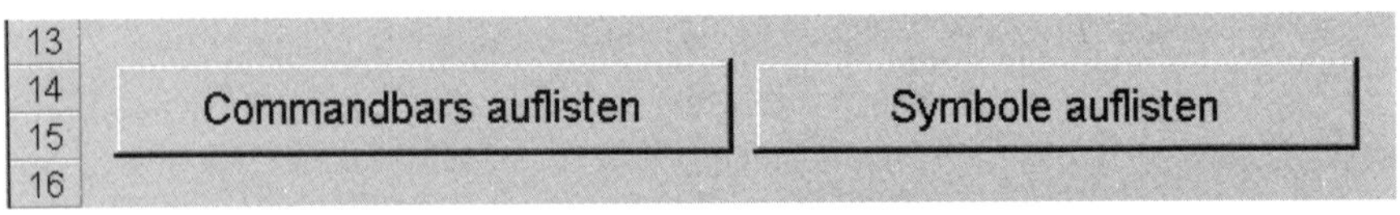

Abbildung 32.3 Auflisten der Symbolleisten und der Symbole

```
Private Sub cmdCBErmitteln_Click()
'** Vorhandene Commandbars ermitteln und auflisten
'** Deklaration der Variablen
    Dim vntCB As CommandBar
'** Neues Tabellenblatt hinzufügen
    Sheets.Add
'** Bildschirmaktualisierung ausschalten
    Application.ScreenUpdating = False
'** Spaltenbeschriftung
    Application.ActiveCell.Value = "englische Bezeichnung"
    Application.ActiveCell.Offset(0, 1).Value = "Typ"
    Application.ActiveCell.Offset(0, 2).Value = "deutsche Bezeichnung"
    Application.ActiveCell.Offset(1, 0).Select
'** Ausgabe der Eigenschaften der vorhandenen Symbolleisten in
'** drei Spalten einer neuen Tabelle
    For Each vntCB In CommandBars
        Application.ActiveCell.Value = vntCB.Name
        Application.ActiveCell.Offset(0, 1).Value = vntCB.Type
        Application.ActiveCell.Offset(0, 2).Value = vntCB.NameLocal
        Application.ActiveCell.Offset(1, 0).Select
    Next
'** Zusammenhängenden Bereich markieren
    Selection.CurrentRegion.Select
'** Optimale Spaltenbreite einstellen
    Selection.Columns.AutoFit
'** Bildschirmaktualisierung einschalten
    Application.ScreenUpdating = True
End Sub
```

32.4 Auflisten der vorhandenen Symbole

Nachdem Sie nun wissen, wie man eigene Symbolleisten erstellt und vorhandene Symbolleisten abruft, bleibt noch eine Frage offen: »Welche Symbole stehen mir zur Verfügung?«.

Auch darauf sollen Sie eine Antwort erhalten. Allerdings mit einer kleinen Vorbemerkung. Bei den Symbolen wird zwischen der ID und der FaceID unterschieden. Geben Sie die ID an, so erhalten Sie ein Symbol mit Funktionalität. Das bedeutet, klicken Sie auf eine solche Schaltfläche, so wird der fest zugeordnete und für Sie nicht sichtbare Programmcode ausgeführt. Wählen Sie beispielsweise die *ID* 23, so erhalten Sie die ÖFFNEN-Schaltfläche.

Wählen Sie anstatt dessen die *FaceID* 23, so erhalten Sie eine Schaltfläche mit dem Öffnen-Symbol, aber ohne Funktionalität. Dieser Schaltfläche können Sie dann eigene Funktionalität zuordnen.

Aufgerufen wird das nachstehende Dialogmenü über eine Schaltfläche in der Tabelle *Symbole und Leisten* der Mappe *Excel_2000_Ctrl_32_01.xls*

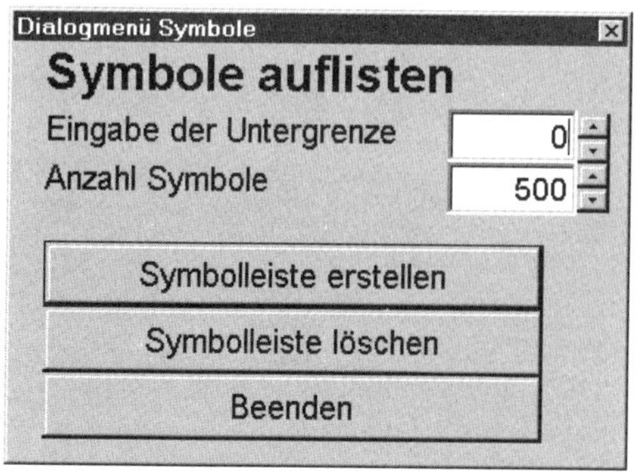

Abbildung 32.4 Auflisten vorhandener Symbole

In diesem selbst erstellten Dialogmenü lassen sich die Symbole in einer neuen Symbolleiste auflisten und auch wieder löschen.

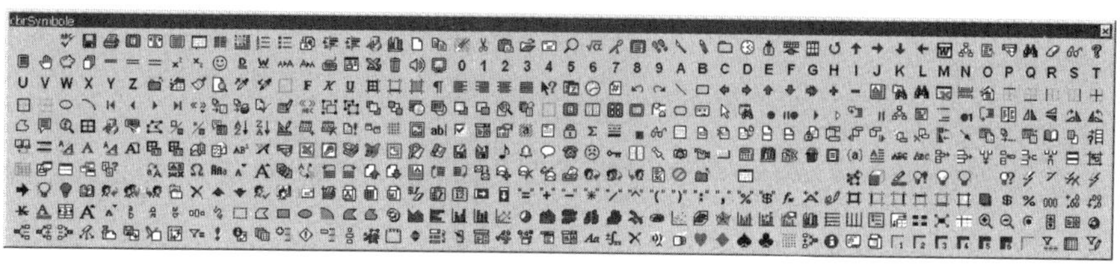

Abbildung 32.5 Vorhandene Symbole

Nachdem die Symbolleiste erstellt und dieses Dialogmenü wieder geschlossen wurde, wird die FaceID als ToolTipText angezeigt, wenn Sie mit der Maus auf das gewünschte Symbol zeigen.

```
Option Explicit

Private Sub cdmESC_Click()
    Unload Me
End Sub

Private Sub cmdDelete_Click()
On Error Resume Next
'** Falls Leiste vorhanden, dann löschen
    CommandBars("cbrSymbole").Delete
End Sub

Private Sub cmdOK_Click()
On Error GoTo SymboleAuflisten_Fehler
'** Deklaration der Variablen
    Dim strMsg As String
    Dim lngCt     As Long
    Dim vntLowerFaceID  As Variant
    Dim vntUpperFaceID As Variant
    Dim cbr As CommandBar
    Dim clt As CommandBarControl
'** Falls Leiste vorhanden, dann löschen
    CommandBars("cbrSymbole").Delete
'** Zuweisung der Untergrenze
    vntLowerFaceID = txtUntergrenze.Value
'** Ermittlung der Obergrenze
    vntUpperFaceID = Val(txtUntergrenze.Value) + Val(txtAnzahlSymbole.
    Value) - 1
'** Symbolleiste neu erstellen
    Set cbr = CommandBars.Add("cbrSymbole", msoBarFloating, False, True)
    For lngCt = CLng(vntLowerFaceID) To CLng(vntUpperFaceID)
    '** neue SymbolschaltflÄche der Leiste hinzufügen
        Set clt = cbr.Controls.Add(msoControlButton)

    '** FaceID-Eigenschaft setzen
        clt.FaceId = lngCt

    '** die Face-ID soll in der Quickinfo sichtbar sein
        clt.TooltipText = "FaceID: " & lngCt
    Next lngCt
'** Breite der Symbolleiste einstellen (50 Symbole pro Reihe)
    cbr.Width = 1180
'** Position festlegen (links oben)
```

```
    cbr.Left = 50
    cbr.Top = 50
'** Symbolleiste sichtbar machen
    cbr.Visible = True
Exit Sub

SymboleAuflisten_Fehler:
Select Case Err.Number
'** Die Symbolleiste ist nicht vorhanden
    Case 5
        Resume Next
    Case Else
        MsgBox Err.Description, vbCritical, "No. " & Err.Number
End Select
End Sub

Private Sub spnAnzahl_Change()
'** Eingabe der Anzahl
    txtAnzahlSymbole.Value = spnAnzahl.Value

End Sub

Private Sub spnUntergrenze_Change()
'** Eingabe der Untergrenze
    txtUntergrenze.Value = spnUntergrenze.Value
End Sub
```

33 Merkwürdigkeiten

33.1 Wie genau rechnet Excel?

Kennen Sie den? Wird ein Mathematiker gefragt, wie viel ergibt vier dividiert durch zwei? Er überlegt, nimmt den Rechenschieber und antwortet dann: 1,9999999. Ach, den kannten Sie schon?!

Vielleicht hätte er besser Excel nehmen sollen? Aber wäre es ihm besser ergangen? Subtrahieren Sie doch einmal von *2,05* die Werte *2,04* und *0,01*. Sie meinen das Ergebnis ist *0*? Leider nicht! Das nachstehende Beispiel zeigt es Ihnen:

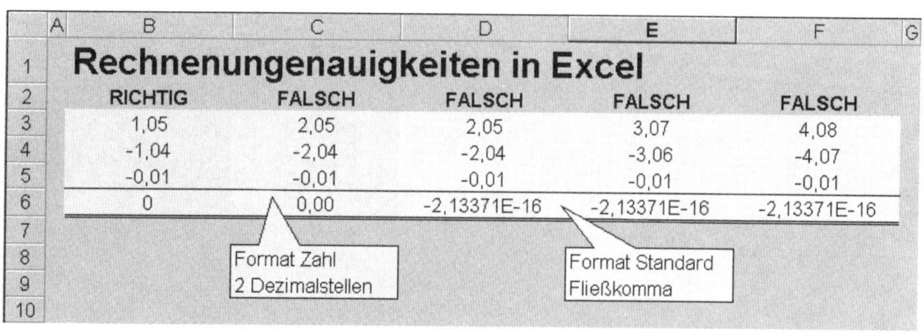

Abbildung 33.1 Rechenungenauigkeiten

Wie kommt es zu diesen Ungenauigkeiten? Kann man sich auf Excel überhaupt verlassen? Ja, das Kuriose an dieser Sache ist, Excel kann eigentlich gar nichts für diese Ungenauigkeiten!

Das Institute of Electrical and Electronical Engineers oder kurz IEEE hat die Art der Speicherung von Fließkommazahlen genormt. Diese werden in einem Binärformat abgespeichert. So wird beispielsweise die Dezimalzahl 0,1 mit dem binären Dezimalwert von 0,0001100011 Periode gespeichert. In diesem Format lassen sich Zahlen wesentlich platzsparender speichern, als dies mit Fließkommazahlen möglich wäre. Nun muss dieser periodische Wert ja irgendwann gerundet werden. Dies geschieht irgendwo im Bereich E^{-16} bis E^{-18} . Die sich daraus ergebende Differenz ist in unserem ersten Beispiel die Zahl

```
-0,00000000000000213370987545147
```

Müssen Sie die Ergebnisse nicht miteinander vergleichen und wählen nicht die Fließkommadarstellung, so wird wahrscheinlich keinem diese Ungenauigkeit auffallen. Ganz sauber ist diese Lösung allerdings nicht. Besser ist es, das Ergebnis mithilfe der Funktion `RUNDEN` auf die erforderliche Stellenzahl zu runden.

Integrierte Dialogfeld-Argumentlisten

A

Dialogfeldkonstante	Argumentliste(n)
xlDialogActivate	Fenstertext, Ausschnitt_Num
xlDialogActiveCellFont	Schriftart, Schnitt, Größe, Durchstreichen, Hochgestellt, Tiefgestellt, Kontur, Schatten, Unterstreichen, Farbe, Standard, Hintergrund, Erstes_Zeichen, Anzahl_Zeichen
xlDialogAddChartAutoformat	Name, Beschreibung
xlDialogAddinManager	Verfahren, Addinname, Wahrheitswert
xlDialogAlignment	Horiz, Zeilenumbruch, Vert, Richtung, Einzug
xlDialogApplyNames	Namen, Ignorieren, Zeile_Spalte, Spalte_weglassen, Reihenfolge, Anhang
xlDialogApplyStyle	Formatvorlage
xlDialogAppMove	x_Zahl, y_Zahl
xlDialogAppSize	x_Zahl, y_Zahl
xlDialogArrangeAll	Anordnen_Num, Aktive_Datei, Sync_horiz, Sync_vert
xlDialogAssignToObject	Makrobezug
xlDialogAssignToTool	Kennum, Position, Makrobezug
xlDialogAttachText	Zuordnen_zu_Zahl, Datenreihennum, Datenpunktnum

Tabelle A.1 Dialogfeldkonstante für Dialogs

Dialogfeldkonstante	Argumentliste(n)
xlDialogAttachToolbars	
xlDialogAutoCorrect	Wortanfang_korrigieren, Wochentage_großschreiben
xlDialogAxes	Primär_x, Primär_y, Sekundär_x, Sekundär_y
xlDialogAxes	Primär_x, Primär_y, z_primary
xlDialogBorder	Gesamt, Rand_links, Rand_rechts, Rand_oben, Rand_unten, Schraffieren, Farbe_Gesamt, Farbe_links, Farbe_rechts, Farbe_oben, Farbe_unten
xlDialogCalculation	Typ, Iteration, Max, Max_Änderung, Aktualisieren, Genauigkeit, 1904, Berechnen_speichern, Wert_speichern, Alternativ_berechnen, Alternativ_Formel
xlDialogCellProtection	Gesperrt, Formel_ausblenden
xlDialogChangeLink	Alt, Neu,Verknüpfungsart
xlDialogChartAddData	Bezug, Zeile_Spalte, Titel, Rubriken, Ersetzen, Datenreihe
xlDialogChartTrend	Typ, Folge_Per, Vorwärts, Rückwärts, Schnittpunkt, Formel, Bestimmtheit, Name
xlDialogChartWizard	Lang, Bezug, Muster, Typ, Zeichnen_durch, Rubriken, Reihen_Titel, Legende, Titel, x_Titel, y_Titel, z_Titel, Anzahl_Spalten, Anzahl_Reihen
xlDialogCheckboxProperties	Wert, Verknüpfung, Zugriffstaste, Zugriffstaste2, 3D_Effekt
xlDialogClear	Typ
xlDialogColorPalette	Datei
xlDialogColumnWidth	Breite, Bezug, Standard, Typ, Standardbreite
xlDialogCombination	Typ
xlDialogConsolidate	Ursprungsbezüge, Function, Oberste_Zeile, Linke_Spalte, Verknüpfungen_erstellen
xlDialogCopyChart	Größe
xlDialogCopyPicture	Erscheinungsbild, Größe, Typ
xlDialogCreateNames	Oben, Links, Unten, Rechts

Tabelle A.1 Dialogfeldkonstante für Dialogs

Dialogfeldkonstante	Argumentliste(n)
xlDialogCreatePublisher	Datei, Erscheinungsbild, Größe, Formate
xlDialogCustomizeToolbar	Kategorie
xlDialogDataDelete	
xlDialogDataLabel	Anzeigen, Auto_Text, Symbol
xlDialogDataSeries	Zeile_Spalte, Typ, Datum, Schrittweite, Endwert, Trend
xlDialogDefineName	Name, Bezug, Makrotyp, Shortcut, Ausblenden, Kategorie, Lokal
xlDialogDefineStyle	Formatvorlage, Zahlenformat, Schriftart, Ausrichtung, Rahmen, Muster, Schutz
xlDialogDefineStyle	Formatvorlage, Merkmale, Zusätzliche_Args, ...
xlDialogDeleteFormat	Formattext
xlDialogDeleteName	Name
xlDialogDemote	Zeile_Spalte
xlDialogDisplay	Formel, Gitternetzlinien, Köpfe, Null, Farbe, Reserviert, Gliederung, Seitenumbruch, Object
xlDialogDisplay	Zelle, Formel, Wert, Format, Schutz, Namen, Vorgänger, Nachfolger, Notiz
xlDialogEditboxProperties	Typ, Zeilenumbruch, Vert_Bildlauf, Kennwort
xlDialogEditColor	Farbe, Farbwert_Rot, Farbwert_Grün, Farbwert_Blau
xlDialogEditDelete	Verschieben_Zahl
xlDialogEditionOptions	Auflagentyp, Auflagenname, Bezug, Option, Erscheinungsbild, Größe, Formate
xlDialogEditSeries	Datenreihe, Name_Bezug, x_Bez, y_Bez, z_Bez, Darstellungsfolge
xlDialogErrorbarX	Anzeigen, Typ, Wert, Minus
xlDialogErrorbarY	Anzeigen, Typ, Wert, Minus
xlDialogExtract	Keine_Duplikate
xlDialogFileDelete	Datei

Tabelle A.1 Dialogfeldkonstante für Dialogs

Dialogfeldkonstante	Argumentliste(n)
xlDialogFillGroup	Typ
xlDialogFillWorkgroup	Typ
xlDialogFilterAdvanced	Operation, Liste, Kriterienbereich, Zielbereich, Keine_Duplikate
xlDialogFindFile	
xlDialogFont	Name, Größe
xlDialogFontProperties	Schriftart, Schnitt, Größe, Durchstreichen, Hochgestellt, Tiefgestellt, Kontur, Schatten, Unterstreichen, Farbe, Standard, Hintergrund, Erstes_Zeichen, Anzahl_Zeichen
xlDialogFormatAuto	Format, Zahlenformat, Schriftart, Ausrichtung, Rahmenart, Muster, Spaltenbreite
xlDialogFormatChart	Typ, Ansicht, Überlappung, Winkel, Abstand, Zwischenraum, Diagrammtiefe, Innenringgröße, Achse, Bezugslinien, Spannweite, Pos_Neg_Abweichung, Verbindungslinien, Beschriftung, Verschieden
xlDialogFormatCharttype	Anwenden, Gruppe_Num, Dimension, Typ
xlDialogFormatFont	Farbe, Hintergrund, Zuweisen, Name, Größe, Fett, Kursiv, Unterstreichen, Durchstreichen, Kontur, Schatten, Objektbezeichnung, Erstes_Zeichen, Anzahl_Zeichen
xlDialogFormatFont	Name, Größe, Fett, Kursiv, Unterstreichen, Durchstreichen, Farbe, Kontur, Schatten
xlDialogFormatFont	Name, Größe, Fett, Kursiv, Unterstreichen, Durchstreichen, Farbe, Kontur, Schatten, Objektbezeichnung, Erstes_Zeichen, Anzahl_Zeichen
xlDialogFormatLegend	Position
xlDialogFormatMain	Typ, Ansicht, Überlappung, Abstand, Verschieden, Bezugslinien, Spannweite, Winkel, Zwischenraum, Diagrammtiefe, Pos_Neg_Abweichung, Verbindungslinien, Beschriftung, Innenringgröße
xlDialogFormatMove	x_Position, y_Position, Bezug
xlDialogFormatMove	x_Position, y_Position
xlDialogFormatMove	Herausziehen

Tabelle A.1 Dialogfeldkonstante für Dialogs

Dialogfeldkonstante	Argumentliste(n)
xlDialogFormatNumber	Formattext
xlDialogFormatOverlay	Typ, Ansicht, Überlappung, Abstand, Verschieden, Bezugslinien, Spannweite, Winkel, Reihenverteilung, Reihen, Pos_Neg_Abweichung, Verbindungslinien, Beschriftung, Innenringgröße
xlDialogFormatSize	Breite, Höhe
xlDialogFormatSize	x_Position, y_Position, Bezug
xlDialogFormatText	x_Ausrichtung, y_Ausrichtung, Zentrierung, Auto_Text, Auto_Größe, Schlüssel_zeigen, Wert_zeigen, Einrücken
xlDialogFormulaFind	Text, In, Ganze_Zellen, Reihenfolge, Richtung, Groß_Klein, Byte
xlDialogFormulaGoto	Bezug, Ecke
xlDialogFormulaReplace	Suchtext, Ersatztext, Ganze_Zellen, Reihenfolge, Aktive_Zelle, Groß_Klein, Byte
xlDialogFunctionWizard	
xlDialogGallery3dArea	Typ
xlDialogGallery3dBar	Typ
xlDialogGallery3dColumn	Typ
xlDialogGallery3dLine	Typ
xlDialogGallery3dPie	Typ
xlDialogGallery3dSurface	Typ
xlDialogGalleryArea	Typ, Überlagerung_löschen
xlDialogGalleryBar	Typ, Überlagerung_löschen
xlDialogGalleryColumn	Typ, Überlagerung_löschen
xlDialogGalleryCustom	Name
xlDialogGalleryDoughnut	Typ, Überlagerung_löschen
xlDialogGalleryLine	Typ, Überlagerung_löschen
xlDialogGalleryPie	Typ, Überlagerung_löschen

Tabelle A.1 Dialogfeldkonstante für Dialogs

Dialogfeldkonstante	Argumentliste(n)
xlDialogGalleryRadar	Typ, Überlagerung_löschen
xlDialogGalleryScatter	Typ, Überlagerung_löschen
xlDialogGoalSeek	Zielzelle, Zielwert, Variable_Zelle
xlDialogGridlines	Rubrik_Haupt, Rubrik_Hilfs, Größe_Haupt, Größe_Hilfs, Serien_Haupt, Serien_Hilfs, 2D_Effect
xlDialogInsert	Verschieben_Num
xlDialogInsertObject	Object_Kategorie, Dateiname, Verknüpfung, Als_Symbol, Symboldatei, Symbol_Num, Symbolbeschriftung
xlDialogInsertPicture	Dateiname, Filter
xlDialogInsertTitle	Diagramm, Primär_y, Primär_x, Sekundär_y, Sekundär_x
xlDialogLabelProperties	Zugriffstaste, Zugriffstaste2, 3D_Effekt
xlDialogListboxProperties	Bereich, Verknüpfung, Drop_Länge, Mehrfach_Markierung, 3D_Effekt
xlDialogMacroOptions	Makroname, Beschreibung, Menü_ein, Zugriffstaste, Shortcut_ein, Shortcut, Kategorie, Statusleiste, Hilfethema, Hilfedatei
xlDialogMailEditMailer	An_Empfänger, CC_Empfänger, BCC_Empfänger, Betreff, Anlagen, Welche_Adresse
xlDialogMailLogon	Name, Kennwort, Laden
xlDialogMailNextLetter	
xlDialogMainChart	Typ, Stapel, 100, Verschieden, Überlappung, Bezugslinien, Spannweite, Überlappung%, Gruppe, Winkel
xlDialogMainChartType	Typ
xlDialogMenuEditor	
xlDialogMove	x_Position, y_Position, Fenstertext
xlDialogNew	Typ, xy_Reihen, Wahrheitswert
xlDialogNote	Text, Zellbezug, Erstes_Zeichen, Anzahl_Zeichen
xlDialogObjectProperties	Positionstyp, Objekt_drucken

Tabelle A.1 Dialogfeldkonstante für Dialogs

Dialogfeldkonstante	Argumentliste(n)
xlDialogObjectProtection	Gesperrt, Text_gesperrt
xlDialogOpen	Datei, Verknüpfungen_aktual, Schreibschutz, Trenner, Kennwort, Schreibschutz_Kennwort, Schreibsch_ignorieren, Dateiursprung, Benutzerdef_Text, Wahrheitswert, Bearbeitung, Zugriff, Benachrichtigen, Umwandlung
xlDialogOpenLinks	Datei1, Datei2, ..., Schreibschutz, Verknüpfungstyp
xlDialogOpenMail	Betreff, Kommentare
xlDialogOpenText	Dateiname, Dateiursprung, Anfangszeile, Dateityp, Textkennzeichnung, Wiederholende_Abgrenz, Tabstop, Semikolon, Komma, Leerzeichen, Weitere, Weiteres_Zeichen, Feldinfo
xlDialogOptionsCalculation	Typ, Iteration, Max, Max_Änderung, Aktualisieren, Genauigkeit, 1904, Berechnen_speichern, Wert_speichern
xlDialogOptionsChart	Leere_Zellen, Nur_sichtbare, Größe_an_Fenster
xlDialogOptionsEdit	Direkte_Zellbearb, Drag_Drop, Warn, Eingabe, Fest, Dezimalstellen, Objekte, Verknüpfungen, Richtung, AutoEingabe, Animationseffekt
xlDialogOptionsGeneral	Bezugsart, Anw_ignorieren, Datei_Info, Tip_Assistent, Dateiliste, Alte_Menüs, Benutzer, Schriftart, Größe, Standard_Speicher, Zusätz_Startordner, Blätter, Zugriffstaste
xlDialogOptionsListsAdd	Zeichenfolge
xlDialogOptionsListsAdd	Import_Bezug, von_Zeilen
xlDialogOptionsTransition	Menütaste, Menütaste_Wirkung, Alt_Beweg, Alt_Berech, Alt_Eingabe
xlDialogOptionsView	Formel, Status, Notizen, Info_anzeigen, Objekt, Seitenumbruch, Formeln, Gitternetzlinien, Farbe, Köpfe, Gliederung, Null, Hori_Bildlaufl, Vert_Bildlaufl, Register
xlDialogOutline	Auto_Formatvorlage, Zeilen, Spalten, Erstellen_Zuweisen

Tabelle A.1 Dialogfeldkonstante für Dialogs

Dialogfeldkonstante	Argumentliste(n)
xlDialogOverlay	Typ, Stapel, 100, Verschieden, Überlappung, Bezugslinien, Spannweite, Überlappung%, Gruppe, Winkel, Reihen, Automatisch
xlDialogOverlayChartType	Typ
xlDialogPageSetup	Kopf, Fuß, Links, Rechts, Oben, Unten, Kopfbereiche, Gitter, Horizontal, Vertikal, Ausrichtung, Papiergröße, Skalierung, Seitenzahl, Druckreihenfolge, SchwW_Zellen, Qualität, Kopf_Zeile, Fuß_Zeile, Notizen, Entwurf
xlDialogPageSetup	Kopf, Fuß, Links, Rechts, Oben, Unten, Größe, Horizontal, Vertikal, Ausrichtung, Papiergröße, Skalierung, Seitenzahl, SW_Diagramm, Qualität, Kopf_Zeile, Fuß_Zeile, Entwurf
xlDialogPageSetup	Kopf, Fuß, Links, Rechts, Oben, Unten, Ausrichtung, Papiergröße, Skalierung, Qualität, Kopf_Zeile, Fuß_Zeile, Seitenzahl
xlDialogParse	Analysetext, Zielbezug
xlDialogPasteSpecial	Einfügen, Operation, Überspringen, Transponieren
xlDialogPasteSpecial	Zeile_Spalte, Titel, Rubriken, Ersetzen, Datenreihe
xlDialogPasteSpecial	Einfügen
xlDialogPasteSpecial	Format, Verknüpfung, Als_Symbol, Symboldatei, Symbol_Num, Symbolbeschriftung
xlDialogPatterns	FMuster, FVgrd, FHgrd, Neu
xlDialogPatterns	SAut, SArt, SFarbe, SStark, PfBreit, PfLang, PfAusf
xlDialogPatterns	RAut, RArt, RFarbe, RStark, Schatten, FAut, FMuster, FVgrd, FHgrd, Abgerundet, Neu
xlDialogPatterns	RAut, RArt, RFarbe, RStark, Schatten, FAut, FMuster, FVgrd, FHgrd, Umkehr, Zuweisen, Neu_Füll
xlDialogPatterns	SAut, SArt, SFarbe, SStark, THaupt, THilfs, TBeschrift
xlDialogPatterns	SAut, SArt, SFarbe, SStark, Zuweisen, Glätten
xlDialogPatterns	SAut, SArt, SFarbe, SStark, PAut, Pauszeich, PVgrd, PHgrd, Zuweisen, Glätten
xlDialogPatterns	Typ, Bildeinheiten, Zuweisen

Tabelle A.1 Dialogfeldkonstante für Dialogs

Dialogfeldkonstante	Argumentliste(n)
xlDialogPivotFieldGroup	Anfang, Ende, von, Perioden
xlDialogPivotFieldProperties	Name, Feldname, Neuer_Name, Ausrichtung, Function, Formate
xlDialogPivotFieldUngroup	
xlDialogPivotShowPages	Name, Seitenfeld
xlDialogPivotTableWizard	Typ, Quelle, Zielbereich, Name, Ergebnis_Zeile, Ergebnis_Spalte, Daten_speichern, AutoFormat_anwenden, Seite, Reserviert
xlDialogPlacement	Positionstyp
xlDialogPrint	Bereich, Von, Bis, Kopien, Entwurf, Seitenansicht, Auszug, Farbe, Papiervorschub, Qualität, Auflösung, Markierung, Druckertext, In_Datei, Sortieren
xlDialogPrinterSetup	Drucker_Text
xlDialogPrintPreview	
xlDialogPromote	Zeile_Spalte
xlDialogProperties	Titel, Thema, Autor, Stichwörter, Kommentar
xlDialogProtectDocument	Inhalt, Fenster, Kennwort, Objekte, Szenarios
xlDialogPushbuttonProperties	Standard, Abbrechen, Schließen, Hilfe, Zugriffstaste, Zugriffstaste2
xlDialogReplaceFont	Schriftart, Name, Größe, Fett, Kursiv, Unterstreichen, Durchstreichen, Farbe, Kontur, Schatten
xlDialogRoutingSlip	Empfänger, Betreff, Nachricht, Leitzahl, Bestätigung, Status
xlDialogRowHeight	Höhe, Bezug, Standardhöhe, Typ
xlDialogRun	Bezug, Schrittweite
xlDialogSaveAs	Datei, Typ, Kennwort_Schutz, Sicherung, Schreibschutz_Kennwort, Schreibsch_empfehlen
xlDialogSaveCopyAs	Datei
xlDialogSaveNewObject	

Tabelle A.1 Dialogfeldkonstante für Dialogs

Dialogfeldkonstante	Argumentliste(n)
xlDialogSaveWorkbook	Datei, Typ, Kennwort_Schutz, Sicherung, Schreibschutz_Kennwort, Schreibsch_empfehlen
xlDialogSaveWorkspace	Name
xlDialogScale	Schnittp, Rub_Beschrift, Rub_Teilstr, Zwischen, Max, Umgekehrt
xlDialogScale	Min_Num, Max_Num, Haupt, Hilfs, Schnittp, Logarith, Umgekehrt, Max
xlDialogScale	Rub_Beschrift, Rub_Teilstr, Umgekehrt, Zwischen
xlDialogScale	Reihen_Beschrift, Reihen_Teilstr, Umgekehrt
xlDialogScale	Min_Num, Max_Num, Haupt, Hilfs, Schnittp, Logarith, Umgekehrt, Min
xlDialogScenarioAdd	Szenario, Matrix, Veränd_Zellen, Kommentar, Gesperrt, Ausgeblendet
xlDialogScenarioCells	Veränd_Zellen
xlDialogScenarioEdit	Szenario, Neuer_Name, Matrix, Veränd_Zellen, Kommentar, Gesperrt, Ausgeblendet
xlDialogScenarioMerge	Quelldatei
xlDialogScenarioSummary	Ergebnis_Zellen, Bericht_Typ
xlDialogScrollbarProperties	Wert, Min, Max, Inkrement, Seitenwechsel, Verknüpfung, 3D_Effekt
xlDialogSelectSpecial	Typ, Wertetyp, Ebene
xlDialogSendMail	Empfänger, Betreff, Bestätigung
xlDialogSeriesAxes	Achse
xlDialogSeriesOrder	Diagramm, Alte_Datenreihe, Neue_Datenreihe
xlDialogSeriesX	x_Bezug
xlDialogSeriesY	Name_Bezug, y_Bezug
xlDialogSetControlValue	Wert
xlDialogSetPrintTitles	Bezug_für_Spaltentitel, Bezug_für_Zeilentitel
xlDialogSetUpdateStatus	Verknüpfung, Status, Verknüpfungstyp

Tabelle A.1 Dialogfeldkonstante für Dialogs

Dialogfeldkonstante	Argumentliste(n)
xlDialogShowDetail	Zeile_Spalte, Zeile_Spalte_Num, Erweitern, Feld_anzeigen
xlDialogShowToolbar	Kennum, Sichtbar, Veranker_Pos, x_Pos, y_Pos, Breite, Schützen, Quickinfo, Große_Schaltfl, Farbige_Schaltfl
xlDialogSize	Breite, Höhe, Fenstertext
xlDialogSort	Ausrichtung, Schlüssel1, Reihenfolge1, Schlüssel2, Reihenfolge2, Schlüssel3, Reihenfolge3, Überschriften, Benutzerdefiniert, Groß_Kleinschreibung
xlDialogSort	Ausrichtung, Schlüssel1, Reihenfolge1, Typ, Benutzerdefiniert
xlDialogSortSpecial	Sortieren_nach, Methode, Schlüssel1, Reihenfolge1, Schlüssel2, Reihenfolge2, Schlüssel3, Reihenfolge3, Überschriften, Reihenfolge, Groß_Kleinschreibung
xlDialogSplit	Spalte, Zeile
xlDialogStandardFont	Name, Größe, Fett, Kursiv, Unterstreichen, Durchstreichen, Farbe, Kontur, Schatten
xlDialogStandardWidth	Breite
xlDialogStyle	Fett, Kursiv
xlDialogSubscribeTo	Datei, Format
xlDialogSubtotalCreate	Gruppieren_nach, Funktion, Ergebnis, Ersetzen, Seitenwechsel, Teilergebnis_unter
xlDialogSummaryInfo	Titel, Thema, Autor, Schlüsselwort, Kommentar
xlDialogTable	Zeilenbezug, Spaltenbezug
xlDialogTabOrder	
xlDialogTextToColumns	Zielbezug, Datentyp, Trennzeichen, Wiederholende_Trennzeichen, Tab, Semikolon, Komma, Leerzeichen, Weitere, Weiteres_Zeichen, Feldinfo
xlDialogUnhide	Fenstertext
xlDialogUpdateLink	Verknüpfungstext, Verknüpfungstyp
xlDialogVbaInsertFile	Dateiname
xlDialogVbaMakeAddin	Dateiname

Tabelle A.1 Dialogfeldkonstante für Dialogs

Dialogfeldkonstante	Argumentliste(n)
xlDialogVbaProcedureDefinition	
xlDialogView3d	Betrachtungshöhe, Perspektive, Drehung, Achse, Höhe%, AutoSkalieren
xlDialogWindowMove	x_Position, y_Position, Fenstertext
xlDialogWindowSize	Breite, Höhe, Fenstertext
xlDialogWorkbookAdd	Namen, Arbeitsmappe, Position
xlDialogWorkbookCopy	Namen, Arbeitsmappe, Position
xlDialogWorkbookInsert	Typ
xlDialogWorkbookMove	Namen, Arbeitsmappe, Position
xlDialogWorkbookName	Alter_Name, Neuer_Name
xlDialogWorkbookNew	
xlDialogWorkbookOptions	Blattname, Einbinden, Neuer_Name
xlDialogWorkbookProtect	Blattanordnung, Fenster, Kennwort
xlDialogWorkbookTabSplit	Verhältnis
xlDialogWorkbookUnhide	Blattname
xlDialogWorkgroup	Namen
xlDialogWorkspace	Fest, Dezimalstellen, Z1S1, Bildlauf, Status, Formel, Menütaste, Fern, Eingabe, Unterstreichung, Schaltfl, Notizen, Tastaturschl, Tastenfunktion, Drag_Drop, Info_zeigen
xlDialogZoom	Vergrößerung

Tabelle A.1 Dialogfeldkonstante für Dialogs

Stichwortverzeichnis

A

Abfrage 66, 69ff., 73, 75f., 78ff., 86, 106, 123, 166, 232
ABS 38
Aggregationsdaten 221
Aggregationsoptionen 220
Aktiva 363ff.
Amortisationsrechnung 377
Anlagenintensität 366
Anlagevermögen 363f., 366f.
Annuitätenmethode 383
Antwortbericht 358
Anweisung 417
ANZAHL2 40, 291f.
Arrays 301
Aufwand 245
Aufwendungen 365, 387
Ausgaben 245, 364
Ausklangsphase 346
Außenseiter 346
AutoAusfüllen 84
AutoFilter 86f.
AutoFormatieren 125f.
Autogliederung 274
Automatische Teilergebnisse 131, 173
Avantgardisten 346

B

Barwert 47, 379
Basisdaten 60
Bedingte Formatierung 240
Befehlsmakros 404, 406, 415
Beginnende Abnahme 346
Benutzerdefinierte Seitenfelder 140, 184
Berechnetes Element 123f., 166f.
Berechnetes Feld 121
Bereich.Verschieben 275, 279
Bestimmtheitsmaß 265, 267
Betriebsabrechnungsbogen 137, 180, 247
Bibliothek 207
Bilanz 363ff., 387, 389f.
Bilanzanalyse 365
Bilanzgewinn 364
Bilanzkritik 365
Bilanzpositionen 363, 387
Bilanzverlust 363
Boston Consulting Group 323

C

Cash Cows 323f.
Cash Flow 323
Client 296f.
Const 415
Cube-Editor 218
Cuberollen 194, 218
Cubes 207

D

Datenanalyse 232
Datenbankabfrage 79, 232
Datenbankrolle erstellen 218
Datenbereich 88f., 106, 108f., 117ff., 125, 154, 158ff., 168, 309, 327
Datenfelder 82, 106
Datenselektion 78, 88
Datentyp 415f.
Datenwürfel 113, 152
Datum 21, 23, 25, 28
DDE 296
Deckungsbeitragsrechnung 247, 250ff.
Deckungsgrad 251, 351
Deklaration 416, 418
Detail
  ausblenden 130, 171, 274
  einblenden 130, 171, 274
Diagrammfläche 281, 320
Dialog 494
Dialogfelder 487
Dicing 146
Dim 415, 418
Dimension 194
Dimensionsebenen 216
Dimensionstabelle 195
  auswählen 210
Dimensionstyp auswählen 210
Direkte Zellbearbeitung aktivieren 20
DQY 73, 75, 123, 166, 232
DrillDown 111, 146, 155, 194
DrillUp 147

E

Einbetten 295, 297f.
Einfügen 281, 291, 295, 297
Eingabebereich 61
Einschränkend 358
Eliminierer 346
Entwurfszeit 412, 432
Ereignis 414
Erträge 365, 376, 387
Explizit 419

F

Fälligkeit 49
Faktentabelle 195
Fehlermeldung 164
Fehlerwerte anzeigen 125f.
Feldnamen 71, 78, 106, 108f., 115, 143, 149f., 155, 186
Filter 76, 86, 88ff., 143, 186
Filterkriterien 88f.
Filtern 75, 90f.
Fixkostenabdeckungssatz 351
Fixkostenschichten 253
Fondstypen 389f.
formatieren 22, 29ff.
Formeln auflisten 123, 168
Fremdkapital 364, 366f.
FROM 78
Frühe Imitatoren 346
Frühe Mehrheit 346
Fülleffekte 315, 320
Funktionen 47f., 65, 105, 118, 160, 286
Funktionsmakro 404, 423

G

GANZZAHL 39
Gehe Zu 94
Gewinnvergleichsrechnung 377
GIF 322
Gliederungen 93
Gliederungsebene 92f., 273
Gliederungssymbole 273f.
Glossar 146
Grenzwertbericht 360
GROUP BY 78
Grundkapital 363
Gruppieren 81, 112, 134, 177f.
Gruppierung aufheben 134, 177, 274
Gültigkeit 232f.
Gültigkeitsbereich 114, 153
Gültigkeitskreise löschen 234

H

Häufigkeit 60
HAVING 78
Hierarchien 194

Hintergrunddateien 319
Histogramm 61
HOLAP-Kombination 195

I

INDEX 288f.
Inhalte auswählen 94
InputBox 487, 489

K

Kacheln 319
Kapitalbindung 374
Kapitalflussanalyse 387
Kapitalflussrechnung 387, 389
Kapitalwertmethode 383
k-größter 58
k-kleinster 58
Klassenbereich 61
Konfidenz 58
Konservative 346
Konsolidieren 272
Konsolidierung 136, 180, 268f., 271f.
Korrelationskoeffizient 267
Kosten 227f., 245ff., 249ff., 255f., 360, 373, 376
Kostenarten 245, 247
Kostenrechnung 246
Kostenstellen 245f.
Kostenträger 246, 254
Kostenträgerrechnung 246
Kostenvergleichsrechnung 246, 376
Kreuztabelle 105
Kriterien 75f., 88, 233, 324
Kriterienbereich 88ff.
Kurtosis 58

L

Laufzeit 47, 364, 387, 412, 415
Liquidität 366f., 371ff.
Liquiditätsanalyse 367
Liquiditätsgrade 367
Liquiditätskennzahlen 372
LOG 39
Lorenzkurve 340

M

Makro 69, 272
Markieren 24f., 28f.
Marktanteil 323f.
Marktmonopol 346
Marktwachstum 323f.
Maschinenkosten 250
Measures 194, 208
Median 57
Mehrfachoperationen 301
Metadaten 222
Methode 413, 417, 482, 495
    der kleinsten Quadrate 262
Microsoft Management Console 207
Mischkosten 261, 265
Modalwert 57
Module 407
Modulebene 418
MOLAP 220
MOLAP-Struktur 195
Monopol 346
MsgBox 487
MTRANS 267f.
MultiDimensional 193
Mustervorlagen 333

N

Namenskonventionen 417
Namensvergabe 40
Nebenbedingungen 356ff., 361
Net working Capital 367
Nettoverschuldung 366
New 420
Nur sichtbare Zellen 94
NWC 387f.

O

Oberer Grenzwert 361
Object Linking 296
Objekt 413f.
Objektverweis 420
ODBC 65ff., 105
OLAP 193
OLAP Services 196, 221
OLAP-Cube-Assistent 199
OLAP-Cube-Datenquelle 205
OLAP-Manager 206

OLAP-Server 207
OLAP-Services 193
Oligopol 346
OLTP 193
Option Explicit 420

P

Pareto 61
Passiva 363ff., 390
Periodenkostenrechnung 246
Pivot 105ff., 121ff., 127ff., 139, 141, 143, 148, 155, 158, 161, 166f., 169f., 174, 178f., 325, 350, 353
PivotDatenZuordnen 135f., 178
PivotTable 152, 158f.
PivotTable-Feld 154
Polypol 346
Poor Dogs 323
Populationskenngrößen 58
Private 415, 418
Provider 208
Prozedurebene 418
Prozesskostenrechnung 254f.
Public 415, 417

Q

Query 65ff., 73, 76, 86, 115, 155
Question Marks 323

R

Rang und Quantil 63
Rate 47
RDBMS 69
Rechnungsabgrenzungsposten 363f.
Reduzierter Gradient 360
Regressionsfunktion 262
Reifephase 346
Relational 69
Restfertigungsgemeinkosten 250, 258
Return of Investment 368
RGP 262, 264, 268
ROLAP-Datenbank 195
Rollen verwalten 218
RollUp 147, 194
Rückflussdauer 377
Rücklagen 364
Rückstellungen 364
RUNDEN 39

S

Sättigungsphase 346
Schätzwert 48f., 382
Schiefe 58
Schlüsselwort 406, 420, 437
Schnittmengenoperator 41
Schriftschnitt 408f., 430
Seiten anzeigen 133, 175
Seitenfeld 106, 133, 142f., 175, 185f.
Seitenfelderstellung 137f., 180ff.
SELECT 78
Sensitivitätsbericht 358f.
Server 296f.
Set 420
Sicherheitsabstand 351
Slicing 146
Solver 356ff., 361
Sortieren 81, 83
Sortieroptionen 85, 271
Sortiersymbole 83
Spaltenbezeichner 72
Spaltenfelder 106
Spezialfilter 88ff.
SQL 76f., 81, 105, 123, 166
Standardabweichung 57
Stapeln 322
Stars 323f.
Static 415, 418
Sternschema 210
Strecken 322
Strukturierte Auswahl 116, 125, 156
SummeWenn 35
Szenarien 347, 349f.
Szenariozusammenfassung 350, 352

T

Teilen 322
Teilergebnisse 92, 94f., 129f., 171
Teilkostenrechnung 247
Trend 264f.

U

Übersichtsbericht 348, 350f.
Umlaufvermögen 363f., 366f., 371, 373, 387
Umsatzrentabilität 351, 368
Umschlagshäufigkeit 369
Ungültige Daten markieren 234
Unterer Grenzwert 361

V

Variable 415ff., 420
Varianz 58
VBA 69, 403, 407, 417
Verknüpfen 295ff.
Virtueller Cube 194, 207
Visual Basic Editor 286
Vollkostenrechnung 246, 250
VRUNDEN 37

W

Wachstumsphase 346
Warnung 81, 90, 128, 140, 169, 184
WENN 285, 289
Wertberichtigungen 364
WHERE 78
Würfel 107

X

XINTZINSFUSS 382
XL8GALRY.xls 318
XLSTART 318, 355
XLUSRGAL.xls 318

Z

Zahlungszeitraum 48
Zeichnungsfläche 313f., 320
Zeilenfeldelemente ausblenden 130, 171
Zeilenfelder 106
Zeitebenen auswählen 210
Zeitkosten 251f., 256f., 351, 376f.
Zellbereichsnamen 39
Zellname 99f., 351, 366
Zentralwert 57
Zielergebnis 361
Zielwert 306, 356
Zielwertsuche 306f., 355
Zinssatz 48
Zinszahlung 48, 50ff., 55
Zufallsbereich 39
Zufallszahl 39
Zukunftswert 47
Zuschlagskalkulation 246f., 249